U0857196

鄞州年鉴

Yinzhou yearbook

2005

中共宁波市鄞州区委党史办公室 编

（总第十九册）

方 志 出 版 社

图书在版编目（CIP）数据

鄞州年鉴. 2005 / 中共宁波市鄞州区委党史办公室编.
北京：方志出版社，2005.9
ISBN 7-80192-595-5

Ⅰ.鄞... Ⅱ.中... Ⅲ.区（城市）－宁波市－2005－年鉴 Ⅳ.Z525.53

中国版本图书馆CIP数据核字（2005）第091246号

鄞州年鉴（2005）

编　　者：中共宁波市鄞州区委党史办公室
责任编辑：夏红兵
出 版 者：方 志 出 版 社
（北京市建国门内大街5号中国社会科学院科研大楼12层）
邮编　100732
网址　http://www.fzph.org
发　　行：方志出版社发行部
（010）85195814
经　　销：新华书店总店北京发行所
法律顾问：北京市京诚律师事务所
印　　刷：鄞州日报社印刷厂
开　　本：889×1194　1/16
印　　张：16.5
字　　数：761 千
版　　次：2005 年 9 月第 1 版　2005 年 9 月第 1 次印刷
印　　数：0001－1500 册
ISBN 7－80192－595－5/K・430　定价：150.00元

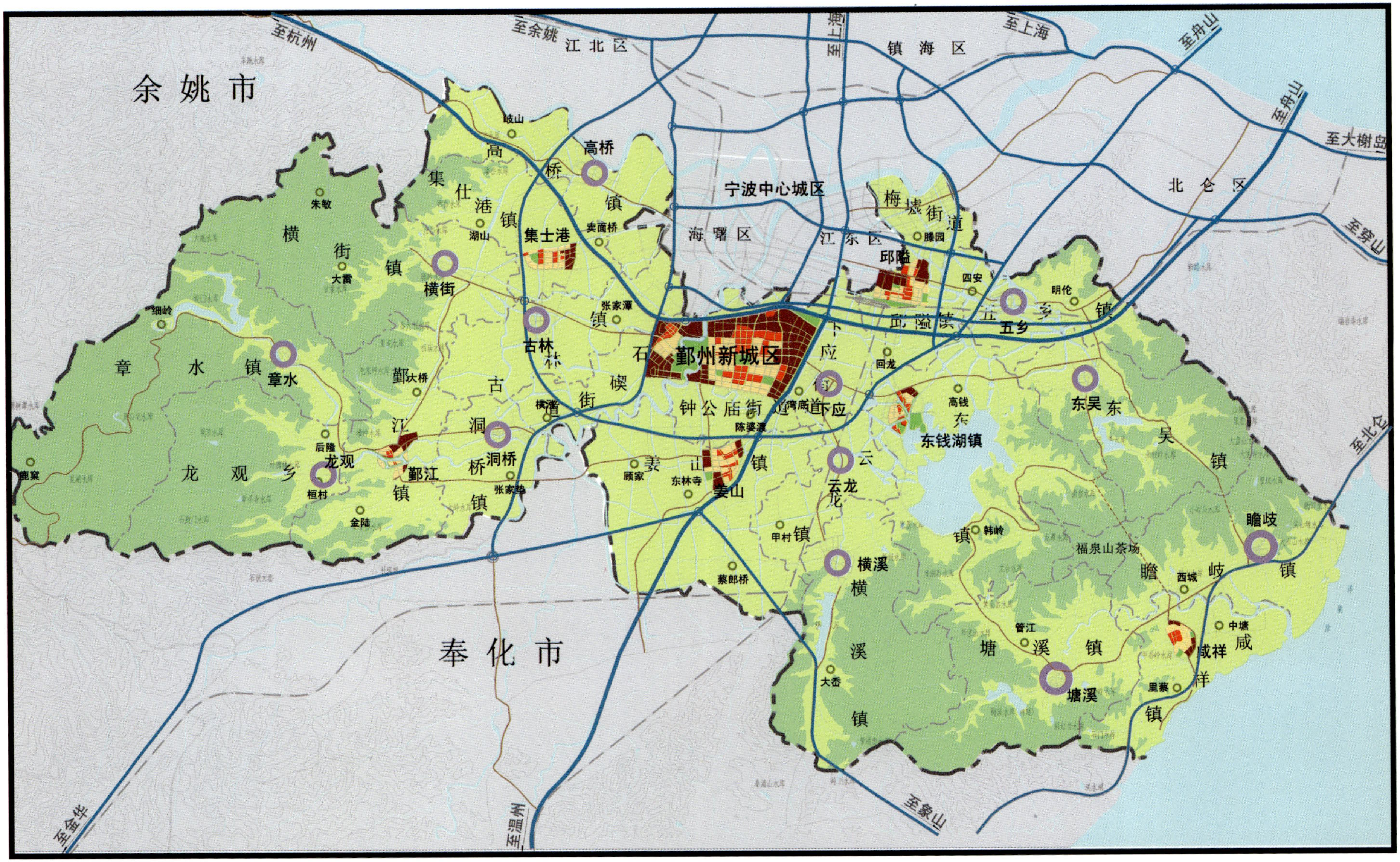
余姚市
奉化市
宁波中心城区
海曙区
江东区
江北区
镇海区
北仑区
鄞州新城区
至杭州
至余姚
至上海
至舟山
至大榭岛
至穿山
至北仑
至象山
至温州
至金华
高桥镇
集仕港镇
横街镇
章水镇
龙观乡
鄞江镇
洞桥镇
古林镇
石碶街道
钟公庙街道
下应街道
姜山镇
云龙镇
横溪镇
塘溪镇
咸祥镇
瞻岐镇
东吴镇
五乡镇
邱隘镇
东钱湖镇
梅墟街道
高桥
集士港
横街
古林
章水
龙观
鄞江
洞桥
姜山
云龙
横溪
塘溪
咸祥
瞻岐
东吴
五乡
邱隘
下应
岐山
朱敏
湖山
大雷
细岭
鄞大桥
后隆
桓村
鹿窠
金陆
横涨
张家潭
张家路
奕面桥
陈婆渡
湾底
顾家
东林寺
甲村
蔡郎桥
大岙
管江
里蔡
中塘
西城
韩岭
高钱
回龙
四安
明伦
滕园
福泉山茶场

鄞州地图

地区生产总值(亿元)

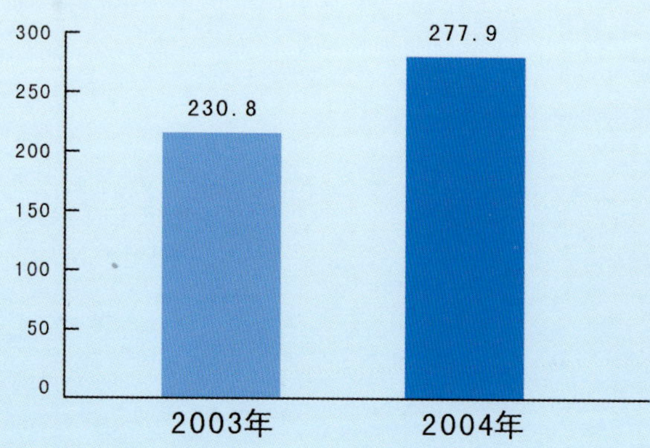

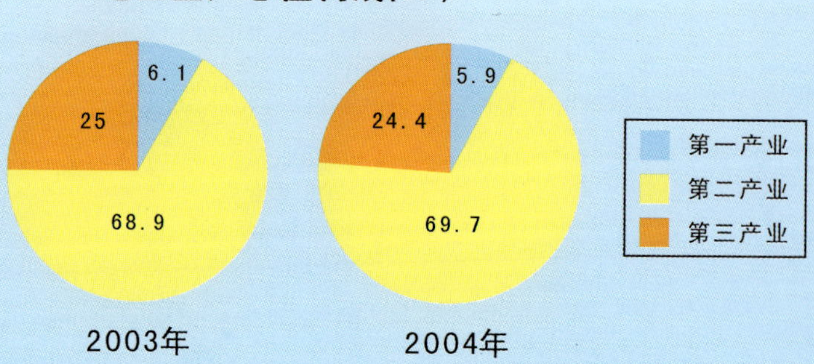

人均地区生产总值(美元)

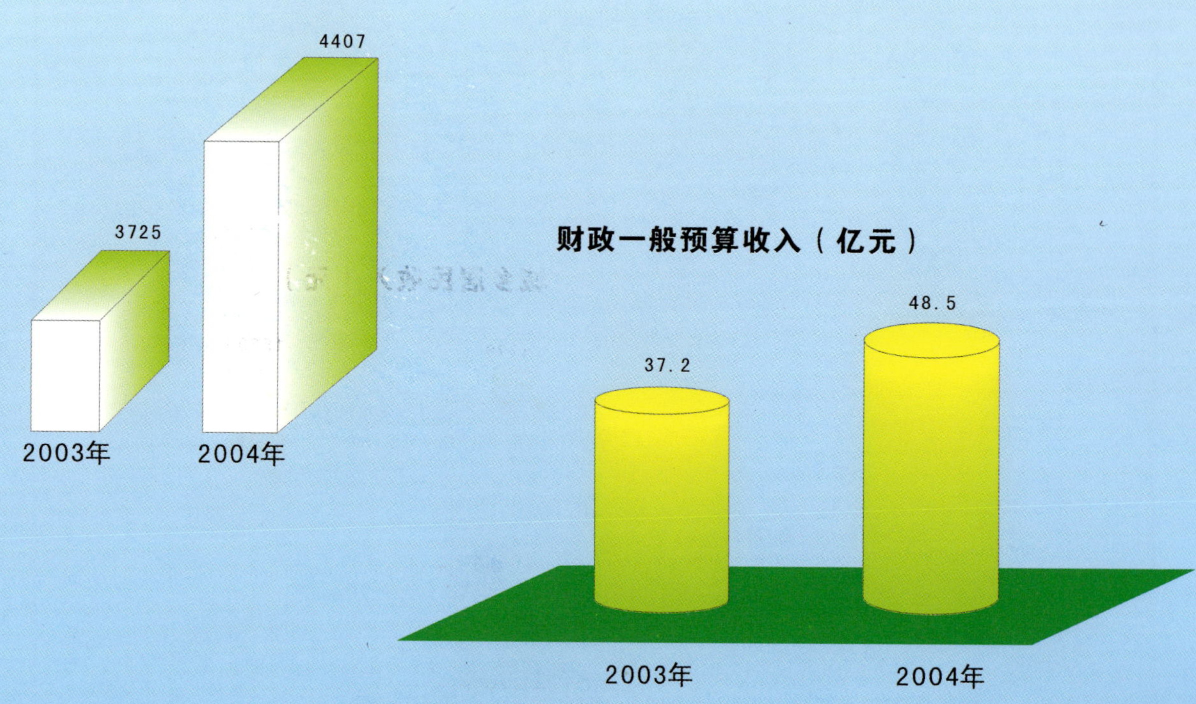

实际利用外资（亿美元）

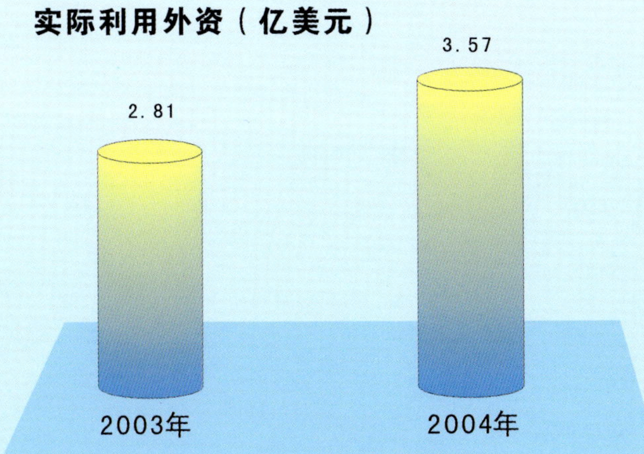

自营进出口总额（亿美元）

33.4475
24.7
2003年
2004年

城乡居民人均存款余额（元）

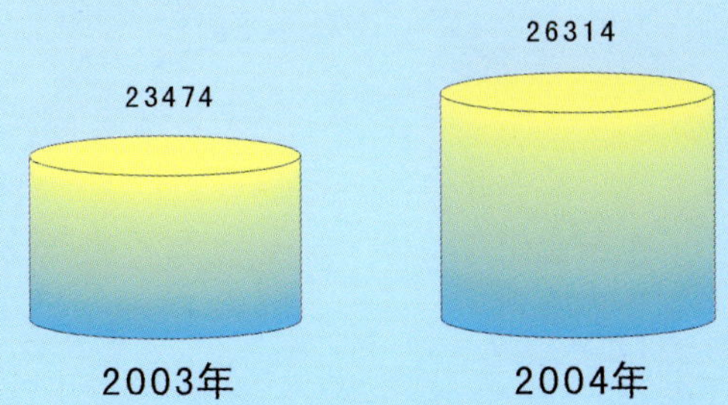

城乡居民收入（元）

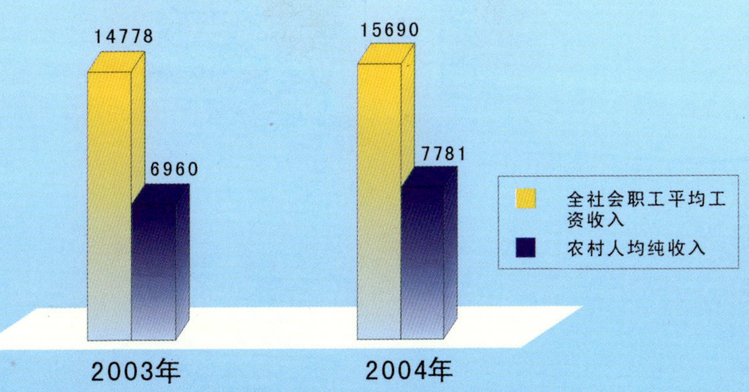

6月14日，到宁波调研社会治安综合治理工作的中共中央政治局常委、中央政法委书记罗干同志在中共浙江省委书记习近平，省委常委、宁波市委书记巴音朝鲁，宁波市代市长毛光烈，中共鄞州区委书记寿永年等陪同下到雅戈尔集团，调研了企业在社会治安综合治理方面的工作情况。

3月底，全国人大常委会副委员长司马义·艾买提在中共浙江省委常委、宁波市委书记巴音朝鲁，中共宁波市委常委、秘书长程刚，中共鄞州区委书记寿永年等陪同下到鄞州区视察。

9月22日，全国人大常委会副委员长成思危率领的全国人大执法检查组，在浙江省人大常委会副主任葛圣平，省政协副主席、省总工会主席张蔚文陪同下到鄞州区检查工作，并实地视察了浙江广博集团股份有限公司。宁波市人大常委会主任陈勇、鄞州区人大常委会副主任唐军等陪同考察。

9月21日，全国人大常委会副委员长路甬祥到鄞州区考察雅戈尔集团信息化建设情况。宁波市人大常委会副主任郑杰民、鄞州区人大常委会副主任唐军陪同视察。

7月29日上午，全国政协副主席张怀西一行到鄞州区考察。考察期间，张怀西一行实地察看了雅戈尔集团，听取了企业生产、发展等有关情况介绍，并重点就国家宏观调控政策对企业发展的影响进行了调研。图为张怀西与鄞州区政协主席朱禹宝、雅戈尔集团总裁李如成在考察期间的合影。

2月18日，全国妇联副主席、书记处书记沈淑济等一行10余人，在浙江省妇联主席厉月姿、宁波市妇联主席柴英、中共宁波市鄞州区委副书记张南芬等陪同下，到浙东建材集团调研企业妇代会工作。

3月17日，中国银行业监督管理委员会史纪良副主席视察鄞州银行，并就鄞州银行近一年来的运作情况及如何进一步完善法人治理结构、增强支农服务功能、加快业务发展步伐等内容进行调研、座谈。中共鄞州区委书记寿永年，中共鄞州区委常委、常务副区长王海国等参加了座谈。

5月15日，中纪委副书记刘峰岩一行在中共浙江省委副书记、省纪委书记周国富，中共宁波市委副书记、市纪委书记葛慧君，区领导寿永年、徐立毅、郑德兵、王国定、麻承照等陪同下，到鄞州区考察党风廉政建设和反腐倡廉工作情况，同时对《中国廉政文化丛书》的出版发行表示祝贺。图为中共鄞州区委书记寿永年等为刘峰岩一行送别的场面。

2004年6月，经济学家、国务院发展研究中心研究员吴敬琏教授到鄞州区调研。图为吴敬琏教授在浙江广博集团调研。

7月28日上午，全国工商联副主席程路在中共浙江省工商联党组副书记、常务副会长汤为平等陪同下到鄞州区考察民营企业，并实地考察了培罗成集团和三星奥克斯集团。

8月20日，国家司法部副部长吴爱英到鄞州区视察基层民主法治建设情况，图为吴爱英在副区长崔秀玲、宁波市司法局局长金耀根等领导陪同下视察五乡镇明伦村“民主法治示范村”创建情况。

9月8日，国家税务总局副局长钱冠林在浙江省国税局局长钱宝荣、区长徐立毅等陪同下，考察了三星奥克斯集团、雅戈尔集团。

9月15日下午，最高人民检察院党组成员、政治部主任张常韧，在浙江省检察院副检察长钱中贤、宁波市检察院检察长刘建国陪同下，专程到鄞州区检察院进行基层检察机关工作调研。

10月12日至13日，国家人口与计划生育委员会副主任赵炳礼一行到鄞州区考察计生优质服务工作，视察了下应街道、钟公庙街道兴裕社区服务站、龙观卫生院。

4月30日，中共浙江省委常委、宁波市委书记巴音朝鲁，市委常委、秘书长程刚等参观了宁波市农产品博览会上鄞州区展位，巴音朝鲁对鄞州区蔺草制品表现出浓厚的兴趣，并充分肯定了该区农业产业化所取得的成绩。

6月21日，宁波市代市长毛光烈，中共宁波市委副书记郭正伟、副市长陈炳水在中共鄞州区委书记寿永年、副区长陈振国的陪同下，到鄞州区检查防汛工作。

12月23日，中共宁波市鄞州区委十一届六次全体（扩大）会议在鄞州区行政大楼大会场隆重开幕。中共鄞州区委书记寿永年在会上作题为《提高党的执政能力，扎实推进鄞州全面协调可持续发展》的报告。图为大会场面。

1月31日，区十五届人大二次会议在区体育馆开幕。图为大会主席台。

1月30日，区政协十三届二次会议在区体育馆开幕。图为大会会场。

1月31日，区委书记、区人大常委会主任寿永年等区领导看望参加鄞州区第十五届人民代表大会第二次会议的各位人大代表，并希望他们为建设新鄞州出点子，献良策。

12月8日，宁波万达广场开工仪式在鄞州区举行。该广场占地面积21.09公顷，总投资20亿元，是一座集购物、餐饮、休闲、娱乐多功能、大规模现代化商场。图为区委副书记、区长徐立毅在开工仪式上讲话。

2月24日，鄞州区召开人才工作会议。中共宁波市鄞州区委书记、区人大常委会主任寿永年在会上作了重要讲话。区领导徐立毅、郑德兵、张南芬、许勤德、朱禹宝、王自强、蒋瑞金等参加了会议。

3月2日至5日，区四套班子领导寿永年、徐立毅、张南芬、朱禹宝、唐军、王海国、王国定、吴胜武、毛春阳等，带领各镇乡、街道、有关部门负责人以及部分重点骨干企业负责人，赴上海市松江区和江苏省张家港市、江阴市学习考察工业经济工作。图为鄞州区赴沪苏学习考察工业经济工作会议现场。

4月4日，鄞州区四套班子领导、正县级离退休老干部和区新四军研究会部分老同志等200多人，到集士港镇后屠桥革命烈士陵园，悼念革命烈士，纪念后屠桥战斗60周年。

4月15日上午，总投资6亿元、由浙江万里学院与英国诺丁汉大学联合兴办的中国第一所独立设置的中外合作大学——宁波诺丁汉大学正式奠基开工。图为奠基典礼场面。

5月28日上午，由中共宁波市鄞州区委编纂的《中国廉政文化丛书》出版座谈会在北京人民大会堂举行。

7月15日，鄞州人民医院住院部综合大楼通过竣工验收。该大楼是鄞州区实事工程之一，于2001年11月16日开工，大楼位于甬港北路原鄞州人民政府西侧，总高25层（含地下层、技术层）、单体总建筑面积53350平方米，是迄今宁波市医院单体面积最大、单体床位最多、病室设置最全的病房大楼。

9月12日，鄞州区公交化改造首条线路——咸祥线开通典礼在咸祥镇中心小学举行。

9月26日，庆祝中华人民共和国成立55周年暨“放歌新鄞州”文化艺术周开幕式文艺晚会在鄞州区文化艺术中心西侧广场举行。图为晚会现场。

随着2004年10月区教育局、司法局等9个单位相继迁入新城区行政中心办公，以及区国税局、地税局等单位新建办公楼工程陆续进入内外装修，鄞州区区级机关搬迁工作步子进一步加快，区人民武装部、区对外经济贸易局等单位的新办公楼建造也进一步提速。图为新姿初展的新城区行政中心。

10月28日，宁波市鄞州区文化周活动在深圳国际园林花卉博览园拉开帷幕，活动吸引了许多国内外游客围观。图为活动场面。

11月3日，鄞州区在广州举行投资项目推介会。来自香港、广东等地的200余名客商应邀参加了会议，共有15个项目签约，总投资为4.64亿元。图为推介会现场。

11月18日，来自清华大学、北京大学、浙江大学、复旦大学等70余所重点高校的130多位负责人陆续到达鄞州区，开展为期三天的“百所高校鄞州行”活动。图为本次活动主体——宁波市鄞州区与重点高校人才合作交流会现场。

12月，鄞州区“文化进百村”活动在全区各地巡回举行，这是为进一步丰富群众文化生活，达到人人享受文化的目标重要举措。图为文化进百村东吴镇演出场面。

12月16日，全球最大的发动机动力总轴承供应商——博格华纳集团再投巨资在鄞州区设立企业。图为博格华纳汽车零部件（宁波）有限公司举行开工奠基仪式。

奖状

《鄞州年鉴（2004）》

荣获首届中国地方志年鉴奖二等奖。

特颁此证，以资鼓励。

中国地方志指导小组办公室　中国地方志协会

二〇〇四年十二月二十七日

12月27日，由中国地方志指导小组、中国地方志协会组织实施的首届中国地方志年鉴评奖活动结果揭晓，经过有关专家的严格评审，《鄞州年鉴（2004）》荣获二等奖。

日新月异的鄞州新城区。

位于塘溪镇沙村的沙文求烈士故居。

位于鄞州区古林镇的宁波栎社机场。

在东钱湖发现的珍贵文物：北宋青瓷(魂)瓶和南宋石马。

《鄞州年鉴(2005)》编纂委员会

主　任:张南芬

副主任:王国定　王自强

委　员:王洪平　蒋晓东　裘松涛　金儒宗

主　　编:裘松涛

副 主 编:包柱红

编　　校:董玉艳　严伟祥　傅怀锋　崔丹娜

编 辑 说 明

一、《鄞州年鉴》是一部集资料、信息、知识于一体的综合性、地方性工具书。本书由中共宁波市鄞州区委党史办公室主持编纂，由区级机关各单位、各镇（乡、街道、工业园区）及有关企事业单位供稿、校对，党史办公室负责全书的编辑、校核、出版工作。

二、《鄞州年鉴》的编纂方针是：以马列主义、毛泽东思想、邓小平理论和“三个代表”重要思想为指导，全面、系统、准确地反映中共宁波市鄞州区委、区政府的工作，如实记载全区各领域事物变化状况，客观地记述区内社会主义三个文明建设的历史进程，使年鉴既为当今的改革开放和经济建设服务，又为后人提供资料和借鉴。

三、《鄞州年鉴（2005）》采用分类编辑法。卷首设鄞州概貌、特载、专记，正文部分设类目、分目、条目三个层次，其中条目为主要的信息载体。根据2004年度的新情况，本册部分类目和分目作了必要的调整。卷末设有附录和索引。

四、本年鉴的栏目设计和编排次序是根据年鉴的基本体例和行业归类的特点而设置的，与每一个具体部门的行政级别高低无关。

五、本年鉴收录的资料和记载的事件未予特别说明的均限于2004年度。各单位领导干部名单也以2004年度在职者为准。文中所述领导职务以事件发生时的相关主要职务为准。

六、本年鉴所采用的数据，凡涉及到全区国民经济和社会发展全局性的数据，均以统计公报为准；统计公报中未作统计的，由各业务部门和相关单位提供。

七、为方便读者检索，本年鉴在末尾附有主题索引，按主题词首字汉语拼音字母顺序排列。

目 录

特 载

鄞州概貌

大事记

专记

中共宁波市鄞州区委员会

宁波市鄞州区人民代表大会常务委员会

宁波市鄞州区人民政府

中国人民政治协商会议
宁波市鄞州区委员会

中共宁波市鄞州区
纪律检查委员会

人民团体

外事及对台事务、侨务工作

农业 农村

工 业

工业园区和投资创业中心

个体私营经济

贸 易

对外经济贸易

交通 邮电 供电

综合经济管理

城建 城管

环保 规划 旅游

教育 科技

文体 卫生 档案

新闻传媒

政法 军事

社会生活

镇 乡 街道

企业选介
(排名不分先后)

报道选编

文件选编

名 录

2004年鄞州区主要著述索引

索引

Main Contents

特　　载

提高党的执政能力
扎实推进鄞州全面协调可持续发展

——在区委十一届六次全体(扩大)会议上的报告

区委书记　寿永年

(2004年12月23日)

区委书记寿永年同志在作主题报告

同志们：

这次区委十一届六次全体(扩大)会议的主要任务是：以邓小平理论和“三个代表”重要思想为指导，认真贯彻落实党的十六届四中全会、省委十一届七次全会和市第十次党代会精神，紧密结合我区实际，回顾总结今年工作，研究部署明年各项工作，动员全区各级党组织和广大党员干部，主动应对新的形势，提高执政能力，推进经济社会全面协调可持续发展。

下面，我受区委常委会委托向全会报告工作。

一、深刻领会十六届四中全会精神，明确加强党的执政能力建设的方向和任务

党的十六届四中全会是在我国改革发展关键时期召开的一次极其重要的会议。全会把加强党的执政能力建设作为主要议题，既体现了我们党对新的历史方位和历史使命的清醒认识和科学判断，也显示了执政能力建设在党建工作中的重要性和紧迫性。贯彻落实全会精神是当前和今后一段时期全党工作的一个重点。作为地方党委，要落实好四中全会精神和《决定》要求，切实加强执政能力建设，关键要把握好以下四个方面。

(一)加强党的执政能力建设，必须在提高执政意识上求深化。党和党的干部执政意识强不强，关系到党的执政地位的巩固，关系到政权的兴衰成败。因此，加强执政能力建设，首先必须不断提高各级党组织和广大党员干部的执政意识，引导他们自觉把自己担负的工作与党执政的历史使命紧密联系起来，做到任何事情都从“我们是执政党”这个前提出发，立足于提高党的威信、巩固党的执政地位。在实际工作中，必须始终把党放在心中最高位置，时刻把党和人民的利益放在首位；始终对党忠诚，与党同心同德，牢记自己的第一身份是党员，第一职责是为党为人民努力工作；始终坚持从执政的角度想问题，积极把党的主张和意识体现到所从事的具体工作中，把个人的业绩融入到党的事业发展中。

（二）加强党的执政能力建设，必须在抓好第一要务上下功夫。党的十六届四中全会《决定》强调指出：“提高党的执政能力，首先要提高党领导发展的能力。”只有坚持发展不动摇，推进发展不放松，加快发展不停滞，我们党才能赢得人民群众的拥护和爱戴，党的执政地位才能坚如磐石。联系鄞州实际，当前抓好第一要务，最根本的是要牢固树立抓住机遇、加快发展的战略思想，聚精会神搞建设，一心一意谋发展；最重要的是要始终坚持以人为本、全面协调可持续的发展观，深入实施新鄞州工程，推动经济社会更快更好发展；最紧迫的是要着眼转变经济增长方式、优化区域经济结构，全面实施“双优”战略，使鄞州经济发展真正建立在优化结构、提高质量和效益的基础上。

（三）加强党的执政能力建设，必须在统筹发展上有作为。加强执政能力建设，很重要一条就是要提高我们党统筹领导和管理经济社会发展事务的能力。具体来说，就是要在制定发展战略、实行发展政策、采取发展措施时，强调各种要素的内在联系和有效整合，调节好各方面的利益关系。联系鄞州实际，重点要通过执政能力建设，使我们各级党组织和广大党员干部既能重视当前发展，又为长远发展积蓄后劲；既注重推进经济发展，又重视环境保护和社会全面进步；既大力推进工业化城市化，又加快农业农村的发展；既保护通过辛勤劳动和合法经营先富起来人们的利益，又关心普通群众，特别是低收入人群和困难群众的利益，最大限度地实现各个领域各个区域的互动发展。

（四）加强党的执政能力建设，必须在为民谋利上见实效。实现好、维护好、发展好最广大人民群众的根本利益，是执政能力建设的出发点和归宿。加强党的执政能力建设，就是要提高各级党组织和广大党员干部为民谋利的能力和水平，自觉把为民谋利作为我们的执政理念和工作要求，把推进经济社会发展和提高人民生活水平更好地结合起来。在实际工作中，要坚持做到有利于提高人民群众物质文化生活水平的事，都认真去做、务求实效；有利于提高人们思想道德和文明素养的事，都坚决支持、狠抓落实；有利于人们全面发展和平等竞争的社会环境，都努力营造、大力倡导；涉及人民群众政治、经济和文化等方面的权益，都注意尊重、充分保障，努力让最广大人民群众享受到改革发展的成果。

二、客观认识今年工作取得的成绩，进一步增强新形势下加快发展的紧迫感、责任感

今年以来，面对复杂多变的宏观环境，全区上下坚持以科学发展观为指导，紧紧围绕年初提出的各项目标任务，紧中求活，难中求进，稳中求序，好中求快，全区经济社会各项事业继续保持快速健康协调发展的良好态势。

（一）区域经济稳步发展。全区经济在调整优化中呈现速度与效益并举的发展格局，预计全年可完成地区生产总值276亿元，同比增长15%，实现预算内财政收入（新口径）27亿元，同口径比较增长23%。高新技术产业迅速发展，技术改造持续加强，园区开发建设有序规范，规模企业、优势产业支撑作用更加明显，工业经济综合实力和竞争能力不断提高。重视保护粮食生产能力，持续推进产业结构调整，农业产业化经营水平不断提高，农业农村经济平稳运行。房地产业增势强劲，城区金融、商务等服务业稳步发展，三产经济加速发展。

（二）城乡建设有序推进。新城区核心区块规划及城市设计得到深化完善，商贸居住等功能区块建设稳步推开，与市区连接道路、景观绿化带工程、市政设施等配套建设取得实质性进展，社区建设健康发展，城市功能进一步完善。重点水库、重要道路以及重大电力设施建设顺利开展，旧村改造新村建设择重突破，现代化示范村创建力度持续加大，新鄞州工程建设稳中有进。环境保护和整治工作同步强化，生态区建设取得初步成效。

（三）改革开放有新突破。重视抓好招商引资，外资利用取得新的突破，着力优化外贸结构，积极参与国际国内合作与交流，外向型经济可持续发展能力不断增强。基本完成行政村撤并相关工作，加大社区型股份制改造和撤村建居力度，初步确立了适应城市化发展要求的管理体制。加强就业和再就业工作，全力以赴做好被征地农民养老保障、社会保险扩大覆盖面、农村大病医疗保险等工作，社会保障体系不断完善。深化行政审批制度和国有集体资产管理体制改革，引导市场经济主体创新管理机制，发展活力不断增强。

（四）政治文明精神文明协调发展。强化依法治区工作，支持人大、政协积极履行职能，巩固和发展爱国统一战线，注重发挥工青妇等群众团体在三个文明建设中的作用，加强党管武装各项工作，民主政治建设有序推进。启动创建文明城区，重视未成年人思想道德建设，城乡文明程度不断提高。成功举办了“放歌新鄞州”文化艺术周活动，教育、科技、文化、卫生、民政等各项事业不断发展。部署开展“平安鄞州”创建活动，突出通过制度建设化解人民内部矛盾，加强社会治安综合治理和安全生产工作，全区社会治安稳定。

（五）党的建设有新加强。创新理论学习的方式与载体，重视抓好各级领导班子的思想政治建设。推进干部人事制度改革，调整充实了镇乡（街道）领导班子，启动实施人才强区战略，干部队伍整体素质不断提高。以“三级联创”为抓手，扎实开展“先锋工程”活动，落实驻村指导员制度，加强非公企业和社区党建工作，党的群众基础不断扩大。严格执行党风廉政建设责任制，以《中国廉政文化丛书》出版为标志的廉政文化建设取得原创性成绩，纠正行业不正之风和机关效能建设扎实推进，干部违纪违法案件得到有力查处，作风建设和反腐败斗争向纵深发展。

回顾一年来的工作实践，区委常委会全体同志深深体会到，面对新形势新任务，要切实履行好区委常委会各项职能，必须把增强执政意识、提高执政能力，作为推进我区三个文明建设各项事业和做好党的建设各项工作的结合点，特别是有四条经验，值得我们认真总结和推广。

一是坚持把上级精神同鄞州实际结合起来，创造性地开展工作。区委在贯彻中央关于科学发展观的重要思想和加强宏观调控等一系列政策措施，落实省委“八八战略”、市委“六大联动”要求时，坚持吃透精神而不照搬照抄，注重在领会上情、把握区情、熟悉下情、了解外情的基础上，深化细化上级各项决策部署，适时提出符合中央精神、切合我区实际的发展思路和决策部署。像新鄞州工程、“双优”战略、“平安鄞州”等重大决策和部署，都是上级精神与鄞州实际结合的产物。我们体会到，只有这样，才能与时俱进地把我区改革发展稳定的各项工作做得更好。

二是坚持求真务实、争创一流的精神，狠抓各项工作的落实。正确的战略需要正确的战术来落实和执行，落实才能出成绩、执行才能见成效。在实际工作中，区委注重抓好重点区域、抓住主要矛盾、抓准关键环节，以创新的思路、创新的措施，解决新鄞州工程、“双优”战略等重大工作中的重点难点问题，以点带面推进全局工作。同时，注重发扬求真务实的工作作风，切实把重大战略决策分解落实到各地各部门的各项具体工作中，把抓阶段性工作和长期性目标结合起来，做到苦干巧干不张扬，力求通过一件一件地抓落实，不断积小胜为大胜。

三是坚持鼓劲造势，最大限度地调动基层工作的积极性主动性创造性。抓发展必须调动一切积极因素，形成共同推进的整体合力，因此，区委十分重视引导好、保护好、发挥好各方面干事创业的积极性。通过制定向基层倾斜的政策措施，让基层拥有更大的发展调控权；通过及时协调解决各类问题困难，努力创造良好工作环境；通过大力宣传先进典型，进一步弘扬正气、激发创业热情。同时，区委始终坚持真正重视、真情关怀、真心爱护广大基层干部，大力支持、积极保护敢于负责、勇于创业的干部，坚持以工作实绩评价干部、使用干部，并使之成为一种导向，在全区上下形成了抓发展、谋发展的良好氛围。

四是坚持“立党为公、执政为民”，切实发展和保护好最广大人民群众的根本利益。区委始终坚持一个信念，就是在任何时候、任何情况下，都必须把人民群众的要求和愿望，贯穿于想问题、定政策、办事情的全过程。新鄞州工程绝大多数项目都是民生项目，如在优化人居环境上，启动生态区建设，推进旧村改造新村建设，实施区域供水工程；在拓展民生渠道上，全力做好就业再就业工作，健全社会保障体系；在改善民存条件上，持续加大教育、卫生、文化体育等事业投入力度，提高基础教育和医疗卫生、公共卫生服务质量，完善路网结构，开展客运中巴公交化改造等。此外，强调通过制度建设协调各方利益关系，保护好工业化城市化进程中各类群体的合法权益，理顺了情绪，凝聚了人心，优化了发展环境。

但在肯定成绩的同时，我们也清醒看到我区经济社会发展中仍存在一些矛盾和问题：产业结构优化和产业层次提升滞后于发展速度，要素制约仍然比较突出；环境保护的长效机制尚未真正建立，城乡环境面貌有待进一步改善；改革发展中的新情况、新问题不断显现，社会治安与稳定工作尚需进一步加强；部分党员干部和基层党组织统筹发展、攻坚克难、群众工作等的能力和力度需要进一步增强等。对于上述这些问题，我们将在今后的工作中切实加以改进。

2005 年是“十五”计划的最后一年，也是本届党委承上启下的关键阶段，做好明年工作对于实现“创现代化强区、建生态型鄞州”的既定目标，具有十分重要的意义。综观我区明年发展形势，虽然受宏观环境变数增多、要素供应持续偏紧、体制机制加速转型等三大因素的制约，但在国际国内经济形势整体趋好的大背景下，发展优势也进一步凸现，特别是近几年大规模的工业投入和城市基础建设的加快推进，积蓄了一定的要素资源，为下步发展赢得了空间。经过宏观调控的考验，全区上下创新发展、集约发展的观念已经确立，区域经济正在走上注重内涵提升的发展路子。因此，明年鄞州发展是机遇和挑战并存，而且总体上还是机遇大于挑战。

基于上述认识，明年全区工作的指导思想是：以邓小平理论和“三个代表”重要思想为指导，全面贯彻落实党的十六届四中全会、省委十一届七次全会和市第十次党代会精神，坚持用科学发展观统领经济社会发展全局，积极推进“双优”战略，着力实施新鄞州工程，不断提高党的执政能力和水平，加强三个文明建设，促进协调发展，营造和谐社会。经济社会发展的主要目标是：地区生产总值增长13%左右，预算内财政收入同口径比较增长12%左右，主要经济指标继续保持全省全市领先水平，各项社会事业全面协调发展。

三、把执政能力建设落到实处，推动经济社会平稳协调发展

加强党的执政能力建设，关键是要结合实际，把执政能力建设的要求，落实到高标准高质量编制完成“十一五”发展计划纲要中去，理清鄞州未来五年的发展定位和方向，特别是要落实到抓好明年各项工作的重点措施中去，营造区域发展新优势。

（一）全面实施“双优”战略，推进产业互动发展。注重创新发展、集约发展和联动发展，研究确定“双优”战略具体举措，大力推进结构调整，促进增长方式转变，提高区域经济发展的质量和效益。

坚定不移地走新型工业化道路。坚定“工业强区、工业兴区”的战略思路，坚持工业经济的主体地位不动摇。把发展产业集群作为提升工业层次的基础性工作来抓，适应市场需求变化和增强竞争力的要求，推进产业结构优化升级，塑造具有较强竞争优势和持续发展动力的产业集群。完善鼓励创新的政策体系，加强科技创新体系建设和产学研联合，提高自主创新能力，培育发展机电一体化、新材料等高新技术产业。加快纺织服装、机械制造等传统产业信息化改造和基础装备更新步伐，巩固行业比较优势。大力发展循环经济，提高资源综合利用效益，走低代价经济增长路子。实施工业企业五十强五十佳“双五十工程”树强扶优战略，继续培育大企业大集团，扶持发展高成长型实力企业。鼓励和推进标准厂房建设，拓展中小企业发展空间，壮大规模企业群体。重视工业有效投入，夯实鄞州工业发展后劲。

突破发展现代服务业。按照“近期促投入，中期抓产出，远期呈协调”的总体思路，依托工业化城市化快速推进的契机，加快发展现代服务业，形成鄞州经济新的增长点。编制完成全区第三产业发展规划、重点行业发展规划以及新城区等重点区域服务业布局规划，明确三产发展方向。制订出台三产发展扶持政策，突出发展重点，放宽市场准入，强化激励引导，营造社会资源加速向第三产业、重点行业和重大项目集聚的发展氛围。加大重点区域、重大行业和新兴业态招商力度，注重引进辐射效应广、示范带动大的龙头项目，抓好新城区现有重大项目的开工建设，推动第三产业快速发展。

大力发展都市农业。围绕“服务城市、致富农民”的要求，大力发展都市农业，加速传统农业向现代农业的转型。在保护好粮食生产能力的前提下，继续调整农业产业结构，大力发展生态观光型、特色休闲型、科技效益型和绿色安全型农业，优化都市农业布局。扶持发展农业龙头企业，培育发展各类专业合作经济组织，提高农业产业化经营水平。构筑都市农业发展支撑体系，加强农业基础设施建设，大力实施科技兴农战略，强化农产品标准生产、质量安全控制和品牌认证工作，实现农业提质增效。

（二）加强开放改革，增添协调发展的动力。在发展的重要关口，必须切实转变工作思路，以体制机制方式的创新，来破解面临的各种制约，积累可持续发展的内生动力。

转变园区开发思路。顺时应势调整园区开发理念，明州工业园区要转移开发重心，集中力量主攻东区核心区域，全面提升园区的品位和档次。望春工业园区要强化基础设施配套、规划管理和综合协调，凸现五大特色专业园区形象。投资创业中心要抓好项目建设与投产，力争早出规模、快见效益。启动滨海盐地资源开发，拓展鄞州工业新的发展空间。加大镇乡工业区块整合力度，积极探索异地开发、联合共建等模式，实现资源优化配置。建立土地集约利用监管与考核体系，围绕“新三率”即投资率、产出率和税收贡献率，盘活存量，保障发展，集中力量，确保重点，提高资源利用整体水平。要建立项目评审筛选机制，严把入园企业门槛，实现园区建设由框架性粗放开发向功能性集约开发转型。

创新开放合作理念。提高利用外资质量，优化利用外资结构，加大围绕“双优”战略导向进行产业化招商的力度，挖掘存量土地、存量资产、存量厂房的招商潜力，逐步实现由引资向选资、数量向质量、引资为主向引进资本与引进先进技术和管理并重、二产为主向一二三产全领域拓展的转变，发挥好招商引资对优化产业结构、推动产业集群发展的促进作用。转变外贸增长方式，鼓励生产型企业扩大出口，积极发展加工贸易，提高出口商品附加值。继续实施“走出去”战略，支持有条件企业开展跨国经营，实现贸易方式和市场多元化，推动外贸转型升级。引导企业参与西部开发和东北老工业基地改造，广泛开展区域合作与交流。

增创市场经济主体活力。推进企业制度创新和资本流动重组，鼓励中小企业实行公司制改造，完善法人治理结构，加快建立现代企业制度，激发内部活力和潜能。支持科技型、成长型企业加快上市步伐，积极培育上市企业后备群体。深化国有集体资产管理体制改革，完善资产监督与管理体系，实现国有集体资产保值增值。深化投融资体制改革，探索建立通过市场机制调节分配要素资源的有效途径，稳步推进生产经营型事业单位改革，再创区域经济发展的体制优势。

（三）加大协调统筹力度，加速城乡一体化发展。牢固树立统筹发展理念，主动适应撤县设区新形势和人民群众的新要求，加快城乡协调发展步伐，实现城乡经济社会互补融合、协调发展和共同繁荣。

加快新城区建设步伐。继续完善新城区总体规划，深化细化核心城区分区修建性详规，以及城市设计、景观设计等专项规划，优化城市空间结构和功能布局，加强规划实施的严肃性。集中力量建设重点功能区块，加大城区绿化带等市政公用设施建设力度，奠定核心区块发展框架；加快商贸中心、住宅小区、文教体卫等重大城市项目建设进程，美化城市形态，完善城市功能，进一步吸纳凝聚人气。建立城市管理长效机制，加强城市社区建设，提升城市管理水平和整体形象。加强与市区连接的南北向道路建设，疏通市区交通，凸现新城区建设的后发优势。

营造镇村发展新优势。有重点选择几个中心镇开展综合改造试点，明确目标任务，落实政策措施，营造示范效应，提高城镇建设管理整体水平。推进以明晰产权主体、理顺分配关系、强化民主监督为核心的村级集体资产社区型股份制改造，加快具备条件的村实施撤村建居步伐，为城市化和社区建设奠定基础。充分发挥湾底、藕池、明伦等重点示范村的模范样板作用，加强特色示范村创建工作，推动现代化示范村创建工作再上新台阶。继续实施欠发达村奔小康工程，增强贫薄村自我发展能力，提高全区新农村建设整体水平。

搭建一体化发展平台。加大整体策划、宣传力度，提高群众对文明城区创建工作的知晓率和参与面。广泛开展群众性思想道德教育活动，坚持正确的舆论导向，重视未成年人思想道德建设，深入开展文明镇、文明村、文明单位创建活动，培育倡导市民意识和文明健康生活方式，建成省级文明城区，提高城乡文明程度。适时调整新鄞州工程基础设施项目安排与建设时序，突出抓好重大道路、水利工程建设，继续开展城乡电网、农村公路以及客运中巴公交化改造，推动公共基础设施向农村覆盖延伸。

（四）坚持以人为本，努力营造和谐稳定的社会环境。以新鄞州工程为抓手，关注热点，破难创优，建立为民办实事的长效机制，营造良好发展环境。

统筹发展社会事业。加大教育投入，改善办学条件，整合教育资源，提高优质教育资源使用效益，推进优质教育普及化民众化。重视抓好计划生育工作，加强医疗卫生体制和公共卫生体制改革，扩大医疗卫生资源，优化医疗卫生资源布局，提高医疗卫生质量。深化文化体制改革，积极培育市场主体，推进文艺精品创作，繁荣发展文化事业，丰富群众精神文化生活，举办第三届中国梁祝婚俗节，打响特色文化品牌。扎实做好就业再就业工作，完善就业服务体系，落实就业扶持政策，强化就业培训服务，努力实现充分就业。加强用工管理和劳动保障执法监督，加大职业病预防力度，坚决查处拖欠民工工资行为。完善被征地农民养老保障和新型农村合作医疗制度，扩大城镇职工五大保障覆盖面；逐步提高城乡最低生活保障水平，扎实开展扶贫帮困工作，继续发展慈善、助残、优抚救助等社会福利事业，健全社会保障体系。

优化城乡人居环境。因地制宜推进新村建设，提高商品房开发的质量和档次，全面实施区域供水工程，改善城乡居住条件。落实生态鄞州建设各项措施，加大宣传教育力度，提高全民生态环保意识。重视环境保护与综合治理，严控工业和农业污染源，加大重点行业污染治理力度，扎实开展区域性水环境综合治理和农村环境整治工作。正确处理资源保护与开发的关系，加强垃圾与污水集中处理系统、生态公益林带等设施建设，大力推广生态化墓葬，营造良好生态环境。

推进建设"平安鄞州"。加大投入力度，继续抓好以构建环老市区治安防控网络为重点的社会治安打防控一体化建设，以加强外来人员管理为重点，开展社会治安专项治理，遏制治安案件频发势头，确保社会治安稳定。把握新形势下人民内部矛盾的新特点，注重从政策、制度源头上解决群众信访问题。健全人民内部矛盾调处机制，完善区级领导信访接待、重大信访包案处理工作制度，推广邱隘镇领导班子成员定点接访、包干解决信访问题的经验做法，努力把不稳定因素化解在基层和萌芽状态。依法严厉打击各种犯罪活动，健全快速有效处置群体性事件和突发事件的应急机制，高度重视食品安全和安全生产监督管理，提高应对公共危机能力，确保人民群众生命财产安全。加强"四五"普法宣传和教育，提高全民宪法意识和法律素质，拓宽民主渠道，扩大基层民主，夯实维护社会稳定的思想和体制基础。

四、围绕提高执政能力目标，切实加强和改进党的建设

面对执政条件和社会环境的深刻变化，面

对统筹协调发展的艰巨任务,我们要坚持以“三个代表”重要思想为指导,全面加强党的建设,不断提高执政能力,为推进鄞州在更高层次的发展提供坚强保证。

(一)强化政治教育,巩固执政的思想基础。

强化思想政治建设。根据省市的统一部署,在区级班子中集中开展“三树一创”教育活动,增强区级班子用发展着的马克思主义指导新实践的本领。结合机关、镇乡(街道)领导班子和领导干部的特点,创新主题教育活动的内容和载体,坚持思想政治教育与学习先进典型相结合,与解决存在的主客观突出问题相结合,引导各级领导班子和领导干部增强“守土有责”的责任意识,牢固树立和认真落实科学发展观、正确政绩观和牢固的群众观。

重视理论武装工作。围绕建设学习型政党的要求,进一步完善各级中心组理论学习制度,加强对学习情况的督促、检查和考核,提高领导干部理论学习的自觉性。突出学习“三个代表”重要思想和党的十六届四中全会精神,努力在真学、真懂、真信、真用上下功夫。大力弘扬理论联系实际的学风,坚持把解决实际问题作为理论学习的立足点,坚持用科学理论指导谋划鄞州的改革与发展,深入开展调查研究,及时总结基层群众的实践经验,提高学习的实效性。

加强干部培训工作。重视发挥各级党校作用,加强对各级各类干部的教育培训,注重培训的实用性,除抓好必要的政治理论知识学习外,重点搞好本职岗位所需的专业知识、政策法规等的业务培训。体现培训的灵活性,拓宽培训渠道,创新培训手段,扩大针对性培训的规模和范围,提高干部的理论水平和能力素质。

(二)加强干部和人才工作,巩固执政的人才基础。

配强配好各级领导班子。坚持老中青相结合的原则,按照梯次配备、专业配套、气质互补、能职相称的整体要求,优化干部队伍结构。保持镇乡(街道)领导班子的相对稳定,注重通过制度建设,落实班子成员的工作责任,提高班子整体工作水平。加强部门干部交流工作,调整充实区级机关领导班子,增强机关整体效能。抓好区管后备干部队伍建设,提高后备干部队伍综合素质。

深化干部人事制度改革。加大改革创新力度,建立科学、规范、民主的选人用人机制。完善领导干部初始提名和差额考察制度,在继续做好公开选拔领导干部的同时,探索公推公选提拔部分领导干部,落实好群众对选拔任用干部的知情权、参与权、选择权和监督权。完善领导干部辞职制、任期制,疏通干部“下”的渠道。健全干部实践锻炼和政绩考核评判机制,建立区级机关与镇村干部双向挂职和新录用大学生到基层工作制度,提高他们实际工作能力,注重发挥考核的激励作用,促使干部抓好统筹发展。

推进建设“人才高地”。全面落实人才强区战略,进一步加强对人才工作的领导,充分发挥镇乡(街道)以及企业人才联络员队伍的作用,完善人才考核办法,建立人才服务“网络”化平台,营造良好人才环境。统筹规划“三支队伍”的培养使用工作,继续加大高层次紧缺人才引进培育力度,有计划组织各类人才进行知识更新培训,努力构筑人才高地,为鄞州发展提供坚实的人才支撑。

(三)加强基层组织建设,巩固执政的组织基础。

加强农村基层党组织规范化建设。党的基层组织是党全部工作和战斗力的基础,要开展“农村基层组织建设年”活动,全面加强我区农村基层党组织建设。深化“三级联创”，建立镇乡（街道）党委（党工委）书记党建工作例会制度，健全抓镇促村机制，落实镇乡（街道）党委（党工委）抓党建的工作责任。注重研究行政村撤并后的新情况，认真搞好村两委会换届工作。加强以村党组织书记为重点的村级班子和干部队伍建设，拓展村企交流、下派、公开选拔等渠道，在条件成熟的村探索推行“公推直选”，真正把群众公认的优秀人才选拔到村级领导岗位上来。加强村干部队伍的教育管理，抓好针对性政策培训，提高村干部工作水平。加大村干部激励力度，实行村党组织书记工薪制，拓宽优秀村党组织书记进入乡镇机关的路子，帮助解决村干部的后顾之忧，关心爱护离退职村干部，充分调动他们的积极性。大力推广明伦、芦港等村的先进经验，全面实施包括事前群众提议干部承诺制度，事中“三委会”民主决策，事后干部述职评议、“三务”公开的民主管理制度，形成“三委会”协调一致的运行机制。

加大新领域党建工作的力度。扎实搞好企业党建工作覆盖网建设，持续加大发展党员和组建党组织的工作力度，开展非公企业党建工作“三双”活动，培育发展一批省市非公企业党建示范点。继续抓好安置型、商住型、城镇型三类社区党建工作，建立社区党建共商机制，规范社区党组织议事决策和日常工作制度，注重发挥社区在职党员的作用，加强社区工作者队伍建设，培育一批党建工作示范社区。继续抓好新社团的党建工作，形成基层党建工作大联动格局。

加强党员队伍建设。围绕“提高党员素质、加强基层组织、服务人民群众、促进各项工作”的要求，根据上级统一部署，开展保持党员先进性教育活动，进一步发挥广大党员的先锋模范作用。规范党员发展工作，严格程序，把好入口，畅通不合格党员的“出口”，纯洁党员队伍。加强各级党员服务咨询中心（站）建设，规范基层党日活动，依托阵地，加强管理。重视发挥无职党员的作用，帮助解决老党员的实际困难，增强基层党组织的凝聚力和号召力。

（四）改进执政方式，巩固执政的体制基础。

完善领导体制。按照“总揽全局、协调各方”的要求，进一步明确定位、理顺关系，形成“一个党委”、“三个党组”、“几个口子”的领导体制。就区委而言，“一个党委”就是区委全委会，在区委全会闭会期间，由常委会主持日常工作；“三个党组”指区人大党组、区政府党组、区政协党组；“几个口子”是指区委副书记和常委分管的几方面工作。在这一领导体制中，区委居于核心地位，着重把方向、抓大事、出思路、管干部。具体来说，就是通过“三个党组”，实现区委对区人大常委会、区政府、区政协的领导；通过“几个口子”，实现区委对各个工作领域的领导；通过发挥好镇乡（街道）党委（党工委）以及有关部门党委（党组）的作用，保证区委各项决策和部署贯彻落实到位。

健全工作机制。加强民主集中制建设，健全区委全委会和常委议事规则，发挥好现有各项工作制度的作用。完善区委领导经济工作的机制和方式，健全区委常委会经济形势分析会制度，建立区委财经工作领导小组，谋划发展全局，研究政策措施，布局重点项目，协调平衡资金，推进经济工作决策科学化民主化。完善镇乡、部门党政班子民主决策与议事规则，确保把各类重大事项、重大问题的决策建立在调查研究和民主决策基础之上。

整合执政资源。坚持和完善人民代表大会制度和共产党领导的多党合作与政治协商制度，规范开展政府组成人员向人大述职和接受人大评议的活动，推进政府与政协的政情交流工作。为加强区委对人大、政协工作的领导，明年适当时候，区委将分别召开人大工作会议和政协工作会议。贯彻落实党的统战、宗教、对台和侨务政策，凝聚社会各方面力量。坚持党管武装，加强国防教育和双拥工作，推进国防后备力量和动员体系建设。完善党对工会、共青团、妇联等群众团体的领导，支持各群众团体独立负责地开展工作，成为党联系群众的桥梁和纽带，最广泛地调动一切积极因素。

（五）加强党风廉政建设，巩固执政的群众基础。

密切党同人民群众的联系。继续开展机关效能建设，创新管理方式，发展电子政务，倡导质量管理模式，进一步提高机关效能。实施以联点帮困为主要内容的“民心工程”，区四套班子领导要带头定期到联系点访民情、察民意，倡导深入实际、调查研究的风气。健全镇乡（街道）领导班子成员联系基本群众和住夜入村制度，开展镇乡机关干部“串万家门，解百姓难”活动，实实在在为群众排忧解难，及时了解掌握群众基本需求。完善村干部月末走访、周末约谈、定期接访、民主恳谈会等形式，疏通干群双向交流沟通渠道，建立涉及群众工作“六必到”制度，逐步推行村级公务零开支制度，改善党群干群关系。

扎实推进党风廉政建设。坚持标本兼治、综合治理，惩防并举、注重预防，构建教育、制度、监督并重的惩治和预防腐败体系，坚定不移地推进党风廉政建设和反腐败斗争。严格落实党风廉政建设责任制，强化领导干部廉洁自律工作。把握先发优势，加强规划和资源整合，推动廉政文化建设不断在深度广度上拓展。继续深化行政审批制度、财政管理体制和干部人事制度改革，根据新鄞州工程建设实际，完善重大项目保廉体系，健全财政性项目资金监管和绩效评价体系，在区级机关各部门推行副职财务审批制度，形成有效制约机制。落实好《党内监督条例》配套制度建设，完善领导干部经济责任审计制度、述职述廉和民主评议制度，建设监督预警机制。围绕推进区委、区政府的中心工作，针对群众关注的热点重点问题，组织开展专项治理，坚决纠正部门和行业的不正之风。继续加大查案力度，重视发挥典型案例的警示教育作用，树立各级领导班子为民、务实、清廉的良好形象，营造廉洁、公正、高效的政务之风。

同志们，明年工作的目标任务已经明确，关键在于抓落实、促深化、出成效。让我们在邓小平理论和“三个代表”重要思想的指导下，紧密团结在以胡锦涛同志为总书记的党中央周围，振奋精神，开拓进取，不断开创鄞州改革开放和现代化建设事业的新局面。

（区委办公室综合科提供）

政 府 工 作 报 告

2005年1月19日在宁波市鄞州区第十五届人民代表大会第三次会议上

区长 徐立毅

区长徐立毅同志在作政府工作报告

各位代表：

现在，我代表区人民政府向大会报告工作，请予审议，并请与会的政协委员和其他列席人员提出意见。

2004年工作回顾

2004年是我区经济社会发展加快转型的重要一年。一年来，我们在区委的领导下，在区人大、区政协的监督支持下，紧紧依靠全区人民，以邓小平理论和“三个代表”重要思想为指导，牢固树立和认真落实科学发展观，积极贯彻中央宏观调控政策，部署实施“双优”战略，扎实推进“新鄞州工程”建设，努力克服资源环境约束等诸多困难，团结拼搏，奋发进取，较好地完成了区十五届人民代表大会二次会议确定的各项任务。

一、优化经济结构，区域经济保持平稳较快发展

2004年，全区实现地区生产总值277.9亿元，按可比价格计算增长15.6%，其中一、二、三产业，分别增长6.7%、16.6%和15.1%；财政一般预算收入达到46.5亿元，增长25%，剔除出口退税后，完成财政一般预算收入27.9亿元。

工业竞争力持续提升。坚持走新型工业化道路，努力促进工业速度、结构、质量、效益的有机统一。工业总产值增长27.9%，规模以上企业产值、销售、利润，分别达到617.3亿元、623.1亿元和51.6亿元，增长24.4%、26.7%和15.2%，年销售收入上亿元企业达到111家。纺织服装、机械制造、仪器仪表等传统产业加快升级，电子信息、新型材料等高新技术产业发展迅速，完成工业投入92.5亿元，增长40.8%，新增国家级高新技术企业5家，总数达到14家，高新技术产品产值在全部工业中的比重提高到17.8%。实施国家科技计划项目16项，开发国家级新产品5个，雅戈尔集团工程技术中心成为全市首家国家级工程技术中心，奥克斯商标被认定为中国驰名商标，7个产品获得中国名牌产品和国家免检产品称号。宜科科技成功上市，一批企业上市工作取得较大进展，企业股份制改造工作继续推进。我区被评为全国科技进步示范区。

农业基础地位得到加强。积极推进农业产业化进程，名优农产品生产规模扩大，获得市级以上绿色无公害农产品和名牌农产品14个，新增国家级农业龙头企业1家、省级2家，农产品质量和附加值进一步提高。重视粮食安全，加强粮食储备，采取直接有效的政策措施保护农民种粮积极性，粮食生产呈现恢复性增长。加强了农产品市场体系建设和农技、农机、气象服务，各类农村专业合作组织和行业协会达到68个，注重做好动植物防疫、检疫工作，农业社会化服务体系不断完善。实施山塘水库除险加固和小流域治理，新建标准农田2666.67公顷，农业生产条件继续改善。

开放型经济取得较好成绩。努力克服不利因素，继续保持开放型经济的良好发展态势。新批外商投资企业206家，合同利用外资和实际利用外资达到7.4亿美元和3.6亿美元，均居全省首位，增幅分别达到29%和28%。利用外资水平进一步提高，大项目、科技型项目比重提升，第三产业招商和“以民引外”工作有较大进展。外贸出口增长较快、结构有所调整，完成外贸自营出口25.5亿美元，增长38.8%，机电产品和高新技术产品出口比重分别提高了5.5个百分点和1个百分点。新办境外企业12家，年末在外劳务人员258名。外事、侨务、对台和检验检疫工作为开放型经济发展作出了贡献。

二、加强统筹协调，城乡一体化进程进一步加快

城市功能不断完善。编制了新城区分区规划和重点区域城市设计专项规划，加强了规划管理。天童南路延伸段建成通车，宁南北路、沧海路拓宽改造工程启动，供电、供水、排污、绿化等配套建设和拆迁安置工作有序推进。高级中学、文化广场、文化艺术中心建成使用，英国诺丁汉大学宁波校区、鄞州第二医院、明州医院、老年公寓、鄞州公园、科技中心以及部门机关办公楼建设抓紧进行，宁波万达广场、明州花园酒店、麒麟大厦等一批重大项目相继开工。加强了城市社区建设，公用事业管理、市政设施管养得到重视。以新城区为重点加快发展第三产业，着手制订第三产业发展规划和相关扶持政策，房地产开发销售势头良好，旅游业总收入增长13.5%，金融存、贷款余额达到461亿元和320.9亿元，分别增长21.7%和24.3%，商贸、宾馆、餐饮等传统服务业继续发展，实现社会消费品零售总额66.4亿元，增长 19.4%，商务、中介、社区等新兴服务业发展开始起步。

农村发展协调推进。完善全区城镇体系规划，旧村改造、新村建设稳步实施，重点区域拆迁式安置有序推进，村庄整理式改造工作得到加强，山区、半山区移民式迁建开始启动，着手解决大龄青年和住房困难户的住房问题，拆迁农村旧房80.6万平方米，建成新村住宅165.6万平方米。示范村建设继续推进，省全面小康建设示范村达到7个。稳妥开展行政村撤并工作，行政村数量由659个减少到464个。稳步实施农村社区股份合作制改造，继续推进村改居，新建社区居委会8个。落实上级政策全面免征农业税，完善第二轮土地承包工作和征地补偿、拆迁安置政策，加强村级集体资产管理，实施欠发达村奔小康工程，滩坑水电站第一批移民安置工作有序进行。

重大基础设施建设顺利实施。积极配合做好甬金高速、绕城高速鄞州段建设工作，鄞州大道基本建成，明州大道前期工作基本完成，联丰至集士港公路、329国道五乡段拓宽工程建设顺利实施，农村公路建设加快推进。编制完成全区公共交通和综合交通规划，中巴车公交化改造全面启动。扩建22万伏变电所1座，新建11万伏变电所5座，农村电网改造步伐加快。周公宅、溪下水库建设进展良好，奉化江鄞州段城市防洪工程基本完成，区域供水工程全面实施，铺设输水管道35公里，81个村实施了供水管网改造。

三、适应宏观调控，资源环境支撑能力建设得到重视

*资源配置逐步趋向优化。*按照功能分区、集中布局原则，加快土地利用总体规划修编，调整优化建设用地布局结构。全面落实经营性土地收储、出让制度，积极发挥市场配置资源的基础性作用。结合开发区清理整顿，及时调整明州、望春工业园区开发思路，集中力量开发核心区块，推进鄞州工业园区向鄞州投资创业中心的转型发展，整合镇乡（街道）工业区块，促进资源的集聚配置。全面开展固定资产投资项目清理，着手研究全区产业发展规划，提高投资项目准入门槛，优先保证低能耗、低排放、高效益项目的资源供给，防止盲目投资和低水平重复建设。

*要素节约利用工作得到加强。*制订实施建设用地投资密度和容积率控制标准，积极开展闲置土地清理，盘活存量土地122公顷，努力挖掘未利用地资源，开发利用各类未利用地82公顷。千方百计落实外购电量，鼓励企业和行政村自备发电、顶峰发电，大力加强有序用电管理，多增电量2170万千瓦时。加强水资源的开发、保护和节约利用，完善水资源调度，努力克服干旱缺水困难。建立招投标中心和政府投资项目审计中心，强化财政收支管理，盘活机关闲置存量资产，提高财政资金使用效率和国有资产管理水平。鼓励金融机构调整信贷结构，增加对我区的信贷投入，重视发挥民间资本作用，尽力保证经济社会发展的资金需求。

*生态区建设全面启动。*制订实施生态区建设规划，初步完成污水专业规划，积极创建国家级生态示范区。环境整治深入开展，完成河道疏浚整治53公里、砌石63公里，垃圾填埋场建设完成前期准备工作，新建了一批环卫设施。环境保护进一步加强，加大对重点区域、重点行业、重点企业的整治力度，电镀工业区二期工程投入使用。生态绿化建设继续推进，开展了矿山复绿和公益性生态墓区建设工作，新增绿地面积95万平方米。

四、坚持以人为本，各项社会事业协调推进

*就业和社会保障水平稳步提高。*完善再就业扶持政策，广泛开展就业培训和职业介绍，千方百计拓宽就业渠道，新增就业岗位19800个，培训失业职工和被征地人员11000名，城镇登记失业率控制到3.5%以内。城镇职工养老、医疗、失业、工伤、生育等社会保险覆盖面不断扩大，原农村职工养老保险享受标准有了提高。完善被征地人员养老保险制度，有5.6万名被征地人员参加了养老保险。全面实施新型农村合作医疗制度，54.4万名农民参加了农村医疗住院保险。建立健全社会救助体系，城乡居民最低生活保障标准进一步提高，农村“五保”对象基本实现集中供养，部分山区学校实行了免费义务教育，扶贫帮困工作得到加强。2004年，全社会职工人均工资收入和农民人均纯收入达到15690元和7781元，剔除价格因素，分别增长5%和8.9%。

*教育人才、卫生医疗、计划生育事业进一步发展。*大力发展教育事业，姜山中学、鄞江中学升为省一级重点普通高中，又有一批中小学校

列为省示范学校，基础教育各项指标继续保持全省领先水平，职业教育得到进一步加强，幼儿教育、社区教育和成人教育同步发展。开展了人才资源普查和“百所高校鄞州行”活动，进一步加大高层次人才引进、培养力度，各类人才总数达到5.6万名。完善突发公共卫生事件应急机制，加强职业病、传染病防治，社区卫生服务和农村卫生室规范化建设稳步推进，人民医院住院部顺利搬迁，配合宁波市完成了国家卫生城市创建工作。稳定低生育水平，人口自然增长率控制到0.9‰以内，计划生育工作通过全国优质服务先进区验收。

*文明城区创建活动全面开展。*制订规划，明确目标，文明社区、文明镇村、文明单位、文明家庭等群众性文明创建活动广泛开展，获得省文明城区创建工作先进区称号。开展各类主题教育活动，加强未成年人思想道德教育，重视抓好妇儿、老龄、残疾人等工作，积极倡导文明健康向上的社会风尚。努力丰富人民群众文化生活，组织举办了“放歌新鄞州”文化艺术周活动和区第十二届运动会，成功承办了七艺节全国“群星奖”音乐专场比赛，广播连续剧《它山堰的女儿》获得国家级一等奖，文物保护工作被评为全国先进。加强了国防教育和民兵预备役建设，继续做好“双拥”和征兵工作，进一步落实优抚安置政策。

五、推进依法治区，民主法制和政府自身建设继续加强

*民主法制进一步健全。*自觉接受区人大及其常委会和区政协的监督，认真办理人大代表议案、建议、意见和政协委员提案，满意率达到94%。加强与工、青、妇和工商联等人民团体的联系，广泛听取社会各界意见，努力提高科学民主决策水平。深入实施“四五”普法教育，进一步加强基层民主法治建设，明伦村被评为“全国民主法治示范村”，顺利完成居委会换届选举工作。

*“平安鄞州”建设扎实推进。*坚持治标与治本相结合，完善政策措施，强化工作机制，切实加强信访和基层基础工作，落实稳定工作责任制，及时化解各类社会矛盾。组织实施了“雷电系列行动”，开展打击“两抢一盗”等专项斗争，重视社区矫正，积极创建“治安安全村”、“平安社区”，着力构建“打、防、控”一体化网络，切实加强社会治安综合治理。强化文化娱乐行业管理，进一步扫除社会丑恶现象。依法加强宗教事务管理。继续整顿规范市场经济秩序，落实监管责任，开展了食品安全等专项整治活动。全面落实安全生产工作责任制，成立镇乡（街道）专职安全消防队，突出抓好薄弱环节整改，遏制了安全事故多发势头。

*政府自身建设继续加强。*认真贯彻落实《中华人民共和国行政许可法》，实施了行政许可项目、主体、依据和收费的清理整顿，强化行政执法责任制和政务公开，提高依法行政水平。积极开展机关效能建设活动，加强行政效能监察和行政过错责任追究，提高服务质量和工作效率。完成财政、地税机构分设，建立安全生产监督管理局，启动实施行政性公司改革，完善政府机构设置和职能配置。严格落实廉政建设责任制，严肃查处违规违法案件，构建保廉体系，推动廉政文化建设。

各位代表！

上述成绩的取得，是全区人民在转型中经受考验、在竞争中赢得发展的结果，也是各位人大代表、政协委员和社会各界大力支持的结果。在此，我代表区人民政府，向全区人民、社会各界、驻鄞解放军和武警官兵，致以崇高的敬意！向所有关心、支持鄞州建设和发展的海内外朋友，表示衷心的感谢！

在肯定成绩的同时，我们也清醒地看到存在的问题和不足：经济结构尚不够合理，产业层次还不高，区域经济整体竞争力有待进一步提升；资源环境约束严重，土地等重要资源的集约利用水平亟需提高，加快转变经济增长方式已刻不容缓；促进城乡居民收入稳定增加的办法还不多，部分群众生活依然比较困难，城乡差别还比较大，统筹发展的压力在增加；社会治安和安全生产形势不容乐观，经济社会发展中各类阶段性矛盾不断凸现，维护社会稳定任务艰巨；一些机关工作人员的工作作风仍有待改进，政府的行政能力还不能很好地适应形势的发展变化。我们将高度重视这些问题，努力加以克服和解决。

2005年主要任务

2005年是全面贯彻落实科学发展观的关键一年，也是全面实现“十五”计划、积极谋划“十一五”发展承前启后的一年。展望今年形势，全球经济继续好转，国际贸易不断扩大，产业转移和要素流动更加活跃，但不确定性因素有所增加。国内宏观调控取得了预期成效，经济运行中不健康、不稳定因素得到抑制，经济自主增长能力不断增强，体制环境日趋完善，但矛盾和问题仍然比较突出。我区产业的自我扩张和持续发展能力有了增强，多年来所积累的发展潜力在进一步释放，但转型发展任重道远。我们必须切实强化责任意识，充分调动一切积极因素，更好地利用重要战略机遇期，努力实现我区经济社会全面协调可持续发展和人的全面发展。

今年政府工作总的指导思想是：以邓小平理论和“三个代表”重要思想为指导，认真贯彻落实党的十六大，十六届三中、四中全会和中央经济工作会议精神，坚持用科学发展观统领经济社会发展全局，牢牢抓住发展第一要务，大力实施“双优”战略，深入推进“新鄞州工程”建设，着力打造“平安鄞州”，加快构筑和谐社会，切实加强政府行政能力建设，振奋精神，务实创新，努力开创鄞州改革开放和现代化建设的新局面。

2005年全区经济社会发展主要预期目标建议为：地区生产总值按可比价格计算增长13%，其中一、二、三产业，分别增长5%、13%和14%；财政一般预算收入增长1.6%，不考虑出口退税因素增长12%；城镇登记失业率控制在3.5%以内；剔除价格因素，全社会职工人均工资收入和农民人均纯收入分别都增长5%。

为实现上述目标，在今年工作中，我们要把保持经济平稳较快增长作为政府工作的首要任务，把推进城乡统筹协调发展放在政府工作的突出位置，把保障人民群众安居乐业作为政府工作的根本目标。重点做好五方面工作：

一、大力推动产业升级，提高经济发展的质量和效益

以新型工业化为导向，转变增长方式，调整经济结构，稳中求进，好中求快，着力提升区域产业整体竞争力。

加快发展先进制造业。调整扶持政策，优化资源配置，认真制订产业发展规划，重点培育产业关联度强、产品附加值高、市场容量大的行业和企业，加快打造先进制造业基地。积极运用信息技术和先进适用技术改造提升传统产业，推动纺织服装行业发挥品牌密集优势，提升设计水平，发展中高端产品，促进机械冶金、轻工建材等传统行业更新生产工艺和技术装备，推进品牌建设和规模生产，进一步巩固行业比较优势。加大对电子信息、新型材料等高新技术产业发展的扶持力度，加快发展汽车配件、生物医药等高成长性产业，尽快形成新的优势产业，新增国家级高新技术企业3家，高新技术产品产值在全部工业中所占比重提高到19%。实施工业企业“五十强、五十佳”工程，继续扶持大企业、大集团，支持企业以核心技术和品牌为纽带，积极培植产业链和产业集群，加快培育一批行业龙头企业。重视抓好中小企业发展，采取有力措施全面推进标准厂房建设，注重解决中小企业发展空间、融资担保和科技支撑问题。继续花大力气抓好工业投入，注重项目的科技含量，确保工业投入增长25%以上。

大力发展现代服务业。制定实施第三产业发展纲要及新城区第三产业发展专项规划，建立发展基金，出台扶持政策，以新城区为重点，积极打造生产性服务业和生活性服务业两大平台，加快构筑与先进制造业相配套、与现代城市相协调、与人民生活水平提升相适应的现代服务业体系。加快商务楼建设，搞好商务区块规划，积极培育发展现代商务业。建设明州等物流中心，大力发展现代物流业。加强会计审计、法律科技、评估咨询、社区服务等中介服务业的培育与发展。着力抓好宁波万达广场和一批宾馆、酒店、商业网点建设，争取启动轻纺城改造，积极发展连锁店、便利店、专业店、专卖店等新型业态，提升传统商贸服务业发展水平。培育和引进有实力的房地产企业，打造精品楼盘，促进房地产业健康发展。进一步整合旅游资源，促进东钱湖旅游开发，加大天童、五龙潭风景区开发力度，精心策划以梁祝爱情文化为主题的各种旅游活动，举办第三届梁祝婚俗节，进一步提升梁祝品牌。鼓励有实力流通企业开辟农村市场，实施菜市场改造，推进“放心店”工程建设，促进城市服务业向农村延伸。

积极发展特色农业。充分发挥区位、生态优势，围绕发展都市农业，优化农业区域布局，实施农业“百家园”工程，加快培育适合我区特点的新型农业产业体系。提升雪菜、竹笋、茶叶、果蔬、花卉等传统农产品质量，扩大设施栽培面积，大力发展绿色无公害农产品。抓好畜禽养殖业结构调整、基地转移和转型发展工作。继续推进蔺草加工行业的整治改造，支持农业龙头企业做强做大，鼓励工商资本投资开发效益农业，力争农产品加工产值增长20%以上。加强种子种苗工程建设和动植物防疫、检疫工作，加快推进农业标准化，办好农村专业合作组织和行业协会。加强农田基本建设，继续开展土地整理，新建标准农田1733.33公顷。重视发挥科技在粮食增产中的重要作用，抓好中心粮库建设，确保粮食安全。

二、以城带乡、城乡互动，进一步推进城乡统筹发展

主动适应撤县设区新形势和人民群众新要求，加快打破城乡二元结构，大力促进城乡之间资源要素的合理流动和科学配置，缩小城乡差别。

努力统筹城乡规划建设。充分发挥规划在统筹城乡发展中的龙头作用，坚持以城乡一体化要求完善经济社会发展规划。着力提升新城区建设品位，高标准深化修建性详规、城市设计、景观设计等专项规划。配合完成英国诺丁汉大学宁波校区建设，动工建设博物馆，继续抓好一批城市功能项目和部门机关办公楼建设，分步实施连接新城区与宁波老市区的“五路一卡口”工程，完成宁南北路、沧海路拓宽改造工程，开工建设下应大道，加快重要路段、重点区域街景改造，推进核心城区工业企业腾笼换业，搞好供水、供气、排污、景观绿带等配套设施建设。配合宁波东部新城区、科技园区做好开发建设工作。加强规划指导，加大小城镇建设力度，结合工业园区开发，重点抓好姜山、集士港等镇的旧镇改造和一批集镇建设。探索有效办法，落实工作责任，切实加大违章建筑整治力度。扎实推进旧村改造、新村建设，重点抓好旧村的整理式改造，稳妥实施山区、半山区移民式迁建，加快长丰、潘火等城乡结合部改造，大力推进重点区域的拆迁安置。因地制宜，统筹安排，努力解决好大龄青年和住房困难户的住房问题。

积极构筑城乡一体的基础设施网络。把推进重大基础设施建设作为统筹城乡发展的突破口来抓。配合完成甬金高速鄞州段及其连接线建设任务，做好绕城高速和杭甬高速拓宽工程鄞州段建设相关工作，建成鄞州大道、联丰至集士港公路和329国道五乡段拓宽工程，分步建设明州大道，加快建设新城区至横溪公路，全面推进农村公路建设，基本实现行政村通等级公路目标。争取完成全区中巴车公交化改造。抓紧建设周公宅水库，完成溪下水库和奉化江鄞州段城市防洪工程建设，实施甬新河鄞州段工程，继续抓好海塘、江塘、山塘的除险加固和小流域治理。扎实推进区域供水工程，继续实施农村供水管网改造，力争基本实现全区水厂从河网取水为主到水库取水为主的转变。继续加快电网电源建设，力争建成1座22万伏变电所和4座11万伏变电所，开工建设3座11万伏变电所，建设明州热电厂，抓紧做好望春热电厂建设前期准备工作。启动建设垃圾集中处理系统，建成垃圾填埋场一期工程，推行垃圾收集、中转分类管理，普及新城区和城镇建成区垃圾桶装化。实施污水专业规划，配合做好江东南区污水处理厂建设工作，抓好鄞西、明州污水处理厂建设前期工作，加快配套管网建设。

加快建立城乡统筹的就业和社会保障体系。逐步消除体制性、政策性障碍，统筹推进城乡就业和社会保障工作。认真落实好促进城乡就业的各项政策，健全完善区、镇乡（街道）、村（社区）就业服务网络，建立城乡劳动力资源、就业岗位、失业情况统一登记制度，突出抓好失业职工、被征地人员、新增就业人员和大中专毕业生的就业工作，积极引导农民向二、三产业转移，新开发就业岗位2万个。整合各类培训资源，建设一批有特色的劳动力培训基地，重点加强就业技能培训，注重提高培训的针对性和实效性，培训失业职工和被征地人员1万名。进一步完善城镇职工养老保险和基本医疗保险办法，继续抓好城镇职工失业、工伤、生育保险扩大覆盖面工作。稳步推进被征地人员养老保险工作，提高参保率。巩固新型农村合作医疗制度，稳定参保对象，提高管理水平。逐步提高城乡居民最低生活保障标准，建立完善医疗救助体系，健全自然灾害应急救助机制，积极发展慈善福利事业，重视残疾人等困难群体的帮困工作，建立扶贫帮困送温暖的长效工作机制。

三、深化改革、扩大开放，增强经济社会发展活力和可持续发展能力

针对当前出现的新情况、新问题，坚持用改革的办法、开放的举措、可持续发展的思路推动全区经济社会发展。

进一步深化各项改革。深入推进企业改革，支持企业加快股份制改造，大力鼓励企业上市，引导企业完善产权结构，健全法人治理机制，建立现代企业制度。完成行政性公司改革，完善国有资产处置、管理办法。继续实施财税管理改革，广辟增收渠道，严格税收征管，培植多元化的财源结构，加强对镇乡（街道）财政管理工作的指导，规范政府性公司的负债管理，强化对政府投资项目的招投标管理和审计监督，进一步完善部门预算、政府采购和国库集中收付制度，加快构筑公共财政。完善政府机构改革，设立宁波海关鄞州办事处，优化镇乡（街道）内部机构人员配置。深化行政审批制度改革，完善政务公开，推行电子政务，全面加强政府面向社会的各项服务制度建设。强化对经济社会发展中重大问题的研究和分析,开展经济普查,修编完成国民经济和社会发展"十一五"规划。稳步推进生产经营服务型事业单位改革。深化投融资体制改革,进一步突出企业的投资主体地位。实施住房分配货币化改革,确保三年内全面完成。理顺新城区城市管理职能,加强城市社区建设,探索新城区综合执法管理新路子,建立长效的城市综合管理机制。继续深化农村改革,进一步完善第二轮土地承包工作和土地征用政策,稳妥推进农村社区股份合作制改造和村改居工作,加强示范村建设,强化村级集体资产和基本建设项目管理。统筹加强农村扶贫工作,加大对边远地区、困难镇(乡)经济社会发展的帮扶力度,积极实施欠发达村奔小康工程,继续做好滩坑水电站移民安置工作。

着力提升开放型经济发展水平。把利用外资与推动产业结构优化升级紧密结合起来,在保证质量基础上,保持利用外资数量有一定增长。密切关注跨国公司投资动向,着重抓好重大项目、龙头项目的招商引资工作。充分发挥民营企业优势,积极引导民营企业与外资企业建立各种形式的合资合作关系。继续强化工业招商,重视抓好基础设施、旅游和农业项目的招商引资工作。抓住服务业对外开放机遇,努力突破现代服务业利用外资工作。以引进国内上市公司和知名企业投资项目为重点,继续加强内资引进工作。进一步加快外贸增长方式转变,积极引导专业外贸公司实行工贸结合、扩大代理收购、增加本地产品出口,鼓励有条件外贸出口企业由一般贸易转型为加工贸易,进一步扩大机电产品、高新技术产品和品牌产品出口,支持企业开展国际认证,促进外贸出口持续健康发展。继续鼓励有条件企业"走出去",开辟新的发展空间。

正确处理经济社会发展与人口资源环境关系。切实加强人口与计划生育工作,开展全方位的计划生育优质服务,加强流动人口计划生育管理,稳定低生育水平,提高出生人口素质,继续加强妇儿、青少年工作,重视人口老龄化问题,建成老年公寓,抓好基层老年活动阵地建设,努力把人口压力转化为人力资源优势。严格土地管理,编制完成并认真实施土地利用总体规划,继续抓好闲置土地清理盘活工作,从严执行建设项目投资密度、容积率"双控"标准,积极开发未利用地,启动大嵩盐田开发,广泛开展节能降耗活动,推行更严格的节能、节材、节水标准,着力提高建设项目的土地利用率、资金到位率、开工投产率和社会贡献率。扎实抓好明州、望春工业园区核心区块开发建设,努力提高鄞州投资创业中心的投入产出率,积极推进镇乡(街道)工业区块开发与整合,启动生态工业园区创建工作,促进资源的合理配置和集约利用。全面落实生态区建设规划,切实加强环境综合治理,进一步加大对电镀、印染、浇铸、食品加工等重点行业的污染治理力度,加快淘汰落后生产工艺,逐步开展清洁生产审核工作。着力抓好生态环境建设,继续推进"三沿五区"已关闭矿山复绿工作,积极开展公墓整治,完成公益性生态墓区建设,加快经营性公墓园林化改造,建设生态公益林2万公顷。积极扶持发展环保产业和资源再生化产业,大力探索发展循环经济。

四、扎实推进社会事业建设,促进社会全面进步

着眼于促进社会全面进步和人的全面发展,继续加大社会事业投入力度,逐步提高运作管理水平,加快建立现代化的社会公共事业服务体系。

加快推进教育现代化。进一步确立教育优

先发展地位，积极营造全社会尊师重教的良好氛围。统筹城乡教育，加大教育投入，加强师资队伍建设，全面提高办学水平和教育质量。优化教育资源配置，新建实验初中，迁建五乡中学，加大对薄弱学校扶持力度，积极推动教育均衡发展，加快普及高标准15年基础教育，全面开展教育现代化镇乡（街道）创建活动。大力发展职业技术教育，强化产教结合，不断促进教育与经济社会发展的良性互动。积极发展成人教育、社区教育，构建终身教育体系。重视加强教育对外交流与合作。规范有序地做好流动人口子女就学工作。加强学校周边环境整治，推进家庭、学校与社会教育的有机结合，进一步优化教育教学环境。

切实做好科技、人才工作。制订实施科技发展规划，注重发挥企业在科技进步中的主体作用，大力激发企业科技创新积极性，引导企业真正把增长方式转变的落脚点放到依靠科技进步和劳动者素质提高上来。大力加强区域科技服务体系建设，建成科技中心，引进各类研究机构，举办各类论坛，建立高新技术成果库和科技人才库，搭建科技服务平台。广泛开展科普活动，提高全社会科技素养。深入实施人才强区战略，进一步巩固我区与高校院所的人才合作，积极开展多层次、多渠道的人才培训活动，鼓励各类人才到国内外深造，加快引进、培养一批专业人才和技术工人。

努力构筑公共卫生体系。编制完成区域卫生规划，科学配置医疗卫生资源，完成人民医院迁建工程，建成鄞州第二医院门诊楼和明州医院一期工程，继续实施镇乡（街道）卫生院标准化建设，基本建立社区卫生服务体系。新建疾病预防控制中心和卫生监督所，加强对艾滋病等各种传染病和职业病的防治。完善医疗机构药品集中招标采购制度，减轻群众医疗费用负担。加强医疗服务和医德医风建设，提高医疗质量。进一步强化食品药品安全工作，理顺食品药品监督管理体制，建立食品安全检测中心。深入开展爱国卫生运动，进一步巩固“创卫”成果。

五、切实加强精神文明和民主法制建设，着力构建和谐社会

积极创建文明城区，加快打造“平安鄞州”，努力营造和谐稳定的社会环境。

不断丰富人民群众精神文化生活。深入开展形式多样的群众性精神文明创建活动，争创省级文明城区。注重挖掘先进典型，大力弘扬先进文化和时代精神。进一步加强公民道德建设，积极推进社会信用建设。大力繁荣城乡文化，继续开展“文化进百村”活动，广泛开展全民健身运动，启动民间艺术保护工程，继续做好文物、档案工作，积极推进文化精品创作。创新文化事业管理运作机制，推进体育馆和文化艺术中心社会化运作，承办好省青少年足球赛暨中日少年足球赛、中韩跆拳道对抗赛和全国健美操冠军赛。积极发展广电事业，实施双向传输信息网络建设，稳步推进广电产业化。进一步做好全民国防教育和国防后备力量建设工作，切实加强“双拥”和优抚安置工作。

扎实推进依法治区。认真执行区人大及其常委会的各项决议、决定，主动报告工作，积极支持区政协履行政治协商、民主监督、参政议政职能，及时办理人大代表议案、建议、意见和政协委员提案。努力做好新形势下宗教、外事、侨务和对台工作。继续加强与工、青、妇和工商联等人民团体的沟通与联系，进一步拓宽社情民意反映渠道。切实加强基层民主法治建设，完成第七届村委会换届选举工作，加强社区重大事务民主管理制度建设，依法推行工资集体协商制度，探索企业职工民主管理、民主监督的有效途径。深入推进“四五”普法教育，制定出台“五五”普法规划。进一步拓展和规范法律服务，完善法律援助制度。加强政府法制建设，深入贯彻实施《中华人民共和国行政许可法》，逐步推行相对集中行政许可权工作，健全行政执法责任制和执法过错责任追究制，完善行政复议制度，强化行政执法监察，不断提高依法行政水平。

大力维护社会稳定。正确处理人民内部矛盾，切实维护人民群众合法权益。全面落实信访工作责任制，重视加强人民调解工作，进一步强化矛盾纠纷排查调处机制和突发公共事件应急处理防范机制，努力把社会矛盾化解在基层和萌芽状态。健全完善群防群治网络，充分发挥村、社区等基层组织和企业的重要作用，积极开展社区矫正，切实加强流动人口管理，进一步夯实社会治安基础工作。落实科技强警措施，加强专职社会巡防队伍建设，有针对性地开展对突出治安问题的专项整治，继续依法严厉打击各类犯罪活动，增强人民群众的安全感。加强对安全事故隐患和重大危险源的监控管理，重视镇乡（街道）安全生产监管工作，切实抓好重点区域、重点行业、重点企业的安全生产专项整治，保障人民群众生命财产安全。

各位代表！

新的一年，政府工作肩负着繁重的任务，承载着人民的厚望。我们一定牢固树立科学发展观、正确政绩观和正确群众观，始终坚持人民利益高于一切，从人民群众最关心的事情做起，求真务实，心系群众，做合格的人民公仆；我们一定积极适应经济转轨、社会转型、体制转换的客观需要，始终坚持发展第一要务不动摇，不断加强理论武装、知识更新和能力培养，努力提高科学行政、民主行政、依法行政水平；我们一定居安思危，反骄破满，始终坚持从严治政方针，大力加强政风建设，艰苦奋斗，廉洁自律，时刻保持清醒头脑，以政府自身建设的不断加强，更好地担负起推进鄞州现代化建设的重任。

各位代表！

新的机遇孕育着新的希望，新的挑战激励着我们再铸新的辉煌。让我们高举邓小平理论和“三个代表”重要思想伟大旗帜，全面贯彻党的十六大和十六届三中、四中全会精神，在区委的领导下，团结和依靠全区人民，振奋精神，务实创新，以优异成绩谱写鄞州改革开放和现代化建设的新篇章！

（区政府办公室综合科提供）

鄞州概貌

历史渊源

鄞州区历史悠久。早在新石器时代的母系氏族公社时期,境内就有原始人类居住。1973 年冬在蜃蛟乡三联村卢家桥发现的原始公社遗址，已有 5000 年的历史，其文化年代相当于河姆渡文化第二层。

约在原始社会末期，至迟在夏朝初,“鄞”已成为确定的地名,鄞由“堇”和“邑”(阝)两字合成。顾祖禹《读史方舆论纪要》称:“夏时有堇子国,以赤堇山为名……加邑为鄞”。赤堇山或称堇山,在今奉化境内的白杜。鄞县春秋时属越国,战国时属楚。秦灭楚后,于公元前 222 年置鄞、鄮、句章三县。汉袭秦制,仍置三县。东晋时刘裕戍句章,筑句章新城于小溪镇(今鄞江镇)。隋初三县合一,总称句章县。唐时改为鄮县。五代初改为鄞县,从此鄞县名称一直沿袭至今。北宋时,鄞县先后析出 6 个乡,或置昌国县(今舟山定海区),划定海县(今宁波市镇海、北仑区),此后县境辖地稳定少变。宁波市区过去一直为鄞县县治,原称明州。明朝时为避讳,改名为宁波。中华人民共和国成立后宁波析出置市,鄞县先后为宁波专区(地区)及宁波市辖。

鄞县在历史上地位重要,汉至南朝为大县,唐时为上县,宋时为望县,元时为上县。自隋至清末鄞县(句章、鄮县)均为附郭县,县治(小溪、宁波)历来兼为州、府、路、道的治所。民国以来,鄞县也是道、省辖行政区、专区的首县。秦时所置的县，全国至今仍保持原名的已为数很少，鄞县历二千多年的漫长时代仍保持着始置时的原名。经国务院批准，2002 年 2 月改名为宁波市鄞州区，区人民政府现设在宁波市鄞州新城区惠风东路 568 号。

地理概况

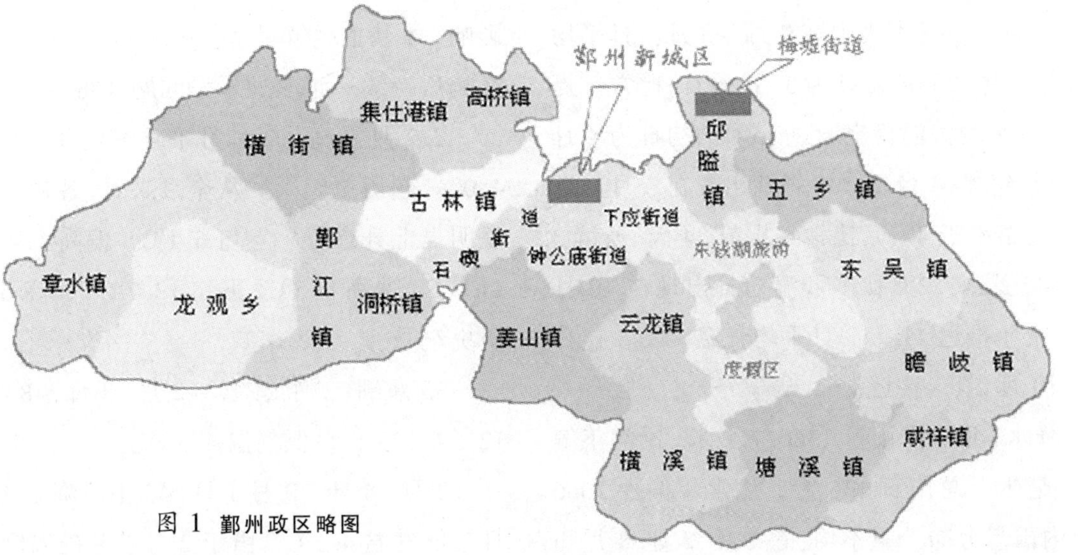

图 1 鄞州政区略图

鄞州区地处浙江省东部沿海,与宁波市城区东、南、西三面接壤,西北与西部与余姚市接壤,南部紧邻奉化市,东南临象山港与象山县隔水相望,版图呈蝴蝶状,东部、西部为山区,中部为平原,全区面积1527平方公里,2004年辖17个镇、1个乡、4个街道,经过行政村规模调整和撤村建居工作,有社区居民委员会54个、村民委员会470个。2004年末,人口767762人,其中农业人口553769人、非农业人口为213993人;人口自然增长率为1.94‰。

2004年气候

【年度气候特点】

2004年度主要气候特点可概括为:年初冷空气频频来临,温度变化幅度大;2月气温高,日照充足,雨量少;初春天气晴朗,气温高,雨量少,5月有几次强降雨过程;梅雨期晴雨相间,雨量少;盛夏高温时段集中,局部地区强对流天气频繁;台汛期台风多,影响大;秋季风和日丽,秋高气爽;年底前期天气晴朗、气温暖和,后期阴雨天气多、气温低。

【主要气象要素概述】

1. 气温:年平均气温18.2℃,比常年偏高1.7℃,各月气温均偏高,其中2月偏高达4.0℃。热量条件优越。

最低气温-3.7℃,出现在1月22日、25日。最高气温38.4℃,出现在7月23日。日最高气温≥35℃有34天,基本集中在7月~8月。日平均气温稳定通过10℃的初日为3月26日,比常年提早4天。日平均气温稳定通过15℃的初日为4月10日,比常年提早12天。终霜期出现在3月8日(日最低气温小于4℃),比常年提前24天。连续3天日平均气温≤22℃秋季低温初日出现在10月1日,比常年推迟11天。日平均气温≤20℃初日出现在10月2日,接近常年。

2. 降水:年总降雨量1360.7毫米,比常年偏少76.7毫米。总雨日136天,比常年偏少20.6天。年内雨量分布严重不均,除1月、2月、8月和11月与常年偏差较小外,其他各月不是明显偏多就是明显偏少,其中5月、9月和12月明显偏多,3月~4月、6月~7月和10月明显偏少。年内既出现了干旱天气,也多暴雨等强降水过程,几次台风都带来了较大的降水。

3. 日照:年总日照1920.9小时,比常年偏多120.4小时。从日照年度变化来分析,2月、7月、10月明显偏多,9月和12月明显偏少外,其他各月相对正常。

【重要天气气候事件】

1. 干旱:2003年的干旱一直持续到2004年,虽然5月有几次明显的强降雨过程,改变了前期降雨持续偏少的情况,但没有根本解决干旱问题。2004年梅期雨量又偏少,使得用水一直比较紧张,一直到8月11日~8月13日受台风“云娜”影响,才基本缓解旱情。9月12日受台风“海马”影响后持续一年多的干旱问题才得到彻底解决。

2. 2月温高:2月月平均气温10.0℃,偏高4.0℃,超历史纪录。从全月来看,各旬均偏高,且呈明显上升态势。上旬6.1℃,偏高1.4℃;中旬11.3℃,偏高4.5℃;下旬12.7℃,偏高6.1℃,超历史纪录。

3. 寒潮:2月21日~2月23日,48小时降温12.5℃,23日最低气温4.3℃。

2月28日~3月1日,48小时降温11.8℃,2日最低气温4.5℃。由于2月份基础温度较高,两次寒潮过程均没有造成大的影响。

11 月 25 日～11 月 26 日，24 小时降温 12.1℃；11 月 27 日最低气温 3.9℃。由于基础温度较高，与历年相比温度明显偏高，因此此次降温过程影响相对较小。

4. 暴雨：6 月 26 日，受高空低槽、低层切变线和地面静止锋的共同影响，出现了暴雨天气，降雨量（25 日 20 时～26 日 20 时）达 80.8 毫米，下牛塘观测点降雨 96.0 毫米，岩头观测点降雨 94.0 毫米。此次降雨是 2003 年干旱以来日降雨量最大的一次。

8 月 22 日下午到傍晚，受高空槽和西南气流共同影响，出现暴雨天气，降雨量达 57.2 毫米。

12 月 3 日～12 月 4 日受 0428 号台风“南玛都”倒槽和冷空气的共同影响，出现了一次全区范围内的暴雨过程，降雨量 96.3 毫米，其中 12 月 4 日一天降雨量达 82.5 毫米，台风“南玛都”为鄞州区历史上影响时间最晚的台风，冬季出现这样的暴雨天气也为历史罕见。

5. 梅雨：出入梅正常，6 月 15 日入梅（常年 6 月 14 日），7 月 9 日出梅（常年 7 月 9 日）；梅雨量少，为 193.4 毫米（常年 260 毫米），雨量集中；梅雨期以晴雨相间的过程性天气为主，降雨以离散性的阵性降雨为主，没有出现连续的阴雨天气；梅雨期天气形势不典型。

6. 强对流天气：7 月 13 日，姜山镇、章水镇等地出现雷雨大风和冰雹天气。其中姜山镇出现在下午 13 时左右，影响十几个村，据当地政府统计直接经济损失 285.61 万元。章水镇出现在晚上 22 时左右，据当地政府统计直接经济损失约 220 万元。

7. 龙卷风：8 月 25 日凌晨 1 时 50 分左右高桥镇高桥村到高峰村出现持续约 2 分钟～4 分钟，东北偏东向西南偏西，宽约 40 米～50 米，长 6 千米～7 千米的带状区域的龙卷风。这次龙卷风给高桥镇 4 个行政村造成经济损失 185.06 万元，没有出现人员伤亡。

8. 热带气旋：台风“云娜”：2004 年第 14 号热带气旋“云娜”于 8 月 8 日 20 时在菲律宾以东洋面生成，生成时强度为热带风暴，生成后向偏北方向移动，10 日早晨 5 点钟加强为强热带风暴，缓慢向西北方向移动。11 日凌晨 2 点钟加强为台风。12 日 20 时整在温岭的石塘镇登陆。13 日凌晨 2 点钟减弱为强热带风暴。该台风 11 日～13 日影响鄞州区。台风带来了凉爽天气和充沛的雨水，使鄞州区蓄水提高到 17743 万立方米，极大地缓解了旱情，同时改善了水质；但狂风暴雨也带来了 1794.85 万元的各类损失。此次台风过程降雨量 77.7 毫米（11 日 14 时～13 日 8 时），鄞州区水利局测得面雨量统计 98.6 毫米，其中极大点上周岙 197 毫米，极小点卖柴岙 36 毫米。鄞州气象局测得极大风速达 16.0 米/秒，偏东风，出现在 12 日 18 时 07 分；最大风速 8.4 米/秒，东北偏东风，出现在 12 日 18 时 46 分。

台风“海马”：2004 年第 21 号热带风暴“海马”9 月 12 日 2 时在台湾南部由热带低压加强为热带风暴并向偏北方向移动，9 月 13 日 12 时在温州市永强镇登陆，登陆后即减弱成热带低压，缓慢向偏北方向移动。该热带风暴范围小，影响时段短，降水量大，风速小。鄞州区气象站测得降雨量达 122.5 毫米（鄞州区水利局测得面雨量 139.9 毫米，其中最大降雨量出现在钱家山观测点，为 211 毫米；最小降雨量出现在大嵩江观测点，为 72 毫米）。鄞州气象局测得偏北风极大风速 9.0 米/秒，出现在 13 日 14 时 53 分；偏东风最大风速 5.5 米/秒，出现在 12 日 15 时。据鄞州区防汛防旱指挥部遥测系统有关数据表明，到 14 日下午 2 时止，2004 年第 21 号热带风暴“海马”共为鄞州区大中型水库增加蓄水量 4479 万立方米，全区持续了一年多的严重旱情得以彻底解除。风暴带来的短时大暴雨使鄞州区河网水位迅速上涨，全面超过警戒水位，且下降缓慢。虽从13日凌晨2时起全区沿海、沿江碶闸全面开启排涝，但由于潮水顶托，加上邻近县、市同时排水，甬江、姚江等水位均大幅上涨，造成排水缓慢、部分低洼地区受淹。据统计，全区经济损失5951.1万元，所幸无人员伤亡。

9. 连阴雨（雪）天气：12月18日~12月30日出现了连续阴雨（雪）天气过程；其中26日~30日出现雨雪天气，18日、20日~28日和30日均无日照。

（骆后平）

表1　　2004年度鄞州区气象要素表

时段＼要素	气温(℃)		雨量(毫米)		雨日(天)		日照时数(小时)	
	实况	距平	实况	距平	实况	距平	实况	距平
1月	5.5	0.6	82.7	15.9	11	-1.6	98.8	-13.5
2月	10.0	4.0	58.5	-16.4	8	-4.3	149.3	44.0
3月	10.5	1.0	49.4	-78.4	12	-4.9	102.6	-9.9
4月	17.2	2.0	71.5	-46.0	12	-3.0	171.0	25.7
5月	22.2	2.0	236.5	110.5	17	2.8	190.9	30.1
6月	25.2	1.2	137.7	-67.0	11	-5.3	137.7	-5.4
7月	30.0	1.9	74.5	-99.8	6	-7.1	285.9	60.4
8月	29.5	1.7	157.9	-7.7	12	-2.5	224.0	5.8
9月	24.6	0.9	238.7	63.9	19	4.9	101.5	-56.5
10月	19.2	0.5	19.1	-70.3	3	-7.2	203.5	54.7
11月	14.9	1.9	41.0	-25.4	9	0.1	150.0	17.3
12月	9.7	2.4	193.2	143.9	16	7.5	105.7	-32.5
年度	18.2	1.7	1360.7	-76.7	136	-20.6	1920.9	120.4

大 事 记

一 月

从1月起，鄞州区全面实施农村住院医疗保险制度。

1月2日，浙委发〔2004〕1号文件批复授予下应街道湾底村、古林镇藕池村、五乡镇明伦村首批“全面小康建设示范村”称号。

1月3日上午，中共浙江省委常委、宁波市委书记巴音朝鲁到鄞州区调研。中共鄞州区委书记寿永年，区委副书记、区长徐立毅等陪同考察。

1月5日，2003年，全区财政收入达371960万元，比上年增加10亿元，同比增长37.6%，继续居宁波各县(市、区)第一位，在浙江省各县(市、区)中仅次于萧山。

同日下午，2003年度浙江省著名商标授证大会举行。鄞州区的宁波东方压铸机床有限公司的“银山”等6件商标被新认定为浙江省著名商标，奥克斯等7件商标延续认定为浙江省著名商标，宁波新蕾集团的“新蕾”商标被撤销著名商标资格。

1月5日~6日，区领导寿永年、徐立毅、陈明志、郑德兵等与区劳动局、民政局、总工会、残联等部门负责人一起，走访慰问弱势群体，并向这些困难家庭送上了每户1000元的慰问金。

1月6日，鄞州银行“蜜蜂卡”诞生仪式在宁波开元大酒店举行。

1月8日下午，中共宁波市委副书记葛慧君、宁波市副市长何剑敏到五乡、东吴、邱隘等镇，慰问了鄞州区部分因病、因残致贫的困难群众。中共鄞州区委副书记郑德兵、副区长单烈等，代表中共鄞州区委、区政府也向这些贫困户发放了慰问金。

同日晚，外商新春团拜会在区行政中心大楼举行。区领导徐立毅、许勤德、胡世昌、毛春阳、陈国良等出席了团拜会。

1月9日上午，鄞州区人民政府举行第二次全体(扩大)会议，审议即将提交区十五届人大二次会议的《政府工作报告》，研究部署当前政府工作。中共宁波市鄞州区委副书记、区长徐立毅在会上讲了话，区领导王海国、吴胜武、崔秀玲等参加了会议。区人大常委会副主任忻国龙、区政协副主席王飞龙应邀出席了会议。

1月11日，区四套班子领导寿永年、陈明志、郑德兵等和解放军南京军区副司令员兼东海舰队司令员赵国钧中将、东海舰队副司令员胡先贵少将、副政委蒋洪运少将、副参谋长王志国少将等一起举行迎新春茶话会。

同日，由杉杉科技宁波中方荣自动化仪表科技有限公司独立开发的“120C深井油田电潜泵井下测温测压系统”通过了浙江省省级科技产品鉴定，成为鄞州区又一项填补国内空白的高新技术产品。

同日，鄞州区雅戈尔集团生产的“雅戈尔”牌西服和衬衫、洛兹集团生产的“洛兹”牌衬衫、培罗成集团生产的“培罗成”牌西服、宁波天羊羊绒衫总厂生产的“草原皇”牌羊绒衫被国家质量监督检验检疫总局评为“国家免检产品”。

1月12日，区领导徐立毅、唐军、王海国等以及区人民法院和区人民检察院有关负责人等一行，分五组联合走访慰问了各镇乡（街道）的全体区人大代表以及辖区内的全国、省、市人大代表，听取人大代表对人大、政府及“两院”一年来工作的意见和建议，征求代表们对即将提交区十五届人大二次会议的《政府工作报告》的审议意见。

同日，下应街道湾底村被评为首批省级“文明村”。

1月13日，中共宁波市委、宁波市人民政府授予五龙潭风景名胜区“宁波市文明景区”称号。

1月14日，甬鄞干任〔2004〕1号文件任命王自强为中共宁波市鄞州区委委员、常委，中共宁波市鄞州区委组织部部务会议成员、部长。

同日，由浙江省教育厅教研室主办的“浙江省中小学美术创作经验交流暨新教材培训会”在杭州召开。经专家评选，东吴镇中心小学陈朝峰老师的美术创作教学经验喜获一等奖，成为鄞州区惟一获此殊荣的美术教师。

1月15日，鄞州区第十五届人大常委会举行第七次会议，重点听取并审议通过了关于召开区十五届人大二次会议的决定。中共鄞州区委书记、区人大常委会主任寿永年出席会议并讲了话。区人大常委会副主任唐军、蒋瑞金、胡世昌等和区人大常委会组成人员出席会议。常务副区长王海国、副区长毛宏芳等列席会议，区政协副主席张嘉俊应邀参加了会议。

1月16日上午，总投资1.08亿元，位于横街镇的220千伏梅梁变电所正式竣工投入运行。

同日，全区工商界代表人士举行辞旧迎新酒会。宁波市人大常委会副主任、市工商业联合会会长陈豹年，区领导徐立毅、张南芬、朱禹宝等出席了酒会。

1月17日，鄞政干〔2004〕1号文件任命：张南芬为沙孟海书学院院长（兼）；周志华为宁波市鄞州区粮食局局长；毛奇存为宁波市公安局鄞州区分局政委；应海龙为宁波市鄞州区下应街道办事处主任。

1月30日～2月1日，中国人民政治协商会议第十三届宁波市鄞州区委员会第二次会议在区体育馆举行。中共宁波市鄞州区委书记寿永年在会上作了重要讲话，区政协主席朱禹宝受十三届区政协常委会委托向大会作常委会工作报告。区政协副主席张嘉俊代表十三届区政协常委会作了关于提案工作情况的报告。会议通过了中国人民政治协商会议第十三届宁波市鄞州区委员会第二次会议决议。区领导徐立毅、马兆祥、陈明志、郑德兵等和在鄞州区的省、市政协委员，区级机关各单位政工副职和有关单位负责人，镇乡（街道）分管党群工作的副书记，区政协之友联谊会等出席了大会。中共宁波市鄞州区委书记、区人大常委会主任寿永年在会议结束前作了重要讲话。区人大常委会副主任蒋瑞金向大会报告议案处理意见。

1月，鄞州区首批专利示范和试点企业认定工作结束，经有关专家审查和现场考评，认定宁波欧琳厨具有限公司等5家企业为鄞州区专利示范企业；认定宁波启发制刷有限公司等5家企业为区专利试点企业。

二　月

从2月起，区级机关公务员（未列入区财政拨款的单位除外）的工资实行统一发放，并将委托银行以“个人工资卡”形式直接拨付。

2月4日，农业部公布了2003年度全国大中型乡镇企业名单，鄞州区42家企业榜上有名，其中雅戈尔集团有限公司、浙江利时投资集团股份有限公司和宁波洛兹集团有限公司等 3 家企业被认定为全国大型乡镇企业，浙江广博集团股份有限公司等 39 家企业被认定为全国中型乡镇企业。

2 月 5 日，鄞州区姜山镇种粮大户卢方兴被农业部评为全国优秀种粮大户。

2 月 11 日，总投资 4000 多万元，位于周宿渡的 110 千伏变电所正式建成并投入使用。

同日，鄞州区第五批有突出贡献专业人才和优秀专业人才评选工作结束。宁波金信通讯技术有限公司的胡润东、宁波东方压铸机床公司的袁礼峰等 10 人被评为鄞州区有突出贡献专业人才，鄞州蚕种催青室的贺坤、宁波旷世远东腊业礼品有限公司的金建新等 15 人被评为鄞州区优秀专业人才。

2 月 12 日下午，丽水市青田县政府移民安置工作考察团一行到鄞州区考察移民安置工作，并与鄞州区有关部门和镇(乡、街道)有关负责人进行了座谈、交流，13 日 ~ 16 日还到 7 个镇(街道)的移民安置点进行了实地考察。

2 月 12 日 ~ 13 日，由区文体局组织的全区村级文化员培训班在中共宁波市鄞州区委党校举办。来自全区 200 多个行政村的村级文化员参加了培训，这在鄞州区还是首次。

2 月 18 日上午，全国妇联副主席、书记处书记沈淑济等一行十余人，在浙江省妇联主席厉月姿、宁波市妇联主席柴英、中共宁波市鄞州区委副书记张南芬等陪同下，到浙东建材集团调研企业妇代会工作。

同日，在每两年一评的全国科技进步先进市(县、区)评选活动中，鄞州区顺利通过有关考核，被评为 2001 年度 ~ 2002 年度全国科技进步先进市(县、区)。

2 月 23 日下午，中共宁波市鄞州区委常委会召开会议，专题研究安全生产工作。区委书记寿永年主持会议并作了重要讲话。

2 月 24 日上午，中共宁波市委副书记郭正伟带领市级有关部门负责人，在中共宁波市鄞州区委副书记陈明志、副区长陈振国等陪同下，到鄞州区考察五乡镇明伦村的新村建设情况。

同日，鄞州区召开人才工作会议。中共宁波市鄞州区委书记、区人大常委会主任寿永年在会上作了重要讲话。区领导徐立毅、郑德兵、张南芬、许勤德、朱禹宝、王自强、蒋瑞金等参加了会议。

同日，总投资 3099 万元，位于新城区的 110 千伏铜盆变电所正式启动并投入运行。

2 月 25 日，《鄞州日报》载：由中共浙江省委、浙江省人民政府组织的浙江省首批全面小康建设示范村评选活动揭晓，鄞州区古林镇藕池村榜上有名，成为全省首批“村美、户富、班子强”的示范村。

同日下午，宁波市首家由企业组建的工程研究院——宁波海太工程研究院在海太集团正式挂牌成立。中共宁波市鄞州区委常委、副区长吴胜武出席了挂牌成立仪式。

同日下午，中共中央纪委信访室主任张继同一行 3 人到鄞州区考察调研。

2 月 26 日，位于鄞州工业园区的 110 千伏潘火变电所正式启动投入运行。

同日，中日佛教文化友好使者村上博优一行 3 人，在区文物保护人员陪同下，专程到鄞州区梅园石主产地鄞江镇梅锡村参观了解采石情况。

2 月 27 日，由中共中央组织部、司法部、民政部联合发起的首届全国“人民调解工作模范司法所”评选活动揭晓，鄞州区钟公庙街道司法所榜上有名。

同日下午，中共宁波市鄞州区委中心组举行理论学习扩大会议，专题听取了华东政法大学研究生院副院长邹荣教授作《中华人民共和国行政许可法》学习辅导报告。中共鄞州区委副书记、区长徐立毅在会上作了动员。

2 月 28 日下午，司法部、民政部“民主法治示范村”创建活动专项检查组一行 5 人，在浙江省司法厅副厅长陈志忠、宁波市司法局局长金耀根、中共宁波市鄞州区委副书记陈明志等人的陪同下,到鄞州区检查创建“民主法治示范村”的情况。

2月,经中国人民银行、财政部批准,鄞州农村合作银行(以下简称鄞州银行)获2004年凭证式国债承销资格,为全国农信社系统惟一一家。

2月,鄞州区的宁波五龙潭旅游开发有限公司、西山阁宾馆、宁波新江厦股份有限公司、宁波新江厦连锁超市有限公司、宁波金凤购物中心、锦江麦德龙现购自运有限公司鄞州商场等6家商贸服务性企业被评为宁波市第六届消费者信得过单位。

2月,鄞州区的同济中学和咸祥中学被浙江省教育厅正式批准为浙江省三级重点高中。

2月,经浙江省人民政府批准,鄞州中学的史定海老师荣获“2003年度浙江省有突出贡献中青年科技人员”荣誉称号。

2月,石碶街道团工委被共青团浙江省委评为2003年度“省级五四红旗团委”。宁波市共有3家团委获此殊荣,鄞州区仅此1家。

三 月

3月2日,宁波市团员青年参与“双节、双整治”活动暨鄞州区百支青年志愿服务队携手共建新鄞州活动启动仪式在鄞州区行政中心广场举行。宁波市政府副秘书长林勇、共青团宁波市委书记张文杰、中共宁波市鄞州区委副书记郑德兵等参加了启动仪式。

同日下午,宁波市副市长邬和民、宁波市鄞州区区长徐立毅、副区长毛宏芳在南苑饭店亲切会见了到甬访问的美国博格华纳公司总裁提姆·麦格那罗先生,并就该公司的涡轮增压生产项目在宁波落户情况进行了洽谈。

同日,鄞州区人大常委会副主任蒋瑞金、胡世昌、忻国龙和部分委员视察了在建中的鄞州区人民医院东迁工程和筹建中的“新城区医院”工程选址地,并就两项工程建设提出了意见和建议。副区长崔秀玲陪同视察。

3月3日,宁波市人大常委会副主任郑杰民来鄞州区调研水资源配置和管理工作,并实地视察了筹建中的东钱湖自来水厂、整治后的云龙河道及污水实行集中处理的电镀城等地。区人大常委会副主任忻国龙、副区长陈振国等陪同视察。

3月2日~5日,区四套班子领导寿永年、徐立毅、张南芬等带领各镇(乡、街道)、有关部门负责人以及部分重点骨干企业负责人,赴上海市松江区和江苏省张家港市、江阴市学习考察工业经济工作。

3月5日晚,由鄞州区妇联组织的“新鄞州、新女性、新业绩”女性风采大赛在古林影剧院举行。宁波市妇联主席柴英,区领导张南芬、蒋瑞金、崔秀玲、张嘉俊等观看演出并为获奖代表颁奖。

3月8日,“新鄞州工程”中投资和规模最大的交通基础设施——明州大道开工典礼在姜山镇乔里村举行。

同日,宁波市副市长何剑敏在市政府副秘书长俞钢,区领导寿永年、徐立毅、毛宏芳等陪同下,视察新城区与市区南北连接道路建设工作,并就进一步加快南北连接道路建设,促进新城区与市老三区协调、快速发展提出了具体要求。

3月9日,鄞州职业高级中学被授予“中学生素质拓展计划”省级试点单位称号。

同日,宁波市鄞州区十五届人大常委会举行第八次会议。会议审议通过了区人民政府有关人事任免事项，决定任命吴良裕为区劳动和社会保障局局长、钱苗山为区交通局局长、吕建华为区文化体育局局长、倪明龙为区审计局局长；听取了区政府关于公共卫生体系建设情况的报告和关于防治禽流感工作情况的通报；审查通过了区人大常委会主任会议提出的关于提请许可对区十五届人大代表金惠海采取强制措施并暂停其执行代表职务的决定等。中共宁波市鄞州区委书记、区人大常委会主任寿永年，区人大常委会副主任唐军、蒋瑞金、胡世昌、忻国龙、麻承照和常委会组成人员出席了会议。中共鄞州区委常委、常务副区长王海国，副区长陈振国、崔秀玲和区人民法院院长梁金爱、区人民检察院院长熊建业等列席会议。

同日，鄞州区政协举行十三届六次常委(扩大)会议，动员、部署在全体政协委员中开展“打造新鄞州、奉献新智慧”的主题活动。区政协主席朱禹宝在会上作了动员讲话。区政协副主席王飞龙、张嘉俊、陈国良等出席了会议。

同日下午，中共宁波市委副书记、市纪委书记葛慧君一行5人到鄞州区考察廉政文化建设情况。

3月11日，经国家建设部最终考核，由宁波永达物业管理有限公司管理的永达花园荣获“全国物业管理示范住宅小区”称号。

同日下午，宁波市公安局鄞州区分局在古林文化中心召开干警大会。浙江省公安厅副厅长张景华，中共宁波市委常委、市公安局局长巫波伦，中共宁波市鄞州区委书记、区人大常委会主任寿永年，中共鄞州区委常委、区公安局局长林琪，区政协副主席张嘉俊等出席了会议。

3月15日下午，中共宁波市鄞州区委、区人民政府召开全区机关效能建设动员大会，认真落实省、市机关效能建设会议精神。中共鄞州区委书记寿永年在会上作了重要讲话。区领导徐立毅、陈明志、郑德兵等出席了会议。

同日，全国爱国卫生运动委员会对宁波市创建国家卫生城市进行考核，并对鄞州区的高教职工园区等地进行了检查。在此期间鄞州区的石碶、下应、钟公庙、古林、高桥和邱隘等6个镇(街道)作为迎检单位，投入了大量的人力和财力，为宁波市创建全国文明卫生城市的成功作出了贡献。

3月17日，中国银行业监督管理委员会副主席史纪良专程到鄞州银行检查调研信用联社改制后的情况。中共宁波市鄞州区委书记寿永年，区委常委、常务副区长王海国陪同调研。

同日，总投资2500万美元、注册资本2380万美元的香港独资企业宁波司贝得不锈钢制造有限公司正式落户宁波明州工业园区。

3月18日，鄞州中学学生朱舫(笔名朱古力)与另一学生寒安安合写的奇幻青春小说《星月童话》，由北方妇女儿童出版社正式出版，并在全国各大新华书店销售。

同日，鄞州区招投标中心正式挂牌成立。副区长王海国主持了中心成立仪式。

3月14日~22日，副区长毛春阳率领区经贸考察团先后到新加坡、马来西亚、中国香港特别行政区开展招商引资工作，并通过举行投资说明会和拜会当地知名公司、商会等形式，宣传了鄞州区优越的投资环境，多家知名公司与鄞州区达成了合作意向。

3月23日下午，由共青团宁波市鄞州区委、区科技局(科协)、区教育局、区劳动局、区青年联合会等单位联合举行的鄞州区首届青少年科技节开幕。

3月26日，中共宁波市委常委、统战部部长陈凤姣，陪同浙江省政协副主席、中共浙江省委统战部部长李青到鄞州区调研，并实地考察了雅戈尔集团。

3月27日，邱隘中心小学六年级学生戎恺凯获得了宁波市第三届中日“茶花杯”书法大赛最优奖,这是中方参赛选手惟一获取的最高荣誉。

3月28日上午，杉杉投资控股有限公司与中国兵器科学研究院宁波分院科研成果的产业化合作，与哈尔滨工业大学的“结构智能监测与控制工程中心”合作项目举行了签约仪式。

同日下午,宁波市首个国家高技术产业化示范工程—年产800吨锂离子电池炭负极材料项目在杉杉科技创业园竣工投产。参加投产仪式的有国家发展与改革委员会、科技部、中国兵器工业集团公司、中国科学院相关部门的领导和专家，省、市、区的领导张蔚文、金德水、张金康、余红艺、陈云金、寿永年、徐立毅、朱禹宝、唐军、吴胜武，索尼中国公司等杉杉科技合作单位的代表等。

3月29日上午，中国纺织工业协会主办的首届“全球纺织经济论坛”在北京开幕。中国服装协会副会长、杉杉集团董事长郑永刚应邀出席大会并作主题发言。

同日，宁波市副市长何剑敏在中共宁波市鄞州区委副书记、区长徐立毅，副区长毛宏芳，以及市、区规划、交通、国土资源局等有关部门负责人陪同下，视察绕城高速鄞州段征地拆迁工作，并就进一步抓好市、区有关政策衔接，加快征地拆迁进程等问题提出了具体要求。

3月29日~30日，中共宁波市委副书记郭正伟到鄞州区检查农业农村工作会议精神落实情况。中共鄞州区委副书记陈明志、副区长陈振国陪同检查。

3月30日下午，中共鄞州区委副书记、区长徐立毅，区委常委、副区长吴胜武带领区有关部门和部分骨干企业的负责人，赴绍兴县学习考察企业上市工作并进行座谈。

3月31日，鄞州区工商学会成立。

同日，中国科学院上海微系统与信息技术研究所、中国科学院上海国家技术转移中心联合在高桥镇成立科学家服务中心，并与该镇政府签订了在技术开发、成果转让、技术服务、技术咨询、科技信息交流等方面开展科技合作的协议。

同日，中共宁波市委副书记徐福宁到鄞州区考察经济建设、党建和社会稳定工作，并视察了广博集团、奥克斯集团和下应街道湾底村。

3月，鄞州区投资规模最大的水库维修加固工程——横溪水库维修加固主体工程完工，并已投入正常运行。

3月，由鄞州区鲍贤编著的《鲍家村志外编补遗》一书，被国家图书馆地方志和家谱文献中心正式收藏。

四　月

4月1日，在公安部召开的全国消防岗位练兵表彰大会上，鄞州区消防中队被授予“2003年度公安消防部队执勤岗位练兵先进中队”，为浙江省惟一一个获奖单位。

同日，浙江省政府在省人民大会堂召开纪念浙江省实施自学考试制度20周年大会。会上，鄞州区自学考试办公室、东钱湖镇自学考试工作站、鄞州日报编辑祝永良等一批先进集体和个人受到表彰。

同日，浙江省教育厅发文确定鄞州区姜山中学为浙江省一级中学。

4月3日上午，由香港晨兴电子科技集团董事长杨文瑛捐资200万元建造的杨美云科学馆在咸祥镇中心小学落成。

4月4日，鄞州区四套班子领导、正县级离退休老和区新四军研究会部分老等200多人，到集士港镇后屠桥革命烈士陵园悼念革命烈士，纪念后屠桥战斗60周年。

4月5日~4月8日，鄞州区经济发展局组织全区33家民营企业先后到长春、哈尔滨，与当地100多家大型国有企业进行经贸投资洽谈活动。中共鄞州区委常委、副区长吴胜武出席了在哈尔滨举行的鄞州区(哈尔滨)经贸投资洽谈会。

4月6日，鄞州区疾病控制中心实验室顺利通过了2003年全国碘缺乏病实验室外质控考核，并获得联合国儿童基金会和国家碘缺乏病参照实验室颁发的证书。

同日上午，中共浙江省委副书记、纪委书记周国富到鄞州区考察调研党风廉政建设情况。省纪委副书记、监察厅厅长应勇，中共宁波市委副书记、纪委书记葛慧君，中共鄞州区委书记寿永年，中共鄞州区委副书记、区长徐立毅，中共鄞州区委副书记、纪委书记郑德兵等陪同调研。

同日下午，鄞州区召开行政村区划调整工作动员大会。中共宁波市鄞州区委书记寿永年在会上作了动员讲话，区领导徐立毅、陈明志、张南芬、许勤德、朱禹宝、唐军等出席了大会。

同日晚，一台由中共浙江省委宣传部、省政府防范和处理邪教问题办公室、省文化厅主办，浙江曲艺杂技总团创作编排，深入揭批“法轮功”邪教组织的警世悲喜剧《天鹅劫》首次在鄞州公演。

4月8日，全区一季度共完成一般预算收入120930万元，为年初预算计划的30.4%，超过正常进度5.4个百分点，同比增长18.9%，绝对额居宁波五县(市)八区第一。

同日，第三届鄞州区名优茶评比揭晓。全区共有8个绿茶品牌参加这次评比，章水镇永杰茶场生产的“皎溪银舌”荣升全区第一名。

4月9日，浙江省社团工作会议表彰了一批先进集体和个人，宁波市蔺业经济联合会会长陈志福名列其中，成为鄞州区惟一获此殊荣者。

4月11日，鄞州区首届青少年科技节的“重头戏”之一——首次青少年Flash设计大赛在鄞州区教育中心举行。来自五乡中学的周凯如同学获得了大赛一等奖。

4月12日，总投资2.5亿元，总建筑面积6.2万平方米，绿地面积35.1%，主要由7层门诊综合楼和17层病房楼两幢建筑组成的鄞州第二医院动工建设。

4月13日，来自海曙、江东、江北、镇海、北仑等市属五区的慈善分会负责人及所属镇(乡、街道)的主要负责人汇聚塘溪镇，就如何发展慈善事业到鄞州区取经。

4月14日下午，共青团中央青工部副部长张劲在共青团浙江省委青工部部长俞惠敏、共青团宁波市委书记张文杰及共青团鄞州区委有关负责人的陪同下，到浙江利时集团调研非公企业团建工作。

4月15日上午，总投资6亿元、由浙江万里学院与英国诺丁汉大学联合兴办的中国第一所独立设置的中外合作大学——宁波诺丁汉大学正式奠基开工。

同日上午，原中国科普研究所所长袁正光教授在甬港饭店为鄞州区250多名团员青年作了一场题为“培育科学精神和人文精神，迎接新的挑战”的科技报告。

4月16日下午，鄞州广播电视局举行了鄞州广电建台十周年庆典活动。浙江省广电局副局长胡瑞庭，宁波市人大常委会副主任邵孝杰，中共鄞州区委副书记许勤德，区政协主席朱禹宝，区人大常委会副主任唐军，中共鄞州区委常委、宣传部部长王国定等前往祝贺，并观看了其他县、市、区台庆祝贺片以及建台10周年汇报片。

4月17日，由浙江省精神文明建设委员会和浙江省妇联联合举办的浙江省第四届“学习型家庭”评选活动揭晓，鄞州区集士港镇毛占平家庭榜上有名。

同日上午，鄞州区举行“影像新鄞州”长三角摄影家走进新鄞州摄影活动推介会。中共鄞州区委常委、宣传部部长王国定在推介会上向宁波市摄影家协会创作骨干介绍了鄞州区近年来的基本情况。

4月18日上午，鄞州区青年联合会“撷英美术社”成立，海发2004·第二届区水彩画优秀作品年展同时开展。中共鄞州区委常委、宣传部部长王国定，共青团宁波市委副书记黄焕利等出席了成立仪式。

4月21日下午，受全国爱国卫生运动委员会委托，浙江省卫生厅改造农村饮用水办公室有关负责人等一行10余人前往邱隘镇，向邱隘自来水厂授“全国农村优秀水厂”牌匾。

4月22日，浙江省“双学双比”农村女能手评选揭晓，姜山镇黎山后村陈亚琴榜上有名，是鄞州区惟一一位入选者。

4月23日上午，鄞州区民营企业协会正式挂牌成立。

同日，新城区创建环境噪声达标区顺利通过市级验收。至此，鄞州区拥有了面积为11.48平方公里的首个噪声达标区。

同日，中国科学院地理科学研究所研究员、世界自然保护联盟生态系统管理委员会副主席赵士洞，在华东师范大学环境科学系教授、博士生导师蔡永立等陪同下考察了天童森林公园。

同日，鄞州区政协举行十三届十五次主席会议。会议听取了区发展计划局关于“新鄞州工程”实施情况的通报，审议通过了《鄞州政协志》有关事项。

4月24日下午，由鄞州区地税局和宁波市曲艺家协会联合举办的“鄞州地税杯”税法宣传暨机关效能建设曲艺汇演在宁波市市中山广场举行。

4月26日，继被评为全省先进之后，鄞州区农业行政执法大队又收到发自农业部的“全国农业综合执法先进集体”奖状，成为宁波市惟一获此殊荣的单位。

同日，纪念中国第一部西服理论著作——《西服裁剪指南》发表70周年、缅怀中国第一家西服职业学校——上海市西服工艺学校开办56周年，“顾天云先生纪念会”在宁波服装博物馆举行。顾天云先生祖籍下应顾家村，是红帮裁缝第四代传人。

4月27日下午，鄞州—西安人才招聘座谈会在西安宾馆举行。原中共陕西省委副书记蔡竹林，中共陕西省委副秘书长桂维民，中共陕西省委宣传部副部长杨尚勤，中共鄞州区委书记、区人大常委会主任寿永年，区政协主席朱禹宝，中共鄞州区委常委、常务副区长王海国，中共鄞州区委常委、组织部部长王自强，区人大常委会副主任忻国龙等参加了座谈会。

4月28日，浙江利时集团股份有限公司董事长李立新荣获“浙江青年五四奖章”。宁波市获此殊荣的仅一人。

同日，下应街道正式撤销已整体搬入或即将搬入东裕社区的6个行政村，成立东裕社区居委会，这是鄞州区第一个撤销行政村建制并建成的社区居委会。中共宁波市鄞州区委副书记许勤德、副区长崔秀玲出席了成立大会。

同日，由中国茶产业三大权威机构——中国茶叶流通协会、中国国际茶文化研究会和中国茶叶学会第一次联合举办的“中绿杯”中国名优绿茶评比揭晓，50个茶叶品牌获得金奖，鄞州区的“梅山云雾”荣列其中。

4月29日下午，纪念鄞州区总工会成立50周年文艺招待会在宁波开元大酒店举行。区领导许勤德、吴胜武、麻承照、王飞龙等到会祝贺。老干部、工会干部、劳模、先进工作者、一线职工等各界代表参加了文艺招待会。

同日下午，共青团宁波市委在共产主义筑路突击营一连指挥部旧址——五乡镇明伦村举行纪念青年共产主义筑路突击营建设北仑铁路20周年活动。中共宁波市委副书记陈群、共青团宁波市委书记张文杰、宁波港有限公司总裁李令红、中共鄞州区委副书记张南芬等出席了纪念活动。

同日下午，宁波市首批3家绿色农产品配送机构命名，鄞州区的宁波通茂工贸实业有限公司名列其中。

同日下午，鄞州区人大常委会召开第15次主任会议，专题听取区人民法院关于行政审批工作、区人民检察院关于职务犯罪案件侦查及预防工作、区司法局关于推进法律援助和"12348"法律服务工作的情况报告。区人大常委会副主任唐军主持会议，副主任蒋瑞金、胡世昌、忻国龙等参加了会议。

4月30日上午，鄞州区召开全区创建文明城区动员大会，会议确定了鄞州区创建文明城区工作的基本目标：力争到2004年底成为浙江省创建文明城市工作先进城区，2005年底成为省级文明城区，2006年底成为全国创建文明城市工作先进城区，2007年底成为全国文明城区。中共宁波市鄞州区委副书记、区长徐立毅在动员会上作了重要讲话。区领导陈明志、许勤德、唐军、王国定、王自强、崔秀玲、王飞龙等参加了动员大会。

同日上午，鄞州区8名学生（幼儿）成为首批"生命绿卡"工程的受益者，区教育局把总计11.27万元的救助金支付给了相关医疗机构，用于治疗这8名患病学生（幼儿）。

同日上午，五四运动85周年纪念大会暨"十大新鄞州青年"、"荣誉鄞州青年"颁奖典礼在鄞州区广电局演播大厅举行。中共宁波市鄞州区委副书记张南芬、共青团宁波市委书记张文杰等到会祝贺。

同日，鄞州区首个外来妇女组织——洞桥镇张家垫村外来妇女管理办公室成立。

4月，由上海市建筑设计院编制的五龙潭鄞州区政府招待中心初步设计通过会审，并已开始动工新建。该中心位于龙观乡五龙潭青云梯内，项目总用地面积约18500平方米，总建筑面积4422平方米。

4月，经过宁波市产品质量监督检验所有关专家的严格检测论证，全市惟一一家"轮毂检测中心"在集士港镇的甬祺铝轮制造公司正式挂牌成立。

4月，鄞州职业教育中心学校被评为国家级重点职校。

4月，鄞州人民医院院长潘亚梁、宁波华瑞电器有限公司技术部副经理蒋立忠、区工会职业介绍所副所长高荷娣、浙江利时集团股份有限公司董事长李立新、奥克斯集团董事长郑坚江、宁波博威集团有限公司副总工程师张明、钟公庙街道办事处科长鲍明耀和鄞州区畜牧兽医技术服务中心主任王伟国等8人获宁波市劳动模范荣誉称号；鄞州区劳动监察大队、浙江广博集团股份有限公司、鄞州区国家税务局二分局和鄞州区行政服务中心工商窗口等4家单位获宁波市模范集体荣誉称号。

五　月

5月1日，鄞州区在宁波市国际会展中心举行农业投资环境及农产品推介会，中共宁波市委副书记郭正伟、中共鄞州区委副书记陈明志、副区长陈振国等参加。

5月5日，宁波双燕奶业有限公司总经理张国珍被评为全国"双学双比"女能手。

5月8日下午，万达国际有限公司与鄞州工业园区举行了签约仪式，一家生产光学镜头、数码相机和摄像头的台商独资企业——宁波华凯光电有限公司将进驻鄞州工业园区。中共宁波市鄞州区委副书记、区长徐立毅、副区长毛春阳等出席签约仪式并会见了万达国际有限公司董事长陈昌福。

5月9日,由浙江卫视主办的"戏迷擂台"赛决赛在梁祝文化公园化蝶音乐广场举行，该节目剧组将分4期来拍摄决赛场面。

5月10日下午，中共宁波市委宣传部副部长王建社在中共宁波市鄞州区委常委、宣传部部长王国定的陪同下，到五乡镇了解有关"双提高"主题教育活动开展情况。

5月12日，浙江省妇联副主席金敏在宁波市妇联主席柴英陪同下到鄞州区调研。

5月13日，中国银行宁波市鄞州支行行长徐慧被中国金融工会授予全国金融五一劳动奖章,她是浙江省中行系统惟一获此殊荣者。

5月14日，中共宁波市鄞州区委召开常委扩大会议,传达、贯彻浙江省委十一届六次全委扩大会议、省人大工作会议和中共宁波市委九届十二次会议精神。鄞州区四套班子全体领导成员、区人民法院院长、区人民检察院检察长参加了会议。

同日,鄞州区交警大队被公安部授予"全国公安机关预防道路交通事故先进集体"荣誉称号,这是全省公安系统惟一一家获此殊荣的。

同日晚,中共宁波市鄞州区委、区政府宴请了由陈名豪先生、孙启烈先生和邹星培先生率领的旅德宁波同乡会和香港甬港联谊会嘉宾。区领导寿永年、张南芬、朱禹宝、唐军、毛春阳、陈国良与嘉宾进行了座谈。

5月15日,中共鄞州区委编纂的《中国廉政文化丛书》由中国方正出版社出版发行。该书共分5卷,近200万字、320余幅漫画。该书由中纪委副书记刘峰岩作序，黄兴国、巴音朝鲁任顾问，寿永年主编。

同日上午,"游百梁桥,品八戒瓜"洞桥镇八戒西瓜节开幕式在百梁村隆重举行，这次活动共吸引了宁波、杭州两地2000余名游客参加。区领导徐立毅、唐军、王国定、陈振国、张嘉俊等出席了开幕式。

同日，中共中央纪律检查委员会副书记刘峰岩一行,在中共浙江省委副书记、省纪委书记周国富,中共宁波市委副书记、市纪委书记葛慧君，区领导寿永年、徐立毅、郑德兵、王国定、麻承照等陪同下，到鄞州区考察党风廉政建设和反腐倡廉工作情况,同时对《中国廉政文化丛书》的出版发行表示祝贺。

5月16日，下应街道湾底首届桑果节正式开幕。

5月17日下午,宁波市副市长邬和民、中共鄞州区委书记寿永年、副区长毛春阳在区政府会见了到甬访问的比利时英特布鲁 Ambev 集团总裁 Pierre · Jean · Everaert 先生,并与该集团高层访问团进行了座谈。

同日上午,鄞州区召开农村基层组织"先锋工程"建设再动员大会。中共宁波市委组织部副部长陈安平出席会议并讲了话。区领导寿永年、陈明志、郑德兵、张南芬、朱禹宝等参加了会议。

同日下午，中共宁波市鄞州区委理论学习中心组（扩大）学习会举行，上海世界经济与政治研究院副院长、上海市社会科学院亚太研究所所长周建明教授在会上作形势辅导报告。区委中心组成员和各镇（乡、街道）机关各单位主要负责人、政工副职参加了学习会。

5月18日,鄞州区云龙镇中学初一(5)班学生陈雷，在石家庄举行的2004年全国残疾人游泳锦标赛上,荣获10 S级50米和100米比赛的银牌和铜牌，并被评为体育道德风尚奖运动员，还将参加2008年的残疾人奥运会。

同日，浙江省交通厅厅长赵瞻奇一行在毛

宏芳副区长陪同下视察甬金高速公路（鄞州段）建设情况，对鄞州区前期政策处理工作和建设情况表示满意。

5月19日，鄞州区集士港镇中学初三学生李兴、林叶盛、张一川以优异成绩荣获全国数学竞赛浙江赛区一等奖；周伟伟、翁栋磊、翁陈浩、马燕燕4位学生获省二等奖；应呈龙等6位学生分获市一、二、三等奖。

5月19日～20日，鄞州区第十五届人大常委会举行第九次会议。会议听取并审议了区人民政府关于2003年区本级财政预算和其他财政收支执行情况的审计报告；听取并审议了区人民政府关于2003年区本级决算草案报告，审查批准2003年区本级决算；听取并审议了区人民政府关于生态区建设和《中华人民共和国环境保护法》贯彻实施情况的报告。会议还听取了区人民政府关于《中华人民共和国行政许可法》贯彻实施工作情况的通报；审议通过了区人民政府关于授予施灯煌、沈晖为“荣誉鄞州人”称号，授予杨文瑛为“爱乡楷模”称号的提请；审议通过了区人民法院、区人民检察院人事任免事项，审议通过了副区长单烈的辞职报告，审议通过了区人大代表金惠海的辞职报告。

5月20日上午，中共宁波市委副书记、代市长毛光烈，中共宁波市委副书记、常务副市长邵占维，宁波市长助理、市政府秘书长陈炳水等一行在中共鄞州区委书记寿永年，中共鄞州区委副书记、区长徐立毅，中共鄞州区委常委、常务副区长王海国等陪同下到鄞州区调研考察。

同日下午，鄞州区召开纪念毛泽东《在延安文艺座谈会上的讲话》发表62周年座谈会。一批荣获省、市第八届精神文明建设“五个一工程”奖的作品及2002年度至2003年度优秀文艺作品受到了表彰。宁波市人大常委会副主任、市文联主席陈继武，中共宁波市鄞州区委副书记许勤德，中共鄞州区委常委、宣传部部长王国定，区人大常委会副主任麻承照等为获奖作者颁了奖。

5月22日，由文化部教科司主办的中国戏曲、戏剧艺术的最高赛事——“蚁力神杯”全国戏曲、戏剧比赛，结果在北京揭晓。鄞州越剧团青年演员马锋英参赛的折子戏《情勾》，荣获全国戏曲、戏剧表演比赛戏曲青年组主角三等奖。

5月23日上午，鄞州区第十二届运动会暨第九届全民健身月开幕式在鄞州体育馆隆重举行。中共鄞州区委副书记张南芬、区人大常委会副主任蒋瑞金、副区长崔秀玲、区政协副主席张嘉俊等出席了开幕式。中共宁波市体育局党委副书记、副局长金三叙到会祝贺。

同日，共青团宁波市委在钟公庙街道开展“固本强基三百行动”试点工作。

5月24日，2004年国家火炬计划重点高新技术企业认定工作结束，鄞州区的宁波市鄞州恒达电器有限公司、宁波博威集团有限公司、华纳圣龙（宁波）有限公司和宁波甬嘉变压器有限公司等4家企业榜上有名。

5月26日，鄞州区与四川大学在甬港饭店联合举办科技成果交易会。来自鄞州区110家区级以上高新技术企业、“双五工程”苗子企业和实力工程企业等负责人参加了交易会。区领导吴胜武、忻国龙、张嘉俊出席了交易会。

5月27日，五乡镇“天童庄村文化点”正式开张。该文化点是以集体与个人合作的形式出现，在全市农村尚属首家。

5月28日上午，由中共宁波市鄞州区委编纂的《中国廉政文化丛书》出版座谈会在人民大会堂举行。中纪委副书记刘峰岩，中国文联党组书记、副主席李树文，司法部党组成员、中纪委驻司法部纪检组长岳宣义，国家新闻出版总署副署长于永湛，解放军海军政治部副主任张双虎少将等中央有关部委领导，周国富、巴音朝鲁、葛慧君、程刚、寿永年、郑德兵、张南芬等省、市、区有关领导，中央电视台、人民日报社、中国纪检监察报等20余家媒体的新闻记者，以及有关专家、学者近200人出席了座谈会。

5月31日上午，以中共杭州市委副书记、中共萧山区委书记王建满为首的萧山区党政考察团一行60余人，在中共宁波市鄞州区委书记、区人大常委会主任寿永年，区政协主席朱禹宝，区人大常委会副主任唐军，中共鄞州区委常委、常务副区长王海国等陪同下到鄞州区参观考察。

同日上午，宁波市人大常委会副主任陈旭带领市有关部门人员，在中共鄞州区委副书记张南芬等陪同下到塘溪镇中心小学和中心幼儿园进行节日慰问，并向他们送上了慰问金。

5月，鄞州区首期投资50万元，在鄞州区林特种苗技术研究中心建成了浙江省首家林业、花卉种苗工厂化生产中心。该中心利用工厂化生产流水线短时期内可大量繁殖所需苗木。

六 月

6月1日，鄞州区妇联“阳光爱心”工程捐助仪式在区政府大会场举行。100名贫困母亲和100名贫困儿童每人收到了500元的捐助款。宁波市妇联主席柴英、鄞州区四套班子领导出席了捐助仪式。

6月2日，政协鄞州区委员会举行十三届十六次主席会议。会议听取了区人民法院关于审判工作情况的通报和区环保局、区建设局对重点提案办理情况的通报。

6月4日上午，宁波市人大常委会副主任张金康一行，在鄞州区人大常委会副主任唐军、忻国龙，副区长毛宏芳及市、区有关部门负责人的陪同下，到鄞州区开展生态环保执法检查。

同日，第三批省级骨干农业龙头企业名单揭晓，宁波市共有5家企业上榜，其中鄞州区的宁波宏纬食品有限公司和宁波华备编织品有限公司榜上有名。

6月7日晚上，中共鄞州区委副书记、区长徐立毅在区行政大楼会议室亲切会见了马来西亚英属维尔京伟略集团董事长丁重诚一行。

同日晚，鄞州区人大常委会副主任唐军在区政府贵宾厅会见了“荣誉鄞州人”施灯煌、沈晖两位先生和“爱乡楷模”杨文瑛女士，对他们为鄞州区经济发展作出的贡献和热爱家乡、造福桑梓的义举予以充分肯定和高度评价。副区长崔秀玲、区政协副主席陈国良等参加了会见。

6月8日，中共鄞州区委书记、区人大常委会主任寿永年在中信国际大酒店会见了美国博格华纳公司亚太地区销售总裁皮特·斯蒂芬生先生和技术总监鲁迪·迈尔先生。区领导胡世昌、毛春阳、王飞龙参加了会见。

同日下午，鄞州区投资环境说明会暨民营企业外资嫁接推介会在鄞州区体育馆隆重举行。来自美国、德国、英国、瑞士、澳大利亚等14个国家和中国香港特别行政区和台湾地区的353名客商参加了会议。宁波市、鄞州区领导陈群、寿永年、徐立毅、陈明志等出席了会议。

6月8日～12日，第六届浙江投资贸易洽谈会、第三届中国国际日用消费品博览会在宁波举行。鄞州区共签约49个项目，总投资7.29亿美元，协议外资4.74亿美元。有58家企业参会，总成交额3000多万美元。

6月9日，由宁波市邮政局、中共鄞州区纪律检查委员会、鄞州区监察局和梁祝文化公园共同制作的廉政漫画明信片由国家邮政局正式发行。

同日，宁波市副市长陈炳水一行在鄞州副区长陈振国等陪同下，到鄞州区检查“三防”工作(指防汛，防旱，防风)。

同日，中共鄞州区委副书记、区长徐立毅在中信国际大酒店亲切会见了德勤华永会计师事务所曹文正先生一行。副区长毛春阳等参加了会见。

6月10日下午，中国民主促进会宁波市鄞州区支部委员会正式成立，这是鄞州区继民盟、民建、农工民主党、九三学社之后成立的第五个民主党派支部。民进宁波市委会主委陈守义，中共鄞州区政协副主席、区委统战部部长陈国良等到会祝贺。

6月11日，鄞州区东吴镇通过全市首个镇级绿地系统规划论证。

6月13日，从鄞州区文体中心传来信息，现年24岁的鄞州籍游泳运动员郑坤良获得参加奥运会的资格。他是惟一参加奥运会的鄞州籍运动员。

6月14日，到宁波调研社会治安综合治理工作的中共中央政治局常委、中央政法委书记罗干，在中共浙江省委书记习近平、市委书记巴音朝鲁、代市长毛光烈等领导陪同下到雅戈尔集团，调研了企业在社会治安综合治理方面的工作情况。

6月15日上午，中共鄞州区委书记、区人大常委会主任寿永年在区政府会见了瑞士迅达电梯公司全球总裁兹宾登先生一行。

同日，鄞州区社区矫正工作会议召开。中共宁波市委副秘书长、市委政法委副书记王永年，宁波市司法局局长金耀根，宁波市社会治安综合治理办公室主任陈国刚，中共鄞州区委副书记陈明志，区委常委、区公安分局局长林琪等出席了会议。

6月16日，由浙江省文化厅主办的全省第二届曲艺新作大赛在义乌市举行，鄞州区选送的反映当今社会现实问题的宁波走书《阿憨打狗》荣获创作金奖和表演银奖。

6月15日~16日，宁波市中小学生摔跤比赛在北仑区举行。鄞州区代表队以6枚金牌总数列全市第一。

6月17日，全国总工会副主席周玉清到鄞州区考察企业工会建设情况，并实地视察了三星集团。

6月19日晚，宁波市第二届农民文化艺术节闭幕式暨第五届“东海明珠杯”乡镇文艺调演在鄞州区古林镇文化中心举行。宁波市副市长成岳冲、副区长崔秀玲等出席了闭幕式。

6月21日，中共宁波市委副书记、代市长毛光烈，中共宁波市委副书记郭正伟、副市长陈炳水，在中共鄞州区委书记寿永年、副区长陈振国的陪同下，到鄞州区检查防汛工作。

6月22日，继鄞州区农业行政执法大队被农业部评为全国农业综合执法先进单位之后，鄞州区森林防火指挥部办公室又被评为全国森林防火工作先进单位，鄞州区农林局被评为全国农业基点调查先进集体。

6月25日，鄞州区政协举行十三届十七次主席会议。会议听取了鄞州区劳动和社会保障局关于农村医疗住院保险工作情况的通报，审议了《“新鄞州工程”建设中应注意的问题和建议》调研报告和有关部分委主任调整的人事事项，审议通过了十三届七次常委会议议程。

6月26日，水利部表彰了一批全国水利系统办公室工作先进集体，鄞州区水利局办公室名列其中，成为宁波市惟一获此殊荣的部门。

6月28日上午，纪念朱敏烈士牺牲55周年暨揭像大会在横街镇朱敏村老年协会举行，投资2.35万元建成的朱敏烈士像正式揭幕。原鄞慈县办主任、原浙江省科技协会党组书记钱铭岐老人，朱敏烈士的哥哥薛家良老人等出席了揭像大会。

6月30日，中共宁波市鄞州区委书记寿永年赴杭州参加浙江省庆祝建党83周年暨表彰农村党建"三级联创"先进单位和先进个人电视电话会议。鄞州区荣获基层组织建设先进区称号。

七 月

7月1日，鄞州区政协十三届常委会举行第七次会议。会议讨论并原则通过了《"新鄞州工程"建设中应注意的问题和建议》调研报告，并作为区政协常委会建议送交中共鄞州区委、区政府；讨论通过了关于政协委员调整事项和各专门委员会主任任免事项，会议还听取了区政府关于提案办理情况的通报。副区长毛春阳、毛宏芳应邀出席会议并听取了委员们的意见建议。

7月2日上午，中共浙江省委副书记、纪委书记周国富，省委常委、宣传部部长陈敏尔等一行，在中共宁波市委副书记、纪委书记葛慧君，中共鄞州区委副书记、纪委书记郑德兵等陪同下，到鄞州区视察廉政文化建设情况。

7月6日，2004年1月~6月，鄞州区财政收入继续保持平稳增长态势，按出口退税机制改革前口径统计，共完成一般预算收入230516万元，同比增长23.5%，绝对数额在宁波五县(市)八区中居第一位。

同日上午，以宁波市人大常委会副主任张金康为组长的交通建设和管理情况调研工作组一行到鄞州区视察调研。区人大常委会副主任唐军、忻国龙，副区长毛宏芳，区政协副主席黄碧英等陪同调研。

7月7日上午，中共宁波市鄞州区委召开常委扩大会议，专题听取了2004年上半年"新鄞州工程"建设情况的通报和下步工作的对策建议及新城区与市区连接道路建设情况的汇报。中共鄞州区委书记寿永年主持会议，徐立毅、陈明志、郑德兵、张南芬等出席了会议。

7月11日，鄞州区首家"红领巾俱乐部"在古林镇正式挂牌成立。

7月13日下午，中共宁波市鄞州区委书记、区人大常委会主任寿永年在中共鄞州区委副书记许勤德，中共鄞州区委常委、宣传部部长王国定等陪同下到宣传、文化系统调研。

7月14日下午，宁波市"青年之窗"建设现场推进会在鄞州区召开。共青团鄞州区委在会上介绍了试点经验。共青团浙江省委副书记鲁俊、共青团宁波市委书记张文杰、中共鄞州区委副书记张南芬等出席了现场推进会。

同日，宁波市副市长邬和民到鄞州区调研开放型经济工作。副区长毛春阳陪同考察。

7月15日，中共鄞州区委召开常委扩大会议。区四套班子领导，区级机关各有关部门负责人，各镇(乡)党委书记、街道党工委书记、工业园区负责人等参加了会议。

同日，鄞州人民医院住院部综合大楼通过竣工验收。该大楼是鄞州区实事工程之一，总高25层(含地下层、技术层)、单体总建筑面积53350平方米，是迄今宁波市医院单体面积最大、单体床位最多、病室设置最全的病房大楼。

7月21日,《鄞州日报》载:CECA国家信息化测评中心在北京举办了“中国企业信息化标杆工程”首批信息化标杆企业发布会，公布了全国首批21家信息化标杆企业名单，鄞州区的奥克斯集团和雅戈尔集团榜上有名。

同日，被列为鄞州区实事工程之一的天童南路延伸段主路面通过有关部门竣工验收，正式开始通车。

7月22日下午,鄞州区人大常委会常务副主任唐军、副区长毛春阳，区政协副主席王飞龙在区政府大楼会见了以日本城端区域日中友好协会会长岩田中正为会长的代表团一行。

同日，位于下应街道湾底村的宁波天宫庄园休闲旅游区总体规划通过了评审。建成后的宁波天宫庄园将成为以充分体现酒文化、蚕桑文化和宁波乡村民俗文化旅游项目为基础，集休闲娱乐、乡村生活体验和观光等为一体的长三角地区独具特色的都市型休闲旅游区。

7月24日,宁波市政府发文公布了新增的23家市级农业龙头企业名单，鄞州区的宁波市鄞州梁桥米业有限公司等6家企业榜上有名。

7月27日上午,鄞州区人大常委会副主任唐军、胡世昌、忻国龙、麻承照及部分人大常委,会同区农林局、工商分局、贸易局、卫生局等有关部门负责人,分三路对区内的菜场、食品加工企业、食品生产基地及区疾控中心进行了食品安全视察检查。

7月27日~28日,鄞州区第十五届人大常委会举行第十次会议。会议听取审议了区发展计划局、区财政局、区政府办、区劳动和社会保障局以及区环保局所作的有关报告。区人大常委会副主任唐军、蒋瑞金、胡世昌、忻国龙、麻承照及委员出席了会议。中共鄞州区委常委、副区长吴胜武，副区长毛宏芳，区人民法院院长梁金爱，区人民检察院检察长熊建业等列席会议。区政协副主席张嘉俊应邀参加了会议。

7月28日上午，全国工商联副主席程路在中共浙江省工商联党组副书记、常务副会长汤为平，宁波市工商联副会长林善明，鄞州区工商联党组书记、副会长毛坤良等陪同下到鄞州区考察民营企业，并实地考察了培罗成集团和奥克斯集团。

7月29日，中共鄞州区委十一届五次全体(扩大)会议开幕。区委书记寿永年代表区委常委作了题为《牢固确立和认真落实科学发展，促进鄞州经济社会全面协调可持续发展》的报告。中共鄞州区委副书记、区长徐立毅主持会议，区领导马兆祥、陈明志、郑德兵、张南芬、许勤德等出席了会议。

同日上午，全国政协副主席张怀西一行到鄞州区考察,在区政协主席朱禹宝、雅戈尔集团总裁李如成陪同下实地考察了雅戈尔集团。

八 月

8月2日，浙江省农调队通过对全省1334个镇（乡）（不含街道）社会经济综合发展指数的测算,公布了2003年度全省最发达100个镇(乡)名单。鄞州区的邱隘、五乡、古林、姜山、高桥、集士港、云龙、东钱湖等8个镇榜上有名,入围总数在全省各县(市、区)中居第二位,在宁波市各县(市、区)中居第一位。

8月2日，中共鄞州区委、区政府举行盛大欢迎酒会,欢迎前来参加邓小平诞辰100周年暨邓小平关于“宁波帮”指示发表20周年大型活动的鄞州籍“宁波帮”及帮宁波人士。区四套班子领导寿永年、徐立毅、郑德兵、张南芬等参加了欢迎酒会。

同日,中共宁波市委副书记郭正伟会见前往参加五洲星第二届国际经贸洽谈会的日本东棉株式会社岛崎滋会长一行。市政府副秘书长虞云秧、鄞州区副区长陈振国等参加了会见。

同日,鄞州区青年企业家协会成立。该协会拥有会员74名,会长由浙江利时集团董事长李立新担任,寿永年、徐立毅任协会顾问,吴胜武任名誉会长。

8月3日,中国民生银行宁波鄞州支行正式开业。这是该行继开办北仑支行后,在宁波筹备成立的第二家支行。

同日上午,宁波市副市长陈炳水、市政府副秘书长虞云秧,鄞州区领导徐立毅、陈振国会见了抵达参加五洲星集团第二届国际经贸洽谈会的日本住友商事株式会社常务董事松本幸治和日本TARAMI社长伊藤启雄一行。

同日,占地26.67公顷、一期投资2.7亿元的五洲星国际食品工业城开城。陈炳水、寿永年、徐立毅、陈明志等市、区领导参加了开城典礼。

8月4日上午,中共宁波市委副书记陈群、副市长成岳冲、市卫生局局长何一天在中共鄞州区委副书记张南芬、副区长崔秀玲陪同下,慰问鄞州区人民医院医务人员。

8月5日上午,中共宁波市鄞州区委理论学习组(扩大)举行学习会,专门邀请中共宁波市委统战部副部长、市宗教局局长杜均宝作题为《用马克思主义的宗教观来认识和处理宗教问题》的讲座。

同日,中共宁波市委副书记陈群在中共鄞州区委书记、区人大常委会主任寿永年,中共鄞州区委副书记许勤德,中共鄞州区委常委、宣传部部长王国定的陪同下,到鄞州区考察调研“双建设、双整治”活动。(指加强思想道德建设,加强文化阵地建设,整治文化市场,整治社会风气)

同日,宁波市知名商标授牌仪式在中共宁波市委党校举行。鄞州区共有“太白”、“紫云堂”等17件商标获此殊荣,上榜商标总数与慈溪并列第一。

8月6日上午,中共鄞州区委召开全区工青妇工作会议,中共鄞州区委书记寿永年在会上作了重要讲话,区领导吴胜武、王自强、蒋瑞金、崔秀玲、王飞龙等出席了会议。

同日,宁波市首届精品葡萄评选揭晓。鄞州区选送的王鹤鸣葡萄场的“野马湾”牌“甬优一号”葡萄被评为金奖,邱隘镇沈家村葡萄专业户陈明生产的葡萄获得银奖。

同日,宁波市人大常委会副主任郑杰民来到鄞州区调研人大工作。中共鄞州区委书记、区人大常委会主任寿永年,中共鄞州区委副书记张南芬,区人大常委会副主任唐军、蒋瑞金、忻国龙等陪同调研。

8月8日,2004年“电信杯”全省首届少儿门球赛在杭州萧山体育馆落下帷幕,代表宁波市出征的3支队伍包揽了本次比赛的前三名,其中鄞州区横溪镇中心小学荣获冠军。

8月10日,由浙江省体育局主办、宁波市社会体育指导中心承办的2004“姜山杯”浙江省青少年航海模型锦标赛在鄞州区姜山镇落下帷幕。姜山镇朝阳小学队荣获团体第三名。

同日上午,中共浙江省委宣传部副部长沈立江在中共宁波市委宣传部副部长王建社,中共鄞州区委副书记许勤德,中共鄞州区委常委、宣传部部长王国定的陪同下,考察了五乡镇“双提高”(提高农民的科学文化素质和思想道德素质)活动进展情况。

同日上午,鄞州区政协举行经济形势通报会。区长徐立毅向与会的全体区政协委员,在鄞的省、市政协委员,区政协之友联谊会理事,各专

委会、联委会秘书等通报了鄞州区2004年上半年的经济社会形势。

8月12日，鄞州区人大常委会举行重要情况通报会，通报年初以来全区经济社会发展情况及区人大常委会工作情况。区人大常委会副主任蒋瑞金、忻国龙，副区长毛春阳等出席了会议。

8月13日上午，鄞州区政协主席朱禹宝，中共鄞州区委常委、宣传部部长王国定，区政协副主席王飞龙、张嘉俊及部分区政协委员和鄞州区文明城区创建办公室有关负责人等，实地视察了下应街道雅苑社区和钟公庙街道桑菊社区的文明社区创建工作。

8月14日，浙江省优质早熟梨擂台赛评比结果揭晓，鄞州区"金银山"牌蜜梨喜捧金奖，这是该区惟一获此殊荣的早熟梨。

8月15日上午，作为全省首套管道燃气实时监控设备的引进单位——鄞州煤气公司耗资120万元从澳大利亚引进的燃气管网监控与数据采集系统正式投入运行。

8月17日上午，宁波全市人大城建农资环保工作会议在鄞州区召开。参加会议的市人大代表在市人大常委会副主任邵孝杰带领下，参观了鄞州区鄞西南塘河洪水湾段、古林镇公园、鄞东前塘河新城区段的疏浚砌石护岸(配套)工程。

8月18日，浙江省经济贸易委员会、浙江省财政厅、浙江省环境保护局等9部门联合发文，公布了浙江省第二批诚信示范企业名单，鄞州区的奥克斯集团股份有限公司、雅戈尔集团股份有限公司、宁波杉杉股份有限公司、宁波光华电池有限公司、宁波八方集团股份有限公司和宁波五龙潭蔬菜食品有限公司等6家企业上榜。

8月19日，鄞政发〔2004〕93号文件批复同意撤销鄞州工业园区。鄞政发〔2004〕94号文件批复同意成立鄞州投资创业中心。

8月20日下午，司法部副部长吴爱英一行在浙江省司法厅厅长胡虎林、宁波市司法局局长金耀根等陪同下，到鄞州区视察和调研基层民主法治开展情况和镇(乡)司法所建设。副区长崔秀玲陪同调研。

8月23日，由中国摄影家协会和丽水市政府共同举办的2004年中国·丽水国际摄影大奖赛评选揭晓，鄞州区摄影家协会选送的摄影作品《童年的故事》荣获写实类铜奖，实现了鄞州区在国家级影展中奖牌零的突破。

同日晚，景宁畲族自治县赴鄞致谢文艺晚会在凤凰影剧院隆重举行。宁波市政协副主席、市文化局副局长傅丹，中共鄞州区委副书记张南芬，区委常委、宣传部部长王国定，区人大常委会副主任蒋瑞金，副区长崔秀玲，区政协副主席王飞龙以及中共景宁县委副书记、县长雷萍，县委副书记苏昌晨等观看了演出。

8月23日~8月24日，在宁波市科技园区万里国际中学举行的市第七届少先队辅导员技能技巧比赛中，鄞州区获得2金、2银的好成绩，居全市榜首。这也是鄞州区少先队辅导员在宁波市双技比赛历史上获得的最好一次成绩。

8月24日，司法部、民政部公布了"全国民主法治示范村"名单，鄞州区五乡镇明伦村榜上有名。

24日上午，鄞州区政府召开第三次全体（扩大）会议，中共浙江省委党校教育长盛世豪教授应邀作了题为《落实科学发展观，打造先进制造业基地》的专题讲座。区委副书记、区长徐立毅在会上作了重要讲话。区领导蒋瑞金、崔秀玲、毛春阳、毛宏芳、王飞龙出席了会议。

8月27日下午，司法部基层司和预防犯罪研究所领导，在省、市两级司法行政部门负责人陪同下，专程到鄞州区进行社区矫正工作开展情况调研，并实地视察了邱隘镇司法所的日常建设情况。

8月28日上午,“南航”与“洛兹”强强联手创建的南航洛兹服饰有限公司在洛兹工业园区成立。中国南航集团新疆公司党委副书记徐福喜,中共鄞州区委副书记、区长徐立毅,中国南航集团航空服务公司总经理赵文勇等出席了成立仪式并表示祝贺。

同日,全国工商联公布了2003年度500家上规模民营企业的排序结果,鄞州区的雅戈尔集团股份有限公司、奥克斯集团、宁波洛兹集团有限公司、宁波浙东建材集团有限公司、浙江利时投资集团股份有限公司、浙江广博集团股份有限公司和宁波培罗成集团有限公司分别排在第12位、第20位、第143位、第247位、第319位、第331位和第384位。

8月30日,鄞州区政协举行十三届十九次主席会议,专题听取了区文化体育局局长吕建华关于创建“文化鄞州”工作的通报。区政协领导朱禹宝、王飞龙、张嘉俊等出席了会议。

8月,在国家科技部公布的2004年度国家重点新产品计划中,鄞州区的宁波华液机器制造有限公司的“变频微机控制抽真空平板硫化机组”等5项产品榜上有名,总数占了全市的1/5。

九　月

9月3日,由鄞州广播电视台主创、黑龙江广播艺术中心协助录制的3集广播连续剧《它山堰的儿女》,在刚刚结束的2003年度中国广播电视优秀作品评选中,荣获中国广播电视政府奖最高奖项——广播连续剧类一等奖。

同日上午,宁波市机关效能建设现场经验交流会在鄞州区举行,区行政服务中心、五乡镇等全市25家单位分别作大会发言和书面交流。中共宁波市委副书记徐福宁在会上作了讲话。中共鄞州区委副书记张南芬,中共鄞州区委常委、组织部部长王自强等参加了会议。

同日上午,鄞州区人大常委会召开第18次主任会议,专门听取了区政府关于新城区社会事业规划情况,以及全区垃圾中转系统、区域供水工程、污水专业规划等进展情况的汇报。副区长毛宏芳及有关职能部门负责人参加了会议。

同日,宁波宜科科技股份有限公司在深圳证券交易所中小企业板块挂牌上市,成为鄞州区继“杉杉”、“雅戈尔”之后成功挂牌上市的第三家企业,并实现了宁波企业在深圳中小企业板发行上市零的突破。中共鄞州区委副书记、区长徐立毅向该公司颁发了区政府奖励的100万元现金支票。

9月6日下午,中共宁波市委副书记陈群,中共宁波市委常委、宣传部部长卓祥骒等一行在鄞州区人大常委会副主任蒋瑞金陪同下到邱隘影剧院检查第七届中国艺术节相关活动筹备情况。

9月7日,鄞政发〔2004〕99号文件批复同意设立宁波市鄞州区安全生产监督管理局。

9月9日下午,鄞州区在鄞州体育馆隆重集会庆祝第20个教师节。区领导徐立毅、张南芬、许勤德、朱禹宝等出席了庆祝大会。

同日晚,鄞州区领导徐立毅、蒋瑞金、毛春阳、张嘉俊等在区政府亲切会见了尼日利亚澳贡州州长丹尼尔一行。

9月11日,第三批农业产业化国家重点龙头企业认定工作结束,鄞州区的蔺草骨干企业

——宁波开诚工艺品有限公司榜上有名。

同日晚，一台由共青团宁波市委主办、共青团鄞州区委承办、中共鄞州区下应街道工委协办的“青春文明”汇聚新鄞州暨宁波市首届青少年社区文化节闭幕式文艺晚会在下应街道东裕社区内隆重上演，共青团市委书记张文杰，中共鄞州区委常委、宣传部部长王国定等出席晚会并作了讲话。

9月12日上午，鄞州区公交化改造首条线路——咸祥线开通典礼在咸祥镇中心小学举行，区领导徐立毅、毛宏芳参加了通车典礼。

9月14日，落户明州工业园区的宁波明州热电有限公司项目被列为2004年浙江省重点工程项目。该项目是明州工业园区通过招商方式引进的基础设施配套项目，总投资6亿元。

9月15日下午，最高人民检察院党组成员、政治部主任张常韧在浙江省检察院副检察长钱中贤、宁波市检察院检察长刘建国陪同下，专程到鄞州区检察院进行基层检察机关工作调研。

9月16日，全国“亿万农民健身活动”先进乡镇评选揭晓，鄞州区姜山镇被评为全国“亿万农民健身活动”先进乡镇，成为宁波市惟一获此殊荣的乡镇。

同日，中共宁波市鄞州区委中心组举行理论学习扩大会议。区四套班子成员及有关职能部门、镇（乡、街道）的负责人，在听取了上海商业决策咨询专家黄成芝老师作的题为《依托（突破）三产，发展鄞州》的讲座后，就如何加快发展鄞州区第三产业问题进行了认真的研讨。

9月17日上午，中国第一家独立设置的中外合作高等院校——宁波诺丁汉大学举行了首次开学典礼。浙江省副省长盛昌黎、省教育厅厅长侯靖方、中共宁波市委副书记徐福宁、副市长成岳冲，以及英国驻沪总领事 Sue · Bishop 女士、宁波诺丁汉大学校长杨福家教授、英国诺丁汉大学执行校长柯林·坎贝尔爵士等出席了开学典礼。

9月18日，宁波五龙潭蔬菜食品有限公司生产的“新潮”牌豆芽、宁波紫云堂水产食品公司生产的紫菜、雪菜等7种产品被评为国家级无公害农产品。

9月19日上午，到鄞州区参加“影像新鄞州”活动的“长三角”16座城市的20位摄影家代表在甬港饭店举行了首届“长三角”摄影研讨会。

9月21日下午，鄞州区在开元大酒店举行中华人民共和国成立55周年暨“放歌新鄞州”文化艺术周新闻发布会，中共鄞州区委常委、宣传部部长王国定代表中共鄞州区委和区政府及组委会介绍了此次活动的安排。该活动将于9月26日拉开帷幕，至9月30日结束，是鄞州区近年来举办的一次档次最高、规模最大、参与面最广的大型公益性、系列性文艺活动。

同日，全国第十三届群星奖音乐专场决赛在邱隘影剧院举行，来自全国24支代表队的30个节目参加了角逐。国家文化部社会文化图书馆司副司长李宏、宁波市政府副秘书长陆勇等观摩了决赛。中共鄞州区委副书记许勤德代表区四套班子领导向参加决赛的演员和观众致欢迎词。区人大常委会副主任蒋瑞金、副区长崔秀玲、区政协副主席张嘉俊也观摩了决赛。

同日，全国人大常委会副委员长路甬祥到鄞州区考察雅戈尔集团信息化建设情况。宁波市人大常委会副主任郑杰民、鄞州区人大常委会副主任唐军陪同视察。

9月22日下午，全国人大常委会副委员长成思危在浙江省人大常委会副主任葛圣平和省政协副主席、省总工会主席张蔚文等陪同下，到鄞州区浙江广博集团考察贯彻执行《中华人民共和国工会法》的情况。宁波市人大常委会主任陈勇、鄞州区人大常委会副主任唐军等陪同考察。

同日，鄞州、上虞、杭州、宜兴四地携手组建的“梁祝之路”区域旅游合作联合体在鄞州区成立。

9月23日，国家科技部近日公布了2004年度第二批国家火炬计划重点高新技术企业名单，鄞州区的宁波浙东塑料建筑材料有限公司榜上有名。

同日上午，由浙江省音乐家协会、宁波市音乐家协会音乐考级委员会授予的“鄞州艺术学校考点”在古林职业高级中学（鄞州艺术学校）挂牌。这是鄞州区设立的首个音乐考级点。

同日，有着丰富动植物资源的天童国家森林公园被确定为市级野生动物保护小区，成为鄞州区惟一的野生动物保护小区。

同日，宁波市人大检查组一行10人，由中共宁波市委常委、解放军宁波军分区政委沈颂贤和宁波市人大常委会副主任郑杰民带队，对鄞州区的《中华人民共和国兵役法》执法情况进行了检查。

9月23日～24日，中共宁波市委书记巴音朝鲁，在中共宁波市委常委、市委秘书长程刚，中共宁波市委常委、市长助理王勇，区领导寿永年、徐立毅、郑德兵等陪同下到鄞州区考察调研。

9月25日，“浙江省教育科研先进集体”近日揭晓，姜山镇中心小学成为鄞州区惟一一家获此殊荣的学校。

9月26上午，到鄞州区参加“放歌新鄞州”活动的王昆、才旦卓玛、胡松华、马玉涛等十几名艺术家冒雨到邱隘方庄社区、华茂外国语学校，与鄞州区群众和学生共度难忘时光。艺术家们还实地参观了高教园区、奥克斯集团。

同日晚，鄞州区庆祝中华人民共和国成立55周年暨“放歌新鄞州”文化艺术周开幕式文艺晚会在鄞州区文化艺术中心西侧广场隆重举行。出席开幕式并在主席台上就座的领导和嘉宾有：中共浙江省委常委、中共宁波市委书记巴音朝鲁，解放军东海舰队副政委蒋洪运少将，市委常委、市委秘书长程刚，市人大常委会副主任邵孝杰，市政协副主席李秀俐及区领导寿永年、徐立毅、陈明志、郑德兵、张南芬等。中共鄞州区委书记寿永年在开幕式上致辞。

同日晚，宁波市领导巴音朝鲁、程刚，在鄞州区领导寿永年、徐立毅的陪同下会见了到鄞州区参加庆祝中华人民共和国成立55周年暨“放歌新鄞州”文化艺术周开幕式文艺晚会的老艺术家们。

9月28日上午，由宁波市旅游局、鄞州区旅游局和梁祝文化公园联合主办的“梁祝之路”旅游暨“梁祝神州行”开行仪式在梁祝文化公园内隆重举行，来自全市各地的100余名游客、26辆旅游大客车和私家车组成了一个大型首发旅行团，踏上了首趟“梁祝之路”的旅程。

同日下午，“放歌新鄞州”——迎国庆全区歌咏比赛在鄞州区体育馆隆重举行。鄞州区领导寿永年、徐立毅、马兆祥、郑德兵、张南芬、许勤德、朱禹宝、唐军、王国定、崔秀玲、毛宏芳、王飞龙、张嘉俊、陈国良、黄碧英等加入区级机关代表队演唱，并获得了比赛优秀奖。

同日，《鄞州年鉴（2004)》由方志出版社出版出版，印行面市。

9月29日上午，中共浙江省委常委、中共宁波市委书记巴音朝鲁，浙江省人大常委会副主任李志雄，中共宁波市委常委、市委秘书长程刚，市委常委、市长助理王勇，副市长何剑敏等省、市领导到鄞州区接待群众来访。区四套班子领导也分别接待了来访群众。

9月30日，鄞州区十五届人大常委会举行第十一次会议。会议听取并审议了区人民政府关于区十五届人大二次会议代表建议办理情况的报告和区人民政府关于农业增效、农民增收工作情况的报告，听取了区人民政府关于《宁波市殡葬管理条例》贯彻情况的通报，审议通过了姜山、章水两镇开展人民代表大会换届选举的决定及两镇选举委员会组成人员任命决定，审议通过了区人民政府和人大常委会主任会议的有关人事任免事项：任命吴海平为宁波市鄞州区发展计划局局长；张逸成为宁波市鄞州区科学技术局局长；应海龙为宁波市鄞州区下应街道人大工作委员会主任；董永年为宁波市鄞州区钟公庙街道人大工作委员会主任。中共鄞州区委书记、区人大常委会主任寿永年，区人大常委会副主任唐军、蒋瑞金、胡世昌等出席了会议。列席会议的有副区长崔秀玲、区人民法院院长梁金爱、区人民检察院检察长熊建业等。区政协副主席张嘉俊等应邀参加了会议。

同日上午，“灵动鄞州”2004全区民间文艺大巡游活动暨“放歌新鄞州”文化艺术周闭幕式在鄞州区文化艺术中心西侧广场隆重举行。陈旭、成岳冲、陈云金、寿永年、陈明志等市、区领导出席了闭幕式。

同日，鄞州区政协召开十三届二十次主席会议，听取了区交通局关于全区道路建设情况和区城投公司关于“五路一卡口”情况的通报。区政协领导朱禹宝、王飞龙、张嘉俊、黄碧英等出席了会议。

同日，鄞州人民医院在一天内同时施行8例肝、肾移植手术且全部获得成功，并由此创造了全国同类医院中一天之内施行同类手术例数最多的新纪录。

十　月

10月6日，:2004年度宁波市名牌产品名单公布，宁波天宫庄园果汁果酒有限公司生产的“健桑”牌桑葚果汁果酒和宁波天韵农业开发有限公司生产的“天之韵”蔺草制品入选。

10月10日上午，鄞州区人大常委会组成人员、宁波市人大代表鄞州中心组联合视察鄞州区城市防洪工程、溪下水库、区域供水工程、周公宅水库等工程。

10月11日，鄞州区被评为2003年度全省征兵工作先进单位。

10月12日，在由国家建设部和深圳市人民政府共同主办的第五届中国国际园林花卉博览会上，鄞州区以民间传说“梁山伯与祝英台”为主题的“蝶恋园”喜获博览会金奖。

同日，中国少年先锋队宁波市鄞州区第六次代表大会在鄞州区体育馆隆重开幕。

10月12日~13日，国家计划生育委员会副主任赵炳礼一行到鄞州区考察计划生育优质服务工作，视察了下应街道、钟公庙街道兴裕社区服务站、龙观卫生院。

10月13日~14日，浙江省文明城区检查团一行11人对鄞州区创建省级文明城区先进区工作进行了检查验收。

10月14日，鄞州区文物管理委员会在塘溪镇沙村石柱坪山发现葬于1949年2月的沙文求夫妇合穴墓。

10月16日，奥克斯集团董事长郑坚江、下应街道湾底村党总支部书记吴祖椢、鄞州区人民医院院长潘亚梁、宁波华瑞电器有限公司职工蒋立忠等4人被评为省级劳动模范。

10月17日下午，宁波市“荣誉市民”称号授予仪式举行。包括鄞州籍人士黄庆苗在内的包景表、周敏国等9位宁波挚友被授予“荣誉市民”称号。

同日晚，“青春中华”首届中国青年服装时尚周在鄞州体育馆开幕。出席开幕式晚会的领导有团中央书记处第一书记周强，中共浙江省委副书记乔传秀，浙江省委常委、宁波市委书记巴音朝鲁,《人民日报》副总编梁衡，宁波市人大常委会主任陈勇，宁波市委副书记、代市长毛光烈。区领导徐立毅、张南芬参加了开幕式。

10月18日，宁波市鄞州区商业国资下属宁波方兴食品有限公司被国家商贸部评为中国机械化屠宰加工优势企业。

10月19日上午，香港大唐金融集团有限公司副主席兼行政总裁李德麟先生等一行考察了拟在香港上市的宁波富田集团股份有限公司。

同日下午，“青春中华”首届中国青年服装时尚周之中国青年最喜爱的20个服装品牌揭晓。鄞州区的“杉杉”和“雅戈尔”入选。

10月21日，中共鄞州区委召开常委扩大会议，研究分析前三季度全区经济运行情况，部署落实下阶段工作。区委书记寿永年在会上作了讲话。

同日，由鄞州越剧团、浙江音像出版社，联合斥资、摄制出版的《走进经典》30碟越剧VCD专辑在第六届杭州西湖博览会上首次亮相，成为2004年西湖博览会的一大亮点。

同日，在深圳举行的“2004年中国民营企业发展论坛”上，由中国企业联合会、中国企业家协会联合主办的首届中国优秀民营企业评选揭晓，在公布的20家优秀民营企业名单中，浙江省占到了4家，鄞州区的雅戈尔集团股份有限公司榜上有名。

10月22日，以宁波市人大常委会副主任邵孝杰为组长的市人大常委会视察检查组，在区人大常委会副主任唐军、忻国龙和副区长毛宏芳等陪同下，视察检查了鄞州区“碧水工程”实施情况。

10月27日，中共鄞州区委副书记、区长徐立毅在南苑饭店会见了日本小松制作所董事长一行。毛春阳副区长参加会见。

10月29日上午，鄞州区195名高层次人才汇聚一堂，选举产生了鄞州区首届高层次人才协会会长、副会长、秘书长及常务理事。中共鄞州区委副书记张南芬出席会议并发表讲话，区人大常委会副主任胡世昌、副区长崔秀玲、区政协副主席张嘉俊等参加了会议，中共鄞州区委常委、组织部部长王自强当选为第一届鄞州区高层次人才协会会长。

10月31日，为期5天的“宁波鄞州文化周”活动在深圳落下帷幕。此次活动共吸引了8万多中外游客前往欣赏《梁山伯与祝英台》越剧折子戏、新鄞州摄影展等。

十一月

11月2日下午，中共宁波市委副书记、代市长毛光烈，在市政府秘书长苏利冕，市财政局、市劳动和社会保障局等有关部门负责人陪同下，到鄞州区调研财政管理体制改革问题。区领导寿永年、徐立毅、陈明志等参加调研。

同日，宁波市鄞州区章水地震台正式挂牌。区领导蒋瑞金、崔秀玲、张嘉俊等出席了挂牌仪式。

11月3日,咸祥镇中心小学一(5)班的朱雯和三(2)班的马圳颖在第十届全国推(文艺)新人大赛颁奖晚会上,荣获儿童舞蹈组总决赛十佳奖杯。

同日,鄞州区在广州市举行投资项目推介会,吸引了来自香港、广东等地的200余位客商参加,共有15个项目签约,总投资4.64亿元,协议引入资金3.42亿元。中共鄞州区委常委、副区长吴胜武出席了推介会。

同日,作为"新鄞州工程"重点项目之一的鄞州大道建设工程通过了有关部门的验收,已全面竣工。该工程总投资2.55亿元,东起钱湖南路、西至雅戈尔大道,全长6.6公里。

11月5日,科技部公布了第一批国家星火计划农村科技服务体系建设示范单位名单,全国共有900家单位入围,其中国家星火计划龙头企业技术创新中心236个,宁波天宫庄园果桑食品技术研究创新中心榜上有名。

11月6日,中国材料技术集群战略研讨会暨首届全国材料科研院所、高等院校科技处长论坛在鄞州区举行。来自上海交通大学、中国科学院基础局等科研院校的10余位专家、教授作了专题报告。区领导徐立毅、吴胜武出席了会议。

同日,鄞州区新闻工作者协会第三届全体会员大会在甬港饭店召开。中共鄞州区委书记、区人大常委会主任寿永年向大会发去贺信。浙江省记者协会副主席、宁波市记者协会主席任和君,市记者协会秘书长张明菊,中共鄞州区委常委、宣传部部长王国定等出席了会议。

11月7日,鄞州区在开元大酒店举行新材料项目洽谈会,来自全国各地著名科研院校材料领域的100多位专家、教授,携带着800多项最新科技成果与鄞州区200多家企业进行了洽谈。中共鄞州区委常委、副区长吴胜武出席了洽谈会。

同日,由中国戏剧家协会、浙江卫视、浙江省戏剧家协会等联合举办的第二届全国越剧演唱大赛决赛揭晓,鄞州区越剧团青年演员陈萍以一曲《黛玉焚稿》荣获此次大赛专业组银奖。

11月8日,区长徐立毅在中信国际大酒店会见并宴请台湾中元集团副执行长连昭志一行,举行中元—奥克斯合资项目签约仪式。

同日,副区长毛春阳陪同宁波海关关长王全国考察鄞州区广博、利时、雅戈尔、奥克斯集团、鄞州创业中心。

11月9日下午,由《人民政协报·慈善周刊》、《浙江工人报》、浙江电视台等9家新闻单位组成的"慈善十年"记者采访团,专程到鄞州区采访慈善工作情况。

11月10日,下应街道湾底村被浙江省绿化委员会、浙江省林业厅命名为首批"浙江省绿化示范村"。这是鄞州区惟一获此殊荣的村。

同日,副省长金德水到鄞州区调研工作。

11月12日上午,滩坑水电站库区首批移民共68户247人正式落户于鄞州区的邱隘、梅墟、咸祥、塘溪等5个镇(街道)的21个村。

同日,副市长陈炳水、市政府副秘书长虞云秧在区长徐立毅、副区长陈振国的陪同下到鄞州区考察。

11月14日,公安部命名了2003年度全国一级派出所,鄞州区的高桥派出所榜上有名。该所是鄞州区首个且惟一被公安部命名"一级派出所"称号的单位。

11月16日上午,宁波市政协副主席陈云金、区政协主席朱禹宝、副区长毛宏芳及在鄞的市政协委员等一行20余人,视察了市区与鄞州新城区连接道路——"五路一卡口"的建设情况。

11月18日,来自清华大学、北京大学、浙江大学、复旦大学等70余所重点高校的130多位负责人陆续抵达鄞州区,开展为期3天的“百所高校鄞州行”活动。

同日上午,全区首家中共党员服务咨询中心在五乡镇成立。

同日,由开元旅业集团和香港威龙集团共同投资兴建的首家白金五星级酒店——宁波开元明都大酒店举行开工奠基仪式。该酒店坐落于天童南路和首南路交界处,位于区政府以南,总建筑面积约5万平方米,计划总投资4亿元人民币。

11月19日上午,全市冬防工作暨乡镇专职消防队建设试点现场会在鄞州区召开,鄞州区专职消防队建设经验受到推广。副市长余红艺,中共鄞州区委常委、副区长吴胜武等参加了会议和专职消防队现场授牌仪式。

同日上午,雅典奥运会跆拳道冠军陈中、罗微在国家体育总局重竞技中心和中国跆拳道协会等有关部门负责人的带领下,到鄞州区商谈2005年中韩跆拳道对抗赛在鄞举行等相关事宜。

同日,中共宁波市委常委、组织部部长郁义康在中共鄞州区委书记、区人大常委会主任寿永年等陪同下,到鄞州区调研中共党员服务咨询中心建设情况。

11月19日~20日,以谢秋慧为组长的国家质量监督检验检疫总局专家评审组一行先后考察了瞻岐、咸祥两镇雪菜种植,和宁波紫云堂水产食品有限公司、宁波三丰可味食品有限公司雪菜加工,以及章水镇樟村浙贝生产、加工情况。

11月24日,国家财政部、国家发展和改革委员会公布了获得2004年中小企业发展专项资金的企业名单,宁波东海集团有限公司成为鄞州区惟一获得此项资金的企业。

11月25日,从全省水利工作会议上传出喜讯,鄞州区在2003年浙江省第十届水利“大禹杯”竞赛活动中获得金奖,这是鄞州区历史上所获得的水利最高奖。

11月26日,2004浙江农产品博览会在杭州开幕。鄞州区五洲星、开诚、华备、通茂等12家农业龙头企业生产的50余种名特优农产品在会上受到消费者的欢迎,有17种农产品获奖,其中,华升牌、开诚牌蔺草制品,引发雪菜,通茂猪肉等9种农产品获得金奖;健桑牌果酒果汁、富农牌浙贝等8种农产品获优质奖。

11月27日,经过3个月的试运行,钟公庙街道剑桥社区经中国质量认证中心宁波评审中心专家现场验收合格,成为全区首个通过ISO9001质量管理体系认证的社区。

11月27日~29日,以“创新·知识产权·竞争力”为主题的2004年国际工业设计研讨会暨第九届全国工业设计学术年会在鄞举行。来自国内和美国、法国、德国等9个国家和地区的300余名专家、制造商、工程师和产品设计师参加了大会。

11月28日上午,宁波市领导巴音朝鲁、余红艺,鄞州区领导寿永年、徐立毅在区政府贵宾厅拜会了抵达参加2004国际工业研讨会暨全国工业设计学术年会的潘云鹤、胡志勇和孙守迁三位教授。

11月29日,在“利时之约”普及高雅艺术百场音乐会第100场演出暨公司成立11周年之际,浙江利时集团签约出资700万元赞助社会公益事业。

11月29日~30日,鄞州区第十五届人大常委会举行第十二次会议。会议审议通过了召开区十五届人大三次会议的决定和2004年区本级财政预算部分变更的决定,审议通过了《宁波市鄞州区人大常委会关于区人大代表辞职的暂行规定》，审议通过了区人民政府和区人民检察院有关人事任免事项，任命沈月根为宁波市鄞州区监察局局长、王德华为宁波市鄞州区安全生产监督管理局局长等。中共鄞州区委书记、区人大常委会主任寿永年，区人大常委会副主任唐军、蒋瑞金、胡世昌、忻国龙等出席了会议。中共鄞州区委常委、公安局局长林琪，中共鄞州区委常委、副区长吴胜武，副区长陈振国、崔秀玲，区人民法院院长梁金爱，区人民检察院院长熊建业等列席会议。区政协副主席张嘉俊应邀参加了会议。

11 月，2004 年省级农产品加工示范企业认定结果揭晓，鄞州区的宁波宏伟食品有限公司、宁波大荣食品有限公司、宁波紫云堂水产食品有限公司、宁波南联冷冻食品有限公司和宁波联华食品有限公司等 5 家企业榜上有名。

十二月

12 月 2 日，横溪镇党委、政府历时 2 年编写完成的《横溪文化大观》由宁波出版社出版。这套丛书共 70 万字，分为 3 卷。它的出版，开创了宁波市地方文化丛书出版的先例。

同日，鄞州区十佳人民满意公仆评选揭晓，10 位公务员获此殊荣。他们分别是：区国家税务局吴柏宏、高桥镇政府王德华、钟公庙街道办事处董家良、区信访局陈建设、区公安分局巡特警大队陈孟伟、洞桥镇政府史如金、区发展计划局张颖、区水利局水政监察大队陈仕俊、区供电局集士港供电所王永光、区农林局畜牧中心王伟国。

同日，总投资 500 多万元的明州大道鄞江段全面竣工。此路段全长 750 米、宽 44 米。

12 月 3 日，《鄞州日报》载：第二十一届全国中学生物理竞赛成绩揭晓，鄞州中学共有 14 名学生获奖，其中徐聪、郑岳久 2 名学生获浙江赛区全国级一等奖。

12 月 5 日，在最高人民法院开展的首次全国行政审判工作先进个人评选活动中，区人民法院行政审判庭庭长王立平榜上有名。

12 月 6 日，瞻岐（咸祥）盐地开发建设规划方案评审会在甬港饭店举行。该开发区总规划面积 10 平方公里，东面象山港、南面大嵩江，呈南北狭长型。

12 月 7 日晚，中共鄞州区委书记、区人大常委会主任寿永年，区政协主席朱禹宝，区人大常委会副主任唐军和副区长毛宏芳在南苑饭店会见了大连万达集团股份有限公司董事长、总裁王健林一行。

同日，鄞州新城区规划编制成果汇报会在甬港饭店召开，来自澳大利亚 Hassell 设计公司、美国 Xwho 设计公司、北京土人景观规划设计研究所等的专家们分别汇报了三大规划的编制成果。区四套班子领导听取了汇报并提出了许多具有建设性的意见和建议。

12 月 8 日上午，规划总占地面积 21.09 公顷，总建筑面积近 47.5 万平方米，总投资超过 20 亿元的宁波市最大的商业广场——宁波万达广场正式开工。区长徐立毅、区政协主席朱禹宝、区人大常委会副主任唐军、副区长毛宏芳和万达集团董事长王健林、沃尔玛中国公司发展副总裁唐斌、法国雅高酒店集团亚太地区副总裁邵栋来等共同为广场奠基。

同日晚，鄞州区第三届"文化进百村"活动在东吴镇童一村拉开序幕。中共鄞州区委副书记许勤德，中共鄞州区委常委、宣传部部长王国定，区政协副主席张嘉俊出席了启动仪式。

同日，浙江省专家组对鄞州人民医院进行三级乙等医院复评。

同日，由浙江省教育科学院副院长、浙江省督学朱永祥带领的省一级重点普通高中评估组，对鄞江中学申报浙江省一级重点中学进行了评估。

12月9日，鄞州区环保局下属的鄞州区环境监察大队顺利通过了国家环保总局组织的全国环境监察机构标准化建设一级标准考评，考核成绩名列宁波各县(市、区)环保部门首位。这标志着鄞州区环境监察水平已达到国家最高标准。

同日下午，鄞州区争创"全国文物工作先进区"暨业余文保员队伍创建30周年纪念大会召开。中共鄞州区委副书记许勤德、区人大常委会副主任蒋瑞金、副区长崔秀玲、区政协副主席王飞龙出席了会议。原浙江省人大常委会副主任、区政府文物顾问毛昭晰，浙江省文物局副局长陈官忠等应邀参加会议。

同日，宁波海关和鄞州区签订了设立海关机构协议书。这意味着国家海关总署正式同意鄞州区设立海关机构。宁波海关关长王全国、副关长阎志辉、中共鄞州区委书记寿永年、区长徐立毅、常务副区长王海国参加了签约仪式。

12月14日，中共宁波市委书记巴音朝鲁到鄞州区听取廉政情况汇报。

12月15日下午，教育部规划课题——"鄞州职高教育部规划课题研究性学习基地"在宁波大学园区图书馆挂牌成立。

同日，鄞州区文物管理办公室在钟公庙街道石家村发现了一座大型清代墓志铭。这是迄今为止宁波市发现的第二大墓志铭，它对研究宁波文化、清代鄞县地名的变迁具有重要意义。

同日，2003年度宁波市教育科研优秀成果评比揭晓，鄞州区选送了13项科研成果参评，其中陈婆渡小学的《小学创新性练习研究》等11项成果获奖，处于全市领先水平。

12月16日，浙江省第三批青年文明社区共评出45个上榜单位，下应街道东裕社区名列其中，成为鄞州区惟一获此殊荣的单位。

同日上午，总投资9000万美元的博格华纳汽车零部件（宁波）有限公司举行开工奠基仪式。宁波市副市长邬和民，市政府副秘书长吕齐鸣，中共鄞州区委书记、区人大常委会主任寿永年，区政协主席朱禹宝，区人大常委会副主任唐军，副区长毛春阳、毛宏芳出席了开工奠基仪式。

同日，区政协十三届二十一次主席会议召开。会议审议了关于召开区政协十三届三次会议的决定（草案）和区政协十三届三次会议议程、日程(草案)。

12月18日晚，鄞州区在香港富豪酒店举行服务业招商推介会，共推出21个服务业合作项目，总投资8.2亿元，其中投资达1000万美元以上的项目16个，涉及房地产、旅游、酒店、商业、中介服务及污水处理厂等基础设施行业。来自香港的近100位工商企业界人士参加了会议。

12月20日，2004年度全国质量监督检验检疫工作先进单位颁奖仪式在北京举行。宁波市质量技术监督局鄞州分局成为宁波市唯一一家上榜单位。

同日，鄞州区城市管理局申报的钱湖北路以103.4分的最高分顺利通过"省级街容示范路"贯标认定工作小组评定，成为鄞州区首条"省级街容示范路"。

12月22日，受浙江省文明建设办公室委托，中共宁波市委宣传部对鄞州区创建省级文明城市先进城区工作进行了验收检查。中共鄞州区委常委、宣传部部长王国定，代表中共鄞州区委、区政府向检查组汇报了有关情况。

同日，中共宁波市委常委、市委秘书长程刚带领市生态建设工作检查考核组一行到鄞州区检查考核2004年度生态市建设及环境保护工作情况。副区长毛宏芳汇报有关工作并陪同现场检查。

12月23日，由鄞州区畜牧兽医技术服务中心承担的宁波市畜牧科技技术研究服务中心被列为国家第一批星火计划农村科技服务体系建设。

同日，中共鄞州区委十一届六次全体（扩大）会议在区行政大楼大会场开幕。中共鄞州区委书记寿永年在会上作题为《提高党的执政能力，扎实推进鄞州全面协调可持续发展》的报告。中共鄞州区委副书记、区长徐立毅主持会议，区领导马兆祥、陈明志、郑德兵、张南芬、许勤德等出席了会议。

12月25日，由中共中央统战部、国家发展和改革委员会、人事部、国家工商总局、全国工商联联合评定的100名全国优秀中国特色社会主义事业建设者揭晓，雅戈尔集团总裁李如成榜上有名。

12月27日，沙文求烈士诞辰100周年纪念会暨《名人之乡塘溪》首发式在甬港饭店举行。

同日，由中国地方志指导小组、中国地方志协会组织实施的首届中国地方志年鉴评奖活动评奖结果揭晓，经过有关专家的严格评审，《鄞州年鉴(2004)》获二等奖。

12月28日，区政协十三届常委会举行第八次会议。会议通过了关于召开区政协十三届三次会议的决定及会议议程、日程（草案）等事项，听取了《政府工作报告》（征求意见稿）说明并进行讨论。区政协主席朱禹宝，副主席王飞龙、张嘉俊、陈国良、黄碧英，区政协秘书长姜芬琴等出席了会议，中共鄞州区委常委、副区长吴胜武听取了协商意见。

同日，鄞州区首家乡（镇、街道）总工会——石碶街道总工会宣告成立。

同日，宁波市副市长邬和民一行到鄞州区调研工作。

12月29日上午，鄞州区廉政文化研究所成立。区领导郑德兵、王国定、麻承照等出席了成立大会。

同日下午，鄞州区举行新闻界新年联谊会。人民日报社、新华社、中央人民广播电台等国家和省级新闻单位驻甬记者站负责人以及市级新闻单位有关负责人受邀参加了联谊会。寿永年、徐立毅、张南芬、许勤德、朱禹宝、唐军、王国定等区领导出席了联谊会。

12月30日上午，鄞州区召开经济工作会议。中共鄞州区委书记寿永年在会上作了重要讲话，中共鄞州区委副书记、区长徐立毅作主题报告，中共鄞州区委常委、常务副区长王海国主持会议。区领导陈明志、郑德兵、张南芬、许勤德、朱禹宝等在主席台上就座。

同日，鄞州区地方税务局挂牌成立。

12月31日，经国家海关总署批准，设立宁波海关鄞州区办事处。

（区委办公室秘书二科提供）

专　记

2004年鄞州区国民经济和社会发展统计公报

2004年是全面建设小康社会、率先实现现代化建设进程中的重要一年。一年来，全区人民在区委、区政府的正确领导下，以邓小平理论和“三个代表”重要思想为指导，牢固树立和认真落实以人为本、全面协调可持续发展的科学发展观，积极贯彻中央宏观调控政策，全面实施“双优”战略，扎实推进“新鄞州工程”，努力克服要素制约等诸多困难，继续深化改革、扩大开放、促发展、保稳定，国民经济保持快速健康发展态势，综合实力进一步增强，教育、科技和各项社会事业全面协调发展，城乡人民生活水平进一步改善。

【综合】

区域经济保持平稳较快增长。初步统计，全年全社会实现地区生产总值(GDP)277.9亿元，按可比价格计算，比2003年增长15.6%。其中：第一产业实现增加值16.2亿元，增长6.7%；第二产业实现增加值193.8亿元，增长16.6%；第三产业实现增加值67.8亿元，增长15.1%。一、二、三产业增加值占全区生产总值的比重由2003年的6.1∶68.9∶25。调整为5.9∶69.7∶24.4，第二产业仍是拉动经济增长的主导力量，其对GDP的贡献率达74.1%。全社会人均生产总值达到36476元，按当前汇率折算达4407美元，比2003年增加658美元。(注：GDP为初步预测数)

财政收入保持稳步增长。全年完成财政一般预算收入46.5亿元，比2003年增长25%；剔除出口退税后，完成财政一般预算收入为27.9亿元。财政一般预算收入占国内生产总值的比重为16.7%，比2003年提高0.7个百分点。

国民经济和社会发展中存在的主要问题是：经济结构尚不够合理，产业层次不高，区域经济整体竞争力不强；土地、电力等要素制约严重；城乡居民收入的生活水平提高缓慢，城乡差别继续加大；经济社会发展中各类阶段性矛盾不断凸现。

【农业】

农业农村经济持续稳定发展。全区全年实现农林牧渔增加值16.2亿元，按可比价格计算，比2003年增长6.7%。农业基础地位得到进一步加强，全区粮食生产实现恢复性增长，全年粮食播种面积2.547万公顷，比2003年增长11.1%；产量达到17.48万吨，增长11.1%。其中，稻谷播种面积为2.345万公顷，实现稻谷总产量16.24万吨，分别比2003年增长9.7%和10.2%。

积极推进农业产业化进程。全区按照品种调优、结构调新、规模调大、效益调高的原则，着力培育主导产业和具有地域特色的农产品。全区基本形成了以鄞西的粮草区、山区和半山区的林特区、鄞东南的城郊果蔬区和滨海的水产区为主的四个特色鲜明的农业区域，以及以粮食、蔺草、畜牧、蔬菜、水产、竹笋、水果、贝母、茶叶、花卉为主的十大主导产业。稳定的产业群体和悠久的加工历史使鄞州区先后荣获了蔺草、雪菜、浙贝、竹笋、桂花五项中国特产之乡称号。

进一步发展绿色无公害农产品，积极做大做强农业龙头企业。全区已有各类绿色无公害基地22个，获得市级以上绿色无公害农产品和名牌产品14个；拥有国家级农业龙头企业2家、省级4家、市级31家，农产品质量和附加值进一步提高。

全区完成林场改造144.73公顷、封山育林673公顷，全区森林覆盖率达到49.1%，城镇绿化率达到29.5%，村庄绿化率达到26.9%，建设生态公益林2.18万公顷。

表2　**主要农林牧渔产品产量表：**

产品名称	单位	2004年产量	比2003年±%
粮　食	万吨	17.48	11.1
油菜籽	吨	1500	－32.8
席蔺草	吨	79071	－2.8
茶　叶	吨	5723	11.8
蔬　菜	万吨	48.77	－5.2
水　果	万吨	21.34	3.4
生猪饲养量	万头	61.21	9.5
生猪出栏	万头	39.65	7.9
生猪年末存栏	万头	21.56	12.6
肉类总产量	吨	34348	9.4
其中:猪牛羊肉	吨	28455	12.9
禽肉	吨	5806	－5.2
禽蛋	吨	17378	－2.2

续表2

家禽出栏	万只	387.1	-5.2
家禽年末存栏	万羽	239.2	0.9
奶牛存栏	头	2716	12.0
牛奶产量	吨	16036	32.4
水产品总产量	吨	22343	2.5
其中:海水产品	吨	10683	4.3

【工业】

工业生产快速增长,工业竞争力持续提升,经济效益不断改善。2004年,全区完成工业增加值179.3亿元,按可比价计算,比2003年增长16.4%。规模以上企业实现工业总产值、销售收入、利润总额分别达到617.3亿元、623.8亿元和51.6亿元,较2003年分别增长24.4%、26.7%和15.2%。从行业分类来看,各个行业工业生产都实现了全面增长,其中电气电子仪表制造业、机械制造业、服装制造业和纺织业四大支柱产业的支柱地位进一步提升,占规模以上工业的比重达到了65.1%,比2003年提高了0.7个百分点。企业规模不断扩大,全区年销售收入上亿元工业企业由2003年的75家增加到111家,其中销售上10亿元企业由5家增加到7家,雅戈尔和奥克斯两家集团企业的年销售双双突破百亿元。

在省、市对规模以上工业企业11项经济效益考核指标中,全年综合得分为217.35分,其中国家7项评价得分为156.68分。其中各项指标实绩为:总资产贡献率15.07%,资本保值增值率124.13%,资产负债率55.73%,流动资产周转率2.14次/年,成本费用利润率8.9%,全员劳动生产率全年52877元/人·年,产品销售率97.57%。

以电子信息、新材料和光机电一体化为主导的高新技术产业发展强劲,在规模以上工业企业中,高新技术产业企业完成总产值34.9亿元,比2003年增长27.5%,销售收入34.4亿元,增长21.1%。

【固定资产投资】

固定资产投资增长势头减缓。投融资体制改革不断深化,投资结构进一步优化。全年完成全社会固定资产投资173.01亿元,比2003年增长31.9%,增幅较2003年同期下降8.4个百分点,其中限额以上投资完成额为160.92亿元,同比增长35.4%。工业性投资仍是拉动投资增长的主力,全区完成工业投资92.48亿元,占全区投资总额的比重为53.5%,比2003年增长40.8%。完成第三产业投资79.17亿元,同比增长24.2%。完成农村投资101.53亿元,增长53.1%。

房地产开发投资额增长平稳。全年房地产开发完成投资额39.52亿元,比2003年增长21.6%,较2003年同期提高了0.7个百分点。全年商品房施工面积449.65万平方米,其中住宅363.57万平方米,分别比2003年增长19.1%和6.3%。商品房销售面积82.16万平方米,其中住宅75.98万平方米,分别比2003年增长13.1%和16.2%。商品房销售额30.98亿元，其中住宅销售28.27亿元，分别比2003年增长44.1%和57.1%。年末商品房空置面积为3.96万平方米，较2003年同期下降78.9%。

新鄞州工程有序推进，城市功能不断完善。天童南路延伸段建成通车，宁南北路、沧海路拓宽改造工程启动，供电、供水、排污、绿化等配套建设和拆迁安置工作有序推进。鄞州高级中学、文化广场、文化艺术中心建成使用，英国诺丁汉大学宁波校区、鄞州第二医院、明州医院、老年公寓、鄞州公园、科技中心以及部门机关办公楼建设抓紧进行，宁波万达广场、明州花园酒店、麒麟大厦等一批重大项目相继开工。加强了城市社区建设，公用事业管理、市政设施管养得到重视。

【交通、邮电和供电】

交通基础设施进一步完善。全年新建公路7公里，年末全区公路总里程达968公里，公路密度为70.1公里/百平方公里，列全省前茅。2004年全社会完成货物运输量1093万吨，货物周转量67105万吨公里，完成客运量3156万人，旅客周转量95651万人公里。

邮电、通信业继续快速发展。全年邮政和电信业务收入分别为2209万元和2.8亿元，分别增长12.1%和26.7%。年末农话交换机总容量38万门。年末固定电话总数达29.14万部，比2003年增长12.6%，电话普及率达38.3部/百人。

全区用电再创新高。2004年鄞州区全社会用电量为30.63亿千瓦小时，比2003年增长13.9 %。其中工业用电量为24.06亿千瓦小时，增长17.6%；城乡居民生活用电量为3.57亿千瓦时，比2003年下降10.4%。面对极度紧张的用电形势，全区努力挖掘发电资源，通过顶峰发电和购买超发电力等有序用电措施，全年新增电量2221.4万千瓦时，在一定程度上缓解了用电紧张局面。

【国内贸易、对外经济和旅游】

消费品市场表现活跃。全年实现社会消费品零售总额66.42亿元，比2003年增长19.5%，增幅高出2003年同期7.6个百分点。从分行业来看，在零售总额中，批发零售贸易业实现零售额61.75亿元，增长20.6%，其中限额以上实现零售额20.47亿元，同比增长33.2%。餐饮业零售额为4.67亿元，增长5.5%。2004年底，全区共拥有各类商品交易市场71个，其中消费品市场62个(消费品综合市场49个、农副产品综合市场9个、工业消费品综合市场4个)、工业生产资料市场9个。各类农贸市场58个，市场总面积达32.78万平方米。全年商品交易市场成交额为78.95亿元，较2003年增长34.7%，

对外经济持续高速增长。2004年，全区上下主动适应“入世”三年、宏观调控、出口退税机制调整所带来的种种新情况、新问题，积极调整思路，努力寻求对策，大力促进对外经济发展。全年实现自营进出口总额334475万美元，比2003年增长35.4%，其中自营进口79136万美元，自营出口255339万美元，分别比2003年增长25.6%和38.8%。深入推进“以民引外”工作，优化投资主体结构，合同利用外资和实际到位外资双双蝉联全省第一。全年新签外商投资项目206个，与2003年持平，总投资11.82亿美元，同比增长38.6%，合同利用外资7.37亿美元，比2003年增长28.7%；实际利用外资3.57亿美元，增长27.2%。全区新批境外企业12家，其中境外带料加工企业2家，完成对外经济合作经营额2565万美元。

随着旅游环境的不断改善，旅游资源的进一步开发和旅游基础设施的逐步完善，鄞州区的旅游事业得到了迅速发展。全年接待国内外

游客230.31万人次，其中海外游客2.4万人次，旅游业务总收入11.77亿元，比2003年增长14.3%，其中旅游外汇收入943万美元。

【财政、金融、保险】

全区完成一般预算收入46.5亿元，比2003年增长25%，剔除出口退税后，完成财政一般预算收入为27.9亿元。其中完成地方财政收入17.5亿元，比2003年增长29.1%。预算内财政支出21.8亿元，增长12.6%。其中：基本建设支出为4.37亿元，同比增长10.9%；企业挖潜改造支出2.53亿元，比2003年减少17.3%；农业支出1.04亿元，增长16.9%；文教卫事业费支出4.15亿元，增长19.4%；行政管理费支出1.7亿元，增长53.5%。

金融机构存贷款呈现较快增长势头。至2004年末全区金融机构本外币存款余额为470.6亿元，金融机构本外币贷款余额为323.0亿元，分别比2003年增长21.1%和24.4%。年末金融机构人民币存款余额为461.0亿元，比年初增长21.7%，净增82.3亿元，其中企业存款166.0亿元，居民储蓄存款200.5亿元，分别比年初增长22.9%和14%。年末金融机构人民币贷款余额为320.9亿元，比年初增长24.3%，净增62.7亿元，其中短期贷款213.7亿元、中长期贷款82.8亿元，分别比年初增长22.4%和32.4%，金融机构人民币的存贷比由2003年的68.2%上升至2004年的69.6%。

【科学技术与教育】

科技事业发展又上新台阶。2004年鄞州区大力实施“双高工程”，营造创新创业环境、加快创新体系建设、培育高新技术企业、推进产学研合作，企业技术创新能力显著增强，高新技术产业得到了快速发展。全区共拥有国家级高新技术企业14家，总量居全市第一，省市级高新技术企业49家。随着高新技术产业的逐步发展壮大，整合研发力量成立企业技术中心成为科技型企业的主要抓手。雅戈尔集团成功创建了国家级企业技术中心，率先打破了鄞州区乃至全市国家级企业技术中心零的记录。至此鄞州区共拥有国家级工程技术中心4家、省级工程技术中心14家。全年鄞州区企业承担国家级科技计划16项，其中国家级火炬计划项目5项、国家新产品5项、国家星火计划3项、国家科技成果重点推广计划项目1项、国家科技型中小企业创新基金2项。承担市级科技计划项目318项，其中市级新产品302项。全年获国家专利授权公告403项，其中发明专利24项。

大力实施“人才强区战略”，积极开展人才培养和引进工作，科技队伍进一步壮大，为鄞州区社会经济的发展提供了充足的人才保障。全年共引进各类人才5063名，其中高级专业技术职称人才358名（其中博士19名、硕士96名，副高以上职称259名）、中级专业技术职称702名，本科学历2022名，高级技师6名。年末拥有各类专业技术人员4.33万名，其中高级专业技术职称1953人、中级职称以上11621人。

教育事业均衡发展上新台阶，教育质量稳步提高。全区共有：普通中学39所，在校学生43210人；职业中学8所，在校学生11453人；小学104所，在校学生68236人；特殊教育学校1所，在校学生273人；幼儿园190所，在园幼儿25832人；中等专业学校2所，在校学生2237人。小学入学率，巩固率和升学率均达100%，初中毕业生升入高中段比例为91.23%，与2003年提高1.19个百分点。义务教育学龄人口入学率达100%。全区积极实施现代化示范学校工程，努力打造教育品牌，大力拓展优质教育资源。上半年姜山中学成为浙江省一级重点普通高中，率先打破了一个县（市、区）只有1所一级重点普高的格局。鄞州职教中心学校被教育部认定为国家级重点中等职校，至此，全区已有全国重点、省重点和省示范性学校38所，其中有省一级、二级、和三级重点普通高中各2所。随着教育条件的逐步完善，教育质量不断提高。2004年高考上线又上新台阶，其中普高高考上线率为97.32%，上本科率69.44%，均列全市第一，职高上线率为95.72%。全区普通高校上线率已连续3年居全市首位，上本科率连续2年居全市首位。初中毕业生升入高中段比例已连续四年达到90%以上，义务教育各项指标继续居全省领先水平。

【文化、广电、卫生和体育事业】

文化事业蓬勃发展，丰富了人民群众文化生活，推动了基层文化建设。组织举办了“放歌新鄞州”文化艺术周活动，成功承办了第七届中国艺术节全国“群星奖”音乐专场比赛和宁波市第二届农民文化艺术节闭幕式暨第五届“东海明珠杯”乡镇文艺调演活动。《关爱女孩全国漫画展示作品集》荣获第十二届中国人口文化奖宣传册类作品金奖，这是鄞州区迄今为止文艺类作品获得的最高荣誉。全区1个专业剧团共演出157场次，观众24.9万人次。拥有公共图书馆1个，藏书12万册。广播电视业不断发展。广播电视入村率均为100%。有线电视入户率87.0%，较2003年提高了8.5个百分点。

卫生事业进一步发展。完善突发公共卫生事件应急体制，加强职业病、传染病防治，社区卫生服务和农村卫生室规范化建设稳步推进，人民医院住院部顺利搬迁。2004年，全区总门诊人次349.24万，总住院床日36.46万天，业务收入4.64亿元。全区的社区卫生服务站总家数已达到34家。全力以赴推进农村医疗住院保险制度，全区共有参加保险人员54万名，行政村覆盖率达100%，户参保率为89%，人参加保险率90.72%，提前3年完成区委、区政府提出的工作目标，综合成绩名列全市前茅。自来水受益人口覆盖率97.73%，平均水质合格率97.81%。

体育事业取得新突破。以精品战略为导向，精心组织各类竞技体育赛事，取得了较好成绩。举办了四年一次的区第十二届运动会、承办了宁波市小学生篮球赛和浙江省青少年航模比赛。运动员获得全国比赛金牌1枚、银牌3枚，省级比赛金牌25枚、银牌20枚、铜牌16枚，市级比赛金牌37枚。鄞州区游泳运动员郑坤良代表中国参加了在雅典举行的第二十八届奥运会，这是鄞州区体育史上一个新的突破。

【人口与就业】

人口增长得到有效控制。全年出生人口6044人、出生率为7.93‰，死亡人口4565人、死亡率为5.99‰，人口自然增长率为1.94‰。全区年末人口767762人，比年初净增11972人。在总人口中，男性379694人，性别比（以女性为100）为97.8。其中农业人口553769人，非农业人口为213993人。

采取多种措施扩大就业和再就业。2004年全区失业职工再就业为5650人，参加社会组织各种形式再就业培训人员有10220人，城镇登记失业率为3.34%，达到了区政府提出的控制在3.5%以内的目标。

【人民生活和社会保障】

城乡居民收入稳步上升，生活得到进一步改善。全社会职工平均工资收入15690元，农民人均纯收入7781元，剔除价格因素，分别比2003年增长5%和8.9%。城乡居民储蓄存款继续增加，年末人均存款余额为26314元，比年初净增2840元。

农村居民家庭主要耐用消费品拥有量持续增加。年末，平均每百户农村居民拥有彩色电视机143台、家用电脑8台、空调机31台、热水器47台、摩托车26辆、移动电话77部、电冰箱87台、洗衣机61台、照相机10台。农村居民的居住条件进一步得到改善。农民人均住房面积为47平方米,比2003年增加4平方米。

社会保险覆盖面继续扩大。2004年共有9224家单位的12.1万名职工参加城镇职工基本养老保险。年末,个人账户管理人数18.2万名,退休职工共2.4万名。城镇职工基本医疗保险的范围从原国有集体企业扩大到各类企业,至年末全区参加城镇职工基本医疗保险的人数为8.6万人。

社会福利事业不断发展。全区共有社会福利事业单位23个,床位1781张,收养1387人。认真做好城乡居民最低生活保障工作,根据区政府出台的《鄞州区最低生活保障实施办法》规定,分别提高了农村和城镇最低生活保障标准,目前全区城乡共有4637户7967人纳入城乡最低生活保障范围,其中,享受最低生活保障城镇居民为634户1079人,享受农村最低生活保障居民为4003户6888人。

(区统计局提供)

2004年"新鄞州工程"

表3　2004年"新鄞州工程"实施情况表(截至2004年12月)

单位:万元

项目名称	建设地点	建设年限	总投资	已完成投资	工程完成情况
一、工业园区					
1. 明州工业园区	洞桥、姜山等镇	2003~2007	750000	117368	东江路砼路面完成85%,桥梁完成100%;朝阳路一期完成1#桥桩基;洞桥安置小区外墙涂料完成100%,车棚门安装完成80%,姜山安置小区完工
2. 鄞州投资创业中心	下应等镇	2003~2007	160000	85100	泗港安置小区内外墙粉刷完成50%
3. 望春工业园区	集士港、古林等镇	2003~2007	230000	85024	综合通讯管线完成88%,联丰路延伸段给水工程92%、电力沟工程完成90%
二、城市建设					
4. 鄞州区文化艺术中心	新城区	2003~2004	14251	18000	工程完工
5. 鄞州区高级中学	新城区	2003~2004	10000	9800	学校9月1日开学,图书行政楼主体封顶,附属绿化已动工

续表 3—1

6. 鄞州科技中心（一期）	新城区	2003～2004	9275	8300	室内装修主楼已完成，玻璃幕墙和钢结构工程已基本完成，外围配套工程进入施工
7. 鄞州公园	新城区	2003～2004	14197	10482	五期工程小乔木种植；六期工程画廊结构完成；咖啡厅、拓石假山钢结构完成；茶室一、二基础完成；喷灌安装完成
8. 鄞州区文化广场	新城区	2004	9575	9575	交付使用
9. 鄞州区老年公寓	新城区	2003～2005	13380	7000	老年公寓楼 2#、3#进入五至九层施工；16#楼进入二层施工，其余已结构封顶；托老中心 A、B 区结构封顶；C 区进入二层施工
10. 完成行政中心建设和区级机关搬迁	新城区	2003～2005			
11. 鄞州新城区医院	新城区	2003～2005	15000	4830	门诊楼结构完成,住院楼进入地下室施工
12. 鄞州区疾病预防控制中心	新城区	2004～2005	7000		初步设计方案已通过会审
13. 市高教园区会议交流中心	新城区	2003－2005	50000	6500	地下室挖土施工
14. 鄞州区博物展览馆	新城区	2004～2005	25000		方案设计
15. 宁波明州医院(一期)	新城区	2003～2004	50000	24588	生活楼通过中间结构验收，主楼外墙面砖完成 90%，门诊、医技、急诊幕墙完成 70%
16. 鄞州区垃圾填埋场		2004～2005	16000		初步设计方案评审，作物赔偿工作逐步落实，场外道路基本完工
17. 宁波明州花园酒店	新城区	2003～2006	85000	15000	酒店区进入挖土施工，公寓楼开始打桩
18. 江东南区污水处理厂（一期）	新城区	2003～2005	19000	2000	南区因拆迁影响，打桩停工
19. 万达商业广场(暂名)	新城区	2004～2005	200000	13000	桩基施工
三、交通建设					
20. 鄞州大道	新城区	2003～2004	25551	23526	完成西岸引桥小箱梁 20 片，东西岸主孔钢管拱合扰、主孔横梁预制五根
21. 联丰至集士港公路	古林、高桥、集士港	2003 年 5 月～2005 年 9月	19629	12319	完成路基土方 7%，桥梁工程 2.9%，排水工程 10.8%，涵洞工程12%
22. 明州大道	鄞江、洞桥、姜山、茅山、云龙、横溪、东钱湖	2003～2005	82600	16600	前期政策处理工作完成40%
23. 新城区至横溪公路石桥段	钟公庙、姜山、云龙	2003 年～2005 年 5 月	8800		前期准备

续表 3—1

24. 甬金高速公路鄞州段	古林、石碶、洞桥、鄞江、章水	2003～2006	48725	24110	完成路基填方 1700 立方，路基挖方 200 方，钻孔桩 28 根，立柱 26 根，盖梁 15 片，梁板预制 177 片
25. 宁波绕城高速公路西段项目鄞州段	石碶、姜山、钟公庙	2003～2007	370000	74509	里仁堂互通立交完成路基土石方 57638 方，桥梁桩基 15 根，梁板预制 59 片
四、水利建设					
26. 周公宅水库	章水	2003～2007	79970	38922	大坝累计浇筑拱坝砼约 23.2 万方，C2 标主洞开挖完成 800 米，C3 标根据大坝浇筑进度，继续埋设设备
27. 溪下水库	横街	2003～2005	26200	22190	大坝完成 b－1－03、b－4－20 共 24 块的浇筑约 6305 立方米，浇筑最高至 56 米，平均为 ET47.5 米，完成厂房等混凝土 450 立方米，四个村移民安置进展顺利，拆迁协议签订完成 95%
28. 宁波市城市防洪工程鄞州段	区境内	2003～2005	17670	10000	完成岸墙 10227 米，防浪墙 10336 米，园林绿化完成工程量 7%
29. 区域供水工程（鄞南、鄞西供水工程）	区境内	2004～2007	114000	9000	完成鄞南片引水工程管道辅设 19 公里，并有部分完工；皎口水库至毛家坪水厂隧洞工程全面开工，鄞西片原水管线工程进入招投标
五、电力建设					
30. 220KV 变电所	姜山、横街、东钱湖、钟公庙	2003～2007	51144	24654	钱湖变 12 月 16 日开工，工程进入填塘渣
31. 110KV 变电所	茅山、鄞江、高钱等	2003～2007	73000	27200	大嵩变投入生产；布政变完成建设，茅山变完成土建工程
六、人民生活					
32. 建立就业和再就业服务体系	区境内	2003～2007	用工补助 6394 其中 2003 年－2005 年 5530	1700	完成 36 期人力资源供需洽谈会，组织用人单位 1615 家，提供岗位 32516 个，共有 44552 名求职者进场应聘，12123 名求职者达成初步意向；全区职介信息网络提供信息 5291 条，就业服务窗口发布实时信息2263 条，提供岗位 24955 个，办理职业介绍 11956 名；民办职业介绍机构办理求职登记 43373 人，职业介绍成功 14606 人；失业职工现就业率 76.1%；城镇登记失业率 3.34%。完成城镇失业职工再就业培训2085 名，被征地人员就业培训 8135 名；职业技能鉴定 4100 名

续表 3—1

33. 完善养老、失业、医疗、工伤、生育、被征地人员、大病统筹等社会保险制度	区境内	2003 ~2007	90530 其中：①失业 2580；②医保 44330；③被征地人员养老保险 43620 ④大病统筹	28414	1. 全区 9224 家企业的 12.6 万名职工参加城镇职工基本养老保险，有 2.35 名退休职工领取养老金；2. 有 2429 家用人单位的 7.9 万名职工参加失业保险；3. 有 92307 名职工参加企业职工工伤保险；4. 有 27860 名职工参加女职工生育保险；5. 参加被征地人员养老保障的人数为 30444 名，已享受被征地人员养老保障待遇的人员 23643 名，收缴保障基金 32547 万元，政府补贴额 14061 万元。6. 城镇职工基本医疗总参保人数为 85860 名；完成农村医疗住院保险参保工作，达到村覆盖率 100%，户参保率达 90%，实际参保人数为 543516 人，城镇、农村住院医疗保险计算机系统全面上线，运行情况良好
34. 提高农村、城镇居民的低保标准	区境内	2003 ~2007	960	976	累计完成保障资金发放 976 万元，其中区财政 514 万元、镇乡财政 462 万元，受保障共 44036 户、74190 人次
35. 实施欠发达村奔小康工程	区境内	2003 ~2007	6150	850	完成村级工业扶贫 300 万元，农业开发 100 万元，急难补助 50 万元，开门补助 400 万元
36. 鄞州区新村建设工程	区境内	2003 ~2007		350102	完成新村建设工程 165.6 万平方米，拆旧 80.56 万平方米

（区重点工程建设办公室提供）

机关效能建设

【概况】

鄞州区机关效能建设自 2004 年 3 月 15 日召开动员大会开始，经过动员部署、组织实施、考核考评 3 个阶段，历时 10 个月，在全区镇（乡、街道）、区级机关和有行政管理职能的企事业单位中全面开展。区委、区政府专门成立了由区委副书记张南芬任组长的机关效能建设领导小组（下设办公室），具体负责全区机关效能建设工作的组织领导。为进一步增强活动的针对性和实效性，结合鄞州区实际，区机关效能建设领导小组把“五强化、五解决、五提高”（即：强化学习意识，解决不思进取、庸碌无为等问题，切实提高干部素质；强化宗旨意识，解决作风漂浮、急功近利等问题，切实提高工作实效；强化服务意识，解决态度冷淡、漠不关心等问题，切实提高服务质量；强化法制意识，解决政令不畅、办事不公等问题，切实提高依法行政水平；强化效率意识，解决环节过多、推诿扯皮等问题，切实提高工作效益）作为全区机关效能建设的突破口和切入点。通过加大教育培训力度，提高干部执政能力；建立健全规章制度，规范行政行为；简便办事程序，提高办事效率；开展执法检查和定期考核考评等措施，确保全区机关效能建设活动取得实实在在的效果。

自机关效能建设开始以来，全区各级机关参

加培训人数达2500人次，建立各类优化服务、规范办事程序和干部行为的规章制度共计700余个,查找问题567个,解决419个。结合《中华人民共和国行政许可法》的实施,取消区级许可(审批)事项33个，清理规范性、政策性文件355个。另外,区委、区政府还出台了《效能建设监察工作暂行规定》和《行政机关工作人员行政过错责任追究暂行办法》，进一步加大责任追究力度；组建了鄞州区机关效能监察投诉中心，公布全市统一的24小时投诉电话96178，接受广大干部群众监督，鄞州区效能监察投诉中心组建以后，共受理效能投诉583件,办结545件；建立领导小组成员分片联系制度，加强对各单位开展效能建设情况的监督指导，确保全区24项机关效能建设重点工作和“新鄞州工程”各项工作落到实处；聘请机关效能监督员，不定期进行明查暗访，共组织督查40余批次。同时还在报纸电视上开辟 “机关效能监督岗”专栏,加大舆论监督力度。

图2　石碶街道为加强机关效能建设，与各科室签订机关效能建设责任状

【成效显著】

办事效率提高。积极推进电子政务,全区电子公文传输系统于2004年6月开始试运行，区委、区政府文件分别于2004年11月1日和2004年底,全面实现无纸化传送;2004年会议时间和规模明显压缩，区级会议数量与2004年同比减少20%，会议经费减少10%，文件数量减少5.4%；通过整合政府管理要素和各部门资源，以及推出一系列旨在提高办事效率的工作制度，使各单位特别是窗口服务部门的办事效率进一步提高。鄞州区行政服务中心推行了一审一核制、前置审批告知承诺制和基建项目审批“三联合”等简化审批审核手续的方法;建立鄞州区招投标中心,并把建筑工程、政府采购、土地转让、农田、水利和道路建设等招投标审批项目统一进驻中心办公。从活动结束前的抽样调查来看，85%的调查对象认为机关办事效率不高的问题得到基本解决。

服务意识增强。鄞州区机关效能建设领导小组始终把实施“民心工程”作为提高机关效能的一项重点工作来抓，要求各单位在进一步建立健全为民服务的基础上，把千方百计开展为民办实事活动作为主旋律。各单位结合实际都相继建立了各种便民制度,实施了各种便民措施,使各单位特别是窗口部门的办事质量和服务水平得到明显提高。89%的调查对象认为服务态度不好的问题得到基本解决。

机关形象改善。鄞州区机关效能建设一直把加强机关内部管理作为改变机关形象的一个重要举措，多次对各单位遵守劳动纪律和规范行为情况进行督查,效果比较明显。采取有力措施严肃工作纪律,有效遏制了例如工作日中餐饮酒、办公时间随意离岗或上班时做与工作无关的事情等机关“沉疴”。

解难排忧成效明显。把为民办实事,解决群众反映强烈的难点热点问题作为推进效能建设的突破口之一,使一批群众反映强烈的就学就医、用电供水、社保就业、交通建房等热点难点问题得到有效解决。在高山地区学校实行免费义务教育政策；在全区范围内实施了农村水网改造工程；举办被征地农民、失业职工及无业妇女等各级各类再就业推荐会300余次；不断扩大医疗、养老保险的覆盖面,农村住院医疗保险的参保率超过90%,城镇

职工基本医疗保险的覆盖面面不断扩大，参保人数超过 8 万人，被征地人员养老保险进入实质运作阶段，已有 28898 名被征地人员按月领取养老金；全面启动中巴车公交化改造，推进交通城乡一体化；积极推进“大龄青年婚房工程”的实施。78%的调查对象认为机关效能建设对解决社会热点难点问题有明显成效。

（区机关效能建设办公室）

精神文明建设

【文明城区创建】

2004 年年初，按照区委、区政府创建省级文明城区工作要求，全区建立了以文明城区创建工作领导小组为核心的组织领导体系，落实了目标考核、监督检查、定期沟通、投入保障等工作机制，先后制定出台了《宁波市鄞州区文明城区创建规划》和《宁波市鄞州区创建省级文明城区实施方案》，并于 4 月 30 日召开动员大会。全区上下按照创建省级文明城区工作目标及责任要求，围绕“弘扬鄞州精神，共建文明城区”主题，突出城区基础设施建设、整治优化市容环境、提高市民素质、建立健全长效管理机制等重点工作，通过广泛宣传发动、层层分解任务、狠抓责任落实等措施，各项创建工作进展顺利：创建氛围日渐浓郁，文明创建深入人心，形成了全区动员、全面参与的创建氛围；市民素质不断提高；城市形象得到提升；服务环境明显改善。2004 年末，全区顺利通过了省、市检查组的验收，获得了“浙江省创建文明城市工作先进区”称号。

图 3　5 月 14 日，区委宣传部在大朱家文明学校开展了市民英语一百句进社区活动，并向钟公庙街道各社区发放了《鄞州区市民英语一百句》小册子。图为活动现场

【文明社区创建】

坚持“分类指导，各具特色，优势互补，整体推进”的工作思路，坚持把文明社区建设作为创建工作的第一载体来抓。区委在考察学习了海曙、江东、镇海等地的文明社区创建的先进经验的基础上，在钟公庙街道召开了社区工作研讨会，明确了以后的努力方向。根据各地基础条件、人文环境、社会资源的差异，区分不同情况，分清轻重缓急，对全区 15 个社区分类别、有重点进行指导。城市社区以雅苑社区、剑桥社区为示范，着重在形成自身特色，提升文化品味上下功夫；城郊社区以方庄社区为示范，着重在强化社区管理，探索创建机制上下功夫；农村社区以东裕社区为示范，着重在完善组织功能，提高农民素质上下功夫。2004 年年末，全区新增市级文明社区 8 家，累计拥有市级文明社区 10 家，其中省级文明社区 2 家。

【文明行业、文明单位(机关)创建】

按照深化内容、拓展领域的要求，坚持以优质服务为重点，以职业道德教育为切入点，以规范服务为突破口，以机关效能建设为载体，以群众评议为重要手段，深入扎实开展文明行业创建活动。不断加强文明机关创建工作，着力改进机关作风，提高办事服务效率，努力以软环境的优化来推进文明城区创建的进一步发展，2004年度，全区评出首批文明机关33家。全面推开文明单位创建活动，把文明创建的触角延伸到基层的站、队、所当中，并引导好各种新的经济组织、社会团体和中介机构参与文明单位创建，使各级各类文明单位（机关）成为文明新风的实践者、城市形象的塑造者和精神文明的传播者。2004年，全区新增省级文明单位3家，累计达到13家，市级文明单位达到30家。

【农村精神文明创建】

农村精神文明创建是城区文明的有力补充，2004年以来，针对全区农村文明创建存在着发展不平衡性，实行了分类施教：对于下应湾底村、集士港岳童村等先进村，帮助其制定更高要求的创建规划，进一步加大创建力度，为全区树立榜样；对于五乡明伦村、四安村等基础较好的村，抓了五乡“双提高”的试点，做好农民素质提高文章；对基础相对较差村，则整合资源，利用结对共建，帮助其上台阶。共有23家省、市级文明单位与23个行政村进行了结对，从而全面推动了农村精神文明建设的蓬勃发展。2004年，全区新增省级文明镇1家，累计达到2家；新增省级文明村2家，累计达到5家；新增市级文明镇1家，累计达到3家；新增市级文明村17家，累计达到27家。

【未成年人思想道德建设】

为切实把加强和改进未成年人思想道德建设工作作为一项事关全局和长远的重大战略任务抓紧抓好，全面提高未成年人的思想道德素质。在全区开展“阳光青少年，你我共关注”主题教育活动，此项活动以“四双工程”（双万、双千、双百、双十）为载体，旨在营造有利于未成年人成长的良好舆论氛围和社会环境。活动包括：开展“万张阳光文明卡进家庭”活动，精心设计“阳光文明卡”内容，并统一分发到万个家庭，动员全社会力量关注未成年人的健康成长；开展“万名家长重进课堂”活动，通过开办社区（村）家长学校，组织家长重进课堂，教授关于如何更好地教育孩子的知识；开展“千对‘心手相连’结对活动”，千名社区志愿者与千名未成年人结成帮扶对子，提供心理阳光咨询、革命传统教育和文化辅导等；开展“千册图书共读”活动，通过捐书、读书等活动，扩大青少年的知识面；开展“百场少儿影视进社区”活动，各社区组织未成年人观看健康、文明的少儿影视片；开展评选“百佳阳光青少年”活动，以“在家做个好孩子、在校做个好学生、在社区做个好公民”为标准，评选出全区“百佳阳光青少年”，引领文明道德风尚；开展“十个文明行为我来倡，争做文明小使者”活动，通过倡导文明行为，使未成年人从小养成讲文明、讲礼貌的好习惯；筹建十个“红领巾社区俱乐部”，以此为阵地，大力开展健康向上的实践体验活动，积极倡导文明愉快的生活方式，倡导快乐的学习方法，引导社区未成年人不断追求真知，崇尚科学。

【建立鄞州文明网】

为充分展示精神文明创建工作成果，进一步推动鄞州区精神文明建设深入发展，建立了宁波市第一家县（市、区）级的文明网，为全区精神文明建设提供了现代化的信息平台，开设的专栏有：文明风采、文明热线、文明长廊、文明论坛等。

【出台《鄞州区文明创建与管理工作手册》】

手册从工作流程、基本要求、创建标准、工作规范等四方面　对文明创建与管理工作作了详尽的诠释，使创建工作有章可循、有序推进，对指导全区文明创建工作，营造文明创建的良好氛围具有积极的意义。

（区文明城区创建工作办公室）

中共宁波市鄞州区委员会

中共宁波市鄞州区委
关于大力实施“双优”战略
推进经济增长方式转变和产业结构调整的决定

（2004年7月30日中共宁波市鄞州区委十一届五次全体扩大会议通过）

跨入新世纪，我国进入了全面建设小康社会、加快推进社会主义现代化的关键时期。党中央为完成这个阶段的发展任务，把握规律，创新理念，适时提出坚持以人为本，全面、协调、可持续的发展观，同时针对经济社会生活中存在的突出问题，根据科学发展观的要求，采取了一系列宏观调控政策，这对引导我们调整经济结构，在更高层次上实现新一轮发展，具有重大的指导意义。

改革开放特别是撤县设区以来，鄞州经济社会各项事业取得了令人瞩目的成就，为今后更快更好发展奠定了扎实基础。但是，随着发展环境和发展阶段的变化，我区经济运行中也显露出一些矛盾和弊端：工业经济增长尚未真正摆脱粗放型发展路径，产业链带动不足，多数产品处于初加工水平，位于价值链的末端；科技研发能力不强，不少企业技术、工艺和装备落后，自主知识产权较少；产业层次有待提高，具有一定竞争力的主要是劳动密集型产业，高新技术产业处于起步阶段。三次产业结构尚欠合理，第三产业在全区经济中的比重偏低，对国内生产总值、财政收入和就业等方面的贡献，与经济强区的地位不相适应。这些矛盾与问题，与国际国内宏观形势的深刻变化交织在一起，把我区经济发展推向了增长转型的重要关口。为此，区委决定按照“调整一产、提升二产、突破三产”的总体思路，实施以优化增长方式、优化产业结构为主要内容的“双优”战略。

“双优”战略是区委适应宏观环境新形势，坚持科学发展观，贯彻落实省委“八八战略”和市委“六大联动”要求，在发展的重要战略机遇期，正确把握加强宏观调控与推动结构优化、产业升级的关系，实现经济增长从外延扩张的粗放型向内涵提升的集约型转变，在更高层次上谋求新发展，而审时度势作出的重大决策，对于指导全区上下更加注重统筹兼顾、整体提高，更加注重制度创新、苦练内功，着力解决长期困扰发展的结构性、素质性矛盾，紧紧依靠科技进步来推进经济持续快速健康协调发展，具有十分重要的意义。实施“双优”战略，标志我区经济走上更加强调数量与质量、规模与结构、速度与效益相统一的发展阶段，必将对鄞州长远发展产生积极而深远的影响。

“双优”战略的核心是：优化增长方式，走新型工业化道路，打造先进制造业基地；优化产业结构，大力发展服务业，提高第三产业对全区经济的贡献率。总体目标是:提升二产,大力发展现代工业,做优高新技术产业,做强传统优势产业,做精块状特色产业,力争到2007年,工业经济主要指标全面实现四年翻番目标,基本走出一条科技含量高、经济效益好、资源消耗低、环境污染少、人力资源优势得到充分发挥的新型工业化路子。突破三产,推动第三产业年均增长逐步超过工业经济增幅,对地方财政的贡献率明显提高,力争到2007年,初步构建起现代第三产业框架体系。

确立依靠科技创新拉动经济优质、高效、低耗发展的增长方式。推进产业集聚化,高度重视工业园区的开发建设,完善配套服务功能,优化资源要素配置,搭建高水平发展平台。推进产业高度化,坚持适应性调整与战略性调整相结合,加大技术改造力度,加快信息化改造步伐,大力发展高新技术产业,强化科技创新工作,增强产业发展的持续动力。推进产业国际化,注重引资与吸纳先进技术、管理经验并重,提高利用外资的质量和水平,大力发展加工贸易,促进外贸升级转型,积极实施“走出去”战略,加强区域合作与交流,拓展经济发展空间。推进产业规模化,支持发展具有国际竞争力的大企业大集团,培育发展具有行业比较优势的骨干企业,大力发展各类中小企业,形成具有一定规模的企业梯队群体,夯实产业发展的微观基础。

抓住工业化、城市化快速推进的有利时机,以新城区为重点,大力发展第三产业。第三产业是衡量区域经济发展水平和竞争实力的重要依据,发展第三产业有利于转变增长方式、推进结构调整、提高人民生活质量。要高标准高质量搞好新城区、工业园区、城镇建成区等重点区域的三产布局,形成定位准确、特色鲜明、功能完善、结构合理的三产网络。全面提升商贸、仓储、市场等劳动密集型传统服务业,积极培育金融保险、中央商务、现代物流、信息中介等知识密集型现代服务业,加快发展房地产、旅游休闲、医疗保健、文化娱乐、教育培训、社区服务等新型消费服务业,打造服务于先进制造业的供应平台和提高人民生活质量的服务平台。强化新城区重大服务业项目招商工作,加快凸现新城区在第三产业发展中的龙头地位,增强对全区第三产业发展的辐射带动作用。

作出实施“双优”战略的决策,是区委牢固确立和认真落实科学发展观的具体体现,也是贯彻中央宏观调控政策,提升经济竞争力、培育经济发展后劲的生动实践。全区上下一定要统一思想,明确任务,围绕重点,狠抓落实,确保“双优”战略各项措施落到实处。

(一)加强领导,落实责任。各级党委、政府要在思想上高度重视“双优”战略,把它作为经济工作的重中之重,真正放在心上,抓在手上,落实在行动上。要建立完善分工负责、协调共进的工作体系,把推进经济增长方式转变和产业结构调整的可量化项目,列入年度岗位目标考核,层层落实工作责任。区委、区政府要定期听取有关工作汇报,总结交流经验,分析解决问题,并开展专项督促检查,各镇乡、街道要加强对这项工作的动态把握,努力形成上下联动、良性互动的工作机制。

(二)明确导向,强化保障。全面分析我区产业发展现状,结合“双优”战略的目标任务,深入研究制订全区工业经济结构调整与发展规划和第三产业发展规划,明确分阶段工作目标及主要措施。强化政策保障,制订统筹产业调整与发展的政策措施,加大专项支持力度,采取积极的财政和投融资政策,引导资本加速向第三产业、重点行业和重大项目流动。强化人才保障,大力引进培养各类高素质人才,尽快形成一支门类齐全、梯次合理、素质优良、新老衔接的人才队伍,为实施“双优”战略提供强大的智力支持。

（三）形成合力，营造氛围。区级机关各部门要以加强机关效能建设为抓手，进一步改善服务，提高办事效率，努力为“双优”战略的顺利实施创造良好环境。经济管理部门要切实履行好指导、协调的职能，主动深入基层和企业开展调查研究，帮助解决“双优”战略实施过程中遇到的困难和问题。宣传新闻单位要坚持正确的舆论导向，大力弘扬“敢为、求实、争先”的鄞州精神，广泛宣传实践科学发展观，推进增长方式转变、产业结构调整的好典型、好经验，努力营造全社会关心、支持、参与“双优”战略的良好氛围。

“双优”战略事关鄞州经济发展的大局，全区各级党组织、全体共产党员和广大干部群众，要切实增强责任感和使命感，自觉以科学发展观为指导，全面落实“双优”战略各项措施，求真务实，开拓进取，努力开创鄞州经济全面、协调、可持续发展的新局面。（区委办公室综合科提供）

2004 年区委工作综述

2004 年，全区坚持以邓小平理论和“三个代表”重要思想为指导，认真贯彻科学发展观和中央宏观调控政策，以新鄞州工程和“双优”战略为抓手，求真务实，破难攻坚，保持了经济快速增长和社会事业全面发展的良好势头，各项经济社会发展指标完成或超额完成年初确定的目标任务，许多工作继续走在全省全市前列，全区社会政治稳定，人民安居乐业。具体表现在以下六方面。

一、区域经济稳步发展

全区经济在调整优化中呈现速度与效益并举的发展格局，全年共完成生产总值 276 亿元，同比增长 15%，完成预算内财政收入按老口径计算 46.5 亿元，按新口径计算 27.8 亿元，同比增长 25%。工业经济延续上年较快发展的良好态势，全年实现工业总产值 1356 亿元，同比增长 29.6%，其中规模以上企业完成产值 600 亿元，同比增长 26%，涌现了一批新的规模企业，全区 2 家企业销售突破 100 亿元，销售上 10 亿元企业达到 7 家，上亿元企业由 75 家增加到 107 家。技术改造持续加强，全年完成技改财务到位80 亿元。高新技术产业迅速发展，新增国家级高新技术企业 5 家，累计达到 14 家；成功创建了全市首家国家级企业技术中心，高新技术产品产值占规模以上企业中的比重上升到 40%。招商引资在土地供给较长时间停止的情况下依然取得较好成绩，全区合同利用外资 7.37 亿美元，实际利用外资 3.57 亿美元，分别增长 29% 和 28%，新批 500 万美元以上大项目 48 个，总量继续位居全省各县（市、区）首位。园区建设有序规范，明州、望春工业园区和投资创业中心调整思路，收拢拳头，开发重点更加突出，全年累计完成政府性投入 14 亿元，基础配套能力达到 34 平方公里。把发展第三产业摆上重要位置，着手制订规划和政策措施，以

图 4　4 月 26 日，区委、区政府召开第一季度经济形势分析会

宁波万达商业广场和4个五星级酒店为标志,一批重大三产项目开工建设,全区房地产业全年完成投资21亿元,实现销售24亿元,三产经济加速发展。

二、城乡建设有序推进

新城区核心区块规划及城市设计进一步深化完善,商贸居住等功能区块逐步凸现,累计完成城区道路、市政设施、景观绿带等基础设施投入40.6亿元,综合配套能力达到33平方公里。重点水利、重要道路以及重大电力设施等新鄞州工程重点项目顺利开展,全年共有27个项目开工建设,完成投资42亿元。全面启动区域供水工程,溪下、周公宅两大水库工程进展顺利;甬金高速等高等级公路和市区南北联接道路的前期工作顺利进行,鄞州大道完成工程量的81%;新建22万伏变电所1座,11万伏变电所5座;旧村改造新村建设择重突破,至2004年底,累计投入资金35亿元,建成新村住宅3.3万套,建筑面积336万平方米。全面启动生态区建设,无害化垃圾填埋场完成选址和前期工作,生态绿化和重点污染源治理得到加强,配合宁波市通过了国家卫生城市创建工作,人居环境进一步改善。

三、"三农"工作扎实开展

重视保护粮食生产能力,陆续出台了一系列扶持粮食生产的政策措施,提高农民种粮积极性。持续推进产业结构调整,注重培育扶持农业龙头企业,农业产业化经营水平不断提高。2004年全区新增绿色无公害农产品3种,累计建成绿色无公害农产品基地9333.33公顷,预计全年农产品加工值可达到35亿元,出口创汇19亿元。稳步推进示范村创建和新农村建设,继湾底、藕池、明伦3个村被命名为首批省级全面小康建设示范村后,2004年又有上李家、石𥖁等4个村进入省级示范村初选名单。继续实施欠发达村奔小康工程,加快高山村迁址移民步伐,提高全区新农村建设的整体水平。高度重视保护农民权益,先后出台了大龄被征地农民用工补助、涉农人员利益保障等多个政策文件,由此也促进了农民增收,预计2004年鄞州区农民人均纯收入可达到7656元,同比增长6.6%。

四、各项改革稳步推进。

基本完成了行政村撤并面上工作,全区行政村个数由撤并前的607个减少到413个,撤并194个,撤并率为32%。社区股份制改造和撤村建居力度持续加大,15个村完成股份制改造,累计达到33个,14个村委会改建成5个居委会。统筹推进农村社会保障工作,高度重视就业再就业工作,扎实做好就业服务和培训,全区共有7270名被征地农民参加就业培训。不断完善被征地农民养老保障制度,至2004年底已有5.1万被征地人员参加养老保障,其中已按月领取养老金3.2万人。全面实施农村医疗住院保险制度,54万名农民参加住院保险,村参保率达到100%,户参保率达到90%,共有1.3万人次享受补助。深化行政审批制度和国有集体资产管理体制改革,引导市场经济主体创新管理机制,去年新增上市企业1家,3家企业进入国内上市辅导期,4家企业进入境外上市操作程序,累计拥有规范化股份制企业24家,发展活力不断增强。

图5　日新月异的新城区

五、社会事业协调发展

全面开展省级文明城区先进区创建、农村"双提高"和"我与文明同行"等系列活动,推出新型农村湾底村、创业先锋李如成等一批先进典型，重视抓好公民思想道德教育，加强未成年人思想道德建设，提高了城乡文明程度。加大教育投入力度，推进教育均衡发展，义务教育和高中段教育质量继续保持省市领先水平，高考上线率和上本科线率继续位居全市第一，全区所有镇（乡、街道）全部成为省、市教育强镇。高度重视人才和科技工作，全面启动人才强区战略，至2004年底已累计引进各类人才1.6万名，拥有各类人才3.7万名，科技工作荣获全国科技进步示范区称号。探索建立公共卫生体系和突发公共卫生事件应急处理机制，社区卫生服务体系进一步完善。广泛开展群众性文化体育活动，成功举办了“放歌新鄞州”文化艺术周等重大文化活动，抓好精品文化创作，文体设施和公益文化活动市场化运作也迈出了实质性步伐。

六、民主法制建设和党的建设有新加强

强化依法治区工作，支持人大、政协积极履行职能，巩固和发展爱国统一战线，注重发挥工青妇等群众团体在三个文明建设中的作用，进一步凝聚了力量，调动了各方面抓发展的积极性。积极创建“平安鄞州”，加强社会治安综合治理，重视通过制度建设解决群众关注的热点难点问题，全面落实信访工作责任制，及时有效地化解了一批社会矛盾，高度重视安全生产工作，确保了全区社会稳定。创新理论学习的方式与载体，重视抓好各级领导班子的思想政治建设。推进干部人事制度改革，调整充实了镇乡（街道）领导班子，干部队伍整体素质不断提高。以“三级联创”为抓手，扎实开展“先锋工程”活动，落实驻村指导员制度，推进农村基层党组织的规范化建设，继续加强非公企业和社区党建工作，党的群众基础不断扩大。严格执行党风廉政建设责任制，以《中国廉政文化丛书》出版为标志的廉政文化建设取得原创性成绩。行业纠风和机关效能建设扎实推进，有力查处干部违纪违法案件，作风建设和反腐败斗争向纵深发展。

（梅益进）

组织工作

【概况】

2004年，全区组织工作围绕“新鄞州工程”总体目标，以加强党的执政能力建设为主线，突出加强干部队伍业务能力培训，不断优化干部队伍整体结构，巩固党在农村基层的基础。全面开展机关效能建设活动，转变机关工作作风，增强机关干部服务意识；进一步规范镇（乡、街道）、区级机关“一把手”选拔任用程序，建立了“一把手”初始提名制度、区管干部区委常委会票决制和干部任用（推荐）全委会票决制，制定出台《鄞州区领导干部辞职暂行规定》，并对镇（乡、街道）、区级机关贯彻落实《中国共产党干部选拔任用条例》和各项改革措施情况进行了一次专项督查；开展了公开选拔副局级（副处级）领导干部工作，共推出区经济体制改革委员会办公室副主任、区卫生局副局长、镇（乡）分管城镇建设的副镇长等5个岗位进行公开选拔；对党政领导干部在企业兼职情况进行了全面清理，共清理在企业兼职的科级以上领导干部65名，其中处级干部28人、科级干部37人，涉及企业60余家；加强干部教育培训工作，创新干部培训方式，探索与国内外高校联合办学的新路子，全年共举办主体培训班次13期，培训各级干部858名；深入推进农村基层党组织“先锋工程”建设，广泛开展“群众提议、干部承诺”活动，建立镇（乡、街道）困难党员帮扶基金和党员服务咨询中心；开拓非公有制企业党建工作新局面,建立非公有制企业党建工作指导员、联络员和党务工作者3支队伍,抓好非公有制企业党建示范点创建工作;重点探索了商住型、城镇型、安置型3类社区党建工作模式;大力加强党员队伍建设,全年共发展新党员951名,其中35周岁以下党员604名,全区党员总数达到了37163名,共有82名新社会阶层中的优秀分子向党组织递交了入党申请书。

【全面开展机关效能建设】

从3月份开始,为提升机关形象、提高机关工作效率,在全区各镇(乡、街道)、区级机关和有行政职能的事业单位中广泛开展机关效能建设工作。深入推进新一轮行政审批制度改革,设立区、镇两级机关效能投诉中心,建立健全岗位责任制、服务承诺制、失职追究制等制度,加强对机关干部的制度约束,有效解决了机关工作中存在的不思进取、急功近利、态度冷漠、政令不畅、推诿扯皮等问题,群众关注的一些热点、难点问题得到有效解决,干部在广大群众中的形象得到改善,认可度得到进一步提升。

【拓展干部教育培训途径】

积极抓好主体班次教育培训工作,全年共举办了区级机关政工副职,镇(乡、街道)宣传委员、文卫副镇长、组织委员、纪检委员等主体培训班13期,培训各级干部858人次。在具体培训工作中,积极拓宽干部受训渠道,采取与国内知名高校联合办学、到国外高校接受专题培训等方式,提升干部培训工作层次,更新受训干部观念。其中,委托上海对外贸易学院举办了招商引资、工贸管理知识培训班,31名镇(乡、街道)分管工业工作的副镇(乡)长、办事处副主任及区级机关相关职能局的领导干部参加了培训;组织首批22名优秀中青年干部赴德进行了为期52天的公共行政管理课程培训;安排55名机关中层以上年轻干部参加与同济大学联合举办的MPA进修班考试,加大年轻干部学历培训力度,提高机关干部学历层次。

【深化干部人事制度改革】

制定出台《鄞州区关于干部任用(推荐)实行区委全委会票决制的实施意见(试行)》,把镇(乡、街道)、区级机关各单位、正局级(处级)事业单位"一把手"及宁波市管后备干部推荐人选纳入到全委会票决范围,全年共对22名镇(乡、街道)、区级机关"一把手"的任免实行了初始提名,3名区级机关"一把手"的任用实行了全委会无记名投票表决,18名镇(乡、街道)党政"一把手"的任免事先书面征求全委会意见,7批次共260名区管干部的任免实行了区委常委会票决。进一步建立健全镇(乡、街道)、区级机关"一把手"初始提名制,由区委组织部按1:2的比例提出民主推荐参考人选后,由区委全委会成员和区四套班子成员进行民主推荐,2004年共推出22个职位、开展了2批次的民主推荐活动。制订出台《鄞州区领导干部辞职暂行规定》,对领导干部辞职的种类、条件、程序等明确了相应规定,进一步拓宽了干部"下"的渠道。加强对"一把手"经济责任审计,全年共发出32份经济责任审计通知,并对15名领导干部进行了审计。

【加强干部交流调整工作】

从2月份开始,开展区级机关部分单位干部交流工作,着重对1996年底前任职,至2004年未进行过交流的部分区级机关正职领导干部进行横向交流,共对区审计局、劳动和社会保障局、文化体育局、交通局等4个单位正职,2名其他区级机关副职进行了交流;从7月份开始,集中利用2个月时间对全区各镇(乡、街道)领导班子和领导干部进行了全面考核,并着眼于提高整体素质、优化班子结构,对69名干部进行了调整交流,其中区级机关交流到镇(乡、街道)7人、镇(乡、街道)交流到区级机关14人,各镇(乡、街道)之间横向交流41人,因年龄到限改任调研员和助理调研员的26人,有62名区管后备干部被提拔为区管领导干部。

【深入推进"先锋工程"建设】

结合行政村区划调整工作,抓好村级组织和村干部队伍建设工作,组织131名新任村支部书记举办了1期培训班,并制定下发《鄞州区村干部工作手册》,从制度上进一步规范了村干部日常管理、议事决策、廉洁自律等工作行为。召开"先锋工程"建设再动员大会,对首批达标的5个镇(乡、街道)、65个行政村进行了表彰,并明确了4个镇(乡、街道)、60个村为第二批次创建对象。从5月份开始,在全区行政村全面开展了"群众提议、干部承诺"活动,通过把村级事务初始提议权交给群众,并以村党组织公开承诺办理提议事项的方式,积极推进基层民主政治建设。全区共有18723名党员和村民代表、32752户普通村民参与提议,共回收各类提议78058条,经进一步归纳整理后,村党组织做出承诺5813条,落实承诺事项3162条,活动取得了明显成效,村级工作透明度得到进一步提高,村级班子和村干部在群众中的形象得到提升,基层干群关系得到有效改善。

【开创非公有制企业党建工作新局面】

扎实开展非公有制企业党建工作示范点创建活动,抓好奥克斯集团、雅戈尔集团、浙东建材集团、浙江利时集团等4家非公有制企业党建工作示范点的创建,其中奥克斯集团、浙东建材集团分别获得省、市级党建工作示范点荣誉称号,雅戈尔集团、浙江利时集团被列为市级党建工作示范点创建单位。着重抓好非公企业党建工作指导员、联络员和党务工作者3支队伍建设,从区、镇两级机关中选聘42名熟悉党务和经济管理工作的调研员或离岗退养老党员,担任非公有制企业党建工作指导员;从镇(乡、街道)工业办公室选调302名与企业关系良好、业务素质精良的党员,担任党建工作指导员;建立健全企业党务工作者教育管理制度,开展"优秀非公有制企业党务工作者"评比表彰工作,共评选出10名优秀党务工作者,并进行了公开表彰。

(任鹏鸿)

宣传思想工作

【概况】

2004年,全区宣传思想战线坚持贴近实际、贴近生活、贴近群众,努力创新内容、创新形式、创新手段,求真务实,开拓进取,巩固和发展了积极健康、全面协调发展的良好态势,为鄞州区加快建设小康社会提供了有力的思想保证、舆论支持和精神动力。

舆论宣传形成新强势。精心组织策划了"坚持科学发展观,统筹建设新鄞州"、"弘扬求真务实精神,推进机关效能建设"、"贯彻四中全会精神,加强执政能力建设"等一批重大主题宣传和区域供水、安全生产、经济普查、人才工作、创建卫生城市和文明城区等重点工作宣传,强化了对行政村撤并、农村医保、被征地人员就业等热点、难点问题的引导,大力培育健康向上的主流舆论,为区域经济社会发展营造良好的舆论氛围。

理论武装拓展新路子。围绕提高干部素质和能力,围绕服务科学决策和谋划发展,围绕推进工作和解决实际问题,进一步创新完善中心组学习。探索建立了集中培训制度、最佳学习案例评比制度、学习观摩制度、学习信息反馈制度和区、镇两级中心组双向互动制度，形成上下互动、人人参与和工作再促进、再提高的良性循环机制，并被评为全市先进。为适应城市化、工业化需要，促进农民增收和农村社会和谐，在五乡镇开展了农村“双提高”工作试点，积极构建和完善农民教育培训体系，提高了农民群众科学文化素质和思想道德素质。

文明创建掀起新热潮。建立完善了文明城区创建三大体系和四个机制，形成了全民参与、联手共建、层层推进的创建格局。同时通过一系列强势宣传，使文明城区创建家喻户晓、深入人心，群众知晓率达到99%。鄞州区被命名为浙江省创建文明城区工作先进区。城乡文明一体化不断加快，全区共有6家单位创建省级文明单位（文明镇、村），29家单位创建市级文明单位（文明村、社区），123家单位创建区级文明单位（机关、镇、村、社区）。

文化建设凸现新亮点。举办了“放歌新鄞州”文化艺术周活动，会同有关部门在京举行了《中国廉政文化丛书》出版座谈会，进一步打造了地域文化品牌。广播剧《它山堰的女儿》在中国广播电视优秀作品评选中，荣获中国广播电视专家奖和政府奖一等奖。

【“放歌新鄞州”文化艺术周活动】

9月26日～30日，庆祝中华人民共和国成立55周年暨“放歌新鄞州”文化艺术周活动隆重举行。活动以“展现绮丽鄞州文化、表达鄞州创业豪情、歌颂鄞州绿色家园、赞美鄞州富裕都会”为宗旨，共分“放歌新鄞州”广场文艺晚会暨开幕式、“影像新鄞州”“长三角”著名摄影家拍摄新鄞州、迎国庆全区歌咏比赛、“缤纷社区”文化大联动、全区民间文艺大巡游暨闭幕式五大系列活动，历时1周。活动项目包括舞台演出、广场演出、美术书法比赛、民间工艺家庭花卉摄影展览、主题征文、体育比赛、文艺调演、智力竞赛、科普宣传等。

【农村“双提高”主题教育活动】

为解决全区在城市化、工业化快速推进中农民所面临的再就业和增收的困难问题，探索一条构建和谐社会和“平安鄞州”的新路，区委宣传部在五乡镇开展了以提高农民思想道德素质和科学文化素质为目标的农村“双提高”教育培训试点工作。通过在教育培训促动、文明创建推动、典型示范带动、文化体育互动、激励机制驱动这“五动”上下功夫，促进了农民群众科学文化素质和思想道德素质的提高。

在区委宣传部的具体指导下，五乡镇构建完善了党委政府菜单式服务培训、党校成校专项业务培训、村级定点自主培训三级培训网络，专门设计了免费培训卡，安排了计算机操作、农业实用技能技术、经济知识、政策法规等课程，全年共举办各类培训班91期，累计培训4000余人次；广泛开展了道德教育系列实践活动，相继推出了文明交通行为月、“弘扬雷锋精神，共建美好家园”为民月、爱国主义教育月、文明行业创建月等专题，开展了“我与文明同行”演讲比赛、“我为文明城镇创建献一计”金点子征集、“同享一片蓝天、共处一方热土”联系共建等活动；为发挥典型的示范带动作用，相继开展了十佳转型农民、十佳文明家庭，十佳农民文化户、十佳党员标兵、十佳文体能手等评比活动；利用村村都有种养殖大户的现成资源，在宁波日兴电子有限公司、宁波环球电机有限公司等企业建立了市场营销、外贸等市场实践基地，在鄞州宁五李榨菜加工厂建立农产品深加工示范实践基地，在明伦村建立民主法制教育示范基地等，利用这些典型示范基地，开展面对面的实用技能技术培训；在原有文化活动场所的基础上，整合资源，根据村级经济实力，一类村建立了相对集中、功能完备的文化广场，二、三类村着力推进“三点一室”

(宣传点、文化点、体育点和教育培训室)为主要内容的文化阵地建设;组建了腰鼓队等民间艺术队伍、太极拳队等体育健身表演队伍、一村一品特色文体团队、文体活动辅导员队伍、科普宣传员队伍、农村普法和社会群策群力队伍、农村文明居家宣传队伍等;构建了全镇文化活动“图表册”网络体系(文体活动分布图、时间表、名册),以业余文体队伍、群众性文化体育协会等为基本组织形式,充分利用文化乐园、休闲广场和文化点等活动场所,相继组织开展了农民读书活动、文艺演出月活动、戏曲周、百场电影下村巡映、文艺小分队下村巡演等文化活动;为促进“双提高”主题教育活动的深入持久开展,试点单位从完善激励机制入手,实施了“贴、免、奖、补”等经济保障措施:对村民自己参加各类学历进修的,凭获取的文凭、职称,镇、村两级按费用总额的50%给予报销;发放免费培训卡2500余份。

通过“双提高”主题教育活动,五乡镇全民学习、全程学习和全面学习的终身学习理念初步形成,多数群众已对通过学习作为提高自身素质、增加就业门路形成共识,社会矛盾也逐步得到缓解,社会风气有所好转,农民对社会的理解加强,对政策的理解加深,五乡镇2004年的社会群体信访事件几乎为零,社会治安案件明显下降。

【《中国廉政文化丛书》出版发行】

为进一步抓好党风廉政建设工作,探索廉政建设工作新思路与新方法,组织编撰了《中国廉政文化丛书》,丛书于5月份由方正出版社出版,并在北京人民大会堂首发,中共中央纪律检查委员会副书记刘峰岩,共青团中央书记处第一书记周强,中共中国文联党组书记、副主席李树文,中共国家体育总局党组书记李志坚,中共浙江省委副书记、省纪委书记周国富,中共浙江省委常委、宁波市委书记巴音朝鲁,中共鄞州区委书记寿永年等数十位各级领导参加了首发式。丛书分《廉政故事》、《廉政漫画》、《廉政格言警句》、《廉吏》和《廉政理论》等五部分,原中共宁波市委书记黄兴国、中共宁波市委书记巴音朝鲁担任丛书顾问,中共中央纪律检查委员会副书记刘峰岩作序。丛书共计200余万字、300多幅画图,整个编撰、出版过程历时两年多,由鄞州区联合中国民间文艺家协会、中国美术家协会、中国纪检监察报社以及复旦大学、浙江大学等单位500余位作者精心制作共同完成,是目前国内首部从文化角度诠释中国廉政文化和思想的作品。

【《它山堰的女儿》获全国广播连续剧最高奖】

由鄞州广播电视台主创、黑龙江广播电视艺术中心协助录制的3集广播连续剧《它山堰的女儿》在2003年度中国广播电视优秀作品评选中,荣获中国广播电视政府奖的最高奖——广播连续剧类一等奖,是获奖单位中唯一的县级台。《它山堰的女儿》反映了宁波儿女励精图治办教育的故事。整个创作过程历时一年多,主创人员多次赴杭州、哈尔滨、北京,邀请知名作家召开座谈会研讨,对情节结构、人物性格、对白、音乐等方面进行了多次修改,被专家认为是一部题材宏大、主题鲜明、冲突强烈、人物性格鲜明,具有极强艺术感染力的广播剧精品。

【《阳光总在风雨后》出版】

为反映全区企业文化建设取得的成就和成功经验,有效推动全区企业文化建设,12月,区委宣传部汇编了《阳光总在风雨后》一书,集中展示了雅戈尔、奥克斯等16家企业在企业文化建设中所取得的成功经验和具体做法,该书同时收录了曾发表在《鄞州日报》上介绍中共浙东建材集团党委书记邱兴祝等10位优秀企业党务工作者事迹的文章。

(陈　印)

统一战线工作

【概况】

2004年，中共宁波市鄞州区委统一战线工作部(以下简称区委统战部)调整区政协委员29名，撤销1名；召开由各民主党派、工商联和无党派人士参加的情况通报会和征求意见座谈会5次，听取党外人士意见建议，并及时向区委、区政府反馈；健全了工商、税务、国土资源、规划、环保、技术监督和药监等政府部门的特约员的聘请工作，全年共新聘请特约员19名；通过介绍、汇报、致函等多种形式促进了党员领导干部与党外人士交朋友制度的经常化和制度化，推动了谈心内容的深化和交流形式的多样化。

抓好宗教工作属地管理，制定出台了《宁波市鄞州区宗教工作属地管理试行意见》，并以区委办公室、区政府办公室名义转发各镇(乡、街道)贯彻实施，同时，在塘溪、横溪、集士港3个镇开展贯彻宗教工作属地管理试点，通过试点，摸索出属地管理的做法和经验，并在全区推广；加强对宗教活动场所的规范化管理，把好宗教活动场所非日常性大型宗教活动的报批关；规范宗教活动场所的安全防范制度；协助做好天童禅寺诚信法师方丈升座法会和阿育王寺举办全国性三坛大戒放戒活动；抓好全区僧人资格认定工作，全区共有460人参加僧人资格登记；引导全区宗教界人士和信教群众向社会公益事业捐款120万元。

切实抓好少数民族工作，对区级机关(含下属单位)少数民族身份干部情况进行了普查。

加强与海外重点地区、重点社团、重点人士的联络、联谊，全年共接待港澳同胞和海外侨胞41批、415人次，台胞12批、130人次，接受"三胞"捐赠288.4万元。抓住浙江省投资贸易洽谈会、宁波国际服装节和纪念邓小平诞生100周年暨邓小平"把全世界的宁波帮团结起来建设好宁波"讲话发表20周年活动海外"三胞"到鄞的有利时机，拓展联谊，加强信息及项目的跟踪服务，组织邀请与会客商5批63人，达成签约项目3个，总投资3450万美元。新批台资企业14家，总投资4008万美元，合同利用台资1771万美元，其中1000万元以上台资企业2家。尼日利亚侨胞李晓峰获"荣誉鄞州青年"称号，台商施灯煌被区人大常委会授予"荣誉鄞州人"称号，台商颜德和被宁波市人大常委会授予"宁波市荣誉市民"称号。9月，在侨胞董瑞萼的联络下，尼日利亚澳贡州州长丹尼尔率访问团一行14人到鄞考察。邀请美国陈增建博士和旅日陈曙铭博士参加"宁波籍海外博士故乡行"活动。

引导非公有制企业代表人士诚信创业和参与光彩事业活动。2004年，全区有22家会员企业通过了9个单位联合评审，被授予"信用企业"牌匾。非公有制经济代表人士为扶贫济困、救助下岗职工和特困失学儿童共计捐款2900多万元。筹措投资开发中西部地区资金2240万元。

指导区工商联搞好组织建设。2004年，新增补了3名民营企业家为区工商联副会长，充实了工商联领导班子。协助区工商联抓好基层商会的筹建工作，新成立咸祥、东吴、龙观3个基层商会。

【党外干部工作】

党外干部的培养选拔工作得到进一步加强。区委制定出台了《中共宁波市鄞州区委关于进一步做好培养选拔非中共党员干部工作的意见》，为培养选拔党外干部工作提供了政策依据；与区委组织部联合举办了1期党外中层干部培训班，共有24名党外干部参加了培训；在区委重视下，又有2名党外干部进入镇（乡）领导班子队伍，使全区处级以上党外干部达到16名。

【民主党派工作】

帮助成立了中国民主促进会宁波市鄞州支部。至2004年底全区有民主党派基层组织5个，民主党派成员98名。组织民主党派支部班子成员学习交流4次，协助中国民主促进会宁波市鄞州支部和九三学社宁波市鄞州支社外出学习考察各1次，5名九三学社医学专家为邱隘镇50多名退休教师和退休干部进行义诊服务。支持民主党派、工商联和无党派代表人士围绕区委、区政府中心工作，积极建言献策，全年共撰写专题调研文章10篇和提案、议案38件，其中1件提案获宁波市优秀提案、2件提案获鄞州区优秀提案、6篇专题文章在市级以上刊物发表。

【基层统战工作】

加大对镇(乡、街道)统一战线工作的指导，进一步明确了镇(乡、街道)统一战线工作的分管、负责领导；健全了镇(乡、街道)的统一战线工作考核制度，充分调动了基层工作的积极性，有效地推动了基层统一战线工作开展；抓好基层统一战线干部队伍建设，协助区委组织部、宣传部举办了1期由镇(乡、街道)分管统一战线工作的党委委员参加的培训班，切实提高基层统一战线干部的整体素质和协调解决问题的能力；进一步健全基层统一战线工作网络，推进基层组织规范化、制度化建设。

（邬红）

政策研究

【调查研究工作】

围绕全区重点、热点、难点问题，确定22个调研课题，由区委、区政府领导担任第一责任人，负责组织开展相应调研工作。通过深入调研和组织交流讨论，在解决倾向性、普遍性、根本性问题上提出新思路和新举措，使调研成果直接转化为决策或工作方案。

2004年，中共宁波市鄞州区委政策研究室(以下简称区委政研室)先后完成全区行政村区划调整、完善涉农人员土地被征用后安置补偿政策、鄞州区城乡一体化发展研究、完善镇(乡、街道)考核激励制度、当前“三农”形势任务和对策措施、农村劳动力素质培训、欠发达村奔小康工程等20余项重大调研课题，调研成果针对性强，为区委、区政府决策提供了依据和参考。同时，收集汇编了《宁波市鄞州区经济政策选编》(2003.7～2004.6)，内容涉及农业经济和农村工作、工业经济发展和改革、土地人口保障和综合等四方面。

【调研指导工作】

有效推进各部门和镇(乡、街道)的调研工作。随着形势发展，调研工作越来越引起各级各部门的重视，区级机关各单位和镇(乡、街道)积极制订调研工作计划，认真抓好调研工作的落实，创造了不少好的经验和做法。作为全区负责调查研究的综合部门，区委政研室通过坚持调研考核制度，组织召开镇(乡、街道)秘书调研工作会议，对有关单位和镇(乡、街道)进行重点指导，开展全区调研工作先进集体和优秀调研文章评选等办法，调动了各部门各镇（乡、街道）做好调研工作的积极性和主动性。与此同时，区委政研室还积极整理和开发对经济社会有影响的信息资料，利用《鄞州通讯》和《决策参考》两个内部刊物，不定期刊发一些优秀调研文章，全年共刊发《鄞州通讯》13 期、《决策参考》14 期。2004 年初对部门、镇(乡、街道)报送的调研文章进行汇总整理、评选表彰，区政协办公室、区委组织部、区发展计划局、区财政局和横街镇、邱隘镇、集士港镇等 14 家单位被评为 2003 年度全区调研工作先进集体，同时还评出一等奖论文 5 篇、二等奖论文 12 篇、三等奖论文 18 篇、鼓励奖论文 22 篇，并且汇编成册。（连斌）

区直机关党的工作

【概况】

2004 年，鄞州区直属机关党建工作坚持以邓小平理论和“三个代表”重要思想为指导，认真落实中共十六大及十六届三中全会精神，围绕中共鄞州区委中心工作，结合机关工作实际，以加强和改进党的思想、组织和作风建设，增强党组织的影响力、凝聚力和战斗力，着眼于保持党的先进性和纯洁性为重点，突出抓好强化党员素质、强化组织建设、强化服务意识、强化机关整体形象，大力推进机关党的思想、组织和作风建设。

【思想建设】

区直机关党工委作为机关党组织的指导、协调、监督部门，切实加强各党组织的指导与考核，把理论武装党员干部作为工作的重要内容之一。各机关党组织都把中共十六届三中全会精神、新党章等作为政治理论学习的主要内容，通过制定详细的学习计划，采取多种的学习形式学习理论，在机关党员干部中形成了求知、求真、求新的良好学习氛围。在“七一”前夕，以围绕国际国内形势和改革稳定大局，邀请全国思想政治工作研究员李永奎教授为区直机关党员讲授 3 场大党课，听课党员约 1000 名，党员干部接受了一次深刻的理想信念和宗旨观念教育；3 月 9 日～3 月 13 日对各机关入党积极分子进行《中国共产党简史》、《中国共产党性质及纲领》等党的基本知识和基础理论的业务知识培训；4 月份，配合区委组织部对机关政工副职（支部书记）共 87 人进行了为期 15 天的系统培训。为深入学习与贯彻《中国共产党党内监督条例》(试行)和《中国共产党纪律处分条例》，4 月份，组织机关干部对两个条例进行专题学习与讲座，并在区直机关开展学习两个条例知识竞赛活动，共发放两个条例测试题 2200 份，回收 1848 份。6 月份，区直机关党工委在区直机关党组织中开展《关于征集党建调研论文》活动，共收到调研论文 81 篇，评出一等奖 2 篇、二等奖 3 篇、三等奖 6 篇。区委宣传部《当前机关党员干部理论学习中存在的问题及对策》、区委党校《对新世纪新阶段党支部工作创新的初探》、区直属地税分局《加强党员先进性教育 促进基层党组织建设》分别获全市机关党建论文一、二、三等奖，区直机关党工委被评为市级年度党建调研活动组织奖。

【组织建设】

根据形势需要，适当调整了区直机关党组织工作目标管理考核内容，强化了党组织规范化标准建设的考核力度，积极引导机关党建抓基础、强规范、重创新、求实效，努力全面提升机关党组织规范化管理层次。对机关突出抓住6个工作环节：

创建机关党建工作示范点。选择区人事局、区行政服务中心2个既基础扎实，又有开拓创新和活力的机关党组织为党建工作示范点，使机关党建工作在典型的辐射、示范、带动下，不断得到加强。

抓机关党支部规范化建设。开展“一个支部一个特色”活动。各党组织都根据单位实际，在推进“学习型、创新型、务实型、服务型”机关工作中，寻找突破口，进行了有益的探索，初步取得了一定的成效。区直机关党工委《以定量积分制目标管理为抓手，推进机关党支部规范化建设》特色性工作被评为市级机关党建课题优胜奖。

重视党员的发展培养与管理。着重加大了入党积极分子的教育、培养和管理工作，全年培训入党积极分子119名，批准列入考察对象53名，吸收预备党员67名，审批预备党员转正72名，“七一”前夕组织新党员入党宣誓217名。

搞好换届选举工作。全年已按时换届改选41个机关党组织。全区共设置机关党委2个、总支7个、支部144个，其中升格为党委1个。通过精心组织，严格程序，依章选举，完善了机关党组织的设置，配强、配齐了机关党务干部。

开展机关干部思想状况调研。通过座谈会、问卷调查、个别走访的形式，对区直机关干部队伍思想及党组织设置和党员去向作了专题调查。召开了区级机关党政一把手、政工副职、机关中层干部参加的座谈会，向80个单位发放了1000份调查问卷，回收率79.5%，为开展机关党员先进性教育作了必要的准备工作。

开展“扶贫结对”活动。各机关党组织和党员领导干部带头组织，努力为全区特困群众帮扶结对，排忧解难。全年共结对困难群众482户，党组织集体累计送钱送物折合74.738万元，党员个人累计扶助钱物折合50.463万元。其中区管干部336名结对特困群众330户，全年扶助钱物折合人民币27.188万元。

【作风建设】

建立健全完善机关工作制度，落实严格的考核奖惩，把机关效能建设与评比年度先进党组织、文明机关、公务员考核以及优秀党员紧密结合起来，与查找突出问题和落实整改措施紧密结合起来，与整合管理资源、提高服务群众的质量紧密结合起来。按照“抓源头、重预防、建机制、强教育”的思路，加强对党员干部的思想教育尤其是党纪条规教育和警示教育。认真抓好党风廉政建设责任制的落实，发挥机关纪检组织的作用，严肃查处各类违纪案件，2004年共查处违纪党员4名。通过效能建设，全面提高了各机关单位党员干部为民服务意识。

【工、青、妇群团工作】

群团工作贴近机关干部职工生活，形式多样，内容丰富。机关工会继续开展创建“职工之家”活动，按计划安排机关职工疗休养人数300余名。举办暑期少儿兴趣班，接纳暑期放假的机关干部职工子女60余名。组织“送温暖、献爱心”慰问活动，春节前夕，机关党工委、机关工会、机关妇工委上门走访、慰问老党员及困难职工家庭37户，发放慰问金、实物共计58000余元。机关妇女组织开展“巾帼建功”活动，加强妇女队伍建设，提高机关妇女干部自身素质和业务水平。

（吕伟荣）

党校工作

【主体班次工作】

中共宁波市鄞州区委党校（以下简称区委党校）全年共举办了各类主体班次19期。分别是：区级机关政工副职培训班、镇（乡、街道）宣传委员及文卫副镇（乡）长（副主任）培训班、新村支部书记培训班、镇（乡、街道）组织纪检委员培训班、镇（乡、街道）中层干部培训班、社区（居委会）主要负责人培训班、公务员英语300句培训班（8期）、招商引资和工贸管理干部培训班、妇女干部培训班、非党干部培训班、基层团委书记培训班、工会干部培训班等，全年各类班次受训干部达847人。此外，党校还协助中国石油化工集团浙江省分公司举办入党积极分子培训班2期和区卫生局中层干部培训班1期。

区委党校始终把主体班次教学作为中心工作，把握好班主任选配、课程安排、教师聘请、教学评估等各个环节，注重教学的系统性、针对性、前瞻性和时效性。为进一步提高教学质量，积极开展教学改革，推出了多项举措：一是举行主体班次教学质量研讨会。区委党校邀请了部分关心支持党校工作的领导到校共同研讨，他们从课程设置、教学对象、教学方法、学科建设、教学科研、教学管理、队伍建设等方面对党校主体班次教学提出了许多宝贵的意见；二是注重教学的针对性。始终以“领导要求什么，学员需要什么，党校做些什么”为出发点，充分征求有关部门的意见，认真制订教学计划；三是健全教师上课准入制度。为鼓励并严格教师上好课，提高了新专题的课时系数，并成立了以分管副校长为组长的3人小组，严把新专题申报关。坚持教师集体备课及试讲制度，确保教学质量；四是提升外聘教师的层次。为了扩大教学的影响力，区委党校聘请了高层次的专家教授到校讲学，11月，中共中央党校张志明教授到校作《关于加强党的执政能力建设的若干问题》的讲座，反响强烈，受到了媒体的关注。此外，还邀请了中共浙江省委党校、宁波市委党校有关知名教授到校讲学；五是建立学校教学科研基地。为进一步提高党校为区委、区政府中心工作服务的整体水平，提高教师教学科研理论联系实际能力，区委党校有代表性地将区信访局、邱隘镇、明州工业园区、雅戈尔集团、浙江利时集团、下应街道湾底村确定为教师教学科研基地。

【函授教育】

区委党校加强函授管理，认真做好干部学历教育工作。首先，抓好在读各函授班的日常教学管理，坚持严格的考勤制度，深入开展学员评议教师上课活动，启动了教师岗位责任追究制度，以规范函授教学、增强教师责任心。其次，区委党校克服困难，认真做好农村干部大专班及省委党校函授学院大专班、本科班的招生工作。2004年，函授教育大专班、本科班共有8个班级，学员共有450人。

【举办非党干部培训班】

为了加强鄞州区统一战线建设，提高非党干部的政治素质、业务素质，区委党校与区委组织部、区委统战部联合举办了鄞州区首届非党干部培训班，培训对象为区级机关、镇（乡、街道）非党中层以上干部，共有29名学员参加了为期21天的学习培训。区委党校认真抓好培训班的教学和管理，精心设置有关课程，顺利完成了预定的培训任务。

【科研工作】

区委党校坚持科研为教学服务、以科研促教学的方针，积极开展科研工作。全年专兼职教师共撰写科研论文、调研报告15篇。其中（可重复计算）：在浙江省党校系统纪念邓小平诞辰100周年理论研讨会上，获三等奖1篇，入选2篇；在宁波市党校系统纪念邓小平诞辰100周年理论研讨会上，获二等奖2篇，获三等奖2篇，入选4篇；在宁波市机关党建征文活动中获二等奖1篇；在区纪委反腐倡廉理论研讨会上获二等奖1篇；完成中央党校子课题《鄞州全面建设小康社会目标研究》的调研撰稿工作；完成国家级重点课题《沿海发达地区个体党员队伍建设的思考与研究》子课题调研初稿；5篇文章发表于省、市、区各级刊物上。此外，与中共宁波市委党校合作，参与由宁波出版社出版的《邓小平行政方略》、《宁波帮经营理念研究》两部著作部分章节的写作，以及参与编写《中国古代执政案例评析》（待出版）。总体看，科研工作保持了良好的发展势头，继续名列全市各县（市、区）党校前茅。

【教育宣传工作】

为深入学习宣传中共十六大及十六届三中、四中全会精神，区委党校抽派优秀教师参加区讲师团，应邀到各单位去上学习辅导课，全年专兼职教师外出讲课近50场次，在鄞州区干部理论学习和宣传工作中发挥了重要作用。

【老干部工作】

区委党校认真抓好老干部工作，组织老干部进行换届选举新的支部书记，认真安排好老干部每月一次的政治学习，关心老干部的生活和身体健康。2004年，区委党校离退休干部荣获由区委、区府授予的"'五好'离退休干部先进集体"称号。

【爱心募捐活动】

2004年12月，印度洋地震、海啸灾难发生后，区委党校全体教职工十分关注灾难情况，关心灾区难民的生活，根据全体教职工的意愿，区委党校在全体教职工及聘用员工中组织开展了募捐活动。共募捐到教职工及聘用员工个人捐款3815元，学校单位捐款3000元，上交到了鄞州区慈善总会。

（鄢　舟）

老干部工作

【老干部人员概况】

至2004年底，全区有离休干部214人，其中抗日战争时期70人，解放战争时期144人；享受地厅级待遇的6人，县处级待遇的121人；9名离休干部易地安置在杭州、上海、山东、安徽、河南5个省（市），外地离休干部安置在鄞州区的有14人。全区共有退休干部近5000人，离退休干部党支部102个。

【提升老干部政治待遇】

为使广大老干部政治坚定、理想永存、思想常新，利用多种载体并用制度保障，切实加强和改进思想政治工作。

落实学习教育制度　坚持和完善定期学习、定期阅文、定期情况通报和节日慰问等制度，确保老干部从制度上按规定看文件、听报告、参加重大政治活动；建立了区委常委会定期听取原副县级以上老干部集中反馈意见和建议，并不定期召开各类座谈会。区委每季度召开情况通报会，由区委常委或副区长以上领导向离退休干部、老干部党支部书记通报经济、社会发展情况。区委坚持重大政策出台前征询老干部意见，重要政治活动邀请老干部参加，加强了同老干部的交流与沟通。阅文制度持之以恒，每季度组织居住农村的离休干部阅文，每月16日组织居住市区的县团级老干部学习文件，参加阅文老干部达1000多人次。

落实组织生活制度　以"三自"为重点（即自我教育、自我管理、自我服务），加强老干部党支部建设，做到"思想、组织、制度"三落实。着重完善党支部内部定期活动和双向沟通制度，主动架起老党员与各级党组织相互理解，相互支持的桥梁。建立了每年1次全区老干部党支部书记理论学习培训班制度，6月份举办了为期2天的政治理论培训班。

落实老干部党员责任制　通过多种途径构筑平台，努力发挥老干部在三个文明建设中的作用：在经济建设中努力当好参与者；在社会事务中继续履行好职责；在维护稳定上积极做好协调员。2004年，鄞州区党风廉政监督小组聘请了12名政治素质高、原则性强的老干部当"巡视员"，区委聘请了10名老干部作为创建文明城区活动的特邀监督员，区委、区政府和各镇（乡、街道）、单位新聘请了约30名有较高威望的老领导担任工作顾问和信访调解员。

【健全老干部生活待遇保障机制】

健全"两费"（医药费和生活保障费）保障机制和财政支持机制　在全区离休干部"两费"统筹基础上，注重协调解决保障机制运行中存在的问题，缩小由于不同体制而造成的企业离休干部在生活待遇上的差距。2004年着重解决了离休干部抗"非典"补助费约20万元。对易地安置干部及时做好慰问工作。

确保医药费保障机制正常运转　加大社会统筹力度，扩大筹资渠道，解决离休干部医药费报销程序多、时间长等问题；针对离休干部年高体弱带来的护理问题，组织人员进行调研，撰写了调研报告及时向区委进行汇报；分二批组织了近200名离休干部参加健康疗（休）养，对因身体原因不能参加疗养的离休干部，每人发放600元疗（休）养补助费。

积极解决老干部的实际困难　10月，人民医院在新建的住院大楼专设了离休干部病房。积极做好对参加革命早、生活不能自理、有特殊困难且无固定收入来源老干部遗属的慰问工作。2004年，全区共走访慰问困难及生病老干部380人次。

【改善学习环境】

规范老年大学办学，注重在增强活动上下功夫，在人员管理上，配好专职副校长和教务长，其余人员实行聘任制；在学员招生上，以老干部为基础面向社会；在专业设置上，以满足老年人的需求为主。一年来，老年大学实现了跨越式发展，现有21个专业、34个班级、998名老年学员。

【召开全区第十次离退休干部代表大会】

12月17日，全区第十次离退休干部代表大会暨表彰会议在区政府行政大楼二楼大会场召开。参加会议的有108名代表、23名特邀代表，和先进个人（集体）、各镇（乡、街道）党群副书记、各单位政工副职和区委老干部工作领导小组成员共计250多人。会议要求全区各级党组织要把老干部工作摆上重要议事日程，更好地担负起老干部工作的重任，构建齐抓共管的工作格局，营造上下联动的良好氛围，整合资源，形成合力，共同把老干部工作做实做好。会议表彰了10个老干部工作先进单位、10个离退休党支部先进集体、5个关心下一代工作先进集体、5个先进老干部活动中心和34名离退休干部先进个人、21名老干部工作先进工作者、10名关心下一代工作先进个人。

（张毅国）

党史及地方志工作

【概况】

2004年，区委党史办公室坚持以邓小平理论和“三个代表”重要思想为指针，围绕党的中心任务，着力于强化党史工作“存史、资政、育人”的功能，按照“2001年～2005年党史工作规划”目标，突出重点，集中精力加强社会主义时期党史的征集、研究、编写和宣传教育等方面的工作，同时，坚持并创新《鄞州年鉴》编纂工作，筹备启动编纂《鄞州区志》。

【党史工作】

继续执行《2001年～2005年党史工作规划》，以资政育人为根本任务，以社会主义时期为工作重点，以服务现实为目的，解放思想，树立党史工作的新理念，自觉围绕党委、政府的工作大局和中心工作，深入开展党史征编、研究和宣传、教育，大力加强自身建设。坚持“开门办史”，建立健全党史工作网络，依靠各镇（乡、街道）、区级机关各部门和社会力量，开创了党史工作的新局面。为编写《中国共产党鄞县历史》（第二卷），带动党史工作的深入开展，截至2004年底发动区级机关各有关单位共同完成近100个社会主义时期党史专题写作，在专题的基础上，积极组织编写力量，落实《中国共产党鄞县历史》（第二卷）编写任务，2004年底已完成52万余字初稿，并着手开始审改工作。继续抓好史料征编出版工作，2004年鄞州区委党史办公室与鄞州区新四军研究会合作，编印了近20万字的《四明足迹（六）—第二次反顽自卫战争胜利六十周年纪念文集》；邀请区内外老干部参加了“纪念鄞县解放55周年座谈会”，收集了一批有关鄞县解放的重要史料。搞好党史宣传教育工作，为纪念后屠桥战斗60周年，清明节前区各界在后屠桥举行了纪念革命烈士仪式；协助横街镇做好了革命烈士群雕像的设计工作；以沙文求烈士诞辰100周年为契机，积极探索寓党史宣教于区委提出的“文化鄞州”建设的新路子；与塘溪镇党委政府和区文联合作编辑出版《名人之乡塘溪》，将优秀革命者沙文求、沙文汉、陈修良、沙文威、沙季同列入其中，将党史宣教与传承名人文化结合；筹备了区委召开的“沙文求烈士诞辰100周年纪念会暨《名人之乡塘溪》首发式”，并编制展出了“纪念沙文求烈士诞辰100周年图片展”；开展了党史书籍“进机关、进学校、进工厂、进农村、进军营、进社区”活动；启动了革命史迹调查规划工作，已列出初选革命史迹点190个，为2005年建设党史教育基地和推动红色旅游打下基础。

【地方志工作】

以《鄞州年鉴》为突破口，集全区各级各部门之力，广泛征集资料，认真编写，反复校核，使《鄞州年鉴（2004）》成为鄞州区18年来第一本正式公开出版的年鉴，认真做好二轮修志的准备工作，组织相关人员到二轮修志启动较早的萧山、义乌等地学习取经，参加浙江省和华东地区市县志编修研讨会学习，并在此基础上向有关领导提交了启动二轮修志的建议方案；进行了旧志整理工作，对区委党史办公室保存的旧志进行了一次登记整理，以便在二轮修志中，对旧志进行补缺；充分利用地方志资料、文献，向文化、旅游、建设、规划等部门提供规划、设计参考资料，发挥地方志服务于经济社会发展的功效。

【党史及地方志队伍建设】

狠抓政治理论学习，系统学习邓小平理论、“三个代表”重要思想和全面领会党中央对党所处历史方位的新判断、时代对党史工作的新要求、党史工作重点转移的新动向等作为提高自身思想政治理论水平的主要途径，不断更新观念，积极参加上级党史部门举办的业务培训，从而不断提高工作人员的理论修养和业务素质；抓好党史员队伍建设，召开了一次史志工作座谈会，聘请了浙江省委党校和宁波大学的4位教授、专家直接参与党史地方志工作；新招了2名历史专业的硕士研究生，使区委党史办公室具有硕士学历的人员比例达到了40%，充实了专业力量；启动了鄞州史志网建设工作，申请了互联网域名（www. yzsz. cn)，开始了网站筹建。

【《鄞州年鉴(2004)》首次公开出版并获二等奖】

2004年9月，《鄞州年鉴(2004)》由方志出版社正式公开出版。《鄞州年鉴(2004)》在继承了前17本年鉴资料翔实、编校严谨传统的基础上，进一步精益求精、大胆创新，在总体设计、条目撰写、装帧设计三方面均进行了新的尝试，取得了新的突破，质量迈上了一个新的台阶，表现出了鲜明的时代特色、地方特色和年度特色。

12月27日，由中国地方志指导小组、中国地方志协会组织实施的首届中国地方志年鉴评奖活动揭晓，经过有关专家的严格评审，《鄞州年鉴(2004)》荣获二等奖。（包柱红）

图6 党史、地方志工作成果及所获荣誉

机要保密工作

【概况】

2004年，机要工作完成明密电报1.7万页，计算机网络收发电报0.55万页，处理文稿12.8万字，复印6.9万页。镇(乡、街道)完成传真电报9万页。开通对区级各机关的传真网，机要工作被评为全省机要系统先进单位。保密工作被评为全市先进集体。保密工作重点抓了“四五”保密法制宣传教育工作、计算机信息系统和保密技术防范和管理、与区规划局一起对涉及有保密内容的测绘地图的单位进行了保密检查。

【传真网建设】

镇（乡、街道）和区级机关传真网的工作是机要工作的重要组成部分。在做好镇（乡、街道）传真网工作的基础上，2004年开通了对区级机关单位的传真网工作。主要工作有：一是继续加强对镇（乡、街道）传真员特别是新传真员的沟通和培训工作，确保传真员队伍的稳定和健康发展；二是做好镇（乡、街道）传真机的保养和维护工作，确保机器运转正常，网络畅通无阻；三是开通了对区级各机关的传真网络，确保上级政令及时准确传递。

【密码保密检查工作】

根据《关于在全省党政系统开展密码保密检查的通知》要求，区机要保密局立即对全局人员进行了学习和动员，并按照要求落实好自查和整改措施。自查工作从4个方面入手：密码工作各项制度的建设和执行情况、密码通信网络安全环境和密码设备的保密安全、机要办公室的保密安全、密码工作人员的管理。针对自查中发现的问题，落实了整改措施：及时修改，补充和完善了各类规章制度；增添和更新了一批密码设备；将进出机要局的防火木门换成防盗铁门，通过以上的工作，进一步增强了保密意识，促进了机要工作的顺利开展。

【保密宣传教育】

2004年是“四五”保密法制宣传教育的第四年，适逢《中华人民共和国保密法》颁布15周年，区保密局有步骤、有针对性地开展宣传教育工作：利用保密知识竞赛活动形式，提高广大干部群众的保密意识和做好保密工作的自觉性；对涉密人员保密培训，组织了33名区级机关中新任的文书、档案员、机要员等涉密人员参加了宁波市保密局组织的保密上岗培训，收到较好效果；要求各级保密组织积极订阅《保密工作》杂志，同时把《保密工作》杂志采用赠阅的办法，发放到保密要害部门和保密工作做得好的单位，促进了保密工作的开展。

【保密检查工作】

2004年除了对涉密计算机网络保密检查和对高考试卷库保密检查外，在7月份区保密局会同区规划局成立了区测绘成果保密检查工作领导小组，区保密局专门抽出了1名工作人员，利用1周的时间，在全区范围内，对属于保密范围内的各类地形图一幅一幅地检查，一张一张地核对，对存在的问题当面要求进行整改。

（庞松风）

宁波市鄞州区人民代表大会常务委员会

综述

【概况】

宁波市鄞州区人民代表大会（以下简称区人大）十五届人大二次会议以来，区人大常委会在中共宁波市鄞州区委的领导下，坚持以邓小平理论和“三个代表”重要思想为指导，全面贯彻落实中共十六大和十六届三中、四中全会精神，按照科学发展观和构建社会主义和谐社会的要求，以“依法、为民、务实”为主线，为推进鄞州区三个文明协调发展发挥了积极的作用。

【常委会例会】

2004 年度共召开常委会会议 7 次，作出决议、决定 7 项，审议“一府两院”工作报告 14 项，听取重要情况通报 8 项。

【人事任免】

2004 年度区人大常委会依法任免国家机关工作人员 42 人次，其中，任免区人民政府组成人员 12 人次，任免区人大常委会办事机构负责人 6 人次，任免区人民法院、区人民检察院工作人员 24 人次。

【法律监督】

2004 年，开展执法检查和专题视察 14 次，较好地履行了宪法和法律赋予的各项职能。针对《中华人民共和国行政许可法》实施后可能带来的矛盾和问题，常委会专题听取《中华人民共和国行政许可法》贯彻实施情况报告，督促政府抓紧清理规范性文件。主任会议听取了行政审判、职务犯罪案件侦查及预防、法律援助等工作汇报。常委会认真贯彻《浙江省各级人民代表大会常务委员会监督司法机关工作条例》，组织开展纠正及预防超期羁押专项检查，要求司法机关坚持实体与程序并重，正确把握防范工作重点，促进执法行为的规范化。针对区看守所严重超押、安全隐患突出，常委会通过视察，向政府提出建议，要求尽快迁址扩建。常委会还配合省、市人大先后对《中华人民共和国文物保护法》、《浙江省宗教场所管理条例》、《中华人民共和国水法》、《中华人民共和国兵役法》等多部法律法规开展执法检查，较好地促进了这些法律法规的贯彻执行。重视民主法治示范村的推广工作，督促政府贯彻落实《中华人民共和国村民委员会组织法》，加大村务公开力度，进一步完善“民主选举、民主决策、民主管理、民主监督”机制。关注行政村撤并工作，努力维护农村稳定。

【工作监督】

一年来，常委会从规划入手，依法审查批准生态区规划，要求区政府把发展循环经济纳入到“十一五”规划，建立生态区目标指导下的产业准入政策，规范企业准入制度；高度重视环保基础设施建设滞后、污染严重等问题，进一步加强重点流域、重点区域的整治力度，促进生产生活生态联动发展。以水系水源保护和重点污染源防治为主线，着重对奉化江、姚江、樟溪河和横溪、梅溪、皎口三大水库开展执法检查，并抽查了食品、电镀、浇铸行业等重点监控点。对污染严重、群众反响强烈的个别企业，专门发出监督通知书要求政府督促限期整改。在此基础上，还专题审议生态区建设和贯彻实施《中华人民共和国环境保护法》情况报告，提出要加快多元化投入机制，改进和完善考核体制，强化边远镇(乡)生态保护责任等要求。主任会议专题听取区域供水工程、垃圾填埋场、污水处理规划等生态工程建设情况汇报，组织人大代表实地进行视察，提出要进一步强化规划实施力度，尽早考虑供水环网规划、污水处理规划以及尽快建成垃圾无害化填埋场等建议，夯实“绿色鄞州”的基础。针对出口退税政策调整、市与区财政体制变化等新情况，常委会在审查、批准2003年区本级决算、听取财政预算及其他财政收支情况审计报告、审议上半年财政预算执行情况、区级预算外资金收支管理和2004年区本级预算调整议案时，强调要进一步推进公共财政体系建设，统筹经济建设与社会事业发展，科学安排超收收入，着力整改审计指出的有关问题，促使优惠政策与扶持重点、产业导向有机衔接，提高财政资金的使用效益；积极探索预算外资金的整合机制，着力抓好以土地出让金为重点的专项基金管理，合理控制政府负债的规模和结构。为使预算审查监督从注重程序向注重实体转变，常委会以部门预算为切入口，督促区政府将部门预算的编制、决算和审计联结起来，规范财政运行秩序。常委会还就财政体制、出口退税、大嵩盐田开发建设等问题进行调研，积极向区委、区政府建议，共同做好有关衔接工作。常委会在听取国有资产管理专项报告的基础上，重点审议了国有工业、商业资产清理及其处置情况，要求区政府继续深化改革，抓好剩余资产的变现和“扫尾”工作，规范操作，公平公正，确保资产不流失、矛盾不激化。针对食品安全问题，组织代表对区内的食品加工企业、食品生产基地、菜场及区疾控中心进行视察检查，要求政府严把食品安全关，理顺体制关系，强化源头控制，严格准入机制，开展专项整治，严厉打击扰乱食品市场秩序的各种违法行为。及时听取防治禽流感工作情况通报，要求政府尽快建立应急预案，防患于未然。常委会还专门审议全区公共卫生体系建设，提出要进一步健全执法体系，加大公共卫生投入，建立突发事件预防与应急机制。专题审议了环老市区社会治安打防控情况，要求区政府把社会治安管理作为一项系统工程来抓，建立和完善各种长效管理机制，加大打击力度，完善群防网络，扎实推进平安鄞州建设。

【两项评议】

2004年，常委会组织区、镇乡人大代表，对垂直管理部门——宁波市药品监督管理局鄞州分局进行行政执法评议，对药监分局贯彻执行药事法律法规、推进药品放心工程建设、整顿和规范医药行业生产流通秩序、执法队伍建设等情况进行重点检查，并召开评议大会开展集中评议。常委会实施了“全面述职与重点评议”相结合的制度，要求区政府各工作部门负责人、法院副院长、检察院副检察长年底向常委会进行书面述职。开展对民政局局长的述职评议，专门组建评议工作调查组，综合运用领导干部任期经济责任审计、向社会公开征求意见、征询上级分管领导意见、与被评议单位干部谈话、法律知识测试等形式，全面了解区民政局长依法行政和履行职责情况，肯定成绩，指出问题，提出整改意见和建议，有效地增强了被任命干部的国家意识、法制意识和公仆意识。

【代表工作和指导镇乡人大工作】

2004年度，常委会以开展“代表联系群众年”为主题，在全区范围内开展代表联系选民月活动。要求担任领导职务的人大代表及常委会组成人员深入选区，通过召开选民座谈会、上门走访选民、分发代表联系选民卡等多种形式，直接听取选民提出的各种问题和意见。常委会组织代表约见政府领导、组织开展代表持证视察、评选优秀代表建议和办理最满意件等多项活动，促进了代表活动的有效开展。2004年度共有67名区人大代表到选区述职并接受选民评议。进一步规范代表辞职制度，接受了18名区人大代表因工作调动提出的辞职申请，1名涉嫌违法犯罪的区人大代表被责令辞职。2004年，镇乡(街道)人大分片联系会议突出了社情民意这一主题，要求镇乡（街道）人大围绕一段时期社会关注的热点问题提出看法，发表意见。同时，通过执法检查、视察评议、调研座谈等多种形式，努力构建区、镇乡(街道)人大工作互动机制。2004年度，共有11个镇（乡）对21名副镇乡长进行了述职评议。年末，指导姜山、章水两镇依法做好新一届人大换届选举工作。

【自身建设】

常委会认真贯彻“依法、为民、务实”的工作要求，努力把区人大常委会建设为“权力机关”、“工作机关”、“代表机关”。深入学习中共十六届四中全会精神和胡锦涛总书记在纪念全国人民代表大会成立50周年大会上的重要讲话，认真落实省、市人大工作会议精神。以开展人大50周年纪念活动为契机，从“宣传人大制度、认识人大工作、提高宪法意识”出发，推出鄞州人大宣传专版、组织召开理论研讨会、参加市人大知识竞赛等活动。常委会坚持把调查研究贯穿于各项工作之中，先后对行政村撤并、农村股份经济合作社改革、粮食安全问题、宗教场所依法管理情况等进行了专项调研，积极提出意见建议。常委会还制订出台了《区人大代表建议、批评和意见办理工作办法》、《关于区人大代表辞职的暂行规定》等制度。

宁波市鄞州区第十五届人民代表大会第三次会议

区十五届人大二次会议于1月31日~2月2日在鄞州新城区举行。会议应到代表308名，因事因病请假6名，实到302名。区人民政府组成人员、其他区级机关、群众团体负责人、各镇乡(街道)有关人员、部分离退休老干部和市以上部分人大代表共171人列席了会议。会议听取了区人民政府区长徐立毅关于鄞州区人民政府工作报告，区发展计划局局长虞忠芳关于鄞州区2003年国民经济和社会发展计划执行情况与2004年国民经济和社会发展计划草案报告，区财政局局长张世华关于鄞州区2003年全区和区级预算执行情况与2004年全区和区级预算草案报告，区人大常委会唐军副主任关于鄞州区人民代表大会常务委员会工作报告，区人民法院院长梁金爱关于鄞州区人民法院工作报告，区人民检察院检察长熊建业关于鄞州区

五、推进依法治区，民主法制和政府自身建设继续加强

民主法制进一步健全。自觉接受区人大及其常委会和区政协的监督，认真办理人大代表议案、建议、意见和政协委员提案，满意率达到94%。加强与工、青、妇和工商联等人民团体的联系，广泛听取社会各界意见，努力提高科学民主决策水平。深入实施“四五”普法教育，进一步加强基层民主法治建设，明伦村被评为“全国民主法治示范村”，顺利完成居委会换届选举工作。

“平安鄞州”建设扎实推进。坚持治标与治本相结合，完善政策措施，强化工作机制，切实加强信访和基层基础工作，落实稳定工作责任制，及时化解各类社会矛盾。组织实施了“雷电系列行动”，开展打击“两抢一盗”等专项斗争，重视社区矫正，积极创建“治安安全村”、“平安社区”，着力构建“打、防、控”一体化网络，切实加强社会治安综合治理。

强化文化娱乐行业管理，进一步扫除社会丑恶现象。依法加强宗教事务管理。继续整顿规范市场经济秩序，落实监管责任，开展了食品安全等专项整治活动。全面落实安全生产工作责任制，成立镇乡（街道）专职安全消防队，突出抓好薄弱环节整改，遏制了安全事故多发势头。

政府自身建设继续加强。认真贯彻落实《中华人民共和国行政许可法》，实施了行政许可项目、主体、依据和收费的清理整顿，强化行政执法责任制和政务公开，提高依法行政水平。积极开展机关效能建设活动，加强行政效能监察和行政过错责任追究，提高服务质量和工作效率。完成财政、地税机构分设，建立安全生产监督管理局，启动实施行政性公司改革，完善政府机构设置和职能配置。严格落实廉政建设责任制，严肃查处违规违法案件，构建保廉体系，推动廉政文化建设。（蔡蓓颖）

图 10 民警在向群众宣传“平安鄞州”建设

经济体制改革

【企业股份制改造和上市】

全区将推进企业上市作为实施“双优”战略的重要举措。2004年度新增上市企业1家(宜科科技，融资1.9亿元)，合计已有上市企业3家。2004年度新进入上市辅导期2家(广博集团于2004年4月21日、中基股份于2004年8月24日进入上市辅导期)。全区股份有限公司合计共24家。同时，拟上市企业工作进展势头良好，初步形成了企业上市的梯队结构，其中：已进入境外上市操作程序企业3家(三星科技、音王音响、利时塑胶)；已进入国内上市辅导期企业3家(康强电子、广博集团、中基股份)；上市意向企业(包括拟股份制改造企业)7家，共13家。

鄞州区经济体制改革委员会办公室(以下简称区体改办)认真开展调查摸底，建立了企业上市基本情况数据库。针对企业提出的要求和建议，参考外地经验，并同相关企业和部门反复沟通、征求意见，起草了上市扶持政策初稿。7月份，区政府批准出台了《关于推进企业上市的若干政策意见》(鄞政发〔2004〕85号)文件。区体改办汇编整理了5万多字的《企业上市简介》,使企业在上市过程中能得到指导和参考。为积极引导、发动企业进入上市程序，区政府3月份组织了赴绍兴考察，9月份组织全区21家企业和有关职能部门负责人对宜科科技在深圳证券交易所挂牌上市进行了现场观摩,并召开了全区企业上市工作会议。由区体改办参与,区有关职能部门对有关拟上市企业开展排队论证并报区政府确认发布，以《关于公布区拟上市企业名单的通知》(鄞政办发〔2004〕170号)文件确定了7家区“拟上市企业”。加强协调服务,区体改办为拟境外上市的有关企业在股权、资产并购中遇到的问题进行调研和解决;对拟股份制改造的有关企业提供政策宣传、股改方案探讨、中介机构推荐选择咨询等相关服务。

【“宜科科技”深圳上市】

9月3日上午，宁波宜科科技实业股份有限公司在深圳证券交易所挂牌上市。区委副书记、区长徐立毅，区委常委、副区长吴胜武带领区体改办、区发展计划局、下应街道等13家单位负责人，康强电子、广博集团等21家企业负责人，现场观摩了“宜科科技”上市挂牌仪式。下午,召开了鄞州区企业上市工作会议,区委副书记、区长徐立毅在会上作了重要讲话，并向宁波宜科科技实业股份有限公司颁发了上市奖励金100万元。

【国有集体企业改革】

2004年，区属国有集体企业改革扫尾工作按照区政府确定目标顺利实施。一是2004年度除经审核同意保留的国有集体全资、参股企业外，实现国有集体资产从竞争性领域有序退出，区属国有集体企业改革任务已基本完成;二是进一步抓好已转制企业的规范完善，债权债务清理、工商登记变更、房地产过户等相关工作;三是完成了行政性公司进一步改革的方案调研工作，提出了改革的框架性方案。

【中心镇改革】

积极做好对集士港全国小城镇综合改革试点的调研和扶持政策制定工作。通过对集士港镇的发展问题的深入调研、分析，区体改办6月份向区委、区政府提交了《集士港镇发展定位汇报和扶持政策建议》的调查报告。报告提出了对集士港的定位,同时也提出了对集士港镇的扶持政策建议。2004年度,集士港镇被国家建设部等6部委列为“全国重点镇”。

图11 集士港休闲公园

【综合改革】

2004年度区体改办继续加强综合改革的工作力度，积极做好区委、区政府领导的决策参谋工作。完成区委、区政府布置的课题调研和推进的综合改革有:《梁祝公园改制框架性方案》的调研、《缓解经济发展要素瓶颈制约的对策措施》的调研、《甬港职工保障基金协会历史遗留问题的调查报告》的调研等等;参与完成了《中华人民共和国行政许可法》实施准备工作、机关效能建设工作、《加快我区第三产业发展的思考》调研等综合体制改革工作。

(蔡展峰)

人事工作

【概况】

2004年，全年共引进各类人才5063名，其中高级人才358名、中级专业技术职称702名、本科学历2022名、高级技师6名。全年培养人才2400名，其中高级专业技术职称130名、中级专业技术职称720名、初级专业技术职称1550名。引进外国专家13位、国外智力项目5项。全年共组织了2200余家企业参加省内外及高校招聘会，鄞州区人才市场服务功能不断加强。加大了对3支人才队伍的培养力度，53名民营企业家取得经济中高级职称，建立了公务员培训超市；对浙江省和宁波市“4321人才工程”进行了补充调整，大规模开展专业技术人员和继续教育，深化了专业技术职称制度改革。以高层次人才为重点，在全区营造了良好人才环境，成立了高层次人才协会，建立了联系专家制度。同时人事制度改革不断深化，加强机关事业单位编外用工和技术工人聘用管理，严格控制事业单位进人，提高新进人员素质；强化机构编制管理，开展了行政许可法实施机构清理工作和生产经营型事业单位改制的调研；做好了军转干部安置、解困和维护社会稳定工作；公开考录了71名国家公务员（机关工作人员）和276名事业单位工作人员。鄞州区人事局（以下简称区人事局）被评为2004年度浙江省人事系统先进集体。

【全区人才工作会议】

2月24日，鄞州区召开了全区人才工作会议，传达贯彻全国、省、市人才工作会议精神，全面部署今后一个时期的人才工作。区委书记、区人大常委会主任寿永年在会上强调，要动员全区力量实施人才强区战略，为全面建设小康社会、率先基本实现现代化提供坚强的人才保证和广泛的智力支持。会议由区委副书记、区长徐立毅主持，区领导郑德兵、张南芬、许勤德、朱禹宝、王自强、蒋瑞金等参加了会议。会议还表彰了姜山、石碶、钟公庙、邱隘、五乡、高桥等6个2003年度引进高素质人才获奖镇（街道）。会上，区卫生局、区人事局、石碶街道、奥克斯集团、浙东建材集团等单位分别作了典型发言。

【赴西安举办大型人才招聘会】

4月26日，由区委书记寿永年带队，组织了94家民营企业赴西安举办人才招聘活动。原中共陕西省委副书记蔡竹林、中共陕西省委副秘书长桂维民、中共陕西省委宣传部副部长杨尚勤等出席了鄞州西安人才招聘座谈会。西安交通大学、西北工业大学等16所高校负责人在座谈会上与区内奥克斯集团、宁波向阳电讯元件实业有限公司、宁波海太机械制造有限公司、浙东建材集团等企业进行了面对面的交流与接触。28日，在陕西省图书馆举行了招聘会，吸引了上万名西安贤才前来应聘。会上共2600多名人才达成就业意向，其中高级人才65人、硕士研究生以上人才62人。

图12 在西安人才招聘会上，上万贤才踊跃应聘

【夏季大中专毕业生暨人才交流会】

7月10日，在鄞州区人才资源市场举行鄞州区2004年夏季大中专毕业生暨人才交流会，共有200

余家企事业单位提供了2000余个岗位，共有1102名毕业生与招聘单位达成初步意向。与往年相比，实际操作能力较强的毕业生受到企业欢迎。

【人才资源普查】

2004年6月开始，开展了全区人才资源普查工作，摸清了鄞州区人才资源现状，建立起全区重点人才信息库。普查还专题调查了全区毕业生就业情况，普查资料显示，截至2004年6月底，全区拥有各类专业技术人才43267名，通过普查，掌握了中级以上职称人员的分布和结构，建立了相应数据库，为鄞州区“十一五”期间人才资源开发计划编制提供了基础素材。

【研究生实习基地建立】

邀请清华大学、武汉理工大学等专业对口的研究生到鄞州区实习，扶持了雅戈尔、奥克斯等5家企业研究生实习基地。对在实习期间经考核优秀的硕士生、博士生分别给予每月500元、800元的生活补助，为企业提前抢挖高素质人才做好服务。

【高层次人才协会成立】

10月31日，鄞州区高层次人才协会成立大会召开，标志着鄞州区高层次人才协会正式成立，首批会员226名。会议选举出首届高层次人才协会会长、副会长、秘书长及常务理事。

【举行“百所高校鄞州行”活动】

11月，来自全国70余所重点高校学生就业、研究生工作部门的130余位负责人会聚鄞州，考察企业，与用人单位交流，清华大学、复旦大学等70余所高校负责人分别和鄞州区签订了“人才供需合作意向”协议，北京大学、同济大学等67所高校分别签署了“高校研究生实习基地”协议，哈尔滨工业大学、江南大学等8所高校与鄞州企业签订了科技合作协议。活动期间，聘请了北京大学李国忠等87位高校学生或研究生工作部门负责人为区人事局人才顾问。通过此次活动，鄞州与重点高校建立了互访互动机制。

【人才“绿色通道”显成效】

全区人才引进“绿色通道”得到逐步完善。开通中、高级人才落户点；进一步明确已办理“宁波市外来人才聘用证”的人才在子女入托、就业和转学等方面，与鄞州区居民享受同等待遇；继续为柔性引进人员在鄞州区工作期间建立档案。

【《中华人民共和国行政许可法》的培训和考试】

邀请了华东政法大学4位教授，对全区2500多名公务员分9期进行《中华人民共和国行政许可法》培训，并统一集中组织了考试。

【公务员综合素质培训超市建立】

开展了双休日培训超市，建立了鄞州区人才人事培训师资库，引入菜单式供给机制，实行培训情况通报制度，自4月份以来，推出8个专题，举办了11期培训班，计2900人次参加了“如何面对媒体”、“中国宏观经济形分析”等专题培训，到课率达90%以上。

【行政许可机构审核】

对鄞州区实施行政许可的机构进行了调查摸底，重点对存在的个别区级直属事业机构承担了行政许可事项，需要进行机构调整和职能调整的两大难题，拟订了政府机构调整建议和其他部分行政许可实施事业单位规范意见，审核了鄞州区行政许可实施机构。

【公开考录机关和事业单位工作人员】

2004年，继续进行面向应届高校毕业生和社会考录公务员工作。经过公开报名、笔试、面试、体检、考核等规定程序，共录用乡镇公务员16名、区级机关公务员43名；同时，按特殊职位录用办法，区级机关录用了12名硕士研究生。100多名城建、农业、国际贸易、文秘、等专业普通高校应届本科毕业生参加了乡镇事业单位人员录用考试，录用了37名乡镇事业单位工作人员。区级事业单位根据需求招考了239名专业对口的工作人员，其中硕士研究生26名。通过考录优秀人才充实机关事业单位，增强了机关事业单位工作人员队伍活力。　　（崔　莉）

信访工作

【概况】

2004年，鄞州区信访局（以下简称区信访局）共受理群众来访1561件4853人次，与2003年同期相比，分别增加16.3%和12.9%。其中：集体上访191批2305人次，分别比2003年同期增22.4%和8.6%；受理群众来信1371件，比2003年同期增26.7%。群众到宁波市信访局集体上访65批1723人次，分别比2003年同期减少15.6%和5.1%；到浙江省信访局集体上访6批45人次，批数与2003年同期持平，人次减60.5%；群众到北京上访1批1人次，分别比2003年同期减少80%和85%。

【完善信访工作领导责任制】

2004年区委书记办公会、常委会多次听取信访工作情况专题汇报，研究部署全区信访工作。健全领导接待日制度，区四套班子领导一月一次，镇（乡、街道）党政一把手一月两次，各行政村支部书记一周一次接待来访群众，解决实际问题。

【从源头上成批解决群众信访问题】

为成批解决土地征用引发的农村拆迁户、外来户以及其他各种对象要求享受劳动力安置费、劳动保障两方面问题，区委、区政府专门召开书记办公会议专题听取信访工作汇报，并决定分别由王海国和陈振国两位副区长牵头，召集区委政策研究室、区农林局、区劳动和社会保障局等部门就上述问题进行调研。调研后出台了明确、细化的涉农人员土地征用后安置补偿政策，提高了原农村职工养老保险领取人员待遇，减少了对象界定不清和政策不统一引发的信访问题。

【领导下访】

9月23日至25日，区四套班子全体领导成员到各镇（乡、街道）下访，下访采取公告的形式，共接待群众上访205批515人次，其中当场解决156批402人次，限期解决49批113人次。

9月29日，中共浙江省委常委、宁波市委书记巴音朝鲁，浙江省人大常委会副主任李志雄等省、市领导，率省、市有关部门到鄞州区专题下访接待群众，共接待了上访群众26批129人次，内容涉及水网改造、环保、规划拆迁、民政等问题。

【基层信访干部队伍建设】

基层信访干部队伍建设得到加强，一大批懂政策法规、熟悉农村工作、群众工作经验丰富的干部充实到信访岗位，10个以上镇（乡、街道）配备了2名以上信访干部。（朱罗贤）

行政服务

【概况】

2004年，鄞州区行政服务中心在积极开展机关效能建设，进一步完善中心职能，不断改善鄞州区经济发展软环境等方面取得了显著成效，得到了广大基层群众、企业和投资者的充分肯定。全年共办理各类事项29.87万件，工作日日均办件1244件，行政事业性收费6.5亿元。其中，即办件22.87万件，承诺件6.95万件，上报件375件。人力资源市场开场23场，参加招聘单位1132家次，提供工作岗位19066个次，进场应聘23083人次，初招7910人次。鄞州区行政服务中心被授予省级文明单位称号，列为宁波市效能建设示范单位。

【强化服务】

为努力强化全体工作人员服务理念，切实改善服务态度，树立政府公务员的良好形象，鄞州区行政服务中心严格服务规范管理，对《鄞州区行政服务中心工作人员服务规范》进行了修改完善，对工作人员的服务语言、服务仪表、服务态度提出了更高的要求，同时按照《中华人民共和国行政许可法》的要求，新增加了政务公开内容，规定中心所有办理事项，均实行办理项目、办理程序、办理条件、办理期限、收费标准等“五公开”，窗口工作人员必须按规定向服务对象公开有关内容，接受相关咨询。

【效能建设】

作为区委、区政府主要为民服务窗口，鄞州区行政服务中心积极开展效能建设工作，切实提高办事效率。重点推行行政审批一审一核制，即行政审批最多经过审查员审查、核准员核准把关2个环节后必须作出相应决定，完成审批。明确要求各窗口部门在行政服务中心审批事项已经实行一审一核制的，审查和核准必须在中心内完成；对确需集体讨论，专家论证或部门领导亲自把关决定的重大事项，也必须做到窗口受理、内部运作、限时办结，实行一个窗口进、出件。进一步完善了基建项目联办制度，基建项目审批做到联合踏勘、联合会审，全年共受理联办件115件。联办制度的实行不仅提高了审批效率，而且增加了办件的公开性和透明度，减少了腐败现象发生的可能性。利用区政府网平台，将所有的服务项目和审批表格上网，便于服务对象查询和下载使用，开通了语音自动通知系统和手机短信通知系统，及时通知服务对象已办结事项，大大方便了服务对象，据统计全年承诺件提前办结率达到了90%。

【规范管理】

由于进驻中心部门多，窗口工作人员属双重管理，相对来说，教育管理难度较大，只有加强内部管理，严格各项制度，才能发挥中心的合力。

规范办事程序 根据不同申请事项的性质、程序，将各种申请事项分为6大类，对每一类申请事项的办理程序作了具体规定，窗口工作人员在办件过程中必须履行告知程序、说明理由、承诺、出具受理材料清单及对补办件和退回件一律采用书面答复等义务，使窗口工作人员在办理具体申请事项时有章可循，使监督有法可依，切实消除了办件过程中的推诿、扯皮现象。

规范窗口工作人员的行为 对《鄞州区行政服务中心窗口服务考核办法》进行了修改完善，按月对窗口工作人员进行考核，将考核结果公布在中心的行政服务简报上。并专门落实科室，以支部为单位每周对窗口工作人员的制度执行情况进行定期监督检查。

完善服务评价体系 继续实行服务对象办件评议制度，将评议结果作为对窗口工作人员月考核的一个重要指标。并把服务对象对窗口单位的评议汇总情况每月初在《鄞州日报》上公布。通过评议，建立了窗口单位及工作人员的有约束监督机制，群众对中心的满意度逐年提高。据统计，服务对象对窗口工作人员的评议满意率为99.93%，对窗口部门的评议满意率为99.98%。

【文明服务】

工商窗口被评为宁波市模范集体，人才中心的董梅菊同志被推荐为宁波市文明职工标兵，发展计划局窗口张颖被推荐为鄞州区“十佳公仆”。2004年度鄞州区行政服务中心对62名优秀窗口工作人员进行了表彰和奖励。 （王益明）

图13 鄞州区行政服务中心服务大厅

中国人民政治协商会议宁波市鄞州区委员会

综 述

2004年，中国人民政治协商会议宁波市鄞州区委员会（以下简称区政协）坚持以邓小平理论和“三个代表”重要思想为指导，牢牢把握团结、民主两大主题，围绕中心，服务大局，求真务实，开拓进取，全力开展“打造新鄞州、奉献新智慧”主题活动，积极履行政治协商、民主监督、参政议政的主要职能，为促进鄞州区经济社会全面协调可持续发展，作出了新的贡献。

围绕“新鄞州工程”建设中的有关问题建言献策，开展深入细致的专题调研，形成了10个内容翔实、分析透彻、建议有见地的调研成果，为扎实推进“新鄞州工程”建设贡献了力量。

采取请区政府领导现场公开办理、倡导承办单位“一把手”办提案、主席会议督办、办理结果“回头看”等办法，提高重点提案办理质量。对14个5件以上提案承办单位，提案委员会分别上门督办，指导、协调有关部门办理。对7件办理不满意提案作了认真的分析研究，协调承办单位进行了第二次办理。2004年立案的202件提案，经40家承办单位认真办理，都按期得到了办复。

民主监督稳步推进。区政协办公室共编发《社情民意》简报25期，采稿60余篇。这些社情民意表达了基层群众的意见和呼声，得到了各级领导的重视，较好地发挥了“给领导以信息、为决策作参考”的作用。2004年，区政协办公室荣获宁波市政协信息工作二等奖。区政协听取了区人民法院和检察院工作情况的通报，并旁听了法院的庭审工作，为鄞州区的法治建设和社会稳定积极建言献策。许多委员被聘为有关单位的行风监督员，较好地发挥了监督作用。

团结联谊进一步扩大。举办中秋茶话会，坚持与各民主党派、团体和社会各界人士保持经常联系，加强相互间的交流沟通，积极发挥他们的作用。会同临海、象山等市（县）政协主办了12个县（市、区）政协联谊会。

宣传工作得到加强。认真办好《鄞州政协》内部刊物和《鄞州日报》政协专版。区政协着手编纂《鄞州政协志》，成立了编纂委员会。

十三届二次会议

1月30日~2月1日，区政协举行十三届二次会议，参加会议的委员210名，列席人员160名。会议听取并讨论了区委书记寿永年在开幕会上的讲话；听取并审议了区政协主席朱禹宝所作的政协第十三届宁波市鄞州区委员会常务委员会工作报告；听取并审议了区政协副主席张嘉俊所作的十三届一次会议以来提案工作情况的报告；列席了宁波市鄞州区第十五届人民代表大会第二次会议；组织8

名委员围绕区政府工作报告进行了大会发言；听取了会议期间提案收集情况的说明；通过了政协第十三届宁波市鄞州区委员会第二次会议决议。

图 14　区委书记寿永年等区领导看望参加会议的政协委员

图 15　在政协会议期间，政协委员们畅所欲言，积极建言献策

十三届五次常委会议

1 月 31 日，区政协举行十三届五次常委会议。区政协主席朱禹宝主持会议，副主席王飞龙、张嘉俊、陈国良、黄碧英，秘书长姜芬琴出席会议。会议审议通过了政协第十三届宁波市鄞州区委员会第二次会议决议（草案）。

十三届六次常委（扩大）会议

3 月 9 日，区政协举行十三届六次常委（扩大）会议。会议分别由朱禹宝主席和王飞龙副主席主持，张嘉俊、陈国良、黄碧英副主席和姜芬琴秘书长出席会议，各专委会、联委会主任列席了会议。浙江省政协副秘书长、办公厅主任陈金寿应邀作了关于政协常委职责的辅导报告。会议讨论并审议通过了关于常委、专委会主任领衔的专题调研课题和常委会议请假的规定。

会议决定在全体政协委员中部署开展“打造新鄞州、奉献新智慧”主题活动，朱禹宝主席作了动员讲话。

十三届七次常委会议

7 月 1 日，区政协举行十三届七次常委会议。会议分别由区政协主席朱禹宝和副主席王飞龙主持，副主席张嘉俊、黄碧英，秘书长姜芬琴出席会议。副区长毛春阳、毛宏芳应邀参加会议。

会议期间，常委们实地视察了明州、望春两大工业园区，并详细听取了两个园区的情况通报，提出了一些建设性的意见建议。会议讨论并原则通过了《“新鄞州工程”建设中应注意的问题和建议》的调研报告，并作为区政协常委会建议案送交区委、区政府；讨论通过了关于政协委员调整和有关专门委员会主任任免事项。会议还听取了区政府办公室常务副主任张纪燧所作的关于鄞州区政协十三届二次会议期间提案办理情况的通报。

副区长毛春阳、毛宏芳在听取委员的意见建议后分别作了表态发言。

十三届八次常委会议

12月28日，区政协举行十三届八次常委会议。区政协主席朱禹宝、副主席王飞龙分别主持了会议，张嘉俊、陈国良、黄碧英副主席和姜芬琴秘书长出席会议。区委常委、副区长吴胜武听取了委员对《政府工作报告》的协商意见。

会议审议通过了关于召开区政协十三届三次会议的决定等事项，听取了关于《政府工作报告》（征求意见稿）、《人民法院工作报告》和《人民检察院工作报告》的说明，并进行了讨论。

会议决定，政协第十三届宁波市鄞州区委员会第三次会议于2005年1月18日至20日在鄞州新城区举行。建议会议的主要议程是，听取和审议政协第十三届宁波市鄞州区委员会常务委员会工作报告和关于提案工作情况的报告；列席宁波市鄞州区第十五届人民代表大会第三次会议；协商讨论政府工作报告，并组织大会发言；审议通过政协第十三届宁波市鄞州区委员会第三次会议决议。

会议审议通过了区政协十三届常委会工作报告、提案工作报告和一些人事任免事项。

专委会、联委会主要工作

2004年，“两委”充分发挥各自优势，积极开拓创新，各项活动富有成效，呈现出鲜明的特色。首先是开展活动多样化。全年共开展调研、视察、对口联系、委员议政、办实事等活动113次。其次是活动内容专业化。如农业经济委员会送科技、送项目到贫困农户，帮助农民科技致富；医卫委员会二十年如一日，坚持为章水、龙观等老区人民提供义诊服务。第三是视察工作经常化。全年“两委”共组织视察55次，如钟公庙联委会选择当前旧村改造、新村建设等热点问题进行实地视察。第四是调查研究制度化。全年“两委”共开展专题调研36次，如科技委员会紧紧围绕“新鄞州工程”建设开展调研，积极建言献策；邱隘联委会认真探讨宁波城区东扩对邱隘经济和社会发展的影响及对策。经评比，农业经济委员会、科技委员会和五乡联委会、邱隘联委会、高桥联委会、章水联委会被评为最佳委员会，财贸委员会、医卫委员会、教育委员会和下应联委会、钟公庙联委会、集士港联委会、石碶联委会被评为单项先进委员会。27名委员被评为区政协优秀委员。

调研活动

区政协各专委会、联委会坚持把调查研究摆在工作的突出位置。全年各委共开展专题调研36次,调研报告的质量不断提高,不少意见、建议在区级有关部门的决策中起到了重要的参考作用,有的直接转化为工作措施。

2004年,区政协紧扣"新鄞州工程"建设这一中心工作,认真开展专题调研,积极建言献策。《关于重视做好被征地农民转型工作的几点建议》的调研报告,从就业渠道不通畅、保障体制不健全、存在一些体制障碍等方面说明了当前存在的困难,从政策、社会保障和体制方面提出了一些建设性的意见建议。此调研报告被作为2004年宁波市政协十二届二次会议的大会发言材料。该调研报告作为信息上报后,国务院总理温家宝专门作了重要批示,副总理黄菊、曾培炎、回良玉分别作了圈阅。《"新鄞州工程"建设中应注意的问题和建议》调研报告在区委常委扩大会议上作了专题汇报,得到了区委主要领导的充分肯定,并被评为2004年度全区优秀调研成果一等奖。

十三届二次会议以后,区政协组织有关常委和专委会主任开展了专题调研,形成9个有见地、有价值的调研成果,如《加快推进我区农产品质量安全的对策建议》、《加快新城区建设步伐,有序推进"新鄞州工程"》、《关于政府投资的文体基础设施市场化运作的建议》、《关于我区发展现代物流业的若干思考和建议》、《鄞州新城区商贸服务业发展现状及对策》等,得到了区委的肯定。

"打造新鄞州、奉献新智慧"主题献策会

10月11日,区政协举行"打造新鄞州、奉献新智慧"主题活动委员献策会。区政协主席朱禹宝,副主席王飞龙、张嘉俊、陈国良、黄碧英和秘书长姜芬琴等出席会议。会议由区政协主席朱禹宝主持。区委书记寿永年、副区长陈振国应邀参加会议,认真听取委员的意见建议。

视察"五路一卡口"工程

11月16日,宁波市政协副主席陈云金、鄞州区政协主席朱禹宝、副区长毛宏芳及在鄞的宁波市政协委员等一行20余人,视察了宁波市老城区与鄞州新城区连接道路"五路一卡口"的建设进展情况。

随着鄞州新城区城市功能的日益完善,人口、产业集聚效应逐步显现,致使现有道路的交通压力急剧增加。为此,缓解鄞州新城区与市区的交通压力已成为迫在眉睫的一件大事。在年初召开的宁波市政协十二届二次会议期间,在鄞的宁波市政协委员联合向大会提交了《关于要求加快实施沧海路向南延伸段道路建设工程的建议》等5个提案。市、区两级政府及有关部门高度重视,多次进行现场考察和专题研究,并

明确了市、区职责分工。

市政协委员在经过实地视察后指出，推进城市化，交通要先行，要尽快实施“五路一卡口”工程，缓解鄞州新城区与市区的交通压力，从根本上提高宁波大市道路通达性，增强城市的集聚辐射功能和基础设施的承载力。建议宁波市政府将5条道路建设项目列入2005年的城市建设年度计划，并保证市区段有2条以上道路能进入实质性的动工兴建；及时协调5条连接道路规划、建设中的问题，抓紧实施项目的前期工作，对实施难度大的项目作出调整方案。同时，建议宁波市政府在资金安排上统筹考虑，适度倾斜。

图16　2004年11月16日，区政协组织在鄞的市政协委员20余人，对鄞州新城区与市区连接道路“五路一卡口”建设进展情况进行实地视察，积极建言献策。

重点提案简介

1.《关于食品安全问题应引起领导关注》

4月30日，区政府分管副区长崔秀玲专门召集区卫生局、农林局、工商分局等相关职能部门和部分政协委员在下应街道召开重点提案现场办理会，进一步明确了各相关职能部门的工作职责，加强部门协作，整顿和规范食品市场秩序，组织开展专项检查，全力构筑保障食品安全的“大堤”。

2.《关于要求对贫困山区九年制义务段学生实行免费教育的建议》

区政府有关职能部门专门就贫困山区学生接受免费义务教育问题进行了调研，提出了具体方案，并经区长办公会议讨论通过，最终确定章水镇杖锡学校、树德学校和华茂希望小学3所学校的在校生从2004年9月起享受免费教育，并将根据实施情况逐步扩大享受范围。

3.《加强标后管理，为“新鄞州工程”保驾护航》

区政府表示将进一步加强这方面工作，通过一系列行之有效的措施，使鄞州区标后工程的后续管理日趋完善。

4.《关于要求尽快出台我区污水处理规划的建议》

区政府已将建设全区的排污管网工作列入议事日程，委托了上海日技环境技术咨询有限公司进行规划设计，并通过专家评审。

5.《应进一步加强城乡结合部社会治安综合治理力度》

区委领导十分重视，专门组织有关部门集中开展了打、防、控一体化和专项整治工作，并将此项工作列为“平安鄞州”建设的重要内容。

（卢豪）

中共宁波市鄞州区纪律检查委员会

概　况

2004年，全区各级纪检监察组织坚持标本兼治、综合治理、惩防并举、注重预防的方针，求真务实，开拓创新，狠抓落实，全区党风廉政建设和反腐败各项工作取得了新的明显成效。着力转变反腐败战略方针，将惩治、预防腐败体系建设融入党风廉政建设责任制各项工作任务，形成了构建惩治、预防体系与反腐倡廉各项工作良性互动的局面。

党风廉政宣传教育

广泛开展“为民、务实、清廉”主题教育和“读丛书、思廉政、写心得”活动。坚持面向全社会，努力创新党风廉政宣传教育形式，大力推进廉政文化建设。深入开展廉政理论研究，成立廉政文化研究所，编辑出版《中国廉政文化丛书》和《廉风—廉政文化在鄞州》画册。积极开展廉政文化“五进”活动，建设廉政广告一条街、廉石、廉政宣传窗等廉政文化景观，举办“永恒的丰碑”广场廉政文艺晚会、“清风颂”文艺巡回演出和反腐倡廉电影展映月、中小学生廉政故事征文和演讲比赛等丰富多彩的廉政文化活动，推动廉政文化进社区、学校、家庭、企业和农村，努力营造尊廉崇廉的社会氛围，取得了良好的效果。

领导干部监督管理

加强监督制度建设，建立健全领导干部重大事项报告、廉情报告和公布、廉政谈话等一系列监督制约机制，完善廉政档案，加大信访和审计监督力度，推行党务公开，进一步深化政务公开，促进领导干部廉洁自律。加强对领导干部从政行为的监督检查，严格领导干部出国(境)和党政机关工作人员国内考察管理，对党政机关用公款为干部职工购买个人商业保险和党政领导干部违反规定兼职、拖欠公款以及利用职权将公款借给亲友的问题进行了清理。同时，继续落实不准收受“三礼”的规定，全年共收到上缴的各类礼金、礼券、礼卡、礼物折合人民币15万元，“581”廉政账户收到上缴礼金10万余元。

行政监察

深入开展机关效能建设，建立效能监察投诉中心，加大投诉件受理和督办力度，全年共受理效能投诉638件，办结587件，办结率为92％。积极开展明查暗访，加大行政过错责任追究力度，查处行政过错行为20起，给予党纪政纪处分7人。坚持纠建并举，围绕损害群众利益的各方面突出问题，开展纠风专项治理工作。着力解决征用农民集体所有土地补偿费管理使用中的突出问题，清理拖欠的土地征用补偿费1039.5万元。认真纠正拖欠和克扣农民工工资问题，为农民工追回工资757.8万元。深入开展教育乱收费、医药购销和医疗服务中不正之风、公路“三乱”、党员干部赌博等问题的专项治理，加大对农民和企业减负、着装清理整顿等工作的监督力度。此外，组织开展安全生产、政务公开和重大工程建设项目等情况的专项执法监察24次。

案件查办

2004年，全区各级纪检监察组织共立案120件，结案122件，给予党政纪处分118人，涉及区管干部5人、科级干部14人，移送司法机关作进一步处理8人，挽回经济损失511万余元。加强信访举报工作，认真排查案件线索，妥善处理群众上访，协调和督促有关部门努力化解矛盾。2004年，区纪委、监察局共受理群众信访举报361件，同比增长6.4%。加强案件审理工作，注重对案件事实和办案程序进行把关，提高了案件质量。狠抓处分决定的落实，对近3年的党纪政纪处分决定执行情况进行了专项检查。正确处理办案与治本的关系，注意以查促防，查防结合，较好地发挥了办案在反腐倡廉中的震慑作用。

源头治腐工作

着力深化行政审批制度改革，加强区行政服务中心建设，对行政许可的实施主体、设立依据、许可项目和许可收费进行清理。稳步推进财政管理体制改革，完善会计核算中心，全面实行部门预算、政府采购资金直接支付和公务员、教师工资财政统发等制度，加强对镇（乡、街道）财政管理体制改革情况的监督检查。深入推进干部人事制度改革，全面实行全委会任免党政“一把手”票决制和常委会任免干部票决制，探索建立党政“一把手”初始提名民主推荐制，出台领导干部辞职制度。积极完善重大项目廉洁保证体系，建立健全《招标投标管理暂行规定》等制度，建立政府投资项目审计中心和统一的招标投标中心，探索建筑企业廉政准入制，组织开展重大财政性项目专项检查，及时查处各类违纪违规问题。

党风廉政建设责任制工作

把全区党风廉政建设和反腐败重点工作分解为6大类41项，逐项细化到部门，量化到人。区委、区政府主要领导以身作则，带头落实党风廉政建设责任制，在有关会议上就党风廉政建设提出要求达20余次；区委常委会多次专题研究党风廉政建设工作，并向全社会公开进行廉政承诺。区党风廉政建设领导小组积极牵头协调，及时召开牵头单位工作会议，下达任务书，并组织跟踪检查。各级纪检监察组织积极协调和组织实施，加大责任检查和考核力度，形成了党风廉政建设齐抓共管的局面。

（胡美星）

人民团体

鄞州区总工会

【概况】

2004年是鄞州区总工会成立50周年。全区共有工会组织的单位5348家,其中非公有制企业5112家,共有工会会员176850人。

【积极推进"三级联创"活动】

在全区开展区、镇(乡、街道)、基层工会"三级联创"活动,促进了"党建带工建"的有效落实。通过五乡镇、古林镇工会的试点和全区工会"组建月"、"推进月"活动,全年新建工会的企业895家,新增会员22256人。注重探索建立区域和行业工会组织,在鄞州区投资创业中心、望春工业园区、明州工业园区和3个镇工业小区建立完善工会组织,在驾驶员协会建立联合工会,高桥镇、鄞江镇还建立了塘山联合工会。着力推进以职工代表大会为基本形式的民主管理制度,全区共有"合格职工之家"823个、市级"示范工会"3家、区级"示范工会"10家。以强镇强工会为契机,努力提高镇(乡、街道)工会工作整体水平。同时认真做好街道总工会试点工作,12月28日在石碶街道成立总工会。

【深入开展"双创双建"活动】

努力提高职工队伍素质,深入开展"创建学习型组织,争做知识型职工"活动。全年共有4万多人次参加经济技术创新活动,提合理化建议1万余条,创经济效益近亿元。鄞州区总工会获浙江省经济技术创新活动优秀组织单位。做好劳动模范和模范集体考察推荐工作,评选表彰了8名市级劳动模范、4名省级劳动模范和4家市2001年至2003年度模范集体;落实劳动模范待遇,建国以来第一次组织全区劳动模范进行健康体检;做好鄞州区总工会第二届"十佳外来职工"评选工作,推荐优秀职工参加宁波市首届"首席工人"评选。

【切实维护劳动关系稳定】

依法务实地维护职工的合法权益,充分发挥鄞州区职工权益服务中心的作用,与基层工会联动,全年各级工会共受理各类投诉1029起,为职工挽回损失800多万元。强化源头参与机制,围绕涉及工会和职工切身利益的重大问题深入调研,特别在安全生产、工伤保险推行等方面提出意见,得到区政府采纳。健全劳动关系三方协调机制,与政府有关部门积极沟通、共商对策。推进平等协商机制,截至2004年全区已签订集体合同1095份,签订工资专项集体合同854份。建立法律和群众监督机制,成立鄞州区总工会工会劳动法律监督委员会,62名监督员持证监督。2004年末进行工资拖欠专项检查,与劳动监察部门联手,对重点企业进行联合执法。

【大力实施"送温暖"工程】

健全困难职工档案,进行动态管理,争取多方支持充实特困职工基金,扩大扶贫帮困惠及面;继续开展"爱心常在"活动,重点做好节日期间"送温暖"工作,元旦、春节期间共慰问困难职工3000多户,慰问金达180多万元;认真做好劳动模范医疗补助和困难劳动模范补助工作,积极参加宁波市总工会推出的四大医疗互助保障，共有2.1万名职工参加医疗保障；认真做好再就业工作，鄞州区总工会职业介绍所介绍2906人成功上岗就业，其中免费介绍461名失业职工、492名被征地人员就业，鄞州区总工会职工学校对124名失业职工进行免费职业培训，2004年鄞州区总工会获浙江省再就业工作先进集体；区总工会、区慈善总会共同出资，开展“生产自救”扶助活动，向有条件从事种植业、养殖业、服务业和其他行业的贫困失业职工提供3000元～10000元的启动资金，共扶助11个项目；与区慈善总会联手，运作“布利杰冠名留本扶贫基金”，对33户困难职工进行每月80元的补助；试行被欠薪职工救助制度，尽量解决这些职工最基本的生活保障和交通费用。

【鄞州区总工会成立50周年纪念会召开】

4月29日下午，鄞州区总工会成立50周年“五一”文艺招待会在宁波开元大酒店举行。区领导许勤德、吴胜武、麻承照、王飞龙等到会祝贺。老干部、工会干部、劳模、先进工作者、一线职工等各界代表参加了文艺招待会。中共鄞州区委副书记许勤德代表区委、区人大、区政府、区政协向区总工会成立50周年表示热烈祝贺，并作了重要讲话。 （徐滨）

图17 鄞州区总工会成立50周年“五一”文艺招待会表演现场

中国共产主义青年团宁波市鄞州区委员会

【概况】

2004年，中国共产主义青年团宁波市鄞州区委员会（以下简称团区委）努力加强共青团服务能力建设，团结带领全区广大团员青年为“新鄞州工程”建设作出了积极贡献。团区委被评为省级先进团委、浙江省大中学生暑期社会实践先进集体，区青年志愿者行动指导中心被评为省级青年志愿者服务杰出集体，鄞州区团代表常任制经验介绍收录到《全国团建先进百例》一书，钟公庙街道团工委被评为宁波市“五四”红旗团委，邱隘镇团委等6家基层团组织被评为市级先进团组织，顾一峰等6人被评为市级优秀团干部。

【青少年思想道德建设】

广泛开展“兴起新高潮，创造新业绩”主题教育活动，积极引导广大青少年树立和落实科学发展观，用马克思主义的最新理论成果武装青年。大力弘扬奥运健儿为国争光的拼搏精神，深刻体验“求实、敢为、争先”的鄞州精神，用改革开放的最新成果激励青年。紧紧抓住邓小平诞辰100周年、“五四”运动85周年、国庆节、“一二·九”等纪念活动重大契机，广泛开展形式多样的思想道德教育活动，赋予传统教育新的时代内涵，将青少年的思想道德认知内化为报效祖国的动力。以学习型组织创建为载体，营造工作学习化、学习工作化的良好氛围，引导青少年吸收人类文明的丰富成果，努力把共青团建设成为具有发展活力和创造能力的组织，区国税局二分局团支部的学习型组织创建被评为宁波市最佳团日活动一等奖。认真贯彻落实《中共中央国务院关于进一步加强和改进未成年人思想道德建设的若干意见》精神，以体验教育为基本途径，广泛开展中学生素质拓展计划，积极探索“红领巾俱乐部”创建模式，全区已建成4家“红领巾俱乐部”，不断发挥实践育人的重要作用，引导青少年在实践中学习知识，接受锻炼，增长才干。

【青少年创新创业活动】

充分发挥共青团的人才优势，以抓好青年企业经营者、青年管理人才和青年技术工人3支队伍建设为重点，全面深化青年创新创效行动，浙江利时集团的李立新荣获浙江省“五四”青年奖章，培罗成集团的陆信国入选宁波市“十大杰出青年”；以抓好青年星火带头人、青年农业产业化带头人、青年农民经纪人3支队伍建设为着力点，继续推进青年效益农业开发行动。一年来，共涌现市级以上青年星火带头人12名，其中古林镇的俞斌被入选浙江省“十大杰出农村青年”。通过评选“十大鄞州青年”、“荣誉鄞州青年”、“十大杰出青年企业家”，宣传全国优秀团干部、进城务工青年周红文的先进事迹等活动，为广大青年树立不同层面的创业典型，不断激发青年的创业热情。扎实推进“千名团干人手一证，万名青年共进课堂”培训活动，全区共组织团员青年培训班47期，培训青年近2000名，不断提高青年的创业本领。积极寻求与青年企业家的合作，为企业发现适用人才，为青年争取就业岗位，同时，各基层团组织还积极举办各类就业洽谈会十余场，帮助1000多名青年走上就业岗位。通过评选鄞州区“十大”青年文明号创建工作示范集体和优秀岗位负责人、学习“全国青年文明号十年成就奖”获得者——高桥派出所的成功经验等活动，进一步深化青年文明号创建活动。

【青少年参与精神文明建设】

深入开展“百支志愿服务队携手共建新鄞州”活动，充分发挥志愿者行动在群众性精神文明创建中的重要作用。全区注册志愿者已逾万名，区本级专业志愿服务队5支。继续深化进城务工青年发展计划、大学生助学计划、进城小公民援助计划，一年来，共提供助学资金7.8万，为39名贫困大学生解决就学困难。以“青春之歌”文艺巡演的方式，大力开展青少年节能宣传活动，共计开展文艺巡演10场，发放各类节能宣传资料2万余份。承办了宁波市首届青少年社区文化节闭幕式暨青春·文明汇聚新鄞州广场文艺晚会，举办了鄞州区首届青少年科技节、青工“三人制”篮球赛等活动，大力推动青年时尚文化建设。各基层团委根据自身特点，继续举办好每年一次以上的大规模群众性文化活动，既满足了青年的需求，也有效地促进了农村、学校、企业、机关的文化建设。尊重青年的不同兴趣爱好，组建了一批以“撷英美术社”为代表的健康活泼、特点鲜明的青年文化团体，积极开展青年联谊活动，引领青少年文化发展潮流。

【共青团投身文明城区创建】

认真贯彻全区文明城区创建动员大会精神，召开了共青团投身文明城区创建动员大会，下发了《关于开展共青团投身文明城区创建活动的意见》，以“青年文明社区”创建活动为统揽，组织动员广大团员青年积极投身文明城区创建，各地相继建立了“青少年读书俱乐部”、“社区青少年文化广场”、“社区青年志愿者服务站”、“社区青少年维权岗”、“社区少工委”等一批阵地和组织，不断发挥青少年在文明城区创建中的能动作用。钟公庙街道宋诏桥社区已被推荐申报全国级青年文明社区，下应街道东裕社区获得省级青年文明社区荣誉称号。

【青少年维权活动】

大力开展“优秀青少年维权岗”创建活动，充分发挥青少年法制学校、模拟法庭的重要作用，加强对进城务工青年、中小学生的普法宣传力度，不断提高他们的法制意识和维权意识。实施青少年违法犯罪社区预防计划，开展青少年远离毒品行动和“百名团干联系千名青年”活动，主动与弱势青少年、闲散青少年开展结对帮扶工作。重视青少年心理健康教育，加强学校青少年心理健康教育阵地建设和志愿者帮教队伍建设，广泛开展学生青春期心理健康辅导，逐步构建起了有效的服务网络。

【共青团自身建设】

全面落实省、市、区工青妇工作会议精神，全面开展“固本强基．三百行动”，整合大学生暑期社会实践队和基层团组织的力量，摸清家底，对症下药，有力地推动了全区基层团组织的整顿建设工作，夯实了共青团强镇创建的组织基础，15个镇（乡、街道）跨入全市共青团强镇行列。不断加大非公企业团建力度，把6家原来由镇（乡、街道）团（工）委管理的大型企业团委升格为一级团委，提高了企业团建水平。青年之窗建设全面推开，宁波市“青年之窗”建设现场会在鄞州召开，已建成100个青年之窗，正在逐步发挥宣传方针政策、传递团内信息等内在功能。团内信息工作成绩显著，信息工作名列全市第一，《中国共青团》、《浙江团情》、《共青思维》、《宁波团情》等团内各级刊物、网站都大力宣传了鄞州区的共青团工作，提高了鄞州区共青团工作的知名度。一批调研成果在省、市获奖，团区委被评为宁波市信息工作先进集体、调研工作先进集体。加强对少先队工作的领导，胜利召开了区第六次少代会，举行了“健康·快乐·我成长”大型素质展示主题队会，3500余名少先队员参加了观摩，同时，鄞州区的少先队辅导员在省、市辅导员双技比赛中，取得了4枚金牌、2枚银牌的历史最好成绩。

（丁良洪）

图18　鄞州区首届青少年科技节闭幕式暨科普广场活动

鄞州区妇女联合会

【概况】

2004年，全区共有镇（乡、街道）妇联组织20个，都配备了专职妇联正、副主席。有村（居民会、渔业社）妇代会458个、企业妇代会247个、1个机关妇工委和23个机关单位妇委会。各级妇联坚持妇联工作宗旨，突出凝聚妇女、发展妇女、服务妇女“三条主线”，充分发挥自身优势和党联系广大妇女的桥梁纽带作用，在协助党和政府做好群众工作，组织、动员广大妇女为经济社会发展贡献力量，维护妇女儿童合法权益，推动未成年人思想道德建设和加强妇联自身建设等方面，做了大量工作，取得了显著成绩。鄞州区妇女联合会(以下简称区妇联)被评为宁波市2003年至2004年度妇女工作先进集体，流动人口妇女组织建设工作获宁波市妇联妇女工作创新奖。

【庆祝“三八”系列活动】

为了庆祝“三八”国际劳动妇女节94周年，区妇联以“三个代表”重要思想和中国妇女“九大”精神为指导，结合当前鄞州区发展形势和广大妇女实际，精心安排了凸现鄞州女性风采的“三八”系列活动。活动以“新鄞州·新女性·新业绩”为主题，主要包括4项内容：1次女子风采大赛，1场庆祝表彰大会暨事迹报告会，1次女性发展论坛，1场两岸姐妹庆“三八”座谈会。“三八”系列活动生动地展示了鄞州妇女在三个文明建设中的风采，进一步激励广大妇女姐妹争做时代新女性，在新鄞州建设中再创新业绩。

【流动人口妇女组织建立】

2003年底，区妇联在调研基础上提出了“流动人口自我管理”新思路。3月初，区妇联在洞桥镇张家垫村进行流动人口妇女组织建立试点工作。目前，全区已建立了流动人口妇女组织56个。流动人口妇女组织主要按居住区域和行业特性两种形式建立，负责人则通过公开选拔、竞争上岗产生。该组织主要职能是管理广大流动妇女并为她们提供服务，尤其突出教育培训、就业、扶贫帮困、维权等服务。成立以来，全区流动人口妇女组织已为2580余人次流动妇女提供了教育培训服务，为213人解决了就业问题。流动人口妇女组织的建立，改善了流动人口的生存状况，促进了鄞州区城乡面貌的变化。这项创新工作曾被《中国妇女报》、《浙江妇运》、《宁波日报》等多家媒体广泛报道。

【巾帼就业服务】

2004年，区妇联抓住巾帼服务中心这个有效载体，大力推进“巾帼服务工程”。全区已有1个巾帼服务中心、20个巾帼服务站、110个巾帼服务点。一年来，区、镇(街道)两级妇联上下联动，共举行大型就业洽谈会18场。其中，在姜山镇中学和洞桥镇中心小学举行的两场就业洽谈会规模最大，成效显著，两次洽谈会共有170余家企业进场设摊，推出岗位2638个、工种186个，当场录用641人、与用工单位达成就业意向654人。据统计。通过就业洽谈会和就业介绍，全区巾帼服务网络已为广大妇女介绍岗位11212个，实际上岗4258人。

【“阳光爱心”工程】

为了更好地服务于广大妇女群众，帮助贫困家庭解决生活困难，区妇联推出了“阳光爱心”工程，发动女干部、女企业家、女能手、巾帼志愿者、文明家庭、巾帼文明示范岗及社会各界为贫困母亲、贫困儿童捐款捐书，以解他们燃眉之急，尤其是流动人口家庭中的困难妇女与儿童。在区妇联组织发动下，各级妇女组织层层动员，社会各界热心人士积极参与。短短一个月时间，全区有1.06余万名个人、189家巾帼文明示范岗和单位参加了捐助活动，共收到爱心捐款24万余元。6月1日下午，区妇联在区行政大楼举行了“阳光爱心”工程捐助仪式，首批100名贫困儿童和100名贫困母亲每人收到了500元的捐助。随后，区妇联又根据基层调查情况陆续资助贫困母亲儿童。

【巾帼建功】

2004年初，区妇联组织召开了区级机关单位妇女工作负责人会议，确定了“进一步加强机关妇女工作，深化‘巾帼文明示范岗’创建活动”的工作思路。一年来，通过组织拓展、教育培训、队伍建设等措施，进一步激发了广大机关妇女干部参与“三个文明”建设的积极性，使机关妇女工作日益走上规范化轨道。在巾帼文明示范岗创建工作中，重点开展了“三个一”主题活动，即要求每一个岗位成员做到：听一次演讲，开展一次大讨论，写一篇心得体会。还积极组织示范岗岗位成员学习“三新”事迹报告团成员的先进事迹，全年组织“三新”事迹报告会13场，受教育妇女达2150人次。榜样的激励进一步激发了区级机关单位创建示范岗的热情，2004年全区新增区级巾帼文明示范岗4个、市级6个、省级3个、全国级1个。

【开展“双学双比”活动】

2004年“双学双比”工作以提高农村妇女增收致富水平为目标，以提升女能手创业能力为工作重点。9月29日，鄞州区“双学双比”活动协调小组举行了1次女能手交流会。来自全区各镇（乡、街道）的100多名女能手参与了本次活动。交流会上，首先由3位杰出的女能手——宁波双燕奶业的总经理张国珍、姜山镇黎山后村的陈亚琴和古林镇新兴草制品厂的马彩芬为大家作了经验介绍。11月3日，协调小组又组织种植蔬菜、水果类的30余名女能手赴慈溪参观取经，女能手们在鄞州、慈溪两地农技专家的带领下参观了慈溪市现代农业示范园和三北镇的草莓、韭菜两个“双学双比”示范基地。各个镇（乡、街道）广泛举行了农业技术培训、技术比武、女能手科技指导等活动。

【未成年人思想道德建设】

区妇联抓住“六一”儿童节时机，将《中国儿童发展纲要》和省、市、区“十五”期间儿童发展规划以及《中共中央国务院关于进一步加强和改进未成年人思想道德建设的若干意见》作为宣传重点，积极宣传实施儿童规划取得的成绩，切实解决儿童发展中的困难和问题，确保“十五”期间儿童规划目标的实现。同时，区妇联把促进家庭道德教育作为未成年人思想道德建设的重点，坚持以“学做合格父母，培养合格人才”为主题，启动了“万张阳光文明卡进家庭”和“万名家长重进课堂”活动，通过家长学校和妇女学校两大阵地，帮助家长树立“为国教子，以德育人”的家庭教育理念，提高家长素质。同时，在《鄞州日报》上开辟了《家教园地》专栏，广泛宣传先进的家庭教育理念，普及科学的家庭教育知识，推广家庭教育的成功实践和经验。2004年建立了鄞州妇女网，在网站上专门开辟家教园地，建立了网上课堂，扩大了未成年人思想道德建设的阵地。

【维权工作】

区妇联充分发挥法律顾问小组和法律咨询服务中心的作用，积极探索建立社会化维权工作格局，建立了区妇女权益保障联席会议制度，密切关注妇女儿童权益受侵害的热点和难点问题，进一步加强了维权工作队伍和网络建设。6月和8月，区妇联举办了两期特邀陪审员和信访干部培训班，进行有关法律和土地安置补偿政策培训，提高了特邀陪审员的思想素质和业务水平。同时，进一步加强信访工作力度，尤其关注农村土地安置中部分妇女权益受侵害现象和外来妇女生存状况，对妇女群众反映的有关问题，区镇两级妇联及时与有关部门协调，对上访妇女群众做好耐心细致地解释工作，努力化解矛盾、理顺情绪。一年来，区妇联系统共接待来信来访来电371件，结案率达100%。

（骆夏芬）

鄞州区文学艺术界联合会

【廉政文化创作】

由中共宁波市鄞州区委主持编纂，区纪委、区委组织部、区委宣传部、区文学艺术界联合会(以下简称区文联)等有关部门共同参与，历时两年创作的国内首部从文化角度诠释廉政建设的大型图书《中国廉政文化丛书》，2004年5月由中国方正出版社出版发行。5月28日，中共浙江省纪委、宁波市委、鄞州区委在北京人民大会堂联合主办了《中国廉政文化丛书》出版座谈会。会议由宁波市委副书记、纪委书记葛慧君主持，中央有关部委及省、市、区有关领导和专家90多人出席了座谈会。中共中央纪律检查委员会副书记刘峰岩，中国文联党组书记、副主席李树文，省委副书记、纪委书记周国富，省委常委、市委书记巴音朝鲁分别作了重要讲话，充分肯定了该图书的出版发行，区委书记、该书主编寿永年介绍了图书的编纂出版情况，清华大学、中国民协等专家也作了发言。座谈会上，中央、省、市等领导还向中国人民解放军总政治部宣传部、最高人民检察院反贪总局、国家图书馆等单位赠书。该套丛书已被列入国家重点图书目录。中央电视台、人民日报社、新华社、光明日报社、中国纪检监察报社等70多家媒体做了报道。

鄞州区廉政文化研究所成立。12月29日鄞州区成立了全省第一家廉政文化研究所。廉政文化研究所将在两三年内，编辑《中国廉政文化丛书》第二辑、第三辑，创办《中国廉政文化》杂志，建立“廉政文化”网站，深入研究廉政文化的历史渊源、时代特征和发展方向，逐步建立廉政文化学科体系。同时，承担鄞州区党风廉政建设重点课题研究，并与国内外有关研究单位建立密切的合作关系，开展经常性的交流活动。

图 19　《中国廉政文化丛书》

【“梁祝”申遗工作】

2004年上半年，区文联围绕“梁祝”申遗加大了宣传、协调等工作力度，取得了一定的成果。

2004年以来，中央电视台等电视媒体对“梁祝”申报世界遗产给予了高度重视。1月，区文联与中央电视台3套“文化视点”栏目组合作拍摄了专题片《鸳鸯蝴蝶由人说》(上、下集)，该专题片在中央电视台3套、第11套节目中首播并多次重播。3月，中央电视台新闻频道《小崔说事》栏目组拍摄了专题片《蝴蝶飞起的地方》(上、下集)，播出后在全国引起的较大反响。6月，上海东方电视台、北京电视台分别到鄞州拍摄了有关“梁祝”电视新闻片、专题片。7月3日，上海东方电视台夜视新闻播放了有关“鄞州梁祝”新闻；上海东方电视台、北京电视台都在8月份播出“梁祝”专题片。

6月12日，由鄞州区组织的中国梁祝申报

世界非物质文化遗产非正式磋商会在甬港饭店举行，会上，中国民间文艺家协会、中国民俗学会、中国梁祝文化研究会、鄞州区和上虞市、杭州市、江苏宜兴、山东济宁、河南驻马店市就“梁祝”申遗工作达成宁波共识：梁祝遗存地区将联合向联合国教科文组织申报非物质文化遗产代表作，申报工作由改组后的中国梁祝文化研究会承担义务和权利，2006年6月前向国家文化部提交所有申报文本。人民日报、新华社、中央电视台及全国各地360多家媒体对这一活动作了报道，引起了全国的关注。

第28届世界遗产大会6月28日～7月7日在苏州召开，区文联组织了丰富的内容参展。为了配合这次大会，《人民日报》(海外版)对鄞州区的梁祝文化作了专题报道，中央电视台第3套、第10套及浙江、宁波的新闻媒体也作了多次专题报道。

【文艺创作】

为了积极配合区委提出的“新鄞州工程”发展战略，区文联全面启动了以“弘扬鄞州精神，解读鄞州现象”为宗旨，以镇(乡)和行业为主线的《新鄞州丛书》的创作。丛书行业部分包括《新鄞州人》、《英模人物写真》、《外资企业风采》、《新农村》和《慈善鄞州》等六册；镇(乡)部分包括《中国席乡古林》、《名人之乡塘溪》等五册。

为迎接“中国13亿人口日”，大力弘扬新型生育文化，积极推进人口可持续发展，鄞州区委、区政府、中国人口文化促进会、中国美术家协会漫画艺术委员会联合主办，区计划生育局、区文联承办“关爱女孩全国漫画大展”，活动面向全国征集了3000多幅构思新颖、画面精美的漫画作品。经过专家筛选，编辑出版了《关爱女孩全国漫画大展作品集》，并获得文化部、国家计划生育委员会等七部委授予的“中国人口文化奖”金奖。

2004年初，《东钱湖》改刊为《梁祝》。新的《梁祝》杂志为季刊，16开本，定位为“文艺·文化·文史”，提倡多元化，广采博览，兼收并蓄，体裁多样，风格不拘，力求体现思想性、艺术性、地域性和特色性的统一，是一本既渗透鄞州风貌，又折射文化魅力的新颖读物。

【文艺活动】

5月20日，配合区委宣传部召开了纪念毛泽东同志《在延安文艺座谈会上的讲话》发表62周年座谈会。一批荣获省、市第八届精神文明建设“五个一工程”奖的作品及2002年至2003年度优秀文艺作品受到了表彰。宁波市人大常委会副主任、文联主席陈继武，鄞州区委副书记许勤德，区委常委、宣传部部长王国定等出席会议并为获奖作者颁了奖。进一步明确了今后几年鄞州区文艺创作的方向：坚持先进文化前进方向，始终把社会效益放在首位，用更多更好的精神食粮丰富群众的文化生活，不断提升区域文明程度。

12月29日，区文联举行成立20周年大会，省市文联领导、兄弟单位代表、区文联历届老领导、老干部、全体文联委员等70余人出席纪念大会。会议首先回顾了区文联20年来，坚持文艺工作的“二为”方向和“双百”方针，弘扬主旋律，在文艺精品创作、文艺队伍建设等方面所取得的瞩目成绩，特别是近年来，围绕廉政文化、梁祝文化、地域文化创作打造品牌，不断冲击省市“五个一工程”奖，得到了各级领导的充分肯定；畅谈了文联20年来，由小到大，由弱到强，充分发挥了党联系广大文艺工作者的桥梁作用，服务党政工作大局，服务文艺工作者，较好地扮演了自己在每个历史时期的角色；展望了文联在未来发展的美好前景。

(任玉芳)

鄞州区工商业联合会

【参政议政】

一年来,鄞州区工商业联合会(以下简称区工商联)紧紧围绕党和政府的中心工作和民营经济发展中的热点难点问题,加强调查研究,积极参政议政,工作成效明显。在区"两会"期间共提交议案、建议、提案等26件。为更好地参与"新鄞州工程"建设,区工商联根据区委、区政府和政协主席会议的要求,开展了鄞州新城区中央商务区建设课题的调研;并组织了2次区政协工业委员会委员的学习和视察活动。

2004年,区工商联继续开展了走访联系非公有制企业活动,一年来区总商会和各基层商会通过定点分片联系走访会员企业上百家,其中配合浙江省工商联走访企业15家,通过走访及时掌握宏观调控中企业的意见呼声,帮助协调解决实际问题;共向上级报送有关信息10余条。

【创新载体】

加强教育引导。在宏观调控的关键时期,区工商联适时组织召开民营企业家座谈会,认真传达学习温家宝总理视察浙江时的重要讲话精神;邀请了清华大学俞齐教授作《经济和金融形势》的专题报告和研讨会,为民营企业家答疑解惑;并在商会会刊上刊载有关宏观调控的政策措施和领导重要讲话,发挥好宣传载体作用。

建立兼职会长参与商会活动制度。组织实施了会长活动日制度和会长例会制度。通过每周1次的会长例会和两月1次的会长活动日制度,沟通思想,交流经验,凝聚人心,形成合力,共谋大事,为非公有制经济会长、副会长参与商会工作提供了活动平台。通过他们的共同参与,促使商会工作更具针对性、时效性和可操作性;商会的地位、作用得到了明显加强,商会的影响力和号召力有了进一步提高。

积极展示民营企业和企业家形象。配合宁波市工商联组织开展了"谋发展,比贡献"征文活动和宁波市民营企业国庆文艺汇演,以此来讴歌党的富民政策,展示企业的发展成就,倡导积极向上的企业文化。广大会员企业积极参与,认真组织,其中浙江利时集团、宁波东方压铸有限公司、宁波欣达集团组织的征文分别获得三等奖和优秀奖,浙江利时集团的文艺演出队获得演出优秀奖,在社会各界引起了较好的反映;从9月开始,在全区非公有制企业中开展了"优秀中国特色社会主义事业建设者"推荐评选活动,经区工商联和区委统战部初评报请区委同意,共推荐李如成等7名企业家作为鄞州区优秀中国特色社会主义事业建设者上报宁波市评选小组予以表彰;充分利用会刊宣传载体,做好党和政府重大方针政策的传达贯彻工作,全年共编发《鄞州总商会会刊》6期4500份;在全国、省、市、区各级报刊杂志上刊登文章、信息23篇,较好地宣传了鄞州区民营经济和民间商会的发展成就。

积极组织会员企业参与扶贫帮困。参与宁波市工商联组织的民营企业招聘大龄失业下岗工人专场招聘会，35家会员企业提供了178个工作岗位；古林镇商会认真组织会员企业做好本地失土农民的就业培训和转岗转位工作，已安排436人上岗，受到了区政府和社会各界的好评；浙江利时集团出资700万元分别捐助文化、教育事业；2004年累计已有上100家会员企业建立了各自的救助基金，累计本金达4000多万元。

【搭建平台】

进一步加强与政府部门和省内外商会的协作，广泛建立合作机制，联手开展有关活动，积极为会员企业开拓市场"铺路搭桥"，分别与常州市武进区、南昌市东湖区工商联缔结友好商会，组织了近100余家会员企业参加外地政府和商会来甬举办的招商活动20多次，组织多家企业分赴江苏、江西、湖南、贵州等地进行投资考察；会同区侨务办公室联合接待了美国中华商会考察团一行5人，为企业向外拓展提供平台。积极开展各类培训活动，分别举办了《企业如何进行有效管理》和《经济和金融形势报告会》两期讲座，参加人员达到170多人次；组织基层商会的专兼职领导参加上级统战部和工商联举办的非公有制经济人士培训班和"民营企业与国际资本市场"的研讨会，通过参加培训与研讨会的形式，进一步提升了广大非公有制经济人士的政治和业务素质。在融资服务上，继续做好与鄞州银行的合作，重点为创业型、实力型的中小企业服务，帮助解决融资困难；为进一步扩大企业的融资渠道，还与中国建设银行、中国光大银行等在鄞的金融机构进行了合作意向的探讨，以便为中小企业提供更多的服务渠道。

【夯实基础】

组织建设是一项基础性工作，合理优化的会员结构和健全有力的基层商会，事关工商联的凝聚力、战斗力和影响力。2004年，发展了宁波色母粒有限公司等112家上规模的企业会员，新组建了咸祥、东吴、龙观、鄞江4个镇(乡)商会，经积极努力，区政府同意授权区工商联为鄞州区同业公会(商会)、基层商会等社会团体的业务主管单位。截至2004年12月底，全区共有会员759家，镇(乡、街道)商会16个。在基层商会建设中，着重抓好商会的规范化和制度化建设。2004年初根据全区各基层商会的实际情况，从5个方面制定了商会工作目标责任制考核办法和量化标准，并采用驻会领导实行分片联系办法，通过定期召开商会会长、秘书长会议加强对商会工作的指导。各商会通过建立制度，完善会员档案，规范商会活动，提高服务质量等一系列措施，加强了商会与会员之间的交流和沟通，促使商会工作逐步步入正轨。

(闻成军)

外事及对台事务、侨务工作

外事及对中国港澳台工作

【概况】

2004年，共审核上报因公出国及赴中国港、澳地区团组404批1003人次，其中出国354批953人次、赴中国港澳50批113人次；2003年同期因公出国及赴中国港、澳地区为394批751人次，同比分别增加2.5%和33.3%。党政人员因公出国及赴中国港、澳地区303人次。

【规范管理】

随着出国及赴中国港、澳地区人数的增多，外事及对中国港澳地区工作在政策尺度把握以及规范性和服务经济等方面提出了更新更高的要求。首先强化制度，对党政人员因公出国及赴中国港、澳地区年限上进行严格控制。在2003年出台的《鄞州区因公出国出境管理暂行办法》基础上，强化了退职在位人员近10年内出访过的和一般干部不予办理的“硬杠子”。其次严把审核关，在审核办理过程中，严格按照规定办事，对出访目的不明确和无实质性出访任务的团组做到严格把关，发现不符合规定或弄虚作假的团组坚决不予办理。2004年共取消压缩党政人员出访18人次。加大宣传教育，2004年上半年向区四套班子领导和区级各部门、镇(乡、街道)送发了《党政干部因公出国(境)有关规定》的宣传小册子。9月份还专题邀请了宁波市外事办公室领导对鄞州区一批22人赴德国培训50天的团组进行了一次行前外事知识培训。加强因公护照收缴力度，通过加强教育、电话催缴、发收缴单等措施，使护照收缴率明显提高。2004年共办理因公护照签证131批444人次，收缴护照、通行证422本，收缴率为95%。对于未及时上交护照和擅自在外延长出访时间的团组加强了惩处力度。

【服务经济】

始终坚持地方外事为总体外交和地方经济建设服务的指导思想，加强部门间的相与联系，做好四个“服务”。

为引资引智服务。协助完成区领导出访任务23批，先后考察访问了美国、澳大利亚、德国、英国、法国、南非及中国香港和澳门地区，通过访问，与这些国家和地区就经济、科技、教育、文化等领域的交流与合作达成了实质性成果，签订了重要协议。如2004年7月区长徐立毅率领的赴美国、加拿大招商团，通过实地考察和洽谈，促成了美国博格华纳公司在鄞投资5000万美元的涡轮增压项目。此外对于重要经贸洽谈、培训团组予以急事急办、特事特办，如3月份13人的赴东南亚招商团组、9月份22人的赴德国培训团组、12月份29人的赴香港服务业推介团组，从办理任务批件，到护照签证办理全程跟踪落实，保证团组顺利出访。2004年鄞州区合同利用外资、实际到位外资双双排名全省第一位，区政府外事办公室因在服务地方经济过程中的突出贡献，被评为2004年鄞州区开放型经济最佳服务单位。

为大型活动服务。在立足本职工作的同时，积极探索外事为经济服务的途径，充分发挥外办资源，密切配合重大经贸活动，在第六届浙江投资贸易洽谈会暨第三届中国消费品博览会、

2004年鄞州区投资环境说明会、2004年外商新春团拜会等活动中均不遗余力给予配合。

为提升知名度服务。始终以提高鄞州知名度，促进鄞州发展为己任，加强与区外经贸局、工业园区等涉外单位的联系，利用对外交往的各种渠道和机会大力宣传鄞州、介绍鄞州，努力扩大鄞州区在外的知名度。2004年5月成功接待了全球最大的啤酒生产商英博（INBEN）公司董事会主席及董事一行。2004年7月，接待了日本城端町政府代表团一行，双方就文化、教育和经济等方面的交流合作进行了商谈，签署了意向书，并于8月报上级外事办公室核准同意，在友好交流、拓展结好上取得了突破性的进展。

为改善投资软环境服务。结合投资环境整治月活动，进一步关心在鄞州区工作的外国专家的工作、生活等方面的工作，坚持“外事无小事”的原则，积极妥善地处理涉外事件。2004年10月，鄞江镇发生了一起外国专家与本地村民的冲突事件，区政府外事办公室积极与当地镇政府配合，及时制止了涉外事件的进一步恶化。在2004年度宁波市“茶花奖”评选工作中，积极推荐人员参与申报，阿斯乐—迪发制衣（宁波）有限公司董事长沙特阿拉伯籍默罕默德·苏伟先生荣获“茶花奖”，铃民（宁波）精密制造有限公司日本籍总经理铃木将义先生荣获“茶花纪念奖”。

（鄞州区人民政府外事办公室）

图20　2004年鄞州区投资环境说明会

对台事务

【对台经贸工作】

2004年全区新批准台资企业17家，总投资4298万美元，注册资本2033万美元，合同利用台资1974万美元；截至2004年底累计批准台资企业已达137家，总投资21343万美元，注册资本16433万美元，合同利用台资17922万美元，其中台商独资企业90家，合资企业47家（此统计不包括东钱湖和梅墟两地）。

宁波市鄞州区台湾事务办公室（以下简称区台办）2004年来共走访企业90多家次，解决了台资企业提出的各类问题30余起。特别是由于鄞州区建设规划调整，涉及到几家台资企业要迁往别地，区台办掌握情况后，一方面千方百计做好台商的思想工作；另一方面积极协调各有关部门，终于将几家几乎要外迁的企业留在了鄞州，并在2004年都进行了增资，启动了新的项目。

积极为鄞州区台商联谊会创造条件，组织台商开展各项联谊活动。1月组织台商参加区委、区政府组织的新春团拜会；3月组织女台商企业家与鄞州区女企业家代表举行“两岸姐妹庆‘三八’，共话鄞州新发展”座谈会；9月在中秋佳节来临之际，区台办积极谋划，精心组织了60多家企业，150余名台商参加的"百名台商,共庆佳节"联谊活动。

2004年6月台商施灯煌被鄞州区人大常委会授予"荣誉鄞州人"称号;10月台商颜德和被宁波市人大常委会授予"宁波市荣誉市民"称号。至2004年底,已有6名台商成为"荣誉鄞州人"。

2004年,台资企业宁波万汇休闲用品有限公司、宁波迪泰塑胶有限公司、宁波奇亿金属有限公司、宁波华丰工艺品有限公司受到区政府的嘉奖。区台办被区政府评为2004年度开放型经济工作最佳服务单位,这是区台办连续4年获此殊荣。

【交往交流工作】

全年共接待到鄞探亲、旅游、投资考察的台胞130人次。组织赴台考察团队8个,计79人,是历年来赴台交往人数最多的一年。同时交流的领域也进一步扩大,已从单纯的经贸交流扩大到教育、医疗卫生、农业、餐饮等行业。通过交流,不仅与台湾的有关企业协会建立了联系渠道,更是促进了相关台资项目的落实进程,既宣传了鄞州、广交了朋友,又使赴台人员的涉台意识有了进一步提高。

【台胞台属工作】

积极开展关心弱势群体活动,2004年共对19户台属进行了慰问,向15户重点困难台属发放了慰问金;认真处理台胞台属的信访件,为他们排忧解难,如钟公庙街道的台属潘蓉利女士的女儿求学问题、姜山镇台胞孙先生要求归还私房问题、下应镇台胞施女士要求归还土地问题、五乡镇定居台胞余伟民的养老金问题等;大力动员广大台胞台属,发挥自身优势,为引进人才、技术、招商引资牵线搭桥,积极宣传鄞州区及祖国大陆改革开放的成果,增进反对"台独"促进祖国早日和平统一的共识。2004年共接受台胞捐赠项目4个,计人民币18.4万元,累计捐赠项目96个,捐赠金额3316.2万元人民币。

【涉台宣传】

加强同镇(乡、街道)党委的联系,利用各种渠道阐述涉台宣传的重要性,确保镇(乡、街道)党(工)委对涉台宣传的重视与支持;以乡镇机关为宣传阵地,有计划地发放对台宣传资料,并集中对镇(乡、街道)机关干部进行涉台知识的讲课,2004年共对11个镇(乡)、2个单位进行了宣传,听课人数约680人次;以台商为主要宣传对象,利用各种机会,如走访、接待等,积极宣传反对"台独",争取祖国早日统一的理念;充分利用交往交流的机会进行大力宣传,2004年区台办宣传工作被国务院台湾事务办公室宣传局评为对台宣传先进单位。

(徐晓良)

侨务工作

【概况】

2004年,鄞州区人民政府侨务办公室(以下简称区侨办)全年共接待海外华侨华人41批415人次,促成项目签约3个,总投资3450美元,接受海外捐赠270万元人民币,被区委、区政府授予"2004年度开放型经济工作最佳服务单位"。

【为经济建设服务】

围绕中心,立足服务,全年共促成项目3个,分别是尼日利亚侨商李文龙在五乡镇的关慈企业、在鄞州投资创业中心的机械制造项目以及宁波侨商协会会长叶泰海在明州工业园区的香港中山集团宁波分公司。

发挥优势，牵线搭桥，促使宁波色母粒企业到尼日利亚建厂。

提供信息，做好参谋，全年接受侨胞捐赠达270万。港胞周鸣山捐赠150万元用于章水镇的教育事业，其中120万元建造章水镇中心小学的“阳光教学楼”、30万元资助章水镇幼儿园的硬件建设；10月，香港同胞董信康向鄞州区慈善总会捐赠50万元，资助家乡横街镇品学兼优的贫困学生；香港同胞董纪勋捐赠50万元人民币资助云龙王笙舲小学扩建。

【海外交流】

搭建桥梁走出去。1月，成功配合区政府赴深圳开展在港知名人士新春团拜会工作；2月，配合区政府赴新加坡、马来西亚、香港等地进行海外招商，考察期间与新加坡三江会馆、新加坡制造商联合会及新加坡、马来西亚工商界知名侨胞何蕙忠、拿督曾贵秋等建立了友好联系。

借助平台请进来。在“浙江省投资贸易洽会”、“纪念邓小平诞生100周年暨‘把全世界的宁波帮团结起来建设好宁波’讲话发表20周年”活动和“宁波国际服装节”期间，组织邀请了来自美、日、韩、泰等5个国家和中国香港地区的60多位有实力的新老朋友到鄞，其中中美总商会会长任剑浩率团4次到鄞。

以侨引外有突破。9月，尼日利亚澳贡州州长丹尼尔率访问团一行14人到鄞考察。

【新生代华侨华人及新华侨华人工作】

“纪念邓小平诞生100周年暨‘把全世界的宁波帮团结起来建设好宁波’讲话发表20周年”活动期间，香港甬港联谊会副会长忻元甫、陈乾坤等带领第二代到家乡；“五一”期间推荐尼日利亚侨商李文龙之子李晓峰为“荣誉鄞州青年”。区侨办邀请了美国陈增建博士、旅日陈曙铭博士参加“宁波籍海外博士故乡行”活动，热情接待了回乡探亲的旅美孙国伟博士、傅丽博士、香港赵卓英硕士、旅日许嫦珊小姐等留学人员，以留学人员为主的新华侨华人工作开展顺利。

【侨政工作】

开展法律宣传。《中华人民共和国归侨侨眷权益保护法》修订后于2004年7月1日施行，区政府在全区开展了宣传活动，营造依法开展侨务工作的良好氛围；组织侨务干部参加宁波市侨办、侨联组织的“侨务干部理论培训班”，积极参加“侨法知识竞赛”，在各县（市、区）代表队中鄞州区代表队获得了第一名的好成绩；组织全体侨联委员进行侨法辅导学习，动员侨界委员共同做好侨法宣传工作。

帮扶弱势群体。通过争取海外资金设立周氏阳光扶贫基金，利用该基金年收益6000元春节期间慰问全区第一批贫病侨眷家庭12户；与宁波甬港联谊会一起将港胞周鸣山4万元捐赠款慰问3个镇（乡）100户贫困职工家庭；将香港闻仁娣老太10万元捐赠款慰问全区各镇（乡、街道）敬老院999名“五保”老人。

开展侨情调研。4月~5月，在全区范围内对港澳地区的侨情开展了一次较大规模的摸底调查，会同区对外经济贸易局、工商分局、公安分局等有关部门走访各镇（乡、街道）归侨侨眷和侨资企业2000人次以上，补充完善了侨情档案。

【基层工作】

2004年要求全区各镇（乡、街道）成立“三胞眷属联谊组织”，至年底，全区基层侨务网络全面铺开，为全面深入推进基层侨务工作奠定了良好基础。章水镇侨联分会、钟公庙镇街道侨联分会、姜山镇三胞联谊会被宁波市侨联评为“2004年度基层侨联先进集体”。（周亚君）

农业 农村

农业及农村经济

【农村经济经营管理】

2004 年，鄞州区辖 22 个镇（乡、街道），478 个村经济合作社，21 个渔业生产合作社，有农村常住户口 238023 户、605962 人、414887 个劳动力。2004 年实现农村经济总收入 14188305 万元，比 2003 年增长 23.94%。按行业划分：第一产业收入 339478 万元，比 2003 年增长 6.35%，占总收入比重由 2003 年 2.8% 下降至 2.39%；第二产业收入 12473272 万元，比 2003 年增长 26.1%，占总收入比重由 86.4% 上升至 87.9%；第三产业收入 1375555 万元，比 2003 年增长 11.18%，占总收入比重由 2003 年 10.8% 下降到 9.69%。当年可分配净收益 1902341 万元，比 2003 年增长 9.04%，其中国家税金 707606 万元，比 2003 年增长 19.96%；乡村集体所得27228 万元，比 2003 年减少 14.88%；农民经营所得 444689 万元，比 2003 年增长 10.19%。农民人均纯收入 7650 元，比 2003 年增长 10.63%。

【种植业】

2004 年鄞州区农作物播种总面积为 62709 公顷，比 2003 年减少 2.6%。2004 年鄞州区粮食总产量 174824 吨，比 2003 年增长 11.1%；粮食播种面积达到 25473 公顷，比 2003 年增长 11.0%。其中：早稻播种面积 4324 公顷，总产量 25558 吨，分别比 2003 年增长 14.6% 和 15.3%；中晚稻播种面积 19131 公顷，总产量 136858 吨，分别比 2003 年增长 8.6% 和 9.3%。油料播种面积 1332 公顷，总产量 3939 吨；蔬菜播种面积 14017 公顷，总产量 487713 吨；药材播种面积 602 公顷，总产量 2393 吨；果用瓜播种面积 4508 公顷，总产量 165317 吨；其他作物 13962 公顷。

【畜牧业】

2004 年鄞州区畜牧业实现总收入 67308 万元，比 2003 年增加长 7.2%。生猪年末存栏数 21.56 万头，年内生猪出栏数 39.65 万头，分别比 2003 年增长 12.6% 和 7.9%；牛年末存栏头数 3579 头，比 2003 年增长 3.1%；其中良种奶牛存栏数 2716 头，比 2003 年增长 12%；家禽年末存栏数 239.2 万羽，年内出栏数 387.1 万羽，分别比 2003 年增长 0.7% 和减少 5.1%；肉类总产量达到 34348 吨，比 2003 年增长 9.4%；禽蛋产量 17378 吨，比 2003 年减少 2.2%；牛奶产量 16036 吨，比 2003 年增加 32.4%。

【海洋与水产】

2004 年鄞州区实现水产品总产值 37340 万元，比 2003 年增长 12.2%；全年共出口水产品 4586 吨，比 2003 年增长 27%；出口创汇 1206 万美元，比 2003 年增长 33.4%，为历史最高水平。2004 年实现水产品总量 22343 吨，比 2003 年增长 2.5%。其中海洋捕捞产量 4951 吨，比 2003 年 5010 吨减少 1.2%，完成了省、市提出的负增长要求；海水养殖和淡水养殖产量分别达到 5732 吨和 11660 吨，分别比 2003 年增长 9.5% 和 1.0%。鄞州区水产养殖总面积达到 6317 公顷，比2003年增加长107公顷。其中,海水养殖面积1227公顷,比2003年增长101公顷;淡水养殖面积5090公顷、与2003年度基本持平。

【林业】

2004年,为进一步巩固“生态绿化年”成果,实现鄞州区委、区政府提出的在2007年前创建“国家级生态示范区”目标,鄞州区稳步推进林业生态体系建设和林业产业体系建设,主要做好以下几方面工作:对咸祥镇、塘溪镇、东吴镇、瞻岐镇宝瞻公路两侧等地的纯松林或植被较差林地进行林相改造,共完成林相改造面积144.73公顷;在古林、高桥等镇完成村级砌石及自然河岸绿化63.46公里,超出计划数13公里,种植香樟、垂柳、杜英、桂花、夹竹桃等树种31000余株;积极创建市级园林式村庄,2004年新增古林镇藕池村、仲一村、横溪镇大岙村、龙观乡后隆村、姜山镇黎山后村等市级园林式村庄6个,其中下应街道湾底村还被浙江省政府命名为“省绿化示范村”。全年完成封山育林671.4公顷,超出年初计划4.73公顷。在做好林业生态体系建设的同时,林特业基地发展步伐进一步加快。2004年全区共完成新基地开发20个,面积909公顷,共调剂绿化用苗200万株。投入资金60万元,在瞻岐镇、咸祥镇等地培育砂糖桔基地2公顷。此外,林木采伐公示制得到了全面贯彻,组培、营养体育苗工程有了实质性启动,高标准平原绿化达标工程已通过浙江省林业厅检查验收,鄞州区还获得了“浙江省高标准平原绿化县(区)”称号。

【农业综合开发】

2004年,鄞州区农业结构调整稳中求进,继续大力发展高投入、高产出、高收益的设施农业。至2004年底为止,鄞州区以大棚为主的设施栽培面积已达3333.33公顷,比2003年增加666.67公顷,增幅达25%,全区设施农业总产值超过2.5亿元。其中如洞桥镇的“八戒”西瓜平均每公顷产值达到12万元,下应甬优1号优质葡萄每公顷产值达到30万元,大棚草莓、蔬菜等每公顷产值也均在7.5万元以上。2004年鄞州区继续大力推进农产品绿色无公害化,不断规范农产品质量标准,加快建立健全以无公害农产品认证为重点,以绿色食品认证为先导,以有机食品认证为补充的农产品质量安全体系。新增有机食品认证(东方九洲、竹之韵)2个,国家级绿色无公害农产品及基地4个(新潮豆芽、紫云堂雪菜、龙邦克氏螯虾、洞桥“KKK”米业),市级3个(东魁杨梅基地、通茂猪肉基地、新三高“兔老大”兔肉)。鄞州区累计有37个绿色无公害农产品及基地通过各级认证,认证面积达到1.093万公顷,为“平安鄞州农业”建设打下扎实基础。蔺草、竹笋、浙贝、雪菜四大传统特色产业进一步得到巩固和发展。其中贝母种植面积已达566.67公顷,比2003年增加53.33公顷;蔺草种植面积8933.33公顷,比2003年有所增加,竹笋、雪菜也得到稳步发展。樟村浙贝、邱隘雪菜原产地标记保护认证已通过国家技术监督局专家组检查验收,并于2005年4月正式通过认证。花卉种植面积达到3333.33公顷,已成为鄞州区又一主导产业,龙观乡还获得“中国桂花之乡”称号。

图21 **大棚油桃**

此外，2004 年鄞州区进一步发展生态经济型农业，大力建设下应湾底千亩生态农业示范园区、龙观生态休闲示范园区、塘溪万亩杨梅、横街万亩无公害竹笋、集士港千亩金银山无公害果园、古林翁姚千亩葡萄优质品种繁育、鄞江 333.33 公顷东魁杨梅、章水万亩银杏、龙观 400 公顷桂花等 8 个农业示范园区、10 个重点、20 个一般农业基地。其中姜山港城示范园、下应天宫庄园、龙观农家乐 3 个示范园已列入 2005 年鄞州区"百家园"工程重点项目，并已成为城市居民假日休闲、体味农家乐趣的新选择。

图 22　**鹤首葫芦**

【农村能源】

2004 年，鄞州区农村能源主要做好两方面工作。做好沼气站服务工作，对部分设备老化、工艺落后的沼气站沼渣、沼液的二次污染问题，采用全面清淘和维修等措施，无偿提供服务，确保沼气站的正常运行。加大净化池推广力度，2004 年共完成鄞南佳苑 250 立方米、钱湖人家 1250 立方米、宝峰小区 80 立方米等 7 个生活污水净化池项目，共计 1850 立方米，有效解决了农村生活污水排放问题，进一步改善了农村的生活环境。

【农业社会化服务】

2004 年，鄞州区农业综合服务更趋完善。首先，着力抓好以百名农民农广校学历培训、千名农民"绿证"培训和万名农民实用技术培训为主的农民培训：其中完成学历培训人数 332 人，绿证培训 2467 人，举办粮食、水产养殖、林特、西瓜、畜禽生产等各类实用技术培训 50 余期，培训人次 6000 余名。其次，继续加强 8 名农村指导员(科技特派员)、200 名农技信息员队伍建设，深入实施十项科技项目(轻型栽培、无公害生产技术、双百工程、壮秧剂育苗、二氧化碳气肥等)，并进一步完善农技 110、农村信息网和农产品质量检测三大服务平台。全年农技 110 共来电来访701 人次，农技专家下乡服务 39 次。再次，积极开展联系 50 家重点农业龙头企业、50 家饲养场、养殖场、50 只农、林、渔示范园区基地以及采纳 50条计策活动，进一步贴近基层，服务基层。最后，努力培植示范性行业协会和专业合作经济组织。至 2004 年底，鄞州区共有各类协会、专业合作经济组织 68 个，2004 年新增宁波市鄞州区茶业协会、鄞州区葡萄协会邱隘分会、鄞州区钟公庙桃江果桑合作社 3 只农业专业合作组织和农产品协会，进一步提高了鄞州区农民的组织化程度。

【科技兴农】

2004 年，鄞州区农业科技推广步伐进一步加快。种子种苗工程建设继续实施，全年共引进粮油、蔬菜、瓜果、花卉等新品种 200 余只，大力推广先进适用技术、无公害技术，开展水稻高效直播免耕技术，推广面积 2053.33 公顷，重大病虫无害化治理技术推广面积 1.13 万公顷，水稻病虫害综合防治面积 1.73 万公顷。同时积极开展送科技下乡活动，2004 年共组织科技下乡活动 3次，实施农技人员联基地、联大户 62 人，完成绿证学员培训人数 2467 人。　　（钱　洪）

“三农”工作

【统筹城乡发展】

2004年初，为贯彻落实中共中央1号文件精神，区委政研室（农办）在调查研究基础上，起草了《关于统筹城乡发展，加快农村全面小康的若干政策意见》一文，并以区委、区政府文件下发，该政策意见涉及发展都市农业、加强农村基础设施建设、加快农村新社区建设、健全农村社会保障体系等10个方面30条政策措施。与此同时，全区各级各部门围绕这一政策意见制定了相应的配套措施。由于投入力度大，上下配合联动，政策效应得到有效发挥，2004年鄞州区农村经济社会继续保持良好发展态势，实现农村经济总收入1418.8亿元、增长23.9%，农业总收入2.9亿元、增长6.4%，农民人均纯收入7781元、增长11.8%。

【农村综合配套改革】

全区各级各部门按照统筹城乡发展的要求，突出重点，积极推进，稳步实施，着力深化农村改革，努力增强农村的发展活力。

*抓好全区行政村区划调整。*行政村区划调整工作进展顺利，全区原有607个行政村，经撤并和撤村建居，实际减少193个，撤并幅度为31.8%，行政村区划调整为今后鄞州区中心村建设奠定了良好基础。

*扎实推进农村社区股份制改革。*根据城市化发展趋势，加快推进村级经济合作社集体资产产权制度改革和管理制度改革，新增13个社区型股份合作社，全区累计有33个行政村完成股份合作制改革，数量和质量名列全市前茅。

*全面推进现代化示范村建设。*继2003年湾底、藕池、明伦3个村成为省级全面小康建设示范村，2004年又有上李家、石碶、水家、西村等4个村成为省级示范村，邱一、陈婆渡、塘西等3个村成为市级示范村。示范村建设已成为城乡一体化发展的重要切入口，对全区农村全面发展起到很好的示范带动作用。

*积极做好农村指导员工作。*农村指导员工作是新形势下加强农村基层组织建设和农村基层管理的一项重要举措。通过认真组织召开农村工作指导员动员会和季度例会、办好农村工作指导员简报、加强对农村指导员工作的检查考核等措施，使农村工作指导员切实发挥了促进农村发展的作用。

*继续抓好农民负担监督管理工作。*继续坚持“多予、少取、放活”的总体要求，认真落实减轻农民负担监督的一系列政策措施，重视舆论宣传，加强检查力度。3月～4月，区委政研室（农办）协同有关部门对12个镇（乡、街道）的农民建房、婚姻登记、计划生育等各项涉农收费开展了专项检查，7月中旬又对农村集体经济组织票据使用管理、农村公益事业一事一议制度建立执行、农业生产性服务性收费进行了检查。从检查情况看，鄞州区涉农收费远远低于国家规定不超过上年农民人均纯收入5%标准，农村税费改革的成果得到进一步巩固。

【失土农民安置培训工作】

近年来，鄞州区发展速度较快，大批土地被征用，全区累计被征地人员达到15万余人，如何做好面广量大的失土农民补偿安置工作是一个十分重要和紧迫的课题。

在充分调研的基础上，出台了《关于涉农人员土地征用后安置补偿有关政策的指导性意见》，保护了失土农民中大多数农嫁女、农村拆迁户、外来种粮户等特殊群体的权益，改变了过去各镇（乡、街道）在安置工作中各自为政，政策不一的做法。为了使这一政策落到实处，区委政研室（农办）还重点参与了东吴、姜山、古林、石碶等主要镇（乡、街道）新老政策的衔接工作，并加强信访接待力量，努力维护全区农村社会稳定。

鄞州区成立农村劳动力素质培训和转岗就业领导小组，全面启动农村劳动力素质培训工程。全年共培训农民62000人，颁发各类证书11527本，其中7071名被征地农民参加了各类技能培训，培训就业率达70%，为转岗就业奠定了坚实的基础。

积极做好失土农民就业和养老保障工作。目前，可享受用工补贴的4万名大龄失土农民已登记在册，已办理用工补贴11561人，补贴金额558.6万元。2004年底全区被征地人员养老保障参保人数达到50895人，比2003年同期净增25082人，按月领取养老保障金的人数已达到了32252名，基金累计结余72447万元，政府补贴累计已达27173万元。

【欠发达村奔小康工程】

全区新确定80个村为区级欠发达村，开始实施欠发达村奔小康工程。坚持"明职责、抓开发、保开门、强班子"的工作方针，采取工业扶贫、农业开发、急难补助、迁址移民、结对帮扶等行之有效的思路和办法，使全区欠发达村的落后面貌有了明显改变。全年共落实工业异地开发项目15个，农业开发项目14个，急难项目50个，大多数项目取得较好的经济和社会效益。

与此同时，鄞州区还积极开展对外扶贫工作，与贵州麻江、陕西蓝田、内蒙古鄂托克前旗及省内衢江区、景宁县、奉化市等地进行结对帮扶，帮助这些地方的人民群众解决生产生活上的困难。2004年区委政研室（区农办）被评为宁波市对口帮扶先进单位。

【镇(乡、街道)目标管理考核】

2004年进一步完善了考核办法，同时加强与有关责任部门的沟通协调，发挥各责任部门的作用，共同做好考核工作；认真审核各部门上报的考核数据，保证考核结果公平公正。2003年，古林镇、姜山镇、石碶街道、邱隘镇、钟公庙街道分列规模较大镇(街道)前五位，集士港镇、洞桥镇分列中等镇和规模较小镇首位。

坚持客观公正的原则，一丝不苟地做好经济发展竞赛汇总结算工作。2004年度（2003年12月～2004年11月）的结果为：石碶、姜山、钟公庙等3个镇(街道)在前5名中保持原名次，给予优胜奖奖励；给予五乡、下应、龙观、云龙、东吴、洞桥、鄞江等7个镇(乡)、街道给予升位奖奖励。

（连　斌）

水利建设与管理

【概况】

2004年，全区农田水利建设区本级投入资金24227.6万元，比2003年增长47%。列入年度计划的水利建设项目全面完成或超额完成，水利工程管理得到进一步加强，安全责任制进一步完善健全，防汛防旱工作充分发挥了水利防灾减灾作用，水利执法得到进一步加强，水政水资源管理取得新成就。2004年，在浙江省第十届水利"大禹杯"竞赛活动中，区人民政府获浙江省政府颁发的金杯奖；鄞州区水利局（以下简称区水利局）获宁波市水利系统年度综合考核金奖；区水利局办公室被评为全国水利系统先进办公室；区水文站被评为浙江省优秀水文站；溪下水库被水利部评为文明建设工地。

【农田水利基本建设】

2004年,重点水利工程建设全面按计划实施。溪下水库大坝平均高度达到48米,累计完成混凝土浇筑量12.8万立方米,占工程总量的85%以上;奉化江城市防洪工程1至9标段已完成堤防工程10033米,第10标段也于12月21日开标,石碶园林景观绿化工程3个标段也全面施工;横溪水库维修加固工程已完成主体工程和上下游护坡、混凝土顶路面、防浪墙及道路、机电、绿化、测压管自动监测系统等附属工程。

小型农田水利工程进度快,质量好。全年共完成小型农田水利建设项目75项,其中维修加固水库山塘30座,维修水闸翻水站14座,加固江塘8处计5.5公里,治理小流域5处,完成水库下游配套工程4处,修建山区群众饮用水工程14处。此外,还完成小型农田水利建设补助项目73处。

【百里清水河道工程】

2004年全区共疏浚河道59公里,河道砌石63公里,分别完成年度计划的111%和103%。

全区内河清草保洁工作采取了“定地段、定人员、定标准、定报酬、定督查、定奖罚”的“六定”办法,初步形成了长效管理机制,取得了良好效果。全区共落实专职内河清草保洁人员414人,配备专用船只224只,落实清草保洁资金400余万元(其中区级专项资金70万元)。

【水利管理】

2004年,水库大坝安全鉴定工作取得阶段性成果。列入浙江省水利厅和宁波市水利局水库大坝安全鉴定名单的皎口水库、梅溪水库两座水库均通过大坝安全鉴定,鉴定结论如下:皎口水库大坝为二类坝,梅溪水库大坝为一类坝。此外,还完成了西岙水库、庄岙水库等4座小(一)型水库和横岭水库等6座小(二)型水库的大坝安全鉴定专题报告。

与此同时,对41座小(二)型以上水库进行了白蚁普查和防治工作。经普查,蚁害严重的水库14座,占34.1%;蚁害一般的水库15座,占36.6%;无蚁害的水库12座,占29.3%。根据普查结论,对有蚁害的29座水库进行了白蚁挖巢、施药防治。

为明确职责,出台了《鄞州区大嵩标准海塘管理制度》,对6座有严重安全隐患的海塘碶闸在7月初完成了抢修任务。

【水政水资源管理】

进一步规范水利行政执法工作,加强水政监察巡查,全年共查处水事案件56件,发出责令停止违法通知书10份、清障决定书6份、责令改正通知书3份、行政处理决定书1份。

水资源开发利用迈出了新的步伐。横溪水库向鄞南供水、梅溪水库向瞻岐、咸祥供水工程顺利建成。全年共收取水费、水资源费2107.67万元。《宁波市鄞州区水土保持规划》实施后,从9月开始对全区涉及水土保持的建设项目进行了全面检查,督促工程建设单位认真落实各项水土保持措施。

【防汛抗旱】

2004年,鄞州区旱涝灾害频发。8月上旬前,全区旱情严重,特别是鄞东南地区供水形势严峻。为确保鄞东南地区供水,积极开源节流,大西坝翻水站全年从姚江翻水4060万立方米,大嵩江南、北翻水站合计向两岸翻水395万立方米。

2004年影响鄞州区的台风比常年偏多,鄞州区气象局发布的台风消息达7次,其中第14号(云娜)和第21号(海马)两次台风对鄞州区造成明显影响。为确保防汛安全,2月上旬至3月中旬,全区共检查各类水利工程854处,排查险情,对检查中发现的安全隐患,由鄞州区防汛指挥部发出限期修复通知书,并加强了督办。各在建重点工程也都落实了安全度汛措施。

为进一步落实小型水库山塘安全责任制,对85座小型水库及重要屋顶山塘,督促相关镇(乡)、村逐级签订了安全责任书,明确各自的职责要求。为确保安全管理落到实处,鄞州区出台了管理员报酬指导性意见，区财政补助小型水库每座每年1200元、重要屋顶山塘每座每年600元。同时，各镇（乡）、村适当配套，以确保管理制度、人员、责任、经费落实。由于各项措施到位，全区防汛防旱取得了明显的防灾减灾成效。

（李厚祥）

农业机械化

【概况】

2004年度紧紧围绕实施“科技兴农、质量安全、农机文化”三大工程要求，全区农业机械化工作取得良好成绩。截至2004年底，全区农业机械总动力为31.13万千瓦，较2003年减少1.1%；其中柴油机动力19.45万千瓦、汽油机动力1.85千瓦、电动机动力9.43万千瓦，分别占总动力的62.48%、5.94%、31.58%；每公顷拥有动力9.43千瓦（按3.33万公顷计）。共拥有各类主要农业机械9.97万台套，农业机械总值达20345万元，较2003年增加7.37%。在主要农业机械中，有大中型拖拉机63台、农用小型拖拉机3364台、机耕船1011艘、耕整机24台、抛秧机8台、机动插秧机8台、联合收割机597台、谷物烘干机22台、机动喷雾（粉）机262台、农用水泵9587台、节水喷灌机械1套，有农副产品加工机械4395台（其中粮食加工机械1128台、棉花加工机械48台、油料加工机械46台）、田园管理机械35台、农用运输车1185辆、运输型拖拉机1951辆、推土机251台、挖掘机60台、装载机14台。

全年农业机械化作业面积中，机械耕地31966.67公顷，较2003年减少21.08%，其中春耕4886.67公顷、夏耕19726.67公顷、冬耕7353.33公顷；机电灌溉300526.67公顷；机械收割23473.33公顷，机耕、机灌、机割率分别达到98%、98%、95%以上；机械植保2180公顷。其他农业机械作业量中，机械加工农副产品175119吨（其中加工粮食数量172620吨、棉花45吨、油料294吨）、农机运输作业4202.47万吨·公里，作业耗用柴油6647.84吨（其中农田作业1819.01吨、农田排灌107.07吨、农田基本建设431.22吨、农副产品加工76.11吨、农业运输4210.65吨）。

【管理服务】

2004年区级农机机构人员22人，其中鄞州区农业机械化管理总站（以下简称区农机总站）10人，农机监理站4人，农机化技术学校8人。全区22个镇（乡、街道）农机管理站，有农机管理干部46人，其中国家农机人员1人、国家招聘农机人员44人、其他1人；农机人员中具有技术员专业技术职称的11人、助理工程师专业技术职称的33人、工程师1人；技术人员年龄结构上，31岁至51岁的15人、51岁以上的30人。

农机管理服务工作从粮食安全战略角度出发，围绕农业增效、农民增收目标，从农机作业服务、维修、配件供应等多方面做好工作。全区5个镇的农机化服务站，农机销售总额47.42万元、修理总值0.23万元；其他农机经营单位12143户，农机经营总收入22439.36万元（其中农机作业收入22114.21万元、农机修理收入42.00万元、其他收入283.15万元），利润总额13043.42万元。有证农机修理点179家，其中二级综合维修点3家、三级综合维修点52家、专项维修点124家，共有持证农机维修人员209人；共修理各类农机具58576台次，其中镇级修理26152台次、村级修理1954台次、机手个体修理30470台次。

2004年度，全区共投入农机化资金879万元，比2003年增加48.48%，其中地方财政投入261万元、单位和集体投入25万元、农民个人投入593万元、其他投入7万元；投入资金用途中，一般行政支出110万元、基本建设支出40万元、农业机械购置708万元、科研推广培训支出15万元、其他支出6万元。

全区2003年在册农机维修点191家，2004年年检时应检审184家，已检审179家，占应检审的97.28%，检审率为历年最高。

【科技推广】

全年共引进推广各类新机具172台套，其中大棚田间管理机7台、茶叶生产及名优茶加工设备39台、畜粪处理和复合饲料加工机组23台、蔺草长度筛选机11台、大型机械化笼养猪设备1套，其他新机具93台。

建立市级农机化示范基地5个，分别为咸祥镇南新塘村河蟹土池育苗的水产养殖机械化示范基地、姜山镇黎山后村的宁波港城农业示范园的设施农业机械化示范基地、横溪镇俞山村茶场的茶叶加工机械化示范基地、梅湖农场农业开发有限公司的水稻生产全程机械化示范基地、梅湖牧业有限公司的环保型现代牧业机械化示范基地。

6月17日，区农机总站在横街镇横街村举办蔺草割捆机现场演示会，宁波市农机局、科技局、部分县(市、区)农机局和镇(乡、街道)农机管理干部、蔺草企业负责人共40余人参加了观摩。11月3日，由区农机总站负责实施的宁波市农科教领导小组下达的蔺草长度筛选机在鄞州区精工机械厂试制成功并通过市级鉴定，推广11台。在蔺草长度分级筛选和草根去壳的机械作业方面填补了鄞州区空白，解决了人工作业效率低、强度大、环境差的问题，并解决了工人在作业中产生粉尘而引发尘肺病的问题。同时按照因地制宜、分类指导、突出重点原则，积极探索传统农业领域的机械化应用，5月中旬在章水镇郑家村进行贝母的机械烘干试验。

【技术培训】

鄞州区农机化技术学校面向农村，充分发挥农机科技培训基地的作用，全年共举办各类培训班28期，受训人员1845人，其中大中型拖拉机驾驶员4期，受训87人；小型及复训拖拉机驾驶员2期，受训33人；《中华人民共和国道路交通安全法》和安全教育轮训各类驾驶员21期，受训1722人；电机修理工1期，受训3人。全年培训时间214天，各项培训考试合格率达95%。

【农机产品质量检查】

3月~4月，区农机总站与区质量技术监督分局联合建立农机产品质量检查小组，开展全区农机及配件的质量检查工作。检查共分2个阶段进行，第一阶段由各镇(乡、街道)农机管理站组织人员进行自查，全区42家农机配件供应点，检查34家，检查面为71%；第二阶段由区农机管理总站和区质量技术监督分局组织的联合检查组进行抽查，抽查了3个镇(乡)的10家配件供应点和2家水泵生产厂，共检查主要农机配件1509个，其中发动机零件354个、齿轮零件189个、轴类零件156个、各档轴承523个、油嘴油泵等重要零配件287个。检查了整机20多台。所检查的零配件中，80%有“产品合格证”，外观质量较好，整机的标识齐全，进货渠道正规；2家生产水泵的个体工厂，产品标识、铭牌与规定尚有差距。在抽查期间，对有质量问题的供应点进行处理，封缴了无“产品合格证”的轴承16只、查处了有质量问题的潜水泵25台，对2家水泵生产企业的产品标识等问题责令限期改正。

【收割机跨区作业】

2004年是联合收割机跨区作业的第八个年头，外出作业地主要集中在江苏、山东、安徽、上海、江西等省(市)以及省内的临海、舟山等地。全年共外出跨区作业的收割机138台次，机割面积2713公顷，总收入178.51万元。其中麦收期间外出51台，机割小麦840公顷，收入49.21万元；双夏外出10台，机割早稻153公顷，收入8.44万元；三秋外出77台，机割中晚稻1720公顷，收入120.86万元。同时做好外地收割机到鄞州区的引进接待工作，全年共引进150台次，作业总面积1454公顷，其中双夏引进 24 台,作业面积 267 公顷;三秋引进 126 台,作业面积 1187 公顷。

【农机普查】

9 月上旬,全区开展普查工作,各镇(乡、街道)认真落实普查人员,制订计划,培训辅导,召开动员发动会,对耕作机械、排灌机械、收获机械、植保机械、农副产品加工机械、水产机械、林业机械等 10 大类机械进行了普查登记。村级普查基础资料由村合作社负责人审查签字盖章上报,区、镇(乡、街道)农机管理部门建档备案。整个普查工作于 12 月中旬结束。通过普查,畜牧机械中的畜粪翻转机、肥料造粒机、饲料造粒机、喂水喂料设施,水产养殖机械中的增氧机、水泵,农副产品加工机械中的茶机及其他农业机械拥有量的情况有比较准确的数据。

【农机安全监理】

全年发生在国家公路农机交通事故 17 起,死亡 10 人,重伤 3 人,直接经济损失 3.318 万元。

鄞州区农机监理站在开展拖拉机的“黑车非驾”专项整治工作中,全年共上路检查 52 天,参加路查 270 人次,检查拖拉机 1012 台次,纠正各类违章 235 台次(其中无牌无证 43 台次),拆除加高栏板 87 台次,拆除加大轮胎 95 台次,补检验 25 台/次。

全区应检验拖拉机 2805 台,检验 2345 台,占应检验的 84%;应审验拖拉机驾驶员 1835 人,审验 1630 人,占应审验的 89%。应检验联合收割机 549 台,检验 374 台,占应检验的 68%;应审验联合收割机驾驶员 314 人,审验 277 人,占应审验的 88%。

全年新办理拖拉机牌照 139 台,其中大中型 127 台、小型 12 台;办理报废拖拉机 43 台;办理外藉拖拉机及驾驶员登记手续 70 台/人。

11 月,石碶街道后仓村创建鄞州区首个农机安全示范村,村建立农机安全领导小组,相关人员落实安全责任措施,建立村级农机安全管理档案,村口要道及公共场所设立安全警示标志,并开辟宣传栏、印发宣传资料等。（李步宁）

新村建设

【概况】

全区全年共完成新村规划初步设计方案 225.3 万平方米,建新村住宅 165.6 万平方米;在建 53.5 万平方米;拆旧 80.6 万平方米;投入资金 11.4 亿元。自全面实施新村建设以来,全区累计:共建新村住宅 335.5 万平方米;拆旧 172.9 万平方米;投入资金 35.1 亿元。

【政策措施出台】

区政府出台了移民式改建的有关政策,就移民式改建的对象、范围、要求、补助标准等作出了明确规定,既鼓励整村、联户迁建,又强调群众自愿。通过协调会、专题会等途径,解决了新村建设中有关产权登记、涉税办证等问题。在完善九项管理制度的基础上,制定了档案管理制度。

针对土地、资金等要素的制约,在实际工作中想方设法充分挖掘土地潜力,用地重点由新增用地转为盘活闲置土地,并积极探索旧村改造的新途径。针对大龄青年和住房困难户建房难的实际,加强调研,分析原因,按照区政府提出的“新村进一批,老房子翻建一批,宅基地新建一批,旧场所利用一批,工业用地置换一批”的要求,及时提出对策建议,并会同国土管理部门指导、督促各地化解矛盾。根据国家宏观调控政策,严格按程序规范运作,对涉及政策性问题,做到积极争取,但不放松要求;对涉及群众的敏感性问题,做到积极引导,不搞强制手段,确保社会稳定。

（盛晓东）

工 业

工业经济

【概况】

2004年全区工业经济继续稳步健康发展,主要经济指标在全省、全市保持相对领先。全区全部完成工业总产值1335.8亿元,同比增长27.3%;完成销售收入1297.6亿元,同比增长28.9%;实现利润119.2亿元,同比增长24.4%;产销率达到97.47%;规模以上企业完成工业总产值617.3亿元,同比增长24.4%,占全部工业的比重增加到了46.2%;全社会出口交货值297.8亿元,同比增长30.5%;累计工业用电24.1亿千瓦小时,同比增长17.6%。

【技术改造】

2004年全区累计完成工业投入122.4亿元,同比增长38%;技术改造投入完成财务数83.5亿元,同比增长23%。实施技术改造项目902项,其中1000万元以上项目236项,同比增加41项,完成财务数56.6亿元,同比增加27%;引进项目84项,计划用汇5609万美元;鄞州区所属的入围宁波市百家重点企业的企业共完成技术改造投资17.2亿元,其中固定资产投资占总投资的86.3%,引进设备占固定资产投资的29.8%。全区200万元以上技术改造项目合计设备投资超过20亿元。

【实力工程取得成效】

实力工程(50强)企业共完成工业产值309.0亿元,销售收入484.2亿元,实现利润35.2亿元,同比分别增长25%、32%和19%;完成出口交货值145.0亿元、同比增长29%,其中自营出口124.3亿元,同比增长32%。其中工业产值占规模以上企业总量的50.1%,占全区总量的23.1%,奥克斯、雅戈尔、华茂、杉杉、浙东建材、利时、广博等7家企业的工业产值超过10亿元。

【内资引进及经贸活动】

4月组织区内33家民营企业赴长春、哈尔滨两地开展经贸投资洽谈活动;11月在广州举办投资洽谈会,有15个项目签约,总投资4.6亿元,协议引入资金3.4亿元;宁波国际服装节期间举办了鄞州区专场推介会,介绍了鄞州区的投资环境及项目;组织区内相关企业参加了上海第六届国际工业博览会、宁波2004年中国国际机械工业博览会、青岛第三届APEC中小企业技术交流暨展览会等经贸及经济协作活动。全年协议引进内资29.85亿元,实际引进内资8.4亿元。

【构建产业集群平台】

全年园区投入的基础设施建设资金达到11.7亿元(其中镇(乡、街道)工业小区为1.7亿元)。新注册企业133家,注册资金25.2亿元,其中外资企业57家,实际到位外资1.54亿美元。新投产企业170家,在建企业218家。园内企业完成工业产值154.6亿元,占到全区规模以上总量的1/4强,完成销售收入147.6亿元,实现利润10.1亿元。

【十家中小企业入围浙江省双百佳】

在浙江省中小企业局和浙江省统计局公布的"浙江省最具成长型中型企业100佳"和"浙江省最具成长潜力中小企业100佳"名单中,鄞州区分别有4家和6家企业入围。

鄞州区被列入"最具成长型中型企业100佳"名单的企业分别为:宁波通达精密铸造有限公司、宁波永亨铜管道有限公司、宁波富田手套有限公司和宁波光华电池有限公司;被列入"最具成长潜力中小企业100佳"名单的企业分别是:宁波华晟金属制品有限公司、宁波东海机械制造有限公司、阿克苏·诺贝尔·长城涂料(宁波)有限公司、宁波科甬电子有限公司、宁波华电铸钢有限公司和宁波天波港联电子有限公司。

【镇域经济较快发展】

下应、横溪、洞桥、龙观、云龙、石碶、五乡、钟公庙等8个镇(乡、街道)的工业总产值增长较快,下应街道达到了47.0%;姜山、古林工业总产值也已超过100亿元,与邱隘一起成为新的百亿镇,另外高桥、五乡、石碶的工业总产值也都已经超过98亿元。

【矿产资源管理】

对建筑石料矿山通过协议出让的形式全面实行了采矿权有偿使用。根据规划要求,编制了塘溪、横溪、东吴3个镇的地质灾害易发区图,并完成了3处地质灾害隐患点的勘查工作。对7家闭坑矿山进行了绿化,完成绿化面积5.3万平方米。

(张志衡)

工业资产管理

【产权改革】

鄞州区工业资产管理办公室经过深入细致的工作,圆满地完成了鄞州区工业公司(以下简称区工业公司)系统所属的宁波市甬城房地产总公司、宁波汽车零部件厂和宁波海鸥挂机有限责任公司等三家企业产权改革的任务。其中宁波市甬城房地产总公司扣除剥离资产后收回集体资产587.56万元;区工业公司在宁波汽车零部件厂占40%股份,收回集体资产66.4万元;宁波海鸥挂机有限责任公司国有股占42.31%,收回国有资产288.2万元。

【国有资产拍卖】

鄞州区二轻工业总公司(以下简称区二轻工业总公司)按照资产评估、鄞州区国有资产管理办公室审核、公开拍卖的程序,以公开、公平、公正的原则处理了区二轻工业总公司系统所属的原宁波电声元件厂、鄞县二轻织造厂、鄞县二轻综合零件厂、鄞县机床电器配件厂、鄞县二轻床上用品厂和二轻工业总公司等6家企业16起剩余资产。合计土地面积8247.7平方米、厂房等建筑面积4327.78平方米;总资产评估价值为260.47万元,实际拍卖总价值为377.30万元;扣除拍卖成本,实际收回资金369.254万元,比评估值增加108.784万元,增幅为41.76%。

区工业公司原下属关闭企业宁波轴承厂的剩余资产(部分厂房和场地),经评估价值125万元,以公开拍卖方式处理,收回资金226万元,比评估价增收101万元,增值80.8%。

【国有资产清理回收】

区工业公司直属全资企业宁波牦牛服饰有限公司经清算尚有净资产343万元,已全部由工业公司收回。经过对浙江牦牛服装辅料(集团)公司剩余资产的全面清理,回收资金39万元。

区二轻工业总公司曾向鄞州鼓风机厂、宁波工艺木制品厂、宁波大众设备工具厂、宁波双金属实业有限公司等四家企业投资105万元,投资额全部收回。

【妥善处理经济纠纷】

区二轻工业总公司系统原下属企业鄞南建筑工程队、宁波旭一电子有限公司、宁波达富电子有限公司、鄞县玻璃纤维厂、宁波工艺玩具厂、鄞州区二轻物资总公司等6家企业有经济纠纷,因无力偿还银行贷款,被债权方起诉,合计起诉标的3200.68万元。经积极主动地和有关方面协商,已妥善解决了除宁波工艺玩具厂外的其他5起经济纠纷案件,合计减少经济损失1547.68万元。

(郑斌基)

工业园区和投资创业中心

明州工业园区

【概况】

2004年，明州工业园区开发建设各项工作继续稳步有续推进。克服国家宏观调控带来的种种困难，重点加快了路、电、水、热等配套建设，投入基础设施建设资金近7亿元，累计投入超过12亿元。总里程约50公里的12条主干道路基本建成。洞桥安置小区完成主体工程，姜山安置小区即将交付。“奥克斯科技园”一期工程已于2004年7月全面竣工投产。明州热电项目列入浙江省重点项目，开始动工兴建。

园区确定以引进外资企业为主、内外资并举的引资方向，着重引进高科技大项目。在产业定位上，杜绝污染项目，且在资金到位时间、投入产出率和投资密度上严格要求，使项目规模、档次与园区整体环境相协调。2004年共引进项目6个，其中外商投资项目5个，增资项目3家，投资总额11627.7万美元，合同利用外资8205.01万美元，实际到位外资2502.39万美元；内资项目1个，注册资金4888万元，投资总额8000万元。

2004年，园区在土地征用工作中主攻重点项目和主要道路建设用地的征、租用工作，累计征用土地110.87公顷，合计租用土地140.8公顷，发放各项费用款共计3650万元。完成了一期规划拆迁村房屋的丈量评估与核对工作；对涉及4条道路建设的零星住宅及企业用房实施了拆迁，累计拆除住宅280平方米，企业用房3118平方米。合计发放一次性赔偿费、搬迁费、临时房过渡费600万元。

图23 落户明州工业园区的奥克斯科技园(一期)

【列入拟保留开发区名单】

4月16日，浙江省政府将全省撤销的各类开发区(园区)和拟保留的各类开发区(园区)在《浙江日报》上予以公示。全省撤销各类开发区(园区)624个，拟保留开发区(园区)134个。宁波市共有16个拟保留开发区(园区)，明州工业园区名列其中。

【浙江省投资贸易洽谈会上获丰收】

6月8日～12日，第六届浙江省投资贸易洽谈会在宁波举行。会上园区共有5个外资项目签约，总投资达12976万美元；协议外资9573万美元。签约项目和协议外资数均居全区各镇(乡、街道)和工业园区首位。

【奥克斯科技园(一期)竣工投产】

落户园区的“奥克斯科技园”总投资30亿

元，7月投产的一期项目占地58.47公顷，建筑面积25万平方米，投资10.5亿元，主要是手机、商务空调和能源生产线，年产值可达58亿元。其中手机生产项目年生产能力可达到50亿元，已被国家信息产业部列为重点发展项目。

【开发建设思路调整】

9月21日召开的区委书记办公会议同意了园区提出的调整园区开发建设思路的建议，园区集中精力开发建设东区，主攻核心区域，努力早出形象，早见成效。适时将西区移交给洞桥镇，由洞桥镇为主继续开发。

【明州热电项目开工建设】

该项目总投资6亿元，为园区采用招商方式引进的基础设施建设项目，已被列为浙江省重点工程项目，12月完成土地征用手续，投资3.5亿元、最大供热能力为130t/h的一期工程开始正式动工建设。

（俞世伟）

望春工业园区

【概况】

宁波望春工业园区于2002年12月28日正式成立。园区总规划面积31.44平方公里，东起机场路，西至规划中的绕城高速公路，南到规划中的鄞州大道，北至集士港北部规划道路和杭甬高速公路。下辖古林、集士港、石碶、横街4个镇（街道）工业分区和杉杉科技创业园。

园区产业定位为科技型、外向型、兼顾传统型。2004年以来，园区规划用地功能结构进行了科学、合理的调整，调整后的用地功能结构为“一核、二区、二带、四轴、五园”的布局结构。“一核”即为全区生产、生活服务核心区；“二区”即指结合集士港、古林布政2个居住片区；“二带”即为杭甬高速公路沿线生态廊带和绕城高速公路东侧生态廊带；“四轴”即指贯穿东西的2条发展轴和联系南北的2条发展轴；“五园”即环绕核心及居住区的5个特色专业园。

2004年，园区累计投入基础设施资金35655万元。新引进内外资项目50家，其中外资32家，合同外资6934.33万美元，实际到位3899.51万美元；引进市外内资企业4家，注册资金12400万元，实际到位11400万元。累计在建项目61个，已建成19个，投入项目资金11.57亿元；实现工业销售产值46.37亿元，工业利润达4.0096亿元。

【开发建设】

到2004年底，10个标段21公里长的“二横二纵”4条主骨架道路已全面竣工，其中2004年投入资金6933万元；建设电力沟116.8管孔公里，综合电信52.6管孔公里，自来水管3.3公里，累计投入1593万元；新挖700米长河道1条，投资200万元；园区支付拆迁和政策处理赔偿款15103万元。

【拆迁安置】

2004年，做好园区拆迁重点的古林、集士港2个镇的3个拆迁安置地块土地指标的全面覆盖工作，并作好了政策处理，共可建造安置房44.82万平方米。古林镇的鹅巾、布政两个被拆迁村共有拆迁户530户，其中一期需拆迁180户中的93%签订了拆迁协议，进入拆迁阶段。集士港的拆迁工作涉及7个村、371户，已制订了拆迁政策。集士港镇的一期2.33公顷安置房开始动工建设，计划可建安置房4.5万平方米。园区支付拆迁和政策处理赔偿款15103万元。

【完善专业特色园定位】

2004年来，望春工业园区管委会提出了建设五大特色专业园的目标，即轻纺服装园、新材料专业园、医疗器械园、外商投资园和机场物流园。五大专业园总规划面积12.7平方公里，占园区总规划面积40%。

轻纺服装园。位于园区东部，规划面积3平方公里，由古林、石碶2个工业分区的部分地块组成，现有项目和将引进项目大多以轻纺服装为主。该专业园已投入基础设施建设资金4500万元，已引进项目48个，其中2004年年新引进项目11个，项目资金投入2.3亿元，产值5.7亿元。

新材料专业园。位于园区中部杉杉科技创业园，总面积约3.3平方公里，已征地142.67公顷，2004年投入基础设施建设资金7694万元，项目资金1.8亿元，锂电子负极材料已投产，产出1600万元。园内除了已竣工投产的锂离子电池负极材料二期项目和在建的隔膜材料、索尔达面电热项目外，可开工的项目有锂电池负极三期项目、中超机器项目、镁合金项目、鸿运纸业一期项目、宏大科技项目等5个项目。

医疗器械园。位于园区西北部（集士港工业分区内）、总规划面积2.6平方公里，以生机、生态、生命、高科技为建设理念，是全国第一个医疗器械专业园。一期计划开发1平方公里，已预覆盖土地66.67公顷。紧靠园区的甬金连接线、集士港北部道路已建成，完善了专业园周边基础设施配套。园内已有5个科技型医疗器械项目于2004年年初签约，其中外资项目1个。5个项目共用地18.67公顷，总投资2.8亿人民币。

外商投资园。外商投资园作为未来园区的外资集聚地，位于园区西南部，总规划面积3平方公里，已预覆盖土地66.67公顷。基础设施建设投入主要是石碶北路延伸段，已投入2000万元，已引进外资项目4个，其中1000万美元项目2个，分别为远东汽配项目、注册资金1500万美元，草地灯项目、注册资金1050万美元 。

机场物流园。东面紧挨甬金高速连接线，西面濒临集古路，南面是鄞县大道，北面是园区刚建成的石碶北路延伸段。总规划；面积133.33公顷，在园区内用地80公顷，一期开发地块为园区以外鄞县大道以南靠近机场的53.33公顷土地。机场物流园由宁波市交通投资公司为主实施，正在做规划方案。功能定位为依托栎社机场，以区域性的储运、中转、分拨、包装、加工为基础，兼顾本地区物流配送。

【严把规划关】

进一步调整完善园区控制性详细规划，对联丰路两侧进行了城市规划设计；把集士港镇区功能提升为园区综合配套的中心区域功能，成为宁波市的亚中心城市；严格控制建设项目投资密度、容积率、绿化率等标准，提高投入产出率，使有限土地产生更多效益。一年来，工业园区管委会共办理选址意见项目32个，用地规划项目28个，建设工程规划项目51个，补办手续项目8个。

【招商引资】

2004年，园区新签约外资项目32个，其中1000万美元以上项目3个，合同利用外资6934.33万美元，实际到位外资3899.51万美元。完成协议引进内资15041万元，实际到位内资23021万元，其中宁波市外内资11400万元。

浙江省投资贸易洽谈会期间签约的7个外资项目,有2个项目已经注册。园区内现有在建项目61个,新建成投产企业19家,固定资产投资累计11.57亿元。

【杉杉科技创业园新项目建设】

杉杉科技创业园锂电子负极材料于2004年3月投产。新建成项目1家,在建项目5个,正在做开工前准备的项目7个。已批准的140公顷土地,有93.33公顷已经建成、在建或即将开工建设。

【提高管理服务质量】

为推进园区管理服务工作的程序化、规范化、标准化,提高工作效率不断改善投资创业软环境,2004年望春工业园区管理委员会在园区内开展了ISO 9001质量体系认证。它的实施将会对园区全面提高服务质量和服务水平提供有力的保障。

(陈恋静)

表4 2004年宁波望春工业园区基本情况表

名称	标准	完成情况
基础设施	当年用于基础设施建设	35655万元
开发面积	当年完成开发面积	2.145平方公里
	当年实际发放土地证面积	101.10公顷
招商引资	当年新批准项目合同利用外资额	6934.33万美元
	当年实际到位外资	3899.51万美元
	当年实际到位内资(工商注册资金)	11400万元
	当年实际到位的宁波市外内资(工商注册资金)	7072.6万元
	当年新批准的注册资金1000万美元以上的外资项目数	3个
投资密度	当年新批准企业总投资与企业征用土地的比率	2366.7万元/公顷
	当年园区内实际完成工业性投资额	11.57亿元
园区产出	园区企业当年完成销售产值总额	46.3747亿元
	园区企业当年完成销售产值总额同比增长率	34.3%
	园区企业当年实现利润总额	4.0096亿元
	园区企业当年实现利润总额同比增长率	14.1%

鄞州投资创业中心

【概况】

鄞州投资创业中心位于宁波市东南郊，东起71省道，西至沿海大通道，北靠沪杭甬高速公路，南贴鄞县大道，总规划面积12.3平方公里，其中一期开发面积7.8平方公里。中心区域交通便捷，拥有一个完善的海陆空立体交通网络：距宁波市中心仅5分钟车程；东距现代化国际深水良港——北仑港18公里，可充分依托港口的运输优势；北距即将兴建的宁波火车东站（货站）不足2公里；西距宁波栎社国际机场10公里。

【基础设施建设】

2004年，该中心共完成工程总投资近3亿元。泗港安置小区二期工程的主体结构基本完成并通过中间结构验收，其中4个标段工程即将竣工；综合服务大楼和2万多平方米的安置厂房工程交付使用；相继完成了北斗路、诚信路二期、祥和西路、泗港小区5号桥等工程，累计完成道路5.65公里、桥梁6座，铺设雨污水管道9公里、整治河流1.5公里，完成绿化4万平方米；完成了与道路配套的各种管线、路灯，各项目涉及的线路拆迁、移位及落户企业的水、电、有线电视等配套服务工作。

至2004年底，该中心已实际投入13亿多元，区域内共完成高标准道路建设25公里，雨水、污水、供电、供水、通信、煤气等综合管线同步配套完成，实现了雨水与污水分流，供电线路全部采用地下铺设；建成2个农民安置小区，总建筑面积26万多平方米，在建泗港安置小区二期总建筑面积33万平方米；完成绿化面积30多万平方米；完成中塘河、大洋江等河流开挖、整治6公里。

【招商引资】

全年共引进外资项目15个、增资项目3个，合计总投资2亿多美元、注册资金1.14亿美元、合同外资1.1亿美元、实际利用外资7607万美元、批租土地38.6公顷。合同外资和实到外资分别与2003年同期增加3%和24%。引进内资企业3家，总投资约3亿元，批租土地2.67公顷。协议引进内资2.46亿元，实际到位内资1.6亿元，其中宁波市（含各县、市）外实际到位8600多万元，分别完成全年计划的123%、101%和136%。

截至2004年底，累计引进项目72个。

累计引进外资项目56个（独资企业43家、合资企业13家），总投资超过8亿美元，注册资金4.1亿美元，合同利用外资3.8亿美元，实际到位外资1.8亿美元。其中科技含量较高的项目有34个，占61%；总投资在500万美元以上的项目有36个，占64%；总投资在1000万美元以上的大项目有24个，占43%。成功引进了德尔福、大东南、博格华纳等总投资上亿美元的重量级项目。平均每个项目总投资1400多万美元，注册资金732万美元，合同外资678万美元。

累计引进内资企业16家，总投资约16亿元人民币，大部分为机械、电子类企业，其中科技含量较高企业11家，占68%。

截至2004年底，35家企业已经投产或试生产。2004年完成工业总产值17.8亿元，同比增长232%；实现销售收入16.5亿元，同比增长217%；出口交货值5.5亿元，同比增长174%；

实现利润 1.35 亿元,同比增长 349%。2004 年,该中心获得了鄞州区外资引进突出贡献奖,

【前期拆迁工作】

2004 年,该中心共支付地面作物等前期补偿款 190 万元。累计支付补偿款 2600 多万元、安置农村劳动力 8593 名、支付劳动力安置款12631 万元、社会保险费 1661 万元。

制定了企业拆迁的相关补偿政策,对 22 家小型个私企业进行了搬迁与安置,出租厂房 11277 平方米。

2004 年,顺利完成了泗港一期 286 户村民的搬迁,二期拆迁的中鹅等五个行政村近 2000 户村民已丈量评估了 933 户,完成了 4 个村的房屋产权界定,进入拆迁协议签订阶段。

图 24　泗港安置小区

东兴小区安置住宅的发证工作基本结束,共计发放房产证 1600 套、土地证 1575 套。

【服务管理】

2004 年,鄞州投资创业中心千方百计提高管理服务水平,中心通过 ISO 14001 环境管理体系认证,并以此为平台,使服务规范化;建立 24 小时值班制,全面推行服务承诺制、限时办结制、首问责任制、定期走访制等,实现对企业的全天候高效率的服务。对已投产企业,着重加强对分期建设情况、生产经营情况的管理;对正在建设的企业,密切跟踪了解其进展情况,及时发现问题、分析问题、解决问题;对即将开工的企业做好各种服务工作,及时了解其进展情况,尽量为其提供方便,促使其早开工。

【宁波德尔福工业技术有限公司增资项目签约】

2004 年 6 月,宁波德尔福工业技术有限公司增资项目签约。该项目共增加总投资 6020 万美元,增加注册资金 2020 万美元,增加合同外资 2020 万美元。增资后,该项目在中心内的总投资超过 1 亿美元,注册资金和合同利用外资均达到 5000 万美元。该项目由美国 CPC 公司、美国国际制造公司和宁波英特机械制造有限公司共同投资设立,主要生产汽车轮毂及其他汽车配件。

【通过 ISO 14001 环境管理体系认证】

2004 年 7 月,该中心通过 ISO 14001 环境管理体系认证。在中心全体员工的努力下,半年来,经过培训、大量资料的收集,环境管理体系手册和程序文件的建立,并在实际运行过程中不断的完善改进,分别于 2004 年 5 月 14 日和 7 月 1 日、2 日接受浙江省环科环境认证中心两次审核后,顺利通过了体系认证。

【博格华纳汽车零部件(宁波)有限公司奠基】

2004 年 12 月,博格华纳汽车零部件(宁波)有限公司举行开工奠基仪式。该公司总投资 9000 万美元,主要制造设计汽车零部件,包括涡轮增压系统、变速箱零部件、分动箱及零部件、链条、发动机正时系统、油泵,并提供相应的售后服务。

(吴王斌)

个体私营经济

基本情况

至2004年年底，全区登记在册的私营企业达9723户，投资者人数达20123人，雇工或从业人员达361982人，注册资本（金）887228万元，同比分别增长3.54%、9.54%、8.54%和3.07%。其中2004年度新登记的私营企业为1520户。

截至2004年12月底，全区，共有个体工商户35335户、从业人员达46633人、注册资金达90112万元，同比分别增长11.46%、8.46%和13.62%。其中2004年新开业登记个体工商6142户。

生产销售

全区个体私营企业年总产值达3003597万元（其中个体经济为559166万元、私营经济为2444431万元），同比增长0.31%；销售总额或营业收入达2966425万元（其中个体经济1095092万元、私营经济1871333万元）；社会消费品零售额达2093486万元（其中个体经济863628万元、私营经济1229858万元）。

就业人员

当前，个体私营企业已成为解决和消化社会就业的主渠道。个体、私营业主把解决当地村民、失业人员的就业问题，作为“服务社会、回报社会”的重要举措，尽量吸纳当地镇、村的失业人员到企业就业。目前，全区有15000多名社会各类人员从事个体私营经济，约占社会新增劳动力的70%。

经济实力

近十几年来，鄞州区通过大力发展个体私营经济，区域经济实力明显增强，列全国百强县（市、区）第十一位。从全区12701家各类企业看，私营企业占76.55%，累计注册资本（金）达到88.7亿元。2004年，新设立私营企业1520家，注册资金130531万元，同比增长3.54%和30.43%；2004年全区财政收入约38亿元，而其中60%以上来自个体私营经济。

企业规模

2004年，鄞州区私营企业通过政府的扶持和艰苦创业，企业规模有实质性提高。全区私营企业中，规模型私营企业占总数的24.7%；年产值或销售总额在100万至500万元的1675家，同比增长1.27%；500万至1000万元的442家，同比下降5.56%；1000万至5000万元的211家，同比增长12.83%；5000万至1亿元的54家，同比增长270%；1亿元以上的达20家，同比增长25%。同时涌现出了大批实力雄厚的私营企业，如宁波利时集团有限公司生产的塑胶日用品产量位列全国第一；宁波欣达集团公司生产的电梯配件销量居全国首位；奥克斯集团公司成为拥有企业员工12000多人，涉及电能表、空调、变压器、汽车、医疗服务、房地产、现代物流等7大领域，下属生产企业30多家，驻外营销企业100多家的现代“航母”企业，年生产电表约2500万只，生产能力居全球第一，连续9年产销量居全国同行业第一，市场占有率达30%以上。另外如“圣龙”的汽配、“日月”的铸件，以及宁波伊司达洁具有限公司生产的拖把、扫帚、窗刷的销售量均居全国同行前茅。

技术改造

技术改造作为增强经营能力的重大策略，是增加企业后劲的重要措施。全区很多私营企业对科研投入方兴未艾，技术改造投入常抓不懈。如浙江东亚线缆有限公司，每年用于技术改造的资金在100万元以上，是目前浙江省最大的生产宽带数字高频通迅电缆专业生产企业，产品被列为国家级火炬计划项目；下应街道的13家私营企业，每家技术改造投入都在1000万元以上。至今已形成三大块状经济：一是以宁波圣龙集团为龙头的汽车零部件生产，二是以宁波音王电器有限公司为龙头的电子通信器材生产，三是以宁波培罗成集团有限公司为龙头的服装生产，销售同比增长42%。2004年，全区私营企业新增技术改造立项121个，投入资金72134万元。

品牌战略

2004年，全区个体私营企业新增注册商标180个，占全区商标新增数的85%，注册商标累计数达3120个，其中全国驰名商标3个、浙江省著名商标22个、宁波市著名商标25个，名列全省前茅。全区私营企业中有10家浙江省知名商号；鄞州区还被浙江省工商局授予“浙江省服装商标品牌基地”称号。品牌战略提高了私营企业的产品质量、企业知名度和市场占有率。

拓展国际市场

出口创汇，拓展国际市场，是鄞州广大个体私营企业历年来的主攻方向，也是近年来鄞州区个体私营企业得以迅速发展壮大的经营策略。2004 年，全区私营企业虽受到用电紧张、原材料价格上涨、出口退税机制调整等诸多因素的制约，但出口供货值仍达 85 亿元、占个体私营企业总产值的 28.3%，其中 253 家有自营进出口经营权的私营企业，2004 年自营出口额近4 亿美元、同比增长 50%。全区有近 800 家私营企业直接从事外贸出口供货，占私营企业总数的 8.2%。如鄞州恒达电器有限公司，建立适应对外经销管理机制，引进各类对外贸易技术人才，2004 年自营出口额达 700 多万美元。私营企业在抓好对外出口供货的同时，积极创造条件，实施“引进来”，“走出去”的战略，使企业融合于国际市场。

（朱静静）

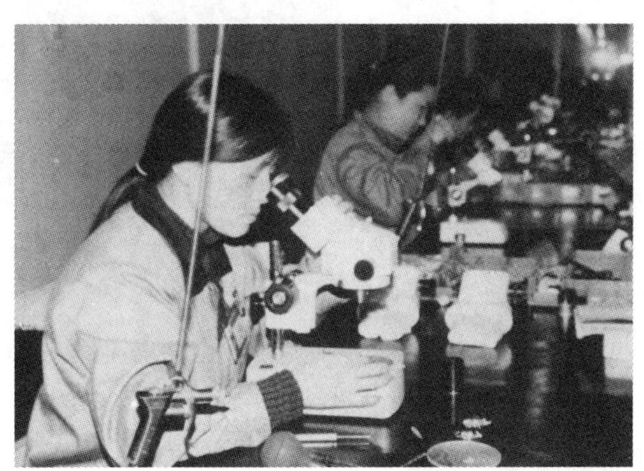

图 25　鄞州区民营企业十分重视技术改造。图为技术工人在进行新产品调试

贸易

商贸业

【概况】

2004年,全区商品流通规模继续扩大,城乡消费品市场日趋繁荣,现代流通方式快速成长,粮食安全体系建设稳步推进,商贸流通经济保持持续、快速、健康发展。全区实现社会消费品零售总额66.4亿元、同比增长19.5%,实现批发零售贸易业销售总额216.4亿元(限额以上)、同比增长14%,商品市场成交额达到78.95亿元、同比增长34.7%,收购粮食20402吨(国有粮食收储企业)。

【商贸服务业】

现代流通方式发展步伐加快。商业流通手段不断创新,新型业态发展迅速,特别是连锁经营发展步伐进一步加快。全年全区连锁企业实现销售额8.3亿元,以"新江厦"、"加贝"、"开开便利"为代表的连锁超市保持迅猛发展势头,经营业务不断向区内外和农村市场拓展,新江厦超市开设连锁网点11家,实现销售总额2.54亿元、同比增长41%。

消费品市场呈现新亮点。假日市场拉动内需的作用加大,假日消费成为周期性集中消费的峰点,春节、五一黄金周商场销售额明显高于平时,新江厦商城五一期间销售总额达1097万元、同比增长32%。餐饮、住宿等行业全面走旺。消费需求日趋多样化和层次化,以住房、汽车、装饰装潢材料、电子信息产品为主流的消费热点逐步形成,新一轮的消费升级初现端倪。市场消费集聚效应不断增强,购物消费进一步向大型龙头企业集聚。麦德龙商场全年实现销售总额5.2亿元,新江厦商城实现销售总额9.8亿元,两家企业销售额占全区销售总额(限额以上规模企业)的15.4%。

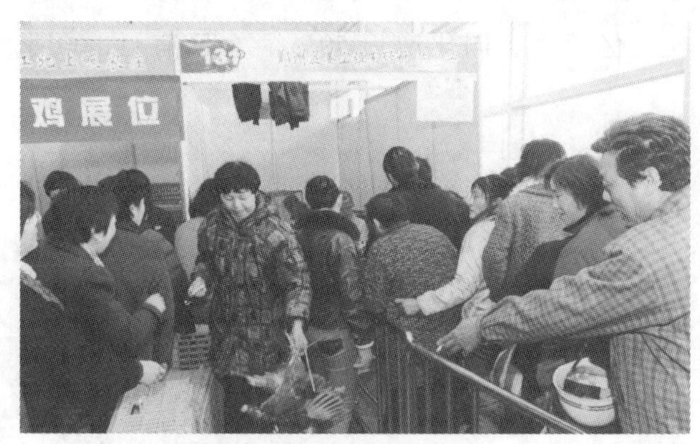

图26春节前夕,人民群众喜购年货

新城区服务业显现美好蓝图。着手对新城区服务业发展进行规划,加大对新城区服务业发展的宣传力度,全区上下显现加快发展服务业的浓厚氛围,万达商业广场、宁波明州花园酒店、开元明都大酒店、麒麟大厦等一批商贸服务业项目先后落户新城区。

【菜篮子、放心工程】

切实加强对区内菜市场的经营管理,夯实基层菜市场管理各项基础,把好菜篮子产品质量市场准入关,在高桥、邱隘、东钱湖、东裕、藕池、汇鑫、五乡、古林等8个菜市场推广"诚信摊位"创建活动,参加此活动的经营户达1486户,占总户数的99.3%,其中,藕池市场被评为宁波市创建国家卫生城市先进集体，宋诏桥市场获得宁波市购物环境考核二等奖。为切实改变鄞州区菜市场设施简陋、环境卫生差等状况，全面提升菜市场经营管理水平，出台了全区菜市场改造建设方案，在3年内，城区改造10家菜市场，镇（乡、街道）改造20家菜市场，新城区新建7家超市化菜市场。

积极组织区内菜篮子企业参加各种展示会、展销会，扩大市场份额、知名度和辐射面，在宁波市首批17家菜篮子加工示范企业名单中，鄞州区的五龙潭蔬菜食品有限公司、米氏实业有限公司、方兴食品有限公司、味华食品有限公司等4家企业榜上有名。宁波五龙潭蔬菜食品公司自创办以来，其主打产品“新潮”牌豆芽菜以绿色、放心的特点迅速占领了宁波市场，且不断向周边县（市）辐射，2004年投资1500万元在杭州临安建设日产80吨的优质豆芽菜连锁工厂，进一步壮大了自身规模，获得农业部授予的无公害农产品证书；方兴食品公司被商务部屠宰技术鉴定中心评为机械化屠宰加工优势企业；味华食品公司成为浙江省内第一家通过HACCP认证的调味品生产企业。

为确保人民群众消费安全，切实抓好“放心肉工程”，投入资金50多万元，建设瘦肉精检测室，全面提升环境卫生和食品卫生水平，完善和落实生猪、肉品的全程检疫检验和质量追溯制度。全年共检疫生猪421208头。进一步推广蔬菜农药残留检验检测工作，邱隘、五乡等6个重点菜市场，日均抽样检测样品20个以上，检测结果每天及时在场内公示，对抽检不合格蔬菜严格按规定实行撤柜和销毁处理。全年共抽检蔬菜51038批次，检出不合格蔬菜679批次，合格率98.7%。

“放心早点”工程稳步实施。在原工作基础上，对各镇（街道）的早点经营户进行了宣传发动、集中培训和指导，同时对参加“便民早点示范店”创建活动的经营户进行实地考察指导，2004年又新增了7家示范店。对已授牌的示范店，会同区卫生、环保等相关部门，开展定期检查与随时抽查，发现问题，立即整改，建立长效管理机制。

【粮食供应】

做好粮食购销工作。及时落实订单粮食合同，狠抓粮食订单工作，顺利完成2万吨订单粮食指标，此项工作名列全市前茅。围绕常年4万吨粮食库存目标，从黑龙江龙良储备公司引进了11500吨东北晚粳谷。鼓励非国有粮食收储企业向外采购粮源，据不完全统计，全区8家重点粮食加工企业共向外采购粮食15万吨。针对年初粮食市场价格波动和供求关系变化的现状，做好《宁波市鄞州区粮食供给应急预案》的修订，建立粮油信息网络，及时掌握粮食价格行情、供求变化等情况，为政府决策提供了有力的依据。

抓好储备粮储存管理。切实做好全区2.65万吨地方储备粮、500吨应急成品粮和325吨地方储备油到位、管理、轮换工作。落实宁波市政府下达的新增6500吨储备晚粳谷，并做好6556吨早籼谷和3500吨晚粳谷的轮换工作。同时积极开展科学保管粮食工作，确保储存粮食安全。

强化军粮供应工作。全面完成军粮供应站建设。在此基础上，保障部队伙食单位的供应，确保供应粮油质量，强化服务意识，密切军民关系，树立双拥形象。

扎实推进中心粮库筹建进程。完成了土地四址定界、征地补偿协议、基建立项批文、图纸设计和地质勘测投标等工作。

【行业管理】

规范商贸流通秩序。联合区工商、安监等行政管理部门在2004年初开展全区加油站专项整治活动,重点检查了下应、云龙、姜山、集士港等4个镇(街道),对发现的无证无照经营、安全隐患等问题及时进行查处和整改;巩固定点屠宰成果,依法打击私屠滥宰行为,取缔非法屠宰点,没收非法上市的"白板肉"。区定点屠宰临时检查队全年共出动110余人次,取缔非法屠宰加工点4处;开展豆类制品专项整治活动,会同工商、卫生等有关行政管理部门,共依法取缔无照生产违规加工点4处,从源头上引导和规范豆类制品的产销行为,杜绝有害有毒产品流入市场。切实抓好区内商贸企业、相关市场、加油站等的消防安全工作,落实安全生产各项责任制,进一步强化消防意识,全年共安排了4次安全检查,受检单位50家,参检人员47人次,整改事故隐患26处,整改率85%,各项安全指标均达到上级部门考核要求。

完善商贸监测网络。扩大网络企业动态管理范围,2004年初对原商贸统计监测网络进行了扩户,市级统计监测网络由9户调整扩充到10户,区级统计监测网络由66户调整扩充到100户。在重点商贸企业中开通了联系邮箱,加强信息的对接与沟通。

加强商贸协会建设。各协会组织充分发挥自身作用,成品油协会协助区内企业做好安全评估工作,切实为会员企业排忧解难。美发美容协会通过举办美发技艺演示交流会,达到会员企业之间互相切磋业务技术,共同提高美发美容水平的效果。各协会还通过广泛组织动员,着手开展文明行业评选活动。 (吴自鉴)

商贸资产管理

【机构沿革】

2003年8月29日,区政府设立鄞州区商贸资产管理办公室,为区政府直属临时机构,下设综合科、财务审核科、人事科及财物清理科4个职能科室,辖商业国有资产经营公司、二商总公司、物资流通行业办公室、经济技术协作办公室,统一协调处理上述4个行政性公司(机构)及所属企业的改革遗留问题。

【企业改革】

截至2004年底,经济技术协作办公室、物资流通行业办公室系统的8家企业已全面完成转制任务,共上缴国有资产1032.10万元;商业系统的3家国有参股企业也已全部退出,另3家亦正在进行资产核准确认工作中。26家关停企业的债权债务处理情况:原有债权8484.85万元,经清理收回和处置416.42万元,尚在处理7464.43万元,共有债务26044.40万元,偿付1376.16万元,中止或剥离7320.41万元,被追诉231万元,其余的正在处理之中。2家转变企业性质的工作已完成。

【理顺劳动关系】

截至2004年底,经济技术协作办公室、物资流通行业办公室的15名工作人员已理顺劳动关系,商业系统的13名人员亦将在2005年初转制时一并理顺,18名机关工作的企业人员待2005年初区政府统一改革下达后处置。

(汪金平)

商业国资公司

【概况】

2004年,国有商业企业继续深化改革,国有资本继续退出竞争性行业,使商品销售大幅减少。2004年商品销售额1011.37万元,比2003年同期减少69.43%。

【企业转制】

按照区政府要求,全系统要在2004年底完成国有资本退出竞争性行业的企业改革,完成企业转制。确定2月28日为评估基准日,由鄞州区正源会计师事务所对商业国资公司所属3家控股企业和2家参股企业及机关本身进行逐项逐笔为期4个月的评审清理。

【房产开发】

鄞州区商业国资公司控股的宁波明州房地产有限公司多渠道筹资,抓开工项目,抓施工质量。小朱家旧村改造建设项目,全部工程建筑面积31078平方米(其中住宅29870平方米),住宅已于5月结顶,配套设施也已竣工。质监、电力、交通、环保等单项验收也已完成。

【放心工程】

鄞州区商业国资公司控股的宁波方兴食品有限公司为精心打造菜蓝子工程,保证使市民吃上"放心肉",积极调控猪源确保市场供应,改善硬件设施,全年投入100余万元,新建"瘦肉精"检测室等设施,改进提高服务质量,积极参与市场竞争,加强企业内部管理,降低生产成本。全年共屠宰生猪42.1万头,日均1151头,比2003年增长24.7%和24.4%;实现销售845.64万元,与2003年同比增长57.19%;实现利润236.87万元,与2003年同比增长135.22%。全年共检出病猪953头,其中高温处理155头,销毁处理798头;检出病变内脏3476公斤。该屠宰场是全国生猪屠宰行业中年屠宰量超过15万头以上的72家企业之一,2004年被国家商务部屠宰技术鉴定中心评为中国机械化屠宰加工优势企业,被宁波市贸易局评为宁波市菜篮子工程示范企业,宁波市屠宰行业四星级企业。

【物业管理】

鄞州区商业国资公司控股的甬兴物业管理有限公司作为房产开发管理的配套企业,管理彩虹新村全部住宅和甬兴新村部份住宅共31幢、住户1800户5200人、外来人员1000多人、业主店面房260间、夜泊汽车160多辆。2004年初为预防离流感,发放宣传资料1200多份,对103个门楼全面进行消毒,对1800户住户建立住户档案。对员工进行上岗培训,对保安人员进行职业道德教育。成立便民服务站,上墙公布便民措施,24小时开通服务热线累计为住户修补漏水400多次。小区内24小时保洁、24小时监控。

【爱心捐助活动】

2004年,鄞州区商业国资公司机关干部继续为景宁贫困学子吴卫青结对助学,支付学杂费、生活费7000多元。为扶贫挂勾村狮红村资助两次共计6万元。为乌岩村修山路等支付3万元。为公司系统内困难职工及家庭补助72880元。为149户退休职工发出春节慰问信和慰问金11920元(每户80元)。为退休人员出资10740元,办理了由宁波市总工会发起的住院自负部分互助保障金。召开离退休干部春节、老年节茶话会,全年支付离退休干部慰问金4500元。到医院慰问重病住院病人10人参加全区第五次"慈善一日捐"活动,参加人员155人,个人捐款4940元。为支援贵州黔东南州人民过冬,组织职工捐献衣被164件。

(陈永行)

供销合作社

【概况】

2004年，全系统全年实现经营总收入8.6亿元，比2003年增长11%；财务汇总报表利润491万元，比2003年增3%。在经营工作中，实施现代营销方式，股份制企业业绩持续上升，不断改造传统经营网络；引进现代营销方式，控股企业经营业绩持续上升。以新江厦股份有限公司为龙头的控股企业大步突破一店（新江厦总店）一品（传统经营品种）的经营模式，营销方式不断创新，使企业经营不断做大做强。2004年，新江厦股份有限公司的总销售7.55亿元，比2003年增长12.7%。新江厦连锁超市公司已开业直营店11家，营业额达到2.53亿元，比2003年增长33.6%。超市公司为配合实施全省“百县万村放心店工程”，选择古林镇开展试点。在年终岁末之际，就有6家便民店开业，并对便民店进行规范，实行五个统一，即一块牌匾，一套制度，一个标识，一本台账，一项承诺，以引导经营户走正道，售真货，树正牌。便民店实行加盟形式，实施商品准入制度。新江厦股份公司在注重市区总店经营格局调整的同时，着力培植总经销、总代理品牌，从管理体制和经营条件上为其创造更好的发展空间。对有发展前途的品牌从原商场部门管理中剥离出来，如空调分公司单设两年来，年年迈大步，在原有日立空调总经销基础上，2004年又引进大金空调作为总经销，分公司的销售在2003年翻一番的基础上递增46.2%，达到8815万元。图书经营是新江厦的一大亮点和特点，2004年继续走外向扩张之路，年销售比2003年增长34.6%。一汽解放汽车的总经销达到896辆，总销售额9865万元，比2003年增长15.6%。据统计，新江厦股份公司仅酒类、空调、汽车等10个品牌的“两总”商品总经销额达到25236万元，占股份公司总销售33.6%，占商城本部总销售(不包括连锁超市)的50%。新江厦股份公司在稳健发展的同时，在鄞州中心区2公顷土地上正在建造2.5万平方米的新鄞州商城，在宁波绕城高速路边高桥镇征2.33公顷土地建造配送中心，在奉化城关镇征地1公顷兴建新江厦奉化商城。

烟花公司新建专用仓库600平方米(一期)已投入使用。使专营商品安全规范运作有了物质保证，销售比2003年度增长35%。

【深化专业合作社和协会的功能建设】

抓好深化专业合作社和协会的功能建设。大嵩蔬菜合作社组建3年多来，一直把深化服务功能作为办好合作社的宗旨。一年来，改建合作社活动室40平方米，把合作社章程、理事会、监事会名单、核心社员名单、生产情况表等进行上墙公布，使社员能清楚地了解本社经营情况。多次请专家对合作社社员进行上课辅导，讲授种菜技术和防病治虫的安全用药问题。购置2台电脑，开发信息服务。新建水泥盐制池31座，新建合装式方便雪菜生产线一条。合作社为确保农户的利益，订单上的收购价有一个“少补多不减”的原则，即市场价高于合同价，按市场价收购，市场价低于合同价时按合同价收购，此举进一步推动了当地农户对雪菜种植的积极性，从而使订单面积从80公顷扩大到120多公顷，周边农户合计种植面积已经达到400公顷,雪菜收购量达到5740吨。由于合作社深化服务功能建设，推动了规模化生产,规模化生产促进了产业化经营,使受惠农户每公顷增收1500多元，合作社本身也净增收125万元。订单基地所种植的雪菜被评为宁波市绿色农产品,并通过了AHCCP认证,“中国雪菜之乡”的奖牌落户该社，其生产的“紫云堂”牌雪菜王被评为市级著名品牌。农户—专业合作社—市场已形成了一条完整的产业链，雪菜也被当地政府和农户称作为致富菜。

以中日合资联华食品有限公司为龙头的凤岙竹子合作社，着力加强合作社与农户以合同为载体的纽带作用。合作社在产前产后加强调查研究，及时掌握农户的思想动态，努力帮助农户克服由于干旱和施肥不足等困难，使毛笋产量得到稳定增长。原料收购坚持随行就市、互惠互利的原则。加工企业针对水、电、煤等能源紧缺所带来的影响，及时调整生产计划，尽量衔接好毛笋加工时机和数量，促进农户均衡采掘,使农户既能保证数量,又能卖个好价。一年来，合作社从社员中收购原料笋29.07万公斤,同时合作社又对2003年农户投售数量进行两次分利，计金额46870元。该公司2004年实现产值3524万元,出口交货值3329万元,分别比2003年增长14%和19.2%。

为了提升鄞州区传统特产的知名度和市场占有率，鄞州区供销合作社会同区农林局共同兴办鄞州茶业协会。一期的协会会员68名,茶业协会先着手实施“5个一”工作，即制订一套新标准。选建一个繁育基地。树立一个创新品牌,筹建（改造）一个有规模的加工厂。开设一个市场窗口。

通过农资协会对会员加强了行业自律，建立农资经营户评优考核制度。针对中央重农优农政策的出台,积极当好政府参谋,重新建立健全淡季储备制度,实行淡季储备补贴,改制后的基层农资网点在自愿的基础上，不断进行优化组合，原系统上下联动的态势有了加强。使农资供应稳中有升，全系统供应量在整个农资市场中占有率上升了7%。

到2004年底，由区供销社领办和协办的专业合作社（协会）共计6家，拥有会员（社员）605个，订单基地和带动农户的种植面积已达到800公顷,分别比2003年增长25%和35%。

【盘活基层资产】

针对基层资产统一管理后存在的一些问题，进一步加强监管工作，特别对剩余资产出租。2004年租赁资产总收入达到246万元，比2003年增加近30%。针对摊位转期租赁的时机,适度扩大招商数量,腾出一些低效益或无偿占用的场地，重新租赁出去。开辟日用消费品超市,使整个市场整体功能得到发挥,租赁收入大幅提高，进一步方便了群众的生活需要。专门审批成立物业管理公司，负责区供销合作社所属的石碶区域的商品房物业管理和集贸市场管理。

原蔺草制品联营三厂，因严重亏损而被银行查封,经过多方努力做工作,在处理好区社债权和银行债务关系的基础上,对该厂房、地产实施由系统优势企业回购，保住了资产的增值机会。2004年，区供销合作社继续利用原有改制政策,千方百计疏通关系,办理了2宗直管公房划转手续。

【解决遗留问题】

历史遗留问题是信访工作的重点，如石碶镇横涨村村民要求兑付原始社股金问题，在接到区政法委通知后,迅速组织人员了解情况,及时与镇、村两级勾通，并安排好资金，最后确定委托村委会进行兑付。对1300多名原企业退休人员、遗属和改制全托管人员，按照新要求做好管理服务工作，在资金紧缺的情况下，千方百计落实他们的经费发放，对一些特困人员进行补助。对原基层社副主任、公司副经理以上人员，区社恢复了年终慰问和新年团拜会制度，适度增加慰问金，组织他们进行身体健康检查，许多老职工说，企业虽然改制了，但仍能感觉到组织的温暖，做好老职工工作，为巩固改制成果和维护社会稳定提供了保证。

（鄞州区供销合作社）

鄞州区二商总公司

【处理后续问题】

认真做好分流职工和退休职工的来信来访工作。2004 年共接待来访人员 200 余人次。反映的问题主要是：要求解决职工遗属生活补助费，分流职工经济补偿金以及生活困难等有关问题。针对上述问题，认真做好调查工作，对现在一时无法解决的职工遗属生活费问题，耐心细致地解释。同时对确有生活困难的职工和职工遗属给予年终一次性的困难生活费补贴。及时做好为全托管人员办理退休手续。及时为企业退休人员办理做好门诊医疗统筹手续以及抚恤安葬等方面的管理工作。

【宁波民光商场和古林二商公司】

宁波民光商场和古林二商公司是鄞州区二商总公司所属的 2 家集体所有制企业。2001年这两家企业理顺职工劳动关系后，产权仍属集体所有。现有营业和管理用房 5000 平方米，经营形式都是以租赁经营为主。因此，总公司加强对这两家企业管理，强化监督机制，抓好企业的安全保卫工作，使企业的资产得到有效的保值增值。2004 年度没有发生过各类事故，销售利润均比 2004 年有所增长。

【服务意识增强】

服务观念和服务态度得到了进一步的增强。 2004 年没有发生过违法乱纪的事件。扶贫帮困工作有了新的进展。排查了企业转制后的失业困难职工，以组织和个人名义结对 2 个困难职工，帮助解决医药费、助学费和生活困难补助约计 11000 元。总公司工会继续发挥维权职能，切实维护企业和职工利益，开展访病问苦送温暖活动，为困难职工送去慰问金 20000元，获得各级工会生活补助费 8000 元。

（汪金平）

物资流通

【概况】

2004 年，宁波市鄞州区物流行业管理办公室（以下简称区物流办）在机关改革和企业改制的交替过程中，抓落实求实效，较好实现了年度工作目标，基本妥善解决了历史遗留问题。2004 年，由区物流办引资在下应街道举办的钢材市场，规模达到年销售额 16 亿元。2004 年底，区物流办基本移交了行业管理职能，国有资产退出了参股、控股企业，进入机关体制改革和撤并的时期。

【国有资本退出】

2004年，区物流办按照国有资本退出参股、控股企业和国有股权转让的要求，认真组织实施，严格程序，精心操作。经过资产评估和确认，将鄞州民用爆破物品有限公司的40.82%国有出资转让给公司其他股东，剩下的21%的股份交由区商贸资产管理办公室监督管理。将鄞州创业物产有限公司的16.67%、鄞州汽车回收有限公司的52.40%、鄞州利金金属材料有限公司43.86%、鄞州南钢金属材料有限公司25%的国有出资转让给公司其他股东，完成了国有资本退出的全部法定程序。区财政共收回资金502.76万元，是原国有出资108.65万元的4.63倍，

【企业改制后续工作】

2004年，区物流办继续本着对历史负责、对人负责和确保社会稳定的态度，尽最大努力全面解决落实了企业离休干部的生活福利待遇、企业离休干部遗属医疗费用统筹、原解体企业离退休职工门诊医疗费一次性统筹缴纳，除社会保险外应由企业负担部分的生活福利费用的按月发放。对原解体企业退休及失业职工中生活特别困难的人员给予了困难补助。

【浙东规模最大物流中心投入使用】

2004年3月底，宁波市鄞州现代物流中心正式投入运行。该中心集贸易、运输、仓储、装卸、加工、配送和信息服务于一体，是浙东地区规模最大的区域性现代物流市场。鄞州现代物流中心位于鄞州区下应街道，一期占地面积7.7万平方米，主要以经营黑色、有色金属材料和建筑装饰材料为主。

（董益萍）

医药购销

【概况】

宁波市鄞州医药药材有限公司（简称区医药公司）原名浙江省鄞县医药药材有限公司，系全国首批、全省首家通过“SDA”GSP认证的医药商业大型企业，是省级医药商业重点企业之一，二级麻醉药品经营企业。1994年~2003年连续10年荣获浙江省医药商业“十佳”企业称号，1999年度荣获“宁波市质量管理先进企业”，浙江省第六届、第七届“价格、计量信得过单位”、“浙江省质量放心单位”。2004年，公司销售总额达30040万元，名列全省前茅。

【GSP管理】

该公司所属分、子公司全部通过“GSP”认证，2004年，顺利通过国家GSP复查。2004年，区医药公司验收中西药品29100批，验收率达100%，验收中发现质量、外包装不符的24批，占入库总量的0.08%；加大对药品的养护力度，发现不合格药品7笔，杜绝了不合格药品流入市场，确保了鄞州区人民用药质量安全有效。提高市场竞争力，加强售后服务意识，建立用户访问制度与信息反馈制度，收集用户反馈意见，做到件件有交待，桩桩有答复，及时处理。

【饮片加工】

该公司所属的中药饮片厂在1984年~1992年期间，曾连续7次荣获省（市）级、3次荣获国家级“中药饮片先进单位”称号。1997年，由浙江省医药局向国家中医药管理局推荐为定点生产毒性中药饮片企业；1998年经浙江省医药局、卫

生厅向全省推荐为全省首批重点中药饮片生产企业;2000年10月,又顺利通过“药品生产企业许可证”换证验收工作;2003年,被浙江省经贸委定点为浙江省中药饮片现代化试点基地;2004年共计生产饮片量达165万公斤,料产率约为85%,合格饮片的质量、数量居全省前茅。

【农村卫生室药品统一配送】

根据农村卫生室面广量大、药品采购渠道混杂、药品质量问题突出的实际,在区政府和卫生、药监部门支持配合下,抓住源头质量,加强监管,以“政府引导、市场动作”的原则,合力推进农村卫生室药品统一配送工作。全区所有镇(乡、街道)医药管理委员会均与区医药公司新特药分公司签订了《药品配送服务协议》,511家农村卫生室药品、医疗器械已全部纳入该公司统一配送,不但经济、方便,而且保证了农民用药安全。此举受到国家、省、市药监系统的示范表彰。（马贻兵）

烟草专卖管理

【概况】

2004年,鄞州区烟草专卖局(公司)狠抓市场管理,全面推行“电话订货、电子结算、‘一库制’配送”经营模式,主要经济指标再创历史新高,全年实现卷烟销量36582箱、销售总额5.74亿元、利润11730万元,分别比2003年增长3.2%、2%和13.87%;2004年末所有者权益2.73亿元,国有资产保值增值率132%。卷烟市场净化度进一步提高,全年查处各类违法案件2080起,查获卷烟35875条,上交罚没款4854万元,有效地遏制了“假、私、非”卷烟的市场摆卖率。

【营销网络建设】

撤销配送中心、仓库、经营部,组建呼叫中心,设立中心区、姜山、邱隘、横溪、集士港、鄞江6个市场部,配备市场经理、客户经理、电话订货员和送货员,重新划定送货线路,5月底该公司全面纳入宁波分公司“一库制”配送范围。实行电子货币结算,确定中国农业银行宁波鄞州支行和鄞州区邮政储蓄部门为电子货币结算单位,解决了农村地区零售户的结算不便问题,至2004年底全区加入电子结算的零售户达3030户。积极探索完善“客户经理、电话订货员、送货员、稽查员”四员联动、注重激励的考核体系,调动网络人员的工作积极性。安装启用客户关系管理(CRM)系统,加强对客户经理的岗位培训,积极探索服务新理念。通过上述工作,全区电话订货率达到100%,电话订货成功率达到90%以上;电子结算率达到50%以上,电子结算成功率达90%以上;入网销售率和市场占有率分别达到99%以上。

【调整和强化经营措施】

以做好节日市场为重点,加大货源组织力度,确保了市场供给。从做大名优烟出发,按照国家烟草局百个重点培育品牌的要求,对现有的品牌继续整合,确保效益稳定,全年品牌数量达到浙江省烟草公司控制要求,卷烟单箱批发销售额达到15696元,卷烟单箱利润达到3206元。继续加强与卷烟生产企业的沟通和联络,积极探索和实践彼此营销网络的对接。全面推进全区实施明码标价工作,规范经营秩序。

【整顿和规范卷烟市场秩序】

结合贯彻、落实《中华人民共和国行政许可法》，进一步强化对烟草专卖零售许可证管理，上半年重点抓好许可证的换发工作，下半年重点抓好许可证的申领管理，既保护了零售户的合法权益，又维护了烟草专卖制度的严肃性。进一步完善计分制诚信等级管理，建立零售户的诚信等级档案，规范、引导零售户诚信、守法经营。以净化市场为第一要务，依法打击违法经销卷烟活动，组织专卖管理人员参加由宁波市烟草局组织的三个阶段共计102天时间的全市清理整顿卷烟市场秩序专项行动，会同鄞州区公安机关一举端掉洞桥镇前王村一制假窝点，缴获市价达130多万元的假烟和原铺材料，抓获制假分子6人，其中3人被鄞州区人民法院分别判处2年6个月至3年不等的有期徒刑。

【强化内部管理】

对各类账户、会计凭证、会计账簿以及各项固定资产、内部资金往来和借款情况进行全面核对和清理，并认真分析资产及日常财务管理中存在的问题，及时做好账目调整，同时，认真贯彻边查边改精神，对自查中发现的问题，按照有关制度和规定及时进行了整改，并建立健全相关管理制度。

4月至6月，该公司在全体干部职工中开展了以“构筑诚信烟草，树立行业形象”为内容的主题教育活动。活动期间，利用浙江省烟草局综合办公信息平台，发送诚信警句356条。通过教育，干部职工的诚信意识大大增强。2004年，该公司顺利通过两年一次的省级文明单位复评。

【参加浙江省烟草艺术节活动】

该局(公司)于4月至6月组织部分干部职工参加了宁波烟草行业参赛第二届浙江省烟草艺术节活动，共征集、报送歌词、书法、美术、摄影、文学作品14篇(幅)。组成一支大合唱、舞蹈和小品表演队伍，于7月3日参加了宁波烟草大红鹰杯合唱比赛暨文艺汇演，其中大合唱获比赛金奖。

(洪定迪)

盐业管理

【盐业生产】

2004年夏天连续高温少雨的气候特点很适宜于盐业生产，鄞州区盐业生产再创佳绩。全区4个盐场晒盐总量为40321吨，完成年生产计划22500吨的179.2%，比2003年增长28.5%。全区平均单位产量为92.7吨/公顷。

【质量管理】

为了更好地与市场需求相衔接，2004年起浙江省盐业主管部门调整了盐产品质量考核指标，取消了已实施多年的以氯化钠含量和级品率为主的指标体系，取而代之的是以各品种盐的合格率作为主要质量指标。对此，全区盐业部门进一步转变观念，坚持以市场需求为导向，将标准与市场需求有机地结合起来，提出了“精心晒好盐、重点保安全”的质量工作方针。即联胜盐场要精心管理、精心操作，保质保量地完成加碘原料盐生产计划；在此基础上全区质量工作的重点是要保证其他用盐都符合相应标准，不出质量事故。鄞州区盐务管理处还对各盐场提出了“以销定产、按计划组织生产"要求。结果,全区日晒盐质量都达到了预定目标。联胜盐场生产的加碘原料盐100%达到日晒盐一级品标准,而全区其他用盐合格率和散装碘盐合格率也都达到100%。

【盐业运销】

鄞州区盐的总运销量及区内批发总量都创历史最高。运销总量达到42810吨,比2003年增长36.4%;批发总量为16365吨,比2003年增长4%。其中食盐销量为12964吨,完成宁波市盐业局下达的年计划的147.3%。

【碘盐供应】

针对鄞州区存在的碘盐供应薄弱环节,鄞州区盐业公司采取了针对性的措施:一是做好宣传引导工作,组织专门班子,配备宣传资料,经常性地到盐区镇(乡)开展入村宣传活动;二是在蔬菜加工区实行腌制用盐与小包装加碘盐配合供应的办法,使菜农都能吃到合格的加碘盐。全年全区共供应小包装加碘盐5003吨,全区人均供应量达到6.6千克,总体碘盐覆盖率和合格碘盐食用率分别在96%以上。各项指标均超过了计划。

【盐政管理】

鄞州区盐务管理处进一步强化盐政管理职能,加强对盐业市场的全面监管。一是在不同时期开展了多项专题检查。3月20日,鄞州区钟公庙镇一无证饮食店发生误食亚硝酸盐中毒事件后,配合区安监、卫生等部门对全区各饮食店及熟肉食加工点用盐情况进行了一次全面排查,保证了这些用户的用盐安全。二是继续保持高压态势,严厉打击盐民私运私销食盐行为。全年共查处盐业违法案件29起,没收盐产品1.79吨,罚款3600元 。 (郑志光)

石碶市场区

【概况】

石碶市场区下辖宁波轻纺城、宁波万国商城和宁波服装博物馆。其中主市场宁波轻纺城有12个专业交易区和5条特色街,总摊位数3000多个,直接从业人员10000余人。

2004年,石碶市场的商品成交额52.8亿元,同比增长17.78%;上缴国税1687万元,同比减少10%(主要因为国家为了扶持个体工商户发展,连续两次提高了计税起征点,2003年7月起3000元,2004年5月起为5000元);上缴地税497万元,同比增长39.63%;摊位出租率99.81%,租金收入增加36.21%;经济运行状况朝良性循环方向发展。

【维护市场秩序】

严格治市,强化管理是市场管理的重头戏。2004年,石碶市场区管理委员会会同工商、卫生、质量监督等政府职能部门进行了一系列专项整治。首先通过查验、更换营业执照,重点检查个体工商户的经营资格,严厉查处无照经营和超范围经营。整治期间,共查处无照经营4户、超范围经营1户、商业欺诈1户,工商罚款9660元。其次,在4月~6月份重点检查食品市场,对"三无"食品、过期食品和国家公布的劣质奶粉、有毒皮蛋、有毒泡菜、不洁果冻及罐头等一经发现坚决查处。检查中共发现不洁果冻6户,工商罚款480元。对无质量合格证明,不符合食品质量标准的假冒伪劣食品一律清除出市场。第三,重点检查市场内总经销、总代理资格是否手续完备,进货票证是否齐全 ,来源是否合法。第四,加大对假冒伪劣商品的打击力度,查处张小泉剪刀商标侵权案8例，工商罚款16961元。第五，定期对板材、家私进行抽检，尤其对板材缺斤短两等违规行为作出了相应的处罚。第六，进一步规范经营行为，从制度上制约欺行霸市、强买强卖、搭售等强制交易行为和赌博、打架、谩骂、占道扩摊、乱扔垃圾、随地吐痰等有悖于公民道德的不良行为。

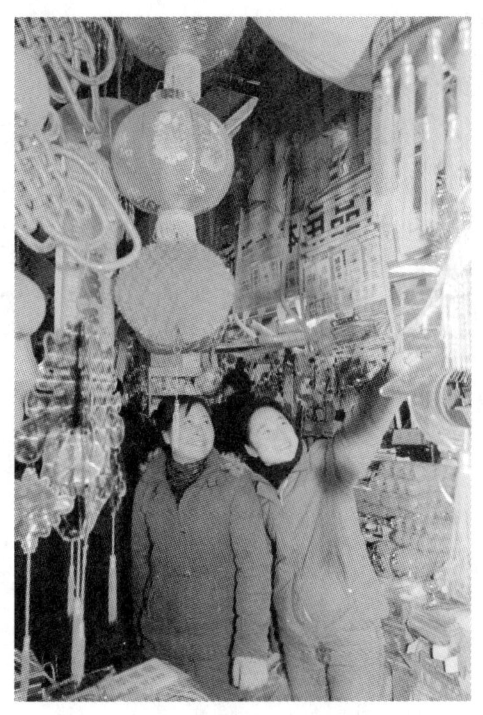

图27 春节期间的轻纺城市场一角

【食品准入制度管理】

建立食品准入制度是市场管理的新举措。根据工商行政管理部门要求，轻纺城市场建立了食品准入制度。市场导入食品准入制度，其基本含义是通过建立档案、食品检测等一整套管理制度，对食品质量进行全程监控，从而达到清理源头，净化市场，营造放心消费环境的目的。一是建立进货、索证、备案制度。经营户在进货时，要查验、索取供货方的营业执照、注册商标证、生产合格证、卫生许可证、进口食品入关证明、认证证书、荣誉证书等相关证明文件或复印件。经营户为总经销、总代理、专卖、特约经销的，应有厂方授权委托书等证明文件，经工商审核，随同上述资料报市场备案、归档。二是记好“两本账”，即“商品进货台账”、“商品销售台账”。“商品进货台账”所记录的商品应与索证商品相符，对经生产加工过的农副产品，如干果、食用菌等类似无法索全证明的商品应主动送市场食品检测室检测，确保食用安全。“商品销售台账”专为应对万一所售商品有毒有害，为减少损害，便于召回而设。两本台账由经营者妥善保管，如实记录，随时接受工商、卫生等有关行政执法部门现场查验。台账记满后，及时上交市场质检部门归档（保存两年），并办理新台账领取手续。三是市场建立食品检测室。添置必要设备，配备专职人员，对送检或抽检食品严格按工作流程检测，出具检测报告。对检测中发现影响或危及人身健康、生命安全的不合格食品，立即停止销售，坚决清退出市场。轻纺城还会同工商行政管理部门同经营户签订了《食品安全经销责任书》，明确职责，规范经营行为，对违反食品准入制度的将作出严肃处理。

【消费者权益保护】

发挥消费者协会作用，努力为消费者排忧解难。一年来，轻纺城消费者协会认真履行职责，积极受理投诉，维护消费者合法权益。2004年，共受理投诉196件，办结率97.4%，为消费者挽回直接经济损失74297元。

【平安市场建设】

市场分发“安全防范倡议书”，建立了外来经营户档案，发放了暂住证。同时积极发挥民事调解作用，使许多案子解决在萌芽状态。全年共发生民事纠纷17起，治安纠纷26起，刑事案件35起，与2004年同期相比分别下降15%、3.7%和10.25%。协助公安机关抓获各类犯罪分子

17名，有力打击了各类犯罪活动，净化了市场环境。

【消防安全建设】

每月2次定期对市场内所有室内外消防栓、灭火器及水塔、水池、消防泵等设施进行检查和保养，并登记入卡。对部分喷淋设置、烟感控制系统进行了适当的调整。2004年，更新灭火器340只，新配备13马力消防泵一台，新增16只室外消防箱，配足相应的皮带、水枪、板手等器材，保证设施完好，备而能用。同时又在新建的副食、鞋城交易区安装了一套全自动电脑报警、自动喷淋消防系统。为了彻底杜绝停电点蜡烛现象，轻纺城在千方百计解决用电线路的基础上，又斥资70万元新增680千瓦发电机组；

市场与1089家经营户签订了“消防安全工作责任书”，层层落实防火责任。加强日常检查和火险隐患整改，累计查处占用消防通道，遮挡消火栓、防火卷帘下堆物等各类违规行为78起，查缴热得快等电器32件。调整充实了市场安全生产领导小组和50名骨干组成的义务消防队。同时积极做好市场内经营户商品保险工作，化解市场风险。2004年底，轻纺城摊位商品保险率达到90%以上，副食、窗帘、灯具、板材等重点区域保险率达到100%；万国商城针对既有市场又有住宅的实际状况，重点加强经营者的消防意识，签订防火协议，增强消防设施投入。2004年，市场又新增灭火机25只，对讲机7台，安装了电视监控，并要求经营户按规定配齐灭火机。

【轻纺城连连获奖】

2004年，宁波轻纺城再次评为浙江省星级文明市场和全国百强市场，这是轻纺城连续3年进入全国百强市场行列；11月宁波轻纺城被中国市场学会评为中国百家诚信建设示范市场之一。

（陈济能）

经济技术协作

【概况】

2004年，鄞州区经济技术协作办公室（以下简称区协作办）紧紧围绕“双优战略”和“新鄞州工程”建设工作，积极探索开拓发展区域经济联合与协作的新思路、新方式，加强经济技术协作的调研和信息交流，组织邀请区外企业参加宁波市及鄞州区举办的各种形式经济协作交流洽谈会，组织引导区内企业走出去开发拓展市场，抢占商机，扩大影响力。对下属企业国有资产进行改革转制，明晰企业资产产权，理顺职工劳动关系，维护职工合法权益。

【区域协作】

继续做好鄞州区与衢州市衢江区6个镇（乡）“一帮一”结对帮扶工作，组织两地有关企业及镇（乡）领导交通考察，走访洽谈，对2003年帮扶协作的项目进行评估分析，落实资金及有关销售渠道。发挥协作系统优势，积极推进区域经济联合协作，组织介绍天津、辽宁等浙江省外11家企业来宁波参加“浙江省贸易投资洽谈会”及“宁波国际服装节”。组织引导区内6家民营企业到天津，武汉参加当地招商引资及经济协作意向洽谈，为鄞州九0阀门有限公司等5家企业在鲁尔木齐、武汉、南昌等地开设办事机构、销售网点提供有关信息资料及证明文件，帮助注册登记，解决经营困难，给区内外企业拓展市场，扩大影响力，提供优质服务。

【完善企业改革】

对下属国有独资的鄞州石油公司及国有控股的鄞州燃料有限公司进行资产评估和产权改革，将鄞州石油公司以净资产45.64万元协议转让给沈莉香等14个原公司职工；将鄞州燃料有限公司中国有资产434.19万元协议转让给鄞州燃料职工持股会。上述两项转让资金合计479.83万元，于2004年7月8日鉴署资产(股权)转让协议书，并于8月11日在鄞州区产权交易所办理产权转让合同证书。对两公司现有的16名在册职工，依法理顺劳动关系，转换职工身份，发放安置经济补偿金，并安排落实就业岗位，做到无1名职工下岗失业，切实维护好职工合法权益。

（区协作办）

产权交易

【概况】

2004年，鄞州区产权交易所共受理企业产权交易101宗，产权交易成交额2.2亿余元，这不仅规范了鄞州区企业的产权交易行为，促进了企业产权转让在“公平、公正、公开”原则下进行，而且完善了鄞州区生产要素市场的规范发展。

【企业国有产权转让管理】

按照国务院国有资产监督管理委员会、财政部《企业国有产权转让管理暂行办法》，联系鄞州区企业国有产权的实际情况，区产权交易所制订《鄞州区企业国有产权转让的操作规程》，并按该规程要求规范操作，有序运行。《企业国有产权管理暂行办法》自2004年2月1日施行以来，全区共发生企业国有产权转让45宗，到场交易45宗，进场率为100%，溢价比率均大于1，做到了企业国有资产的增值保值，有效地防止了国有资产在转让过程中的流失，提高了企业国有产权规范交易的意识。

【规范产权交易行为】

除国有产权外，集体、民营企业的产权转让占总量中的55.45%，尤其是民营企业的产权转让成不断上升趋势，规范这类企业的产权交易行为势在必行，鄞州区产权交易所作为全区企业产权交易平台，为企业的产权转让做了大量工作。接受企业委托无偿为产权转让的当事人提供在法律、政策、转让程序以及权属变更等方面的咨询，为企业产权转让提供各部门之间的工作协调，为企业产权转让代办权属变更手续；为企业产权转让提供信息收集、信息发布的平台；针对交易双方产权转让协议可能出现的不完善和不规范性，提供产权转让标准合同文本，草签“产权转让合同证书”，使之合同管理规范化；对产权交易的合法性、真实性、公正性、公平性、透明性进行审查；对于审查合格的产权转让项目予以见证。

【维护当事人和职工的合法权益】

企业产权转让过程中，鄞州区产权交易所始终坚持“公开、公平、公正“的原则，以国家和集体利益为重，使国有、集体资产不被流失，同时把职工的合法权益放在重要位置，要求转制企业必须开好职工大会或职工代表大会，将转制方案征得职工同意、支持和拥护。深入调查研究，倾听职工的呼声、意见和建议，对发现的问题，通过协调或如实地向有关部门反映，妥善地解决问题。事实证明：在企业转制过程中，凡是产权交易规范的企业，很少发现职工集体上访上诉等现象，因此规范产权交易的行为，也维护了社会的安定。

（区产权交易所）

对外经济贸易

开放型经济

【开放型经济频频获奖】

2004年全区开放型经济上一新台阶，利用外资蝉联全省首位，外贸出口列全省第二位。利用外资和外贸出口均获宁波市金奖、突破奖。

【进出口概况】

2004年，全区实现进出口总额33.45亿美元，同比增长35%，其中：出口25.53亿美元、增长39%，进口7.90亿美元，增长26%。出口队伍进一步壮大，全区自营出口实绩企业超过600家，同比增长30%。全区22个镇（乡、街道）均有自营出口，其中，龙观乡获外贸自营出口金奖，石碶街道、高桥镇获银奖，集士港镇、横街镇、古林镇获铜奖，邱隘镇、下应街道、钟公庙街道获加工贸易出口优胜奖。

【主要出口商品】

2004年，出口商品结构进一步优化，机电产品实现出口11亿美元，增长59%，占全区出口的43.35%，稳居全区各出口大类产品首位。纺织品服装出口增长稳定，全区实现出口8.77亿美元，同比增长27.4%，占全区出口的34.36%。高新技术产品实现出口2.57亿美元，同比增长46%，出口比重超过10%。

【主要出口国家和地区】

2004年，全区出口市场规模进一步扩大，出口国家和地区达177个，比2003年增加10个。其中对传统市场出口保持稳定增长，对亚洲出口9.17亿美元，同比增长25%，所占比重为36%；对欧洲出口7.97亿美元，增长46%，所占比重为46%；对北美洲出口5.27亿美元，增长49%。对新兴市场出口有较快增长，其中对非洲出口9194万美元，增长91%；对拉丁美洲出口1.08亿美元，增长40%。出口前10位国家和地区分别为：美国（4.7亿美元）、日本（3.7亿美元）、德国（1亿美元）、英国（9761万美元）、意大利（9729万美元）、澳大利亚（8823万美元）、中国香港地区（8647万美元）、法国（8299万美元）、阿联酋（7987万美元）、西班牙（7800万美元）。

【外资及中国港澳台地区投资工作】

2004年全区利用外资及中国港澳台地区投资取得新突破，外资质量进一步提高。全区新批外商投资及中国港澳台地区投资企业206家，总投资11.8亿美元；合同利用外资7.37亿美元，实际到位外资3.57美元，分别增长39%、29%和28%。大项目占主导地位，全区新批准500万美元以上大项目48个，合同外资5.8亿美元，占总数的79%，其中1000万美元以上大项目36个，合同外资5.2亿美元。从资本来源看，中国香港地区资金稳居首位，英属维尔京群岛异军突起。2004年中国香港地区投资者投资的企业88家，合同资金49169万美元，实际到位资金17430万美元；来自英属维尔京群岛的外资企业22家，合同资金11955万美元，实际到位资金4734万美元。新批外资企业中独资企业达141家，合同外资6.58亿美元。重点区域贡献明显，鄞州投资创业中心、石碶街道、邱隘镇、钟公庙街道、明州工业园区、望春工业园区、姜山镇、五乡镇、古林镇、下应街道、龙观乡、云龙镇等实到外资均在1000万美元以上，其中鄞州投资创业中心实到外资7607万美元，石碶街道实际到位外资4526万美元。2004年，各镇（乡、街道）、工业园区均有外资企业落户，其中石碶街道获利用外资金奖，邱隘镇、钟公庙街道获银奖，下应街道、云龙镇、龙观乡获铜奖，鄞州投资创业中心获突出贡献奖，古林镇、姜山镇、五乡镇获贡献奖。

【外经工作】

2004年，对外经贸合作稳步推进，合作方式不断创新。全区新批境外企业12家，其中境外来料加工企业2家，累计达到75家，总投资2170万美元，其中中方投资1874万美元，分别分布在美国、英国、日本、阿联酋等20多个国家和中国香港地区。企业“走出去”的质量有所提高，在12家新批境外企业中，有8家是公司，4家是办事处，改变了以往境外办企业以办事处为主的局面。石碶街道、集士港镇、姜山镇被评为2004年度外经工作先进单位。完成对外合作经营额2565万美元。

（方永强）

表5　　鄞州区历年外商投资情况表（2000年～2004年）

单位：万美元

年份	家数	总投资	同比增幅	合同外资	同比增幅	实到外资	同比增幅
2000	111	20348.23	126%	8768	107%	4818	34%
2001	150	32385.45	59%	14165	62%	8126	69%
2002	191	44204	36%	29340	107%	14108	74%
2003	206	85247	93%	57280	95%	28060	99%
2004	206	118187	39%	73711	29%	35700	27%
累计（1980-2004）	1481	391043		218241		108787	
累计（1980-2004）（剔除注销企业）	1018	289815		170425		94679	

出入境检验检疫

【概况】

2004年，鄞州出入境检验检疫局（以下简称检验检疫局）在把好出口商品质量关的同时，重点加强对涉及安全、卫生等敏感商品的检验检疫和监督管理工作。全年，共检验检疫出口货物32904批，检验检疫金额7.3亿美元，分别比2003年同期增长32%和66%；签发通关单22443份，换证凭单9991份，分别比2003年同期增长40%和18%；签发普惠制证书21143份，比2003年同期增长31%，签证金额4.7亿美元；签发一般原产地证3164份，比2003年同期增长31%，签证金额0.8亿美元；完成出口商品包装鉴定 4507 批。

【监管模式革新】

2004 年，检验检疫局继续积极稳妥地推进检验检疫模式的改革，根据出口产品的特点和风险程度，在考核的基础上，对出口产品质量较为稳定、质量管理体系较为完善的企业逐步实施过程监督检验和型式试验监督检验模式，以分别适用机电、轻纺产品生产企业和电器产品生产企业，共有 70 多家企业实施了新的检验监管模式。强化考核，对企业实施动态管理，在实施新模式的企业中，根据监管的要求，制定审核计划，根据检验检疫人员的专业情况，建立了审核小组，审核小组按计划定期对企业的质量活动实施监控。2004 年，对企业共开展监督检查 360 次，经检查，3 家不符合要求的企业取消实施新模式的资格。把检验检疫的工作重心从批批检验检疫逐步转向过程监管，不同岗位人员组合而成的审核小组通过定期对企业的审核，统一了工作人员的检验目光，增加了业务学习交流的机会。把关源头，控制成品质量，为了应对国外日益复杂的技术贸易壁垒，通过把关源头控制成品质量作为工作重点。在食品安全方面，在加强日常抽样检测的基础上，根据不同产品的风险分析评估，逐步推行并完善源头管理。2004 年，共考核蔬菜基地近 3333.33 公顷，小龙虾养殖基地近 133.33公顷。对出口服装实施了“指定项目检测 + 工厂监督管理 + 抽查批次检验”的模式，不仅保证了成衣的质量，而且保证了原料的质量。完善企业档案资料的整理，并将日常考核监管情况及时归档，以随时掌握企业质量情况动态。做好基础管理工作，如开展标准资料、科技图书的收集和整理，检验检疫科全年共收集标准550 份，科技图书约 100 册，为日常的检验检疫工作的开展提供了技术保障。

【严抓质量】

针对往年在出口商品检验检疫中不合格检出率低的现象，该局在 2004 年初工作思路中明确了要提高不合格出口商品的检出率，促进工作质量提高的新措施。该局教育全体检验检疫工作人员树立起“检出不合格是我们的责任，是把关工作的成绩”的意识，杜绝在工作中满足于蜻蜓点水、走马观花，对发现质量问题见怪不怪的现象，每月对检验检疫人员的不合格商品检出率进行通报，督促检验检疫工作人员加强业务的学习和钻研，从而掌握质量工作的主动权，并能铁面无私地对不合格问题作出及时公正的处理。2004 年，共检出不合格商品 101批，金额 142.69 万美元，分别比 2003 年同期增长 274.1% 和 312.4%，提高不合格出口商品的检出率工作取得了初步成效。

【优化服务】

推行集中审单，加快通关放行。在对企业实施检验检疫新模式的基础上，为加快检验签证速度，经过充分酝酿，从 5 月 1 日起推行了集中审单制度，即每天由 1 位经相关业务培训的检验检疫人员值班处理检验新模式的所有单证，全年，通过集中审单处理单证 11970 批，占同期报检单证的 36%。此举不但大大加快了检验签证速度，而且能使检验检疫人员可以从日常繁忙的单证处理事务中解脱出来，从而有足够的精力加强对风险较高、管理薄弱、产品质量不稳定的企业进行把关和服务。发挥检验检疫技术优势，为企业献计献策，共同解决产品质量和管理问题。如及时向企业宣贯进口国对产品的政策变化、最新要求和可能遭遇的技术壁垒等。大力推广质量体系认证和产品质量认证，帮助企业进行管理咨询，使企业在提高管理水平的同时及时应对国外的技术壁垒。2004 年，在检验检疫局的帮扶下，共有 30 多家企业通过了 ISO 9001、ISO 14000、HACCP 等体系认证。

【纺织品检测中心实力增强】

宁波检验检疫局纺织品检测中心从2003年划归区检验检疫局后，该局进行了大量的投入，努力把该中心建设成为一个实力雄厚的实验室，以满足宁波地区纺织品检测和检验检疫事业发展的需要。通过努力，实验室建设上了新台阶。首先，纺织品中心地位进一步提高，2004 年 8 月，中心通过 CANL 扩项，监督评审，成功地将 AZO 检测项目列入 CNAL 认可范围之内，并获得国家质检总局区域性重点实验室资格、中国质量认证中心指定实验室资格和从事生态纺织品环保绿色标签检验资格，这使得该中心已从主要靠法检的纺织原料检测业务成功转型至法检的纺织原料检测与社会委托的纺织品服装面料检测业务并重，具备了参与检测市场竞争的能力。2004 年，该中心共完成检测批次 16193 批，比 2003 年同期增加了 3.3 倍，偶氮成分、甲醛、pH 值等一批生态项目的检测，为众多纺织品服装企业在技术上破除了绿色壁垒，在时间上赢得了快捷，同时也为该中心自身业务的发展带来了生机。其次，科研制标、论文撰写取得了显著的成绩。2004 年，共有《运用波谱图分析纱疵成因》等 10 篇论文发表于《纺织标准与质量》等一、二级刊物上，数量超过该中心历年来发表的纺织类论文之和；参与国家质检总局科研项目《新型环保纤维混纺产品的成分分析方法的研究》获国家质检总局科学技术三等奖。

【内部管理稳步加强】

导入 ISO 9000 质量体系，不断规范和优化内部管理。2004 年 2 月起，检验检疫局机关开展了 ISO 9000 质量管理体系的建立和实施工作；11 月，顺利通过了 CQC 评审中心的现场审核。通过导入 ISO 9000 质量体系，规范了工作程序，切实加强了内部管理，提高了检验检疫工作质量。

对检验检疫周期和签证周期实行每月内部通报制度。每月把检验人员、检务人员和实验室检测人员的工作量、工作周期和工作差错情况列表统计，以书面材料形式让全局干部职工轮阅，监督检验检疫及检测人员保质保量按时完成工作。通过内部通报制度，提高了检疫效率，减少了差错。

建立综合管理网站，实现内部管理信息化。6 月，检验检疫局建立了“鄞州检验检疫”综合管理网站，并利用网站这一平台，做好内部管理。8 月，该局作为办公室自动化应用试点单位，成功安装了 OA 系统，并在发文模块上试用成功。两个网络系统在内部管理中的应用，进一步提升了办公信息化程度和工作效率。

（曹　霞）

交通 邮电 供电

交 通

【概况】

2004年,全区完成公路建设投资31780万元,管养公路774公里,平均好路率70.2%,比2003年提高2.6个百分比,其中干线公路好路率97.7%,比2003年提高0.1个百分比。征收水陆交通规费18679万元。

【交通基础设施建设】

重点工程　明州大道,1月份编制完成了全线工程清单和施工、监理招投标文件,2月份完成了工程招投标,4月份出台了明州大道政策处理有关工作意见,9月份明州大道被省政府批复同意列为公路"四自"(自行贷款、自行建设、自行收费、自行还贷)工程。联丰至集士港公路,年度完成8555万元的工程量,是年度计划的102%,占合同总价的63%。

农村公路　完成投资2600万元,新改建农村公路34.5公里。全区直接投入农村公路建设资金达808万元,行政村通等级公路率提高了2.4个百分点。

基础工作　完成宁姜公路杭甬跨线桥改建工程,投资680万元;完成柘岭隧道加固工程,投资1500万元;完成天童南路延伸段工程,投资2500万元。全年实施大中修工程36项,投入资金800余万元。

【交通规费征收】

通过采取落实费收目标责任制、加强宣传、费源管理、以查促缴、银行代征等有效措施,交通规费征收高额增长。全年汽车养路费征收13169万元,完成计划的130.4%,比2003年增长51.2%;省公路建设基金征收2860万元,完成年计划的132.8%,比2003年增长20.2%;运输管理费征收873万元,完成年计划的124.5%,比2003年增长80%;手扶拖拉机养路费征收202万元,完成年计划的145.7%,比2003年增长6%;摩托车养路费征收336万元,完成年计划112%,比2003年增长6.3%;车购税代征714万元,增长35%;航政规费征收285万元,完成年计划的100.4%。收取宝瞻公路车辆通行费240万元。

【交通行政管理】

全年公路稽查检查车辆31万辆次,查处违章9983辆;路政检查查处违章案件6568件,拆除违章建筑2517平方米;维护路面整洁,查处滴漏撒车辆376辆;开展维修市场整治,组织联合执法12次,查处各类维修违章226起;以七级以上航道为巡查重点开展航政检查,巡查航道822公里,查处违章2起;开展超限运输专项治理整顿,共检测疑似超限车辆11366辆,检测出超限超载车辆5746辆,卸载货物28967吨。

【中巴车公交化改造】

按照"政府指导、市场运作、统一规划、分批实施"的指导思想和"逐条改造、稳步推进"的改造原则,通过精心准备、各界配合、上下联动、多轮谈判,中巴车公交化改造已取得实质性进展。东方巴士公司组建成功,标志着鄞州区中巴车改造收购主体确定,以公交化为主体经营的城乡短途客运形式也随之形成。9月份,大宁横线59辆中巴车改造成功,咸祥、瞻岐、塘溪3地开通了620、621两线至市区的公交车,以及601、602两线区间内公交车。12月份,古林线35辆中巴车改造成功,古林、梅园两地开通了626、625、604三线公交车。东方巴士公司已开通区内公交线路9条,途经覆盖7个镇(乡),共投入营运车辆70辆,年旅客运输量440万人,区内城乡公交网络化运营已初步显现。

【交通安全管理】

认真落实安全生产责任制,通过加强安全生产教育,健全安全生产监督管理体系,规范安全管理基础台账,交通安全生产工作取得较好成绩。一是加强宣传教育,交通系统共挂各类安全横幅80幅,张贴安全标语710份,分发安全资料4000余份,召开安全会议90余次,受教育人数达1万多人。二是加强检查督促,交通系统共组织4次大规模的安全生产检查,同时又不定期开展各种检查,共检查企业128家次、场站15家次、渡口28个次、道口24个次,组织检查321人次,发现各种隐患61项,当场整改或限期跟踪整改。全年安全生产形势稳定,未出现重、特大安全事故。

(周俏维)

图28 改造后的城乡公交

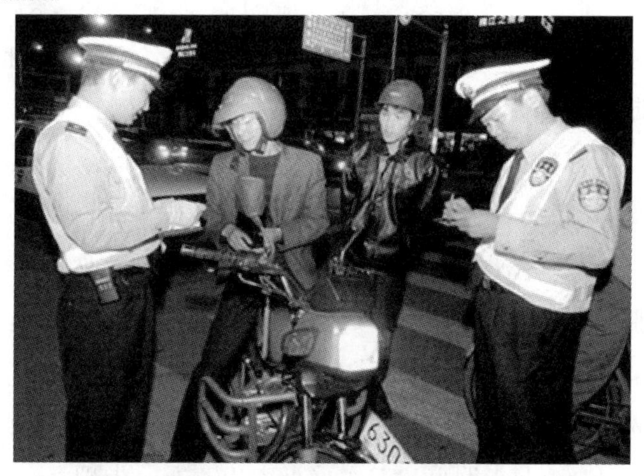

图29 为维护正常的交通秩序,自10月13日起,鄞州区开展为期3天的交通秩序集中整治行动。图为交警在路上执法。

宁波栎社机场

【概况】

2004年,宁波栎社机场在安全保障、运输生产、企业管理等方面保持持续健康快速发展的良好态势。栎社机场实现第二十个安全年。全年旅客、货邮吞吐量和航班起降架次分别完成185.2万人次、3.48万吨和2.06万架次,分别比2003年同期增长42.37%、31.50%和28.62%,创历史最新纪录,彻底摆脱了连续6年来旅客吞吐量徘徊在120万人次不前的局面。

面对航空运输市场的激烈竞争,宁波机场在周密分析航空市场的基础上,以市场为导向,及时调整经营发展思路和营销策略,全面加大新航线航班的开发力度,吸引了南航、川航等航空公司来宁波开辟航线,增加航班。开通和恢复了宁波至南宁、天津、太原、郑州、西安、哈尔滨、三亚、南昌、桂林等国内航线,开通了大连至宁波至新加坡的首条国际航线,同时对社会需求较旺的航线加大了航班密度,积极增加宁波至上海空中巴士航班,使之每天保持6至7班,进一步完善了宁波航线网络,提高了宁波航空运输的能力。机场配合开展全市性的重大活动,完成浙江省投资贸易恰谈会、宁波国际服装节、中国日用消费品博览会和“两会”代表委员的运输保障工作。

宁波机场以属地化管理为契机,深化企业管理和机制改革,初步形成了机场管理中心,运营保障中心和经营中心,建立了一套适合市场经济发展要求的企业管理组织体系,使各单位分工明晰、职责明确、工作重点突出,进一步理顺了经营管理思路。积极挖掘内部潜力,以创新选人机制,激活人力资源,优化用人岗位为切入点,按照精简、协调、高效的原则,对机构及岗位进行优化整合。积极开展ISO 9000质量体系认证提高机场服务水平和管理水平;通过与交通投资公司合资组建包机公司探索新的利润增长点,积极探索包机运作,完善宁波机场航线结构。机场还加大了对职工综合业务素质的培训力度,积极与美国休斯敦机场、澳大利亚航空服务局联络,商讨组建培训中心等事宜。

【实现属地化管理】

4月28日,宁波栎社机场属地化管理体制建立大会在宁波金港大酒店隆重举行。至此,宁波栎社机场正式移交宁波市政府管理,并成为浙江省第一个正式下放地方政府管理的机场,标志着宁波民用航空发展进入了新的里程。

宁波机场属地化管理后,将按照宁波市“建设大交通,促进大发展”的总体思路进行重新定位,即宁波机场要建设成为长江三角洲地区对外交流的重要窗口,宁波经济和社会发展的重要平台,区域性客货运输的重要枢纽;根据“投资主体多元化、机场管理专业化、商业经营市场化、航空服务社会化、运行标准国际化”的发展思路,发挥宁波优势,运用市场差异以特色运输带动全面发展。同时,发展支线客运市场,以干线拉动支线,以支线密织网络,借助于为上海机场服务,开辟支线航班,通过上海至宁波空中巴士,来疏散国际客源。

【飞行区扩建工程全面开工建设】

7月23日,宁波栎社机场飞行区扩建工程全面开工。工程计划于2006年上半年竣工。届时,机场飞行跑道将由现在的2500米延长到3200米,可满足直飞航程在5000公里或更远一些的较大机型飞机的起降要求。

宁波栎社机场飞行区扩建工程是省、市重点工程。作为宁波栎社机场航站楼的匹配项目，工程按满足年旅客吞吐量 380 万人次、货邮 6.34万吨设计，工程项目主要由场道工程、供电及助航灯光工程、导航及气象工程和有关附属工程组成。工程总投资 2.66 亿元。

工程建设后，宁波栎社机场跑道延长至 3200米，新建双向 I 类仪表着陆系统、气象自动观测系统、双向 I类精密进近灯光系统和巡场路等设施，将大大增强机场飞行保障能力。

【大连—宁波—新加坡国际航线开通】

9 月 15 日 23 时 50 分，南方航空公司一架空中客车飞机载着 151 名中外旅客从栎社机场直飞新加坡樟宜国际机场，至此，首条国际航线正式开通。该航线全程往返时间约 13 小时 40 分，投入飞行机型为 A319 型。

大连—宁波—新加坡国际航线的开通，结束了宁波没有国际航线的历史，提升了宁波城市知名度，进一步改善了投资环境，促进了两地经济交往，为市民直飞新加坡旅游观光提供了交通便捷；同时，推动了宁波航空口岸对外开放的步伐，促进宁波机场国际化进程。

【栎社机场航空货站正式启用】

11 月 16 日上午，机场航空货站正式启用。航空货站建筑面积达到 7881 平方米，拥有国内出发到达、国际出发到达 4 个库区，并设置了贵重物品、活体动物、危险品、冷藏品等特殊物品库房，功能设置基本达到了现代物流要求的标准。航空货站的正式启用将为宁波栎社机场发展成华东地区货运中心机场的战略目标打下了坚实基础。（冯剑寒）

图 30 宁波机场鸟瞰。

图 31 机场夜景

邮 政

【概况】

2004年，鄞州区邮政局（以下简称区邮政局）全年完成业务总量2516万元，同比增长3.6%；实现业务总收入2209万元，同比增长12.05%；邮政储蓄余额达3.08亿元，增长41.28%。

【业务拓展】

随着鄞州经济的快速发展，企事业单位迁入和新建，住宅新村规模不断扩大，人民群众对邮政的需求也愈来愈高。区邮政局从大众利益出发，不断增扩投递邮路，在钟公庙街道新开设了长丰邮政所，为用户提供各类邮政业务的寄递服务和邮政储蓄业务，大大方便了周边群众；主动上门为大中专院校的学生和部队退役军人办理包裹寄递业务。为了加大对投递人员的服务质量考核力度，实行了按量计酬考核办法，充分体现了多劳多得，调动了投递员的积极性，促进了投递服务质量的进一步提高。整合营销资源，将原东、西乡营销班合并，组建营销部，主动为企事业单位和院校实行上门服务，取得较好了的工作业绩。

【结构优化】

坚持以市场为导向，以客户为中心，以效益为目标的经营方针，该局在做好普遍服务的同时，优化业务结构，注重抓好高效业务、成长型业务，大力发展函件、特快、储蓄3大龙头业务，取得显著成效。函件业务：在稳定商业信函和帐单式业务的基础上，通过“宁波老外滩”专用邮资信封的承揽，全年共完成54万枚，使函件业务收入达到257万元，增长53.69%。特快专递业务：以长江三角洲“次晨达”、省内特快“次日递”、国内特快“全夜航”、国际特快“卡哈拉”速达等业务的启动，对具备条件的支局、所开办受理，实行了国际特快优质优价，同时为高考学生提供快捷的高考录取通知书专递服务，全年完成速递业务收入302万元，同比增长37.61%。邮政储蓄：通过改善服务环境，提高服务质量，加大宣传力度，更新了设备，实行了全国统一版本的计算机网络，大大提高储户对邮政储蓄的信任度，全年新增储蓄余额9300万元。

【服务规范】

组织开展了以“树邮政新风，创优质服务”为主题的服务整改活动，重新颁布和认真落实邮政服务各项规范和对外服务承诺，继续推行服务工作的“红、黄牌”制度。加大了对邮政服务的监督检查力度，认真受理用户投诉，开展各类员工教育培训和全体员工评选活动，从而不断提高员工的综合素质。实行了技能津贴和星级津贴，评选出一、二、三等级的星级投递员、营业员，进一步推动了服务工作的规范化。

（韩淑静）

鄞州电信局

【概况】

2004年，鄞州电信局紧紧围绕“以市场为中心，以效益为目标”的经营理念，坚持“用户至上，用心服务”的服务理念，持续进行通信网络的优化和建设，不断满足市场和用户的需求。全年共完成业务收入2.8亿元，比2003年增长14.06%。

【流程重组】

2004年，鄞州电信局按照改革要求，3月份完成了组织架构重组，下设6个部，13个区域经营部。同时按照新的组织架构要求，公布岗位设置，分2批开展了竞聘上岗。在竞聘工作中，坚持公平、公正、公开的原则，经过笔试、面试、组织考评等步骤择优聘用，并对上岗人员进行任前公示。与此同时，建立了面向客户的各类业务流程。

【绩效考核】

2004年4月，鄞州电信局推出《鄞郊电信分局绩效考核管理办法（试行）》，全面施行薪酬制度改革。对各区域前端人员、邮电所统包人员实行计件计量制，实行上不封顶，下不保底的办法，充分体现多劳多得的分配原则，鼓励员工不断进取。改革效果良好，为深入薪酬激励制度改革夯实了基础，积累了宝贵的经验。

【服务提升】

2004年，鄞州电信经过不断细分客户市场，精心组建了以客户经理、社区经理、统包经理、10000号客户服务中心为主渠道，社会代理商为辅渠道的服务团队，以主动服务、全程服务、差异服务为特性，坚持“用户至上，用心服务”的服务理念开展服务。在2004年底宁波市行业行风评议活动中，鄞州电信局的综合得分名列前茅。

【先进名录】

集体荣誉：2004年，鄞州电信局设备维护安装室QC小组荣获“宁波市优秀质量管理小组”称号；设备维护综合值守组荣获“宁波市巾帼文明示范岗”荣誉称号。在宁波市大客户综合管理工作评比中（2004年上半年度），鄞州电信大客户部荣获一等奖。

个人荣誉：公用电话客户服务部李素芬获浙江省电信公司授予的“优秀营业员”称号。横溪区域经营部李良斌获浙江省电信公司授予的“优秀社区经理”称号。

（陈 笋）

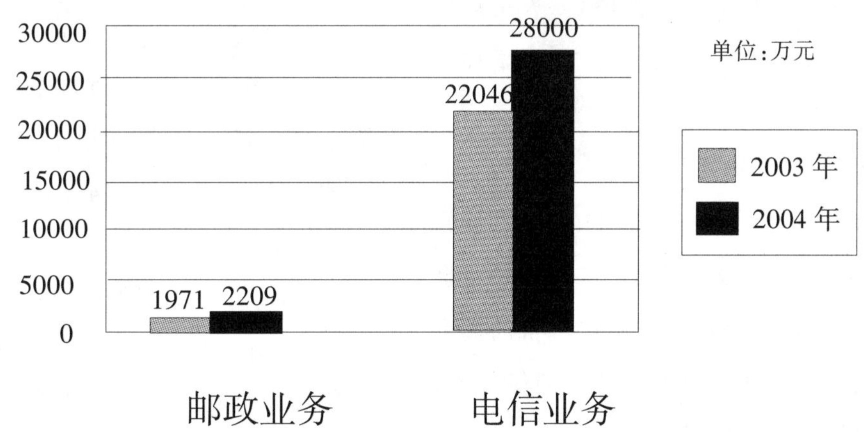

图32 2003年～2004年邮政电信业务收入对照图

浙江移动通信有限责任公司鄞州分公司

【概况】

浙江移动鄞州分公司成立于2003年12月30日，公司自成立以来，在公司全体员工的共同努力下，扎实工作，巩固和拓展了中国移动通信在鄞州区域市场的地位。全年累计实现运营收入1.42亿元，收支差额1.14亿元，新业务收入占比达到17.08%；到12月底为止鄞州移动用户累计接近30万户。

【企业规模快速扩大】

2004年，鄞州移动在整个鄞州区已开办营业厅8个，包括石碶营业厅、钟公庙营业厅、高桥营业厅、钱湖路营业厅、东钱湖营业厅、横溪营业厅、五乡营业厅和咸祥营业厅，范围扩大至鄞州大部分镇(乡、街道)。为进一步开发区域市场，挖掘市场潜力，提高渠道管控能力，公司设立东部和西部2个区域营销中心，分别负责东部和西部的客服营销工作和营业厅管理。随着营业网点的增加和客户数量的快速增长，人员规模也迅速扩大，公司员工已从最初的24人增加至65人。

【首家自助营业厅开通】

1月，鄞州移动在石碶开设了24小时自助营业厅，内有多媒体自助服务系统、自助详单查询打印机、手机“加油站”等设施。用户可自助查询各类相关信息，自助办理简单的移动通信业务，如手机停机和复机、话费详单自助查询和打印、修改程控功能等。通过自动售卡机，用户可以随时购买移动缴费卡为手机充值；在手机没电时，手机加油站可以提供充电服务。这是鄞州电信业首家24小时自助营业厅。

【积极主动服务区“两会”】

2月，鄞州移动积极主动服务区“两会”，并借公司开业契机，为“两会”提供信息化服务，扩大公司知名度和美誉度。会议期间共接待与会代表1100多人次，解答各类咨询500多人次，办理公务员套餐30人，现场开户20个，并有不少代表进行了话费充值，极大地方便了“两会”代表。

【对大型集团客户实行进驻服务】

为了更好地落实对重要集团客户的服务工作，将“全心全力全为您”的服务理念真正深入到客户，公司派驻客户服务经理对解放军东海舰队、奥克斯集团等集团每周定期定点服务，方便集团内的普通客户及时办理充值、更改套餐等业务，受到客户的高度评价。

【加快移动信息化进程】

8月，与鄞州区信息化推进办公室签订新业务合作协议，在区政府办公自动化系统中进行短信嵌入，实现会议通知，短信到达等的应用，逐步开始在各镇(乡、街道)机关办公推广应用，实施效果良好。鄞州区已有移动信息化示范点119家，综合接入企业14家、精品工程1家。

【打造卓越网络】

全年新建基站28个，新增频点170个，新增9个直放站，7个室内分布系统，改善2个公路隧道的信号覆盖；新建光缆270.3公里，管道45孔公里。公司上下努力克服“电荒”、台风等重重困难，确保通信畅通。成功地完成宁波国际服装节、浙江省投资贸易洽谈会、鄞州区歌唱大会、清明扫墓等大型活动的通信保障。9月，宁波市移动通信公司网络优化中心专门抽调技术骨干对鄞州区弱信号覆盖区进行了专题优化，取得了较好的效果。

【文明服务】

2004年,公司大力提倡“真、亲”品质的服务价值观，在加大营业窗口硬件投入的同时重点加强服务软件的品质化。积极整改服务“短木板”,努力提高营业服务质量。公司以创建“文明单位”和“青年文明号”活动为载体,加强精神文明建设，发动全员积极推进文明单位创建工作，落实各级责任人，确保台账资料完整，并通过了区文明办组织的文明单位验收。为推进鄞州新城区创建文明城区工作的深入开展，与鄞州区文明城区创建办公室合作，结合移动短信平台，在全区开展文明短信创作大赛，收到短信创作内容近千条，取得了良好的社会效应。

（吴晓莹）

中国联通有限公司鄞州分公司

【概况】

2004年1月17日注册成立中国联通有限公司鄞州分公司，原中国联通有限公司宁波分公司鄞州经营部注销。2004年投入6000多万元在鄞州建设CDMA基站26个、GSM基站38个。

【服务网点建设】

建立、完善了在各镇（乡、街道）的服务网点。2004年，设立了2个专门用于CDMA手机维修的“联通CDMA绿苑”，为CDMA用户手机维修提供了极大的便利；设立10018星级客户服务专线，确保大客户咨询电话24小时顺畅。陆续在塘溪、鄞江、高桥、洞桥、东钱湖、下应、咸祥、卖面桥、五乡、钟公庙开设合作营业厅，在石碶、姜山、咸祥开设大卖场，为各地用户提供更加便捷与完善的服务。

【服务质量建设】

6月，建立行风建设领导小组，聘请鄞州区各镇（乡、街道）党委秘书为鄞州联通行风监督员，形成了一支内外结合的监督管理网络。2004年中国联通有限公司鄞州分公司被中国联通宁波分公司评为经营业务先进单位。2004年10月，该公司顺利通过广州赛宝公司ISO 9001质量体系、ISO 14001环境管理体系评审工作。（杨喆芳）

中国网通鄞州分公司

【概况】

中国网络通信集团公司鄞州分公司前身为浙江省通信股份有限公司鄞州分公司。2004年7月，按照中国网通集团“融合、改制、上市”工作部署，在原浙江省通信股份有限公司和原网通控股华东大区基础上，融合产生了中国网络通信集团公司浙江省分公司。为统一公司品牌，2004年12月，在原浙江省通信股份有限公司鄞州分公司基础上，成立了中国网络通信集团公司鄞州分公司。

2004 年是鄞州网通成立之年，在中国网络通信集团公司宁波市分公司和鄞州区委、区政府的领导下，鄞州网通顶住了市场竞争的巨大压力，紧紧围绕公司发展主题，将加强管理与改革创新贯穿全过程，聚焦“两年打基础，三年上台阶，五年实现腾飞”的奋斗目标，专注重点客户、重点产品、重点区域，充分发扬“艰苦创业、创新发展、团结协作、务实高效”的精神，在困难中前进，在挑战中成长，各项工作都取得了长足的进步。

【业务发展和产品创新】

作为一家新的基础电信运营商，鄞州网通发挥后发优势，以客户满意为中心，努力为客户提供个性化、差异化服务，塑造中国网通良好的品牌信誉，扩大知名度和美誉度。除提供传统的电信业务外，推出了一系列差异化、个性化的产品，主要有：具备普通程控功能以外的移机不换号、话费立显、“动听”彩铃等多种功能，并能够提供市话详单的新互动电话；依托全省智能网平台，可以把全省范围内不同地点的多部固定电话建成一个虚拟网，网内呼叫直拨短号码的集团通信网；可以将客户的固定电话、手机或小灵通等多个电话号码通过自由转移设置的新互动 V 电话；面向企业提供通信产品的一站式解决方案的 CNC－CONNECTED 宽带商务等等。这些创新产品的推出，为广大客户创造了全新的沟通环境，营造了全新的电信行业业气象。

（陈　琼）

图 33　中国网络通信集团公司鄞州分公司营业服务大厅

电力的生产与供应

【供电、用电】

2004年度全社会用电量306303.75万千瓦时，同比增长13.90%；地区售电量291641.49万千瓦时，同比增长14.98%。其中：工业用电240573.02万千瓦时，占总电量的78.54%；农业用电5756.65万千瓦时，占总电量的1.88%；居民生活用电35741.36万千瓦时，占总电量的11.67%。年最高负荷达到50.86万千瓦，同比增加6.19万千瓦。

【有序用电】

2004年，经历了全面性、持续性的缺电危机，全年共拉闸22557条次，损失电量1.47亿千瓦时，拉闸条次和损失电量分别为2003年全年的1.94倍和2.24倍。针对供用电十分严峻的形势，积极开展有序用电工作，区供电局想方设法挖掘电力资源，千方百计增加电力供应，力保居民生活用电和重要用户用电；加强对节约用电、安全用电、计划用电的宣传，及时向广大用户发布用电信息，让企业、群众早知道、早准备。

深入开展优质服务工作，以“有情服务”弥补停电造成的消极影响。开通了95598电力呼叫中心，进一步加强和方便与客户的沟通。

【电网建设】

全年共建成并投产220千伏变电所1座、110千伏变电所3座，分别为220千伏梅梁变电所、110千伏铜盆变电所、潘火变电所、大嵩变电所，110千伏布政变电所已于2004年12月竣工；新建35千伏茅山箱式变电所、水家变电所、宜科变电所、鄞江变电所和35千伏东湖花园变电所。220千伏钱湖变电所、110千伏茅山变电所已经开工建设。到2004年底，鄞州区共有220千伏变电所5座、110千伏变电所12座、35千伏变电所34座（包括用户变电所16座）、35千伏线路55条、10千伏线路285条，实际供电能力超过100万千伏安，基本形成了一个能适应经济快速发展所需的供电网络。

【安全用电】

全年未发生重伤及以上人身事故，未发生重大设备事故，未发生恶性误操作事故，未发生火灾事故和电力部门负主责的重大交通事故及农村触电死亡事故，实现3个百日安全周期，到2004年底全区累计安全日达到1499天。送电事故率为0.33次/(百公里·年)。变电事故率为0次/台·年，配电事故率为1.43次/(百公里·年)。同时，不断加强电力设施保护，落实消防、保卫各项措施，共破获了128起破坏电力设施案。

（王磊）

财政 税务

财 政

【概况】

2004年,全区完成地方财政收入221273万元,是预算的131.7%,比2003年增长29.1%;加上中央财政收入243733万元,合计一般预算收入465006万元,为预算的116.9%,比上年增长25%。预算收入规模居全省各县(市、区)第二,全市第一。剔除出口退税后,全区一般预算收入278518万元,其中鄞州区226723万元、科技园区梅墟街道35452万元、东钱湖旅游度假区16343万元。根据鄞州区收入完成情况,按现行财政体制计算,2004年鄞州区地方财政可用资金213584万元,为预算的111.7%,其中地方财政收入144398万元、中央税收返还收入71074万元、出口退税基数返还27925万元、上解中央及市支出29813万元,加上级补助和2003年结余转入42712万元、调入资金1294万元,合计收入为257590万元。

全区地方财政支出合计218132万元,为预算的102.9%,比2003年增长12.6%。鄞州区地方财政收支相抵结余39458万元,其中:各部门未使用专款及单位包干结余23814万元、财政净结余15644万元。

2004年,区本级地方财政收入完成80305万元,加上中央财政收入58038万元,合计一般预算收入138343万元,为预算的97.5%,比2003年增长3.8%。剔除出口退税后,区本级一般预算收入77891万元。按现行财政体制计算,区本级地方财政可用资金134378万元,为预算的113.8%,比2003年增长18.4%。加上上级补助收入和2003年结余转入22391万元,镇(乡、街道)税收缴区29527万元,调入资金6万元,合计收入186302万元,为预算的128.6%,比2003年增长12.6%。

2004年,区本级地方财政支出168852万元,为预算的107.1%,比2003年增长8.3%。区本级地方财政收支相抵结余17450万元,其中:各部门未使用专款及单位包干结余17375万元,净结余75万元。

【财政改革】

加大部门预算改革力度,2004年全区46家区级行政事业单位全部纳入部门预算范围,18家单位的部门预算报区人民代表大会审议通过。改进预算编制方法,科学制定支出标准,合理调整行政事业单位公用经费的分类分档标准。把重大专项资金如农业发展基金、工业发展基金、科技发展基金、外贸发展基金列入部门预算。全面编制政府采购预算,各镇(乡、街道)财政实行了综合细化预算。改革资金管理方式,根据国库集中支付改革的具体要求,实行政府采购资金财政直接支付。全区46家行政事业单位和教育、卫生下属单位的政府采购项目,纳入了财政直接支付范围,2004年通过会计核算中心集中支付采购资金3228万元。积极探索不同采购方式,对办公自动化设备实行协议采购;对印刷和汽车维修、保险、加油等实行定点采购,建立准入制度,加强对供应商管理。2004年累计采购金额23225万元,增长112%,节约财政资金4343万元。加强与人事部门、工资代发银行的横向联系，全区2032名公务员和132所学校6235名教师工资实行财政统发。清查、撤消8个镇(乡、街道)国库，进一步强化了对财政资金的管理和监督。

【财政管理】

根据《浙江省预算外资金管理条例》，建立预算外资金收费定期报告制度，实行收费公示制度，继续清理整顿各项收费项目，加强收费票据管理，规范部门和单位的收费行为。全年清理取消外来人员就业证工本费、经济合同签证费等收费项目44项，减少收费884万元；推行教育“一费制”收费办法，减轻学生和家长经济负担1230万元；取消农业税，减轻农民负担1350万元；取消“补农基金”，减轻企业负担6522万元。减费力度为历年之最。在全市率先制定《鄞州区区级预算单位银行账户管理办法》，全面清理了108家区级预算单位银行账户311个，经批准保留账户248个，撤销不符合规定的账户63个。

制定《鄞州区财政性基本建设项目投资评审操作规程》，规范基建财务评审行为。发挥委派会计的监督职能，对区重点项目的资金使用情况进行全过程监督。推行以政府采购确定社会中介机构的评审方式，提高基建评审质量，降低基建成本。2004年通过社会中介机构和委派会计共对39个财政性投资项目进行审查，送审投资19121万元，核减基建资金2088万元，核减率达10.92%。

进一步理清区和镇（乡、街道）之间的财权、事权，提出完善镇(乡、街道)财政管理体制的补充意见，将市政企业的财政收入划归各镇(乡、街道）参与体制分成，按扣除出口退税后的新口径统计镇(乡、街道)财政收入并参与分成，房地产企业营业税、所得税和契税从原基数中剥离实行单独分成，确保镇级财政平稳运行。

加强国有资产处置管理，规范资产转让程序，提高资产评估质量，严防国有资产流失。2004年完成评估审核51家，占应转制企业的96.2%；取得各类国有资产收益5014.93万元，其中红利收入77.17万元；成立鄞州区房屋处置办公室，加大对行政事业单位搬迁原办公用房的处置力度。

在全省率先制定《鄞州区政府负债管理暂行办法》，严格政府举债审批，规范债务偿还和风险管理。

按照《中华人民共和国行政许可法》的要求，全面清理了财政行政审批项目、行政许可收费和涉及行政许可事项的地方性法规。组织开展部门预算执行情况、镇(乡)和街道财政规范化管理情况、党政机关用公款购买商业保险、党政领导干部拖欠公款清理，统一着装整顿工作，强化财政监督。

【支持经济社会事业】

坚持“小政府、大服务”的工作理念，切实加大对事关群众切身利益的公共设施建设投入力度，加快推进农村建设和生态区建设，加快城市化进程。积极优化教育、科技、文化、卫生、社会保险等公共事业支出结构。2004年，全区基本建设支出43700万元。加大对被征地人员参加养老保险的补贴，全区已参保56220人，财政补贴达14061万元；扩大城镇职工养老、失业、医疗、工伤、生育等社会保险覆盖面，提高原农村职工养老保险享受标准；全面实施新型农村合作医疗制度，2004年区财政补助达3424万元，54万农民参加了住院保险，14964人受益，报销金额达2056万元。健全社会救助体系，城乡居民最低生活保障标准进一步提高，2004年这部分支出达552万元。大力支持教育事业发展，2004年教育支出26637万元，重点用于教职工工资福利、设备购置、校舍改造等项目。稳妥推进住房货币化分配改革，出台《鄞州区住房补贴实施办法》，自2005年～2007年3年内完成全区行政事业单位住房补贴工作。充分发挥财政对区域经济发展调控作用，大力支持技术改造、高科技企业发展，投入科技3项费用31584万元，促进工业产业结构升级，开放型经济持续发展。稳定农业基础投入，重视农业综合开发，支持农业龙头企业发展，促进农业科技进步，同时加大禽流感防治力度，加大对粮食生产的补助，2004年农业支出10419万元。合理调度资金，努力缓解鄞州区水、电、土地、资金等资源要素紧张局面。妥善安排土地出让金，大力支持标准农田建设，2004年财政安排3500万元用于自购发电机组补贴，投入水利建设资金达15950万元。认真测算市对区财政管理体制调整对鄞州区经济社会发展带来的影响，确保鄞州区财政体制的平稳过渡。积极应对出口退税机制改革对鄞州区财政和外贸发展的影响，足额安排出口退税地方财政负担资金17242万元，大力推进外贸出口结构调整，确保鄞州区财政收入和地方财力的可持续增长。

【队伍建设】

继续加强干部教育培训。以增强干部能力素质为重点，推出“菜单式”教育培训，举办财税调研论文研讨会，汇编《2004年财税调研论文集》；开展镇乡财政业务知识培训，提高财政干部依法理财水平；组织开展“小企业会计制度”培训，加强会计制度执行情况检查，提高会计信息质量。

扎实开展机关效能建设。深入开展效能建设，推出“八小时外电话预约服务”，开通短信提醒服务平台，导入ISO质量认证体系，修订健全45项制度，汇编《鄞州区财政局制度汇编》，推行指纹考勤，深化评议工作，让每一个干部向服务对象公开述职，通过各种举措，财政形象得到新的提升。据统计，有99.8%的服务对象对区财政局的作风建设表示满意。

坚持抓好党风廉政建设。认真落实党风廉政责任制，严格执行干部个人重要事项报告制度和廉政集体谈话，开好领导干部述职述廉报告会。区财政局机关党支部被评为区级先进党组织，局机关荣获“区级文明机关”称号。

（毛盈飞）

图34　9月22日，区财政局在甬港饭店召开财税调研课题研讨会。

地方税务

【概况】

2004年，宁波市鄞州区地方税务局（以下简称区地税局）共组织各项税收161123万元，比2003年增长28.63%，增加35863万元，完成年初计划144600万元的111.43%。其中：企业所得税53582万元，同比增长46.46%；个人所得税35223万元，同比增长28.32%；营业税55552万元，同比增长13.79%；印花税2171万元，同比增长94.01%；土地增值税4756万元，同比增长194.31%。征收社会保险金38668万元，残疾人生活保障金1519万元。

【税务征管】

2004年，区地税局全面推进依法治税，严格执行新征管法及其实施细则，加强收入预测分析，强化税源动态监控，对欠缓税、汇算清缴等有较大影响的经济事项和变化因素设立征管台账，完善主体税种、重点行业税收增减变化情况分析制度，掌握税源发展趋势，提高税收计划管理水平；开展餐饮业、娱乐业发票有奖活动，增强消费者索取发票的积极性，促进餐饮、娱乐业税收快速增长；抓好国税、地税联合办理税务登记工作，规定联合办证范围、程序和方法，充分发挥国税、地税互补管理优势，拓展了税收征管工作的深度和广度；完善个人收入档案管理制度、代扣代缴台账制度和“双向申报”制度，继续加强校办企业被取消税收优惠的后续管理。加大对货物运输业、建筑业和房地产业的征管力度，注重部门合作，规范代征办法，创新征管手段，杜绝税收流失；加强社会保险费和残疾人生活保障金征收力度，2004年区地税局被评为“浙江省养老金征管工作先进单位”和“鄞州区残疾人按比例安置工作先进单位”。

【规范税收秩序】

全面贯彻《中华人民共和国行政许可法》，公布废止1990年~2003年的259个规范性文件，减少审批环节，简化办税审批程序。健全税收公告制度，对征纳双方具有普遍约束力的文件及时通过法定方式进行公告。以地方性税收政策法规清理工作情况、税收优惠政策贯彻落实情况为重点，开展执法检查，重点检查面达到100%，通过执法检查，进一步增强了地税法制意识，规范了地税执法行为。认真贯彻区委、区政府经济强区发展战略，进一步落实好下岗职工再就业、国产设备投资等税收优惠政策，停征农业补助基金，减免企业所得税40721万元、减免营业税722万元，为促进地方经济发展发挥了重大作用。加大对大要案的查处力度，查处涉税金额10万元以上大要案23起，组织开展核定征收企业所得税、交通货运企业、房地产企业、外贸企业税收专项检查，共查补税近601万元，显现了地税稽查的威慑力。开展“全国第十三个税收宣传月活动”，紧紧围绕“依法诚信纳税、共建小康社会”的主题，与宁波市曲艺家协会联合举办“鄞州地税杯”税收宣传曲艺汇演，组织中小学生参加“水.税.源”浙江省中学生未来宣言活动，采访诚信纳税人、放漂“护税漂流瓶”和共植“护税林”，进一步扩大税收宣传的社会影响，营造了全社会诚信纳税的良好氛围。

【税收征管改革】

推行网上征管服务系统，整合税银联网实

时扣税、网上报税、PC机报税、电话报税等电子化税收管理资源，构筑崭新的地方税收征管平台。截至2004年底，全局实行网上报税企业12000多户、税银联网实时扣税企业18023户、电话报税户14000多户。网上报税工作受到宁波市地方税务局的充分肯定。税收的服务手段进一步优化：推行一联式电子缴税完税凭证；建立短信提醒服务平台，以短信形式传达税收政策、法规；征收期内提醒纳税人及时缴税，征收期外全面开展税款催缴工作；全面导入ISO 9001先进管理理念，通过再造行政管理流程，建立全员岗位责任体系，明确内部各部门、岗位的办事内容、程序和责任，强化实时监控，进一步提高地税工作效率和服务质量。

【机关效能建设】

区地税局推进机关效能建设，开展"加强机关效能建设 创建五型（学习型、服务型、敬业型、创新型、廉洁型）机关 争做文明税务干部活动"，广泛开展"为民、务实、清廉"为主题的宗旨观、政绩观、发展观教育，开展以《中国共产党纪律处分条例》、《中国共产党党内监督条例》为主要内容的党纪条规教育。

推出"菜单式"培训方式，每个人根据自身的实际情况，以"点菜"方式，开展专门培训，邀请教授、专家进行授课辅导。据统计，2004年该局共举办各类培训23期，632人次接受了辅导培训。

进一步拓展服务领域，在严格执行服务承诺制、限时办结制、征税期间午间值班制、首问责任制基础上，还实施了"AB"岗工作制、导税台工作制、否定报备制、一次性告知制和八小时外电话预约服务制度等方便纳税人，努力提高服务质量和服务档次。

【基层文明建设】

区地税局直属分局、石碶分局、姜山分局、邱隘分局、鄞江分局分别被宁波市地方税务局评为2003年度市（省）级文明单位（所）。各基层分局巾帼建功示范岗都被评为市级巾帼文明示范岗；直属分局、下应分局、集士港分局青年文明号被宁波市地方税务局、共青团宁波市委评为2003年度市级青年文明号。

（潘剑亮）

国家税务

【国税收入】

2004年，宁波市鄞州区国家税务局（以下简称区国税局）共组织国税收入233028万元（含免抵调库），同比增长13.4%，完成计划的100.3%，绝对额继续位居全省第二、宁波市各县（市、区）第一。剔除免抵调库后收入203628万元，同比增长10.2%，其中"两税"收入208770万元，剔除免抵调库后收入179370万元；企业所得税收入8186万元，同比增长324.6%，完成计划的368.2%；外商所得税收入10608万元，同比增长3.6%，完成计划的100.0%；个人所得税收入5464万元，同比增长19.2%，完成计划的119.2%。加强欠税管理，连续第三年实现当年无新欠，清理呆账入库1269万元。全面落实出口退税等各项税收政策措施。累计办理出口退税37.5亿元，比2003年增长220.5%；积极落实免抵调库计划，办理免、抵调库增值税2.94亿元，比2003年增长41.3%，有力地支持了鄞州区外贸出口。积极落实扶持“三农”、促进下岗失业人员再就业、支持高新技术企业、外商投资企业、福利企业等各项税收优惠政策，加强督促检查，共办理各种减免税6.2亿元。认真开展了2003年度全区减免税普查，调查企业10500户，正确统计减免数据。

【依法治税】

2004年，区国税局强化了税收经济联动和收入弹性分析，建立了兼职税源分析员制度，切实加强了对重点税源的分层监控和专项调研分析，到2004年底，该局监控的各镇（乡、街道）纳税前10位的重点税源企业、集团企业已经达到369家。

进一步加大税收稽查力度，累计安排检查户数1136户，其中有1132户发现问题，补缴罚款合计2518万元，其中补税1385万元、罚款1035万元、滞纳金96万元、没收违法所得2万元。先后开展了货物运输、医药生产及购销企业、电力安装等7项专项检查。深入开展大要案查处，侦破了补缴税款达50万元以上的大案要案8件，移送司法机关处理的涉税案件323件。严格执行重大税务案件集体审理制度，着重把好案件事实证据、定性依据以及处罚程序三道关，共审结重大税务案件64件，补缴增值税1173万元。

2004年，区国税局进一步加强涉外企业所得税反避税工作，形成上下联动的工作局面，完成3例反避税案调查，补缴所得税35.1万元，受到宁波市国税局通报表扬。其中由美、日、韩三国提供情报的宁波HW、QL公司避税案，是宁波市第一例通过国际税收情报交换发现的关联企业国际间转让定价避税案，共调整所得额30万美元，补缴所得税20万元。

【征收管理】

2004年，区国税局积极拓展“一窗式”管理理念，设置了“综合服务”、“发票管理”、“申报征收”三类窗口，提高了办税服务效率。不断加强户籍管理，对户籍基础数据进行清理、检查，对以往年度的非正常户进行2次清理，认真落实、完善工商登记信息交换制度。开展好国税、地税联合办证工作，做好宁波市国税局直属分局企业划归接交工作，确保企业税务登记率、个体税务登记率分别达到100%和99%以上。继续加强发票日常管理，对各分局专用发票管理工作进行了全面细致地检查，对超过半年未核销专用发票的企业进行了排查，共检查企业1604户次。开展了商贸企业、废旧物资、个体定额户普通发票使用情况摸排检查专项工作，加强了外来个体户发票管理工作。进一步推进纳税评估工作，使评估工作与税源调查相结合，把评估的中间环节下放到分局，实行征管例会制度，开展专项性评估，效果明显。2004年共评估企业889户，发现有问题的企业514户，补缴各类税收2213万元。规范个体户税收征管，全面推行个体户自行记账、委托记账、以村为单位的集中记账，个体工业记账面达80%，个体平均定额比2003年增加30%以上，在坚持提高起征点的基础上，个体税收还比2003年增长15%以上。

【信息化建设】

2004年，区国税局全面启用电子完税凭证，积极做好税款电子缴库方式试点应用工作，成功实施了新的银行扣缴税款办法，节省了征税成本。同时狠抓多元化申报，一般纳税人申报率达99.9%，网络申报率达94.2%，扣款成功率95%。全区小规模纳税人的电话报税系统全部纳入了12366税收服务热线。狠抓金税工程运行质量，全年实现存根联采集率达100%，连续26个月保持100%的采集率，月采集量达15.7万份。网上认证工作平稳过渡，制订了规范操作的办法，月认证量近2.5万份。

（戚国君）

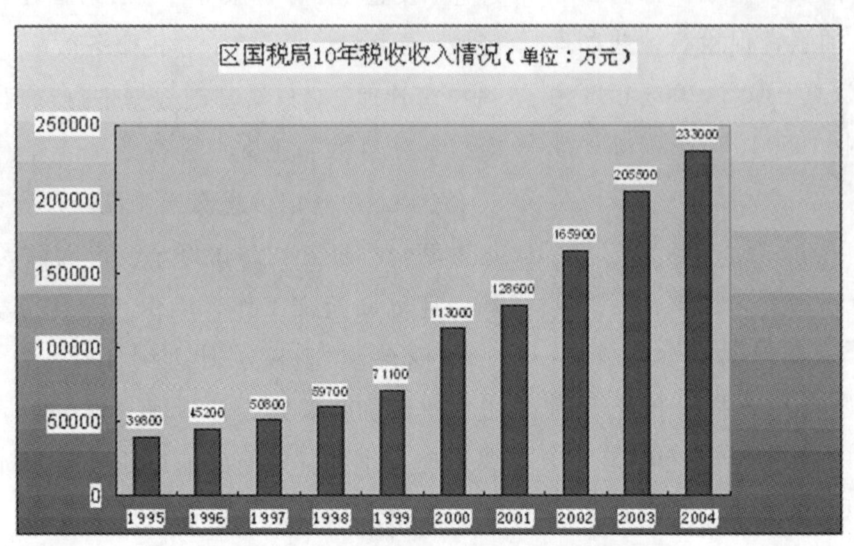

图35　区国税局设立10年来，累计实现税收收入111.3亿元，图为区国税局10年税收收入情况

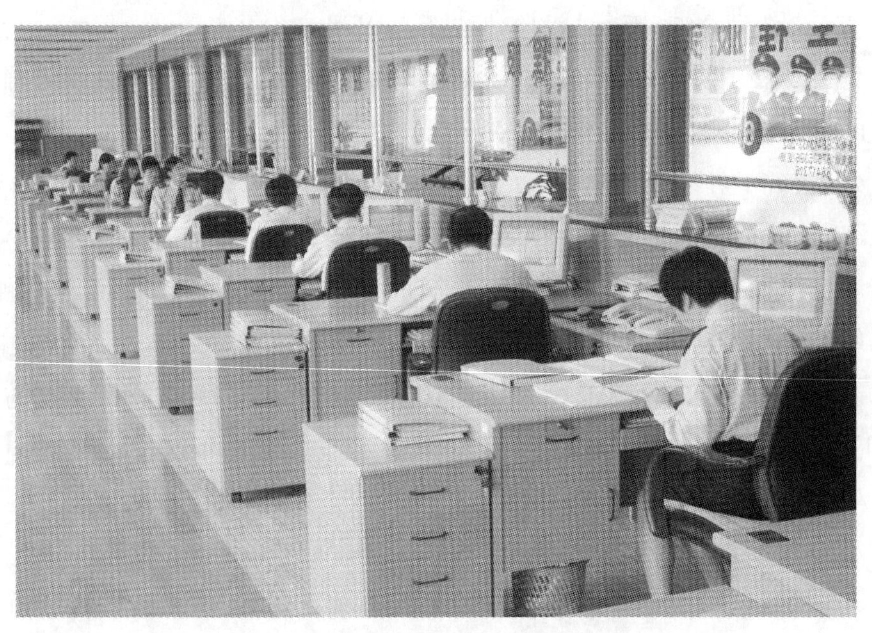

图36　全国三八红旗集体、全国巾帼建功文明示范岗、宁波市模范集体区国税局邱隘税务分局办税服务厅

金融 保险

中国工商银行宁波市鄞州支行

【概况】

2004年，中国工商银行宁波市鄞州支行部分网点实行扁平化机构改革，至年末，本外币存款余额为483470万元，比年初增加32113万元。其中人民币对公存款余额达到301320万元，比年初增加12155万元；人民币储蓄存款余额为171462万元，比年初增加18637万元，增幅为12.19%。各项本外币贷款余额384911万元，比2004年初增加26041万元，增长7.26%。规范化管理取得成效，该行已连续两届荣获“省级文明单位”称号。内部管理继续得到重视和加强，全行已连续10年实现安全无事故、无经济案件。

【信贷管理】

继续以市场营销、服务管理和客户管理为三大重点，拓展优质市场，优化客户和业务结构；树立以市场为导向、以客户为中心、以效益为目标的经营理念，进一步改进营销工作机制和客户服务体系；外拓市场，内抓风险，把日常风险控制机制渗透到信贷业务工作中，实现了早投放，早收益，提高资金营运效益的目的。

【负债业务】

全力拓展存款业务，存款工作取得了新的成绩。第一，继续加强对公存款工作的领导和统一协调，以强化管理为基础，建立网络性的营销机制；第二，加强与客户的沟通与服务，挖掘存量客户的潜力；第三，充分利用各种信息、争取工作主动权，积极争取新存款增长点；第四，制定措施，明确目标，落实责任，大力开拓中小民营企业市场；第五，以贷引存，重视重点客户的销售贷款归行率及留存率，不断提高信贷资源的利用率。

【中间业务】

坚持发展与加大开拓力度，中间业务收入得到稳步增长。国际结算累计达到20184万美元，同比增长8.15%；全年新发行各类银行卡38885张，银行卡发卡量大幅上升；新发展个人网上银行客户1667户，企业网上银行客户33户；新发展“理财金账户”655个；代理销售各类基金2928.5万元；加快发展投资银行业务，全年实现投资银行业务收入165万元，使该项业务成为中间业务新的增长点。（刘 恋）

中国农业银行宁波市鄞州支行

【概况】

2004年，中国农业银行宁波市鄞州支行各项业务继续保持持续增长的态势，各项经营业绩创历史最好水平。至2004年底，本外币各项存款余额达81.23亿元，比2004年初增11.63亿元，增幅16.71%，其中人民币各项存款

80.37亿元,新增11.47亿元,增幅16.64%;本外币各项贷款59.16亿元,比年初增加12.61亿元,增幅达27.10%,其中人民币贷款余额达58.30亿元,新增12.10亿元,增幅达26.20%。人民币存贷款总量、增量在全市农业银行系统和鄞州区四大国有商业银行中均位居第一,且人民币存贷款增量在鄞州区四大国有商业银行中份额占比分别达41%和47%,分别比2003年增加10个和11个百分点;实现经营利润1.49亿元,比2003年增长55%;机构人员进一步优化,社会形象大幅提升。2004年有3家单位获得总行级先进集体,1家单位被授予全国级"青年文明号",4家单位被授予市级"青年文明号",5家单位被评为区级文明单位,支行被评为省级创建治安安全工作示范窗口单位、市级军警民共建文明单位。

【资产管理】

大力发展优质客户、低风险信贷业务,完善信贷进退机制,清收不良贷款,使信贷结构得到优化。新增176户成长型中小企业贷款,余额达78160万元;全年签发银行承兑汇票738笔,金额25429万元;累计办理贴现64256万元,同比增加14402万元。全行共清收盘活不良资产9684万元,按五级分类,不良贷款绝对额比年初下降8604万元,不良贷款占7.47%,比2004年初下降3.87个百分点。退出力度继续加大。支行对劣质客户进行摸底排队,实行预见性退出,使全行资产质量进一步提高。至2004年末,实际退出企业85家,退出金额9605万元,其中清户45家,金额8597万元。按分行口径统计,退出金额33050万元,其中清户58户,金额12068万元。

【中间业务】

2004年,支行打破国际业务经营格局,将原来国际业务主要由支行国际业务部经营的模式改变成支行国际业务部兼具经营、管理职能,全行办外汇的经营模式,并加大国际业务考核力度,与各基层行签订责任状,有力促进和调动基层行办外汇的积极性和主动性。至2004年末,全行新增外汇客户54家,实现国际结算量达37137万美元,同比增加20158万美元,完成分行指标的161.5%;办理结售汇业务26283万美元,增幅82.2%;实现结算手续费161万元,结售汇收入318万元,外汇利润37万美元,外汇总收入达700多万元。为促进中间业务收入加速增长,支行将中间业务收入按2倍折算考核利润,促使银行卡、网上银行、代理保险同步快速发展,全年新发银行卡62596张,累计消费17988万元,卡存款达到7亿元,卡手续费收入达650万元;发展网上银行个人客户203个,企业客户44个,累计交易额9.88亿元,代理人寿及财产保险费金额达3388万元,实现财产保险保费收入239万元,全年实现中间业务收入达1180万元,比2003年增长637万元。

【内部管理】

加强内控制度建设,狠抓基础管理,构建内控制度三道防线,力求做到内控机制完善。2004年,狠抓制度建设,信贷部门落实信贷新规则,完善信贷管理制度、贷审会制度和信贷基础工作;财会部门按月对各营业网点进行会计基础工作规范化检查;审计部门对二级支行(分理处)进行业务操作审计检查,加大处罚力度,全年共对372人次进行了处罚,金额36690元。改革金库管理模式,建立5个区域中心金库,购置6辆防弹运钞车安装GPS卫星定位仪和车载通讯工具,新配备押运人员30名,彻底解决安全管理隐患。一年来未发生重大经济、刑事案件和员工伤亡事故,创建治安安全工作被评为省级示范窗口单位。在2004年分行综合 治理评比中获得第一名好成绩,综合内控评价基本达到一类行标准。

网点档次不断提升。按照打造精品网点思路，2004 年全行共投入资金 250 万元对 27 个网点及其安保设施进行不同程度的改造，为提高经营档次提供了良好的硬件环境。继续做好网点升格工作，把二个分理处升格成为二级支行，三个储蓄所升格成为二级分理处，竞争实力进一步提升。

【社会形象提升】

通过开展争先创优活动，2004 年有 3 家单位获得总行级先进集体、1 家单位被共青团中央授予“全国青年文明号”、4 家单位评为市级“青年文明号”、5 家单位评为区级文明单位，支行安全保卫工作被评为省级示范窗口单位。

（胡波霞）

中国建设银行股份有限公司宁波鄞州支行

【经营效益】

至 2004 年 12 月 31 日，全行实现账面利润 9357 万元，完成预算计划 7162 万元的 131%。实现拨备利润 9580 万元，完成计划的 112%。全行人均创利 38.9 万元。

【负债业务】

全行本外币年末一般性存款余额为460973 万元，剔除宋诏桥储蓄所撤并因素，实际比计划新增 82406 万元，完成计划的 142%，新增额超支行历史新高，名列宁波分行系统第二位。其中公司类存款余额为 246248 万元，完成时点新增计划的 218%；全年日均余额 201443 万元，完成日均计划的 77%。个人存款余额为 206589万元，比 2004 年初新增 20114 万元，完成时点新增计划的 61%，名列全市第三位；全年日均余额为 206845 万元，完成分行日均新增计划的107.7%。全行网点本外币单产为 13773 万元，比全市平均高出 2881 万元，全行现有亿元储蓄所 9个。

【贷款业务】

本外币贷款年末余额为 243687 万元，全年新增 49451 万元，其中公司类贷款余额 200210 万元，比 2004 年初增加近 4 亿元。贷款结构进一步趋向合理，个人贷款余额 6678 万元。个人住房按揭贷款余额 36793 万元，全年新增 10382 万元；个人住房公积金贷款 10633 万元；公积金归集率 100%。全行年末不良贷款余额 5949 万元，不良贷款率 2.4%，纯新发放贷款、新发放贷款及个贷不良率均在控制指标内。

【战略性业务】

全年实现中间业务收入 811 万元，完成分行计划的 125%。办理国际结算 10792 万美元；完成结售汇业务 9338 万美元；完成网上银行企业客户高级版服务系统 34 户，普通版 11 户；完成44 家企业资信等级评定工作。发展网上银行个人客户 4000 个、“95533”电话银行客户 2750 个，均超额完成计划。全年储蓄卡发卡量为 177729 张，卡均存款 2051 元。

【内部管理】

该行以满分 100 分的优异成绩顺利通过宁波市综合治理委员会的验收，并被推荐为浙江省综合治理安全示范单位；优质服务的理念深入人心，该行在宁波分行第一届柜面服务知识竞赛中荣膺团体第一名；营业部被宁波市银行同业协会命名为“最佳服务窗口”。（叶爱平）

中国银行宁波市鄞州支行

【概况】

截至2004年12月末，中国银行宁波市鄞州支行各项本外币存款余额达390600万元，其中人民币存款比年初新增59504万元，增量居宁波市分行各支行前茅；各项人民币贷款余额达220689万元，比年初新增62781万元。

图37　2004年12月20日，中国银行鄞州支行举办2004年度银企联谊会

【经营管理】

在考察学习的基础上，该行以科学的发展观为依据，突出贡献度原则，实施了分季度经营目标量化考核办法，与年度目标考核、月度竞赛活动等构成了完整的体系考核框架。在人事制度上实行差别化管理，根据员工的绩效考核，进一步拉开收入差距，按劳获酬，充分调动了员工的积极性。坚持贯彻落实国家宏观调控的政策规定，坚持有所为有所不为的原则，理性地发展授信客户，严控风险，同时加大了对零售贷款业务的营销和考核力度。加强对国际结算等拳头产品的重点营销，大力推广汇聚宝等业务新品，使中间业务各项指标均超额完成全年任务，促进了经济效益的提升。加强内部管理，狠抓风险防范。将风险防范的有关内容列入部门年度经营目标考核，促进了管理规范。

【安全管理】

2004年，该行被定为中国银行宁波市分行“安全管理规范年”试点行，被宁波市公安局评为2004年度市级治安安全单位，其经济护卫队被评为宁波市级优胜经济护卫队。

【优质服务】

该行以“您的满意，我的心愿”为服务宗旨，狠抓文明优质服务，并在实践中讲规范、讲创新，先后开展礼仪培训，服务明星现场培训、业务培训等活动，促进了服务规范化、标准化。与此同时，该行还加强员工综合素质的培养，积极倡导个性化、综合化服务，不断提升服务档次，为满足客户需求，该行推出了“中银理财”服务品牌，并形成了自己的服务特色。该行员工的业务技能继续保持在宁波市分行各支行中的领先地位，在2004年中国银行总行技术测试中，该行参测人员合格率和能手率均达到100%，一级能手率达56%，居宁波市分行各支行第一。

【精神文明建设】

中国银行宁波市鄞州支行荣获中国银行总行级先进单位，被继续认定为省级“文明单位”，同时再次荣获宁波市分行所辖各支行经营管理目标考核第一名，实现了“三连冠”，被评为浙江省分行系统先进集体；该行行长徐慧荣获全国金融“五一”劳动奖章；该行营业部专柜荣获总行级青年文明号。　（王坤明）

交通银行宁波分行鄞中支行

【概况】

至2004年底，交通银行宁波分行鄞中支行存款余额达106468万元，其中对公存款82043万元，储蓄存款24425万元；贷款余额61315万元，不良贷款占比下降到0.08%。

【内部管理】

加大内部管理力度，完善内部经营机制是促进业务稳健发展的重要一环，坚持依法经营，规范操作，是各项业务健康发展的保证。2004年年初，该行新增一个二级支行，下属二级支行共有4个，给支行的内部管理工作提出了更高的要求。针对这一具体情况，该行坚持业务拓展与内部管理两手抓，2004年重点对内部制度进行修改、补充、完善，具体从行政管理、业务管理、操作规程、岗位职责共4大块制定了内部管理制度，使各项工作有章可循，逐步纳入规范化、制度化管理；加强业务技能的培训和指导，加强员工的合理配置和优化组合，并着重在检查与监督上加大了力度；针对近年来金融系统案件频发和社会治安不佳的现状，坚持“以防为主，常抓不懈”的工作方针，在单位内部广泛掀起“创建平安银行活动”。安全保卫工作已连续8年被评为宁波市级先进。

（陈　晔）

上海浦东发展银行宁波分行鄞东支行

【概况】

2004年末，上海浦东发展银行宁波市鄞东支行本外币存款余额80572万元，比年初增加15453万元，增幅为23.73%。其中储蓄存款15638万元，比年初增加1604万元，增幅为11.43%。全年本外币日均存款71957万元，本外币储蓄日均17903万元。2004年末人民币存款余额75509万元，比年初增加17712万元，增幅为30.64%。其中储蓄存款余额13302万元，比年初增1011万元，增幅为8.23%。全年人民币日均存款66653万元，其中储蓄日均14513万元.

本外币年末贷款余额为87003万元，比年初增加17310万元，增幅为25%。其中短期流动资金贷款70942万元，房地产流动资金贷款5000万元，个人贷款6740万元，贴现贷款4321万元。2004年累计收回不良贷款79万元，年末不良贷款总额为317万元，占全部贷款总额的0.36%。银行承兑汇票年末余额为17242万元，比年初减少4102万元。

全年现金累计收入98939万元，累计支出89526万元，2004年轧差累计回笼现金9413万元，比2003年同期增加1017万元。

【经营管理】

抓好制度建设，规范操作行为，积极防范金融风险，合理调整信贷结构，确保资产安全；抓好人才管理，设立激励机制，扩大营销队伍，壮大业务实力；抓好企业文建设，提高员工业务素质，营造健康、活跃、向上的工作氛围，增强企业凝聚力。2004年因支持区域经济发展成绩显著，获鄞州区人民政府表彰。

（上海浦东发展银行宁波分行鄞东支行）

兴业银行宁波市鄞州支行

【概况】

2004年，是兴业银行宁波鄞州支行全体员工以坚持立足鄞州、面向宁波、辐射全省为目标，紧紧围绕宁波分行总体经营思路，以开拓创新精神努力拓展各项业务。截止至2004年12月，人民币各项存款余额118854万元、完成计划的113.9%，其中储蓄存款余额4488万元、完成计划的149.6%；外币存款余额417万美元、完成计划的160.38%；人民币各项贷款余额128122万元，余额存贷比107.8%；全年累计办理贴现57224万元，累计开发出银行承兑267730万元，银承余额128570万元；发行兴业卡5071张；全年国际结算量6150.6万美元，完成计划的123.01%，结售汇5835.7万美元，完成计划的166.73%；全年实现实账面利润1927.15万元，完成计划的107.16%。2004年，鄞州支行被宁波分行评为先进集体。

【业务拓展】

2004年该行在立足鄞州，面向宁波，辐射浙江的营销方针指导下，一方面大力开拓市区大型优质客户，一方面把营销对象扩展到舟山、绍兴、新昌、上虞等地，形成了一定规模的异地客户群。其中，2004年2月17日，该行行长舒国庆走访舟山市政府，通过走访，与舟山的知名企业浙江扬帆船舶集团有限公司、舟山市融信置业有限公司、舟山市万润贸易有限公司建立了合作关系。

该行2004年累计开立263个账户，其中本地客户163个、异地客户100个，27个为基本户、232个一般存款户、4个临时户。支行结算型客户的培植比上2003年有了一定的提高。

同时，在开拓营销业务过程中，以业务创新为动力，整合现有产品，加强对金融资源的开发利用，掌握业务发展的制高点。特别是在营销离行路途较远的客户中，该行通过网上银行，扬长避短。截至2004年度，该行共有网上银行客户29家，其中2004年新增11户，累计交易量达到12亿元，累计交易笔数达到4500笔。网上银行交易量及交易客户量在宁波分行名列前茅。客户经理李东欣被总行评为网上银行开拓的“每月一星”。该行客户中的宁波太平鸟股份有限公司、宁波太平鸟进出口有限公司、宁波嘉隆工业有限公司、宁波市自来水工程建设有限公司、宁波东兴沥青制品有限公司成为宁波分行网上银行明星客户。

在开拓个人业务中，推出“万利宝”、“万汇通”，“月月盈”等个人理财产品及一卡通个人代扣业务，取得了不错的营销业绩。

在开拓公司客户时，坚持以大中型优质企业为首选，以高回报为导向。经过两年多的发展，已与宁波市电力开发公司、雅戈尔集团股份有限公司、宁波雅戈尔置业有限公司、宁波太平鸟股份有限公司、宁波自来水工程建设有限公司等一些大中型优质客户建立了良好的合作关系。

（张科军）

鄞州银行

【概况】

截至2004年末，宁波鄞州农村合作银行（以下简称鄞州银行）全行存款余额1407093万元，比年初增加207195万元，增长17.3%，全员人均存款达到1349万元。全行贷款余额（含贴现）1005335万元，比年初增加116330万元增长13.1%；年末不良贷款率为6%，较年初下降了5.7个百分点。全年累计完成国际结算量32313万美元，增长94.5%；完成结售汇业务量27561万美元，增长76.2%；外汇账户开户企业达到326家。全行共发行“蜜蜂”借记卡50456张，卡存款余额达到8834万元，卡均存款达到1751元。全行累计承销各类债券89亿元，全年实现债券交易量5497亿元。全年实现财务总收入68015万元，同比增加13122万元，增长23.9%，实现经营利润22166元。

【国际业务】

2004年鄞州银行累计完成国际结算量32313万美元，同比增加15700万美元，增长94.5%；完成结售汇业务量27561万美元，同比增加11918万美元，增长76.2%。外汇账户开户企业达到326家。外汇业务总量居全区18家金融机构第3位。2004年在花旗银行、德累斯登银行、日联银行等境外主要国际银行开设了4家境外账户行和91家代理行，涉及美元、欧元、日元等主要国际结算货币，开拓国际业务的外部环境得到了显著改善。

2004年6月6日，鄞州银行成为SWIFT（“SOCIETY FOR WORLDWIDE INTERBANK FINANCIAL TELECOMMUNICATION S. C.”的英文缩写，中文译为“环球同业银行金融电讯协会”，是一个国际银行同业间非盈利性的国际合作组织，总部设在比利时的布鲁塞尔）组织成员，标志着鄞州银行在改善国际结算硬件方面迈出了关键性一步。SWIFT的成功上线，为广大外贸企业与客户提供了更加安全、可靠、快捷、标准化、自动化的通讯服务，也进一步提升鄞州银行的社会形象。

【债券业务】

2004年，鄞州银行债券投资业务经受住了市场大幅震荡带来的压力和考验，继续保持较高的安全性和流动性，年末浮息债券占比达到98%以上。2004年，全行累计承销各类债券89亿元，其中：承销记账式国债43.3亿元，列47家承销机构第22位；承销中国国家开发银行金融债券32亿元，列69家承销机构第25位；承销进出口银行金融债券4.5亿元，列55家承销机构第20位；承销中国农业发展银行金融债券3.4亿元，列37家承销机构第18位。全年债券交易额为5497亿元，在2004年度全国银行间债券市场交易活跃排名中居第8位。

【服务区域经济】

鄞州银行在调整结构、改善质量、加强管理、提高效益的同时，坚持服务区域经济，积极发挥金融对经济发展的“调节器”、“催化剂”作用。

加大对“三农”的扶持力度 2004年末，农业类各项贷款余额达到836031万元，比2003年末增加106841万元，增幅为14.65%。其中：农户贷款余额为106669万元，比2003年末增加21280万元，增长24.92%，高于贷款平均增幅11.83个百分点；农业经济组织贷款54967万元,比2003年末减少4856万元,减幅为8.12%;农村工商业贷款余额672685万元,比2003年末增加90808万元,增幅为15.61%。相比农业类贷款,其他贷款余额169305万元,比2003年末增加9490万元。各类“三农”贷款占全行贷款的80%以上。

2004年鄞州银行各类贷款余额结构图

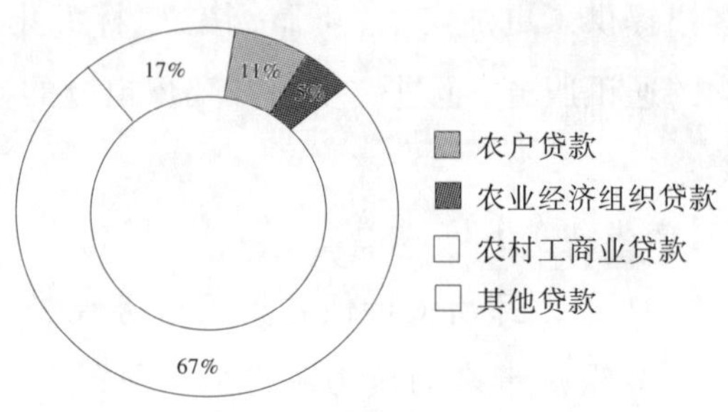

图38 2004年鄞州银行各类贷款余额结构图

支持再就业。积极支持区域内下岗职工、失土农民和低保人员自谋职业、自主创业,出台了《关于开办自主创业专项贷款业务的通知》和《鄞州区被征地人员自主创业专项贷款管理实施办法的通知》,2004年累计发放再就业贷款金额215.1万元,支持户数25户。

支持农业龙头企业。调整支农工作策略,紧抓农业龙头企业这一重心,通过支持农业龙头企业把农业生产各个环节连接起来,以此来拉动整个农业产业链的发展,促使农业增效、农民增收。

支持中小民营企业。进一步加大了对中小民营企业的支持力度。积极创新信贷业务品种,帮助中小民营企业改善财务结构、降低融资成本。在原有业务品种上推出了一些新的信贷业务品种。此外,还推行了优质客户信贷套餐服务,简化贷款手续,向中小民营企业客户提供贷款、承兑、贴现、信用证、保函等一条龙服务,实行一次性最高额授信,开辟了中小民营企业融资的“绿色通道”。

【“蜜蜂卡”诞生议式】

2004年1月6日,鄞州银行在宁波开元大酒店隆重举行鄞州银行“蜜蜂卡”诞生仪式暨新年答谢会。鄞州区政协主席朱禹宝、鄞州区常务副区长王海国、人民银行宁波中心支行副行长王海龙、宁波银监局合作处处长周昌然等出席了大会,并表示了热烈的祝贺。鄞州银行陈耀芳行长向客户授予了第一批蜜蜂卡,周建斌副行长代表该行向社会各界致欢迎辞。

鄞州银行“蜜蜂卡”是国内唯一一张以昆虫命名的银行卡,按照《中国人民银行关于统一启用“银联”标识及其全息防伪标志的通知》和《中国人民银行关于“银联”标识卡发行准备工作有关问题的通知》的要求加贴“银联”标识,全国联网,可进行ATM和POS交易。

图39 2004年1月6日,鄞州银行于宁波开元大酒店举行鄞州银行“蜜蜂卡”诞生仪式暨新年答谢会。“蜜蜂卡”也是国内唯一一张以昆虫命名的银行卡

【史纪良视察鄞州银行】

2004年3月17日,中国银行业监督管理委员会副主席史纪良在宁波监管局局长袁亚

敏、党委书记仇铁旗陪同下视察了鄞州银行，并就鄞州银行近一年来的运作情况及如何进一步完善法人治理结构、增强支农服务功能、加快业务发展步伐等内容进行调研、座谈。

【鄞州银行获央行专项票据扶持】

根据国务院支持农村信用社深化改革、明晰产权、健全经营机制和管理体制的精神，鄞州银行于2004年6月3日获中国人民银行33049万元专项票据的扶持，待2年后考核符合条件予以兑付。

【文化建设成果丰硕】

2004年，新增市级青年文明号1家、区级青年文明号2家。截至2004年底，该行共有区级文明单位15家、区级青年文明号7家、区级巾帼文明示范岗7家、市级青年文明号9家、市级巾帼文明示范岗4家、省级青年文明号1家。员工的综合素质进一步提高，企业形象进一步提升。

（王云波）

宁波市商业银行鄞州支行

【概况】

宁波市商业银行鄞州支行成立于2002年10月。截至2004年12月31日，该行各项存款余额达150945万元，各项存款日均151561万元；各项贷款余额100868万元，完成国际结算量8108万美元。至2004年12月底存贷比为47.84%，全年实现利润2671万元。

【经营效益】

至2004年12月31日，全行实现利润2671万元，比2003年新增759万元，增幅为28%，全行人均创利40万元。

【负债业务】

全行本外币2004年末各项存款150945万元，比年初新增15697万元，增幅为11.60%；日均存款151561万元，比年初新增32768万元，增幅为27.58%。其中储蓄存款余额27238万元，比2004年初增加5074万元。

【贷款业务】

本外币贷款2004年末余额为100868万元，比年初新增8277万元，增幅为8.94%。贷款结构进一步趋向合理，从五级分类情况看，正常类贷款余额93840万元，占93.03%；关注类贷款6928万元，占6.87%；次级类贷款100万元，占0.01%。2004年，贷款业务中个人贷款业务比重明显上升，该行个人贷款余额22027万元，比年初新增9388万元，增幅为74.28%。

【战略性业务】

全年实现中间业务收入673万元，比2003年有大幅度增长。至2004年12月31日止，累计发行汇通借记卡14659张，日均存款余额2151万元，其中2004年新发行6221张，发行有效贷记卡749张。发展网上银行企业40户，个人网上银行115户。

【内部管理】

深入开展优质服务，该行营业部被评为市级“巾帼文明示范岗”，支行下属的二级支行百丈支行被宁波市银行同业协会命名为“最佳服务窗口”，柜台工作人员郁婷婷被评为宁波市商业银行“十大服务明星”之一。

（袁红霞）

广东发展银行宁波宁东支行

【概况】

广东发展银行宁波宁东支行秉持立足鄞州、服务鄞州的经营理念，经过全行员工不懈地努力和发展，在2004年又取得了突出的业绩。截至2004年底，各项存款余额达122963.68万元，比年初增加18099.54万元，增幅为17.26%；各项贷款余额68211.57万元，比年初增加10778.82万元，增幅为18.77%；全年国际结算量为9267万美元，比2003年增加6213万美元；结售汇4964万美元，比2003年增加3625万美元；新增储蓄由年初的4230万元增加到8610.07万元，增幅为103.55%；信用卡发卡169张，比2003年增加15.75%。

【经营效益】

至2004年12月31日，全行实现账面利润2572.73万元，超过2003年全年的利润总额1279.88万元。

【负债业务】

2004年，该行把拓展无贷户存款，企业结算存款和个人储蓄作为存款工作重点，努力调整存款结构，收到了一定的成效。经过一年的调整负债结构的努力工作，全行的无贷户存款、储蓄存款增加明显，保证金存款占比有所下降。截至2004年底，人民币储蓄存款为8610万元，占总存款的7%，比2003年增加3543万元；保证金本外币存款为33118.69万元，占总存款的26.93%。

【业务创新】

2004年，该行结合当地实际不断开发新的业务品种寻找新的利润增长点。年内与广发北方证券合作，为广大储户推出了“薪加薪”理财增值计划，收到了较好的效益。同时新推出广发银泰联名卡、继续推广发真情卡、信用卡CDMA手机分期付款项目，既打造广发银行信用卡品牌效应，又促进了消费信贷的发挥。

【内部管理】

以“规范管理深化年”活动为契机，强化内控建设，使内部管理不断完善，经营效率稳定增长，运行状况继续保持较好态势。2004年，该行继续被宁波市授予“青年文明号”、“宁波市银行业最佳服务窗口”称号，同时被杭州分行评为2004年度“广发理念团队奖”。（黄玲春）

中国民生银行宁波鄞州支行

【概况】

中国民生银行宁波鄞州支行于2004年8月3日成立。支行成立以来，业务发展取得了质的跨越。截至2004年12月31日，一般性存款余额达85112万元，完成计划的110%，其中储蓄存款余额5223万元。各项存款日均43283万元，完成计划的177%，其中储蓄存款日均2435万元。各项贷款余额85885万元，本外币存贷比76.8%。支行累计办理贴现7亿元，完成计划的194%。开业以来共发放民生借记卡2566张。2004年实现利润629万元。

【安全经营】

在业务拓展中鄞州支行始终将资金安全放在第一位，走稳健经营之路。对授信客户加强贷前调查和贷后管理，对新客户持谨慎投入态度，2004年贷款没有发生不良，没有发生贷款逾期、欠息等现象，资产质量保持了较高水平。

另一方面，鄞州支行把“安全经营”的思想放在了首位，定期对员工进行了安全保卫常识、防抢劫、防诈骗、防盗窃、防火灾等知识的宣讲，建立了安全保卫组织领导机构，为支行的安全经营奠定了良好的基础。

【市场拓展】

2004年，在市场拓展上鄞州支行主要进行了两方面的努力：一是老客户挖潜，实施二次开发。为了做到有效利用资源、充分发掘老客户的潜力，该行多次对现有客户上门进行走访和沟通，使存量客户与支行的关系进一步密切，存款、授信规模、贴现量等都有了较大增长。二是发展一批新的优质客户。在全行上下的努力下，2004年，支行初步建立起以宁波市客户为主，鄞州区客户为重的客户网络，这些新客户的开发为鄞州支行存款和利润的增长作出了重要贡献。

【服务营销】

支行总体服务营销方面，从提高工作效率和文明优质服务方面入手，力求为客户提供简便快捷、热情周到的服务。支行抓住有利时机多次进行个人业务的营销，并与周边社区进行了多次接洽，上门搞营销，尤其是在该行外汇理财和人民币理财产品发售期间，在麦德龙、飞虹社区、永达花园、姜山、钟公庙街道等地组织了全员参与的大规模的营销活动，使民生银行在周边社区产生了一定的影响力。

【企业文化】

建立浓郁的企业文化氛围是鄞州支行成立伊始追求的目标，2004年鄞州支行注重员工团结拼搏精神的培养和主人翁态度的树立，力争通过打造一支具有凝聚力、战斗力的员工队伍，向客户展现民生人积极进取的精神状态和独特的企业文化。

（岳光春）

中国人民财产保险股份有限公司宁波市鄞州支公司

【概况】

全年共实现保险费收入6625万元，保险费盈余4968万元，利润482万元，全年综合赔付率72.4%；全年为1121家企业、10741户家庭、25845辆机动车辆承担保险责任118亿元，处理各类赔偿案件11548件，赔款总支出4408万元。

【努力提高经济效益】

坚持效益第一原则，分配政策向业务一线倾斜、向效益险种倾斜、向技术骨干倾斜，分配与业务效益和业务量紧密挂钩；加大对重点大项目、大工程、大企业的展业力度；规范保险业务：认真做好车贷险清收工作，规范个贷险与财产险的承保工作，一律取消手工出单，全部改由电脑出单，使该两个险种的承保工作更趋规范化。控制保险风险。

【内部管理】

加强和规范职工的培训工作，组织开展了

新推出的“境内外旅行意外保险”及机动车辆附加险等多个险种的培训；狠抓员工的思想政治工作，稳定员工队伍，全年未出现人员外流现象，骨干力量越来越强大。

适度改变公司内部机构设置。该公司将原有的机构调整为经理室、综合部、营业一部、营业二部、营业三部等四部一室，做到科学规划，周密部署，合理布局，最终形成全员开拓业务的局面。

完善内勤、管理人员的绩效考评体系。对非一线业务外勤人员的考核实行新的规定，即由固定工资、活动工资、保费奖金3部分组成。对内勤、管理人员每季度考评一次，考评由外勤人员民主测评为主，真正做到了“以业绩论英雄、凭贡献讲回报”的分配机制，从而保证薪酬分配与劳动技能、岗位职责、工作业绩挂钩。

顺利通过了宁波市级第八批文明单位的考核，被中共宁波市委、市政府命名为宁波市第八批市级文明单位。在创建文明单位中，与塘溪镇外岙村结成城乡结对共建单位，相互促进，共同发展。 （陈 云）

中国人寿保险股份有限公司宁波市鄞州区支公司

【概况】

2004年，是中国人寿保险股份有限公司宁波市鄞州区支公司业务稳步发展的一年。公司秉承“相知多年，值得托付”的核心理念，坚持“诚信为本，稳健经营”的企业宗旨，根据“确保总量，调整结构，夯实基础，突出效益”的业务发展方针。2004年，实现总保险费14379.29万元，同比增长8.3%，在激烈的市场竞争中确立了鄞州区60%的绝对市场份额优势，列全区第一。其中个人保险7651.77万元，银行代理4788.87万元，团体保险1938.65万元。受理各类赔偿案件4775件，共计赔偿544.06万元，赔付率达55%。全年各类给付达5664万元。在保障人民生活，促进社会安定，促进区域的经济建设和文明建设发挥了强而有力的作用。

【队伍整合】

公司从“量的扩张”的基础上，提出了“质的提高”，年初，针对人力状况整和力量、达成共识。花大力气，清理营销队伍中的虚假人力，加强教育培训，提升了团队的品质。并在11月、12月重点进行增员活动，现人力达到300多人。团险部和银行代理部也新增了数名人员，及时充实了新鲜血液，增强了队伍的活力。加强网点的投入和拓展力度，应对市场实际，对部分网点进行重新整合，提升了团队的人气。

【结构优化】

公司坚持实事求是、因地制宜地发展业务的原则，按照做大做强的要求，正确处理业务规模发展、产品结构优化和保费结构调整的关系。积极谋求有效益的发展。长期保险方面：重点攻关，上规模。通过细分市场，成立高端客户的开拓小组，并重视开拓力度，取得良好的效果。银行代理方面：银行代理部重视银行代理网点的拓展，鄞州银行的代理业务的启动，为公司银行业务的进一步的发展创造了环境基础，银行代理业务完成年计划的127.7%。短期保险方面：多元拓展，讲效益。

【风险防范】

为了有效控制短期保险风险，提高公司偿付能力和经济效益，制定了短期保险业务投保规则补充规定，使业务质量得到提高。在此同时，公司大力宣导上市后的变化，使业务员认识到效益对于公司发展和更好地为社会服务的重要性。最终，在企业有效经营的同时，客户利益的实现得到有效的保证。

【优质服务】

该公司营造学习和创新的氛围，从员工的行为和公司的司风司貌等点点滴滴小事抓起。建全和完善各项制度和考评机制。上半年公司以“青年文明号”考核验收为契机，努力改进服务，明确了员工临柜服务礼仪，办公礼仪等标准，对柜面服务人员的的精神状态，服务语言都作了明确的规定。实现了文明规范服务，制度化规范办事，受到了客户的好评，树立了中国人寿良好的企业形象，形成了正气、向上、团结、和谐的司风。

（戚雪颖）

中国太平洋财产保险股份有限公司宁波市鄞州支公司

【概况】

2004 年，中国太平洋财产保险股份有限公司宁波市鄞州支公司完成保险费收入 2784 万元，完成计划任务的 107.1%，同比增长 7.1%；赔款支出 1661 万元，比 2003 年减少 303 万元，综合赔付率 59.7%，比 2003 年下降 15.8%，结案率达到 85%；实现利润 237 万元，上缴地方营业税费 175 万元。

【抓重点促发展】

在竞争中牢牢把握 3 个重点，即重点地域、重点项目、重点险种。即在巩固原有重大客户的基础上，千方百计促进业务向广度和深度发展；重点区域的业务有所突破；重点效益险种得到了长足的发展。从政策入手，对效益险种在财力、精力上予以倾斜，尤其对家财险、意外险、个人住房险、货运险、企业财产险等险种进行重点公关，在明确分工、落实责任、制订措施、加强协调基础上，增强了竞争力，取得了明显成效。

【改革和完善分配激励机制】

针对考核政策的重大调整，全面实施了分险种与综合赔付率挂钩的费用考核政策，资源配置重点向效益险种倾斜，引导员工及时调整业务结构，开拓发展效益险种、淘汰劣质业务。考核政策实施一年来的实践证明，全公司上下已逐步形成了走有效益发展之路的经营理念，在政策引导和核保措施的作用下，业务结构进一步优化，优质业务、效益险种发展较快。

【加强管理促发展】

在不断恶化的保险市场环境中，随着费率市场化进程的进一步推进，经营成本大幅攀升，尤其是车险赔付率居高不下，处于亏损状态，公司经营较为艰难，为此，该公司从加强管理、降低成本，完善经营机制，防范经营风险入手，促进公司健康发展：制定完善核保基础管理的有关规定，明确核保出单人员、业务人员的工作职责，落实了违反规定的经济处罚措施，保险审核工作得到了加强；加强了对单证的管理，制定了单证管理的有关规定。

（张萍霞）

中国太平洋人寿保险股份有限公司宁波市鄞州支公司

【概况】

2004年，中国太平洋人寿保险股份有限公司宁波市鄞州支公司共完成人身险保费收入为4896万元，其中个人营销传统期缴新保保费收入为274.4万元，短期意外险保费收入340.6万元，完成计划指标的100.1%。

【业务拓展】

以传统期缴新保业务为重点，以有效人力的增长为基础，推动个人寿险业务的快速发展；坚持"稳健经营，以效益为中心"的经营方针，以创新促发展，向管理要效益，狠抓短期意外保险，大力发展优质意外保险，积极开拓新的销售渠道，实现新的突破，为实现短期意外保险比2003年同期增长25%的目标，重点开发了"残疾职工人身意外伤害险"、"蔺草企业割草工人身意外伤害险"、"外来务工人员人身意外伤害险"等新型险种，这些业务的拓展使公司在团体意外保险发展的基础上，结构得到了极大的优化；针对蔺草产业的特点，对承保的蔺草职业病保险进一步加强管理；银行保险业务在做强"红利来"产品的基础上，调整改善业务结构，强化集约经营，实现传统保险业务和意外保险业务销售渠道的突破；加强代理网点建设，巩固现有销售渠道，促进业务发展。开展了多种形式的业务拓展活动，进一步加深了银行保险合作关系。

【内部管理】

加强内控制度建设，向管理要效益，加强财务管理，深化全面预算管理。按规定按销售渠道、险种的不同准确归集各项直接费用，合理分摊简接费用，准确真实反映在销售渠道中各险种的成本和效益，及时反映公司的经营状况和存在问题。进一步提高业务风险的管控，促业务良性、健康发展。在审核理赔上，加大调查力度，严把出口关。

（顾　静）

大众保险宁波市鄞州支公司

【概况】

2004年，共完成实收保险费1276.62万元，完成率为105.75%。累计全年赔款支出597.05万元，赔付率为49.18%。保费收入同比增加108.6%，赔付率比2003年同期上升13%。人均保险费144.18万元，同比增加31%。保险理赔案件结案率为81%。全年实现初级利润421.08万元。在鄞州区财产保险市场占有率为8.38%。

【业务拓展】

鄞州区中小企业技术改造项目资金困难的设备按揭保证保险业务，加强与广大企业及金融机构的业务合作，为地方经济建设做好服务和保障工作；推陈出新、服务三农、独家承保鄞州区农用运输车、拖拉机统一保险工作，彻底扭转各家保险公司历年承保亏损的现状。

加强人才引进和培养力度，2004年相继成立了古林、高桥、五乡营销服务部,进一步扩大了营业网点的覆盖面。

【优质服务】

坚持不懈抓服务,服务水平有了明显提高。坚持从基础的服务工作抓起，树立“客户是上帝”的服务理念。2004 年公司徐素芳被评为大众保险总公司的四星级保险明星，王曙峰被评为大众保险宁波分公司三星级优秀业务员。

(金 娴)

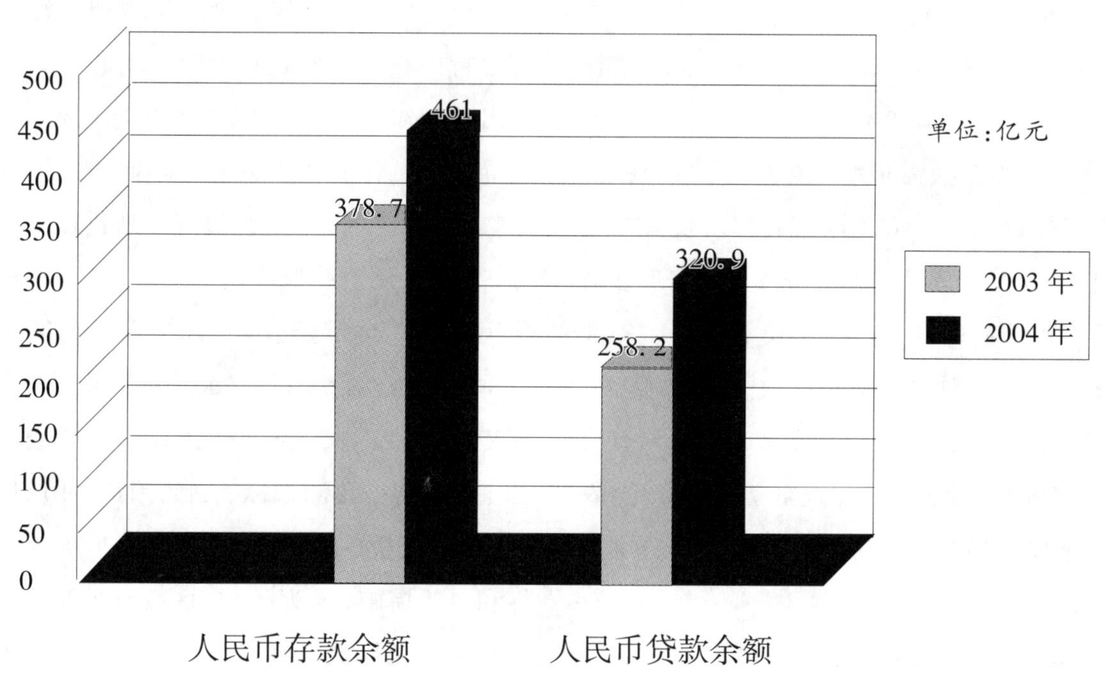

图 40 2003 年 ~2004 年鄞州区金融机构存贷款余额对照图

综合经济管理

发展计划工作

【概况】

全年实现地区生产总值277.9亿元,按可比价格计算,增长15.6%,高于预期目标1.6个百分点。三次产业稳步增长,其中第一产业16.2亿元,增长6.7%;第二产业193.9亿元,增长16.6%;第三产业67.8亿元,增长15.1%。投资、出口、消费三大需求增势强劲,完成全社会固定资产投资173亿元,增长31.9%;实现外贸自营出口25.5亿美元,增长38.8%;实现社会消费品零售总额66.4亿元,增长19.4%。三大收入逐步提高,财政一般预算收入46.5亿元,增长25%,剔除出口退税,完成财政一般预算收入27.9亿元;全社会职工平均收入15690元,农民人均纯收入7781元,剔除价格因素,分别增长5%和8.9%。

【编制年度计划,分析经济形势】

鄞州区发展计划局(以下简称区发展计划局)起草《2004年国民经济和社会发展计划执行情况和2005年国民经济和社会发展计划草案报告》,提出推进经济结构战略性调整,加快经济增长方式转变;加强经济运行调节,全力缓解资源要素瓶颈制约;强化规划编制统筹协调,积极推进城乡一体化建设;继续深化投资体制改革,大力推进"新鄞州工程"建设;统筹发展社会各项事业,着力促进社会和谐稳定等观点,成为指导鄞州经济社会发展的主要文件。积极做好经济运行的监测、分析和调研工作,努力做好区委、区政府的主要参谋作用。在对区域经济进行月度把脉、季度会诊的基础上,全面、及时准确地分析经济运行状况,针对宏观调控背景下经济运行中存在的问题和可能出现的趋势,及时提出可操作性的应对措施,积极向区委、区政府指导经济工作提供决策依据。抓住经济运行中的热点、难点问题,围绕搞好计划执行情况检查分析,深入调研并形成调研文章,充分体现参谋作用。2004年相继起草了2004年鄞州区一、二、三季度经济运行分析、2005年鄞州区经济发展环境分析和基本思路,提出了2004年经济运行的主要特点、预测指标、制约因素、10县(市、区)比较分析、2005年环境分析、2005年预期指标和对策措施,成为区委、区政府主要的决策参考依据。调研文章针对经济运行中突出的矛盾和问题,有深度、针对性强、质量高,例《国家宏观政策调整对我区经济的影响》、《宏观政策对新鄞州工程的影响及对策措施》、《我区政府投资项目管理中存在的问题及对策》、《建设生态区存在的问题及对策》等文章,为区委、区政府及时决策提供了服务,2篇文章被编入区委《参阅》,1篇文章被《浙江经济》录用。

【创新投资管理】

深化投融资体制改革。全年完成固定资产投资173亿元,增长31.9%。新登记和新批项目

538个，比2003年减少525个；而项目投资单体规模5552万元，比2003年提高3050万元。从投资结构分析，第一产业完成投资1.27亿元，下降26.4%；第二产业投资92.57亿元，增长40.8%；第三产业79.17亿元，增长24.2%，服务业成为固定资产投资新热点。工业园区是国家宏观调控影响最大的区域，明州、望春工业园区分别完成基础设施投资6.65亿元和2.54亿元，均低于2003年水平。利用外资水平进一步提高，全年新批外商投资企业(项目)206家，总投资额11.82亿美元，增长38.8%；实际利用外资3.57亿美元，增长28%。该局作为固定资产投资主管和牵头部门，继续完善2002年初开始的基本建设项目“联合踏勘”、“联办件运作制度”，在全省率先实现从“审批立项”到“登记备案”的转变，2004年“登记备案”项目538个，比2003年减少525个；而项目投资单体规模5552万元，比2003年提高3050万元。民间投资规模扩大、领域拓宽，已从竞争性行业拓展到医疗卫生、文化教育、热电和天然气等基础、公用设施领域。

规范政府投资行为。在放开生产性基建投资项目审批的同时，加强了政府投资项目的管理。出台了《加强财政性基本建设项目和资金管理暂行规定的通知》、《关于进一步加强政府投资项目管理的意见》等政策，建立了分别以区长、纪委书记为组长的“政府投资项目管理领导小组”、“政府投资项目监督领导小组”，建立健全政府投资项目从项目前期、招投标、竣工验收的全程管理。政府投资项目管理重点放在投资概算审核上，2004年，该局对总投资在200万元以上的财政性投资项目委托中介机构进行投资概算审核，共完成24个财政性投资项目的概算审核，送审总造价19.13亿元，审后核定造价17.69亿元，总核减额达1.44亿元，效果相当显著。特别是鄞州区实验初中和鄞州区财政局大楼概算审核已提前控制了投资项目决算。

固定资产投资清理整顿。区发展计划局全面准确理解中央的宏观调控政策，分析宏观调控背景下鄞州区经济运行中出现的苗头性、倾向性、趋势性问题，把握好工作的力度和节奏，做到有保有压，努力保持全区固定资产投资既快又好发展。成立了鄞州区清理固定资产投资项目领导小组，部署落实相关的工作任务。在具体的清理工作中，在严格遵照上级有关要求和规定的前提下，考虑鄞州实际情况，提出了“保一批、缓一批、停一批”的清理工作原则，也就是要尽力确保一批重大基础设施项目、事关群众切身利益的重要实事工程以及有利于产业升级的重点项目的顺利实施；暂缓一批手续不够齐全、条件尚不成熟的工程项目，调整建设时序；停掉一批低水平、重复建设、高污染、高耗能、不符合有关政策的项目。这次固定资产投资清理，对所有在建、拟建项目情况进行了摸底，按时完成对166个项目的清理自查。对清理中不符合标准的26个项目，提出相应对策。经过投资调控，固定资产投资逐月回落，从年初增长67.1%回落到年底的31.9%，稳定在一个相对合理的水平。

工业园区清理整顿。2004年，对各类工业园区、开发区进行了整顿。区政府专门发文，撤销高桥、集士港2个乡镇工业园区；经浙江省发展和改革委员会批准，保留了明州、望春工业园区，撤销了鄞州工业园区，同时对拟保留的两大工业园区的用地规模、投资规模作了必要的调整，明州工业园区从原规划面积80平方公里调整到4.1平方公里，望春工业园区规划面积从32平方公里调整到6.3平方公里，切实纠正了原有的工业园区布局分散、数量过多的问题，为优化产业空间布局、提高产业集聚创造了条件。

【推进“新鄞州工程”建设】

“新鄞州工程”是鄞州的“民心工程”，社会影响广，带动作用大，事关鄞州区经济社会发展大局，“新鄞州工程”办公室设在区发展计划局。重视项目前期，重点配置财政资金、土地要素等资源，确保“新鄞州工程”建设项目的顺利推进。

城市建设。区文化艺术中心、文化广场、鄞州高级中学交付使用，科技中心基本完成，鄞州公园完成投资57%，老年公寓主体工程、鄞州第二医院门诊楼结顶；明州医院综合楼基本完成内外墙装修；明州花园酒店、万达广场、宁波市高教园区会议交流中心、江东南区污水处理厂开始桩基施工；区疾病控制中心、垃圾填埋场通过初步设计会审，宁波市博物馆抓紧项目前期，区级机关搬迁项目按计划进行。

交通建设。联丰至集士港公路完成年投资计划，鄞州大道基本完成，甬金高速公路鄞州连接线（明州大道）前期工作基本完成；甬金高速公路鄞州段、绕城高速公路西段鄞州段分别完成年投资计划的115%和248%。

水利建设。周公宅水库、溪下水库、宁波市城防工程鄞州段分别完成年投资计划的106%、134%和101%；区域供水工程全面实施，开工建设皎口水库至毛家坪水厂引水隧洞，完成输水管道35公里。

电力建设。220KV钱湖变电站开始施工，110KV大嵩变电站、潘火变电站、洞岙变电站、布政变电站投入运行，茅山变电站完成土建。

新村建设。已完成新村建设165.6万平方米，拆旧80.6万平方米。

人民生活。建立就业和再就业服务体系，共举办36期人力资源供需洽谈会，提供岗位3.25万个，全区职业介绍信息网络提供信息5291条，提供岗位2.5万个；民办职业介绍机构办理求职登记4.34万人，职业介绍成功1.46万人；失业职工再就业率76.1%，城镇登记失业率3.34%。被征地人员养老保障制度全面实施，以养老、失业、医疗、工伤、生育为主要内容的社会保障体系基本形成，农村、城镇居民低保标准不断提高。全区有9224家企业、12.6万名职工参加职工基本养老保险，2.35万名退休职工领取了养老金，7.9万名职工参加失业保险，8.58万名职工参加基本医疗保险，9.23万名职工参加企业职工工伤保险，2.78万名女职工参加生育保险；5.62万人参加被征地人员养老保障，3.35万人已享受被征地人员养老保障待遇，政府补贴资金1.41亿元；农村医疗住院保险工作顺利推进，村、户分别完成参保率100%和90%。

（王国定）

工商行政管理

【概述】

截至2004年11月底：全区共有各类内资企业2010家（其中企业法人1326家、营业单位684家），私营企业9723户，个体工商户35335户，外资企业911家；辖区现有有效注册商标2800件，其中中国驰名商标3件，浙江省著名商标27件，宁波市知名商标28件；共查获各类经济违法违章案件1667件，其中立案查处1491件，大要案364件，其中5万元~20万元大要案26件，20万元以上大要案4件，假冒伪劣115件，商标侵权案68件，不正当竞争案30件；查获无照经营户1517户，其中引导登记1173户，取缔344户。

【企业登记注册监管】

宁波市工商行政管理局鄞州分局(以下简称区工商分局)继续完善“一审一核”登记注册制，扩大企业登记前置审批“告知承诺”范围，继续开展第二批“告知承诺”制适用项目的实施推广工作；在名称预先核准权下放到所的基础上，积极开展网上登记探索，努力创造宽松便捷的登记注册环境。建立改制企业、外商投资企业、下岗职工再就业等“绿色通道”服务制度，建立企业联系制度，加强与企业的联系和沟通，及时收集企业的意见建议，改进登记服务工作；继续推广落实首问责任制、跟踪服务制、重点项目提前介入制等优质服务措施，同时，深化企业联络员制度，做到重大政策措施预先知会，经营方式和发展规划主动参谋，经营行为主动监督指正，各种服务主动上门；继续深化“亲情服务”活动，努力提升服务质量，受到各方好评，2004年5月，区行政服务中心的工商登记窗口被评为宁波市劳动模范集体。立足鄞州个体私营经济的发展现状，坚持从实际出发、从地域特色出发，引导私营企业稳步健康发展。严格贯彻执行《关于促进民营经济大发展大提高的实施意见》，切实降低民营企业的准入门槛；以市场为导向，引导民营经济从分散小规模经营向规模化集约型经营转变，着力搞大、做大一批私营企业，促进鄞州区民营经济有新跨步。截至2004年11月底，全区共有私营企业9723户，个体工商户35335户；从业人员40.9万余人；注册资本(金)达到97.7亿元；同比增长9.54%、8.54%、0.9%和3.9%。全区私营企业中，规模型私营企业占总数的24.7%；其中年产值或销售总额在100万以上的有2402家，同比增加80.5%。

不断提高服务效率、优化服务举措，使一大批有影响的外商投资企业落户鄞州。2004年，共登记外商投资企业166家，累计达到911家，外商投资企业的总户数、投资总额、注册资本、外方认缴出资额分别同比增长17.3%、40.7%、38.4%和47.1%。

结合安全生产、前置审批、国有固定资产、经济户口等检查督促工作，对全区10591家企业开展年检，确保辖区企业经营的安全和规范。积极开展无照经营专项调研，据此，区政府出台了《关于开展无证无照经营查处取缔工作的意见》(鄞政发〔2004〕103号)文件，明确了“谁发证(照)、谁审批、谁负责”的无照整治原则，并召开全区无证无照查处取缔工作会议，使无证无照经营查处取缔工作真正纳入统一、规范的运作轨道。

【商标管理】

继续加强对商标注册的宣传指导，2004年，新增注册商标225件，有效注册商标总数达到2800件；加强对农副产品商标注册和规模较大名牌商标的拓展，新增农副产品商标48件，涉外商标44件；强化品牌创建，指导“奥克斯”取得中国驰名商标认定，指导帮助5件商标通过浙江省著名商标认定，17件商标获得宁波市知名商标认定，使区域驰、著、知名商标，数分别达到3件、27件和28件，位列全市第一，全省前茅。积极探索对商标的有效应用，通过商标回访随时分析商标动态资料,共指导变更商标60件、续展80多件、盘活5件,使企业商标资源得到了有效利用。

【市场管理】

着重于市场主体资格、上市商品和经营行为的监管,全年来共查处各类违法违章案件441起,没收并销毁白肉875公斤,放生青蛙385公斤,江豚1条50公斤,没收假冒变质食品260余公斤。全面推行格式条款备案,共完成备案格式条款32份;做好"守合同、重信用"企业申报、认定、回访工作,全区有4家企业被浙江省工商行政管理局认定为"AAA"级"守合同、重信用"企业,21家被推荐为"AA"级"守合同、重信用"企业,41家企业被认定为"A"级"守合同、重信用"企业;做好企业动产抵押工作,共受理动产抵押登记130件,主债权金额52754万元。与此同时,积极开展合同咨询、合同鉴证、合同帮扶等活动,促进企业责任意识和履约意识。

【法律法规工作】

区工商分局全面贯彻落实《中华人民共和国行政许可法》,有步骤地着手一系列学习、教育和培训工作,为依法行政奠定素质基础;根据《中华人民共和国行政许可法》所确定的原则和制度,有组织有步骤地对现行的地方性法规、规章、规范性文件及工作制度进行了一次彻底清理,为依法行政奠定了法律基础;进一步加大案件核审力度,通过办案业务培训、定期案件分析研讨、案件互查评审等力促依法行政。2004年,共核审以分局名义作出的一般程序行政处罚案件631件,修正、补证率明显低于往年;在全市案件质量抽查中,分局案件质量在全市15个分局中排名第二;在全区行政执法机关行政处罚案卷质量评查活动中也受到了表彰。广泛开展法律法规教育培训和企业诚信宣传教育,促进企业自律意识的加强。共发放各类宣传资料10000余份,悬挂宣传横幅50余条,举办各类工商法律法规培训班12期,参培个体户和企业管理人员达1000多名。

【整顿和规范市场经济秩序工作】

区工商分局积极探索,努力突破常规办案方法和常规办案领域,共查处商标侵权案68起、抽逃出资案18起、不正当竞争案30起,均比往年有较大突破。继续强化专项整治,净化区域经济环境,共查处各类经济违法违章案件1667件,其中大要案364件。全面深入地实施商品准入工程,24家试点单位100%完成索证备案建档工作,食品备案率和商品索证齐全率均达到98%。积极探索农村集贸市场和个体经营点的商品质量长效监管机制,开展"百县万村放心店"创建试点,与个体经营点签订"不销售假冒伪劣食品承诺书"、"商品准入责任书",广泛开展"放心店"、"文明商店"等创建评选活动,全面保障辖区商品的质量安全。进一步加强商品质量抽检力度,在配备检测点和检测车的基础上,又为每个基层所购置检测箱,并建议区政府成立区流通领域商品检测中心,使区域商品质量检测体系基本完备。2004年,全区各市场检测点和流动检测车(检测包)共抽检蔬菜、豆制品、水产品等农副产品44939批次,处理不合格农副产品2905公斤;开展区域性的质量专项抽检5次,共抽检月饼、宾馆洗涤用品等147批次,并对22家经营单位及7家辖区内生产企业进行了处罚。根据消费热点和人民群众集中反映的质量投诉,及时开展有针对性的质量专项抽检,并以完善的检测结果公示制和完备的处理机制为保障,使商品检测的实效得以体现。

【消费维权】

2004 年，“12315”消费者投诉热线共受理申诉举报 1103 件，处理 1078 件，立案查处案件 86件，调解处理 763 件，处理申诉金额达 3058 万元，为消费者挽回经济损失 3016 万元；各级消费者协会受理各类消费投诉 815 件，为消费者挽回经济损失 47.8 万元。加强消费维权法规宣传培训工作，发放各类宣传资料 2 万余份，悬挂宣传横幅 100 余条，举办各类培训班 19 期，受教育经营者达到 1800 多名。

图 41　工商行政管理干部在市场上检查上市商品的猪肉，确保上市商品质量

【信用工程建设】

2004 年，区工商分局共投入 92.3 万元用以改善信息化基础设施，并顺利完成省、市经济户口软件的转换设置工作，多方面、多渠道、多手段征集企业信用信息，基本构建了较为完备的信息化应用框架。到 2004 年年底，企业信用数据库已征集录入企业信用信息 2.8 万余条，上网企业 11000 家，企业信用资讯网总点击率达 68482 次。积极做好“浙江省知名商号”申报认定工作，共认定浙江省知名商号 6 家；配合鄞州区文明城区创建活动，及时联合区委宣传部、区文明城区创建办公室、区民营企业、个体工商户协会推出“文明商店”创建活动，活动以企业的日常职业道德和行为取向为标准，大力弘扬企业文明和信用文化，通过调查、摸底、宣传、推荐、考察、评定、公示等系列程序，第一批 65 家文明商店已正式挂牌。

【工商管理队伍建设】

区工商分局围绕效能建设这一中心，从全局干部的思想观念、精神状态、工作思路、工作摆布、工作作风、自身素质、执行纪律和规章制度等方面入手，全面开展队伍教育整顿。2004 年，该局共举办各类教育培训 23 次，受训干部职工达 869 人次。通过学习、整顿，干部的文明执法、依法行政观念得到了进一步的提升，服务质量和办事效率得到了进一步提高，工作面貌和整体形象得到了进一步提升。强化监督制约机制，坚持对重要岗位、重要环节、重要事项实施重点监控；强化源头上的防范和治理，拓展干部廉政电子档案的监督备案范围，切实履行对干部工作圈、生活圈、社交圈的层层监督。

（张淑蓉）

统计工作

【统计服务】

2004 年，鄞州区统计局在搞准统计数据的前提条件下，多层次全方位地拓宽服务面，采取灵活多样的方法方式，应用现代的科学技术进步的成果，紧紧抓住区委、区政府的中心工作，抓住社会各界关心的焦点问题，抓住人民群众密切相连的规律性趋向，变被动服务为主动服务，不断提高统计服务水平。及时发布《鄞州区2004年国民经济和社会发展统计公报》；编印《2004鄞州区统计年鉴》；每月两期及时公布全区主要经济指标一览表；积极撰写党政信息，以满足各级各部门对全区经济运行的主要统计数据了解。对全区经济运行进行全面深刻的剖析，积极撰写《统计分析》和《农村调查》，2004年达30余篇。其中《与发达县（市）区国民经济发展指标的比较》、《小康建设实现程度发展方向》、《发展科技事业、建设现代化强区之路》、《沿海经济发达地区城郊农业统计方法探讨》、《第三产业定位及明年目标措施》等分析文章，得到有关领导高度关注。《沿海经济发达地区城郊农业统计方法探讨》一文针对农业统计中存在的问题，开展了制度方法研究，该文荣获国家统计局统计制度方法改革论文二等奖。

【统计改革】

围绕"快、精、准"要求，着眼经济发展，不断摸索改革统计方法，提高统计数据质量。一是完成工业年定报、农业年定报、投资年报和三产抽样程序的设计，使各镇（乡、街道）统计工作站都能通软件进行统计数据处理，并将统计数据通过软盘、优盘或电子邮件上报到相关科室，基本实现了统计数据的计算机处理和电子上报。二是开展质量评估，确保统计数据质量。统计数据质量是统计工作的生命线，为努力搞准统计数据质量，区统计局从基础数据、基层报表入手，加强对基层基础数据的评估、审核力度，进一步完善统计数据质量评估制度。坚持"下管一级"的评估制度，加强对基层统计数据的评审力度，确保源头数据的准确性。三是继续开展限额以下小型工业企业抽样调查工作和景气调查工作。四是认真完成浙江省统计局布置的1‰人口变动抽样和安全问卷调查工作。

【统计执法】

组织统计业务骨干对区内部分有统计违法行为的异疑单位进行查处，这样不仅提高了查处的针对性，还大大提高了统计执法的威慑力，对保证统计数据有真实性，起到了积极的作用。全区共检查15个镇（乡、街道）60多家企业和单位，对其中的17起统计违法案件进行了严肃的处理。

【国情国力普查】

高起点、高标准、严要求、扎扎实实地做好经济普查各项准备工作。从班子组建、经费落实、制订方案、宣传发动、业务培训、检查督促等各项工作均做到精心组织，一环紧扣一环。由于方法得当，克服了任务重、要求高、时间紧的困难，及时完成了工业产品目录的清查，乡镇试点以及全区清查摸底，使得普查的各项工作进展顺利，取得了预期目标，并得到上级部门的肯定。

【统计队伍建设】

完善出台了《鄞州区统计局机关管理制度》、《鄞州区统计局党委议事规则》、《鄞州区统计局公务用餐若干规定》、《鄞州区统计局驾驶员考核奖励办法》等制度，进一步推进了政务公开制度的落实。实施《鄞州区统计局科室目标管理考核意见》，建立了科学、量化、操作性强的绩效考核办法，责任落实到每一个人上。2004年区统计局被评为宁波市统计工作先进单位。

（岑崇巍）

审　计

【概况】

2004年全年共完成审计项目43个，完成年初计划的116%。查出违规金额4068万元、查出管理不规范金额91931万元、上交财政收入1143万元、核减工程结算款4666万元，分别比2003年同期增加128%、441%、277%和211%。移交案件线索2起。

鄞州区审计局被评为2004年度宁波市内部审计指导工作先进单位，被浙江省审计厅、宁波市审计局评为考核优秀单位。

【财政预算执行情况审计】

2004年的财政预算执行情况审计，鄞州区审计局(以下简称区审计局)拓宽了思路,积极创新财政审计一体化的审计方式。审计组人员认真负责，深入调查,取证核实,综合分析。在进行核心层审计的同时,及时完成了省市同步审计和区人大布置的部门预算执行情况审计任务。通过审计,查处代扣代征税收未及时入库并督促财政部门收缴入库1368万元；发现了预、决算差异大，支出变数多以及专项经费使用不规范等部门预算管理上的问题，审计后,区审计局通过与人大、财政等部门座谈、交流，共同分析原因，提出了进一步加强政府采购和资产收益核算管理;对部门预算单位进行分类指导管理;将各部门各单位的全部收支统一纳入部门预算等一系列建议。

【领导干部经济责任审计】

为确保工业小区健康发展，防范镇（乡、街道）财政风险，在区政府重视支持下，扩大了对镇（乡）长、街道办事处主任经济责任审计的范围，将历年审计未涉及的工业小区纳入延伸审计的范围，通过审计及时发现了一些存在问题，并提出了审计建议。如对有的镇为落户企业贷款提供大额担保问题，撰写了《乡镇工业小区为落户企业提供账外担保存在较大风险》专报，对此，区主要领导专门作出批示，要求各镇乡政府、财政、工业开发区不得为企业提供贷款担保，严防财政风险。

建立了领导干部经济责任审计联席会议制度，加强了与组织、纪检、财政等部门的沟通协调和配合工作，增强了项目的计划性和科学性。同时，修订出台了新的《鄞州区党政领导干部经济责任审计办法》，制定了《领导干部任期经济责任审计结果报告参考格式》，使鄞州区领导干部任期经济责任审计工作基本做到了有章可循。

【投资项目审计】

区委、区政府在不断加大政府投资项目力度的同时，对项目的监督管理也提出了更高的要求。2004年区审计局首次作为区委党风廉政建设和反腐败工作的负责牵头单位，在5月份如期建立财政性建设项目审计中心并投入运行，颁发了《宁波市鄞州区政府投资项目审计监督暂行办法》，规范了政府投资项目审计的操作程序；审计中心全年共完成审计项目12项，审计投资总额达34279万元，核减工程款4666多万元，核减率达13.6%。特别是区重点工程——投资近1.8亿元的鄞州区体育馆工程竣工决算审计项目，核减投资额达3168万元。

【内部审计】

2004年，鄞州区内部审计协会正式成立。这在全市是第一家，至年底，共发展会员单位51家、个人会员235人。鄞州区内部审计协会明确了以“促发展、抓规范、重质量”的工作思路，为切实加强审计机关对内部审计工作的指导监督和管理，重新制定了《鄞州区内部审计若干规定》，首次组织各镇（乡、街道）审计办公室实施了财政“同级审”。全区各内部审计机构完成审计项目800多个,纠正违规金额2000多万元,提出建议意见被采纳250条,通过审计,2人被行政处分。

(宋月红)

物价管理

【收费管理】

全年清理整顿各类涉企行政事业性收费151项,涉及鄞州区7个部门44项,包括农林、劳动保障、公安、交通、工商、技术监督、教育等行政管理部门,其中取消收费项目32项,降低收费项目4项,项目保留但停止收费的5项,免收向农村收费项目3项,一年可减轻企业负担884万元。改革和规范教育收费,2004年秋季新学年开始,全区九年制义务段公办普通中小学全面实行"一费制"收费办法,统一了杂费、借读费的标准,废止了代管费,增强了收费透明度,全区一年可减轻学生和家长经济负担1230万元。取消了由小水电站按上网电量2%~4%的线损负担,每年可减少24家小水电站50余万元的支出,支持了小水电企业的发展。全面实行收费公示制度,全区所有镇(乡、街道)财政所以及区属34个系统全面实施收费公示制度,加强和完善了社会监督机制。继续抓好行政事业性收费验审工作,通过建立年审数据库、编印年审简报、建立年审档案等措施,加强的各类收费行为的监督。区物价管理部门被宁波市物价局评为先进集体,价格监测工作被评为宁波市单项先进。

【价格调控】

落实价格调控政策,实行价格干预措施。上半年,针对化肥、种子等农资价格大幅上扬,影响农民收益和种粮积极性的实际,实行了价格干预措施,对鄞州区磷肥厂生产的过磷酸钙规定最高限价,对粮食种子实行提价申报制度,并通过《鄞州日报》向社会公布。下半年,针对石油液化气价格连续大幅上涨,群众反映强烈实际,按上级要求,实行临时差率控制。规范物业收费行为,提升物业管理水平。继续抓好物业收费资质年度考评制度,对全区44家(比2003年36家增加8家)住宅小区逐一考评,引导小区改善管理、环境,打造品牌,提升资质。全区小区物业资质特级批的新增5家,比2003年4家提升125%;甲级新增6家,比2003年12家提升50%。强化价格监测。特别是禽流感期间,重点抓好畜禽产品的市场价格及供求情况,批发市场和集贸市场交易量的监测分析,报告疫情对市场价格波动的连锁反应;继续做好粮油等重要商品价格、农贸市场菜蓝子价格以及部分原材料价格的监测,并扩大监测的涵盖面,及时分析价格动态。加强价格工作调查研究,主动当好区政府参谋。跟踪区内房地产市场发展态势,并做好房价的预测分析;一季度,粮价上涨过快时,及时调研分析;临近春耕,农资价格大幅上涨,及时调查原因,提出价格干预措施等。

【价格监督】

全年先后开展了节日市场明码标价、环境保护收费、技术监督收费、涉农价格的收费、"五一"黄金周旅游价格、禁止价格欺诈行为、电力价格、教育收费、广播电视收费、成品油价格、物业收费等专项检查。据统计,全年共查处各类价格违法案件46件,实行经济制裁总额291.27万元,其中没收违法所得126.80万元、罚款7.35万元。退款157.12万元。共受理群众对价格投诉45件,办结44件,办结率达97.8%。

【价格认证】

全年共受理各类价格鉴证1453件,标的额10195万元。

(陈志光)

质量技术监督管理

【概况】

2004年，宁波市质量技术监督局鄞州分局（以下区质监分局）坚持从源头抓质量，全面履行质量技术监督综合管理和行政执法两大职能，开创鄞州区质量技术监督事业改革和发展的新局面。全年业务收入首次突破千万大关；新大楼如期动工、结顶、并即将竣工；宁波市鄞州区质量技术监督稽查大队依法挂牌成立，6名工作人员在该局事业人员中招录完毕；2个技术机构档案管理通过宁波市一级考核验收；2004年度获得“全国质量技术监督检验检疫先进单位”的荣誉称号，并在该系统年度综合考评中获得宁波市优胜单位。

【产品质量监督管理工作】

积极引导和鼓励有实力的企业申报各级名牌和国家免检产品，联合各镇（乡、街道）、农林部门组织推荐企业申报中国名牌4家，推荐浙江省名牌产品15家，参加宁波市名牌产品20家。2004年，鄞州区获得中国名牌2家，浙江省名牌9家，宁波市名牌11家，同时帮助企业申报产品国家免检产品，2004年，共有6家企业参加申报，5个产品获得2004年度“国家免检产品”称号，占宁波市入围单位的1/3。

继续加强企业生产许可证和3C强制认证的监管工作。积极帮助企业做好生产许可证的领取工作，已完成蓄电池、木板、混凝土、输水管等生产企业的生产许可证发放工作；并对25家企业的生产许可证进行了年审，初步建立全区3C强制认证企业147家、工业产品生产许可证108家企业的质量情况档案。

加大了对无证生产的查处力度，重点查处钢丝增强液压橡胶软管、机械密封件等无证生产行为，共出动130余人次对60家涉嫌无许可证、无3C认证，或无电子、无电器类认证的企业检查，并对查实的15家无证生产企业进行严厉查处。

对辖区内企业的质量管理和产品质量状况开展质量档案填报工作，已建立998家鄞州区企业质量档案，提前完成填报工作。

认真做好产（商）品质量监督工作。开展了食品专项整治。对辖区内食品生产、加工企业的情况进行了摸底调查：鄞州区共有食品生产、加工企业543家，从业人员4114人，涉及到15类产品，并录入到食品专项调查数据库中。组织对18家企业食品生产许可证考核；对辖区内酒类食品、饮料、酱腌菜食品、月饼等生产企业进行了不定期和定期的专项监督检查，对13家在各级定期监督中发现不合格企业，进行质量处理。

认真做好特种设备安全监察工作。2004年共登记锅炉197台、压力容器669台，新发锅炉使用证191只、压力容器使用证1061只。

深入开展压力管道普查和液化石油气瓶普查整顿，在安全生产月中，共出动了30余人次对辖区内所有镇（乡、街道）进行设摊宣传特种设备有关法律法规知识、气瓶普查相关内容，接待咨询300余人，发放宣传资料3000份；对鄞州区内15个镇（乡、街道）的400家企业的特种设备进行了安全监察，发出责令整改通知书256份，对26家问题严重的企业进行了立案查处；出动20人次集中4天时间对全区的21家冷库企业安全情况进行全面的调查排摸，查获

3家未登记企业。

【标准计量管理工作】

加强农业标准化工作。2004年区质监分局会同区农林局组织有关专家起草草莓、大豆等3个农业地方标准,基本完成标准草稿;对3个到期农业地方标准进行了修订,废止了6个农业地方标准;组织专家对“八戒”西瓜标准进行审核修订,正式成为市级农业地方标准。

加强对工业产品标准备案,2004年共受理502项企业标准备案,续展条形码114家,发展52家。

积极组织做好代码的办理工作,2004年颁发代码证书6648份,代码证副本及IC卡领发率99.99%。

不断完善计量确认体系,帮助企事业单位建设计量检测体系,共有19家企业通过计量水平确认考核。

严肃认真地开展计量器具生产许可证、计量标准复查考核工作。组织许可证考核8家、计量标准考核10家,全区社会公用计量标准证书有效率为100%,周检率达100%;组织开展了眼镜制配店计量监督监察,现场检查眼镜店37家。

【行政执法工作】

积极开展打假治劣工作,进一步规范市场经济秩序。共出动1435人次,检查企业850多家,立案查处160起,涉案金额达850余万元,其中移交公安机关1起、涉案金额达1万元以上大要案70起、端掉制假窝点2处。

积极开展建材市场整治工作,重点整治了地条钢、扣件、水泥砖、钢筋、涂料、建筑门窗等生产行业。组织进行了全面清查地条钢生产的专项行动,查处地条钢生产企业21家(次),没收成品地条钢10余吨,组织全区地条钢及其制品生产企业进行集中学习,从根本上取缔地条钢的生产;组织了对区内15家建筑脚手架钢管扣件租赁企业的抽样检查、复查,对不合格企业责令整改,同时还查处了2家无证生产塑钢门窗企业;针对钢材涨价,许多不合格钢材趁机流入市场的情况,主动出击对万国商城正在销售的所有角钢、型钢进行了抽样检查;组织对辖区内的混凝土实心砖进行了抽样检测,查处不合格生产企业。

积极开展质量监督专项行动。出动执法人员320余人(次),在春节、“五一”、“十一”黄金周前后,组织了打假专项行动,并对5个(次)商场210种商品进行了检查。对公共特种设备进行了安全监察大检查,检查单位(企业)90余个,对40家企业的特种设备进行了检查,发出责令整改通知书30份;在春耕生产到来之际,组织人员开展了打假保春耕的行动,对区内正在销售的7批次复混肥进行了抽样检测,有6个批次不合格,共50.5吨;联合区农机总站开展了农机及配件市场的大检查,对1家销售无证潜水泵的企业进行查处。加大对食品加工业的行政执法力度,9月查获的宁波市鄞州区钟公庙顺达粮食制品加工厂在生产年糕中违法添加的食品添加剂的特大案件后,组织力量分4组对辖区内的所有年糕、面条生产、加工企业进行地毯式的检查(包括前店后厂),共出动136人次,检查企业50余家。加强对特种设备安全生产的行政执法力度,出动人员120余人次,检查企业400家,发出265份特种设备违规使用安全检查通知书、50份责令整改通知书,立案查处26家;根据群众投诉热点,对辖区内生产经销电动自行车进行了专项检查,抽样检查电动自行车20余批次,立案查处5批次。对9家液化气充装站进行了检查,查处了4家充装过期瓶和短斤缺两充装站。

【加强质量监测】

深化技术机构的改革。在2003年改革的基础上，继续实行用工、分配和核算的3项制度改革，并建立“红、黑榜”制度，与机关效能建设相结合，极大地激发了广大干部职工的主动性和积极性，提高了主动为企业服务的意识和遵纪守法意识，加强了工作作风，提高了办事效率和工作质量。

加强质检项目建设，全年共投入200万元用于购置设备、新仪器。新开展了煤气表检定装置，并通过了超声波探伤、计算机综合布线工程、脚手架扣件等7个新检测项目的省级审查认可。

加强与各企业联系与合作，优化服务质量，主动与各企业签订产品质量检测服务协议214份及计量器具检定协议5份。帮助企业培训检验员，2004年为企业培训了电动自行车质量检验员4名，计量器具维修员20名。

积极做好锅炉压力容器的检验工作，确保全区锅炉压力容器安全、经济运行。

全年共完成锅炉、压力容器监检（检验）、锅炉水质监测8080台次以及安全阀校验等，其中：完成锅炉定期检验850台次、外部运行检验549台次、事故及修理检验63台次、新增及安装监检394台次；完成压力容器定期检验2595台次，其中内部检验491台次、外部检验1367台次、其他检验737台次；上门抽查锅炉水质633台次，锅炉送样化验838只，送样化验率100%，锅炉化学清洗监测检查4台次，并同62家拥有锅炉水质化验员上岗操作证的单位签订了锅炉水处理服务协议；完成安全阀校验及修理2158只；举办了4期特种设备操作人员培训班，共计培训人员351名，（换）发上岗操作证311名。

【机关效能建设】

在建立ISO 9001：2000质量管理体系的基础上，健全完善了岗位责任制、服务承诺制、限时办结制、首问责任制、AB岗工作制、否定报备制、窗口部门一次性告知制、行政过错责任追究制等各项内部管理制度。按照ISO 9001：2000质量管理体系，规范行为，保证工作质量，提高办事效率，确保政令畅通。坚持不懈地进行“为民、务实、清廉”教育、理想信念教育、思想道德教育，提高队伍素质，提升质监形象，2004年向社会发放了850份“顾客服务质量满意调查表”，回收600余份，满意率为95%。

（张　瑾）

图42　3月15日，区消协、工商、卫生、质监、药监等部门在宁波轻纺城举行宣传咨询现场会。图为活动现场

药品监督管理

【药品安全专项整顿】

2004年，宁波市药品监督管理局鄞州分局（以下简称区药监分局）抓住群众关注的热点问题，推出药品安全专项整治行动，被区政府列入市场整治“一号工程”。组织开展了麻醉精神药品、疫苗、邮售药品、高风险医疗器械、医用卫生材料、计生药具、特色专科门诊用药等多项专项检查。一年来共出动执法人员1557人次，检查涉药单位669家次，集中解决了一些突出问题。针对各医疗机构卫生材料、诊断试剂等一次性耗材采购混乱现状，与卫生部门一起出台了《鄞州区医疗机构一次性耗材采购管理办法》，对镇（乡、街道）以上医疗机构一次性耗材，通过招标，实行定点采购，统一配送。根据邮售假药在农村具有相当普遍性这一实际，区药监分局一方面通过新闻媒体，加强邮售假药危害性的宣传，同时印发了近1000份公告，在各行政村、社区、邮电所张贴，向广大群众进行警示，提高广大群众自我防范意识；另一方面与邮政部门联合下发《关于加强邮售药品监管的通知》，建立邮售药品审核登记制度，着力在邮购环节上进行规范。对于在专项整治中发现的违法案件，追根溯源，一查到底，查处了一批违法案件，全年共受理各类案件68件、立案34件，结案54件（其中24件为跨年度案件），涉案金额11万元，没收物品货值达5.46万元、没收违法所得2.39万元、罚款12.12万元、捣毁售假窝点1个、取缔无证经营3起、移送公安机关1起、向工商部门移送违法药品广告4起，有力打击了违法犯罪活动，确保了群众用药安全，使鄞州区药品市场秩序不断好转。

【农村药品监管管理】

进一步推进镇（乡、街道）政府有分管人员，人大、政协有监督员，镇（乡、街道）药品协管员，零售药店有联络员，农贸市场有信息员的农村药品监管网络建议，对监督员、协管员、信息员实行制度化管理，进一步明确职责，强化法规和业务培训，建立协管员考核和信息员提供有效信息奖励制度。

全力推进农村卫生室药品统一配送工作，从源头上保证农村用药质量。按照“政府引导，市场运作”的原则，积极促进药品统一配送工作，全区511家农村卫生室药品医疗器械全部纳入鄞州区药品配送中心统一配送，初步建立了电话预订、即时配送、定期结算、专人管理的“一库制”药品配送体制，2004年配送金额达3300万元。为加强源头监管，区药监分局在区药品配送中心专门设立监管室，对配送中心药品医疗器械采购、储存、养护、销售进行全过程监管。

【医疗机构药品管理规范化建设】

以规范药品采购渠道、改善药品储存条件、健全医药器械管理制度、提高从业人员素质为主要内容，与卫生部门通力协作，全面开展“规范化卫生室”、“规范药房”和“规范化医务室”建设，实行各级医疗机构全面覆盖。到2004年底，29家镇（乡、街道）卫生院及区级医院已全部通过“规范药房”检查验收；511家农村卫生室中已有503家通过“规范化卫生室”检查验收，占98.4%；40家医务室中已有37家通过“规范化医务室”检查验收，占92.5%。通过规范化建设，大大提升了各级医疗机构药品管理水平，提高了药品质量，尤其是农村卫生室建设，群众形容为这是一场“卫生革命”，全区投入了近500万元资金进行改造，使平均每家卫生室用房面积从原有40.5平方米增加到48.5平方米，均独立设置了诊室、治疗室和药房，老百姓看病用药环境大为改善。

【人大行政执法评议】

2004年，省、市、县（区）三级人大上下联动开展对药品监督管理部门的行政执法评议。9月9日，区人大常委会召开行政执法评议动员会，随后，宁波市药品监督管理局鄞州分局制定了《宁波市药品监督管理局鄞州分局执法评议工作实施方案》，落实分管领导和责任科室，并根据方案内容开展评议调研和自查自纠工作。走访药品、医疗器械生产、经营企业和医疗机构，征求药品监管工作的意见；开展问卷调查，印制400份“执法评议意见征求表”，向区人大代表、社会药品监督员、药品质量协管员、药品医疗器械生产经营企业、部分医疗机构和居民代表征求意见和建议；召开医疗器械生产企业负责人代表、药品经营企业负责人代表和居民代表座谈会，广泛征求管理相对人、人民群众对药品监督工作的意见和要求。在此基础上，完成《宁波市药品监督管理局鄞州分局行政执法评议自查报告》。

10月22日，区人大常委会召开行政执法评议会，区药监分局针对人大代表提出的意见，认真进行疏理，深入剖析原因，寻找整改措施。11月8日，区药监分局专题召开党组会，学习区人大《关于对宁波市药品监督管理局鄞州分局行政执法评议的意见》文件，分析存在问题，研究整改措施。明确对能改的问题，马上改正；对需要时间整改的问题，排出时间表，落实责任人，限期进行整改；对属于制度层面的问题，将加强调查研究，着力从制度上、机制上进行规范；对涉及到上级部门职责范围内的问题，及时用书面形式向上级部门反映；对群众反映强烈的药价问题、医疗及药品广告问题，将主动协调和配合有关部门，进行合力整改。随后，区药监分局就人大指出的加大宣传力度、加大监管力度、加强队伍建设、加强部门协作4方面内容，制定整改措施，明确时间要求，落实责任人员，逐项加以改正提高，努力把药品监管工作提高到一个新的水平。

【监督实施GSP认证】

在坚持标准、确保质量的前提下，稳步推进GSP认证工作。区药监分局抽调业务骨干，加大帮促力度，通过开展业务培训、无偿提供有关资料和软件、上门指导等，督促帮助药品经营企业开展GSP认证。至2004年底，全区应认证药品零售企业98家，已有89家通过GSP认证检查，占91%，其中中心城区和镇（乡、街道）所在地零售药店已全部通过GSP认证，使全区零售药店质量管理意识和水平明显提高，老百姓用药安全得到更好保障。

【广泛开展药学服务活动】

开展安全用药进社区（农村）宣传活动。利用节假日，区药监分局组织机关干部，深入到社区、农村，运用图片展览、假药展示、真假药品现场鉴别、法律法规咨询、发送资料、有奖竞猜等多种形式，向群众宣传法律法规、机构职能和安全用药知识，2004年共组织9场次，吸引8000余人参与。同时借助新闻媒体，加大宣传报道，在《中国医药报》、《浙江日报》以及宁波、鄞州新闻媒体上刊登（播放）36篇（次）。

组织开展清理家庭小药箱活动。针对家庭用药存在安全隐患，区药监分局在钟公庙街道试点基础上，2004年5月，在全区组织开展了清理家庭小药箱活动。通过与150家药店联动，设立清理点，设置不合格药品回收箱，悬挂宣传标语，向群众散发《告全区居民书》，推出回收不合格药品给予优惠购药和赠送家用小药箱、小礼品等措施，采用药监部门引导清理、药店药师指导清理、专业人员上门帮助清理、宣传现场集中清理和群众自我清理等多种方法,指导帮助居民、村民清理家庭小药箱。共回收不合格药品 19.3 万粒(瓶),计600余种。

向低保家庭发放药学服务卡。为提高低保人员安全、合理用药知识,缓解看病用药的困难,提高生活质量和健康水平,推动药学服务向家庭发展,区药监分局在民政部门的配合下,推出向全区低保对象开展药学服务活动。通过向 4200 户低保家庭发放“药学服务卡”,并在每个镇(乡、街道)确定 1 家低保定点药店,提供优惠购药、合理用药指导、上门送药、代煎中药、为老年人和慢性病患者建立用药档案等 6 项服务。

【药品信用监管体系建设】

建立信用档案,按照《关于建立涉药单位信用档案的规定》,区药监分局要求各科(室)结合日常监管,每季度 1 次,将管理相对人良好信用和不良信用记录录入档案,已记录良好信用记录 96 条,不良信用记录 34 条;对管理相对人实施信用等级管理,以信用档案记录为依据,评定信用等级,分 A、B、C 三级进行动态管理,按照激励守信和警戒失信的原则,对 A 级信用单位实行放心监管、B 级信用单位实行正常监管、C 级信用单位实行重点监管;全面推行信用承诺制,至 2004 年底已有700多家涉药单位向公众作出药品医疗器械质量信用承诺,并上墙公示,接受群众监督;实施信用公示和曝光制度。通过《鄞州药监信息》、鄞州企业信用网和新闻媒体,对严重不良信用行为进行公开曝光,2004 年曝光 3 起。

【作风能力建设】

区药监分局强化九种能力建设(政治鉴别能力、业务工作能力、依法行政能力、组织协调能力、群众工作能力、学习创新能力、文字写作能力、口头表达能力、计算机应用能力),队伍结构和知识、能力不断提高,到 2004 年底,已有 1 人完成研究生学业、3 人完成本科学历教育、3 人正在就读本科,使本科以上学历人员占 87.5%,专业人员占 75%。

建章立制,用制度管人管事。以规范行政行为,转变机关职能,强化机关管理,保证勤政廉洁为主要内容,制定了 27 项规章制度,并建立起保证制度落实的监督体系。全年没有发生 1 起群众投诉,无行政诉讼案件,无人违规违纪,工作人员主动拒收或上交礼券、礼卡、礼品价值近10000元。

推出便民利民服务措施,为企业发展和群众办证及办事,提供热情、规范、即时、上门、跟踪、全程、提醒、提速、咨询、文明等 10 项服务,努力营造良好服务环境,促进了医药经济持续发展。

(陈国君)

国土资源管理

【概况】

全年向上级国土资源管理部门报批农用地转用面积 737.27 公顷,占用耕地 537.73 公顷,其中经浙江省批准的农用地转用面积共 3 个批次 55 个项目,面积 99.93 公顷,占用耕地72.87公顷;“四加四”项目 11 项上报国土资源部,面积 637.33 公顷,占用耕地 598.2 公顷。具体项目审核报批面积 631.73 公顷,原地置换项目 69 个,面积 121.73 公顷;延长开发期项目190 个,面积 345.53 公顷。2004 年,鄞州区国土资源局

（以下简称区国土局）被区政府被评为开放型经济最佳服务单位。

【土地市场治理整顿】

组织进行了各类开发区、工业园区治理整顿检查，迎接基本农田大检查，组织经营性用地出让大检查，以及征地补偿费管理使用情况等8个方面的大检查。集中精力对全区1999年以来的闲置土地和存量土地进行了专项检查，基本摸清了全区农用地转用尚未供地以及闲置土地情况。

【土地利用总体规划大纲修编】

在2003年年底规划大纲通过部级验收的基础上，继续对规划大纲进行了修改完善，报国土资源部、浙江省国土资源厅备案，并着手开展了区、镇两级规划修编工作。基本完成了区、镇两级地块空间预布局工作。与规划修编密切相关的土地利用总体规划信息系统的研发，通过了浙江省国土资源厅的测试及预检；土地利用现状更新调查顺利通过了国土资源部组织的验收，并对验收结果给予较高的评价。

【规范征地拆迁】

配合有关部门做好宁波市经济适用房、绕城高速、杭甬高速拓宽、明州大道、宁波市外环路、溪下水库等重点项目征地拆迁、政策处理、协调工作；对10个重点急需项目所要涉及土地征用和房屋拆迁的10个镇44个村进行了听证公告。全年办理拆迁许可证22只，受理拆迁裁决案件49只，起草裁决书21份，拆迁面积37万多平方米。

【土地储备和交易】

全年共收回、收购存量土地104.47公顷，合同金额2.94亿元。2004年，共招标拍卖挂牌出让土地总面积163.93公顷，总成交额43.5亿元，创历史最高。其中：挂牌22幅，成交额4亿元；招标拍卖17幅，面积115.87公顷，金额39.5亿元。

【土地开发整理】

全区落实11个镇乡73个开发造地项目，共计开发造地面积381.87公顷，经验收，实际造地面积421.67公顷。落实农田整理项目71个，涉及10个镇82个行政村，整理区耕地面积2350.47公顷，预见可新增耕地234公顷。落实了3个退宅还耕项目，面积7.73公顷。

【土地执法监察】

全年开展执法巡查1460次，参加人员2373人次，发现各类违法用地224件，发出责令停止违法用地行为通知书201份。对121个违法用地项目进行立案，发出行政处罚决定56份，对有关责任人提出党纪政纪处理建议6份，其中6人已受到党纪政纪处理。土地信访工作共受理群众土地信访669件，正式立案登记294件比2003年增加141件，已办结280件，办结率95.2%。为加大信访工作力度，实行了国土资源信访工作积分排名管理制度，采取了领导包案责任制，取得了良好的成效。区国土局被区委评为信访工作先进单位。 （卢　明）

安全生产监督管理

【概况】

2004年，全区共发生各类伤亡事故1473起，死亡175人、同比下降3.32%，受伤1244人，直接经济损失721.95万元、同比下降21.88%。其中：工矿企业死亡事故29起，死亡29人，事故死亡人数与2003年持平；火灾事故成灾181起、同比上升11.04%，死亡6人、同比上升100%，重伤1人、同比下降80%，直接经济损失485.2万元、同比下降5.32%；道路交通事故1262起，死亡139人、同比下降1.4%，受伤1408人，直接经济损失236.75万元、同比下降42.49%（不包括非道路交通事故死亡42人、2003年死亡49人）。以上6项事故均未突破宁波市政府对鄞州区安全生产工作责任书的考核指标。

为了加强安全生产的监督管理，2004年9月7日，宁波市鄞州区安全生产监督管理局正式升格为区政府直属工作机构（正处级），负责全区安全生产综合监督管理，同时挂区安全生产委员会办公室牌子。该局行政编制10名，内设办公室、综合安全监督管理科和工矿商贸安全监督管理科，下设鄞州区安全生产监察中心。从11月22日起，办公地点搬迁至江东区潜龙巷20号。

【责任落实与事故责任追究】

2004年1月6日，鄞州区政府专题召开全区安全生产工作会议，总结2003年度安全生产工作，研究部署2004年度目标任务。会上，分管副区长代表区政府与各镇（乡、街道）和区级有关部门负责人签订安全生产责任状42份。同时，区政府各有关部门及时组织召开各条战线的安全生产工作会议，分解落实安全生产控制指标和工作任务。各镇（乡、街道）、各部门相继与所属部门、单位、村、企业签订安全生产责任书共计14358份，层层落实了安全生产责任制，

2004年，鄞州区安全生产监督管理局（以下简称区安监局）严格按照规定及时、准确上报各类事故，按照“四不放过”原则，严肃查处事故责任人。各类事故按规定及时结案，结案率达100%。鄞州区公安分局对负有重大责任的驾驶员起诉92人，拘留63人。通过严格依法查处，极大震慑了事故责任人，起到了预防事故的目的。

【安全生产大检查和专项整治】

2004年，区安监局牵头组织了不间断的安全生产大检查，共组织了6次全区性安全生产大检查。在大检查的同时，全区集中部署开展了以矿山、危险化学物品、建筑、消防安全和自备发电机（组）使用安全等为重点的安全专项整治工作，取得了明显成效。在矿山安全专项整治中，以治理查禁中小型露天矿山违章“扩壶爆破”，掏底崩落开采为重点，对存在超高度、超坡度开采、阴山堪等违规现象的采石场，坚决关闭2家、停产整顿21家、限期整改13家，消除了一批事故隐患。经过整改，目前全区98家采石场已落实层台式、中深孔等安全爆破方式的达83家。

在危险化学物品专项整治中，6家危险化学品生产企业责令限期整改，2家停产整顿，2家责令限期搬迁违法储存危险化学品仓库。通过普查、排摸、甄别重大危险源等工作，至2004年底，已登记危险化学品生产单位29家、储存企业4家、经营单位470家、运输单位7家、使用单位1000多家，其中列入重大危险源监控70家。33家生产、储存企业中，已办理批准书14本，15家正在评估审批，4家企业因安全评估不合格，为下步关闭企业；470家经营单位，除由浙江省农业厅办证的104家农药经销店和由中国石油集团、中国石油化工集团统一组织办证的42家加油站外，应通过区安监局办证的324家，其中已办理危险化学物品经营许可证146本，完成安全评估106家。

【安全设施投入与事故预防】

一是加大道路交通、消防安全设施投入。2004年，区、镇（乡、街道）两级政府投入2050余万元，用于完善道路交通安全设施。区政府斥资1450万元（不含土地）支持鄞州区公安分局

消防大队建造新大楼（建筑面积10025平方米），落实700万元专项资金配置消防举高、登高车，拨出专款700万元，建设古林公安消防站等。二是自邱隘镇在全市率先建立专职安全消防队以来，全区已投入1000余万元，除钟公庙街道（鄞州区公安分局消防大队驻地）外的19个镇（乡、街道）都组建了专职安全消防队，人员10名～15名，区政府对建立专职消防队的镇（乡、街道）下拨启动资金10万元～20万元，每年正常业务经费10万元～20万元，至2004年底，全区有15个镇（乡、街道）购置了1辆～2辆消防车。三是为加快安全生产信息化，区安监局建立了鄞州安全生产网站，已于9月底前开通，投入运行。四是区政府制定下发了《宁波市鄞州区特大安全事故应急救援预案》，同时落实相应责任部门，修订完善了道路交通事故、火灾事故、建筑施工事故、特种设备事故、食物中毒事故等15个应急预案和《宁波市鄞州区危险化学品事故应急救援指挥体系》。

【教育与培训】

2004年，区安监局会同各镇（乡、街道）举办安全法律法规培训22期，镇（乡、街道）机关干部、村干部、企业法人代表及企业安全人员等共受训3627人次；企业注册安全主任培训班5期，初训86人次，复训288人次；举办危险化学品生产企业负责人安全管理资格培训班5期，受训278人次；举办场内机动车辆（挖掘机）、建筑登高等特种作业培训班各1期，受训103人次；开展自备发电机操作人员安全培训，累计2256人通过考核，获得了自备发电机操作人员特种作业上岗证。外来务工人员培训37325人次。举办矿山场长、安全员培训班4期、受训288人；举办学习国务院《关于进一步加强安全生产工作的决定》及安全法律法规培训班5期，受训765人次。

（王仁伟）

图43　6月13日～18日，区委宣传部、区安监局、区总工会等9家单位联合举办了安全生产宣传咨询活动。

城建 城管

城建管理

【概况】

2004年，鄞州区建设工作紧紧围绕“创现代化强区，建生态型鄞州”总体目标，全力以赴抓农村供水管网改造，扎实推进区域供水工程建设，积极酝酿住房补贴实施办法，做好住房分配货币化工作启动准备，不断探索新的管理模式，切实规范建设和房地产两大有形市场，城乡建设和管理水平进一步提高。

【区域供水工程建设】

2004年，鄞州区域供水工程建设作为区政府的头号实事工程，取得阶段性进展。鄞南、鄞西片区域供水工程进展顺利。鄞南片横溪水库引水工程铺设管道19.8公里，剩余的横溪溪坑段管道铺设正在抓紧施工中，一旦接通，即可调试后通水。鄞西片皎口水库至毛家坪水厂隧洞工程已全线动工开挖。鄞西片毛家坪水厂至各镇（乡）原水管线工程已进入工程招投标阶段。滨海片区梅溪水库引水工程由瞻岐镇负责实施，已基本完成。

农村供水管网改造工作稳步推进。按照并村前村数统计，全区需要农村供水管网改造的行政村（居委会）共424个，已改造但需要整改的行政村（居委会）共131个。2004年，全区20个镇（乡、街道）已有141个行政村（居委会）完成了施工图设计并通过了评审，82个行政村（居委会）正在施工或已竣工。

【住房制度改革】

2004年，鄞州区住房改革委员会办公室多次赴杭州、绍兴，慈溪、余姚、镇海、北仑、海曙区、江北区、江东区学习考察，及时掌握邻近县（市、区）的住房改革动态，同时，对全区各镇（乡、街道）及有关部门、单位干部职工的实物分房（住房实物分配）情况、住房改革情况、集资建房情况等都进行了进一步的调查摸底，专题召开座谈会，就全区的住房补贴价格、住房补贴比例、住房补贴面积标准、区域划分、住房补贴的对象和范围、新老政策衔接等重要问题听取了各方面的建议、意见，在此基础上，对集资建房、批地建房情况进行了专项调查，经过充分酝酿、测算后形成了初步意见，明确了住房货币化实施的范围、对象、标准。2004年12月28日，全区住房货币化补贴动员大会召开，拉开了住房补贴工作帷幕。

2004年，全区住房公积金共归集13620万元，比2004年同期增30%，累计住房公积金余额达30902万元。为扩大住房消费，2004年共向700户发放住房公积金贷款12778万元，累计发放贷款31330万元，取得了较好的经济效益和社会效益。此外，严格落实房改售房政策，共审核房改售房50套，建筑面积3043平方米。

【建筑行业管理】

2004年，全区的建筑工程项目继续保持较高数量，全区交易成交项目825项，施工招投标项目322项，面积328.4万平方米，造价36.8亿元；直接发包项目503项，建筑面积312

万平方米，造价 17.7 亿元。

全区基建规模日益扩大，2004 年，新开工工程 762 项，建筑面积 903 万平方米，工程造价 51.7 亿元。

招投标制度建设逐步加强，将政府投资项目二次专业分包纳入公开招标范围统一进场，加强建设工程标后管理，有力地规范了建筑交易市场的秩序。

全区新办理工程质量监理登记 749 项，建筑面积 694 万平方米，工程总造价 66 亿元，完成工程竣工验收备案 1286 项，建筑面积 384 万平方米。全区受监理的建筑工程质量也稳步提高，14 个工程被评为鄞州区“钱湖杯”优质工程，7 个工程被评为宁波市“甬江建设杯”优质工程，2 个工程被评为浙江省“钱江杯”优质工程，1 个工程被评为国家“鲁班奖”优质工程。

建筑工地文明施工水平不断提高，4 个工地被评为省级文明标化工地，7 个工地被评为市级文明标化工地。积极开展监理、园林、建筑业企业资质年检及项目经理从业资格管理工作，确保了建筑行业健康发展。

【安全生产】

层层落实安全生产责任制，2004 年初与全区 168 家建筑业企业和园林绿化企业签订了安全生产责任书，通过施工许可证的发放，进一步规范了业主、施工单位等各主体的行为。

切实加强对施工现场安全生产的监管，通过 2 月份的专项检查、6 月份开始的“全国安全生产月”活动、9 月份开始的“平安宁波、平安鄞州”2 号行动，有力地遏止了建筑工地事故频发的势头。

【清理建筑领域欠款问题】

积极妥善解决拖欠工程款和民工工资问题，2004 年上报拖欠工程款项目共 28 项，拖欠工程款 7230 万元，至年底共计还款 4560 万元，占拖欠总额的 63%。对尤为突出的拖欠民工工资问题，做到专人负责、专人落实、及时调解，2004 年共处理民工工资问题 461 起，涉及建筑企业 144 家、民工 3218 人，清欠工资款 1184 万元。

【房地产管理】

整顿和规范房地产市场秩序，分别对全区各房地产开发公司、物业公司、中介机构进行了全面检查；加强了房地产开发项目的预售管理、竣工综合验收等日常管理，及时纠正了一些违法违规行为。

房地产业已成为全区重要产业。据统计，2004 年全区完成房地产开发投资 25.8 亿元，比2004 年同期增长 11.32%；商品房施工面积 249.1 万平方米，比 2004 年同期增长 8.25%，其中住宅 212.69 万平方米，与 2004 年基本持平；商品房新开工面积 114.9 万平方米，比 2004年同期减少 32.3%；竣工商品房面积 118 万平方米，比 2004 年同期增长 43.9%；预售商品房面积 163.2 万平方米。2004 年，完成房屋交易件数 13500 件，交易面积 178 万平方米；房屋发证件数 24315 件，发证面积 666.4 万平方米；开具商品房备案登记 12181 份，备案面积 139.5 万平方米，其中包括金湾华庭、半岛名邸、华泰剑桥二期等小区。

积极为新村建设提供服务，2004 年累计完成拆迁评估 74.4 万平方米，完成房屋安全鉴定项目 235 项，为农村房屋检查、灭治白蚁约 160余户，查处各类违法违章案件 290 件，已结案273 件，全区依法拆除各类违法建筑 48665 平方米。

努力扩大物业管理覆盖面，加强对新开发住宅小区的方案扩初以及竣工综合验收的管理。另一方面加大对物业管理公司的检查力度。在开展全区整顿和规范房地产市场秩序工作的同时，对全区16家物业公司及46个住宅小区进行了全面检查，检查建筑面积共计407.79万平方米,实地检查进一步证明,全区物业管理的整体水平特别是小区治安、绿化、环境卫生等方面有明显提高。2004年鄞州区建设局被浙江省建设厅评为全省房地产业管理先进单位。

【城镇绿化】

2004年,各镇（乡、街道）累计完成城镇绿化51.5万平方米，完成目标任务数的129%；其中公共绿化15.2万平方米。建设完成了面积15000平方米的高桥休闲公园、面积10000平方米的古林休闲公园、面积5000平方米的邱隘回龙公园，姜山狮山公园等大型公园正在建设中,全区绿化覆盖率进一步提高。

【人防工程建设】

2004年，人防工程建设形势很好，鄞州区人民防空办公室先后被评为市级和省级人民防空工作先进单位。

（王　旭）

新城区拆迁安置

【拆迁工作】

投入3.5亿元，圆满完成了2004年初确定的评估3900户村民的62.5万平方米旧房,并拆迁其中3229户、40万余平方米的拆迁任务。实际评估达3950户,拆迁3620户。

【安置房建设】

投入5.04亿元,完成了东裕二期、汪董二期、南裕一期、繁裕二期、钟盈小区等拆迁安置房建设，新建拆迁安置房近45万平方米。其中东裕二期安置了下应顾家村的近600户村民，汪董二期安置了汪董村的150户村民，兴裕新村安置了黄泥桥和联心村的近800户村民，南裕新村安置了鲍家、三桥、干墩村的近700户村民，繁裕二期安置了铜盆浦、毛家漕、慧灯庙、钟公庙村的近900多户村民。

【荣获先进集体】

由于新城区旧村改造、新村建设工作成绩突出，新城区拆迁办公室被区政府表彰为新城区建设先进集体。

（文承根）

新城区建设投资

【概况】

2004年，鄞州区城市建设投资发展有限公司（以下简称区城投公司）按照“新鄞州工程”的总体要求，以工程建设为中心，通过抓工程项目的进度、质量、投资、安全控制和廉政建设，不断推进新城区的城市化进程。全年共有建设项目77个，总投资额为38281.42万元。其中市政建设项目54个，年度投资额为25490.8万元，土建绿化项目23个；属2003年续建工程的有25个、年度投资额为21150.92万元，2004年新开工的有

52个、年度投资额17130.5万元；2004年全年完工工程有40个，且所有竣工工程一次性验收合格率为100%。

【市政工程】

重点工程。鄞州大桥工程是2003年开工的续建工程，合同造价5100万元，桥长510米、宽43米，引桥已全部完工，横梁吊装完毕，主桥车行道板预制完成，累计完成了总工程量的70%；鄞州大道工程也是2003年开工的续建项目，总投资2.55亿元，全长6.6千米、宽68米，道路工程于2004年9月底一次性通过竣工验收，大道绿化已完成了总工程量的95%，该工程已被评为“甬江杯”工程；已通车使用的前河路工程道路全长1.7公里、宽37米，于2004年7月被评为浙江省市政碶工程金奖；鄞县大道石碶桥改造工程属技术难度较大的工程，桥身全长80米，宽50米，是在老桥的基础上加以改建，通过搭建人行便桥的方式来展开施工，便桥已搭建完毕，老桥的北半幅已拆除，已开始桥台打桩；宁横公路总投资4605.4万元，道路全长2917米、宽36米，中间绿化带5米；宁姜公路总投资1063.6万元，长1093米，宽35米，两侧绿化隔离带各宽2米，该两个工程是“五路一卡口”中的重点工程，已基本完成前期工作。

中小工程。宁南南路工程总投资1358.6万元，已完成了总工程量的86%；堇山路道桥工程总投资2117.1万元，已完成了总工程量的85%；宁南北路工程总投资1341.2万元，已完成了总工程量的73%；东十八路工程总投资1544.5万元，已完成了总工程量的47.2%；四明西路工程总投资1110.4万元，已完成了总工程量的80%；鄮城西路工程总投资1274.8万元，已完成了总工程量的72%；东二路工程总投资1010.4万元，已完成了总工程量的22%；东三路工程总投资1283.4万元，已完成了总工程量的54%。

【土建工程】

2004年竣工的土建工程为鄞州区文化广场，在建工程为鄞州公园、五龙潭山庄。鄞州公园工程总投资1.4亿元，已累计完成投资10982万元，累计完成总工程量78.4%，工程共分六期进行，一、二、四期工程已通过竣工验收，三期工程完成了主园路修正，正在做土坡造型，五期工程中画廊、咖啡厅、管理房进入安装和装修阶段，茶室一、茶室二还在做结构施工。五龙潭山庄工程合同造价3500万元，A型、C型别墅结构改造完成了90%，外墙粉刷完成了90%，B型别墅基础完成，室内装饰工程即将开工。

【绿化工程】

绿化工程分为道路绿化、建筑绿化和园林绿化。道路绿化有鄞州大道绿化工程，长6.6公里，宽21米，共计绿化面积32公顷；建筑绿化为

图44 在建中的鄞州大桥

图45 鄞州区文化艺术广场一角

鄞州区文化广场绿化工程,绿化面积约2万平方米,其中还栽种了对节白蜡2棵、双杆木荷18颗等名贵树种;园林绿化为鄞州公园绿化工程,鄞州公园绿地面积为157175平方米,绿化率达80%以上。在鄞州公园中栽种的苗木树种丰富、规格齐全,胸径在30厘米以上至90厘米的苗木达300余株(已种乔木3757株,80多个品种),更为难得是稀有品种占一定比例,属于一级珍稀濒危保护植物的有4个品种、二级的有14个品种,属于浙江省珍稀濒危保护植物的有10个品种,这样数量的大规格苗木和稀有品种的配植,在一般公园中是不多见的,同时也提高了保护意义和观赏价值。

【内部管理】

该公司一直以来十分重视安全生产工作,严把工程质量、进度、安全关,建立公司、工程部、业主代表三级管理体系,以设置安全生产台账,召开安全生产工作例会,聘请安全生产顾问的形式每季度对在建工程进行安全生产检查,全年共检查项目26次。通过对工程质量(包括隐蔽工程)、安全文明标准化工地与措施、质量资料、安全资料、项目经理到位情况、工程款到位情况逐一排除隐患,确保安全生产率达100%。同时注重合同管理,在合同中还添加了廉政责任书和安全生产责任书等内容。

图46　鄞州公园一角

在投资控制方面,实行了工程部、总师室、预算部共同把关的工作机制,从抓工程变更联系单等入手来严把资金拨付关。一年来,共有31个工程项目进行了决算审核,联系单核减额达439.2957万元。

有效制定招投标方案,合理控制合同造价,为工程进展打下扎实的基础。全年共计完成发包项目48个,合同造价达27085万元,其中施工招标45个、监理招标3个;属公开发包项目38个,续建发包项目10个,体现了公开、公平、公正的招标原则,有些工作还开创了鄞州区招投标工作的先河。

(徐　丹)

新城区开发建设

【新城区规划编制】

完成了新城区重点区域概念规划、重点区域二轴的城市设计和景观设计;编制新城区分区规划、行政职能带景观设计规划和新城区空间环境特色规划;完成了重点路段沿路景观框架规划和新城区与主城区连接道路的规划。这些规划的完成,进一步拉开了新城区发展的框架。

【行政职能带建设】

鄞州高级中学投入使用;区文化中心、区

国税局、区财政局、区科技中心、区公安分局、区检察院、区经济发展局、区药监局、区质监局、区建设局、区国土资源分局、区法院主体工程结束；区农林局、区水利局、区劳动与社会保障局、区民政局、区供电局、区福利中心完成设计评审，进入施工阶段。政府职能带总体绿化及灯光景观设计和建设工作进展顺利，第一批单位总体绿化及灯光景观设计工作已经完成，进入施工建设；第二、第三批单位总体绿化及灯光景观设计工作也已开始。

【基础设施建设】

全年完成交通道路、公共设施投资额53363万元。文化广场、剑桥公园、鄞州大道、东十一路、南三路、学士路已竣工；宁南南路、宁南北路、堇山路、府前路（三期）、鄮城西路、四明路、鄞州二桥、东三路、东十八路、鄞州公园等工程正在抓紧建设中。

【商务、商贸设施建设】

一批第三产业项目相继动工兴建：宁波万达商业广场、明州花园酒店、开元名都大酒店、麒麟大厦、和邦商务大厦进入桩基工程；新江厦（鄞州）商场、爱尔妮大厦正在进行施工前准备工作。“退二进三”力度加大，中萃地块顺利拍卖；天马旅游用品有限公司、生命力电器有限公司、茂祥金属有限公司土地回购达成协议。

【新村建设】

全年完成旧村拆迁40万平方米，建设安置房45万平方米，嵩江小区三期、兴裕新村、雅渡新村、东裕新村二期、南裕新村一期、汪董新村二期、繁裕新村一、二期建设使用。

【城建管理】

城市管理职能进一步理顺，公用事业纳入有序管理，城市自来水、煤气、公交营运管理职能划归区城市管理局。市政设施养管并举，设施综合完好率达到98.8%。积极推进城市管理体制创新，市容环卫、内河保洁管理机制进一步完善。完成了鄞州园林绿化工程有限公司改制；对环卫保洁、园林绿化养护、城区内河保洁实行市场化运作，落实了动态保洁、动态检查、动态考核制度。加大了综合执法力度，坚持日常监管与集中整治相结合，组织联合执法130余次，拆除违法搭建4566平方米，查处一批有碍于城市秩序和形象的违法和违规行为。

（韩小恒）

图47 万达广场效果图

社区建设

【概况】

2004年，鄞州区的社区建设工作得到了区委、区政府的高度重视，年初，经过深入仔细的调研，制定和下发了《关于加强城市社区建设的（试行）意见》(甬鄞党〔2004〕1号)。5月，结合行政村区划调整，出台了《关于在全区街道内农村实施撤村建居改革工作的(试行)意见》(甬鄞党〔2004〕21号)。10月份，又制定出台了《宁波市鄞州区（2004～2008）社区建设指导纲要》，对全区的社区建设做出了五年规划。此外，为进一步加强对社区建设管理工作的领导，建立了鄞州区社区工作协调小组及办公室，为以后的社区建设工作夯实了基础。努力构建“属地管理、以块为主、条块结合、职责明确、管理有序、社区服务”的社区管理体制，促进了鄞州物质文明、政治文明和精神文明的协同发展，强化了城市基层工作，维护了社会稳定。年末，全区共有社区居委会17个，管辖户数40406户；城镇居委会24个，管辖户数30432户。入选省级百佳社区1个、省级文明社区2个、省级示范社区2个、市级文明社区8个。

【居委会换届选举】

6月～8月，鄞州区41个社区(居委会)除6个因撤村建居暂缓换届选举外，都依法进行了换届选举，35个社区(居委会)顺利完成各项选举任务，取得了可喜的成果。通过换届选举35个社区（居委会）共选出居委会成员145名，其中主任34名（云龙镇居委会主任暂缺)、副主任15名、委员96名。居委会成员中党员88名，占60.7%。其中居委会主任是党员的33名，占主任数的97.1%。新当选为主任的有11名、委员31名，居委会成员中妇女91名，占居委会成员60.2%。居委会成员中：高中(中专)学历以上的83名，占50.7%，初中学历以上的61名，占40.2%；30岁以下的8人，50岁以下的83人，平均年龄47岁。通过换届选举，给居委会队伍注入了新鲜血液和工作活力。居委会干部的政治素质、文化层次和年龄结构等与上一届相比均有提高和改善。进一步加强了以党支部为核心的基层自治组织建设，增强了社区工作者和广大居民的民主法制意识，提高了居委会班子的整体素质，促进了社区基层民主政治建设，受到了居民群众的好评。

【居民自治】

鄞州区41个社区（居委会）组织健全，分工明确，制度完善。以党建促社建，有许多社区居委会都建立了社区共建理事会，大多数居委会坚持1年召开2次居民代表大会，每季召开1次居民代表议事会，每月召开1次居民小组长会议，讨论社区内有关事项，及时听取居民群众的意见和建议，尽力为居民解决实际困难，为民办实事，竭尽居委会之职责，力保一方安居乐业。有的居委会还制定了居委会成员定期走访制度，要求聆听居民生活和工作上的烦恼，征求居民在社区活动方面的建议，争取主动、及时的解决居民群众的意见。通过以上种种方式，充分发挥了居民参与管理和监督居务的热情和主动性，从而进一步推进了基层民主的建设。

【社区服务】

社区服务是社区居委会的核心工作，也是衡量社区居委会具体实践“三个代表”重要思想的主要标志，鄞州区各社区居委会以社区服务为平台，逐步建立起了以社区便民服务为主体，社区志愿者义务服务为补充的服务网络，不断丰富服务内容，完善社区的整体服务功能。在社区服务方面，各个社区都建立了各类服务网点，从百姓生活的方方面面入手，逐步建立了包括日常维修、社会救助、社会福利、计划生育、代办咨询等内容的社区服务体系；在维修服务上，许多社区基本做到屋面维修不超过1周，管道堵塞不过日，深受社区群众好评；在社区志愿者服务方面，各个社区成立了各类志愿者队伍，通过广泛宣传发动，让社区内有一技之长且有奉献精神的居民投身于其中。各社区普遍设立了比较完备的社区医疗服务网点，为居民建立了健康档案，基本实现了小病小痛在社区就医的目标，使社区居民有了自己的医院。

【社区面貌】

社区软、硬件设施的优劣是衡量社区文明、居住条件的重要指标。为此，各社区（居委会）根据各自的实际，着力于改善社区（居委会）的办公条件、活动场地、物业管理、子女入学、环境卫生等居民普遍关心的热点问题。2004年，各社区（居委会）都做了大量的工作，积极当好领导参谋，克服资金匮乏和人手不足的困难，千方百计为改善社区面貌献计献策。现在这些社区（居委会）辖区内路平、灯明、水清，文化设施完备，得到了居民群众良好的评价。

【社区文化建设】

2004年，各社区（居委会）文体活动开展活跃。钟公庙街道举办了声势浩大的第二届社区文化节，内容丰富多彩，居民参与热情高涨，社会效果良好。宋诏桥、凤凰社区的文体活动开展得有声有色，《社区之歌》普及于居民群众之中。邱隘方庄社区利用方庄公园文化广场、室内的艺术中心、健身房和活动中心，开展"乐在社区"活动。2004年9月26日，王昆、胡松华、马玉涛、才旦卓玛、刘秉义、陈铎等老一辈艺术家来到方庄社区广场深情演唱，使居民们充分享受了文化大餐，感受到了艺术的浓浓气息。下应街道的雅苑社区和姜山等居委会利用现有文化阵地，开展了电脑培训和暑期中小学学生娱乐活动，营造家长放心、青少年舒心、社区温馨的社区文化氛围。社区（居委会）老年协会活动正常，社区（居委会）的老年人有了一个"老有所乐、老有所为"的活动场所。邱隘、鄞江等镇居委会的老年协会在居民群众和未成年人教育中发挥着积极的作用。

【社区治安管理】

鉴于鄞州区经济发达，外来人口集聚，治安环境复杂等客观实际，4个街道和6个镇（城乡结合部的镇）在社区（居委会）治安工作上加大投入力度。石碶街道、下应街道针对新村住宅小区出入口多、管理难的特点，给居民住宅小区装备了治安设施，加强群防群治的力量。钟公庙街道对金家漕、长丰等社区增加了治安保卫人员，加强社区治安力量。邱隘方庄社区成立了"治安排查领导小组"，统一协调和处理社区治安综合治理活动，在严防上下功夫，定期组织治安、安全隐患分析，及时制定有效措施，做到及早发现、及早解决，形成了横向到边、纵向到底的社区治保网络。各社区（居委会）还普遍建立了人民调解组织，经常为居民邻里之间的纠纷进行调解，较好地起到了"和事佬"的角色，促进了居民之间的团结，把不稳定因素化解在萌芽状态。（杨志远）

图48 钟公庙街道社区秧歌队队员们在小区广场上进行演练

城市管理

【概况】

2004年，鄞州区城市管理局围绕“创现代化强区、建生态型鄞州”的战略决策，结合城市管理工作的新情况、新特点，加大城市管理工作力度，各项基础工作稳步推进、成效明显。公用事业管理有序，通过充分发挥行业指导和职能管理的作用，将全区14家燃气企业、23家供水企业逐步纳入到正常化、规范化管理的轨道；加大市政设施养管力度，先后投入了1550多万元，用作道路维修、桥梁改造、路灯保养等基础设施建设，天童北路东侧人行道改造工程等3个市政工程被评为市级市政养护优良工程，完善和提升了新城区市政设施的整体水平和综合功能；为推进“绿色鄞州”建设，投入3100万元进行新建、改建公园和绿地，使新城区园林绿化档次大大提高，同时开展公众认养绿地活动，大力营造了群众性爱绿护绿的良好氛围，并在宁波市插花艺术暨第三届盆景展中获一等奖等多个奖项；市容环卫方面，将保洁业务推向了市场化运作，机械作业资源和环卫基础设施得到有效完善和整合，同时积极投入创建国家卫生城市和“省级街容达标路”活动，在鄞州区创建国家卫生城市目标管理考核中获二等奖，钱湖北路首获宁波市省级街容达标路”，并在2004年宁波市“市容环卫杯”行业竞赛中荣获“机扫优胜奖”、“专项整治奖”；大力开展内河综合整治，内河样板管理成效显著，2004年被评为“全区内河保洁二等奖”。

【制度建设】

先后出台了工程项目管理办法、月度工作目标考核办法、财务收支管理制度以及机关工作八项制度等一系列有针对性、可操作性的规章制度，运作中坚持以规范化、经常化为目标，逐步规范建设维修工程管理程序，不断充实提高机关整体工作水平，使制度管理的作用得到了进一步发挥，初步形成了有章可循、规范有序、团结协作的良好管理体系。同时，通过完善督巡查机制和安全生产责任制，建立了便捷、畅通、有效的督查组织网络，提升了城市管理工作的整体形象。进一步健全监督制约机制，以全面开展机关效能建设和创建文明机关为重点，相继开展了自我测评、全面整改、内部通报、专题活动、效能评比等阶段性活动，使全体干部职工对效能建设有了进一步认识，提高了办事效率，改进了工作作风。

【市政设施养护】

把新城区内的70座桥梁、38条道路、118.69公里地下管线、8座泵站、1166杆2032盏路灯、333盏广场景观灯纳入了养护维修范围。为精心养护好市政设施，克服技术力量薄弱等困难，从改进技术工艺、改革养护模式、规范台账制度、健全作业班组等入手，全面实施各类市政设施的养护维修。一年来，共实施大中型维修项目15个，投入经费1300余万元（其中桥梁接坡及沥青路面维修856万元）；路灯维修投入30万元；交通安全设施投入330.66万元；施家塘桥改造投入约110万元；人行道改造80余万元；桥梁伸缩缝更换投入60余万元。通过新技术应用、规范化管理、有效的制度保障和积极的养护，道路完好率达到了99.5%、人行道完好率达到了98%、桥梁完好率达到了97.5%、排水管道完好率达到了

图 49 清洁整齐的鄞县大道

图 50 充满绿色的鄞州新城区

99.3%、设施综合完好率达到了98.86%的高水平。

【园林绿化管理】

以增加绿化量、建设绿色精品为重点，积极做好城区绿化档次的提升工作。在做好道路绿化、零星绿地修整和补种绿化死角的同时，相继完成了鄞县大道的绿化改造、剑桥公园建造工程，共种植大规格乔木1500余株，投入1200万元；新建、改建公园、绿地11.8万平方米，投入1900多万元。新城区的绿地总面积已达203.56万平方米，其中一级绿地150万平方米，占73.68%，初步实现了绿花量多、覆盖广、品种齐、规格高的城区绿色景观。

【市容环卫管理】

创新养护监管方式，在保洁业务推向市场化运作后，根据“养管分离”的要求，加强对保洁公司运作情况的监督检查和考核验收。环境卫生清扫日趋规范，保洁面积从原来的178.9万平方米增加到253万平方米，18小时保洁率达到了60%，机器清扫率达到了41%。

【内河管理】

通过加强巡查、引入“定人、定岗、定时间、定标准”的“四定”机制，实施新城区内河保洁标准化管理。2004年，把庙堰河、前塘河、高教园区环河和区政府周边环河共计4条14公里长的河流作为“样板河”进行创建。同时采取专业保洁与聘请村保洁员相结合的办法把城区28条河流纳入全方位保洁范围。一年来，共打捞沉船78只，打捞垃圾8318.85吨，使河道功能进一步改善，内河形象大大改观。

（雷志强）

自来水生产与供应

【概况】

宁波市鄞州自来水有限责任公司建于1995年7月，由鄞州中心区建设开发有限公司和宁波华泰股份有限公司共同出资兴建。公司注册资本2636.4万元，其中宁波华泰股份有限公司占66.67%，即1757.7万元，鄞州中心区建设开发有限公司占33.33%,即878.7万元。公司现拥有总资产8084万元，其中固定资产7317万元,职工50人,占地面积26640平方米,日供水能力达8万吨。2004年销售收入2389万元,实现利润400万元。在2004年度浙江省水质监测考核中测出水质综合合格率达到98%,成绩名列全省前茅。2004年，该公司厂区被评为宁波市一级绿化单位—花园式厂区。

【基础设施建设】

该公司水源是云龙镇万岱山，1996年7月24日完成水厂一期工程,日供水能力为2万立方米；2000年7月完成水厂二期工程，日供水能力为5万立方米；随着鄞州中心区建设的飞速发展，落户中心区的企事业单位不断增加，2002年5月完成水厂三期扩建工程。2004年公司的日供水能力可达8万立方米，供水区域已扩大到东至宁横公路，西至石碶村，南至钟公庙镇陈婆渡，北至麦德龙商场、桑园小区，供水管网覆盖南北纵横60余平方公里,受益人口达30余万人，较好地满足了企业和城乡居民的用水需求,改善了中心区的投资环境。

（王　莹）

煤气供应

【概况】

鄞州煤气有限公司是区建设局的直属企业，主要负责鄞州区瓶装液化石油气的供应以及管道燃气工程的建设和管理，公司下属控股的企业有鄞州天然气有限公司、鄞州城建燃气工程有限公司、鄞州东方管道燃气有限公司、鄞州绿能燃料有限公司、鄞州新源燃气设计研究所、宁波市科技园区新力塑业有限公司。拥有1座充气加油站、3座储配站、9座小区气化站。年销售液化石油气1.2万吨、成品油1.35万吨。公司拥有管道燃气家庭用户2.86万户，单位用户116家。公司具备了管道燃气从设计、安装、储运到最后安全管理齐全的质量保证体系。

【业务建设】

随道“新鄞州”工程建设的快速推进,2004年鄞州区的管道燃气建设进入了一个新的发展高潮,鄞州新城区、明州工业园区、望春工业园区、鄞州投资创业中心燃气管网已经连网，古林、姜山、邱隘、横溪等镇管道燃气已建成通气。为迎接东海天然气的到来，鄞州区的天然气利用工程由鄞州天然气有限公司负责建设，已进入具体施工阶段。2004年7月，鄞州天然气有限公司还投资近100万元引进了澳大利亚悉雅特公司的SCD系统，建立了全省燃气行业的首家燃气管网24小时实时监控系统，从而充分保证了燃气管网的正常安全运行。

（鄞州煤气有限公司）

环保 规划 旅游

环境保护

【生态鄞州建设】

5月9日，鄞州区召开生态区建设动员大会，通过签订责任书的形式将年度生态环境保护任务进行了落实，会后宁波市鄞州区环保局（以下简称区环保局）积极履行生态办职能，协调、督促各镇（乡、街道）和相关部门各司其职、真抓实干，形成了分级负责、上下联动全社会参与的工作机制，全面启动生态区建设。《鄞州生态区建设规划》于9月25日通过浙江省环境保护局组织的专家评审。区政府荣获2004年宁波市生态建设先进集体称号。生态环境保护宣传教育多姿多彩，紧扣“生态鄞州”建设的主题，精心组织了环保志愿者生态监护活动、“生态知识进社区”、中小学生“珍惜、保护水资源”征文比赛、世界环境日纪念等形式多样、内容丰富的活动，营造了良好的舆论氛围。

【污染源专项整治】

继续实施电镀行业规范化整治，分期分批对迁入电镀工业区的一期企业进行了限期整治，迁入二期电镀企业严格按照入区规范，验收通过后投入生产。进一步巩固云龙、横溪铸造行业的整治成果，重点做好企业煤气发生炉、失蜡车间锅炉的改造工作。关闭了横溪水库上游陈立荣牧场，实施搬迁钟公庙干屯牧场，完成了鄞江牧场和春光牧场的污水治理工作，使鄞州区的畜禽污染防治水平保持在全市前列。对新污染源严格把关，全年共劝退和否决选址不当或不符合有关规定的建设项目190个，审批建设项目306件，基本为无污染或轻污染项目，“三同时”（防污染设施与主体工程同时设计，同时施工，同时投产）执行率为100%。加大信访工作力度，全年共受理来信来访1321件，结案率100%，被评为区信访工作先进集体。6件人大议案，6件政协提案均提前办理完毕。开展标准化、规范化建设，鄞州环境监测站通过浙江省环境保护局组织的规范化实验室验收，鄞州区环境监察大队通过国家环境监察机构一级标准化验收。

【《鄞州区污水系统专业规划》编制完成】

委托上海日技环境技术咨询公司完成了《鄞州污水系统专业规划》编制，并于11月23日通过了专家评审。该规划年限分近期（2007年）、中期（2012年）、远期（2020年）3期规划，规划目标近期污水收集处理率达到50%。规划范围为鄞州新城区、各镇区及其工业区块、明州工业园区、望春工业园区、鄞州投资创业中心等。

【污染源长效监管】

深入推行污染源在线监测，已有19家企业完成水质在线监测仪安装并通过验收，其中11家企业与鄞州区污染源监控中心联网。推行企业环保信用等级评定，建立污染源监管动态档案。开展企业清洁生产认证工作，宁波金狮啤酒有限公司、宁波嘉乐染整有限公司完成了清洁生产认证。鄞州投资创业中心、宁波太平鸟服饰有限公司、阿克苏·诺贝尔·长城涂料（宁波）有限公司通过了ISO 14000认证。

【樟溪河流域环境整治】

完成区域内水煮笋加工企业污染整治，所有季节性生产水煮笋企业笋壳做到固定堆放，集中填埋，污水经初级治理后排放，五洲星集团有限公司完成了污水处理系统的改造和周边污染物的清理，实现了达标排放。顺发合成化工厂化工车间，腾皎冶炼厂、龙观拉丝厂等3家企业已经关闭或歇业。

【环保专项执法】

6—11月份，开展了“整治违法排污企业，保障群众健康”环保专项行动，共出动检查人员728人次，查处环境违法企业108家。其中：依法关闭、取缔企业4家，停产整顿企业46家，限期治理39家；行政处罚104家，罚款金额108.3万元，有力地打击了环境违法行为。专项执法行动结束后，又联合工商部门对区域内无照经营企业进行严厉打击。

（任　广）

图51　6月5日世界环境宣传日，钟公庙街道金家漕小学围绕主题开展“我为环境作贡献”活动。图为小朋友们正在展示自制的各式环保布袋的情景

城乡规划

【概况】

2004年，鄞州区规划局（以下简称区规划局）以新城区规划建设为重点，进一步深化完善规划编制体系，不断提升规划品位与档次；指导镇（乡、街道）、各工业园区新编、修编各类规划，继续推进旧村改造、新村建设工作，加快城乡统筹；积极探索鄞州区农村私人建房管理体制，强化批后管理；加大规划执法力度，有力遏制违法违规建设行为的进一步发生，切实维护规划的权威性和严肃性。

【区域规划】

为统筹城乡发展，保证区域经济健康、协调、可持续发展，鄞州区城镇体系规划经过多次修改、论证于2004年底编制完成。规划提出了“一心三带二级体系”的空间格局，进一步优化了区域经济、城镇空间结构，研究了新的发展背景下区域城镇和产业发展的趋势，为镇级各类规划的编制提供了科学依据。3月份委托同济大学编制鄞州区公共交通规划和综合交通规划，以保证未来交通的合理发展，确保居民出行畅通便捷，进一步优化城区道路交通网和静态交通系统。该规划既立足新城区，又充分考虑了与市主城区、东部新城、东钱湖旅游度假区之间的联系，综合考虑了公交车站、停车场、主要交叉口的交通组织等，公交规划和综合交通规划分别于6月、11月份完成了评审。

【新城区规划】

为科学、统筹指导新城区各类专项规划、详细规划的编制，委托宁波市规划设计研究院编制完成了新城区分区规划；委托北京土人景观设计所编制行政职能带景观规划和灯光设计，并于10月份完成方案评审；继续深化重点区域概念规划和重点区域二轴（文化娱乐景观轴、商业景观轴）的城市设计和景观设计，该规划是继2003年国际方案征集后，由澳大利亚HASSELL公司综合几家方案进行的优化完善，规划体现了“以人为本”的设计理念，重视人与自然的和谐交流，整合了地区资源，以创造居住舒适、配套齐全、交通便利、环境优美的现代化新城区；委托XWHO公司深化新城区双环（“彩色生活环”和“有氧运动环”）景观规划，以凸显新城区城市特色，提升城区品位，整个双环内环长约8.8公里，外环长约14.9公里，已完成2个阶段的城市设计成果；编制完成解放南路延伸段、宁南路延伸段、福明路延伸段、沧海路延伸段、下应大道延伸段等道路的规划设计方案，及鄞州投资创业中心2号、3号路等，以加强新城区与宁波市主城区的道路连接。

【新村建设规划】

编制完成塘溪镇梅溪、东山新村建设规划，洞桥镇洞桥新村建设规划，古林镇薛家居住小区规划，溪下水库拆迁安置小区规划，咸祥A地块小区、宋家漕2号地块居住小区规划等，为加快新村建设提供了规划保障与科学依据。

【规划管理】

为确保新城区形象，对落户城区的建设项目方案进行严格把关，尤其对大连万达、南苑饭店、开元大酒店、新中源商务大楼、赛兴商务综合楼等标志性建筑方案进行了认真的审核，以保证设计品位；以空间景观规划为依据，对春江花城、小城花园、华泰三期等房地产项目进行了严格的把关。兼顾效率与公平，认真开展好建设项目“一书二证”即选址意见书、建设用地规划许可证和建设工程规划许可证）审核发放，一年来，共计发放“一书二证”1799本。其中选址意见书345本；用地规划许可证518本，总用地面积1325.11万平方米；工程规划许可证817本，总建筑面积715.06万平方米。发放市政工程“一书二证”119本，其中选址意见书75本，用地规划许可证30本，工程规划许可证14本。强化规划批后管理，明确主体，确保责权统一，全年共计查处违法违规案件290起，已结案284起，结案率达98%，其中违法案件1131起，拆除违章建筑49806平方米。加大市政工程规划管理工作，协调完成了与市区相连接的五路一卡口规划设计、市区绕城高速公路（西段）施工图方案及东段可行性研究、甬新河排洪干河规划红线调整、甬台温铁路路线走向、象山高速连接线等项目。

【测绘管理】

建立了城市地下管线竣工测量验收制度，制定《鄞州区地下管线工程竣工测量验收工作实施意见》，对全区房地产项目和城市道路工程先行实施。加强了对测量标志的普查与委托保管工作，对鄞州区74个高程控制水准点进行了全面检查，并落实保管责任。5月份，与区工商管理部门、贸易管理部门等部门联手，对轻纺城、新华书店、部分宾馆商场等近10家地图编印、出版单位进行了抽查，查处地图国界不清等违法违章案件4起。6月份开展测绘成果保密检查，增强使用测绘成果单位的保密意识。

【机关效能建设】

以《中华人民共和国行政许可法》实施为契机，自查清理审批事项，简化审批流程，提高服务质量与工作效率。积极做好参谋，为顺利实现规划体制的转变做好前期准备工作，确保平稳过渡。2004年区规划局被评为宁波市村镇规划管理工作先进单位；《打造总部基地 构筑鄞州新城区新的亮点》和

《鄞州新城区第三产业发展调研报告》分别获鄞州区优秀调研文章三等奖和鼓励奖，其中《鄞州新城区第三产业发展调研报告》被推荐到《宁波通讯》上发表。2004年，区行政服务中心规划“窗口”共计收到评议表1073张，其中满意与基本满意票计1070张，满意率达99.7%以上。(张双阳)

旅游

【概况】

2004年，全区接待入境游客2.4万人次，同比增长6.91%；旅游创汇943万美元，同比增长9.98%；共接待国内游客230.31万人次，同比增长13.3%；国内旅游总收入达11.77亿元，同比增长13.3%。

【旅游开发】

强化规划是龙头的观念，完成《宁波天宫庄园休闲旅游区总体规划》评审、《四明山心生态旅游总体规划》初稿、《天童风景名胜区总体规划（修编）》等；五龙潭鸣凤水景区、天童南山景区、雅戈尔动物园、福泉山景区等景区先后开业；五龙潭景区、梁祝文化公园被批准为国家AAA级旅游区。

【旅游接待设施建设】

6月3日，南苑明州国际花园酒店在新城区破土动工，该酒店总投资达10亿元，占地面积6.8公顷，主楼高168米，标准客房520间；11月18日，宁波开元明都大酒店在新城区动工建设，该酒店按白金五星级酒店标准建造，计划总投资4亿元，总建筑面积7.4万平方米，建筑高度21层，标准客房400多间；11月26日，宁波波特曼中心提前2个月结顶，该中心总建筑面积16万平方米，总投资达12亿元，集国际白金五星级酒店、国际甲级写字楼、大型酒店公寓和名品购物中心为一体；12月8日，宁波最大的商业广场——宁波万达广场在新城区隆重开工，广场占地面积21.09公顷，总建筑面积近47.5万平方米，总投资额预计将超过20亿元，是集购物、餐饮、休闲、娱乐为一体的超大规模的现代化商业广场。

【旅游节庆活动】

第一届宁波八戒西瓜节。5月15日，第一届宁波“八戒”西瓜节在洞桥镇举行，主要活动包括：“瓜好月圆”第一届八戒西瓜节开幕式、趣味竞赛活动、“八戒”西瓜展销会、“八戒”西瓜协会技术交流会、“观千年廊桥、尝“八戒”西瓜”瓜乡一日游、“观千年廊桥，尝八戒西瓜”有奖知识竞赛等。西瓜节的成功举办，带动了当地经济发展，提高了八戒西瓜的知名度，优化了鄞州区旅游产业结构。

第一届宁波湾底桑果节。5月16日，第一届宁波湾底桑果节在下应街道开幕。桑果节以“农庄、桑、蚕、果、酒”为主线索，安排了第一届宁波湾底桑果节开幕式、快乐农庄快乐家庭亲子一日游、桑果采摘、桑园寻宝、“我心目中的都市庄园”有奖征文等活动，达到了以桑为节、以节造势、以节促旅、以节兴贸的目的，充分展示了湾底社会主义新农村的新形象，打响了快乐农庄的旅游品牌。

第五届中国国际园林花卉博览会“宁波鄞州文化·旅游周”。10月27日，为期5天的第五届中国国际园林花卉博览会“宁波鄞州文化·旅游周”在深圳开幕。“文化·旅游周”精心准备了小提琴《梁祝》演奏、越剧《梁山伯与祝英台》表演、“新宁波、新鄞州”摄影展、“蝶舞梁祝”文艺汇演等独具鄞州特色的活动，吸引了中外8万多人次驻足观看，2000多份旅游宣传册和5000多份旅游纪念品被现场热情的游客一抢而空。此项活动充分展示了梁祝文化的独特魅力和鄞州区良好的旅游形象。

图 52 **梁祝文化公园雪景**

【行业管理】

深入基层调研，提出旅游发展战略，着力优化旅游环境；高度重视安全生产，与旅游企业签订安全生产责任状，举办旅游安全生产培训班，实现了全年不发生一起旅游安全事故的目标；开展优秀服务员和导游员评选、“宁波市环保模范饭店”创建、导游实务培训等活动，进一步规范了旅游服务和管理；增加了一家国内旅行社——宁波梁祝旅行社，进一步壮大了旅行社队伍。

【天童—五龙潭联合申报省级风景名胜区】

为改变旅游景区（点）“星星多、月亮少”的局面，鄞州区把天童、五龙潭两个景区进行资源整合，联合申报省级风景名胜区。9 月 30 日，宁波市政府正式向浙江省政府提出申请。11 月 26 日，天童—五龙潭风景名胜区接受浙江省评估组专家的现场考察，并在 12 月份顺利通过评估。

【推出“梁祝之路”旅游线】

9 月 22 日，为集中、系统地展示梁祝文化，加强区域旅游合作，努力实现优势互享、资源互补、市场互动、利益互惠，由宁波市鄞州区旅游局牵头，上虞、杭州、宜兴等地旅游部门联合组成的“梁祝之路”旅游合作联合体在宁波正式成立。9 月 28 日，“梁祝之路”旅游线开游仪式在宁波梁祝文化公园隆重举行，由宁波梁祝旅行社组织的宁波游客、自驾车队以及 10 余家新闻媒体记者近 100 人组成的“梁祝之路”旅游线的首发团成员，游览了上虞曹娥庙、杭州万松书院、宜兴善卷洞风景区。《人民日报》等主要新闻媒体进行了报道。

图 53 **梁祝之路首游式现场**

（储秀科）

教育 科技

教 育

【概况】

全区教育现代化工程启动。各镇（乡、街道），对照教育现代化的评估标准，注重软硬件建设，扎实推进创建工作。第一批创建单位邱隘、钟公庙和集士港等镇(乡、街道)整体教育水平有了新的提高。教育投入机制进一步完善，区、镇(乡、街道)财政加大了对义务教育学校的正常经费投入，进一步落实学校生均公用经费，超过70%的镇(乡、街道)达到要求。

教育质量稳步提高。全区,2004年普通高校文理科报名总人数2425人，上线2360人，上线率97.32%（宁波市平均上线率92.08%），上本科率69.44%（宁波市平均58.74%），均居全市第一。全区高职上线率达到95.72%,有32名职高考生进入全省各专业前10名，其中服装、旅游、幼师专业各有7名。至此，鄞州区普通高校上线率已连续3年居全市首位，上本科率连续2年居全市首位。全区初中毕业生升入高中段比例已连续4年达到90%以上，义务教育各项指标继续居全省领先水平。

优质教育资源得到拓展。全区大力实施现代化示范学校工程，积极打造教育品牌，大力扩张优质教育资源。又有一批学校通过浙江省示范初中、小学和宁波市现代化建设达纲学校的评估。姜山中学和鄞江中学相继成为浙江省一级重点普通高中，鄞州职教中心学校被教育部认定为国家级重点中等职校，古林职业中学通过浙江省二级重点职业学校评估。投资超亿元、占地12公顷的鄞州高级中学2004年9月1日顺利开学。至此，全区已有全国重点、省重点和省示范性学校38所，其中省一级、二级和三级重点普通高中，分别有3所、1所和2所(全宁波大市分别有12、13、10所)，国家级重点职高2所，省一级、二级和三级重点职高各1所，优质教育资源全省领先，特别是高中段教育得到快速发展，基本形成了普高、职高并驾齐驱，布局合理，办学水平整体提升的格局，满足了人民群众接受高中段教育的需求。

【新课程改革全面铺开】

9月1日起，鄞州区在小学一年级和初中一年级中进行课程改革，全面使用新课程体系。这标志着新一轮课程改革实验在鄞州区全面铺开。为了配合新课程改革，出台了《进一步加强中小学教育质量监控的措施与办法》，对全区中心小学毕业班的教育质量进行全面抽测，逐步完善初中学校办学水平评估办法；推进小学特色创建工作，出台了《鄞州区小学办学特色认定标准和办法》，鄞江中学、姜山实验小学和德培小学等3所学校成为首批宁波市艺术教育特色项目学校；加强对普通高中教育质量的监控，高考教学研究周活动已成为固定的特色项目；积极开展教育科学研究，鄞州职教中心的《数控专业操作工培养的研究与实践》获浙江省第二届职教教学成果一等奖，鄞州中学的《以人为本，追求和谐——重点中学学校管理新模式的研究与实践》等3项成果获宁波市教育科研优秀成果(论文)一等奖,成绩列全宁波大市首位;落实了鄞州区学生社会实践活动基地,组织全区近10000名初中毕业生参加了社会实践活动考核;在全区81个教育假日教育点进行的假日教育活动成了素质教育的延伸和拓展。

【中考改革推出新举措】

全区扩大定向保送生比例,将鄞州中学和鄞州高级中学2所中学列出一定比例的计划内招生名额分配落实到学校,保证每所初级中学至少有1名学生报送到鄞州中学;所有参加毕业、升学考试的鄞州区内初三学生,符合报名条件且要求回鄞州区参加升学考试的往届毕业生及鄞州区户籍、在外县(市、区)借读的初三毕业生,都要参加社会实践考核,学生社会实践考核满分为10分,记入个人中考总分。

【鄞州学生实践活动中心揭开帷幕】

为全面提升学生的创新精神和实践能力,积极推进初中毕业生社会政治科目的考试改革,宁波市鄞州区教育局(以下简称区教育局)经近1年的筹备、建设,成立了鄞州学生实践活动中心,从2004年3月17日起开展初中毕业生社会实践活动考核工作。实践活动中心充分利用了四明职业高级中学及周围的人文、自然资源优势,结合时代发展和学生素质拓展的需求,并以学生为主体,以实践为主线,以体验生活教育为主要活动方式,开设寓科学性、教育性、参与性和娱乐性为一体的实践项目,先期开设了"爱国主义、电子电工、陶艺制作、花卉技术、内务整理"等教育实践项目,让广大学生在活动中体验成功,体验快乐,增长才干。

【鄞州200所学校全面推行校务公开】

鄞州区200所中小学校,在宁波市率先大规模地推行校务公开。此次全面推行的校务公开,主要包括决策公开、财务公开、事务公开、收费公开、人事公开、教学改革等6方面内容。为保障和提高公开水平,区教育部门还建立和推广了一些配套措施,如建立群众意见登记簿和处理情况登记簿;每个学校都设有举报箱、举报电话和公开栏;学校收费统一填写收费登记卡,对政策允许的代收费,都要打印详细清单。

【社区教育实验出成果】

开展社区教育实验以来,全区有9个社区教育示范镇(街道),108个学习型组织,3255户学习型家庭受到表彰。以鄞州区社区学院为龙头,邱隘、集士港、鄞江、钟公庙4个区域性社区教育学院为主体,其他18个镇级社区教育学校(成人文化技术学校)为依托,众多村民学校、企业职工学校等基层社区教育点和各学习型组织为基础的社区教育四级网络体系进一步完善;社区教育管理运行机制建立,终身化学习理念深入人心,"政府统筹,教育牵头,部门配合,社会支持,群众参与"的方针得到贯彻,区、镇(乡、街道)、村(企业)四级社区教育领导管理体制得到完善,社区教育纳入区镇社会经济发展规划和教育发展规划之中;区域经济和社会发展得到了高素质的人力资源支撑,"菜单式"培训、校企合作等形式培养了一大批企业需要的高素质人才。3年来,全区农民参加培训达195000人次,其中参加实用技术培训(包括农函大,绿色证书)的有68700人次,失地农民再就业率达70%。全区共培训职工17万人,培训率达65%;农村社区教育的优势和特色得到体现和巩固,社区教育实验网络初步形成,社区教育学院作用得到强化,社区教育典型不断涌现,社区教育示范效应得到发挥。群众社区教育的参与率达到47%。以提高全区9.5万名农村转移劳动力的劳动技能和就业致富能力为重点的失地农民、转岗人员培训工作得到加强。2004年组织了25所培训学校，开设了156个培训项目，并将培训地点、时间、内容、目标在《鄞州日报》上公示，供所有需要培训的人员自主选择。形成了学校"出单"、政府"买单"、农民"接单"的"菜单式"培训模式。全年在各教育点接受培训的农民、失业人员、回乡初高中学生等共计174200人次。

【鄞州高级中学建成并招生】

2004年9月1日，坐落于鄞州新城区、占地12公顷、由政府投入超亿元新建的鄞州高级中学开学。这是鄞州区为缓解高中段入学高峰矛盾，满足富裕起来的广大群众对优化子女教育的迫切需求而建造的。学校将在全宁波市公立高级中学中率先实行小班化教学，同时建设英语强势特色，启动书香校园工程，打造"最理想的读书地方"。该校在2004年共计划招生10个班420名学生。

【鄞江中学接受省一级重点中学评估】

12月8日~12月9日，由浙江省教育科学研究院副院长、浙江省督学朱永祥带领的浙江省一级重点普通高中评估组，对鄞江中学申报浙江省一级重点中学进行了评估。

鄞江中学创建于1956年。近年来，该校坚持"延伸特色、打造品牌"的创新理念，在美术、音乐和体育教学中取得了成绩。截至2004年，鄞江中学已向各类高等院校输送了3100名学生，其中120名进入中国美术学院，17名进入国家、省市和解放军运动队。该校现有28个班级、1384名学生，1995年被评为浙江省首批特色高中，2004年5月通过浙江省二级重点普通高中复评验收，8月经过自查自评，又向浙江省一级重点中学发起了冲击。

评估组一行在听取了汇报后，实地察看了学校环境与内部设施，还查阅核对了有关资料，并组织了座谈和听课。

通过评估，鄞江中学正式成为了浙江省一级重点中学，使鄞州区的省一级重点中学达到了3所。

图54 鄞江中学外教在给学生上课

【鄞州服装职业教育集团成立】

3月25日，宁波鄞州服装职业教育集团在鄞州职业高级中学正式成立。

创办于1976年的鄞州职业高级中学，在1995年就被评为国家级重点职高。长期以来，该校始终坚持为当地经济建设和社会发展服务，围绕支柱产业设置专业，围绕新兴产业调整专业，围绕农村经济建设专业，形成了与地方产业特点相适应的品牌专业，2004年学校10余个专业中，有全国重点示范专业1个，省、市重点专业各1个。其中浙江省重点专业——服装专业是宁波市规模最大的服装专业之一。据悉，该服装职业教育集团分指导单位、顾问单位和理事单位3个层面，有宁波市劳动和社会保障局、浙江纺织职业技术学院、杉杉集团有限公司、雅戈尔集团股份有限公司、宁波市鄞州职业教育中心学校等30余家单位组成，集团的组建将有效地使教育资源和市场资源得到共享，提高职业技术教育质量，改善办学条件。

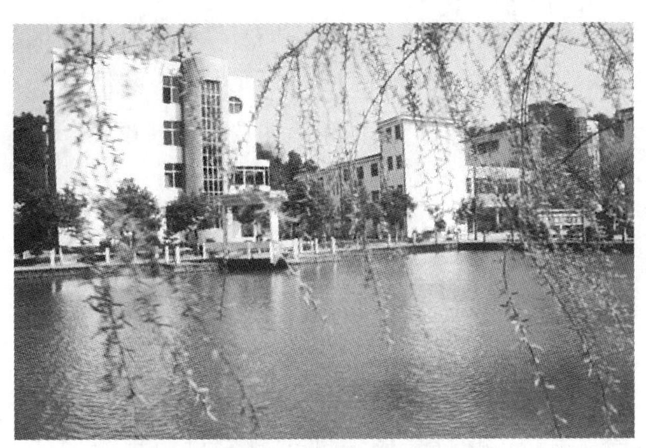

图 55 鄞州职业高级中学校园一角

【宁波诺丁汉大学正式奠基开工】

4月15日上午，总投资6亿元、由浙江万里学院与英国诺丁汉大学联合兴办的中国第一所独立设置的中外合作大学——宁波诺丁汉大学正式奠基开工，落户位于鄞州新城区的宁波大学园区。英国驻华大使韩魁发爵士，英国驻上海总领事毕晓普女士，中英商会会长Mr. Brian Outlaw，英国诺丁汉市市长布伦特·查尔斯沃斯先生，英国诺丁汉大学校长、宁波诺丁汉大学校长、中国科学院院士杨福家先生，英国诺丁汉大学执行校长柯林·坎贝尔爵士，英国诺丁汉大学执行校长高岩教授和中共浙江省委常委、宁波市委书记巴音朝鲁，浙江省副省长盛昌黎，省教育厅厅长侯靖方以及金德水、陈勇、王卓辉、徐福宁、陈继武、成岳冲、陈守义、徐立毅、毛宏芳等市、区领导出席了奠基典礼。

【教师队伍建设出实招】

为推进区域教育均衡发展，建设好教师队伍，合理配置人力资源。全区整体提高师资队伍的教育教学水平。加强对教师培训的统筹力度，进一步整合教师培训资源，通过构建师资培训网络，突出教育业务培训重点，采取行之有效的培训方式，推进培养培训一体化；启动实施新教师培训、名教师培养、校长培训等三项计划。为提高边远学校师资水平，开始实施结对支教制度，选派优秀教师支教章水、瞻岐两镇学校。每批支教时间为一学年，先实施3年。加强师德师能建设，围绕庆祝第二十个教师节活动，继续开展“师德师能建设年”系列活动，切实加强教师职业道德建设，评选表彰了鄞州区“十佳班主任”。各校继续开展走访活动，积极实践师德承诺，建立完善教师诚信体系，把师德作为考核教师工作的首要内容和职务评聘的重要依据。积极实施名师工程，以“创新教育在鄞州”系列活动为载体，强化师德师风建设和教师业务能力的提高，2004年3月，经基层提名、初评筛选、专业素质测试、专家组综合考评，评选出鄞州区首批享受特殊岗位津贴的63名骨干教师，同时出台了《宁波市鄞州区中小学名师管理暂行办法》，对名师的职责、待遇及管理使用都作了明确的规定。区教育局又通过骨干教师结对拜师、专门安排资金用于名师津贴和著书补贴，并为积极引进和培养优秀教育人才搭建发展平台。经一年多的编写，共12册的《学科教师专业发展》丛书即将出版。积极推进学校人事制度改革，全面实施教师资格制度、教师聘任制和全员合同制，完善专业技术职务聘任制度，扩大学校的聘任自主权，逐步实行评聘分离。实行多劳多得、优劳优酬的分配制度，分配和奖励向实施素质教育成绩显著的优秀教师倾斜。改革师范毕业生分配就业制度，实行优秀毕业生与学校双向选择、直接签约，允许非紧缺学科的师范毕业生跨区域、跨行业自主择业。2004年签约278名师范毕业生，在非师范类高校毕业生中招聘了21名教师，新办理了50名社会人员教师资格证书。

【庆祝第二十个教师节】

为弘扬尊师重教的社会风尚，推进新时期教育改革和发展，激励广大教师教书育人的积极性，区委、区政府围绕“我是光荣的人民教师”这一主题，以热烈隆重、注重实效为原则开展系列活动：首届宁波市、鄞州区学科骨干教师表彰大会，“我是光荣的人民教师”新教师宣誓活动，鄞州区“十佳师德楷模”事迹报告会，“我的老师”和“我与我的学生”征文活动，编写《创新教育在鄞州》系列丛书等。通过庆祝活动，广泛宣传鄞州区教育改革发展成果，宣传优秀教师的模范事迹，切实为教师办好事办实事，进一步加强教育与人民群众的沟通，从而让社会更多地了解教育，支持教育，理解教师工作，在全社会营造尊师重教的良好氛围。

图56　9月9日，区委、区政府在区体育馆举行第二十个教师节庆祝大会，图为区领导向优秀教师颁奖的场面

【全区义务教育段学校实行“一费制”】

2004年秋季新学年开始，鄞州区城镇中小学（含镇乡初中，镇乡中心小学，镇改制为街道、居民委员会所辖的学校）在严格核定杂费、课本费和作业本费标准的基础上，一次性统一向学生收取费用。杂费标准为每生每学期小学100元、初中130元；农村中小学杂费标准为每生每学期小学65元、初中90元。未开设信息技术课程，杂费标准每生每学期应扣减20元。各中小学在实行“一费制”后，不再收取代管费。杂费和住宿费纳入同级财政专户管理，课本费和作业本费属代收费，由学校按规定代收代支，实行多退少不补。

为保证“一费制”顺利实施，区财政及镇（乡、街道）财政参照宁波市对农村中小学的计算口径和方法核定城镇和农村中小学生均公用经费标准。2004学年至2005学年，区财政和镇（乡、街道）财政要按有关文件规定足额安排预算内生均日常公用经费。以后，区政府及镇（乡、街道）政府（办事处）将逐步创造条件，增加投入，在3年内达到国家提出的“学校公用经费来源以政府投入为主，学生缴纳杂费为补充”的要求。

【鄞州区率先迈出全免费义务教育第一步】

为推进教育均衡发展，让每个孩子都有机会享受均等义务教育，鄞州区在2004年秋季开始对部分高山区学校实施义务教育段全免费教育，从而在全省率先迈出分步实施全免费义务教育的第一步。横街镇的竹丝岚小学，章水镇的杖锡学校和树德学校的在校生享受该政策，3所学校的514名学生年受惠额达35.5万元。此举受到了省内外媒体广泛关注。9月9日，《人民日报》和人民网以《让免费义务教育成为公民福祉》对此进行了报道和评论，浙江电视台还通过“新闻观察”栏目的对“孩子上学，政府买单”作了深度报道，新浪、搜狐等近20个著名网站也对此事件作了转载，有的还开辟专题论坛进行评论。

【多方面关注弱势群体】

继续加大对家境贫困学生的帮扶力度，完

善就学优惠政策，多途径，多渠道关注弱势群体。2003学年全区有2577名学生(包括流动人口子女）享受减免资助近139万元，并向首批8位特殊病例救助对象发放了总计112700元的医疗救助金。

为救助因家庭经济困难而缺少治疗费用的患特殊疾病的学生，区教育局于2003年开始启动“生命绿卡”工程。广大师生积极响应，共向“生命绿卡”工程捐款20余万元。经过申报、调查核实、公示，2004年8个孩子成了该区“生命绿卡”工程的首批受益者，区教育局已将总计11.27万元的救助金支付给了相关医疗机构，其中最多的1名得到了近3万元的救助。

【鄞州开辟流动学生就学绿色通道】

为妥善解决鄞州区流动少年儿童就学问题，让他们与本地少年儿童一样享受到良好的基础教育，鄞州区专门颁布了《鄞州区流动少年儿童就学管理办法》，为流动少年儿童开辟了一条就学绿色通道。对家庭确有困难的学生，学校酌情准予缓交或减免相关费用。区政府还设立专项资金，用于资助社会力量举办的流动少年儿童学校的发展。采用多元机制切实解决占全区义务段在校学生22.5%的2.3万名流动少年儿童的入学问题。对外来民工子女学校，在积极扶持的同时，依法管理，规范其办学行为，使其纳入健康有序的轨道。2004年在调研基础上，出台了《宁波市鄞州区流动少年儿童就学暂行管理办法》，为进一步规范流动少年儿童入学，加强对流动人口子女学校的管理提供了政策支持。

【全省首所外来流动人口家长学校成立】

鄞州区姜山镇专为外来流动人口办了一所家长学校，这在全省还是第一家。

姜山镇总人口7万多人，外来流动人口共有4.5万人，占总数一半以上。由于流动人口自身素质和经济条件有限，家庭教育理念相对落后，许多流动人口的父母对孩子疏于监护，以至出现许多安全问题，个别流动儿童甚至失去了年幼的生命。针对这一情况，姜山镇办了这所家长学校，根据流动人口家长的文化层次和生活现状制订教学计划，每月利用一个晚上或星期天的时间，专为外地流动人口的家长授课。

【加强青少年思想道德建设】

认真学习贯彻《中共中央国务院关于进一步加强和改进未成年人思想道德建设的若干意见》，进一步加强青少年思想道德建设。2004年上半年对同济中学、姜山镇中学等十余所学校的德育工作进行了调研。修订出台了《鄞州区中小学校日常行为规范示范学校评估标准》，以量化的形式，从学校管理、校园文化、学生行为、特色与奖励等四方面对各中小学校学生日常行为规范的教育和训练情况进行考核。成立了鄞州区学生心理健康教育领导小组，组织召开了中小学心理健康教育工作交流会和心理健康教育课堂教学工作研讨会。以“弘扬民族精神，立志报效祖国”为主题的读书活动富有成效，《我在国旗下成长——国旗下讲话》和《优秀教育案例》编辑完成。4月16日召开了鄞州区中学生党建工作会议，并制发了《关于进一步加强中学生党建工作的若干意见》，按照“着眼长远、立足教育、注重培养、发展优秀”的工作思路，加强中学生党建工作。3年来全区有3686位学生参加业余党校党的基本知识培训，有1250人向学校党组织提出入党申请，有126人被党组织确立为建党积极分子，有36人加入了中共预备党员。

【《鄞州教育》画册出版】

由鄞州区教育局编纂的《鄞州教育》画册正式出版，为第二十个教师节献上了一份厚礼。该画册比较全面地反映了鄞州区教育的现状，展示了近5年来全区在推进基础教育均衡化、普及教育技术信息化、追求教育质量优质化、构建全民教育终身化过程中所取得的累累硕果，生动地映射出鄞州教育在向着现代化迈进中积极创新、与时俱进所焕发出的蓬勃生命力。

（陈　恩）

宁波(鄞州)高教园区

【概况】

宁波（鄞州）高教园区位于鄞州区大道南侧，钱湖南路两侧，总占地约4.16平方公里，总投资超过30亿元。现有浙江大学宁波理工学院、浙江万里学院、宁波诺丁汉大学、宁波服装职业技术学院、浙江医药职业技术学院、宁波天一职业技术学院、鄞州区社区学院、宁波中学等8所院校落户园区。全部建成后全日制学生规模约为5万人左右。园区内的院校集普通全日制教育、成人教育、高等职业技术教育、现代远程教育于一体。

【落户院校】

浙江大学宁波理工学院。浙江大学宁波理工学院成立于2001年6月，是经教育部和浙江省人民政府批准，由宁波市人民政府投资建设，浙江大学负责办学与管理，具有独立法人资格的全日制普通本科院校。学院占地80多公顷，总投资8.4亿元，总建筑面积33万平方米。整个校园由法国著名建筑事务所规划设计，教学与生活设施完善，环境幽雅别致，为读书治学的理想园地。

浙江万里学院 “浙江万里学院”是由具有50多年办学历史的原浙江农村技术师范专科学校改制而成的国立自费大学，由万里教育集团举办。2002年，浙江万里学院被国家教育部批准为浙江省属普通本科院校，按教育成本收取学费，成为国有高校实行新的管理模式和运行机制的试点单位。学院新校区（一期）占地65.8公顷，建筑面积22.8万平方米。校园占地95.1公顷，分设钱湖、回龙两个校区。校园风景优美，教学设施完善，被教育界人士誉为最漂亮的以人为本的校园。

宁波诺丁汉大学。宁波诺丁汉大学是我国第一家具有独立法人资格、拥有独立校区的中外合作大学。2003年10月2日，宁波诺丁汉大学合作办学双方——浙江万里学院和英国诺丁汉大学，在英国签订了合作办学协议书。2004年3月23日，国家教育部正式批准筹备设立宁波诺丁汉大学。5个月后，在浙江省内招收的第一批254名学生开始“在家门口留学世界名校”。合作方英国诺丁汉大学1881年建于英国诺丁汉市，是二战之后第一个获得皇家特许状的英国大学。诺丁汉大学在英国大学中综合排名列第六，并跻身世界大学100强，排名第56位。

宁波服装职业技术学院。宁波服装职业技术学院是1999年12月浙江省人民政府批准筹建，其建设工程作为宁波市委、市政府的“一号工程”，进展十分顺利。2000年10月学院一期建设工程正式启动，2001年8月竣工投入使用；2002年9月二期建设工程完成。2002年1月经浙江省人民政府批准宁波服装职业技术学院正式成立。学院投资近4亿元，占地33.53公顷，办学条件优良，基础设施较完善。拥有校舍总建筑面积13.1万平方米，其中教室17640平方米、图书馆5043平方米、实训场所24393平方米、室内体育馆7136平方米。

浙江医药高等专科学校。浙江医药高等专科学校的前身为创建于1984年的浙江省医药学校，1991年12月经浙江省人民政府批准筹建浙江医药职业技术学院，2002年2月经国家教育部批准正式建立，成为全国最早独立设置、浙江省惟一一所医药类专科层次高等院校。学校行政隶属浙江省食品药品监督管理局，教育业务管理隶属浙江省教育厅。学校风光旖旎，环境优美，学术氛围浓郁，占地约250公顷，总建筑面积近20万平方米。

宁波天一职业技术学院 宁波天一职业技术学院是一所以培养医学卫生类专业人才为主的全日制国有公办普通高等院校。学院的前身是1925年创办的宁波私立华美高级护士学校，经过宁波卫生学校、宁波医学专科学校、宁波医学院、浙江医科大学宁波分校、宁波大学卫生职业技术学院等历史沿革，至今已有80年的办学历史。2003年12月被国家教育部、卫生部确定为承担护理专业领域专业技能型紧缺人才培养任务的高职院校。2004年7月，经正式批准升格为医学卫生类高等院校。学院占地面积25.5公顷，建筑面积9万平方米，总投资2.5亿元。

鄞州社区学院 鄞州社区学院是由鄞州区教育教学科研中心、师资培训中心、成人教育中心和职业教育中心四部分组成的一所综性学院。学院占地20余公顷，总建筑面积5.5万平方米，总投资1.15亿元。

宁波中学 宁波中学始办于1898年，是浙江省首批重点中学之一。学校新校园占地15.7公顷，总建筑面积6万平方米，计划投资1.7亿元，学校办学规模56班，2700名学生，280名教职工。迁建后的宁波中学将成为全省第一流的现代化示范性寄宿制高级中学。

【领导视察】

1月30日上午，李瑞环在中共浙江省委书记习近平、市委书记巴音朝鲁、市长金德水、市委副书记徐福宁及鄞州区有关领导陪同下视察高教园区。

3月27日上午，全国人大副委员长司马义·艾买提，在市委书记巴音朝鲁，市委常委、市委秘书长程刚及鄞州区有关领导陪同下视察高教园区。

3月28日下午，中共中央委员、人民日报社社长王晨在市委副书记徐福宁等陪同下考察高教园区。

4月2日上午，原全国政协副主席、全国工商联名誉副主席孙孚凌一行12人视察高教园区。

4月16日上午，全国人大常委、民进中央副主席王立平一行5人到高教园区调研高校管理体制。王立平一行首先听取了宁波市教育局副局长黄士力有关园区建设及管理情况的汇报，随后，考察了园区图书馆、服装学院、浙大宁波理工学院和万里学院，并在万里学院进行座谈，听取了学校的工作汇报。

6月13日下午，中共中央政治局常委、中央政法委书记罗干视察高教园区。

7月30日上午，全国政协副主席张怀西一行在省政协副主席吴国华，市政协主席王卓辉、副主席陈守义及鄞州区政协有关领导陪同下视察高教园区。

9月12日上午，全国人大常委会原副委员长布赫一行在中共浙江省委常委、市委书记巴音朝鲁，人大常委会原副主任孔祥有、鄞州区人大有关领导陪同下视察高教园区。

【多项建筑工程获鲁班奖】

由中国建筑业协会组织的2004年度中国建筑工程鲁班奖(国家优质工程)的评选工作，经过严格的评审和公示，共有84项工程获2004年度中国建筑工程鲁班奖（国家优质工程）奖项。高教园区图书信息中心工程以浙江省第一候选项目的资格参加评审，并最终通过评审获得2004年度中国建筑工程“鲁班奖”（国家优质工程）。这是我市乃至浙江省教育系统历史上的第一个“鲁班奖”，也是宁波市历史上第五次、鄞州区历史上第一次获此奖项。

（施金意）

科学技术

【概况】

2004年，鄞州区科技工作成绩突出，获得全国科技管理系统先进集体和全国科技进步示范区等称号，科技综合实力和科技进步水平综合评价继续位列全省第二，科技进步变化情况综合评价从36位上升到第9位，成效显著。全区实现高新技术产品产值、销售和利税分别达到239.8亿元、235.9亿元和36.8亿元，同比增长43.2%、46.3%和37.8%。企业与高校院所的合作进一步密切，全年共举行、参与多次大型科技合作洽谈会，引进开发各类技术项目49项，意向100多项。新增5家国家级高新技术企业(累计14家)，新增11家省市级高新技术企业，新增区级高新技术企业5家（累计区级以上75家），新增国家级工程技术中心1家(零的突破)、省级工程技术中心3家、市级工程技术中心2家、区级工程技术中心5家（累计区级以上57家)。全年共有16个项目列入国家级科技计划，其中国家级重点新产品5项、国家级火炬计划5项、国家级星火计划3项、国家级中小企业技术创新基金2项、国家科技成果重点推广计划1项；318个项目列入市级科技计划，其中市级新产品302项、市级高新技术成果转化项目7项、市级新产品2项、市级创业基金2项、市重点博士基金1项、市攻关计划项目1项、市级高新技术新产品7项。全区实现授权专利403件。“中国浙江网上技术市场鄞州区分市场”运行良好。农业科技进步加快，全年先后签订技术依托和合作项目24项，2家研发机构被确定为第二批市级民营农业科技机构，农业深加工和产业化发展良好。

【强化科技工作领导】

科技政策力度进一步加大，全区共安排3500万元科技三项经费用于认定的高新技术企业科技开发经费补助、对创建国家级高新技术企业、市级以上企业工程技术中心、企业研制开发新产品、高新技术成果引进吸收、信息化建设示范项目和实施“双五工程”(即5家高新技术骨干企业、5家高新技术苗子企业)企业考核的奖励、极大地激发了企业发展高新技术产业的积极性。进一步实施年度镇(乡、街道)党政领导科技进步考核制度，组织开展了高新技术产业发展奖评比工作，评选出金、银、铜奖和2004年度科技工作先进集体、先进个人。各镇(乡、街道)对科技工作的重视程度明显提高，纷纷出台科技政策，扶持高新技术产业发展。

【高新产业发展加快】

2004年度，鄞州区的高新技术产品产值、销售、利税继续保持全市第一的增长发展势头。科技对经济的贡献率进一步加大：高新技术产品产值占全区工业总产值的比重达到17.8%，与2003年同期增长1.8个百分点。在产业结构方面，主导产业优势明显，机电一体化和新材料2个优势行业依然是鄞州区高新技术产业的领头羊，两者产值之和达到203.1亿元，占了全部高新技术产业的84.7%。另外，电子信息产业依然保持高速增长态势，全区电子信息产品销售额达到21.87亿元，比2003年增长20.6%。年内新增国家级高新技术企业5家，分别是博威集团、永嘉变压器、华纳圣龙、恒达电器、浙东建材，至此，鄞州区已累计拥有国家级高新技术企业14家。此外，还逐步加强对高新技术企业的动态管理，淘汰了1家区级高新技术企业，另有1家给予黄牌警告，高新技术促进会逐渐发挥作用，成为政府与企业、企业与企业联系的纽带。随着鄞州区高新技术产业的逐步发展壮大，重研发、抓研发，特别是整合研发力量成立企业技术中心，已经成为科技型企业的主抓项目。雅戈尔集团首开先河，成功创建国家级企业技术中心，率先打破了鄞州区乃至全市国家级企业技术中心零的纪录；海太集团也根据公司发展战略，在2004年年初依托国内外大专院校，成立了宁波市首家由企业组建的工程研究院——宁波海太工程研究院，同时与华中科技大学合作成立了“塑性成形模拟及模具技术国家重点实验室宁波分中心”；高桥镇与中国科学院合作成立了“中科院微系统宁波研究中心”，这些都明显提升了区域的科研能力。欣达集团赵吉康获得“宁波市科技创新特别奖”，并在全市科技工作会议上受到表彰。企业技术创新能力的增强，使得高新技术产品的研究、开发和产业化步伐进一步加快。2004年鄞州区企业已承担国家级科技计划16项，其中国家级火炬计划项目5项、国家新产品5项、国家星火计划3项、创新基金2项、国家科技成果重点推广计划项目1项。专利作为技术创新的重要表现形式和保护措施，也越来越得到企业的广泛重视。全区全年共实现各类授权专利403件，其中发明专利24件，同比2003年8件有大幅度提高，为历史最好水平。区内专利大镇形势较好，下应、邱隘、五乡、姜山、石碶等5个镇（乡、街道）专利超过了30件。专利大户不断涌现，宁波市鄞州恒达电器有限公司和宁波奥克斯集团有限公司分别获得授权专利25件和2件。宁波欧琳、宁波欣达、宁波伊司达等一批企业已建立了专利管理制度和奖励制度，开展企业员工的专利培训工作。鄞州科技中心（科技孵化基地）建设进展顺利，即将投入使用。科技进步成效显著，全区共取得浙江省科学技术奖2项，获宁波市科技进步奖4项，区级22项。

【科技合作成效显著】

坚持一手抓企业与高校院所的合作，一手抓政府与高校院所的合作，成效显著。在企业与高校院所的合作中，企业采用多种形式，如技术入股、合作开发、一次性买断等方式与相关的大专院校、科研院所进行技术合作和开发，限额以上企业，特别是限额以上从事高新技术产品生产开发的企业，基本上都与1家或多家科研单位有协作关系；在政府与高校院所的合作中，鄞州区先后与清华大学等“二院八校”建立了全面科技合作关系，并建立了“二中心二基地”，努力促使这些国内著名的高校院所在鄞州区生根开花。“请进来、走出去”活动丰富,成效显著。在“请进来”方面,主要举行了“宁波市鄞州区—四川大学科技成果交易会”、“2004 上海交通大学技术转移中心鄞州区项目推介会”、“首届全国高校、研究院所科研处长高层论坛暨新材料项目洽谈会”、“兵器科学院宁波分院—鄞州区科技合作联谊会”;在“走出去”方面,主要举行了“宁波市鄞州区企业家中南大学科技合作采购活动”、“2004 宁波市名优特产品天津展销会暨科技经贸洽谈会”,组团参加了“2004 年全国高新成果交易会”、“第七届北京国际科技产业博览会”、“第六届全国高新技术成果交易会”等一系列科技合作活动,取得了良好的成效。

重点促成在鄞州区多渠道和多媒体的联合,狠抓网上技术市场建设。把“中国浙江网上技术市场鄞州区分市场”作为科技合作新平台和科技服务新窗口来抓,经过各镇(乡、街道)和有关部门的积极配合,全年共完成上网企业318 家,发布技术难题 347 项、签约项目 136项、合同成交金额共计 11717 万元、发布英文网站难题信息 9 项、引进共建创新载体 6 个、高新技术产品签约数 50 项、高新技术产品成交额1. 84 亿元。有 1 项项目列入浙江省网上技术市场签约项目,4 项项目列入宁波市网上技术市场签约项目。

【加快实施信息化战略】

抓住建设“数字浙江”和“数字宁波”的契机,加快发展信息产业,全年全区电子信息产品销售额达到 21. 87 亿元,比 2003 年增长20. 6% 。2004 年鄞州区有 2 家企业列入首批中国企业信息化标杆企业,新增宁波市制造业信息化工程示范企业 3 家,新创建了 10 家区级信息化示范工程企业,广泛涉及服装、机械、电子仪器等制造业领域,取得了较好的阶段性建设成果。在电子政务方面,一个高速宽带、安全可靠的电子政务专网目前已全线开通,覆盖全区区级机关、镇(乡)政府、街道办事处等共计48 个节点,实现了部门之间的信息共享、单位内部的虚拟局域网以及宽带接入互联网等功能,避免了单位各自建网带来的信息孤岛、重复建设、资源浪费等问题,实现了政务网络统一化和办公自动化系统统一化。政府办公自动化系统已经在区委、区人大、区政府、区政协以及各镇(乡、街道)、工业园区等 70 多家单位部署到位,所有用户纳入了电子政务系统的注册管理之中,所有的日常信息发布、公文拟定、审核、传阅、签发、分发、归档等均可通过办公系统来完成。

【科技保障农业进步】

2004 年鄞州区共列入或实施市级以上科研攻关或推广等项目 13 个,其中列入科技部星火计划项目 3 个,“美国黑星家属奶牛引进与推广”、“星火培训学校建设”被列为科技部重点项目。组织实施了由宁波南联冷冻食品有限公司承担的“克氏螯虾工厂化育苗与规模化养殖中试示范”等 3 个市级农业科技成果转化项目。区本级实施农业与社会发展科研推广项目 14 项,其中农业科研与推广项目 11 项、社会发展项目 3 项,安排农业科技补助资金 148 万元,至 2004 年底,鄞州区经审批成立的各类农业科研机构 21 家,其中市级 2 家。这些农业科技机构绝大部分由农业龙头企业或政府举办,依托强有力的支撑,扎根于农业产业最前线,围绕区域特色农业,开展科研开发。如隶属于宁波开诚工艺品有限公司的蔺草与制品研究开发中心,依托万里学院承担“高产优质伸长型蔺草新品种‘鄞蔺 2 号’区试与示范”高新技术成果转化项目，取得了显著的成效。农业创新体系的进一步完善，直接推动了农业产业化进程，2004 年，宁波开诚工艺品有限公司被确定为市级高新技术企业；宁波南联冷冻食品有限公司、宁波引发绿色食品有限公司、宁波天宫果汁果酒有限公司被确定为区级高新技术企业。至此，全区农业领域的高新技术企业总数达到市级 2 家，区级 4 家。加大了与国内农业院校、农业企业的科技合作力度，积极引进先进的农业科技成果，先后签订技术依托和合作项目 24 个。如宁波南联冷冻食品有限公司与浙江万里学院合作净菜加工项目，高桥镇农业办公室、湖西村与浙江大学合作开发的农业园区项目等，将为鄞州区新一轮的农业结构调整，促进农产品加工业的发展，拓展农产品销售的时间和空间方面起到积极的作用。同时组织部分科技人员，赴福建、云南等省农业科学院参观学习引进新品种、新技术，云龙、高桥、横街等镇还自行组织专业户到浙江省农业科学院引进新技术和学习培训，提高专业户的科学种田水平。（曹丰达）

附录：2004 年度区级科技进步奖奖励项目及评审等级

一等奖

1. 变频微机控制抽真空平板硫化机组

完成单位：宁波华液机器制造有限公司

主要完成人员：洪 军、翁振涛、金 波、乐 斌、陈飞飞、李 勇、方 燕、蒋志伟、方荣华、陈淑燕

2. 自动制版数码速印机

完成单位：宁波荣华办公用品有限公司

主要完成人员：王长伦、吴思伟、何朝勤、管贤军、庞丽萍、蔡海波

3. 利用餐饮废弃物生产优质畜禽饲料

完成单位：宁波市畜牧工程技术研究服务中心

主要完成人员：王伟国、陈贵才、赵陈锋、王建康、干赛宝、邱晓力、王顺省、陈贵忠、徐孝毛、周浩、孙时军、孙鹏烈、张超、朱顺娣

二等奖

1. J 5060 Z 全自动内圆切片机

完成单位：宁波宁菱机器制造有限公司

主要完成人员：陈伟章、郑经洋、董月领

2. J 219 型热室压铸机

完成单位：宁波东方压铸机床有限公司

主要完成人员：袁礼峰、袁忠伟、刘忠林、毛其波、陈忠芳

3. EMP 800 型电话遥控开关

完成单位：宁波市鄞州恒达电器有限公司

主要完成人员：曹文忠、郑利强、罗应齐

4. 二次释放拉紧机

完成单位：宁波旭力金属制品有限公司

主要完成人员：陈伟国、邓伟、史培芬

5. PIC 种猪的引进、繁育与推广

完成单位：宁波市畜牧工程技术研究服务中心

主要完成人员：徐孝毛、王伟国、赵陈锋、孙鹏烈、孙时军、干赛宝、周 浩、王华锋、吴宇叠

6. 绿色桑椹增值加工关键技术研究与开发

完成单位：宁波天宫庄园果汁果酒有限公司
浙江万里学院

主要完成人员：马子骏、董 宏、孙德铁、李共

国、林瑛影、陈祖满、蔡国成

三等奖

1. **潜水轴流混流泵**

完成单位:宁波巨神制泵实业有限公司

主要完成人员:翟松茂、李战红、应建国、田晓磊

2. **双活页通风调节门窗**

完成单位:宁波市鄞州双凌实业有限公司

主要完成人员:陈伟民、俞建国、蒋宏良、陈嫣儿

3. **家庭花园泵**

完成单位:宁波君禾工具制造有限公司

主要完成人员:张阿华、陈东伟、徐海良

4. **汽车座椅调角器**

完成单位:宁波金海机电厂

主要完成人员:王志军、陈建丰、李美芬

5. **封闭式热冲压高强度大型紧固件**

完成单位:宁波市翔翔大型紧固件有限公司

主要完成人员:李荣祥、朱财敏、陈朋表、王华军

6. **6—60 LM、LME、HK 系列直线运动球轴承**

完成单位:宁波恒力汽配轴承有限公司

主要完成人员:郑文良、郑光平、陈纪堂、戴贤达

7. **PLM 32 车用空调压缩机**

完成单位:宁波帕尔玛重工制冷有限公司

主要完成人员:王书功、李　驯、胡国定

8. **鄞雪 18 号雪菜新品种的选育与推广**

完成单位:宁波市鄞州区绿原雪菜开发研究中心

主要完成人员:唐爱章、叶培根、江冬青、张　庆、殷金良

9. **规模猪场伪犬病净化技术研究**

完成单位:宁波市畜牧工程技术研究服务中心

主要完成人员:孙鹏烈、张　超、朱顺娣、王伟国、许亚琴、赵陈锋、周　浩、李传安、张　宏、王华锋、陈礼光

10. **新兴黄羽种鸡引进与饲养技术研究**

完成单位:宁波市畜牧工程技术研究服务中心
宁波市鄞州区金宝来家禽养殖场

主要完成人员:王伟国、孙鹏烈、许亚琴、徐孝毛、朱顺娣、张　超、赵陈锋、周　浩、应将伟

11. **毛竹慢性枯萎病的研究**

完成单位:浙江万里学院、
宁波市鄞州区农林局

主要完成人员:史红霞、王国良、周方良、钱世祥、徐炳华、王良衍

科学普及

【青少年科技教育】

由鄞州区科学技术协会(以下简称区科协)、区科技局、团区委等 6 家单位联合举办的鄞州区首届青少年科技节于 3 月 23 日 ~4 月 30 日举行。活动主题为“青年・科技・未来”,以竞赛、展示、论坛等形式开展了青少年创新发明大赛、

青少年FLASH设计大赛、“科学畅想”征文活动、青年工人技能比武、青年科技论坛、科技电影下乡、“大手拉小手”校园科普周和社区科普广场等8项主题活动。

7月7日~8日区科协举办了鄞州区青少年科技夏令营暨首届航模竞赛活动，来自鄞州中学、朝阳小学等14所学校的158名中小学生参加了航空、航天、航海、车辆模型四大类型21个单项竞赛。这一系列活动不仅丰富了师生们的暑假生活，更重要的是进一步激发了广大青少年学科学、爱科学、用科学的热情，并在实践中培养和锻炼了动手动脑能力。

进一步抓好青少年科技教育示范学校创建工作。2004年，下应德培小学通过检查验收，成为示范学校。至此，全区已有青少年科技教育示范学校8所、实验学校6所。

【科普宣传】

2004年先后开展了科普宣传月和科普日活动，并且使每一次活动与当前各项工作相结合，从而使全区的科普宣传活动形式多样，内容丰富。据统计，科普宣传月活动期间，共开展科技下乡活动2次，发放科普宣传资料7000余份，放映科普电影20场次。科普日活动紧紧围绕“科学普及—你我共参与”这一主题，大力开展“普网工程”宣传工作。

【普网工程】

区政府成立了鄞州区“普网工程”领导小组，出台了计算机网络知识普及教育工程实施方案，区财政专门为“普网工程”下拨专项经费35万元，作为“普网工程”宣传发动经费和培训教学配套经费。4月中旬在下应街道率先开设首期试点班，59人参加了试点培训，并取得了满意的效果。6月4日，召开了各镇（乡、街道）科协秘书长、成校负责人会议，对各镇（乡、街道）的教学设施和师资等情况作调查摸底，并依托各镇（乡、街道）的成校等教学单位，落实培训点。2004年，全区共有14703人参加了“普网工程”培训。

【农村科技培训】

继续抓好农村党员基层干部培训。2004年，主要对具有初、高中以上文化水平的中青年党员、基层后备干部进行较为系统的培训，使他们具有初级以上技术水平，成为推广实用技术的骨干。全区共举办农村党员、基层干部培训班206期，培训人数7000余人。

【基层科普单位创建】

2004年，区科协在全区全面开展了基层科普单位创建工作，要求各镇（乡、街道）都必须创建一个科普村或科普社区。加大基层科普设施建设，重点抓好镇（乡、街道）科普画廊建设，区科协对每座科普画廊给予一定的经费补贴。投入1万余元，制作了200块标准的科普图板，对各地科普画廊进行统一调度，实现资源共享。11月份，经过各地申报和区科协考核验收，全区20个村（社区）被确定为首批科普村（社区）。下应街道和五乡镇被评为市级科普街道（镇），下应街道湾底村被评为省级科普示范村。

【创建企业科协】

2004年区科协在全区高新技术企业中全面创建企业科协。新建了宁波海太机械制造公司科协，从而使全区企业科协工作得到进一步加强。同时，鄞州区高新技术促进会召开了一届二次会员大会，举办了最新科技政策培训。高桥镇成立了宁波高桥科学家服务中心。

【学会工作】

2004年新组建了鄞州区科普电影放映协会，合并了鄞州区畜牧兽医学会和鄞州区养猪协会，重新组建了鄞州区税务学会，使学会的设置更趋合理。鄞州区会计学会、鄞州区珠算协会都相继召开了会员代表大会，进行了换届选举；鄞州区土木建筑学会到南京召开了年会，使学会的凝聚力得到了进一步的加强；鄞州区老科技工作者协会老有所为，积极建言献策，开展科技服务；鄞州区科普电影放映协会全年免费放映科普电影243场次，观众达14.6万人次；鄞州区农学会开展会员联大户活动，指导和帮助农户科技致富；鄞州区林特学会把学会工作与创建生态城区相结合，丰富了学会的内容；鄞州区医学会共开展了10次科技服务和17次学术交流活动；鄞州区财税学会和税务学会认真组织开展财税和税收调研。（史燕萍）

图57 中国材料技术集群战略研讨会暨新材料项目洽谈会现场

文体 卫生 档案

文化事业

【文化设施建设】

2004年9月底，鄞州区文化广场顺利竣工并投入使用。12月，鄞州区文化艺术中心按期保质顺利竣工。根据市、区合建的方针，协助宁波市文化局做好博物馆的筹建工作。基层文化建设实现了镇、村（社区）并进：各镇（乡、街道）继续按照“提升品位，完善功能”的要求，不断改善文化基础设施条件，横溪镇文化中心现已进入最后装修阶段，为确保鄞州区实现“东海明珠工程”满堂红做好了硬件上的必要保证；宁波市鄞州区文化体育局（以下简称区文体局）对10个申报的村落文化示范点和4个社区文化示范点进行了指导和验收，其中5个村和2个社区被评为鄞州区基层文化建设示范点，钟公庙街道彩虹社区阅览室还被评为宁波市“十佳示范社区阅览室”。

【公共文化设施管理】

2004年，区文体局对鄞州区文化艺术中心开始了委托经营管理的一系列工作，力求产生丰富的社会效益和一定的经济效益，文化事业的市场化运作迈出了尝试性的一步，进一步拓展了文化产业的新思路。

【文化艺术活动】

9月下旬，第七届中国艺术节邱隘分会场的全国“群星奖”音乐专场比赛在邱隘剧院举行了两场比赛，这是浙江省承办第七届中国艺术节比赛的唯一一个镇（乡）级场馆，鄞州区老百姓第一次在自己的家门口欣赏到了来自全国各地的高水准的演出，极大地提升了群众的欣赏品位和档次。

在宁波市第二届农民文化艺术节期间，区文体局承办了鄞州区高桥镇首届《蝶恋高桥》广场文化艺术节活动，其中包括开幕式暨大型民间文艺踩街活动、“梁祝故里”摄影大奖赛、“梁祝”电影艺术周、《蝶恋高桥》大型文艺晚会、“科技图书进万家”等5项活动。6月19日，又承办了宁波市第二届农民文化艺术节闭幕式暨第五届“东海明珠杯”乡镇文艺调演活动。这些活动吸引了周边村落成千上万的群众观看，极大地丰富和活跃了农村群众的文化生活，有力地推动了基层文化的建设。

鄞州区文化馆配合春节、“三八”妇女节、国庆节、教师节等不同的节庆和“文明交通行为”、“青少年科技普及推广”、“缤纷社区”等主题活动，承办了30多个丰富多彩的文艺活动，极大地丰富了基层群众的文化生活。

图58 业余舞狮队的表演丰富了群众文化生活

【文化品牌建设】

积极实施精品战略，围绕重大文艺赛事和重要文艺奖项，各门类的艺术创作进一步繁荣。戏剧小品《喜开门》被浙江省选送参加了全国“群星奖”比赛；曲艺作品《阿憨打狗》获浙江省第二届曲艺新作大赛创作金奖和表演银奖。在全国第十三届“群星奖”美术、书法、摄影评奖活动浙江省推选作品展上，由鄞州区文化馆选送的张顺川的油画《无尘》荣获成人组大奖，另有10余幅作品获成人组、少儿组美术、书法、摄影类金、银奖等不同奖项；鄞州区文化馆徐青创编、邱隘镇中心小学舞蹈队表演的舞蹈《35712》在全国少儿舞蹈（录像）比赛中荣获创作、表演银奖；鄞州区文化馆选送的油画《山花烂漫》、《海的那边》入选国家文化部、中国文联举办的第十届全国美展。宁波市第八届音乐舞蹈节11月底在凤凰剧院举行，区文体局精心创作、编排了少儿舞蹈、成人舞蹈、表演唱、老年音乐等5个节目参赛，获得了优秀组织奖。为了迎接2005年的全国第九届戏剧节，区越剧团创作了新编越剧《藜斋残梦》。众多作品在宁波市第二届农民文化艺术节、宁波市第二届社区文化艺术节、宁波市第二届乡村歌手大赛等赛事上获得不同奖项。

12月8日，2004年“文化进百村”活动在东吴镇童一村正式启动。与前两届相比，这次的形式有新的突破，由鄞州区文化馆组织1支文艺小分队，到20个镇(乡、街道)的20个村进行巡回演出，同时辅以戏曲演出、电影放映等活动，使活动覆盖率达到行政村总数的60%以上。

【文化队伍建设】

2004年，全区共有村级文化员218名。为提高村级文化员实际操作业务的能力，2004年2月12日至13日，区文体局分两期对所有的村级文化员就如何开展文化活动的组织策划、文化阵地的布置、村级图书馆的管理等方面进行了业务培训。这是鄞州区第一次大规模地培训基层文化队伍，得到了全体村级文化员的认同。

图59　2004年“文化进百村”活动启动仪式

为了规范对业余文艺团队的管理，进行了第二次等级评估，从而使甲级文艺团队增加到17支，乙级增加到35支。为了提高基层文化建设的水平，区文体局还从理论上进行探讨，召开了1次“农村小康文化建设研讨会”，共收到13篇论文，分别评出一、二、三等奖和优秀奖。

为使文化进村入户，全区首次开展了百户农村文化家庭评选。

【文化市场管理】

2004年，文化市场管理工作围绕为人民群众创造良好的社会文化环境，满足日益增长的文化需求这一中心，积极开展“扫黄”“打非”集中行动和演出市场、网络文化市场等专项治理行动，对文化市场的违法违规行为形成了高压态势。同时采取多种措施，认真做好文化市场各项治理整顿。

积极发挥组织协调作用，部门配合，联合作战，实施对文化市场的有效监管。

开展法规培训。为提高管理和经营人员的法

规业务知识，区文体局举办了全系统文化市场管理人员（包括各镇（乡、街道）文化站）文化市场法规和业务培训班一期，举办了音像、网吧、印刷业、电子游戏、演出场所负责人培训班六期，进一步提高管理人员依法管理的水平，经营人员依法经营的自觉性。

全力打击网络文化市场违法违规经营行为，深入开展网吧等互联网上网服务营业场所专项整治，完成网吧监控软件“净网先锋”的安装工作，网吧管理将借助远程网络技术进行远程监控。

开展出版物和盗版教材、教学辅导材料专项整治，增强人民群众版权意识。积极开展政治性非法出版物清查和以保护知识产权、保障未成年人身心健康为中心内容的出版物专项治理活动。对出版物市场的整治，坚持以查缴政治性、淫秽色情非法出版物为重点，强化对出版物市场的巡查和监督力度。

切实加强对印刷业的管理，进一步规范印刷业的经营活动。针对鄞州区印刷业数量多、分布广、管理难度大的实际情况，加快了不符合条件印刷企业限期整改的步伐，认真督促印刷企业做好制度建设，以规范印刷企业的经营行为。

认真开展学校周边文化市场秩序专项整治行动。重点解决距中小学校200米内开设网吧、电子游戏的问题，严肃查处经营盗版教材、教学辅导读物、淫秽色情出版物、有害卡通读物和“口袋本”读物的问题，坚决取缔无证经营的文化场所。

2004年，共出动检查人员1317人次，组织开展“扫黄”“打非”集中行动4次，“网吧”专项整治等其他各类专项整治8次，检查各类经营场所2728家次，收缴各类非法音像制品21464盒（张），取缔无证经营摊点50余个，立案处罚各类违规经营单位54家，通过一年的不懈努力以及工商、公安等部门的通力合作，鄞州区文化市场总体呈现出了安全、健康、有序的良好态势。

图60 文化市场管理人员在检查文化传播产品

【文物保护】

近年来，鄞州区积极加强文物保护基础性工作，推进文物资源的合理有效利用，成立了由公安、旅游、国土资源、城建、规划等部门分管领导为成员的鄞州区文物管理委员会，并聘请著名文物专家毛昭晰教授担任区政府文物工作顾问。5年来，累计投入文物工作经费1200多万元。为防止基本建设对文物资源的破坏，专门编制了遗址、遗存、窑址、古墓群分布情况等资料，实施了涉及文物保护区域建设项目审批前置制度，形成了较为完善的主动防范措施机制。

文物的抢救保护基础性工作获得显著成绩。顺利完成了天童寺、阿育王寺申报第六批全国重点文物保护单位工作，为进一步做好天童寺、阿育王寺的文物保护工作奠定了扎实的基础；全面完成了第六批区级文物保护单位建立科学记录档案、树立保护标志碑、指定保护管理人员、公布保护范围和建设控制地带的工作；第五批全国重点文物保护单位横省石牌坊的档案顺利通过了浙江省文物局的审查。完成了五龙桥、宋徽宗御笔碑、史弥忠墓道、钟公庙干墩明代石刻等4处文物保护单位（点）的抢救维修工作。

顺利完成文物库房的搬迁工作。为进一步确保文物安全，新库房采用了闭路监控系统，制定了各项严格的安全管理制度，完善库房的安全设施，安装防盗设备和防火设备各两种，完成了文物库房三级风险单位的达标工作，提高了藏品管理的安全性和规范性。

文物普查成效显著。经过3次文物普查，鄞州区共查得各类文物875处（件、座）、古村(街)落25处,积累普查资料300余份。通过普查，已掌握文物史迹点570处，其中公布为各级文物保护单位(点)情况如下:全国重点文物保护单位3处、浙江省重点文物保护单位4处、宁波市鄞州区文物保护单位17处、宁波市鄞州区文物保护点84处、宁波市鄞州区历史文化保护区1处、博物馆、纪念馆10家，库藏文物1911件,其中珍贵文物(三级以上)584件。

在此基础上，鄞州区相继制定相应办法，进一步加强文物的整体性保护。近年来，鄞州区先后建立了宁波服装博物馆、南宋石刻遗址博物馆、梁祝文化陈列馆。这些博物馆（纪念馆）与先前建成的沙孟海书学院、周尧昆虫博物馆、它山堰水利陈列室、后屠桥革命烈士史迹陈列馆、沙文求革命烈士史迹陈列室、梅园革命史迹陈列室、四明山革命烈士史迹陈列馆等专题博物馆，成为鄞州区历史文化教育、爱国主义教育和革命传统教育的重要基地。

经过多方努力，全区文物工作有了长足发展,2004年12月21日,国家文化部、国家文物局在北京联合召开表彰大会，会上隆重表彰了31个全国文物工作先进县（市、区）,鄞州区被评为全国文物工作先进区，成为宁波市首个全国文物工作先进区（县、市）、浙江省唯一一家受到表彰的区(县、市)。

【《它山堰的儿女》获全国大奖】

由鄞州广播电视台主创、黑龙江广播艺术中心协助录制的3集广播连续剧《它山堰的儿女》，在2003年度中国广播电视优秀作品评选中，荣获中国广播电视政府奖最高奖项——广播连续剧类一等奖。《它山堰的儿女》反映的是宁波儿女励精图治办教育的故事。该剧题材宏大,主旋律鲜明,戏剧冲突强烈,人物性格特色鲜明，具有极强的艺术感染力，是一部广播剧精品。

【“蝶恋园”喜获金奖】

在由国家建设部和深圳市人民政府共同主办的第五届中国国际园林花卉博览会上，宁波市以民间传说“梁山伯与祝英台”为主题的“蝶恋园”获博览会金奖。“蝶恋园”占地1500平方米，由宁波市园林局出资150万元建造而成。该园以“梁山伯与祝英台”为主题,通过园林艺术手法，把爱情故事以景点造型的特殊形式表现出来。中国国际园林花卉博览会给宁波带来了自我宣传、自我展示的机会。

【《情勾》获全国戏曲大奖】

在由文化部教科司主办的“蚁力神杯”全国戏曲、戏剧比赛中，鄞州越剧团青年演员马锋英参赛的折子戏《情勾》，荣获全国戏曲、戏剧表演比赛戏曲青年组主角三等奖。“蚁力神杯”戏曲、戏剧比赛以选拔戏曲、戏剧艺术新人为宗旨，它是中国戏曲、戏剧艺术的最高赛事。2004 年 3 月，《情勾》入选华东赛区一等奖。

【“放歌新鄞州”文化艺术周】

9 月 26 日晚，庆祝中华人民共和国成立55周年暨“放歌新鄞州”文化艺术周开幕式晚会在鄞州区文化艺术广场揭开帷幕。整个艺术周由开幕式、“影像新鄞州”长三角著名摄影家拍摄活动、“放歌新鄞州”全区歌咏比赛、“缤纷社区”文化大联动、民间文艺大巡游暨闭幕式组成。区文体局参与了其中的 3 项，尤其是“灵动鄞州”2004 年全区民间文艺大巡游活动，根据20 个不同镇（乡、街道）的地域特色和产业特色寻找与艺术的结合点，着眼于创新和提高，《众仙聚天童》、《喜捧金贝唱丰收》、《竹鼓舞》、《马灯跑起来》、《渔翁捉蚌》、《赛龙舟》以及时装秀、八戒西瓜、桑果舞、浙东盘鼓等等巡游节目很好地表达了全区人民对新生活由衷的喜悦和对美好未来的向往之情，受到了社会各方的一致好评。

【《中国廉政文化丛书》出版座谈会在京举行】

5 月 28 日上午，由中共鄞州区委编纂的《中国廉政文化丛书》出版座谈会在北京人民大会堂隆重举行。出席座谈会的中央有关部委领导有中纪委副书记刘峰岩，中国文联党组书记、副主席李树文，司法部党组成员、中纪委驻司法部纪检组长岳宣义，国家新闻出版总署副署长于永湛，解放军海军政治部副主任、少将张双虎；出席座谈会的省、市领导有中共浙江省委副书记、省纪委书记周国富，省委常委、宁波市委书记巴音朝鲁，省纪委副书记杨晓光，省委宣传部副部长、省文联党组书记高而颐，省纪委常委、秘书长唐一军，市委常委、市委秘书长程刚。座谈会由宁波市委副书记、市纪委书记葛慧君主持。中央、省、市和鄞州区的各有关单位领导和专家近 200 人出席了座谈会。

图 61 “灵动鄞州”民间文艺大巡游活动舞龙场面

《中国廉政文化丛书》于 2004 年 5 月由方正出版社正式出版发行。丛书共计 200 余万字，320 余幅漫画，由 500 余位作者加盟精心制作而成，分《廉政故事》、《廉政漫画》、《廉政格言警句》、《廉吏》和《廉政理论》等五部分，具有思想性、艺术性、知识性和可读性，填补了中国廉政文化系统研究的空白，是目前国内首部从文化角度诠释中国廉政文化和思想的作品。

【雕塑、漫画艺术阐释新型婚育文化】

11 月 21 日，投资 60 万元兴建的鄞州“婚育文化园”一期工程在梁祝文化公园竣工，而为期 1 个月的“关爱女孩”全国漫画大展也以新园为主舞台拉开序幕。 婚育文化园由宁波市鄞州区计划生育局和鄞州区高桥镇政府联合兴建，占地 2000 余平方米，为敞开式园林。园中，以婚育为主题的系列汉白玉雕塑，通过艺术的表现手法，述说着人类繁衍的历史及由此形成的婚育文化，并与“关爱女孩”全国漫画大展相互呼应，用艺术的手段，大力弘扬“关爱女孩”、“生男生女都一样”的新型生育文化。

11月举办的“关爱女孩”全国漫画大展，由中国人口文化促进会、中国美术协会漫画艺术委员会和区委、区政府联合主办，通过半年的评审，在全国3000多幅应征漫画中，筛选出300幅精品佳作展出并汇编成册，我国著名漫画大师丁聪的《家庭也有暴行》、英韬的《丈夫的业绩》、缪印堂的《女儿好》、于化鲤的《花木兰》、王复羊的《女娃，祖国的月亮花》等，浙江著名漫画家王祖和的《超生游击队在行动》、何业琦的《谁说女子不如男》、王玲的《吉祥物》等参加了展览。

【国外收藏《碑铭撷英》】

一册汇集千余年“石头上的书法艺术”、洋溢着浓郁中国传统文化气息的书，成了中外文化交流的瑰宝。4月10日，应日本早稻田大学图书馆的要求，宁波市鄞州区文化部门工作人员将面世不久的《碑铭撷英——鄞州碑碣精品集》寄往该馆。至此，收藏这册千年碑铭集锦的国外著名图书馆、博物馆已有10余家，包括日本京都国立博物馆、韩国国立中央博物馆等。

【五乡镇建立全市首个农村文化点】

为配合“双提高”(提高农民的思想道德素质和科学文化素质）活动，更好地在农村普及文化知识，形成良好的文化氛围，5月27日，五乡镇“天童庄村文化点”正式开张。值得一提的是，该点是以集体与个人合作形式出现的，这在全市农村尚属首家。位于天童庄村热闹地段的这个文化点原先是间台球房，布置一新后场地约有120平方米，专门辟出了一间书房。该点的具体操作方式是：村里免费提供各类书籍供台球房主人出借给村民，台球房主人则无偿提供场地归村里使用，每天晚上义务放映各类科普、法制、计划生育等教育片。

【鄞州区新发现两件文物】

走进高桥镇新桥村西塘河北岸1座清代建筑的砖雕楼石库门内，就可看到楼窗上放置着1块因长年曝晒而褪色的“节孝”残匾。经鄞州区文物管理委员会同志辨认，这2块残匾分别出自清道光和光绪年间。这2块“节孝”匾因被锯作窗户而成残匾，其中，外面一层匾上写有“光（应是道光）乙巳，郑礼仁书”（1845年）字样。内层的匾上则写有“光绪二十三年”（1897年）等字样。这是当时朝廷为表彰2名“节孝”妇而立的见证物，她们前后相距52年分别受到朝廷表彰。这2块“节孝”匾的发现，对研究地方实物史具有一定的参考价值。

横溪镇大岙村一承包商在平整土地时发现了1具武将石刻。经鉴定，确认这座总高2.25米、肩宽0.95米的石刻为南宋文物，具有一定的艺术鉴赏和历史研究价值。这具石刻将在立起后放置原地进行保护。

【越剧《丽人行》首演】

4月10日晚，修葺一新的邱隘剧院内座无虚席，鄞州越剧团彩排的新编民间传奇越剧《丽人行》在此首演。该剧系著名的国家一级编剧包朝赞的力作，由曾获文化部第八届“文华新剧目”奖、浙江省“五个一”工程奖和“鲁迅文学艺术”优秀成果奖的杭州越剧院导演展敏执导。

【《阿憨打狗》摘金夺银】

由浙江省文化厅主办的浙江省第二届曲艺新作大赛6月9日在义乌市举行，鄞州区选送的反映当今社会现实问题的宁波走书《阿憨打狗》荣获创作金奖和表演银奖。

【《喜开门》入选全国群星奖】

鄞州区推选的越剧小戏《喜开门》，被浙江省选送参加 2004 年全国第十三届群星奖（小戏类）评比。群星奖由文化部主办，是全国群众文化的政府最高奖项。《喜开门》反映了文化体制改革中新旧交替的一些趣事，通俗诙谐，风趣幽默，在 2003 年宁波市首届戏剧小品、小戏、曲艺汇演中曾获表演、创作一等奖。

【“鄞州区中小学校园电影教育院线”组建】

为了贯彻落实中共中央、国务院《关于进一步加强和改进未成年人思想道德建设的若干意见》精神，大力传播先进文化，加强对学生的思想道德教育，进一步促进校园文化建设，充分发挥影院作为青少年教育基地的作用，区文体局与区教育局联合组建“鄞州区中小学校园电影教育院线”。成立后的院线着重推荐、组织、观看、宣传、放映适合青少年学生观看的优秀影片，院线所属影院实行优质服务、优惠收费，并将做好影评的组织工作。

【集士港镇湖山村发现一品夫人墓志铭】

8 月 24 日，集士港镇在规划（宁波市列入绕城高速公路地段）改造旧村时发现墓志铭。区文物部门即赴现场，只见这方墓志底碣（墓志铭一般由志盖和志底组成）被用作洗衣板。经考证和调查，该墓志铭为 67 厘米转方，厚 14厘米，石质为鄞西梅园石，全文小楷。湖山村民顾志方回忆其于 20 世纪 80 年代在山下庄村做窑工，河中挖泥时发现这方石块，将其拿回家一直作洗衣板用。所以字迹略显模糊，经细心辨识，上款为：“故屠母封一品夫人墓志铭。”落款为：“赐进士第光禄大夫柱国少师兼太子太师吏部尚书……国史总载铅山费宏撰。”中有“成化辛丑”等字样，证明该墓志为明代碑碣。山下庄村乳泉山至今还矗立着高 916 厘米堪称浙东巨碑的两块汉白玉神道碑，就是光禄大夫上柱国太子太傅吏部尚书屠滽神道碑，所以“故屠母封一品夫人墓志铭”为屠滽母亲的墓志铭。

屠滽，字朝宗，号丹山，鄞县人。明成化二年（1466 年）进士，历任监察院史、四川巡按，弘治十年（1497 年）升兵部尚书，改吏部尚书兼都察院史、太子太傅。屠滽官位显赫，掌管国家大权，号称天官，所以其母封一品夫人当之无愧。

湖山村发现的这通墓志铭对于研究屠滽家世和其母亲生前情况提供了可靠史料，并得到了母子合葬的重要信息，从侧面反映出屠滽的孝子之心，其他史实有待进一步研究。湖山村民顾志方夫妻俩当即提出将此墓志铭捐给国家。目前，该文物暂交于湖山村委会办公室保管，待今后迁入新建中的博物馆。

【张顺川创作的油画《无尘》入围全国第十三届群星奖】

由鄞州区文化馆选送的农民画家张顺川创作的油画《无尘》作为浙江省参加全国第十三届“群星奖”美术类选送作品，经过文化部门组织的专家评委会的初评、复审，荣幸地入围全国第十三届群星奖美术类决赛。这是宁波市有幸入围第十三届群星奖的两个作品之一，也是继张顺川的油画《宁静的世界》获全国第十二届群星奖优秀奖后，又一次入围全国群星奖决赛。

【青年演员陈萍荣获全国越剧演唱大赛银奖】

由中国戏剧家协会、浙江卫视、浙江省戏剧家协会等联合举办的第二届全国越剧演唱大赛决赛11月初揭晓，浙江省仅有10人参加全国决赛角逐金银奖，鄞州区越剧团青年演员陈萍凭借扎实的演唱功底，以一曲凄美的《黛玉焚稿》荣获全国越剧演唱大赛银奖。

（冯　琼）

鄞州区图书馆

【概况】

2004年6月1日，鄞州区图书馆与宁波大学园区图书馆合并，实行两块牌子、一套班子、统一管理的机制。合并后的图书馆位于宁波高教园区(鄞州新城区)内，占地面积57705平方米，总建筑面积为28287平方米。设计藏书容量为120万册，阅览座位3000个，计算机网络信息接点1200多个，为市民和高教园区内各校师生提供教育、信息和文化休闲服务。该馆集高校图书馆和公共图书馆职能于一身，实现学术性与文化性并举；将传统图书馆与现代图书馆融为一体，建设现代数字图书馆。

2004年接待读者63万人次，图书外借9.7万册次，新增借书证1.8万只，全年新增图书4.76万册，接受捐赠华宝斋古籍2600册，全年订购期刊2898种，报纸123种。开展各类读者活动70余次，举办各类报告会、讲座21期，取得了较好的社会效果。

【馆藏特色】

鄞州区图书馆注重自己的馆藏特色，既追求学术性，又注重文化性。图书文献采购在种类上狠下功夫，计划年增图书5万种，未来总藏书量将达到120万册以上。

在文献资源建设方面，各类图书各有侧重。中文文艺类图书，旨在文学和艺术类上求精求全，尽量收集中外经典名著和艺术作品；中文社科类图书在求全的基础上追求品位；中文科技类图书在各专业求精的基础上，更注重学术性；盲文图书旨在方便盲人读者阅读；少儿图书以智力开发、童话寓言、彩图、小百科全书为主，适合学龄前儿童和小学生阅读；宁波地方文献为该馆收藏重点。目前有《鄞县通志》、《阿育王山志》、《四明丛书》、《四明谈助》等鄞州区地方文献3000余种。

【数字图书馆】

建设和发展数字图书馆是办馆的基本思路。该馆采用最新的信息技术，优化信息检索的渠道，提供各种电子资源，力求满足高教园区内广大师生及市民对文献信息资源的需求。该馆对数字化资源建设实行国内求全、国外求精的策略，现有数据库包括超星电子图书、中国期刊全文数据库、万方数据库、EBSCO、Springer Link、中国资讯行、中国经济信息网、国研网。同时推出了网上服务项目，如参考咨询、学科导航、宁图论坛、视频点播等，馆外用户可以通过该馆主页（网址：http//www.nlic.cn)连接使用该馆主要数据库。

【读者服务】

该图书馆竭诚为读者提供最新最全的资讯服务，通过咨询台、服务热线、电子邮件和网站等多种方式为读者解答问题。除一般借阅外，还设有电脑上网、信息查询、文化展览、文化休闲、讨论报告、文艺演出、少儿活动、盲文借阅等众多服务项目，专门的文化展览中心(900平方米）、文化休闲中心（900平方米）、文艺演出及学术报告厅（300座）、文化咖啡吧（350平方米）小型音乐厅（250平方米）、盲文借阅区（200平方米）、少儿图书阅览活动中心（1000平方米）等特色项目。全年不间断地向社会公众开放。文献资料外借、内阅、上网查询等图书馆基本的服务项目，实行免费服务。

（王黎黎）

沙孟海书学院

【概况】

2004年，沙孟海书学院和周尧昆虫博物馆秉承各自办院（馆）宗旨，弘扬民族优秀文化以及科学精神，很好地发挥了爱国主义教育基地（省级）和科普教育基地（省级）的作用，以青少年学生和海内外各界人士为服务对象，实行全年无节假日开放，接待参观者上万人次，其中学生占50%以上。年内，沙孟海书学院着重增加“沙氏五杰”有关革命及艺术生涯内容的征集、充实，对现有材料以及沙老亲属捐献的资料进行了全面整理；周尧昆虫博物馆着重对损坏的昆虫标本进行了修复，对有关科普资料进行了充实、完善。

【学术活动】

2004年，沙孟海书学院坚持以开展学术交流为办院主线。5月份，参加了“中国书画名家纪念馆联会”安吉年会，联合举办了“中国书画名家纪念馆馆藏精品联展”，参与了“中国书画市场伪作泛滥有关对策研讨会”；10月份，参加在湖南湘潭举行的“齐白石诞辰140周年纪念活动”，参与了有关研讨和联展活动；与齐白石纪念馆联合编辑出版《世纪丹青》大型画册，协助沙孟海亲属编辑出版《沙孟海遗墨》。周尧昆虫博物馆参加了省市“科普教育基地”的有关交流活动，出席了全国昆虫学会蝴蝶分会的学术研讨会。

【人员培训】

2004年，该院（馆）组织业务人员（包括讲解员）参加了宁波市有关业务培训，其中2人次通过了宁波市文物博物馆系列初级、中级职称考试，另外派员参加了吴昌硕纪念馆、齐白石纪念馆、彭德怀纪念馆、黄宾虹纪念馆、潘天寿纪念馆、浙江省博物馆、湖南省博物馆、岳麓书院、西北农业大学、中国美术学院等有关单位的交流活动，吸收经验，使业务人员的素质有进一步提高。

（沙孟海书学院）

体　育

【概况】

2004年，鄞州区全民健身活动深入开展，隆重地举行了鄞州区第十二届运动会，组织开展区第九个全民健身月活动，鄞州体育新姿摄影大赛、鄞州区体育成果展、鄞州区第九届老年人运动会等活动。全区组织小型多样的健身活动200余次，体育锻炼人口不断攀升，占全区人口的45.4%。举办了全区社会体育指导员培训班,228名学员获得二、三级社会体育指导员资格。全民健身工程建设进一步推进,新建28条全民健身路径,全区已有健身路径98条,90%镇(乡、街道)拥有一条以上健身路径。竞技体育有新突破,2004年向上级输送了55名优秀体育苗子。承办了浙江省青少年航海模型锦标赛和宁波市小学生篮球赛。体育本体产业有新发展,全区电脑体育彩票销售额达2390万元。姜山镇被授予“全国亿万农民健身活动”先进乡镇,被评为2004年宁波市体育十件大事之一。

【体育设施运作模式创新】

2003年以来,区文体局对公共文化体育设施新的运作模式和管理机制进行不断的探索和实践。2004年8月尝试对区体育馆实行了委托经营管理,采用委托宁波市大江南文化经营有限公司进行经营管理的运作模式,实现了社会化运作,进一步拓宽了社会办体育的渠道,已顺利进入了委托经营管理运作阶段,运作秩序良好。

【竞技体育成绩斐然】

2004年,在全国比赛中获金牌1枚、银牌3枚,在省级比赛中获金牌25枚、银牌20枚、铜牌16枚,在市级比赛中获金牌37枚。并有1人破1项省年龄组记录,2人破2项市成年组记录,6人破10项市年龄组记录,8人破12项区年龄组记录。鄞州籍游泳运动员郑坤良代表中国参加了在雅典举行的第28届奥运会,这是鄞州区体育史上一个新的突破;金磊参加第14届世界航海模型锦标赛获FS-RV第4名,非职业武术运动员周定甫代表国家武术队参加亚洲武术锦标赛获太极拳比赛第4名;组队参加浙江省第六届县(市、区)级田径运动会获乙级队团体第3名,完成2004年初预定的重返甲级队的任务,鄞州区田径项目跻身全省10强。组队参加浙江省小学生足球赛,获传统体育项目学校组第4名;组队参加宁波市中小学生11项系列比赛以金牌37枚、总分1035分的成绩荣获全市双第1,其中小学生男子篮球荣获冠军、中小学生田径赛获第2名。

图62　鄞州区体育馆

【鄞州区第十二届运动会】

2004年5月23日~11月3日,召开了四年一次的鄞州区第十二届运动会。此次运动会分成年部和青少年部进行比赛,历时7个月,取得圆满成功,在全区范围营造了体育氛围,充分展示了鄞州区蓬勃发展的体育事业和精彩纷呈的全民健身活动,创下了鄞州区体育史上多项第一:规模最大,参与人数最多,开幕式组织最精彩,文体表演最丰富,社会参与面最广,并首次推出会徽吉祥物。

在开幕式上举行了大型文体表演,600多名演员以轮滑、体育舞蹈、团体操等表演形式体现了体育和文化、健与美完美的组合,这也是鄞州区有史以来规模最大的一次文体表演。先后举办了成年部乒乓球、篮球、围棋、中国象棋及老年人门球、信鸽通讯赛等6项赛事和青少年部足球、乒乓球、中国象棋、国际象棋、围棋、田径6个竞赛项目和12项选择项目，共有41支代表队3182名运动员参加了24个项目比赛。在运动会中有1人次打破1项区纪录，4人次打破3项年龄组纪录，姜山镇、钟公庙街道、邱隘镇、集士港镇、石碶街道、古林镇、云龙镇、咸祥镇获得团体总分前8名，洞桥镇、横街镇、咸祥镇、钟公庙街道、区职教中心学校、姜山中学获得体育道德风尚奖。

【全民健身月活动】

5月底～6月，全区开展了第九个全民健身月活动。5月23日鄞州区第十二届运动会暨区第九届全民健身月开幕式在鄞州区体育馆隆重举行，开幕式上举行了大型全民健身表演。全区20个镇（乡、街道）、1个区直属机关代表队参加了开幕式，共有5000余人参与活动（表演人数2000余人，观众达3000人）。健身月活动期间区举办了“洛兹杯”成年部乒乓球比赛、首届鄞州区幼儿韵律操比赛、浙江省“广博杯”鄞州体育新姿摄影大赛、“梁祝杯”鄞州体育成果展。各镇（乡、街道）、机关、企事单位共组织活动156多次，参加人数达21万人次，各新闻媒体共播发消息161多条，悬挂、书写横幅及标语596多篇（幅），营造了浓厚的宣传氛围，取得了很好的宣传效果和社会效应。

图63 体育健身成为时尚

【全民健身路径管理和建设】

为进一步规范鄞州区全民健身路径的建设、使用、管理等工作，确保全民健身工程持续、稳步、健康发展，出台了《鄞州区“中国体育彩票”全民健身路径管理暂行办法》，使全民健身工程有章可依。统筹对全区全民健身路径的建设，在各镇（乡、街道）、村新建28条健身路径。2004年底鄞州区共有健身路径98条，并且进一步落实了健身路径管理单位和管理人员，做到了制度再规范，人员再落实，建立了鄞州区健身路径优秀管理单位和优秀管理员的评比制度。

【第五次体育场地普查】

为切实做好全国第五次体育场地普查工作，鄞州区于7月27日～8月10日对全区体育场地进行了全面普查，经全体普查人员辛勤工作，摸清了鄞州区体育场地和设施的状况。鄞州区现有标准场地：体育场6个、体育馆6个、游泳馆1个、有固定看台的灯光球场2个、综合房（馆）2个、篮球房（馆）5个、羽毛球房（馆）2个、乒乓球房（馆）7个、天然游泳场1个、高尔夫球场1个、篮球场158个、排球场32个、门球场11个、健身房（馆）5个，田径场2个、小运动场52个、室外网球场5个。非标准场地：羽毛球场7个、健身房4个、快乐园地29处、单双杠杆38套、室外乒乓室27个、室内乒乓室20个、小运动场25个、足球场4个、篮球场41个、排球场7个、健身路径66条、游泳池3个。第四次全国体育场地普查之后，新增国际标准18洞的启新高尔夫球场1个、4500个固定座位的体育馆1座、训练馆1座、网球场5个、运动场15个、篮球场48个。

【鄞州体育新姿摄影大赛】

由浙江省群众艺术馆、浙江省摄影艺术学会、宁波市群众艺术馆、鄞州区文化体育局联合主办的浙江省“广博杯”鄞州体育新姿摄影大赛为期 1 个月,共收到 377 件参赛作品。经有关专家评定，获奖作品于 7 月 28 日揭晓:《功夫》(李岩宏）获一等奖,《胜利在望》(俞东高）和《旋》(陈建国）获二等奖,《功夫小子》(孙红军)、《激情球意》(潘永可)、《跨越》(黄友平)获三等奖。

【浙江省县(市、区)级田径比赛取得好成绩】

“海亮杯”浙江省第六届田径运动会于 7 月 17 日~20 日在诸暨市海亮私立学校举行，全省有 86 支县(市、区)代表队近 1000 名运动员参加甲级队和乙级队的角逐。鄞州区代表队派出 10 名男、女运动员参加乙级队 4 个年龄组的比赛，在四天紧张激烈的比赛中，鄞州区运动员发挥出色,共夺 8 枚金牌,其中左世豪夺得 14 岁男子乙组 2 枚金牌,陈婷婷、郭炳炳、冯峰、冯晓鹏、袁永恒、朱蒙蒙等运动员各夺 1 金，以 134 分获得乙组团体总分第 3 名，得以重返浙江省田径运动会甲级队行列。

(陈七一)

医疗卫生

【概况】

2004 年全区医疗单位门诊工作量 349.24万人次,比 2003 年增加 7.7%。全区核定床位1168张，年末实际开放床位 1489 张。全年实际开放总床日 43.44 万张，实际占用总床日 36.46万张，比 2003 年增加 10.85%。全年出院人数 31047 人次,病床使用率 83.49%,其中区直属医院 114.02%、农村卫生院 62.56%。全年医疗机构业务收入 46395.45 万元（不包括鄞州区疾病控制中心、鄞州区妇幼保健所)，比 2003 年增加 23%。

【疾病控制】

计划免疫以镇(乡、街道)为单位,本地儿童“四苗”接种符合率为 99.88%,乙肝疫苗全程接种率为 99.92%;流动人口儿童“四苗”接种符合率为 94.28%，乙肝疫苗全程接种率为 95.66%。全年无甲类传染病报告，共报告乙类传染病 13 种，总计 2768 例，报告发病率为 232.44/10 万,主要疾病有麻疹、肺结核、伤寒、副伤寒等。共报告丙类传染病 6 种，总计1786例，主要疾病有流行性腮腺炎和其他感染性腹泻等。职业卫生共监测 788 个点，合格率为 48.1%,比 2003 年提高 8 个百分点。放射卫生监测全部合格。食品行业、公共场所从业人员预防性体检 9096 人，职业卫生体检 7934 人，高校招生体检 3426 人,其他健康体检 288 人。开展 HIV 检测 591 人次。积极组织开展艾滋病防治宣传日、结核病防治宣传日等健康宣传活动，全年共发放宣传小册子 22720 本，杂志 17340 册，卫生报 122040 份，画报 19600 张，制作宣传窗版面6期，共 50 余块，制作标语折页条幅 18000 条，黑板报宣传资料 2000 余份。2004 年，追加资金 33.6 万元，进一步配备完善各种网络通讯设备，开展传染病网络直报。

【合作医疗】

2004 年，开展了以大病统筹为主的新型农村合作医疗工作，全区 22 个镇(乡、街道)中，应参加农村医疗保险村(居、场)数为 723 个，实际参加农村医疗保险村(居、场)715 个，村覆盖率达 99%；应参加农村医疗保险户数 233784 户，实际参加户数214694户，户参加率达91.6%；全区应参加农村医疗保险人数600301名，实际参加人员543516名，参加率为90.3%。全年共筹集资金5098万元，其中政府筹资3424万元，农民个人筹资1658万元，其他收入(利息)16万元。从2004年5月1日运行开始，8个月共补偿14774人次，补偿资金2680万元，占总筹资额的52.6%，累计资金结余2417万元(从5月1日至次年4月30日为一个结算周期)。

【卫生监督管理】

卫生监督工作本着“秉公执法，热情服务”的原则，监督检查力度不断加大，先后开展了食品添加剂专项整治、职业危害专项整治、打击非法行医专项整治等活动。2004年共立案查处各类违法案件308起，罚款金额达57万多元；查处取缔各类无证经营单位300余家，对2起非法行医案移交司法部门处理；完成包括学校（幼儿园）食堂在内的近600家食品生产经营单位的卫生监督量化分级。对全区11200余家的食品生产经营单位和公共场所经营户换发了卫生许可证；全年新发卫生许可证2516份，其中食品生产经营单位2015家、公共场所501家。

根据卫生监督重心下移、覆盖城乡、监办分离的要求，2004年试点设立了集士港片和邱隘片2家卫生监督分所，进一步提高卫生监督效率、方便群众办事，受到当地群众的一致好评。

【妇幼保健】

2004年全区孕产妇早孕建卡率94.6%，全程标准系统管理率92.2%；各医疗单位全年共接生5536例，较2003年增加了6.7%，其中外来人口2504例，占45.2%。孕产妇住院分娩率为99.8%，高危孕产妇住院接生率为100%，发生孕产妇死亡2例。全年完成妇女病普查22031人，查出有病5600人，占25.4%，较2003年降低30.9个百分点。0岁~2岁、3岁~6岁儿童当年系统管理率分别达到95.2%、96.3%，围产儿、婴儿、5岁以下儿童死亡率和出生重度缺陷率分别为9.8‰、7.49‰、10.2‰和18.1‰。完成婚前体检390人，对查出有病的25人进行了针对性治疗。2004年开始，陆续开展了新生儿及儿童听力筛查工作，共筛查2494名婴儿，复筛23例，未发现1例听力障碍确诊病例。

【无偿献血】

2004年，共组织无偿献血体检8640人，其中有7162人体检合格，参加无偿献血，无偿献血人员中参加献血400毫升的占12%。全年献血共计1432400毫升，全区临床用血累计达1300000毫升。

【爱国卫生】

一是开展爱国卫生月活动。全区共出动48000人次，车辆870辆次，清除卫生死角688个，清运建筑生活垃圾4700余吨，疏挖、疏通河道65.82公里、下水道15.63公里，共拆除违章建筑9892平方米，新增绿地面积29840平方米。二是开展“灭鼠、灭蝇、灭蚊、灭蟑”(以下简称除“四害”)市场化运作。除“四害”活动结束后，经监测表明，四害密度从灭前四项指标平均超标4倍~5倍均降低到国家标准之内。三是完成创建国家卫生城市任务，鄞州区卫生局(以下简称区卫生局)被评为“创建国家卫生城市目标管理考核”一等奖。四是继续开展卫生镇、村创建工作。2004年，横街镇等4个镇被命名为宁波市卫生镇；集士港镇童家横村等5个村被命名为浙江省卫生村；洞桥镇树桥村等7个村被命名为宁波市卫生村；浙江广博集团等5家单位被命名为浙江省卫生先进单位。此外2004年又有60个行政村被命名为鄞州区卫生村，40家单位被命名为鄞州区卫生先进单位。五是开展秋季爱国卫生活动。全区共有4649家单位总计85097人次投入到环境专项整治中，投放高效低毒药物奋斗呐575千克、敌百虫1550千克、生石灰22.42吨、一涂灵200千克、烟炮4000只、气雾剂600瓶，清理垃圾4346.7吨，消灭孳生点24267个。

【农村卫生】

一是稳步推进“六位一体”的社区卫生服务体系建设，农村医疗服务模式有新突破。2004年，全区已设立社区卫生服务中心22家、社区卫生服务站33家;拥有全科医生125名、社区护士36名。筹建了甲村、姜山、樟村、下应4个无障碍通道的社区康复站，并落实专门医务人员具体负责康复工作，逐步实现“小病在社区，大病到医院，康复回社区”的转诊模式。二是全面开展规范化村卫生室创建工作。通过创建，大部分村卫生室达到了“环境整洁、设施完备、制度健全、医疗安全、采购渠道规范、人员素质提高”的规范要求，用房面积从原来的平均40.5平方米扩大到48.5平方米，乡村医生全部注册上岗。三是开展规范化药房活动。区卫生局会同区药品监督管理局开展医疗机构的规范化药房创建工作，进一步规范药品的采购、保管、使用。四是农村改厕、改水工作成效显著。全区投入资金1648.7万元，新建卫生厕所3.68万余个，消灭露天粪缸、简易茅厕共670个，卫生厕所普及率达到84%，粪便无害化处理率达到90%。新建龙观乡水厂1座，新增自来水受益人数2304人。截止到2004年底，全区现有镇（乡、街道）自来水厂25座，村级水站108座；自来水行政村普及率为98.4%，其中17个镇（乡、街道）自来水村普及率达100%。全区累计自来水受益人数达705225人，占全区总人口的97.73%。水质监测合格率为97.81%，比2003年提高了0.2%。4月份，邱隘镇水厂荣获全国农村优秀水厂荣誉称号。

【医院管理】

一是通过“医疗质量规范年”活动，开展医疗急救理论知识与操作技能竞赛活动，有效提高医疗单位的诊疗和护理水平。二是通过狠抓病历、护理、检验、麻醉、放射、药品“六大质控”，切实提高医疗质量。三是各项管理制度更加完善，及时整理、修订和汇编《鄞州区医疗卫生单位领导工作制度（试行）》，明确各级领导干部的职责和议事程序。四是加强人才队伍的培养管理，出台《加强后备干部队伍建设的意见》，经群众推荐、组织考察、公示，31名同志脱颖而出，成为首批后备干部。“农村医疗业务尖子后备库”建设有序推进，先后有多人次撰写论文，开展新项目服务，完成更高层次的学历教育，有4人被批准列入在职研究生培养。五是加大内部审计监督力度。专门出台《鄞州区卫生系统内部审计工作规定》，2004年，共开展各类审计14家次，总审计资产额达7500余万元，提出审计建议16条，转正错账金额50余万元，节约验资费用2万余元。六是继续加强对医疗设备的政府采购和报废管理，全年共招、议标54台次，完成58件万元以上废旧、闲置设备的评估工作，节约购置经费约610万元。七是医德行风建设再上新台阶。通过开展效能建设、开创“无红包卫生院”、争创温馨病房等活动，进一步提高全系统工作效能，不断加强医务人员廉洁行医的自觉性。

【区直医院】

鄞州人民医院2004年门诊诊疗59.87万人次，住院13699人次，平均住院床日13.87天，住院总床日19.7万，业务总收入2.15亿元。入院与出院诊断符合率99.27%，手术前后诊断符合率99.87%，危重病人抢救成功率89.76%，成份输血率 97.1%,红细胞使用率 98.5%。

2004 年鄞州人民医院的血液科、泌尿外科被列为宁波市重点专科;肝胆外科全年开展肝移植手术 10 例(累计达 13 例),全部成功,年移植数及移植总例数均居全市首位,特别是一天之内同时施行 2 例肝移植、8 例肾移植全部成功,开创了全国同类医院中一天之内施行同类手术例数最多的纪录;眼科开展的“穿透性角膜移植”、“白内障摘除”、“人工晶体植入”、“小梁切除”的“四联手术”,避免了病人多次手术,此项技术被《健康报》作了专门报道。2004 年底,鄞州人民医院顺利通过浙江省卫生厅专家组的“三乙”复评。2004 年底,高 22 层、病床 800 余张,配置先进设施的鄞州人民医院新住院大楼落成,将于 2005 年 1 月份正式投入使用。鄞州第二医院的门诊大楼已经结顶;一期投资 5 亿元的明州医院,已通过基建总体验收。

(钟 闽)

医疗保障管理

【医疗保险实施的基本情况】

2004 年,鄞州区参加基本医疗保险单位 1781 家,其中企业单位 1435 家、机关事业单位 346 家;参加保险人数达 84369 人,比 2004 年同期净增加 10615 人。从参加保险人员构成来看,鄞州区参加保险人员中退休人员占总人数的 25.79%,在职职工与退休人员之比为 2.8:1,供养水平属正常范围之内。从参加保险人员的行业分布情况看,企业参加保险人员 65236 人,机关事业单位参加保险人员 19133 人,在职人员比例分别为 73% 和 77%;其中机关事业单位参加保险人员享受基本医疗保险待遇、企业参加保险人员享受住院医疗保险待遇、部分企业退休人员享受门诊统筹待遇。

全年基本医疗保险统筹基金收入 5310.8 万元,个人账户基金收入 3200.65 万元,重大疾病救助金收入 375.8 万元,公务员补助金收入 1944.26 万元,基金收缴率达 99.6%。人均缴费基数为享受基本医疗保险待遇参保人员 2000 元,享受住院医疗保险待遇参保人员平均为 1235.7 元,分别占社会月平均工资的 83% 和 70%。统筹基金支出 3459.4 万元,公务员补助金支出 2249.79 万元(其中划入个人账户支出 946.98 万元,门诊、住院医疗补助 1302.81 万元),个人账户基金支出 3124.25 万元,重大疾病救助金支出 607.41 万元。平均每人次住院费用为 9829 元,个人负担比例在职职工占 32%,退休职工占 21%。统筹基金结余 1851.4 万元,个人账户基金结余 76.4 万元,重大疾病救助金结余 -231.61 万元。

鄞州区现有定点医疗机构(包括特约医院、市外定点医院)90 家,其中三级医院 19 家、二级医院 4 家、一级医院 61 家、单位内部医务室 6 家。

【医疗保险扩大覆盖面】

2004 年 3 月 23 日,区政府出台了《关于扩大城镇职工基本医疗保险范围的意见》(鄞政发〔2004〕39 号),决定扩大医疗保险的覆盖面,从 2004 年 5 月 8 日起全面实施。医疗保险扩大覆盖面打破所有制的界限,打破职工身份界限,一定程度地打破城乡界限,切实让广大城镇职工纳入医疗保障体系。5 月 8 日 ~25 日,每天要办理参加保险手续 300 余人。至 10 月底,已有 355 家个体私营企业 2998 名职工和 3012 名灵活就业人员参加了医疗保险。

【农村医疗保险】

2月1日起试点镇(乡、街道)和第一批参加农村医疗保险的镇(乡、街道)共100195名参加保险人员,列入农村医疗保险待遇享受范围;5月1日起全体参加保险人员共543516人纳入农村医疗住院保险享受待遇范围。到12月底,已有14774名参加保险人员住院,享受了农村医疗住院保险待遇,住院率为4%。其中住院于鄞州区内乡镇卫生院有3859人,占26.1%;住院于鄞州区人民医院4072人,占28%;住院于市级定点及市内非定点医院6437人,占44%;住院于市外医院406人,占3%。发生医疗总费用10181.23万元,有效住院费用8873.71万元,有效住院费用占总费用的87%,农村医疗保险统筹基金支出为2644.59万元,人均支出达1790元,补偿率(统筹基金支出除以医疗总费用)达26%,报销额度在10000元以上有121位,其中有40名参加保险人员享受大病救助,最高报销额度达到37500元(按15个月计算)。全年一次性筹集农村医疗住院保险基金5097.56万元,其中参加保险人员交费收入1657.77万元,各级政府资助收入3423.57万元,利息收入16.21万元。基金结余2452.97万元,占总基金的48.1%。

9月18日,区内及市级共24家农村医疗住院保险定点医疗机构正式与区医保中心进行计算机联网,农村医疗保险参加人员可以用医疗保险证、医疗保险卡直接在定点医院住院,出院时通过计算机进行实时结算。

【医疗保险基金使用监管】

平均每月对定点医院不符合医疗保险规定的费用不予支付达1.5万元。重点稽核非自然性疾病(即外伤引起)城镇医疗保险住院病人237人次,发现违规不符合支付范围106人次,违规率达44.7%;农村医疗保险住院病人1245人次,发现违规不符合支付范围342人次,违规率达27.4%;追回已经申报拨付的基金68946.5元,确认不能报销或记账中断的,涉及违规金额城镇医疗保险115.42万元和农村医疗保险209.73万元;停止医疗保险待遇6个月的处罚有2人次,处罚医护人员3名。

【完成计算机系统建设工作】

自2004年3月份开始,着手进行计算机系统的软硬件招标、应用软件开发、硬件采购和系统集成,经过历时5个月的艰苦努力,于9月18日开始投入使用,农村医疗保险54万余名参加保险人员全部进入系统管理。12月1日开始,城镇医疗保险84369名参加保险人员住院进入系统管理,实现与定点医院实时交易,方便了参保人员就医,规范了单位内部管理,提高了基金监管手段。目前已联网的医院区内16家、市级8家。

【机关建设成绩显著】

鄞州区医疗保障管理中心不断提高服务和管理质量,促进机关效能建设,争创先进单位,成绩显著。鄞州区医疗保障管理中心财务科被评为2003年度“鄞州区行政事业单位财务管理先进”;鄞州区医疗保障管理中心被鄞州区行政服务中心推荐为鄞州区唯一的宁波市“五一文明岗”;在宁波市医疗保险经办机构考核中,鄞州区医疗保障管理中心考核分名列全市第一;医疗管理科关于《稽查——医保基金支出的安全阀》论文分别被《浙江劳动和保障》、《中国医疗保险》杂志录用。

(朱叶峰)

档案工作

【概况】

2004年，宁波市鄞州区档案局（以下简称区档案局）切实履行档案工作行政管理和保管利用基本职能，在推进档案馆基础业务建设、规范化建设、信息化建设、法制建设和队伍建设等方面取得了显著成绩。徐云亚等36名档案员被评为鄞州区档案系统先进工作者，区委办公室等30家单位被评为鄞州区档案系统先进集体。

【档案服务机制创新】

现行文件查阅中心运转有序。鄞州区现行文件查阅中心的“文件超市”窗口不断推出服务新举措。如接待岗位AB岗制度，确保利用者随到随查；为残疾人和弱势群体提供无偿服务等。为进一步规范档案查阅服务行为，始终实现人性化服务，取得了良好的社会效益。2004年，新收集了现行文件327件，免费提供文件查阅156件次，接待利用人数100余人次。

新村建设档案工作扎实推进。随着鄞州新农村建设步伐的逐步推进，全区的新村建设档案工作得到了及时启动。区档案局积极为新村建设档案工作出谋划策，主动配合宁波市鄞州区新村建设办公室下发档案业务规范性文件，抽调专业人员进行有针对性的指导，帮助各镇（乡、街道）新村建设办公室在制度建设、基础条件、收集建档、业务规范等方面进行新的探索，努力提高档案管理标准化、合理化、科学化程度。

民营企业档案工作稳步发展。2004年是全区开展民营企业建档工作的第四年，区档案局根据区内民营企业建档工作现状，先着手抓新建档企业档案人员的上岗培训，5月上旬又集中一段时间抽调了部分力量对已经确定建档的企业进行逐家落实。对企业建档过程中遇到的业务问题或工作难点，尽可能地给予帮助解决，档案业务干部深入到各个企业，系统地讲解甚至手把手地教企业档案管理人员如何整理、立卷、编目、编研、排列、查阅。截至2004年底，全区第四批共45家民营企业的建档工作已有31家企业的综合档案室通过了验收，有15家二级单位通过了综合档案室验收。至此，全区累计有136家民营企业建立了规范的综合档案室。

服务中心工作取得成效。为配合各级党委、政府中心工作，及时加强对行政村区划调整中撤并行政村的档案管理工作；会同区级机关有关部门做好“两会”资料的收集整理工作；配合鄞州区重点建设领导小组办公室做好“新鄞州工程”重点建设项目的检查、考核和评比等工作；协助司法、卫生等部门做好二、三级单位的档案业务支持与信息服务；开展7家商贸系统已改制企业档案问题的处置工作。

档案利用服务工作有序开展。2004年，区档案局服务窗口共接待来客963人次，调阅案卷2864卷次，复印有价值的资料1897件次，为各级、各部门和广大群众开展工作查考、修史编志、经济建设、解决待遇和房产纠纷等提供了各种有用的档案资料。

【档案业务建设】

2004年，全区各级档案部门结合各自工作实际，通过“强基础、抓重点、出效率、促发展”

等手段，使档案年检工作有新成效、档案目标管理活动有新突破、文书立卷改革有新进展、各项业务工作有新提高。

机关档案工作水平整体提升。区档案局对各机关、事业单位进行了一次全面而严格的档案工作年度检查，对年检中发现的档案材料收集不全、归档时间滞后、编研利用质量欠佳等问题，及时地向有关单位提出了整改要求，并加大了对整改单位的复查、复检工作力度。经严格按照“免检”审批条件和业务标准，确定了下应、财税局等12家单位的综合档案室为全区首批档案工作“免检”单位。

机关档案工作达标升级。2004年，该局继续把加强档案目标管理活动作为全局工作的重点，及早落实达标工作单位，及时布置达标工作任务和要求。2月初，利用档案年检机会，对各镇(乡、街道)和区级机关2004年度档案目标管理上等级单位进行了一次集中排摸，对列入计划或有条件再上等级的单位进行了核实、汇总、统计，摸清了基本情况并确立了35家达标单位。截至2004年底，全区已有27家单位通过了不同等级的目标管理考核。其中，下应街道办事处、云龙镇政府通过了浙江省一级达标验收，区委组织部、区委党校、区经济发展局、区卫生局、鄞江镇、集士港镇、石碶街道、瞻岐镇等8家单位通过了浙江省二级达标验收，区委老干部局通过了浙江省三级达标验收，宁波华液机器制造有限公司通过了省级达标验收，区住房委员会办公室、梁祝文化公园等5家单位通过了宁波市一级达标验收，区气象局通过了宁波市二级达标验收，宁波明州法律服务所等9家单位通过了宁波市三级达标验收。

文书立卷改革工作整体推进。2004年，区级机关和镇(乡、街道)新增档案管理软件38套，至此全区共购置档案管理软件110套(不包括直属系统自行安排的)；新增档案文件级目录27万条；新增文书立卷改革单位40余家。随着档案管理软件的普及应用，全区行政一级且列入进馆的单位已基本具备了室藏档案数字化处理的条件。

档案业务工作规范提高。2004年，该局在强调档案业务整体规范的同时，着重对区药品监督管理局、规划局、建设局等10多家单位进行了档案业务指导，并对宁波市鄞州现代物流中心等单位的工程档案归档情况进行了预验，及时指出工程档案中存在的欠缺和不足，确保了各级各类档案业务工作的规范化、标准化和科学化发展。

【档案馆主体建设】

区档案局(馆)新馆于2004年10月正式交付并已投入使用。为适应当代形势变化发展与新档案馆建设规范要求，该馆已着手策划并开始筹备新馆内爱国主义教育基地、档案精品展厅、荣誉陈列室、电化教室配置等相关事宜，为新馆能及时开启各项功能作好基础准备工作。

为进一步丰富馆藏内涵，全面真实地反映鄞州区政治、经济、文化等方面的历史面貌，适时建立内容丰富、载体多样、独具鄞州地方特色的馆藏体系，使档案工作更好地为全区的“三个文明”建设服务。6月中旬，该局召开了档案征集工作动员大会，成立了档案征集工作领导小组，组建了全区首批16名档案资料征集员，以区委办公室和区政府办公室名义下发《关于在全区范围内广泛征集档案资料的意见》，并由区人民政府向全区人民发出征集通告。7月、8月、9月三个月间，共收集到有关鄞州行政区域内历史上发生过的疆域变迁、自然资源、名优特产、名人名产、科研成果等信息资料的各种门类和载体的档案230余卷（件），资料100余册（本），其中民国时期的《宁波日报》缩微胶片、民国时鄞县疆域地图、省部级以上领导视察鄞州形成的照片、题词以及沙耆资料等档案资料，经有关专家学者鉴定均为珍品。这不仅大大丰富了馆藏资料，还较好地体现了馆藏的典型性、地方性和代表性。

馆藏档案数据库文件级目录的输入工作基本接近尾声，截止到2004年底，馆内档案数据库新增机读目录20万余条，新增图书资料180余册，新添手提电脑1台，液晶电脑4台，数码复印机1台，微波消毒机1台，激光打印机1台，服务器1台。档案馆库房在搬迁之后，硬件设施、保管条件、安全防范措施等各个方面都得到了极大改善，这些都为档案工作在新时期取得新发展创造了良好的环境条件。

【档案法制建设】

联合开展档案行政执法检查活动。9月8日、9日，区人大和区档案局组成了执法检查组，分三路对全区6个镇（乡、街道）所辖的12个新合并组建的行政村、区工业总公司和区供销合作联社及其下属转制企业、宁波正源会计师事务所等5家单位的档案工作进行了档案行政执法抽查。针对检查中发现的问题，区人大教科文卫工作委员会、区档案局依据档案工作有关法律法规和条例的规定，及时向有关单位和部门发出了整改通知，进行了执法情况通报，并下发了《关于加强对原国有集体转制企业档案管理的通知》。通过采取一系列措施，确保了档案的完整、安全。

广泛开展档案法律法规宣传活动。在《鄞州日报》开辟《鄞州档案》专版，面向社会广泛宣传档案工作、档案人物、档案作用；在鄞州人民广播电台“105热线”开辟档案专线电话，通过热线互动的方式与人民群众开展档案知识、档案查阅等方面的交流；采用横幅、板报、标语、鄞州电视台滚动广告等形式，全方位展开了对档案法律法规的宣传活动。

【档案队伍建设】

积极组织实施机关效能建设，进一步树立档案工作服务理念，切实加强党性锻炼，增强政治意识、服务意识、大局意识和宗旨观念，不断提高档案服务水平，提升档案行政执法水准；坚持深入基层，开展调查研究，进一步增强全体档案工作人员对做好新时期档案工作的信心和决心。

大力加强对新上岗档案人员的理论和业务培训，2004年共有270余名档案员参加了培训学习；举办了一次文档数字化处理和文书立卷改革的实用培训，有50余人参加了培训；根据各部门工作需要，经常抽调业务干部到基层单位，适时开展了各种形式的业务讲座和技能培训。2004年，区档案局共组织培训7期次，受训人员435人次。

【区档案学会成立】

2004年，根据全区档案理论研讨、课题开发等方面的需要，开始筹建宁波市鄞州区档案学会。10月22日，学会成立大会在鄞信大厦举行，来自全区各条战线的99名档案理论工作者和档案干部，20家团体会员单位代表参加了成立大会。

（高雅清）

新闻传媒

广播电视

【舆论宣传】

着眼区域经济发展实际和区委、区政府关于坚持科学发展观、努力构建和谐社会的实践与探索，唱响主旋律，打好主动仗。区广播电视局相继推出了“效能建设年”、“十佳新鄞州青年评选”、“共建文明社区”、“坚持科学发展观，统筹建设新鄞州”等10余个系列主题报道。组织开展了“心连心，记者深情走万家”采访活动，深入报道全区农村、社区、企事业单位和基层干部群众在弘扬鄞州精神、建设新鄞州工程热潮中转变观念、奋勇拼搏的突出事迹，不断凝聚力量，振奋人心，激发全区人民对小康社会的美好向往和“发展鄞州、共建美好家园”的积极性。

【事业发展】

牢固树立科学的发展观，确保广播电视产业全面、协调、可持续发展。2004年以来，全区新增有线电视用户11682户，新增光接点近600个，新增光缆4200芯公里，完成旧村网络改造60余个村、居民小区，全部改造成860兆双向预留系统，总投资1500余万元。其中新城区新增有线用户8920户，完成地埋管道92.8孔公里。同时，积极推进网络综合开发，网络建设创收和广告创收呈现历史性增长，各项收入突破了3000万元大关，整个事业的发展后劲有了明显提升。

【节目创优】

进一步整合、优化节目资源配置，深化栏目改革，推出了一批有分量的新栏目。新推出的电视社会新闻栏目“周日在线”情系民生，服务大众，从各种角度搭建新闻与基层群众的交流平台，强化了新闻舆论监督，创作了一大批反映基层群众呼声的新闻作品，栏目播出后得到社会认可好评；电台新闻评论综合栏目《非常杂志》办得用心，体现出了较高水准，同样得到了广泛关注；电台老牌少儿栏目《青苹果乐园》推出了电视版，对加强和改进未成年人思想道德建设起到了积极作用，引起社会关注，影响不断扩大。与此同时，精品创优获得重大突破，数件作品获省、市级奖励，《它山堰的儿女》连获中国广播剧一等奖和国家广播剧专家奖一等奖，实现了精品创作史上的新突破，这也是宁波市广播剧创作史上获得的最高奖项。

图64　主持人在录制节目

【机制创新】

2004年来，局（台）内部运作体制进行了大胆改革。台、网分块运作，资源优化组合，分配制度因人、因事制宜。如新闻中心将原有广播、电视两个新闻部合并为一个中心，信息、人力、设备、车辆、重大宣传战役统一调度，统一把关审核。在分配制度上按岗取酬，上不封顶，多劳多得，聘用人员按业务水平、工作业绩分级定酬，进一步体现公开、公平、公正的原则。新一届台内设机构中层干部竞聘上岗和职工双向选择工作全部完成，一批新秀脱颖而出，中层骨干年龄结构和文化程度发生了新的变化。网络中心走产业化经营路子，新成立了用户管理中心和网络开发建设中心，尝试公司化运作，实行了机构、人员重组，撤并部门，减少办事环节，实行优化组合，探索实施了制片人承包制度，增强了工作的生气和活力。同时，不拘一格引进人才，调入或聘用了多名播音员、计算机网络人才，以适应事业发展的需要。通过优化体制，爱岗敬业、团结协作、竞争向上、创新进取的良好作风进一步形成。

【优化设施】

为了使网络改造和采、编、播设施不断适应广播电视数字化发展新需求，围绕“要在年度内使广播电视制作、播出、传输、接收等各个环节数字化程度达到80%左右，争取两台的制作和播出系统设备的数字化有一个质的提高”的工作目标，一方面，大力推进传输网络升级改造；另一方面，不断加大投入，加快数字化设备改造。一年来，共先后投入改造资金500余万元基本完成了广播设施、电视数据机房、编辑播出机房和台局域网的技术改造。通过优化设施，采、编、播水平、视听质量进一步提高。

【优化服务】

精心制定了《机关效能建设实施意见》。宣传上紧紧围绕区委、区政府的中心工作，着眼全区改革、发展稳定大局，牢牢把握正确的舆论导向，充分发挥职能优势，把全区人民的思想和行动统一到区委、区政府的决策上来；重新包装节目，改版栏目，进一步凸现服务特色；严审广告节目，净化荧屏，减少负面影响；清理荧屏网络服务，停播不良网络游戏节目，获取良好社会效益。在便民服务上，全系统统一事务公开，收费规范；统一承诺制服务；统一发放用户联系卡，便于用户联系；统一公开用户投诉电话号码，便于用户监督；统一着装，便于用户识别行业服务标志。以上“五个统一”被列入年终的工绩考核和年底评先进集体和个人的依据。同时，健全了局（台）本级服务投诉受理信息系统，投诉电话号码每晚在电视屏幕黄金时间高频率闪现，故障维修人员24小时值班，随时待命出检维修，充分运用现代化的科技手段方便群众咨询和投诉。通过优化服务，机关效能得到提升，群众的满意度和信任度有了大幅度提高。

【优化队伍】

在全系统开展了“三项教育”学习贯彻活动，组织观看了中宣部统一编发的录像报告，并安排电台、电视台所有编辑、记者分期分批参加市新闻协会组织的轮训，系统地学习“三个代表”重要思想、马克思主义新闻观、新闻工作者职业道德修养等内容。先后数次组织记者、技术人员、播音人员到边远老区访贫问苦，维修电器，体验生活，学习老区人民艰苦创业的品质。两台坚持每月一次举行各种专业内容的读书会，从基础理论、业务技能等方面进行多方位探讨，提高日常采编能力。先后举办了两期数字电视技术培训班，邀请浙江传媒学院老师讲课，以提高技术管理水平和服务水平。在 2004 年宁波市首届主持人大赛中，区局（台）新引进的两位主持人一位荣获宁波十佳主持人称号，另一位获最佳仪容奖。通过优化队伍，人员的素质大大提高，“文明、规范、高效”的广电良好形象在群众中不断树立。

（吴祈德）

图 65　鄞州区广电大楼

鄞州日报

【概况】

2004 年是《鄞州日报》管理体制改革后的开局之年，报社的新闻宣传、报业经营、队伍建设、内部管理等方面在平稳运行中取得了新的成绩。主要表现在 3 个方面：坚持正确舆论导向，为鄞州区三个文明建设提供强有力的舆论支持；以市场为导向，积极参与竞争，创办成立《鄞州日报》特刊部，报业经营实力不断壮大；积极开展效能建设活动，行政和业务管理水平不断提高。2004 年度，《鄞州日报》共有 34 篇（件）次新闻作品在市级以上各类评比中获奖，其中获全国县（市）报新闻一等奖和摄影一等奖各 1 篇（幅），获全国报纸副刊作品二等奖 1 篇，2 篇新闻论文在宁波市新闻论文评选中获奖。

【新闻宣传】

《鄞州日报》社先后策划、实施了一系列有影响的报道，如：《亮点频闪开局年》、《情系百姓执政为民》、《机关效能建设大家谈》、《坚持科学发展观，统筹建设新鄞州》、《劳模风采》、《建设平安鄞州》、《贯彻四中全会精神，加强执政能力建设》等专题或系列报道，为改革、发展提供了强有力的舆论支持。2004 年 5 月，为纪念毛泽东《在延安文艺座谈会上的讲话》发表

60周年，展示鄞州区文化建设成就，《鄞州日报》采写了综述鄞州区新世纪以来发展群众文化、建设精品文化的两篇通讯：《东海波涌连天雪 鄞土人歌动地诗》和《物华天宝耸宏馆 人杰地灵谱新章》，受到了区委宣传部和广大读者的肯定和好评。7月和8月，《鄞州日报》推出了"十佳'四型'先进村支书"和"十佳优秀企业党务工作者"党建报道，受到了领导和读者的充分肯定，中共宁波市委宣传部长卓祥骒专门作了批示："重视党建宣传报道，为党执政创造良好的舆论环境，是一件大事。《鄞州日报》提供了这方面的有益经验，值得各媒体学习借鉴"。

为了增强新闻的可读性和感染力，鼓励记者、通讯员多写鲜活新闻，多出精品，《鄞州日报》在7月到11月开展了"健桑"杯鲜活新闻竞赛活动，先后刊发了《新民警朱必锋冒死夜擒劫匪》、《老党员吴忠岳奋勇救火抢险》、《东方压铸再添百分之一百》、《民营企业有了快餐党课》等鲜活新闻42篇，改变了一版专栏多、鲜活新闻少的局面，有效地增强了报纸的可读性。

2004年，《鄞州日报》的《宁波新闻周刊》以全新的面貌出现在广大读者的面前。周刊策划具备了聚集热点、焦点、难点的特点，在社会上引起较好反响的专题策划有《揭开宁波大众舞厅黑幕》、《剧变时代宁波女性生存状态调查》、《宁波中小学生生存状态调查》、《天下第一商帮 宁波帮》、《宁波人系列报道》、《从七个方向进入文化艺术周》等。从8月15日～31日，周刊部考虑到雅典奥运会在公众中的影响力，在报社编委会支持下，精心策划，推出了每天4版的奥运特刊《雅典论剑》，使《鄞州日报》作为地方主流媒体的地位得以体现，也在读者中赢得了口碑。周刊的舆论监督、关注热点、关注民生已形成品牌效应，效果令读者十分满意，认为《宁波新闻周刊》有它不同于其他报纸的个性，确实值得一读。

【报业经营】

面对日益激烈的报业市场竞争，报社党组、编委会以科学合理的决策和有效的运行监督来规范管理，实现资本收益的最大化。广告经营坚持"巩固区内，渗透市区，突破外部"的工作目标，采取灵活的价格政策，商业与礼仪广告并举，多方出击，使广告版面得以有效增长。2004年与宁波市人才交流中心合作创办的《宁波新闻周刊·人才》版，开创了新的广告模式，既拓宽了广告创收的渠道，又能借助宁波市人事局的优势，为发行工作打开了新局面。

轮转印刷在报纸印价下压，原材料价上涨的情况下，多方面克服困难、强化管理，降低成本，2004年各项工作都有新的进展，创造了产值和利润两项历史记录新高。平版印刷在竞争激烈的同类印刷市场中，赢得了一席之地。

发行工作面对宁波报业市场日趋激烈的竞争态势，发行《鄞州日报》3万份，《宁波新闻周刊》7万份。组建特刊部，是报业竞争新形势下，报社作出的又一决策，旨在利用《鄞州日报》的刊号优势，满足各部门、各单位独特的宣传需求，实现双赢。

【行政管理】

认真开展机关效能建设，改进工作作风，提高工作效率和新闻宣传质量；积极开展经常性的新闻阅评工作，提高采编质量。全体员工发扬团结协作精神，敬业爱岗，开拓创新，建立了平等、团结、友爱、互助的关系，形成了和谐、文明的工作氛围。全体员工弘扬"质、新、勤、和"的创业精神，弘扬"爱社、敬业、创新、廉洁"的团队意识，加强廉政建设，遵守新闻工作者职业道德准则，大力繁荣和促进了报业文化。

（陆婉慈）

政法 军事

政法综治

【大力维护社会稳定】

区委、区政府始终把维护社会稳定工作放在首要位置，进一步完善信访首问责任制和重大疑难信访案件的领导包案调处责任制，不断加强基层信访干部队伍的力量，各镇（乡、街道）在保证1名专职信访干部的基础上，重点镇（乡、街道）都配备了2名～3名专职信访干部。针对事关群众利益的热点问题，及时出台有关政策，积极为群众排难解忧，一年来，鄞州区群众到中央、省、市上访的人次分别比2003年同期减少了85%、60.5%和5.1%。有效防止和坚决打击敌对势力的各种渗透破坏活动，深入开展反邪教斗争，全年共查处“法轮功”邪教组织活动痴迷者3名，收缴“法轮功”邪教组织宣传光盘76张、宣传资料100余份。认真落实防控、教育转化措施，通过集中办班、分层谈话教育，圆满完成了教育转化任务。

【积极建设“平安鄞州”】

根据“平安鄞州”总体部署，全区各级各部门认真做好宣传发动，建立健全各项工作机制，整合资源，突出重点，相继组织开展了以治安整治为重点的“平安宁波”一号行动和以强化安全生产监管为重点的二号行动等专项行动。其间，共破获抢劫、抢夺等多发性案件354件，抓获违法犯罪人员1174人，打掉犯罪团伙19个、成员67人；处罚、整改企业、单位、经营场所160余家，排查调处纠纷矛盾814起。

【严厉打击犯罪】

严厉打击多发性犯罪、严重刑事犯罪和带有团伙性质的流氓恶势力犯罪，2004年全区共立刑事案件10587件，破4185起，破案绝对数比2004年同期上升了23%。通过破案共打击处理犯罪嫌疑人2074名，抓获各类逃犯167名。区检察院切实提高批捕、起诉工作的质量和效率，受理公安机关移送审查起诉案件1252件1872人，批准逮捕1558人，提起公诉1168件，依法提前介入重特大刑事案件130余件，移送宁波市院审查起诉重特大案犯30人。区法院积极履行审判职能，2004年共受理刑事案件1209件，审结1154件，同比增加42.4%和35.8%。

【社会治安综合治理】

镇（乡、街道）社会治安综合治理工作中心建设稳步推进，2004年底有6个镇（街道）的综治工作中心已经运作；治安防范工程建设不断加强，区镇两级财政支出综治经费达4200余万元，经调整、充实后，全区现有社区保安队员780余名，环宁波中心城区的8个镇（街道）建立了8支以巡特警为骨干的治安巡逻队，云龙、钟公庙、石碶相继在各自辖区内的重点地段和部位安装了电子监控设备，近郊镇、街道基本形成了多层次、立体化、24小时全天候的治安巡逻防范格局；继续强化对闲散青少年、归正人员等特殊人群的管理，全力抓好“社区矫正”试点工作，据统计全区归正人员重新违法犯罪率仅为2.2%；广泛开展基层平安创建活动。目前，全区所有镇（乡、街道）全部符合宁波市平安镇（乡、街道）的创建要求，村（居）、单位达标率分别为94.5%和90.1%。

【执法监督工作】

区委政法委继续加大力度，积极推进党内执法监督工作，并积极认真做好群众来信来访工作。2004年，区政法委共受理各类信访件81起，其中来信59件，来访23件，通过扎实工作，切实解决群众信访中的涉法信访件；在集中开展的为期3个月的涉法信访案件化解处置工作中，通过层层排摸化解，细致扎实工作，鄞州区确定的30起涉法类信访件中有27起得到有效化解，化解率达90%。

2004年，区委政法委共协调各类案件53起，其中重大疑难案件13件，在确保严格公正执法的同时，真正做到法律效果与社会效果的统一，确保了党内执法监督的效果。

【政法系统频频获奖】

2004年，区检察院被评为全国先进检察院；区公安分局被评为全市优秀公安局，高桥派出所被公安部荣记集体一等功，区公安分局交警大队获全国公安机关预防道路交通事故先进集体，并被评为全市“一岗双责”示范单位；区人民法院被评为全省集中处理涉法上访案件先进集体；鄞州区被评为市级综治工作全面先进集体。（杜路畅）

公　安

【概况】

2004年度，宁波市公安局鄞州区分局（以下简称区公安分局）机关共有12个部门（其中8个属副处级机构）、基层有22个派出所（其中1个属副处级机构），共有在编在册的公安民警609人、行政职工14人，市管干部1人、区管干部32人。2004年调入民警67人、调出14人，离岗退养7人、死亡1人、辞职1人。2004年，全区广大公安民警为推动“平安鄞州”建设和营造良好的经济发展环境、保障全区社会和谐稳定作出了积极的贡献。一年来，全区没有发生震惊全市、影响全省大局稳定的重大案（事）件，社会治安一直保持平稳状态。2004年，区公安分局被浙江省公安厅授予全省公安机关“打防控工作优胜单位”，被宁波市公安局评为2004年度优秀公安局。1个集体被共青团中央评为“全国青年文明号十年成就奖”、被公安部评为一级派出所，并被公安部荣记集体一等功；1个集体荣获全国公安机关预防道路交通事故先进集体；1个集体被公安部授予全国一级刑事技术科学室；18个集体分别被浙江省、宁波市评为先进单位或授予各类荣誉称号；1个集体和8名个人分别荣记三等功；37个集体和140余名个人受到各级各类表彰。

【全力维护社会稳定】

2004年，区公安分局紧紧围绕各级“两会”和重点敏感时期，深化与“法轮功”等邪教组织的斗争，全年共查处“法轮功”邪教组织痴迷者3名（其中取保候审1名、传唤审查2名），收缴“法轮功”邪教组织的光盘76张、其他宣传资料43份。

对群体性事件全区广大公安民警继续按照“积极参与、妥善处置、依法办事”的原则，充分发挥预警机制作用，加大情报信息收集力度，并在各级党委、政府的统一领导下，积极协同有关部门化解矛盾，妥善解决了一批群众关心的热点、难点问题。2004年全局共主动收集整理上报各类不稳定因素信息926条，其中，被宁波市公安局录用64条,被区委、区政府录用132条,信息工作名列全市公安系统和全区机关各部门第一，为各级领导决策及时提供了依据。2004年,区公安分局会同有关部门妥善化解和处置了全区发生的44起因人民内部矛盾引发的群体性事件。

圆满完成了宁波市、鄞州区“两会”，浙江省投资贸易洽谈会，宁波国际服装节等一批重要会议、重要活动安全保卫工作和46批次重要警卫任务,特别是出色完成了7次一级警卫任务。

【打击刑事犯罪】

3月，区公安分局专门成立了系列性案件侦查中队，提高了打击的针对性和有效性，据统计中队成立以来，已破获系列性案件24件，共550余起。

2004年全区共立刑事案件10578起，破案4185起，破案绝对数与2003年同比上升了23%。通过破案共打击处理犯罪嫌疑人2074名,抓获各类逃犯167名,其中鄞州区内逃犯24名、区外逃犯141名。全局共破获各类经济犯罪案件28起，打击处理各类经济犯罪嫌疑人33名，为国家和集体挽回经济损失554.02万元。

在强化监所规范化管理，确保安全的前提下,积极开展狱侦工作,培育新的破案增强点。一年来,共获取各类线索789条,破获各类刑事案件400余起,抓获犯罪嫌疑人17名,其中逃犯2名。

【治安动态防控】

2004年按照构建环宁波老三区（海曙区、江东区、江北区）社会治安打防控体系的总体部署，区公安分局牢固树立情报主导理念，大力整合信息资源，专门成立了情报信息中队，开辟了信息研究评判网络平台，初步建成了具备收集、研究评判、预警等实战功效的情报信息工作网络。据统计2004年已录入案件、人员、物品等各类信息50307条,直接破案458起,协助破案和带动破案177起。在浙江省公安厅开展的打防控信息主干应用系统考核中，区公安分局名列全省一类地区第3名。

环宁波市城区网格化巡逻网络工作也取得了突破性进展,8支由巡特警民警带班的巡逻队,在预防、发现、打击犯罪中发挥了重要作用。据统计,2004年共抓获各类违法犯罪嫌疑人4149名,其中刑事拘留590名,劳动教养、收容教育、强制戒毒174名,治安拘留1351名。

动态监控网络不断完善,鄞州中心区、钟公庙、云龙、石碶、邱隘等5个派出所安装了70余个监控探头，在预防和发现犯罪中起到了重要作用。

由于各项防控措施扎实有效，全区刑事案件高发势头得到了有效遏制,2004年刑事发案增幅比宁波全市平均增幅低12个百分点,且刑事案件恶性程度相对较低，其中：命案共发生18起，与2003年同比下降了31.8%;放火、爆炸、强奸、绑架、劫持等5大类案件共发生29起,与2003年同比下降了46%。

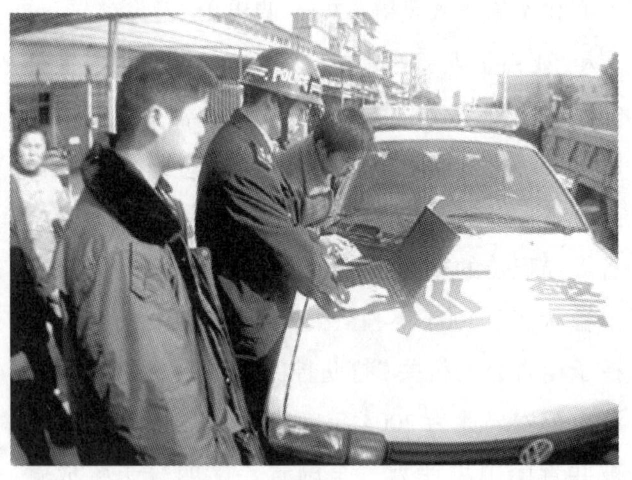

图66　为有效利用信息资源,区公安分局巡特警大队为民警们配备了笔记本电脑,电脑随着警车跑,保证了对犯罪信息的及时查询

【治安行政管理】

加强基层警务室建设，2004年，全区共有区域警务室34个，区域警务室的建立不但确保了警力下沉，提高了群众见警率，而且也密切了警民关系。特情耳目建设力度进一步加大，管理更加规范，尤其是在外来人口特情建设方面有了重大突破，据统计，全区外来人口特情数量已占全部特情数的79%，特情耳目在侦查破案、打击犯罪中发挥了重要作用。2004年，通过特情协助破获各类刑事案件1270起，抓获逃犯38名。在人口管理中，各派出所通过组织民警走村入户，排查摸底，基本掌握了全区重点人口，监管对象、刑事犯罪嫌疑调控人员等，并会同村、居委会落实了控制管理措施。采取多种外来人口管理模式，进一步提高了发现、控制、打击外来人口中违法犯罪的能力，据统计，2004年已登记外来人口40万余人，与2003年同比增加5万人，通过外来人口管理，已打击处理外来人口中违法犯罪人员2843名，其中刑事拘留1319名、治安拘留1524名、抓获网上逃犯25名。建立完善了旅馆业、网吧、典当、收旧等行业场所管理措施，及时发现和掌握了可疑人员和物品，一年来，通过网吧、旅馆业管理抓获了网上逃犯26名。依法加强了对民用枪支弹药和爆炸物品以及“毒鼠强”等剧毒危险物品管理，消除了各种事故隐患，2004年全区没有发生由于管理不严引发涉枪、涉爆案（事）件。切实加强对服务娱乐场所的管理检查力度，坚持做到发现一起查处一起，决不使其形成气候。一年来，共查处卖淫嫖娼案件273起、涉案人员651名，查处的吸食毒品案件134起、涉案人员163名，查处赌博案件672起、涉案人员2417名；扎实开展了“平安大道”创建活动，积极提升交通管理总体水平，全区交通事故死亡数、事故数、受伤数、损失数均得到了有效控制。切实加强了消防安全管理，不断加大监督力度，着力消除火灾隐患，全年没有发生群死群伤恶性火灾事故，火灾造成的直接经济损失有了明显下降。

【执法办案】

通过日常案件质量评判、跟踪，定期执法检查，切实增强了广大民警的执法责任性，提高了办案质量。全年法制部门共审核行政案件4173件，涉案6371人；审核刑事拘留人员1770人，其中：批捕1407人、批捕率达到98%，移送起诉1762人，起诉率和起诉准确率均达到了100%。

【公安队伍建设】

全区广大公安民警坚持“思想先行、政治建警”的工作思路，确保了公安队伍正确的政治方向。以机构改革为契机，进一步加强领导班子建设，2004年区公安分局着手对中层领导班子进行了调整，使12名所长顺利进入镇（乡、街道）党委班子，还调整了43名机关中层干部和派出所领导，使干部队伍配置更加科学合理，战斗力、凝聚力进一步增强。不断加大教育训练力度，大力推进规范化、正规化建设，队伍内部管理进一步规范，全年没有发生民警违法、违纪事件，相反，还涌现出了高桥派出所、巡特警民警陈孟伟等一批先进集体和个人。从优待警措施相继到落实，民警福利待遇逐年提高。

（区公安分局）

检 察

【概况】

2004年，宁波市鄞州区人民检察院（以下简称区检察院）突出“强化法律监督、维护公平正义”主题，认真履行各项检察职能，推进检察改革和工作创新，进一步加强检察队伍和自身建设，取得了新的成绩，被最高人民检察院授予全国检察机关“先进检察院”、全国检察机关“文明接待室”荣誉称号。全院有7个检察业务科、1个政治处、1个监察室、1个办公室、1个法律政策研究室、1个反贪污贿赂局、1个举报中心。至2004年底，全院共有干警71名，其中职工3名。

【刑事检察】

深化刑事检察工作改革，提高批捕、起诉工作效率及水平。加强对批捕案件的提审工作，抓好庭审考核、观摩评议、出庭用语规范化等工作；初步建立审查批捕、审查起诉按案件性质相对进行专业化分工的工作机制；积极探索提前介入依法引导侦查的途径和方式，进一步规范和完善主诉检察官办案责任制；深入推进被告人认罪案件普通程序简化审理和案件繁简分流，提高诉讼效率；加强对办案业务数据的阶段性分析，及时发现问题，改进工作。全年共受理移送审查批捕案件1083件1659人，受理移送审查起诉案件1252件1872人。经审查，批准逮捕1558人，提起公诉1168件1748人，办理批捕案件和审查起诉案件分别比上年增加40%、46%。移送宁波市人民检察院审查起诉重特大案犯30人。

【职务犯罪侦查】

全年立案查处贪污贿赂等职务犯罪案件17件18人，其中科处级干部9人、10万元以上大案5件；立案侦查滥用职权等渎职案件2件2人，通过办案为国家和集体挽回直接经济损失440万余元。规范办案活动，狠抓案件质量。认真开展人民监督员制度试点工作，自觉接受人民监督员依规定程序对检察机关查办职务犯罪案件过程中犯罪嫌疑人不服逮捕决定、检察机关拟撤销案件、拟不起诉案件三种情形的监督。逐步规范职务犯罪案件全程同步录音录像及随案移送制度，以侦查行为规范化保证办案质量，确保办案安全，严防办案事故发生。重视文明办案。

【诉讼监督和内部执法监督】

对提请逮捕和移送起诉的案件认真审查，严格把关，确保案件质量，防止错捕错诉。经审查，在批捕环节建议公安机关撤回报捕24人，不批准逮捕68人，其中认为不构成犯罪不捕18人；在审查起诉环节建议公安机关撤回18人，作出不起诉决定5人，决定增诉9人（单位）；在审查批捕、审查起诉阶段通知公安机关补充侦查及退回公安机关补充侦查57件90人；对应当立案侦查案件没有立案的，依法要求公安机关说明不立案理由和建议立案9人。推进民事、行政抗诉法律文书制作改革工作，强化民事审判、行政诉讼监督。提请抗诉和建议提请抗诉民行案件16件，经抗诉和检察建议，法院改变原判决6件。以纠正违法减刑、假释、暂予监外执行及超期羁押为重点，强化刑罚执行监督工作。向鄞州区看守所监管部门提出安全防范意见或检察建议28次，个别教育被监管人员540余人次；对2002年以来

115件呈报减刑、假释、保外就医案件进行了专项检查，较好维护了监管改造场所秩序和在押人员合法权益。以规范自身执法活动为重点，强化内部监督制约。内部监督部门共抽查复核批捕、公诉案件325件，审查“不批捕、不起诉、不立案、撤销案件”等“三不一撤”案件76件，对发现的问题，及时逐一反馈到有关科室落实整改。

【社会治安综合治理】

立足检察职能，积极参与社会治安综合治理。高度重视群众信访申诉工作，集中处理涉法上访问题，实行重大、疑难涉法上访案件领导负责督办、专人承办制度，加强与各级党委、政府和有关部门的沟通协调，坚持对排摸出的需重点解决的28件信访件逐人逐案分析情况，逐件落实措施，深入细致开展息诉息访工作，耐心疏导化解矛盾。坚持“打防结合，预防为主”方针，积极参与打击淫秽色情网站等专项行动、社会治安防控体系建设、矛盾纠纷排查调处和社区矫正试点工作。深入开展青少年“维权岗”活动，在宁波服装职业技术学院建立法制学校和法制教育基地。加强检察建议和宣传工作，注意发现影响社会治安和市场经济秩序的突出问题和防范工作中的漏洞，及时向有关部门提出建议，从源头上预防和减少犯罪。进一步深化预防职务犯罪工作。根据中共浙江省委《反腐倡廉防范体系实施意见》精神，着力完善社会化预防职务犯罪网络建设，积极开展预防宣传教育；结合办案及时开展个案监督防范；坚持查漏补缺，帮助有关单位建立健全监督制约机制，有效开展事后总结防范，在行政执法机关及金融单位召开预防宣传座谈会及法制讲座5次，有效促进了行业预防职务犯罪工作的开展。

【检察科技和制度建设】

规范化管理建设不断得到巩固与发展，以制定完善、编辑形成《检察规章制度汇编》、《检察业务工作细则》、《检察综合工作程序》三大类工作手册为标志，规范化管理迈上了一个新台阶。技术部门共受理各类检验、鉴定、复核案件97件，出具检验报告、鉴定书和分析意见书87份，利用视听技术固定证据、协助办案77件。

【强化内部管理】

加强党风廉政建设，修改完善《岗位目标管理考核办法》、《逐月动态考核奖惩细则》、《季度队伍分析讲评考核办法》，加大奖勤罚懒力度。积极探索思想政治工作和纪检监察工作对干警日常行为的“延伸管理”和“动态管理”，强化对干警执法活动的事前监督、过程监督和事后监督。进一步拓宽外部监督渠道，加强对干警“八小时外”行为的管理，确保了队伍不出问题。

（干红光）

审 判

【概况】

2004年，宁波市鄞州区人民法院（以下简称区法院）共受理各类案件8916件，办结8227件，分别比2003年增加12.3%和3.8%。其中审结各类诉讼案件6123件，同比增加15.7%，解决诉讼标的额40367.1万元。区法院司法警察大队和望春人民法庭分别被浙江省高级人民法院评为优秀司法警察大队和第一批“模范五好法庭”；行政庭庭长王立平同志被最高人民法院授予“人民法院行政审判工作先进个人”荣誉称号；司法警察大队大队长赵富华被浙江省高级人民法院授予个人“二等功”。

【严厉打击各类刑事犯罪】

受理各类刑事案件 1209 件，审结 1154 件，判处犯罪分子 1691 人，比 2003 年分别增加42.4%、35.8%和 47%，其中判处 5 年以上有期徒刑的 371 人，占 22.6%。在刑事审判中坚持“严打”方针不动摇，依法严厉打击危害公民生命财产和妨害社会管理秩序的犯罪活动，审结爆炸、杀人、绑架等严重暴力犯罪案件 52 件，盗窃、抢劫、抢夺等严重危害人民群众安全感的侵犯财产性犯罪案件 711 件，贩卖毒品、介绍卖淫、网络传播淫秽物品、赌博等犯罪案件 36 件。依法严惩破坏社会主义市场经济秩序犯罪，审结制造、销售假冒伪劣商品、走私贩私、制售假币、金融诈骗等经济犯罪案件 25 件，判处犯罪分子 35 人。严惩职务犯罪活动，审结贪污贿赂犯罪案件 14 件，涉案金额在 5 万元以上的 6 件，判处犯罪分子 14人（其中 3 人案发前为处级以上公务员），为国家和集体挽回经济损失 106.5 万元。坚持罪刑法定、罪刑相适应等刑事原则，对不构成犯罪的 4 名被告人依法宣告无罪，要求检察院机关补充侦查 25 件，由区法院决定逮捕的被告人 12 人；对罪行较轻、确实不致再危害社会的，依法判处缓刑，促进犯罪分子改过自新；对具有法定从轻、减轻或免除处罚情节的罪犯依法给予从宽处理；对未成年人犯罪实行教育、感化、挽救的方针，采取不同于审判成年人的方式审判未成年犯，共审结未成年人犯罪案件 153 件 182 人，对于矫治未成年犯、预防和减少青少年犯罪发挥了积极的作用。

【认真审理民商事、行政案件】

加强与经济发展关系密切案件的审理，共受理借款、买卖、购销合同等各类商事案件 1555 件，审结 1414 件，分别比 2003 年增加 19.2%和 9.2%，解决诉讼标的额 32628.8 万元。加强与人民群众利益关系密切案件的审理，共受理民事案件 3728 件，审结 3453 件，分别比 2003 年增加 22.7%和 13.8%，其中审结离婚、人身损害赔偿、劳动争议等案件 2370件，占民事案件总数的 68.6%。依法适用财产保全、先予执行等诉讼措施，共为 601 件案件及时办理财产保全手续，保全金额达 12008.9万元。加强与公民权利关系密切案件的审理，审结土地、城建、公安、工商等行政诉讼案件 63件，同比减少 19.2%，其中判决结案的 30 件，占49.2%，比 2003 年增加 19%，原告的胜诉率为60%，比 2003 年增加 31%。办理行政赔偿案件4 件，决定赔偿案件 1 件。重视和发挥调解结案的优势，不断完善庭前调解和诉中调解，在2004 年审结的民商事案件中适用调解结案的占 54.9%，比 2003 年增加了 6%。

【狠抓执行工作】

切实解决执行难问题，完善了统一管理、统一协调、统一指挥的“三统一”执行工作体制，增强了法院执行能力。共受理执行案件 2308 件，执行结案 2097 件，结案标的23880.1 万元。坚持严格依法执行，及时查封、扣押、冻结、划拨、拍卖、变卖被执行人的动产、不动产以及其他财产权，共运用上述强制措施执结案件 427 件，占 20.4%。对案外人提出的执行异议及时举行听证，共举行执行听证会14次，较好地保护了案外人的合法权利。坚持司法的原则性与工作方法的灵活性相结合，积极采取以物抵债、债权转股权、经营权抵债以及执行和解等方式，化解“执行难”。对有发展前途的欠债企业尽量采取“放水养鱼”，通过其经营发展，增强还债能力，从而实现债权人的利益。积极开展晨间执行、集中执行、专项执行等活动，集中执行了一批执行老案、难案。认真对待和正确处理中止执行问题，在中止执行的依法裁定、规范管理、恢复执行等方面作了有益的探索和实践，制定了《执行案件中止执行及适用再执行凭证的规定》，逐渐形成了一套规范化、制度化的工作机制。对201件中止执行和债权凭证案件进行了专项质量检查，防止了执行中止的随意性。继续健全被执行财产管理制度，进一步规范对被执行财产的变卖、抵偿和拍卖行为，及时合理地处分被执行财产，维护了双方当事人的合法权益。

【加强信访接待工作】

强化“群众利益无小事”的理念，将信访接待作为倾听群众呼声、为民排忧解难的第一窗口，通过认真耐心的说服教育工作，平息、预防了多起矛盾激化和群体性上访事件。各人民法庭在辖区乡镇设立来信来访接待室，方便群众诉讼，及时化解矛盾。全年共处理来信1909件，接待来访1156人次。进一步完善信访接待制度，坚持每月2次的院长接待日制度。重视做好当事人的初访工作，接访时做到“听好陈述、做好记录、掌好尺度、做好疏导”，有效防止矛盾激化。积极开展集中处理涉诉上访案件活动，组织力量、集中时间对20件涉诉上访案件进行了认真处理，并协调有关单位和部门切实解决当事人的诉求和实际问题，处理涉诉上访案件取得良好成效。

图67　从3月29日起，区人民法院在全区各镇（乡、街道）开展为期半个月的巡回法制宣传活动。图为4月7日在石碶东方文化中心门口开展法制宣传的情景

【深化审判方式改革】

实施审判和执行“阳光工程”，敞开立案、庭审、裁判、执行4扇大门，把审判和执行活动置于人民群众的监督之下。推行庭前证据展示和交换制度，深化裁判文书改革，增加了审判活动的公开性和透明度；推广完善刑事认罪案件简易审理、民商事案件繁简分流、简易案件即收即审即结等做法，提高了审判效率；健全民商事审判专业合议庭，确保了审判权的正确行使；建立了审判流程管理机制，对审判和执行工作进行了全过程、系统化的监督管理；实行排期开庭制度，案件一经立案统一安排开庭时间，使案件得以及时开庭审理；实施了“审判提速工程”，对适用民商事简易程序和普通程序的案件分别要求在2个月和4个月内办结，比诉讼法规定的时间缩短了1个月~2个月；进一步强化了审判委员会职能，定期召开会议，加强对法院审判工作的宏观指导和大要案的讨论；建立疑难案件定期研讨制度，及时总结审判经验、指导典型案例、研究法律适用。审判管理机制的建立和运行，促进了法院从行政

化管理向专业化管理的转变。

【践行司法为民宗旨】

针对法院民商事案件多、民商事审判面向广大农村和农民、农民法律意识相对淡薄和法律知识相对缺乏的实际情况，重视对当事人的诉讼指导，先后建立了诉讼风险告知制度、当事人举证须知制度、案件分类举证指导制度和法官释明权制度，提高了当事人的诉讼能力。积极制定和落实人民法庭司法为民的工作措施，在人民法庭中试行了假日法庭、午间法庭、巡回法庭和速裁法庭，对当事人确有困难、无法在正常工作日参加诉讼的案件安排在中午休息时间和双休日开庭。对离婚、赡养、收养、变更抚养关系等涉及亲情纠纷的案件，贯彻人性化审判理念，将亲情、道德、法律有机结合起来，各人民法庭还专门印制“赡养警示书”，教育、告诫当事人应承担的法律责任和后果，促使义务人主动、及时地履行赡养、抚养等法律义务，取得良好成效。积极为弱势群体开辟“绿色通道”，尽可能为诉讼困难的老人、妇女、儿童等提供司法帮助。加强对涉及下岗职工、农民工等弱势群体追索保险金、劳动报酬等劳动争议、劳务纠纷案件的审理和执行。对经济确有困难的当事人积极实施司法救助，共为150起案件的当事人缓、减、免诉讼费20.1万元，使有理无钱的当事人打得起官司，体现了社会主义司法的人文关怀。

【推进法官职业化建设】

根据“治院树形象重在用好人”的工作思路，开展了中层干部竞争上岗活动，选拔、调整中层干部14人20余人次，增强了法院干警的责任感和事业心。积极开展创建“学习型、创新型、务实型”法院活动，培养法院干警的“学习、创新、务实”精神。认真执行法官法，严格从通过国家统一司法考试、符合任职资格的人员中录用法院干部和选任法官，严把法院队伍的进口关。实行了经常性岗位目标量化考核制度，对各部门和法官的办案质量、数量和效率等业务项目进行量化考评，严格奖惩，初步建立起审判管理的长效机制。加强对法院干警教育培训，制定和落实业务培训规划，共举办各种培训活动和选派干部参加上级法院举办的培训活动412人次。加强对法院干警的学历教育，全院干部（包括司法警察）学历层次有了较大提升，大学本科或相当于大学本科以上学历人员比例达到75.6%，其中硕士研究生3人，另有15名干警参加法律本科或研究生的在职学历学习。

【加强机关效能和廉政建设】

扎实开展机关效能建设活动，坚持边整顿边改进的工作方法，开展了巡回走访和座谈活动，共走访辖区镇(乡、街道)20个，参加座谈人员300余人，梳理出意见和建议70多条，制定和落实整改措施13项。认真处理当事人向鄞州区机关效能投诉中心投诉的案件，及时告知有关调处结果。坚持将提高审判和执行效率作为效能建设的一项重要内容，积极开展清理未结案活动，对未结案进行月月通报，月月清理。全院法官人均办案132件以上，人均办案数在全市法院系统居第一位，各类案件质量在宁波市法院系统中名列前茅。

加强廉政制度建设，先后制定和健全了严禁工作日中午饮酒和酒后执行公务制度、离任法官案件代理回避制度、廉政档案管理制度、党风廉政建设“一岗双责”制度以及廉政建设考核制度等，形成了较为完善的廉政建设管理体系。加强对法院干警业外行为的监督，使法院干警的纪律作风有了明显改进，法院廉政建设出现了健康发展的良好态势。

（范宏雷）

图 68 鄞州区人民法院审判办公大楼工程开工典礼

司法行政

【概况】

宁波市鄞州区司法局（以下简称区司法局）坚持以人为本理念和科学发展观，以维护区域社会稳定为中心，以加强基层基础建设为重点，以提供优质法律服务为宗旨，以打造一流司法行政队伍为根本，积极履行司法行政机关法制宣传、法律服务、法律保障等职能，大力推进“平安鄞州”建设，为促进鄞州区社会和谐稳定和“新鄞州工程”的实施作出了积极贡献。

2 月，钟公庙街道司法所被最高人民法院、国家司法部联合授予全国“人民调解工作模范司法所”荣誉称号；8 月，五乡镇明伦村被国家司法部、民政部联合授予“全国民主法治示范村”荣誉称号；12 月，国家司法部委托浙江省司法厅对区司法局申报部级集体一等功进行了全面的检查考评，各项工作得到了检查组领导的高度评价。

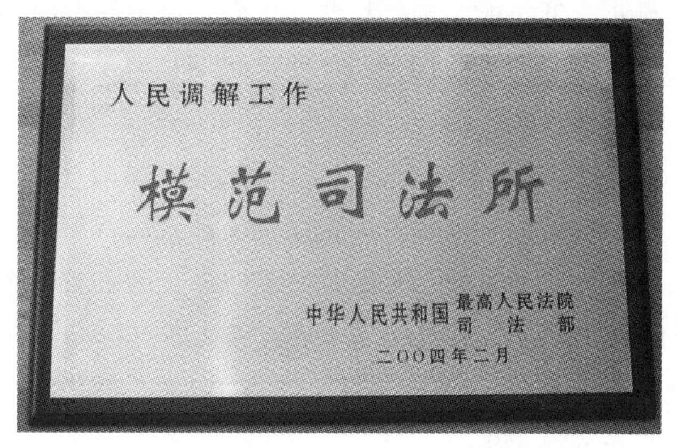

图 69 2004 年 2 月，钟公庙街道司法所被最高人民法院、国家司法部授予全国“人民调解工作模范司法所”荣誉称号的牌匾

【抓好基层基础工作】

区司法局大力抓好基层基础建设，积极主动地参与社会治安综合治理工作，维护鄞州区社会稳定和政治稳定。

强化规范运作机制，积极创建“示范司法所”。在 20 个司法所全部达到市级规范化司法所的基础上,开展了创建"示范司法所"活动,并适时召开了现场会,对已经达到"示范司法所"要求的钟公庙街道司法所和邱隘镇司法所进行了授牌。创建活动以来,司法所的岗位职责进一步强化,基础建设得到进一步加强,各类管理制度进一步规范,司法助理员的工作积极性得到进一步的提高。同时,提高了司法助理员的岗位津贴标准,并加强对司法所工作的指导力度,进一步建立健全激励机制,加强考核力度,为司法所的规范化建设创造良好的环境和条件。

完善排查调处机制,全力化解社会矛盾。区司法局、区人民法院联合下发了《关于进一步加强对人民调解工作指导的意见》,经常性对镇级调解委员会和基层调解组织进行工作指导,健全司法所(调解中心)、调解委员会、调解小组、调解信息员四级调解网络;坚持1月1次排查调处专报和工作例会制度,严格实行信息专报制和"零"报告制;坚持1季1次的社会矛盾纠纷排查调处工作的分析;认真做好"两会"及重大活动、节日期间的稳定工作;抓好人民调解工作中的规范审批和备案程序,提高人民调解员的政治业务素质。全区调解组织共受理各类纠纷2270件,调处成功2260件,调处率100%,成功率99.56%;签订调解协议书877件,其中实施备案制459件、审核制243件;排查出各类不安定因素369起,成功平息211起。

加强帮教安置工作,预防减少重新违法犯罪。认真贯彻落实《浙江省归正人员安置帮教工作办法》,做好1999年刑满释放人员和2003年度归正人员回归社会情况的监测工作。落实安置帮教对象1564名,其中刑满释放人员1324名、解除劳教人员240名,安置率达96.2%、帮教率达99.4%、重新违法犯罪率仅为2.2%。进一步完善"三项工程",即过渡性安置基地建设、专项经费管理、税收优惠政策。全年共走访重点对象227名,救助特困对象65名,合计发放救助金额4.2万元。

做好社区矫正试点工作,提高社会教育改造质量。成立了鄞州区社区矫正工作委员会(下设办公室),并在区司法局增设了"社区矫正管理科",部分镇(乡、街道)还积极改善司法所的硬件设施,配备专职人员,所有行政村和社区居民会建立了"社区矫正工作站",建立两级三层次的社区矫正工作组织网络。各镇(乡、街道)建立了社区矫正专项资金,保证社区矫正日常工作的经费需要。成立了社区矫正工作专家咨询组,设立了5个社区矫正工作指导小组,加强对社区矫正工作的指导、检查,提供法律咨询服务,研究有关的法律问题,探讨提出立法意见,不断规范社区矫正工作程序。加强与公、检、法等单位协调,明确职责,密切配合,形成工作合力。组织建立了一支398人的社区矫正工作志愿者队伍。根据每个社区服刑人员的犯罪性质、工作生活与社会表现,制定个案矫正方案,由司法所工作人员、志愿者及亲属组成的帮教小组对社区服刑人员进行教育、管理和监督。2004年,鄞州区共有社区服刑人员395名,其中被判处管制的6名、缓刑的298名、保外就医的8名、假释的12名、被剥夺政治权利的71名。

图70 6月15日,全区社区矫正工作动员大会召开

【普法和依法治理】

全面落实普法工作。领导干部学法在强调自学为主的同时，强化领导干部和公务员学法的主动性，区委组织部、区人事局和区政府法制办公室联合对全区所有公务员进行了为期 3 天的《中华人民共和国行政许可法》培训，并进行了严格的考试；抓好青少年普法教育，提高守法意识，组织开展了法律知识竞赛、模拟法庭庭审、服刑人员以身说法等活动，将课堂教育和课外教育结合起来，积极创新教育手段，丰富青少年法制教育内容；以公民普法为目标，提高公民法律素质，全区共开设了 198 家村民（居民）法制学校、33 家职工法制学校、63 家外来人员法制学校、64 家青少年法制学校，开课 385 期，受教育人数达 72185 人次；区普法办公室、区司法局联合开通了“鄞州法治网”；区委组织部、区人大法律工作委员会、区司法局等单位联合对全区村干部进行了首次法律知识考试；联合区人大法工委、区人事局等单位对全区公务员或参照公务员管理的机关干部进行了宪法知识考试；评比表彰了第二批区级“民主法治示范村”。

扎实开展依法治理工作。4 月，区委组织部、区司法局、区民政局、区普法办公室联合对全区 11 家市级“民主法治示范村”、59 家区级“民主法治示范村”进行了检查；5 月，全国“民主法治示范村”创建活动专项检查组对鄞州区进行了专项检查，检查组在听取了汇报并亲临五乡镇明伦村、钟公庙街道汪董村检查后，给予了高度的评价；在高桥镇芦港村村务提议制的基础上，鄞州区又提出了“村务提议、干部承诺”制度，并在全区贯彻执行，进一步促进了村级工作法制化、规范化、民主化，深化了农村基层民主法治建设；以“民主法治社区”为载体，进一步推动社区民主法治建设，在第五届社区居委会换届选举中，选择了飞虹社区作为试点，推行民主选举，实行海选，通过建立和完善民主自治章程和居民公约等自治性规章，推进社区民主法治建设工作；各镇（乡、街道）还积极探索社区民主法治建设新路子，钟公庙街道剑桥社区通过与万里学院青年法学会结对形式，开展长期性法律援助、法制宣传、法律咨询等活动，进一步推动社区民主法制化建设；为保证《中华人民共和国行政许可法》的贯彻实施，各部门、行业对行政许可依据、项目、实施主体、收费进行集中清理，进一步提高了机关依法行政水平；积极推进依法治企工作，在宁波东方压铸有限公司开展了试点工作，创建活动突出围绕“普法教育、厂务公开、制度完善”三大块内容开展，并取得了初步成效。

图 71 首次村干部法律知识考试现场

【法律服务工作】

为进一步提高鄞州区律师队伍素质，切实解决律师队伍中存在的问题和律师执业中群众反映强烈的问题，区司法局在全区律师事务所和律师队伍中开展了一次集中教育整顿活动，进一步规范了律师事务所内部管理制度，健全了责任追究制和重大案情报告制度，完善了监督机制，加强了律师个人诚信档案建设，明显提高了律师队伍的政治素质、业务素质和职业道德素质。全年，区属4家律师事务所共担任法律顾问131家，参与刑事辩护268件，代理民事案件737件，代理经济案件184件，代理行政案件8件，参与非诉讼事务88件。

为应对公证工作的发展形势，区公证处及时制定了审批制度、财务制度及重大事项主任会议讨论制度等一系列规章制度，并积极开展效能建设，切实加强内部管理，保证公证质量，提高服务水平。至12月底，区公证处共办理各类公证9312件，其中国内经济公证3369件、民事公证4509件、涉外公证1416件。

区司法局积极探索基层法律服务工作新路子、新机制、新举措，开展了创建市级规范化基层法律服务所活动，至2004年底，已有4家法律服务所被评为第一批市级规范化法律服务所，9家法律服务所提出申报。2004年，法律服务所担任法律顾问216家，代理民事案件643件，代理经济案件357件，调解纠纷171件，代写法律文书705件，承办法律援助案件77件，业务创收达313万元，挽回经济损失4560万元。

【12348法律咨询专线和法律援助工作】

积极落实政府对法律援助的责任，为法律援助提供组织和经费保障，大力加强法律援助规范化管理，进一步规范了法律援助工作制度，调整了各类法律援助案件的补贴额度，提高了律师和法律服务工作者承办法律援助案件的积极性，保证了法律援助案件的质量。进一步确定了法律援助条件中经济困难的标准，扩大了法律援助的覆盖面。认真做好法律援助的宣传工作，坚持办好《宁波新闻周刊》上开设的《12348阿拉的法律顾问》和《我为读者找律师》栏目，以实际案例来增强宣传的效果。全年共解答来电咨询4075人次，接待来访咨询773人次，办理法律援助案件319件（其中刑事案件115件，民事案件153件，非诉讼案件51件）。

【队伍建设】

区司法局开展了创建区级文明机关活动，建立了公开办事制度、AB岗工作制度及改进作风深入基层抓落实制度等一系列内部管理制度，并把效能建设与日常管理、年度考评结合起来，充分调动干部职工的工作积极性。进一步深化政务公开，增加办事透明度，努力树立公正执法新形象，大兴求真务实之风，使全局干警在履行职责和改革创新上有了新突破，在服务质量和办事效率上有了新提高，在人民群众对司法行政工作和法律服务满意度上有了新成效。

（戴行雄）

人民武装

【概况】

2004年，鄞州区武装工作紧紧围绕“打得赢”、“不变质”两个历史性课题，按照抓班子强队伍、抓基层打基础、抓稳定求发展、抓质量上台阶的思路，以“军区大抓军分区人武部建设”为契机，着眼“学习理论、解决问题、推进发展”，狠抓各项工作落实，较好地完成了上级赋予的各项任务，保持了强劲的发展势头。思想政治建设不断加强，党委班子凝聚力和战斗力不断提高，民兵军事训练取得明显成效。

【党管武装】

各级党委在集中精力抓经济谋发展的同

时，不忘抓武装、管武装的职责。区委领导对武装工作十分关心支持，经常听取武装工作汇报，了解人武部党委班子和干部队伍的思想政治建设情况，督促抓好工作落实，着力为武装工作解决困难和问题。各级党委较好地落实了党管武装制度。区委坚持为武装工作办实事，较好地解决人武部机关办公大楼建设中的实际困难和问题，在财力、人力、物力予以全力保障，为武装工作创造了宽松的外部环境。

【领导班子建设】

加强党委民主集中制建设。针对党委班子成员调整面较大的实际，组织了民主集中制理论的再学习、再教育，引导班子成员自觉融入班子集体之中，积极参与党委工作，充分发挥各自作用。注重以制度规范党委工作程序，认真把好议题关和决策关，做到既讲决策前的民主，又保持决策后的行动一致，既讲少数服从多数，又重视不同意见，使党委形成了坚强有力的领导核心。

加强党委班子的思想作风建设。敢于开展批评与自我批评，勇于进行思想交峰，自觉做到大事讲原则，小事讲风格，政治上互相信任，工作中互相支持，生活中互相关心。

加强党风廉政建设。进一步完善了党风廉政建设责任制，加强对领导干部生活圈、社交圈的监督。以推行部务公开为载体，建立健全了办事公开的一系列制度，落实干部群众对人武部事务的知情权、参与权和监督权，使班子讲学习、讲政治、讲团结、讲政策的能力有了较大提高，较好地发挥了核心领导作用。通过学习教育、对照检查、整改纠偏、总结讲评等步骤，较好解决了从严治军方面存在的突出问题，进一步强化了人民武装部干部、职工的条令条例意识和法制观念。

【战备训练】

坚持用“打得赢”作为后备力量建设的标准，把提高民兵遂行任务的能力作为抓好应急作战准备的具体措施，组织53名专职人民武装工作干部集训，分3批组织384个村民兵连长轮训，受训率达68.3%；为巩固和深化城市民兵工作调整改革成果，有针对性地加强了企业民兵分队训练，根据企业民兵队伍的特点，采取了分散自训、跟踪指导、集中考核的方式，训练企业民兵140人，合格率达96%；紧贴应急作战准备的需要，重点抓了民兵通信分队、医疗救护分队训练，突出通信分队的快速沟通、开设野战通信站、应急抢修和医疗救护分队的核化条件下救援、利用现代网络技术开通远程会诊系统等高技术含量科目的训练。

【民兵组织建设】

把民兵的组织建设作为抓好后备力量建设的重点工作，常抓不懈。组织全区应急分队民兵的集结点验，对民兵整组工作进行了有效检验。

【国防教育】

注重在党政机关开展国防教育，建立完善领导干部国防教育机制，做到“三个一”和“三个纳入”，即给各级党政主要领导订一套国防教育资料、区国防教育办公室给区四套班子成员每人订3份报刊（杂志）（《中国国防报》、《中国民兵》和《东海民兵》）、各镇（乡、街道）主要领导征订一套国防教育的报刊和杂志；85%的镇（乡、街道）利用民兵军事训练组织领导班子过军事生活。利用民兵军事训练和整组点验等时机开展国防教育，在民兵军事训练期间，制作了国防教育图板，安排国防教育课。各镇（乡、街道）利用民兵整组点验，进行了多种形式的国防教育，4月份组织400多名民兵应急分队进行了集中点验，在点验的同时进行了国防教育；利用刊授等形式开展国防教育,做到《东海民兵》订到基干民兵连;发挥新闻媒体在国防教育中的宣传作用,利用区"一报二台"开展广泛宣传报道。在全民国防教育日期间,《鄞州日报》开设了国防教育专栏,在宁波市第二民兵高炮团成立和全区基干民兵整组点验等重大活动中都组织记者进行了专题报道,扩大了武装工作在群众中的影响力。征兵期间,区"一报二台"开展了多层面的专题报道。对征兵过程中的好人好事进行了大力的表扬并对违反《中华人民共和国兵役法》的现象进行了及时地批评,有利地推进了全区征兵工作地有序开展。

【国防动员工作】

进一步抓好鄞州区国防动员委员会办事机构规范化建设;深化国防教育,进一步强化了领导干部和中小学生的国防意识。准确跟踪掌握国防动员潜力状况,进一步完善信息动员数据库,重点抓好经济和运力等专项国防动员潜力核对调查工作;修订完善战时动员支援前线综合性预案、专项动员预案和各成员单位配套动员预案,拟制应急作战动员支援前线保障方案。

【征兵工作】

面对适龄青年数量大幅度减少等形势,广泛地开展了宣传发动工作,区"一报二台"以开设专题、专栏和典型事例报道等形式,进行宣传发动。各镇(乡、街道)以多种形式开展了以《中华人民共和国兵役法》和《中华人民共和国征兵工作条例》为重点的宣传,在主要道路悬挂了宣传横幅,在征兵体检站张贴标语,营造了参军光荣的舆论氛围。各镇(乡、街道)注重把好兵役登记、目测关,对缓征和免征对象进行反复核实,让适龄青年一个不漏地参加目测。公安、卫生部门严把政审、体检关,确保兵员的质量。积极拓展兵员征集渠道。继续抓了征集在校大学生入伍工作,征集的对象从4所院校扩大到6所大专院校,较好地弥补了镇(乡、街道)兵员不足缺口。经过各方努力,圆满地完成了征兵任务。

【安全工作】

重视抓好仓库的安全管理,对仓库的安全设施进行了全面检查维护,按照南京军区重点目标防范标准进行了整改,提高了仓库安全设施的可靠性。落实驻库值班制度,做好动态武器管理,实现了仓库第26个安全年。针对使用计算机带来的保密新要求,加强了秘密载体的管理,较好地防止了泄密事件的发生。

(朱　明　朱巍巍)

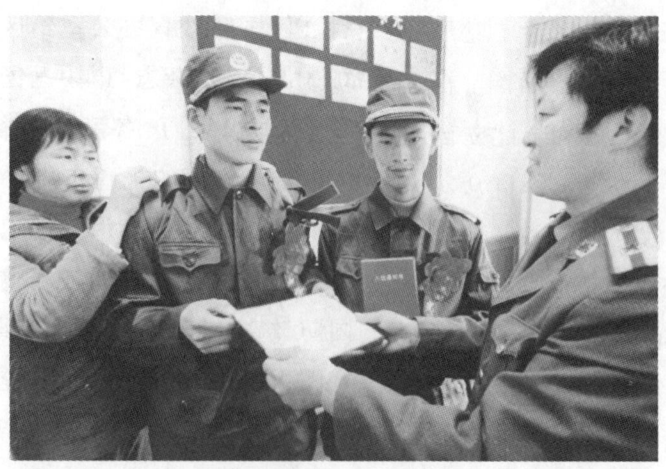

图72　12月,鄞州区共有390名青年被批准入伍,陆续奔赴军营。图为龙观乡李妈妈为即将入伍的双胞胎儿子送行的场面

社会生活

劳动和社会保障

【概况】

2004年，鄞州区劳动和社会保障系统认真贯彻落实“三个代表”重要思想，开创了劳动保障工作的新局面。就业和再就业工作顺利推进，困难群体的就业扶持体系不断完善，被征地人员养老保障制度运作正常，农村住院医疗保险制度全面实施并取得显著成效，各项社会保险覆盖面不断扩大，企业劳动用工管理日趋规范，劳动监察和仲裁工作在维护劳动关系双方合法权益上起到了积极的作用，为鄞州区改革开放、经济发展和社会稳定创造了良好的外部环境。2004年，区劳动和社会保障局被宁波市评为服务创优单位。

【就业和再就业工作】

扶持被征地人员和失业职工再就业的各项政策得到有效落实，用工补贴、税费优惠、小额贷款等工作有序开展。2004年，全区有1815名失业职工和被征地人员享受税费减免优惠；5600名失业职工和11561名被征地人员享受用工补贴，享受补贴金额分别为1420万元和559万元；向自主创业、自谋职业的失业职工和被征人员发放小额贷款219万元；全年鄞州区对再就业工程实际投入1703万元。为积极拓宽就业渠道，以劳动力市场为依托做好就业服务工作，全年共举办供需洽谈会23期，组织用人单位1615家，提供岗位17413个，共有21247名求职者进场招聘，7497名求职者达成初步意向。经过上述努力，2004年，全区城镇登记失业率为3.34%，失业职工的再就业率为76%，被征地人员就业率达85%以上。

【职业技能培训和鉴定】

2004年，重点抓好被征地人员职业培训工作，建立了20个被征地人员职业培训基地。全区进入被征地人员就业信息库人数为92379名，已有8135名被征地人员接受了各种形式的培训，培训项目有保洁、保绿、保安、家政、栽培技术等适合被征地人员实际需要的专业。培训后的上岗率在70%左右，区政府已补贴培训费131万元，有力地促进了被征地人员就业工作的开展。

【城镇职工社会保险】

以养老、失业、医疗、工伤、生育保险为主要内容的各项社会保险覆盖面不断扩大。城镇职工基本养老保险：全区有9224家单位的121081名职工参加城镇职工基本养老保险，个人账户管理人数182044名，退休职工23535名，当年基金收缴47682万元，累计结余70667万元，养老基金支付能力达42.4个月。失业保险：全区有2165家单位的62872名人员参加失业保险，发放失业保险金及各种补助金5994人次，基金结余3187万元，失业保险金从364元/月调整到434元/月。城镇职工基本医疗保险：2004年重点做好了城镇职工基本医疗保险的扩大覆盖面工作，至年底全区城镇职工基本医疗保险的参保人数达到了85860名，基金累计结余7123万元，全年有7741名参保者享受医疗保险待遇，基金支出9981万元。工伤保险：至2004年底参保总人数

92307名，基金累计结余1431万元，享受保险待遇人数876名；女职工生育保险：实施了新的生育保险办法，至2004年底参保人数27860名，2004年基金收缴474万元，享受这项待遇的职工人数达362名。

【农村社会保障】

被征地人员养老保障：2004年3月适当扩大了被征地人员养老保障的实施范围，目前全区有56932名被征地人员参加养老保障，并有33481人已按月领取养老金，基金累计结余7.96亿元，财政补贴2.88亿元。农村住院医疗保险：2004年1月起在全区全面实施，至年底，参保人员达54万名，行政村覆盖率达100%，户参保率达89%，人参保率达90.72%，提前三年完成区委、区政府提出的工作目标，综合实绩名列全市前茅，目前已有14774名参保人享受了农村住院医疗保险待遇，最高报销额度37500元。农民社会养老保险：重点是做好管理和规范工作，至2004年底参保农民达52940名，基金积累总额46594万元。

【劳动用工管理】

认真贯彻实施《中华人民共和国劳动法》及相关法律法规，不断规范企业用工行为。加强劳动合同管理，全区职工劳动合同的签订率达到90%以上，全年合同鉴证数为21万份，签订数为24万份。同时做好工伤认定和特殊工种提前退休审批，共受理工伤案件1151件，其中认定为工伤的1113件、不认定工伤的12件、其他处理26件。全年的共有提前退休人员178人，病退人员108人。

【劳动仲裁工作】

区、镇两级劳动仲裁、调解部门共受理劳动争议案件4137起，结案2140起，其中区本级立案535起，结案465起，案件申诉标的7101万元，为劳动者挽回经济损失1177万元，为用人单位挽回经济损失133万元。鄞州区劳动争议仲裁委员会继续被评为全省劳动争议仲裁先进集体。

【劳动监察工作】

坚持日常监察与专项行动相结合，对群众举报案件进行及时查处。全年先后开展了“春雨”、“春雷”、“春苗”、劳动合同、用工补助等7项监察行动，共检查用人单位1376家，涉及劳动者13.6万名；受理群众举报613件，结案率达到99%以上。通过监察，责令企业补签劳动合同9921份，清退押金31.7万元，清退童工19人，特别是为职工追回工资350.21万元，涉及2302人，其中很大部分是为外来民工追讨工资，有效地维护了社会的稳定。鄞州区劳动监察大队连续6年被评为省级先进集体。（朱红燕）

民政工作

【扶贫帮困工作】

2004年元旦、春节期间，各级领导和组织情系困难群众，积极在全区开展扶贫帮困送温暖活动。民政部门作为职能工作部门，积极当好区领导参谋，做到早计划、早安排、早落实，使全区的走访慰问活动规范有序，困难群众的节日生活问题得到较好解决。据统计，2004年元旦、春节期间，全区各级、各部门、社会各界安排走访慰问救助困难群众23000余户，发放慰问款物近1060万元。

【最低生活保障工作】

2004年1月1日起，农村低保标准由原来的每人每月140元提高到170元；9月1日起，城镇低保标准由原来的每人每月260元调整到280元。低保对象做到动态管理，有进有出，应保尽保。截至2004年底，全区共有城乡低保对象4202户7158人，其中城镇低保对象516户892人、农村低保对象3686户6266人，全年共发放低保金近1000万元。

【农村五保工作】

2004年，各镇（乡、街道）抓紧落实农村五保老人集中供养工作目标，对暂时还未入敬老院居住的五保对象，通过与敬老院签订集中供养协议的办法，提高五保对象入院居住率。对患精神病、传染病等不宜入敬老院集中供养的五保对象，采取送医疗机构住院治疗、康复办法进行集中供养。同时，布置落实部分镇（乡、街道）新扩建敬老院任务，新扩建敬老院总投资3000余万元，区财政安排了专项补助资金350万元。截至2004年底，全区有农村五保对象1288户1305人，2004年五保对象的人均供养标准为5349元，达到2003年农民人均收入的77%。全区有镇（乡、街道）敬老院21所，床位2087张，1305人五保对象全部实行集中供养（其中“户院挂钩”108人）。

【困难救助】

做好灾民救济工作，全年下拨各类救灾救济款80余万元，制作冬令救济棉被600条，夏令救济蚊帐500顶，有4000余户困难群众得到救助。做好临时救济和医疗救助工作，全年共发放救济金350余万元，因突发性因素造成暂时生活困难的5000余人（次）群众得到及时救助，因患长期精神病、恶性肿瘤、重症尿毒症、组织及器官移植等大病困难对象也得到专项补助。

【优抚工作】

认真落实优抚政策，787户义务兵家属和1160余户重点优抚对象群众优待金按规定标准足额及时兑现，全区共发放优待金近700万元。实行重点优抚对象医疗保障制度，妥善解决重点优抚对象的生活保障问题，全年下拨困难补助经费180万元，补助重点优抚对象2300余人次。对全区重点优抚对象的抚恤定补标准及时进行了调整。2004年国庆前夕，为全区1360名重点优抚对象作免费体检，并建立了重点优抚对象健康档案卡；组织近120名重点优抚对象到杭州、宁波开展“喜看改革开放新成果”观光活动，体现党和政府对重点优抚对象的关怀。

【退伍安置】

做好退伍安置工作，全区共接收2003年冬季退伍义务兵396人，接收2004年转业士官29名。在符合条件的82名安置对象中，有52名城镇退伍义务兵和25名转业士官自谋职业，发放自谋职业补助费计275万元。2名改为在乡伤残军人，3名实行双向选择。

【双拥工作】

2004年春节、“八一”期间，区四套班子主要领导走访慰问驻鄞团以上部队官兵，并与东海舰队首长举行双拥茶话会。鄞州区双拥办公室召开了驻鄞营以下独立部队军政主官参加的双拥工作座谈会，就军地双方双拥工作进行了交流和沟通。“八一”期间，还在《鄞州日报》专版介绍鄞州区双拥活动的开展情况，为部队举办双拥文艺晚会。有驻军的7个镇（街道）节日期间也对辖区内的部队进行了走访慰问。据统计，全区全年走访慰问部队赠送慰问款物100余万元。

【村级行政区划调整】

2004年上半年，全区各镇（乡、街道）积极有序地开展了行政村规模调整和撤村建居工作。民政部门积极参加专项调研和试点工作，汇编了有关指导材料。同时坚持依法开展工作，及时审核办理撤并手续。由于区、镇（乡、街道）两级重视，工作细致，目标明确，方法得当，该项工作顺利完成。经过行政村规模调整和撤村建居工作，全区22个镇（乡、街道）下设社区居民委员会48个，村民委员会471个。

【殡葬改革】

民政部门认真履行工作职责，协同有关镇（乡、街道）继续不遗余力地深化殡葬改革，全区境内遗体火化率保持100%，对部分经营性公墓内超面积建造坟墓和个别地区在禁坟区内突击做大坟、乱葬乱埋等违法行为，在有关镇、村的共同配合下，进行了专项整治，取得了一定效果。

全面推进生态墓区建设，先后在龙观乡和横溪镇开展生态墓区建设试点，在龙观乡召开公益性生态墓园建设现场会，推行生态化墓园建设。在有关镇（乡、街道）的重视支持下，在建的16个镇（乡、街道）生态公墓大部分可在2005年清明节前投入使用。

【移民安置】

根据移民工作要求和各阶段的工作步骤，有移民安置工作任务的7个镇（街道）在区政府的统一安排部署下，能顾全大局，克服困难，落实好移民安置点（建房点），搞好移民对接和移民资格复核等工作，认真做好移民安置的各项工作任务。多次举办了有关镇（街道）分管领导、工作人员和安置村书记、村主任参加的移民安置工作业务会议和培训班，组织学习有关移民政策规定，讲解安置的工作程序，部署安排各阶段的工作重点，确保了2004年度滩坑水库第一批移民安置工作有序进行。

【民间组织登记管理】

依法搞好民间组织登记管理，坚持依法登记，严格把好新成立民间组织的入口关。开展了民间组织诚信建设和服务活动，年末共评出区级诚信服务先进单位22家，市级诚信服务先进单位2家。加大执法力度，会同有关部门对全区非法幼儿园进行了清理整顿，对不参加年检的民间组织给予注销或撤销，全年，共注销或撤销民间组织26家。年末，全区经依法登记的区级民间组织有280家，其中社团104家，民办非企业单位176家。

【婚姻登记】

从2004年7月1日起，在区行政服务中心设置婚姻登记处，对钟公庙、石碶、下应3个街道和邱隘、姜山2个镇进行集中婚姻登记。同时，做好其余镇（乡）的婚姻登记日常指导、监督和检查工作，确保全区婚姻登记工作依法办理。全年，区、镇两级婚姻登记处共办理结婚登记5717对，办理离婚登记839对。

【地名管理工作】

搞好日常地名命名工作。全年新命名建筑物、道路和桥梁等名称96个，制作门楼牌5700余块，协助区城管局在新城区设置灯箱式和单杆式路牌275块；基本完成地名数据库建设，累计输入地名信息3700余条。《鄞州地名志》编纂工作按计划进行；及时制作了新鄞州区政区图。完成鄞州区4个无居民海岛调查统计工作，全面完成了3条行政区划界线以及4个三交点的勘界工作。2004年，区民政局荣获了全省勘界工作先进集体称号。

【福利企业管理】

抓好福利企业规范完善工作，维护残疾职工的权益保障，通过设置残疾人车间，集中解决残疾人劳动岗位，提高了残疾人上岗率；会同区残联，为全区福利企业残疾职工办理了人身意外伤害保险，督促各福利企业与残疾职工签订好劳动合同。专题举办软件网络管理工作业务培训班，在全区福利企业安装使用福利企业资质管理信息系统软件，各福利企业的软件信息网络与民政、税务部门实现联网，进一步提高了福利企业的管理水平。完成了鄞州区福利企业协会的换届工作。2004 年底，全区 116 家福利企业有职工 15000 名，其中安置残疾人员 6200 余名，残疾职工占生产人员比例 52.6%；福利企业创产值 68 亿元，完成销售 63 亿元，实现利税 14 亿元。（陈　伟）

慈善工作

【概况】

2004 年，鄞州区慈善总会各项工作在上一年的基础上又有新的发展，取得了新的成绩。全年募集善款 2400 余万元，慈善资金总额累计达到 9000 万元，其中本金 4651 万余元，累计救助金额达到 2500 多万元，其中镇（乡、街道）自主扶助金达到 774 万元，镇（乡、街道）自主救助实力大大增强。全年发放各类救助款 934 万余元，使上万户贫困家庭受惠。加强了对公益福利项目的扶助，相对集中扶助资金，加大扶助力度，并积极筹建鄞州区慈善总会物资募救中心（慈善超市）。区慈善总会不断完全自我，坚持“一级法人，两级管理”的体制和“严”、“明”、“实”的自律机制，加强慈善工作队伍的慈善理论学习和业务培训，不断适应新形势。鄞州慈善社会影响不断扩大，鄞州区慈善总会副会长王佩被浙江省慈善总会授予“慈善爱心”奖，总会先后被浙江省慈善总会等 6 单位授予浙江省“首届慈善十大之星”评选活动的组织奖，被浙江省残疾人联合会授予“爱心助残”奖。

【第五次“慈善一日捐”活动】

2004 年 9 月，鄞州区第五次“慈善一日捐”活动在区级机关率先开展，10 月中旬在全区展开，至 12 月中旬基本结束。第五次“慈善一日捐”活动进展顺利，取得了明显成效，共计募集慈善资金 1908 万元。这次活动有 4 个显著特点：一是稳定长效救募机制有新的发展。继 2002 年创建“企业留本冠名基金”，2003 年大力推广这一基金和创建“镇乡街道慈善扶贫基金”，在 2004 年第五次“慈善一日捐”活动中，这两种稳定长效的募集机制又有新的发展，新建“企业留本冠名基金”23 家，基金总额 825 万元，新建“镇乡街道慈善扶贫基金”4 个，增加基金额度的 4 个，新建和增加基金额度共计 1005 万元。二是企业成为募集慈善资金的主力军。各级各类企业捐善款 1438 万元，占总募集慈善资金的 75%。一批大中企业继续发挥“领头雁”的作用，一批行政村充分调动在村里落户企业的积极性，在募集中起到了举足轻重的作用，21 家福利企业发起倡议，带动 79 家福利企业参与活动，参与率达到 67%。三是党员干部的表率作用更加明显。区级机关在全区率先开展，区委、区政府大院又在区级机关中带头捐款，有 26 个区级部门的 79 位党员领导干部捐款500元以上，镇（乡、街道）有549名党员干部捐款500元以上。四是社会各界捐款热情持续高涨。全区有1500个单位、15万余人参与了活动，不少单位不仅发动面广，而且群众参与率高，出现了不少群众自发捐款，困难群众自觉要求捐款的感人场面。

图73　2004年第五次“慈善一日捐”活动期间，区慈善总会举办了“爱洒人间”电视文艺晚会。图为晚会现场

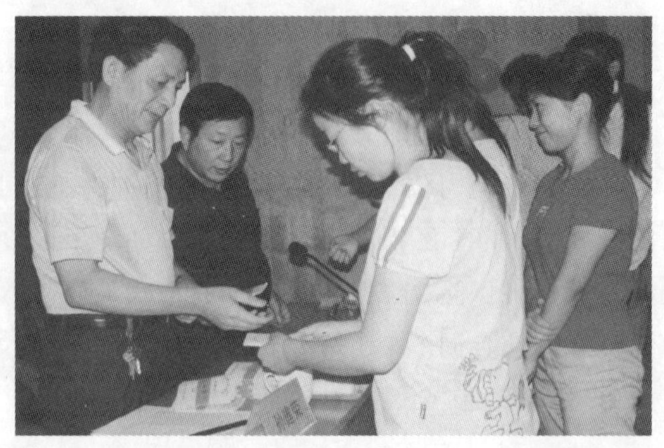

图74　宁波华泰股份有限公司建立了460万元“华泰爱心扶贫基金”，每年的增值收入46万元，扶助100名贫困在校大学生、100名特困离退休教师和100名特困老人。图为该公司领导在给贫困大学生发放扶助卡

【企业留本冠名基金】

至2004年底，已建立“企业留本冠名基金”的企业达64家，基金总额5035万元。其中，500万元“雅戈尔爱心助医基金”是全区最多的一笔基金，460万元“华泰爱心扶贫基金”列第二；300万元“向阳光彩扶贫基金”建立时间早，且实施垮区域救助；注册于香港特别行政区的富基国际控股集团有限公司建立100万元“富基爱心助学基金”，是第一家区外投资企业在鄞州区建立的基金。

【镇乡街道慈善扶贫基金】

至2004年底已有11个镇(街道)建立了慈善扶贫基金，基金总额2130万元。其中550万元“高桥镇慈善扶贫基金”是全区最大的，360万元“塘溪镇慈善扶贫基金”列第二，300万元“钟公庙街道慈善扶贫基金”是全区第一个建立的。

【慈善牵手结对助学】

2004年4月，鄞州区慈善总会和《鄞州日报》社联合发起第六批慈善牵手结对助学活动，向社会公开推出40名家境贫寒、品学兼优的中小学生。名单于4月底见报后，仅两三天时间就被认助了一半，到6月初已被好心人全部认助，至9月底共认助了72名，超额认助了32名。在认助过程中，一些“爱心使者”热情之高，情意之浓，爱心之切，十分感人。鄞州区供电局集体和个人共认助了4名，宁波中蔺对外贸易有限公司集体个人共认助了3名，鄞州区广播电视局集体认助了3名；瞻岐镇多次捐资结对助学的章同华老人又捐资3000元，认助了2名贫困学生，鄞州建筑工程管理处的张楠同志一次认助了2名。

【爱心助孤活动】

2004年春节前夕，鄞州区慈善总会举行第三次爱心助孤温暖大家庭团圆活动，先是在浙东建材集团公司举行“浙东建材爱心助孤基金”扶助金发放仪式，接着参观浙东建材集团厂区，然后让孤儿们在宁波儿童乐园游玩，最后在宁波现代大酒店吃了一餐团圆饭。鄞州区慈善总会会长朱禹宝，副会长王佩、邱兴祝参加了这一活动，并向孩子们发放了春节慰问扶助金和书籍等春节慰问物品。

【慈善爱心献功臣活动】

2004年6月25日，鄞州区慈善总会召开“慈善爱心献功臣”座谈会，区委副书记张南芬，区人大常委会副主任、区慈善总会副会长蒋瑞金，区慈善总会副会长王佩，区委组织部副部长徐岳平和30余名困难“三老人员”(建国前老党员、老游击队员、老交通员、红色堡垒户)、老劳模、老先进代表参加了座谈。该项活动共扶助特困“三老人员”和老劳模、老先进120名，发放慰问扶助金9.72万元。

【慈善烛光工程】

2004年，鄞州区慈善总会新推出的一个扶助项目，扶助对象为鄞州区离退休教师中因病、因残、因灾祸造成重大困难，一时难以解困的家庭或个人。9月8日全国第二十个“教师节”前夕，鄞州区慈善总会举行“慈善烛光工程”启动仪式，向100名特困离退休教师发放扶助卡和扶助金，每人每年1200元，每月100元，按季发放，凭卡领取。该项目的扶助款来自宁波华泰股份有限公司建立的460万元“华泰爱心扶贫基金”的年增值收入。

【慈善助学】

2004学年，鄞州区慈善总会安排慈善助学资金148万元（含冠名定向助学资金和镇乡街道慈善自主救助金），助学名额1500名，比2003年分别增加115%和76%。高中(职高)贫困学生助学名额明显增加，助学金额由每人1000元增加到1200元；新增扶助在校贫困大学生100名，每人2000元；继续扶助贫困高校新生34名，一次性每人扶助3000元；继续扶助在鄞州区小学、初中就读的贫困外来民工子弟100名。8月27日，鄞州区慈善总会举行贫困在校大学生、大学新生扶助卡（金）发放仪式。9月23日，区慈善总会举行2004学年慈善助学金(卡)发放仪式。

图75 2004学年慈善助学金(卡)发放仪式现场

【重点助医项目】

2004年继续开展“复明行动”，74名贫困白内障患者接受免费手术后重见光明；继续开展“精神康复”行动，全年扶助贫困精神病患者常年服药和住院治疗、康复治疗共260名；继续开展对可治愈重大病（伤）贫困患者的医疗扶助，使18名患者得到及时救治，缓解了病（伤）情。2004年，区慈善总会还新出台了“雅戈尔爱心助医基金”扶助实施方案和对贫困家庭可治愈白血病儿童患者进行专项扶助的实施方案，对贫困尿毒症肾移植患者和贫困可治愈儿童白血病患者实行3年跟踪式扶助，3年人均最高可获扶助4万元，并与农村大病住院医疗保险相衔接，由鄞州人民医院提供优惠措施作为辅助，以达到挽救一条生命，拯救一个家庭的社会效果。新出台对贫困肺结核患者进行专项扶助的实施方案，对贫困肺结核住院患者给予每人每天20元的扶助，对复治难治贫困患者，给予年人均1000元的经常性药物扶助，对一侧肺毁损贫困患者，给予手术治疗扶助。上述3个方案5月份全面启动，全年扶助上述3类贫困患者25名。

【慈善助残系列活动】

在第十四个“全国助残日”前后，区慈善总会围绕“情系我兄弟姐妹，帮扶贫困残疾人”这个主题，开展了慈善助残系列活动：向鄞州区特殊教育中心和鄞州慈善康复中心两个残疾人相对集中的公益单位送去价值10万元的床上用品、书包、电风扇、T恤衫等生活用品；重点走访慰问了钟公庙、邱隘、横溪、洞桥、集士港等镇(街道)部分贫困残疾人；与钟公庙街道联合在宋诏桥举行为残疾人免费服务咨询活动；举行了祝贺第14个“全国助残日”暨鄞州区慈善总会轮椅发放仪式，向全区行走不便的肢体残疾人发放了100多辆轮椅，仪式结束后还进行了文艺慰问演出。此项系列活动投入慈善资金和捐赠实物近30万元。

图76 鄞州慈善康复中心已累计接收精神康复病人1000多人，康复出院900多人。图为“浙江慈善十年”新闻采访团在该中心考察

【慈善助老系列活动】

2004年春节前，结合送温暖活动，区慈善总会重点走访慰问了塘溪、瞻岐、石碶敬老院的五保老人和三地的部分特困老人，邀请鄞州区老干部夕阳红艺术团为石碶敬老院的老人们演出了一台文艺节目，区慈善总会全体同志还与石碶敬老院的老人们同吃团圆饭共度新年。在浙江省第十七个老人节前后，区慈善总会向姜山幸福院、下应敬老院赠送了80台21寸彩电；向高桥、云龙敬老院赠送了130套“博洋”棉被等床上用品；向全区100名特困老人送上人均500元的慰问扶助金；7.3万元资金扶助塘溪、咸祥、瞻岐、石碶等敬老院。2004年共发放慈善助老资金23.4万余元，扶助贫困老人519名。

【慈善宣传】

2004年，慈善宣传进一步深入，在新闻、文化等部门的全力配合下，全国、省、市、区各级媒体报道鄞州慈善达180余篇(次)；创作、编排了1台“爱洒人间”慈善文艺节目，举办了1台电视专题文艺晚会，并把这台文艺节目送到7个镇演出，深受群众的欢迎和赞誉；在《鄞州日报》和《宁波侨讯》报分别刊出“让爱心洒满鄞州”和“鄞州慈善五年行”专版，并上了宁波新闻网页，制作了《鄞州慈善五年行》电视专题片，在10月黄金时档播出；基层宣传继续得到加强，数万份宣传资料进村入户上万家，第五次“慈善一日捐”期间，街景布置和运用宣传窗、黑板报进行宣传，营造了良好的慈善氛围。11月上旬，由浙江省慈善总会、浙江省新闻工作者协会组织的，由新华社浙江记者站、《慈善》杂志社、《人民政协报·慈善周刊》、《浙江工人日报》等浙江省内外9家新闻单位组成的“浙江慈善十年”新闻采访团到鄞州采访。 (林醒石)

人口和计划生育

【概况】

2004年，全区实际出生6435人，出生率8.34‰；死亡4590人，死亡率5.95‰；自然增长人数1845人，自然增长率2.39‰。全区年末总人口771368人，其中育龄妇女213335人，已婚育龄妇女171455人。全区出生人口中：一胎5685人，一胎率88.35‰；二胎730人，二胎率11.34%；多胎18人。终身只生一孩的夫妇数持续增加，累计有17548对夫妇自愿放弃二胎生育指标，其中2004年新增2695对。全区计划内出生6406人，计划外出生29人，全年出生人口中男性3288人，出生性别比100:104.48。计划生育符合率达99.55%。全年初婚4864对，其中女性23周岁后结婚3261人，女性晚婚率67.04%，综合避孕率91.08%，已婚育龄妇女计划外怀孕率0.88%。2004年，是鄞州区人口与计划生育工作捷报频传的一年。区政府获得"全国计划生育优质服务先进区"称号；区计划生育局先后获得全国人口和计划生育信息化建设先进单位、市级人口和计划生育工作先进集体等称号；同时，区计划生育局、区文联联合主编的《关爱女孩全国漫画展作品集》荣获国家第十二届人口文化奖宣传册类金奖。

【计划生育服务】

优化技术服务三级网络。抓好服务阵地建设，切实提高了优质服务能力。鄞州区计划生育指导站在抓紧做好项目选址、立项、功能定位的同时，初步落实了规划设计前期工作，为建设具有一流硬件设备的计划生育宣传技术中心打下良好基础；各镇（乡、街道）服务站全面发挥宣传、服务、药具、培训4大功能，积极开展"优质服务十上门"活动；全区村（居）"计划生育示范服务室"创建活动与村（社区）卫生服务相结合，不断强化服务功能。

积极探索创新服务体制。为进一步向广大育龄群众提供安全、优质、满意的计划生育与生殖健康服务，从2003年年底开始，区计生局抓住全区农村公共卫生体系建设契机，在钟公庙街道、龙观乡开展了整合镇（乡、街道）计生和卫生技术服务机构试点工作，对计划生育服务体制进行改革探索，建立了基层技术服务网络"计卫合一"和"计卫联手"的服务体制。9月初，召开试点现场会，试点经验普遍向各镇（乡、街道）推广。

认真开展常规化服务。全区继续深入实施避孕节育知情选择、生殖保健、出生缺陷干预"三大工程"，减少非意愿妊娠。鄞州区计划生育指导站采取进村巡回服务的方式，全年共为全区9个镇（乡、街道）84个村10908位妇女进行了生殖健康服务，使患各种疾病的育龄妇女及时得到了医治。对服用避孕药10年以上的380名育龄妇女进行了跟踪访视，对近10年来132例第一孩为脑瘫、智力低下儿的母亲再生育情况进行健康监测等服务，开展了男性生殖健康检查，有5万名男性接受了生殖健康知识教育，满足了不同人群和不同层次的生殖健康服务需求。为了加强避孕药具管理，鄞州区计划生育指导站配合区药监局对5家新开的药具零售点进行检查，确保药具免费发放渠道规范畅通。

努力搭建个性化服务平台。各镇（乡、街道）根据群众意愿和实际需求健全完善了服务方式、方法和服务项目内容，认真开展孕期保健服务，全面落实三级随访制度，努力为开展优生优育、生殖健康、避孕节育等服务，进一步搭建人性化、温馨化的服务平台。各地计划生育咨询服务室、“悄悄话”室、“B超体检室”的服务功能日益健全，增强了服务的亲和力，进一步提高了育龄群众的满意度。

推行便民化服务措施。在开展争创国家计划生育优质服务先进区活动中，全区各级努力把计划生育优质服务工作渗透到育龄群众的生育、生活、生产、生命健康各个方面，采取切实有效的措施，开展形式多样的帮扶活动。如各镇（乡、街道）围绕关注育龄群众“四生”，广泛开展了以“关爱新生儿、关爱女孩、关爱计生家庭、关爱生殖健康”为主要内容的关爱活动，为困难育龄群众送上关怀和温暖。据统计，去年鄞州区计划生育公益金为全区267户计划生育家庭补助了16.76万元。同时，各级计生组织还与妇联等部门联合通过“双走访”活动和免费举办就业洽谈会，为育龄群众就业提供“绿色通道”。2004年4月和11月份，区计划生育局会同区妇联在姜山镇和洞桥镇分别举办了2场大型就业洽谈会，共为1107名育龄群众重新就业提供了岗位。对农村实行计划生育家庭养老保障问题进行了广泛调研，并采取互动的积极方式，在自愿的基础上，把一部分“双农独女户”和意外伤残、夭折的独生子女家庭父母，纳入城镇职工养老保险体系，在一定程度上解决了他们的后顾之忧。

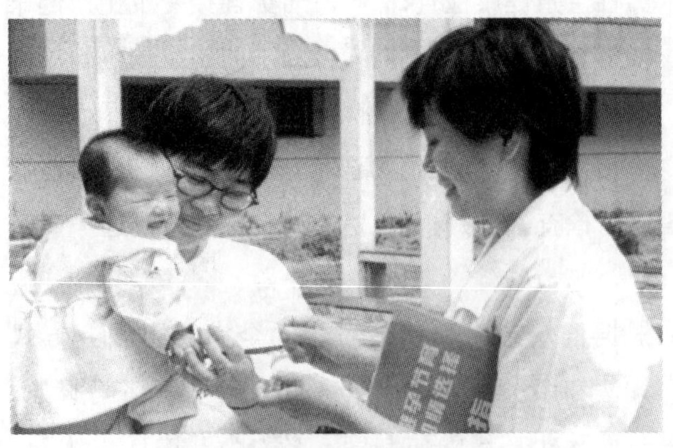

图 77　全区计生部门广泛开展关爱新生儿活动，确保孩子健康成长

【宣传教育】

创建生育文化示范园区　为推进全区新型生育文化建设，2004年，鄞州区把生育文化建设积极主动融入到“婚育新风文化宁波”城市建设中，开展新型生育文化特色镇创建活动，创建了一批以梁祝婚育新风园区、古林镇婚育新风园、高桥镇文化乐园等为代表的富有地域特色的生育文化示范基地。据统计，全区生育文化园区建设的经费投入已经超过150万元。同时，各镇（乡、街道）以创建规范人口学校和宣传示范村活动为契机，不断加强宣传阵地的软、硬件建设，并通过整合图书、资料、宣传品等文化资源，新建了14个村（居）生育文化示范角（图书室），并评选出35个宣传示范村。

深入开展婚育新风进万家活动　全区以文艺演出、知识竞赛、专题讲座、知识咨询等群众喜闻乐见的形式，广泛开展了婚育新风进万家活动。情人节期间，区计划生育局会同区妇联邀请500对新人参加了梁祝公园情人节活动；结合“5·29”协会会员活动日，在高桥镇举行了大型宣传咨询服务活动；开展了婚育新风—科教影片“双进”活动；举办了人口科学普及月暨男性健康宣传活动。据统计，2004年全区共举办各类培训班230期次，宣传活动78次，参加人数近30万余人，共发放计划生育宣传品50.87万份，并有生殖健康VCD光盘在

图 78　梁祝婚育新风园区(组合图)

15万余户家庭中传播，全区人口与计划生育基础知识普及率达到95%，育龄群众自我保健意识明显增强。

构建社会化宣传新格局 区“两台一报”（指鄞州电视台、鄞州人民广播电台、《鄞州日报》）等新闻媒体设立的“健康男女”、“婚育新风进万家”等专题栏目受到育龄群众欢迎;《鄞州日报》新辟一月两期的“人口和计生”宣传专栏。2004年上半年，区委、区政府与国家人口计生委、人口文化促进会、全国文联漫画艺术委员会联合主办了“关爱女孩”全国漫画展活动，出版了《关爱女孩全国漫画展作品集》，此画册获得2004年全国人口文化奖宣传册类金奖。区计划生育宣传协调小组充分发挥职能作用，宣传、文化、卫生、妇联等部门多次联合深入农村开展计划生育“三下乡”活动，为群众提供政策法规、生殖保健、疾病防治等咨询服务，社会化计划生育宣传格局进一步形成。

【计划生育管理】

规范依法行政工作。切实维护人民群众的合法权益，一年来，没有发生育龄群众计划生育合法权益被侵害事件。2004年，全区共兑现双农独女父母奖励129万元，兑现独生子女父母奖励231万元，分别占应兑现的99.5%和90.1%，共有7795名申领“计划生育优惠证”的双农独女户享受“一免六优”待遇。区计划生育局汇编了计划生育法律法规小册子，发给村级计生管理员。为了简化办事程序，将领取“一孩生殖健康服务证”、申领“独生子女父母光荣证”、申请病残儿医学鉴定、要求再生育审批等行政审批工作内容制成小册子，实行一次性告知制，提供办事前置条件资料备索，方便了办事群众，提高了办事效率。2004年全区各级坚持依法统计，完善了计划生育出生、怀孕漏报有奖举报制度。2004年共收到有效举报10件次，发放奖金5000余元。

综合治理出生人口性别比偏高问题。2004年9月，鄞州区成立了出生人口性别比整治领导小组，把区公安、卫生、药品监督管理、计划生育、宣传、妇联、教育、民政等11个部门纳入领导小组成员单位，进一步落实了工作职责。区计生局会同卫生局、药品监督管理分局、公安分局、民政局联合下发了《关于综合治理出生人口性别比偏高问题的意见》。在9月、10月开展的出生人口性别比综合治理活动月中，通过对全区医疗卫生机构B超使用管理情况、生育全过程管理情况进行督查，加大对非医学需要的B超鉴定胎儿性别、选择胎儿性别的引流产等非法行为的监管力度，严厉打击贩卖、残害、遗弃女婴等违法犯罪行为，使全区出生人口性别比偏高趋势得到了有效遏制。在联合执法检查中，区有关部门还对塘溪坊前诊所非法开展计划生育手术的违法行为予以行政处罚2.5万元。

强化社会抚养费征收管理。2004年，全区征收社会抚养费131万余元。各镇（乡、街道）均做到1个月内立案率100%，征收兑现率达到90%以上。同时，区计生局会同区卫生局、公安分局在全区范围内开展了打击非法接生专项整治活动，专项活动以加强对古林、石碶等6个镇（乡、街道）的日常监督检查为重点，健全了信息反馈网络，共查处非法接生5例。

【基层基础工作】

计划生育自治工作全面落实。全区各镇（乡、街道）计划生育村（居）民自治能力不断增强，按法律法规要求，全区450个行政村（居）对《计划生育村民自治章程》普遍进行了清理和修订。7月5日，区计生局在姜山镇东光村召开了全区村级计划生育民主听证现场观摩会。通过组织村党员干部、村民代表、育龄群众代表、协会会员、外来流动人员代表参加计划生育民主听证，进一步拓宽民主参与渠道，提高村民参与管理和监督的力度。各镇（乡、街道）在抓好村（居）民自治工作的同时，开展了计划生育优质服务示范村创建活动，通过严格的考核评估，20个村（居）达到区级计划生育优质服务示范村标准。

信息化建设步伐不断加快。2004年,区级财政预算投入计划生育信息建设经费60万元，实现了网络延伸。目前石碶、钟公庙和下应3个街道所属的97个村(社区),已经与区、镇(乡、街道)初步实现了“五级联网”。同时,充分发挥省际流动人口交换平台的支持作用,促进流动人口信息交换工作效率大幅提高。据统计,2004年共交换11个省间流动人口3632余人次,位列全市前茅。

计划生育协会工作得到加强。2004年,区计划生育协会召开了三届理事扩大会议,举办了镇(乡、街道)计生协干部培训班。5月29日,区计划生育协会同区妇联、卫生局、科协、劳动管理等部门,在高桥镇举行了大型宣传服务活动。年初在古林镇嘉乐制衣有限公司进行了企业计生协组建试点工作。通过推广试点工作经验,在全区100人以上各类企业中,现已建立企业计生协会组织108家,占25.6%(包括浙江省50强企业)。

计划生育队伍素质有新的提高。各级党委、政府高度重视和关心计划生育队伍建设，村级计划生育管理网络建设继续得到强化巩固，针对村级行政区划调整后,新上岗村(居)计划生育管理员较多的情况,10月底,区计划生育局会同区妇联联合举办新上岗妇女干部培训班,对近100名妇女干部进行了计划生育政策法规、统计、宣传及妇联工作任务、职能等业务知识的培训。2004年,全区共举办各类计划生育干部培训班36期次，平均每个干部受训达3次,在全市村(居)计划生育管理员岗位练兵比赛中,鄞州区夺得了团体总分第一名。同时,区计划生育局机关通过不断推进机关效能建设,提高了工作效率,增强了服务意识,树立了计划生育部门的良好形象。

【流动人口计划生育管理】

成立综合管理机构。3月初,区政府成立了区流动人口综合管理领导小组,下设办公室,抽调公安、计划生育、劳动管理等政府部门的力量,开展合署办公,综合研究和解决以计划生育、劳动就业、社会治安为重点的流动人口综合管理问题。10月,区政府制定出台了《关于加强流动人口计划生育管理和服务工作的实施意见》,就改革流动人口计划生育管理服务作出详尽部署。各镇(乡、街道)按照要求,在加强流动人口管理办公室、服务中心建设,强化合署办公的同时,建立健全了一系列管理服务工作制度,加大了流动人口综合治理的力度。至2004年底,全区已有8个镇(乡、街道)和170余个以上的村(居)分别建立了流动人口综合服务站。

探索综合管理工作新机制。年初区社会治安综合治理委员会、计划生育局在下应街道联合开展以探索“一证式”(“暂住证、婚育证、就业证”三证合一)管理和“一站式”服务为重点的流动人口综合管理试点工作,完善了房屋出租制度,明确了村委会管房东、房东管房客的责任,初步把流动人口的三证查验、务工租房、查环查孕、宣传教育等各项工作纳入了综合管理,形成了全区流动人口综合治理新格局。10月中旬,区流动人口计划生育管理协调小组成员单位还开展了联合执法活动,及时清理流动人口管理服务过程中的薄弱部位,同时,各镇(乡、街道)也都开展了1次~2次的流动人口综合执法检查,增强了企业、用工单位、房屋出租户的责任意识、共管意识,提高了“流动人口婚育证明”的持证率和验证率。2004年,全区流动人口管理服务率达到92.5%以上。

推进市民化服务。全区各级充分发挥流动人口管理网络的职能,运用新的服务载体,保障和维护了流动人口的合法权益。区计划生育局与卫生局联合下发了《关于对流动人口计划生育四项手术费实行按例包干、免费施术的通知》,使外来育龄妇女享受到了免费施术、免费提供避孕药具和免费开展宣传教育的服务。在下应街道试点工作中,区计划生育局为外来育龄妇女设计印制了“一袋一卡”(“一袋”即计划生育资料袋,“一卡”为计划生育免费服务卡)。“一袋一卡”免费发放,为流动人口的宣传教育和生殖健康服务提供了便利。据统计,自2004年初以来,全区共为近14.5万名外来育龄妇女免费开展了“三查一治”服务,发放各类宣传资料19.8万余份,施行计划生育四项手术7908例,基本实现了流动人口与户籍人口同宣传、同管理、同服务。（张淑琴）

民族宗教事务管理

【宗教政策的宣传教育工作】

在区委党校的机关政工副职培训班、中青年后备干部培训班、乡镇文卫镇长宣统委员培训班中安排了宗教政策、法规课程。8月份,区委、区政府理论学习中心组学习时,专门邀请了宁波市民族宗教事务局局长杜钧宝作了一堂宗教工作讲座,参加对象扩大到各镇(乡、街道)正职、分管宗教工作的副书记,区级机关政工副职。

平时,鄞州区民族宗教事务局(以下简称区民宗局)领导经常到各镇(乡、街道)给机关干部、村干部、宗教活动场所负责人上宗教课,通过学习宣传,使各级领导干部高度重视宗教工作,把宗教问题放到全局工作中来分析,把宗教工作列入各级党委、政府的重要议事日程,善于把党关于宗教问题的政策和措施贯彻落实到经济和社会事务管理之中,纳入经常性的工作,加强了对宗教工作的领导。

【宗教工作管理改革】

区民宗局广泛开展调查研究,多方征求意见,制定了《宁波市鄞州区基层宗教工作属地管理试行意见》,由区委办公室、区政府办公室转发各镇(乡、街道)贯彻实施。区民宗局还与区委统战部一道,在塘溪、横溪、集士港等3个镇进行试点,以取得经验,利于全面推广。2004年7月底,区委、区政府召开了全区宗教工作会议,传达贯彻全国、省、市宗教工作会议精神,推广塘溪、横溪、集士港3个镇开展属地管理工作的经验和做法,全面布置宗教工作属地管理。区民宗局在制定《宗教工作属地管理试行意见》的基础上,建立了镇(乡、街道)宗教工作的保障体系,有效地保障了宗教工作在基层有领导、有组织、有责任,形成了宗教工作管理齐抓共管的合力。

【依法管理宗教活动场所】

安全工作。2004年初,区民宗局与全区121处宗教活动场所负责人签订了安全工作责任书,并结合汲取海宁特大火灾事故的教训,配合鄞州区安全生产监督管理委员会对全区宗教活动场所进行了安全大检查。10月下旬至11月上旬,区民宗局根据宁波市民族宗教事务局《关于贯彻市政府开展火灾隐患排查整治工作实施意见的通知》和区安全生产监督管理委员会《关于印发鄞州区集中开展火灾隐患排查整治工作实施方案》的部署,组织全局工作人员、区政协宗教委员会全体委员、区基督教“两会”主要负责人、区佛教协会负责人共18人参加的联合工作队,先后对29处宗教活动场所进行排查、检查。对不安全的宗教活动场所,区民宗局专门下发了整改通知书,责令在限期内改正好。

非日常性大型活动管理工作。严格把好宗

教活动场所非日常性大型宗教活动的报批关。各场所需举办非日常性宗教活动，首先到当地镇（乡、街道）宣传统战委员处领取审批表，填清活动的人数、邀请的外来人员、安全工作和食品卫生等情况，并与当地镇（乡、街道）、派出所联系沟通，由当地镇（乡、街道）签署意见后报区民宗局审批，在条件具备的情况下方可开展非日常性大型宗教活动。6月6日，横溪金峨禅寺举办大型上梁法会，横街教堂新堂落成典礼，天童禅寺诚信法师晋山和方丈升座法会等，都是由区民宗局多次和各级政府、部门联系协调，由于各级领导重视，各部门通力配合，寺院、教堂的准备工作充分，使得各项活动开展得如法、如规，安全。

区民宗局协助阿育王寺举办了全国性三坛大戒放戒工作。牵头协调区公安、卫生部门、所在镇政府召开协调会，要求各项措施到位，人员到位，确保了放戒期间的安全。

基本建设项目的审批。各宗教活动场所，需翻扩建宗教活动场所，先到当地镇（乡、街道）宣传统战委员处领取基建项目审批表，填清基建项目、规模、资金来源等内容，由当地村、镇（乡、街道）城管分管领导、镇（乡、街道）主管领导签署意见后，经区民宗局审批同意，再到区级规划、土管、城建等部门办理相关手续，在手续办齐后方可施工。对一些未批先建的场所，区民宗局一经发现，会同镇（乡）政府、街道办事处城建部门，质量监督部门进行严肃的查处，并要求补办相关手续，同时依照有关法律法规，进行行政处罚。

全区僧人资格认定和宗教团体建设。根据宁波市民族宗教事务局、宁波市佛教协会的布置要求，区民宗局在全区开展了僧人资格认定工作。首先，在下应街道长寿寺进行了试点，取得经验和做法后，推广至全区。总计全区共有510人通过僧人资格认定。通过僧人资格认定工作，进一步规范了鄞州区佛教寺庵僧人队伍管理。

区民宗局还协助区佛教协会，召开了四届四次佛协理事会议，选举增补了天童禅寺方丈诚信、阿育王寺方丈界源为区佛教协会副会长，充实了佛协领导力量。

年检工作。2004年第一季度，区民宗局对2003年的宗教活动场所工作进行了认真、客观地总结。佛教和基督教分别召开了各场所负责人会议，落实了宗教活动场所管理工作做得比较出色的寺院、教堂，在大会上进行了发言交流。还邀请了市佛教协会会长怡藏法师、区公安局国保大队人员给大家上了课。有效地提高了宗教教职人员的政策意识、法制意识和严守戒律戒规的自觉性。全区118处宗教活动场所通过年检。

【宗教界人士参与社会活动】

区民宗局注重引导宗教界人士积极参与社会各项活动，为社会慈善事业、希望工程、救困扶贫、赈灾义助奉献爱心。2004年全区宗教界共向社会捐款120余万元。

【少数民族工作】

2004年，区民宗局对区级机关（含下属单位）少数民族身份干部情况进行了普查。通过普查发现，全区现有少数民族身份干部43人（其中党员11人、团员12人）；大专以上学历36人。

区民宗局在少数民族人口较多的十个镇（街道），建立了联络员队伍，为做好全区少数民族工作，充分调动一切积极因素打下了基础。

在新年春节期间，区民宗局组织慰问组，深入各镇（乡、街道）、行政村对全区66户少数民族特困户家庭进行了慰问，并送去慰问金3.3万元。7月底，区民宗局获悉姜山镇新汪村布依族同胞陆邦敏不幸惨遭车祸，幼儿着地身亡，夫妻俩均受重伤的情况后，及时会同宁波市民宗局、少数民族联合会和鄞州区少数民族联络小组领导特意带上慰问金上门慰问，使布依族同胞陆邦敏很受感动。

继续抓了《浙江省少数民族权益保障条例》在基层贯彻落实，少数民族子女读书的学杂费都得到了减免。（丁志国）

老龄工作

【概况】

至2004年底，全区60岁以上老年人口为92853人，占总人口的13.13%，其中百岁老人11人。全区老龄工作全面贯彻“党政主导、社会参与、全民关怀”的工作方针，努力让老年人实现“老有所养、老有所医、老有所乐、老有所为、老有所学、老有所教”，营造全区良好的敬老氛围。

【开展老龄意识宣传】

充分利用春节、老人节2个黄金时节，运用各种宣传工具，深入宣传党和政府有关老龄工作的方针政策，宣传《中华人民共和国老年人权益保障法》及《浙江省实施〈中华人民共和国老年人权益保障法〉办法》。2004年初，鄞州区老龄工作委员会办公室（以下简称区老龄办）将6000张敬老宣传年画发送到基层老年人协会、老年人手中；举办了1次老龄事业图片展，在区政府大楼、凤凰影剧院等地展出，18个镇（乡、街道）、区老龄办都根据各自工作特点制作了版面。《鄞州日报》、鄞州电视台等新闻媒体开设了老人节专栏、专题，进行宣传报道。

【维护老年人合法权益】

采取多种措施，加大维护老年人权益工作的力度。认真接待老年人来访，做到件件有答复，事事有回音，妥善处理老年人反映的各类实际问题。11月底有重点地在个别镇进行老年法执法检查，对侵犯老年人合法权益的事件及时进行处理教育。年底，开展了社会化养老调查，提出合理化建议供领导决策。

【老年人协会的管理教育】

继续开展规范化老年人协会建设，通过综合评比，共评出了36家规范化协会，给予通报表彰和每家800元的物质奖励。年初在排摸调查的基础上，首批挑选了4家新建、改建的贫困村老年活动室，通过市、区、镇三级配套补助的方式给予每家3万元的补助。对老年活动室进行组织整顿，第三批共30家活动室统一制作规章制度上墙。社区在建立老年协会的基础上，推进3587工程建设，在钟公庙街道设立了社区老龄工作规范化建设试点。

【老年文化教育体育事业】

鄞州区老龄工作委员会协调有关部门共同开展以“敬老、养老、助老”为主要内容的各种社会活动。指导老年人体育协会组织象棋、门球、钓鱼等各类全区性比赛10次，建立活动辅导点195个。区老龄办出资补助新建门球场6个，每个3000元。组织夕阳红艺术团深入农村、社区老年人协会慰问演出共20余场次。老年教育方面，镇（乡、街道）办老年人学校发展迅速，开课日益正常化。老年人电大春、秋季招生2544人。

【庆祝第十七个老人节】

9月～10月，区老龄办成功举办了一系列老人节庆祝活动。一是举办“老年文体周”。在凤凰影剧院举行了开幕式文艺演出，区委副书记许勤德、副区长崔秀玲、政协副主席张嘉俊等领导出席。鄞州区第九届老年人运动会胜利召开，镇（乡、街道）老年人体育协会、退休教师协会、老年大学等18个代表队参加了比赛。“夕阳红”艺术团送戏下乡,与农村老年人同娱同乐;二是区四套班子领导慰问鄞州区的12位百岁老人,送去每人500元的慰问金及物品;三是为困难老人送温暖献爱心。区老龄办出资2.5万元、区慈善总会“华泰爱心扶助基金”出资5万元救助了150名生活确有困难的老年人,民政局也安排12万元慰问光荣院和敬老院老人;四是与鄞州区老干部活动中心联合举办机关离退休干部游园娱乐活动,并组织了医疗专家组现场开展咨询,有700余名离退休老干部参加。同时,22个镇(乡、街道)也结合各地实际广泛开展形式多样的庆祝活动。

【争创老龄工作先进区活动】

根据全国和浙江省老龄工作委员会开展创建老龄工作先进县(市、区)活动的有关精神,2004年下半年,区老龄办在外出学习考察的基础上,提出了符合鄞州区实际的创建老龄工作先进区方案,区委、区政府出台了《鄞州区开展争创浙江省和全国老龄工作先进区活动的意见》(鄞党办〔2004〕109号),采取措施整合资源,争取各成员单位的共同协作,着手开展创建活动。（林晟莹）

残疾人工作

【概况】

2004年,全区共有3200余户残疾人获得各种形式的救助,残疾人生活状况有了明显改善;康复服务的内涵有了更深层次的拓展,共有749名残障人员享受了康复服务;就业扶持形式日趋多样,就业服务实效凸现,全年共有191名残疾人走上就业岗位;残疾人事业舆论宣传力度进一步加强,群众性的残疾人文体活动得以蓬勃开展,全社会尊重、理解、关爱残疾人的良好氛围更加浓厚;残疾人就业保障金按月征收工作顺利铺开,保障金计征办法更加规范,计征手段更加有力,征收额度和征收率得到大幅度提升;贫困残疾人“安居工程”、福利企业残疾职工人身意外保险、残疾人参加农村新型合作医疗专项补助等一系列创新性工作的成功实施,为鄞州区残疾人工作在全市、全省残联系统中增添了新的亮点。2004年,鄞州区残疾人联合会(以下简称区残联)再次荣获“全省示范残联”称号。

图79　在第十四个“全国助残日”来临之际,区残联开展了助行、助困、助医、实施“安居工程”等八大助残活动,送去了党和政府对残疾人的关爱和温暖。图为区残联慰问钟公庙街道庙堰村残疾人顾翠娥场景(右一)

【扶贫解困】

贫困残疾人生活保障机制进一步完善。区残联对全区60周岁以上的贫困残疾老人和重度残疾人实行应保尽保、定期定量救助,全区共有989名贫困残疾老人和214名贫困重度残疾人可分别享受30元/月、50元/月的生活救助。同时,向全区1298户低保残疾人下拨救助金共计389400元,每户300元;开展贫困残疾人“安居工程”,全区解决贫困残疾人家庭住房困难

39户；开展爱心助学工程，有304名学生接受资助；开展各类保险，为残疾人生活系上安全带：区残联出资对全区1018户贫困残疾人家庭进行了“金锁家庭财产综合保险”、贫困残疾人农村医疗住院保险，全区1151名残疾人得到每人每年30元的保险费补助；福利企业残疾职工人身意外伤害保险，全区109家福利企业5796名残疾职工参保。

【康复服务】

按照社区卫生服务中心功能设置要求，将残疾人康复训练与服务纳入其中，建立社区残疾人康复服务中心（站），提供必要的康复器材和科普宣传资料，使残疾人就近得到康复服务，区残联同区卫生局开展了建立社区残疾人康复服务中心试点工作，实现康复形式多样化、工作社会化、训练制度化、服务规范化和培训系统化。全年发放“精康救助医疗卡”215张，住院困难救助50人，完成肢体残疾人康复22名，脑瘫儿童在训3名，智残儿童在训7名，聋儿语训6名，白内障复明手术400例，赠送助视器18名，助听器16台，矫形器12件，免费安装普及型假肢12条。

【劳动就业】

千方百计帮助残疾人实现就业，不断完善按比例安置残疾人就业工作，积极参与对福利企业集中就业的管理。全面实施按月征收残疾人就业保障金办法，征收额同比增长40%，积极开展残疾人就业“万千行动”；大力扶持农村残疾人发展种养业和个体就业：下拨无偿扶持残疾人从业补助资金72万元，受扶户数193户。全区现有种养业示范基地12个，安置和辐射带动残疾人从事种养业1050人；强化各类职业技术培训和农业技术培训，帮助残疾人提高劳动技能：安排了计算机技术等10个专业、58名残疾人参加了职业技术培训；组织了果桑栽培、蔬菜瓜果、花卉、家禽饲养4期残疾人种养业技术培训班，共有209名残疾人种养业户参加了培训，组织了3期残疾人种养业技术交流座谈会，邀请种养业基地及残疾人种养业示范户介绍经验，并组织实地参观。

【文体工作】

残疾人文体活动蓬勃开展，文体人才不断涌现，云龙镇中学初一（5）班学生陈雷，在2004年4月石家庄举行的2004年全国残疾人游泳锦标赛上，分别荣获S10级50米和100米比赛的银牌和铜牌，并获得体育道德风尚奖。2名聋人运动员参加4月份在湖南益阳举行的全国聋人锦标赛，分别在田径项目上荣获第4名和第7名。在宁波市第三届残疾人棋类比赛中，鄞州区荣获团体总分第2名。在慈溪举行的浙江省首届聋人运动会中，鄞州区选送的7名聋人运动员共夺得金牌9枚。（方建国）

关心下一代

【概况】

鄞州区关心下一代工作坚持“围绕中心，配合补充，因地制宜，量力而行，立足基层，注重实效”的工作方针，坚持实事求是，与时俱进，取得了一定成效。鄞州区教育局关心下一代工作委员会、云龙镇关心下一代工作委员会、集士港镇关心下一代工作委员会被宁波市关心下一代工作委员会表彰为先进集体；陈彩棠、，叶正飞、吴国兴、郑能强、吴阿敖、徐钦琦等为先进个人。区教育局关心下一代工作委员会常务副主任徐德金被浙江省关心下一代工作委员会表彰为先进个人。

【组织网络建设】

2004年上半年,各镇(乡、街道)党委(党工委)根据工作要求,重新调整和充实了镇(乡、街道)关心下一代工作委员会组织领导班子成员,明确工作职责,并发文公布。全区镇(乡、街道)关心下一代工作委员会组织网络建成,确保关心下一代工作有序进行。同时,建立社区,村(居)级关心下一代工作委员会352个。

【爱国主义理想信念教育活动】

全区各镇(乡、街道)关心下一代工作委员会切实加强对未成年人思想道德建设工作,充分利用节假日,暑寒假,组织学生祭扫先烈,瞻仰烈士遗容和革命文物,共有85位老同志为学生作报告65场次,受教育的青少年学生达32000人次,弘扬了革命先烈精神。在暑假期间,又有31247名青少年学生参加社区,村(居)级关心下一代工作委员会组织的"道德规范,从我做起","珍惜生命、远离毒品","不让暴力进社区"等教育活动。并且利用爱国主义教育阵地为平台,组织青少年学生参观访问,市、区新面貌、新气象、新成就,组织青少年畅谈建国55周年和宁波解放55周年以来的伟大成就,收到了爱国主义教育的良好效果。

【扩展"五老"队伍建设】

充分发挥老干部、老战士、老教师、老专家、老模范等五老队伍作用,全区已有901名"五老"人员参加关心下一代工作,其中常务工作人员315名,特别是96名五老网吧义务监督员发挥了很好作用。

为了加强"五老"队伍建设,鄞州区关心下一代工作委员会五月份在区委党校会场,举办了1期由鄞州区讲师团成员,各镇(乡、街道)、学校宣讲员,帮教员和校外辅导员参加的"三大员"学习培训班,从而使"五老"人员在青少年理想信念教育,民族精神教育,道德规范教育,老少共建活动,帮困助学活动中发挥优势作用。

【关注弱势特殊群体】

鄞州区关心下一代工作委员会诚心诚意地为两种人办实事,做好事。一是弱势群体,开展扶贫帮困,爱心助学活动。全区各级关心下一代工作委员会已筹集帮困助学基金457000元,同时,还通过集体,个别结对助学方式,解决了近500名各大、中、小学生因家庭经济困难,而面临辍学的危险。二是特殊群体,坚持做好失足青少年的帮教转化工作和有不良行为的青少年的矫治工作,让他们在社会关爱中健康成长,重塑人生历史。

(陈瑞祥)

图80　在"六一"儿童节来临之际,全区开展了各种各样健康向上的庆祝活动。图为横街镇中心幼儿园庆祝"六一"活动场面

镇 乡 街道

总 述

【概况】

鄞州区现辖17个镇、1个乡、4个街道，经过行政村规模调整和撤村建居工作，下设社区居民委员会54个，村民委员会470个。

【八镇入围全省百强】

浙江省农村社会经济调查队通过对全省1334个镇(乡)(不含街道)社会经济综合发展指数的测算，公布了2003年度全省最发达100个镇(乡)名单。鄞州区共有8个镇榜上有名，入围总数在全省各县(市、区)中居第二位，在全市各县(市、区)中居第一位。

鄞州区入围的8个镇分别是邱隘镇、五乡镇、古林镇、姜山镇、高桥镇、集士港镇、云龙镇和东钱湖镇。

【十五镇入围全国千强】

国家统计局农村社会经济调查总队以2003年统计调查数据为依据，对全国近两万个小城镇（不包括街道）进行了综合测评，评定出1000个综合发展水平较高的小城镇（即千强镇），鄞州区共有15个镇入围，入围全国千强镇个数名列浙江省第二。这是国家统计局首次对全国小城镇进行综合发展指数测评。

这次测评把反映小城镇发展水平、生活质量、发展潜力等25个统计指标作为测评依据。测评出的千强镇主要发展特征是综合实力强，发展水平高；企业多，吸纳劳动能力强；基础设施好，人民生活水平高。鄞州区入围的15个镇分别是：邱隘、五乡、古林、姜山、高桥、集士港、云龙、东钱湖、横街、横溪、东吴、洞桥、鄞江、塘溪、瞻岐。

（包柱红）

表6 鄞州区行政村撤并基本情况表

单位:个

镇(乡、街道)	撤并前	撤并后
瞻岐镇	21	17
咸祥镇	25	17
塘溪镇	32	17
东钱湖镇	43	43
东吴镇	21	12
五乡镇	28	19
邱隘镇	20	16
下应街道	36	30
云龙镇	20	17
横溪镇	31	15
姜山镇	74	55

续表6

镇(乡、街道)	撤并前	撤并后
钟公庙街道	29	28
集士港镇	27	19
横街镇	46	28
古林镇	33	24
高桥镇	33	20
鄞江镇	19	12
石石契街道	20	16
洞桥镇	27	20
章水镇	50	20
龙观乡	15	10
梅墟街道	15	15

瞻岐镇

表 7　　2004 年基本情况数据库

项目	单位	合计
总面积	平方公里	94
种植面积	公顷	1452.8
建制村	个	17
总人口	人	25547
外来民工	人	2508
地区生产总值	万元	33000
第一产业产值	万元	17000
第二产业产值	万元	142000
工业销售收入	万元	139000
工业利税	万元	8200
工业技改投入	万元	27300
固定资产投资	万元	19906
财税收入	万元	2160
农民人均收入	元	5646
出口交货值	万元	21381
村可用资金	万元	2445

表 8　　2004 年骨干企业基本情况表

单位:万元

企业名称	产值总额	销售总额	利税总额
宁波力达物料设备搬运厂	7608	7648	184
鄞州岐海印刷机械有限公司	2927	2927	1087
鄞州海丰塑机有限公司	2430	2463	294
鄞州发电设备附件厂	2236	2236	203
鄞州日升物流储运设备厂	1971	1856	138
鄞州岐峰实业有限公司	1518	1399	533
宁波工达模塑有限公司	1500	1439	38
鄞州佳时利塑胶制品厂	1437	1386	172
宁波胜莱制衣有限公司	1214	1383	80
宁波鑫煌模业有限公司	1209	1265	74

【概况】

2004 年，地区生产总值达 3.3 亿元，比 2003 年增长 7%；实现财政收入 2160 万元，比 2003 年增长 3%；村级集体经济收入达 2445 万元,农民人均收入达 5646 元,比 2003 年增长 10.7%。

【农业和农村经济】

农业发展协调推进。农业结构继续优化,名优农产品规模扩大，新增紫菜养殖 21.33 公顷围塘养殖 14.67 公顷,林业特产、水果、茶叶 78.67 公顷。2004 年，渔业产量达 2635 吨，各类名优水果产量 4050 吨，生猪出栏 3.9 万头，家禽饲养量达 27 万羽。重视粮食生产，鼓励和保护农民种粮积极性,复耕各类零星抛荒 50.67 公顷。积极开展家禽防疫,检疫生猪 2 万头,鸡 8000 多只,鸭、鹅10 万多羽。农田基础设施进一步完善。一年来共投入 160 多万元，完成了新田水库下游溪坑治理工程、大嵩江周一段加固工程、滴水桥拆建工程、合兴塘灌浆治漏工程、大石门水库灌浆治漏工程、德兴碶外抛石工程和德兴二碶治漏工程。标准农田进展顺利，2004 年共完成标准农田 395.33 公顷，完成农业综合开发 200 公顷。村级集体经济进一步壮大。加大对经济贫薄村的扶持力度,加强村级财务管理,规范村务、财务制度,全年村级集体经济总收入达 2445 万元。

【工业经济】

招商引资形势良好。年初对 4 公顷左右的闲置厂房进行牵线搭桥，顺利地把厂房转让给刚落户的 2 家上规模企业。确立了盐田开发战略,建立了招商引资新平台。5 月份对红卫、联胜 2 个盐场及有关区域进行地形测绘,并配合区委、区政府进行盐田开发可行性调研。“双优”工程扎实推进。积极引导企业加大技改力度。2004 年技术改造投入达 2.73 亿元，比 2003 年增长 41.5%，其中财务到位数 1.84 亿元，累计完成技术改造项目 41 项。列入国家中小企业创新基金 1 家，申报国家火炬计划 1 项，开发市级新产品 4 项，新增高新技术企业 1 家。人才资源进一步集聚，全年共引进人才 51 名，其中高级工程师 3 名。企业规模不断壮大。强势企业支撑作用进一步加强。2004 年，500 万元以上企业实现工业产值 3.1 亿元，比 2003 年增长 21.5%；实现利润 2700 万元，比 2003 年增长 13%；新增 500 万元以上企业 3 家，产值超 1000 万的企业达 14 家，成为镇域经济发展的“发动机”。进一步完善中小企业服务体系，切实解决部分企业发展中面临的实际困难，促进中小企业进一步发展壮大。外贸外资稳步推进。2004 年实际到位外资 19.8 万美元，外贸自营出口达 464 万美元。

【城镇建设】

人居环境进一步优化。加强生态绿化建设，实施公路、住宅区、溪坑绿化工程，2004 年完成绿化 2.54 万平方米。开展建成区“三乱”整治活动，重点处理了咸瞻公路两边乱搭建、乱占道、乱停放等违章现象 70 余起，清理路牌、广告牌 18 块，拆除违章建筑 21 处。加强城镇监管，实行大嵩江流域水质定期测控，严格每月一次油脂加工企业巡查。一年来共关停非法电镀、冶炼企业 3 家，整顿处罚污染企业 15 家。全面推进农村公路建设，投资 520 万元完成方姚公路、大嵩公路、振兴路延伸段、周一公路建设工程。实施农村公交化改造，开通 620、621 两条公交线路。投入 2000 万元完成梅溪水库引水的管道铺设工程，投入 600 万元开展日供水 2 万吨的水厂建设工程，投入 250 万元完成 7 个村的二次水改工程，安装了小岭头水库净化加氯装置，提高了百姓饮用水质。投资 70 万元开展敬老院扩建工程，完成了新初级中学和新卫生院的选址、规划、评审等前期准备工作。

【社会事业】

推进村级卫生室规范化建设，全镇共有 24 家卫生室通过验收。广播电视设施继续完善，全年共投入 60 多万元，完成 3 个村 2000 余户的广电网络数字化改造，镇广播电视站被评为市级广播电视特级站。弘扬瞻岐特色文化，积极鼓励民间自发的文艺活动，落实文艺活动场所和配套资金。社会保障体系继续加强。开展新型农村合作医疗保险，全镇参保人数达 87%。及时发放失地农民用工补助，继续开展各类扶贫帮困活动，全年共投入 40 余万元，补助 1000 余人次，为 22 户困难家庭审批了低保户，切实解决贫困家庭的实际困难。同时全面开展农村“五保”老人集中供养工作，由各村对五保对象签订供养协议。认真落实社会治安综合治理领导责任制，进一步加大不稳定因素排查调处力度，2004 年共调处各类纠纷 100 余起。开展治安大排查，发放传单 2000 余张，走访本地、外地群众 400 多人。开展对辖区内聚众赌博专项整治，共查获 4 起聚众赌博行为。加强交通管理，增设“慢”字灯、红绿灯、安装反光道钉和减速带，划定人行道。重视消防安全工作，投入 25 万元建立专职消防队一支，新配备了一批消防器材，实施“平安镇乡”创建工作，共有 17 个村和 25 家单位被评为治安安全村或单位。

【海水围塘养殖】

海水围塘养殖从 2000 年开始，已发展到 200 公顷的规模。2004 年，海水围塘养殖取得了喜人成绩，平均每公顷产值达到 12.9 万元，单位收益达 6.75 万元，极大地鼓舞了养殖者的信心。

整理好的养殖塘

【一方名企:宁波鄞州恒成织带厂】

宁波鄞州恒成织带厂成立于1978年,该企业以生产各类丝织带为主,每年生产的产品品种多达20余种,并不断开发技术新的产品,产品广泛应用于各类服装、玩具、酒瓶等的装饰丝带,厂区占地面积7000余平方米,现有职工200余人,总资产1000多万。多年来该企业一直致力于社会福利事业的发展,累计各类捐款已达800多万。

(张碧云)

咸祥镇

表9　　2004年基本情况数据库

项目	单位	合计
总面积	平方公里	64.54
种植面积	公顷	1771.27
建制村	个	17
居委会	个	1
总人口	人	28675
外来民工	人	6504
地区生产总值	万元	48297
第一产业产值	万元	12271
第二产业产值	万元	26362
第三产业产值	万元	9664
工业销售收入	万元	59583
工业利税	万元	22291
工业技改投入	万元	18897
固定资产投资	万元	21583
财税收入	万元	3099
农民人均收入	元	6460
外贸出口交货值	万元	35800
镇村集体净资产	万元	3493
村可用资金	万元	2483

表10　　2004年骨干企业基本情况表

单位:万元

企业名称	产值总额	销售总额	利税总额
宁波申江实业有限公司	12408	12555	1877
宁波虬龙水产有限公司	4389	3881	257
宁波明达伟安制衣有限公司	4252	4254	305
鄞州东海粉末涂料有限公司	3500	2769	223
宁波南盛服饰有限公司	2566	2249	228
宁波松江蓄电池有限公司	2404	1925	345
宁波银球制衣有限公司	2013	1846	127
宁波诺布尔制衣有限公司	1895	1935	218
宁波鄞州一大针织厂	1885	1866	198
宁波成杰制衣有限公司	1877	1876	111

【农业结构日趋合理】

从产业规模上看,以水产和水果为主的"两水"产业已经占主导地位。2004年新调整100公顷的水产养殖和100.3余公顷的林特水果,进一步的增强了全镇"两水"产业的规模。据统计该镇已达水产养殖面积573.3公顷、林特水果面积512.7公顷。从种养殖品种上看,农产品品种日趋多样化。品种发展到河蟹苗种、梭子蟹苗种、中国对虾、南美白对虾、柑桔、杨梅、果桑、水蜜桃、翠冠梨等30余种,给广大农户提供了更多地选择余地。从产业化程度上看,基地、农户、企业三者关系进一步理顺。全镇5家水产育苗企业2004年为广大养殖户提供了7亿尾南美白对虾、5300万尾中国对虾,100公斤的梭子蟹苗种;紫云堂水产品有限公司与该镇农户签订200万公斤雪菜。农业产业化日趋成熟,基地、农户、企业三者融为一体。

【工业经济稳步发展】

2004年，新办企业9家，注册资金3468万元;引进企业6家,注册资金2330万元。2004年该镇的规模以上企业总数达到29家，比2003年新增4家。规模以上企业中,上1000万元产值达到14家，比2003年增加3家。规模以上企业所创造的产值占全镇工业总产值的比例达到20%，比2003年提高2%。

2004年，该镇企业共实现高新技术产品产值、销售和利税分别达到7.31亿元、7.17亿元、8851万元,高新技术产品销售年度指标完成率达170%,比2003年同期增加86%。高新技术产品产值占全镇工业总产值的比重达到29%，比2003年提高12%。立项开发市级新产品33个，超额154%完成2004年任务指标。引进各类人才76名,完成2004年指标任务的112%。组织参加大型技术交易洽谈会5次，签订8项技术合作协议,引进专利技术、科技项目成果15项。申报各类技术攻关项目15项，其中东海粉末开发的丙烯酸粉末涂料获得国家发明专利1项。新增1家市级高新技术企业（宁波申江科技股份有限公司),使该镇拥有1家国家级高新技术企业、2家省市级高新技术企业和2家区级高新技术企业,进一步壮大了高新技术企业队伍。

【城镇面貌明显改观】

2004年,共投入资金2000余万元,进行城镇基础设施建设。相继完成了咸祥镇中心小学一期建造工程,球北、渡头公路拓宽工程,芦浦公路浇筑工程，西宅至大闸公路的路灯安装工程，海南村、横山村的村级水管网络改造工程，咸兴街路面修复工程等。此外，还规划筹建了一个投资在3500万元左右的咸祥镇供水系统,一家日供水量在2万吨~4万吨的中心水厂选址已结束,镇、村两级水管网络图纸已基本确定，从根本上解决咸祥人民的正常用水问题。

强调生态绿化建设，2004年出资250万元，新增公共绿化面积1.6万平方米，覆绿了金山公园旁的2个山塘，大大提升了城镇形象。积极推进全镇环境整治工作，重点清理了城乡结合部和球山公路边沿的各类垃圾和杂物，整改了垃圾填埋场。强化了环卫队伍建设,保证了主要街道、河流的全天候保洁。旧城改造逐步推进，金江花园正式启动。一个绿化、净化、美化的居住环境已初步形成。

【各项改革稳步推进】

2004年4月底,顺利完成全镇行政村区划调整，该镇行政村从原来的25个调整到17个，调减幅度达到32%。有原五一村、中塘村、球北村、渡头村、龚家村、犊山村、横山村、鲍家村、外营村、芦浦村、竹头村、乐家村等12个行政村被调整，新成立球山村、龚犊村、横山村、芦浦村等4个行政村。2004年9月,顺利完成大宁横线营运中巴车公交化改造，让咸祥人民真正享受到城市公交的便捷。农村住院医疗保险和被征地人员养老保障工作有序推进，社会保险扩大覆盖面工作扎实开展,社会保障体系不断完善。据统计,2004年该镇已有20845人参加农村住院医疗保险，3137人参加城镇职工养老保险，1600余名职工参加工伤保险,978名职工参加失业保险,559名失土农民参加失土农民养老保险。全面推行维稳联动中心,实行综治、信访、司法、安全四位一体办公;落实责任,推行镇村两级信访单独考核,切实维护社会稳定。2004年，共受理群众来信20件，来访59起522人次，重点解决涉法矛盾3起,报结办理重要信访3件,普通信访11件,解决了部分长期遗留的疑难问题。

【620路公交开通】

2004年9月12日，鄞州区公交化改造首条线路——咸祥线开通典礼在咸祥镇中心小学举行，区长徐立毅、副区长毛宏芳参加了通车典礼。此次改造，共投入公交车20辆，改造个体中巴车28辆，由宁波东方巴士服务公司负责运行。公交化改造后，咸祥镇群众在家门口就可以直接乘车到宁波市区了，使3万多群众享受到了公交化改造带来的实惠。

咸祥线大部分中巴车运营时间已超过5年，车辆破损严重，技术性能大大下降。加上中巴车多为个体经营，许多车主为了赢利，经常超速超载行驶，导致交通安全隐患严重。随着城乡一体化的不断推进和人民生活水平的提高，个体中巴车已越来越不能满足广大群众的出行需要。为此，区委、区政府作出了全面启动中巴车公交化改造的决定。

作为宁波市最长的一条城市公交线路，咸祥线公交线路编码为620路，为空调大客车，由咸祥镇始发，经宁横公路、盛莫路、宁穿路、福明路、中山东路、甬港北路、百丈东路、彩虹南路、新河路、南演武街、四眼碶街、江东南路和百丈路（最后6个路段为单向行驶）至琴桥东，全程48公里。此外，部分班次还将由咸祥镇延伸至球山或横山码头。（林东波）

图81　620路公交车

塘溪镇

表11　2004年基本情况数据库

项　目	单　位	合　计
总面积	平方公里	94.6
种植面积	公顷	1501.4
建制村	个	17
居委会	个	1
在册人口	人	26925
外来民工	人	17523
地区生产总值	万元	78477
第一产业产值	万元	4002
第二产业产值	万元	66389
第三产业产值	万元	8086
工业销售收入	万元	388603
工业利税	万元	38568
工业技改投入	万元	20300
固定资产投资	万元	26704
财税收入	万元	5333
农民人均收入	元	7209
外贸出口交货值	万元	76856
镇村集体净资产	万元	3349
村可用资金	万元	2124

表12　2004年骨干企业基本情况表

单位:万元

企业名称	产值总额	销售收入	利税总额
东江金属型材有限公司	7210	7013	622
亚大汽车管件有限公司	6001	5154	1062
三星制笔厂	5237	5036	540
多灵电器元件厂	3869	3841	277
伟伟带钢有限公司	3786	3889	166

续表 12

东方九洲食品工贸有限公司	3032	2898	78
宁波名古屋工业有限公司	2795	2779	10
宁波荣华办公有限公司	1869	1104	282
宁波兴大针织有限公司	1664	1664	47
鄞州东港气门嘴有限公司	1620	1386	58

【工业竞争力提升】

2004 年，实现工业产值 38.03 亿元、增长 27.5%，销售额 36.97 亿元、增长 28.3%，利润 3.42 亿元、增长 24.2%。其中 500 万以上企业实现产值 6.49 亿元、增长 32.6%，销售 6.25 亿元、增长 32.1%，利润 3724 万元、增长 38.3%。企业规模不断扩大，全镇销售 5000 万以上企业达到 3 家；销售 1000 万以上企业达到 19 家，新增 5 家；销售 500 万以上企业 47 家，新增 11家。有色金属、汽车配件、办公用品、五金工具等传统产业加快升级，完成工业投入 3 亿元，技术改造财务到位资金 2.03 亿元。新产品开发和人才引进力度不断加大，开发市级以上新产品 14 个，引进各类人才 142 名，实现高新技术产业销售 2.47 亿元、增长 45.5%。外向型经济稳中有进，完成外贸出口 7.68 亿元、增长 30.1%，自营出口 592 万美元、同比增长45.5%，协议利用外资 211 万美元，实际到位外资 106 万美元，引进内资 1800 万元。工业小区开发步伐加快，已入驻企业 9 家，总投资 1.25 亿元。

【农业基础地位巩固】

实现农业总收入 9439 万元、增长 12%，农民人均收入 7209 元，增长 14%。持续推进农业产业结构调整，共调整山地农业结构 172.1 公顷。继续开展有机绿色农产品基地认证工作，积极组织参加各类农产品展销会，发展壮大以九洲食品工贸有限公司为主的农业龙头企业，坚持走农业品牌化路子，堇山牌农产品品牌效应逐步显示。大力推广农业新品种、新技术，开展农业科技培训，不断提高农业科技水平。加强农业生态环境建设，完成了总投资 702 万元的国家级农业生态镇工程招投标工作。发展林业生产，全镇封山育林 1733.3 公顷，完成林相改造 37.8 公顷，迹地造林 64.3 公顷，平原绿化 2 万余株；加强森林防火工作，完善森林防火体系；保护森林资源，严格控制松材线虫病蔓延。加强禽流感预防工作，控制了禽流感的发生。完成了行政村区划调整工作，行政村由原来 32 个调整为 17 个。加强村级财务管理，规范村务财务双公开制度，严格控制村级非生产性开支。加强水利建设，完成了亭溪小流域治理，病危山塘水库治险加固、大嵩江江塘加固等为重点水利工程建设项目，完成了标准田建设 253.5 公顷。

【城镇管理加强】

完成上城村示范村规划编制；开展并编制完成了东山、华山、上城、管江和梅溪 5 个地块的新村建设规划，积极做好新村建设各项前期准备工作；开展宅基地调查，着手解决大龄青年和住房困难户的住房问题。加强城建监察，强化土地管理，调整充实了城建监察队伍，加大了对土地违法违章事件的查处力度，共查处违法、违章建筑 69 起，参加重点拆违行动 3 起，协助各行政调解城建纠纷案件 20 起，有效地遇到了各类违法违章事件的发生。生态环境保护和环境整治工作继续强化，全镇矿山生态环境治理率达 75% 以上，建设生态公益林 1100 公顷。加强了对拉丝酸性行业整治，开展工业排污企业废水 COD、pH 流量在线监测工作，严格按照“三同时”要求完成安装，九洲工贸、伟伟带钢投入资金近 300 万元，新建、改建了污水处理设施；4 家拉丝酸性企业投入 40 余万元，进行污水处理，维护了良好的人居环境。

【基础设施建设加快】

一年来,镇政府按照"突出重点,分期实施"的原则,加强城镇基础设施建设。投入750万元,完成全长1.259公里,宽25米的观山公路一期改造工程;投入120万元,基本完成了镇中学教师宿舍楼工程;投入160万元完成了亭溪小流域治理工程;投入45万元,基本完成了镇敬老院扩建工程;投入65万元的新勇至象峰公路已完成招投标工作,正在紧张施工之中;按照政府指导、市场运作的方式,对塘盛路原广告灯箱进行全新改造。水改工程扎实推进,已完成7个村农村供水管网改造工程。

【就业和社会保障水平提高】

广泛开展了就业培训和介绍服务,千方百计扩大就业门路,介绍就业600余人,培训失业人员和被征地人员292人。城镇职工养老、医疗、失业、工伤、生育等社会保险覆盖面不断扩大,新增保险参保人130人,完成区指标185.7%。完善被征地人员养老保险制度,有450名被征地人员参加养老保险。全面实施新型农村合作医疗制度,20330名农民参加了住院保险。健全社会救助体系,城乡居民最低生活保障标准进一步提高,农村"五保"对象基本实行了集中供养,扶贫帮困、排忧解难力度明显加大,镇慈善扶贫基金运转正常,较好地发挥了助困、助学、助医功能性作用。全镇已领取低保对象217户,418人,2004年共发放低保金49万元,慈善扶贫基金17.3万元,残疾人困难补助、无偿扶持资金3.9万元,困难慰问资金17万元。

【社会事业进步】

教育事业不断发展,继续加大对教育的投入力度,教育设施不断改善。继续实施育才工程,加大了对教育工作奖励力度,2004年共发放育才奖金近11万元。加强师资队伍建设,开展学生素质教育,教育质量明显提高。镇中学进入现代化教育达纲学校的行列,编印的校本教材《吹塑版画》得到区教育局的肯定;镇中心小学德育教育模式被列为浙江省教育精品工程;论文《塘溪地方名人文化教育资源的开发研究》获宁波市二等奖;自编了《走近塘溪》校本课程;加强广大干部群众学历和劳动技能的培训,开展了全民普网教育工程,成人教育得到进一步加强;重视幼儿入托教育,幼教事业同步发展,镇中心幼儿园被评为鄞州区三星级幼儿园。大力发展文化阵地,开展文化进村活动,丰富了人民群众的文化生活。广电设施不断改善,全镇有线电视和有线广播入户率分别达到89%和85%。加强卫生工作,抓好村级卫生室规范化建设,切实改善了农村就医环境和条件。镇卫生院投入100多万元增添医疗卫生设备,改善卫生设施,被确定鄞州区医疗保险定点医院。完善计生利益导向机制,共兑现了双农独女户家庭69户,发放资金2.76万元。不断加强流动人口计划生育管理力度,外来育龄妇女持证率达95.3%。深入开展计生优质服务和宣传教育,继续发挥协会作用,积极组建企业计生协会。加强计划生育村民自治,全镇计划生育村民自治率达到93.8%。一年来,全镇共出生243人,计划生育符合率98.8%,人口自然增长率控制在3.38%。

城乡文明程度不断提高。全镇区级以上文明村、单位达到14个,文明家庭达到3080户。国防建设得到了加强,认真做好民兵征组、征兵和"双拥"工作,进一步落实优抚安置政策,武装工作连续三年被评为区级先进集体。做好宗教属地管理工作,与村宗教活动场所签订了工作责任制,重点规范了基建管理,宗教依法管理意识有所增强。

【"平安塘溪"扎实推进】

加大信访工作力度，建立党政领导包案责任制，镇信访办共受理信访件22件，办结率达到100%。加强民事纠纷调解，司法所共受理各类纠纷152件，其中调解29件，工伤赔偿123件，兑现赔偿资金319万元，未发生因调解不当造成投诉上访事件。加大打击力度，开展"严打整治"斗争，着力改善社会治安环境。全年共发生刑事案件146件，破案73件，破案率达到50%，比2003年提高12%；共发生治安案件241件，治安拘留98人，经济处罚125人。完善治安网络建设，加大群防群治力度，新建坊前、塘头、童村3个治安岗亭；合理配备夜巡人员，开展定辖区、定时间的夜巡任务。调整充实了治安巡逻力量，强化保安队伍考核激励、辞退机制。加强外来人口管理，深入排摸流动人口及出租私房的情况，全镇已做暂住证13042本、做证率达到93%，出租私房登记率达到95%。加大安全生产监管力度，组建了镇专职消防队伍、安监队伍，重点对针织行业、矿山、学校、"三合一"企业及超市开展专项检查，限期整改企业43家，辖区内未发生重特大安全生产事故。

【新建"名人园"】

2004年1月，中国6位文化名人——童第周、沙孟海、沙文汉、沙文求、周尧、沙耆的故里鄞州区塘溪镇，在2004年著名画家沙耆诞辰90周年之际，投资300万元建起了占地3600余平方米的敞开式公园——名人园，由杭州中国美院雕塑的6个铜像迎风挺立，栩栩如生。

塘溪镇沙村是中国书法家沙孟海及沙文汉、沙文求等沙家五兄弟的诞生地，也是他们堂房兄弟沙耆的故里，村民多姓沙。据《沙氏家谱》记载，沙氏家族在南宋时由蜀迁移到此，至今已有800多年的历史。

【"知名人、爱名人、学名人"活动】

图82　塘溪镇的居民正在观看名人铜像

为了大力弘扬繁荣名人文化，努力学习名人精神，切实提高全镇青少年的思想道德素质，倡导良好社会风气，扩大塘溪名人之乡的知名度，该镇团委配合镇党委在全镇范围内开展了"知名人、爱名人、学名人"主题教育活动。这项活动从5月底开始，12月底结束。具体活动有：名人道德教育文艺汇演，借此宣传塘溪名人，让人们了解塘溪的人文资源、自然景观，增强镇民的爱家爱乡热情；搜集有关名人事迹资料，编印成册，以《走近塘溪》、《童第周传》等书为主要内容，组织党员干部、群众及青少年学生参观名人故居，了解名人事迹，并开展学习读书及实践教育活动；建立一支塘溪名人宣传教育志愿者队伍；组织开展"美化名人家园，倡导文明行为，加强道德建设"签名活动；举办"弘扬名人文化，继承名人传统"迎国庆书画比赛等。通过开展名人教育主题活动，切实增强了广大青少年的学习意识、宗旨意识、服务意识、奉献意识和效率意识，进一步提高了全镇青少年的思想道德素质。

【《名人之乡塘溪》出版】

12月27日，《名人之乡塘溪》首发式在宁波

图 83 “美化名人家园,倡导文明行动,加强道德建设”签名活动。

市甬港饭店举行。《名人之乡塘溪》由中共塘溪镇党委、政府和区文联、区委党史办合作编辑,由中国方正出版社出版,主要介绍了沙孟海、沙文求、沙文汉、童第周、周尧等 14 位塘溪的著名革命家、科学家和艺术家。《名人之乡塘溪》的出版,加大了塘溪对外宣传力度,有利于继承名人精神,弘扬名人文化。

【红花岗英烈沙文求】

沙文求(1904—1928),原名文灏,字仲已、端儿,塘溪镇沙村人,1925 年加入中国共产党。参加 1927 年 12 月 11 日由中共广东省委发动的广州起义。曾任中共沙村支部书记、广州中山大学团支部书记、共青团广州市委宣传部长、秘书长等职。1928 年 8 月在广州红花岗就义。

1949 年 3 月,沙孟海将沙文求的衣冠冢安葬在故乡沙村黄公岭(现已移至沙村石柱坪)。石柱坪山山间分列着一坐南朝北一字排开的沙氏三代祖墓,碑文都出自现代书坛泰斗沙孟海之手笔,为“其祖直碑行书、其父直碑篆书、其弟横碑行书”。沙文求夫妇合穴墓分列其祖、父墓之右侧,墓高 120 厘米、宽 330 厘米,中间为横碑。这里留下的沙孟海早期手笔,是沙老一生书坛中所留下的较少的对联作品之一,极其珍贵。

【一方名校:塘溪镇中学】

塘溪镇中学始建于 1958 年,2000 年 9 月迁

图 84　沙文求夫妇合穴墓

入新校址。学校现有 22 个教学班,1160 名学生;近 90 名教职员工。占地面积 53360 平方米,建筑面积近 15000 平方米。主副教学楼共有 28 个教室。近年来,学校强管理,求实效,重投入,创新路,在各方面都取得了一定的成绩。学校党支部多次被评为区级先进党支部,学校团总支连续 7 年被评为区级先进团支部。学校还先后获得了区 A 级学校、区文明单位、区卫生先进单位、宁波市现代化达纲学校等荣誉称号。教师素质明显提高,专任教师中有大本学历的 43 人、中级职称的 32 人、区十佳师德楷模 1 人、区学科骨干教师 1 人、区教坛新秀 6 人。学校已初步形成美术特色教育。学校现有专业美术教师 2 人,专用美术教室 2 间,一为画室,一为展厅,美术室的设施设备基本齐全。“吹塑版画”教学有较长时间,并有显著的成绩。在此基础上,学校通过整理总结开发了校本教材《吹塑版画》,并获得市、区教研室的很高评价。美术教学硕果累累,在多次全国级中学生美术作品展览评比中有 40 多人

次获得金奖、银奖，在市、区教育行政部门组织的比赛中还有30多人次获奖。以吹塑版画为内容的课题研究在市级、省级立项。

（俞光国）

东钱湖镇

表13　　2004年基本情况数据库

项目	单位	合计
总面积	平方公里	134
种植面积	公顷	2681
建制村	个	43
居委会	个	5
总人口	人	44760
外来民工	人	19481
国内生产总值	亿元	10.7
第一产业产值	万元	19323
第二产业产值	万元	436145
第三产业产值	万元	9516
工业销售收入	万元	422900
工业利税	万元	41000
工业技改投入	万元	20500
固定资产投资	万元	14000
财税收入	万元	20000
农民人均收入	元	7468
外贸出口交货值	万元	62304
村集体净资产	万元	15867
村可用资金	万元	3941

表14　　2004年骨干企业基本情况表

单位:万元

企业名称	产值总额	销售收入	利税总额
宁波祥盛铜业有限公司	17525	18808	615
宁波华龙电子有限公司	12178	11288	1418
宁波光华电池有限公司	11577	11261	1939
荣利金属制品有限公司	11472	9944	782
天合电子元件有限公司	10369	10209	370
宁波鸿鑫(集团)有限公司	10099	9824	1662
宁波鸿迪制衣有限公司	7461	7505	924
宁波邦洲电子工业有限公司	7434	8965	291
宁波东海蓄电池有限公司	7186	5195	378
宁波梅湖电池有限公司	6511	6420	1580

【“东钱湖”整体注册商标】

2004年2月,东钱湖旅游度假区管委会向国家工商总局申报了“东钱湖”准全类商标注册。有关人士介绍，随着东钱湖旅游度假区的成立以及景点的逐渐开发，东钱湖的知名度正越来越高，而此举将可以避免这一无形资产的流失。据了解，地区作为整体进行准全类商标注册的在全国尚不多见。据介绍,截至2003年底在全国范围内注册为“东钱湖”的商标已有10件，其中7件仍在有效期内，注册主体均为鄞州区企业。东钱湖旅游度假区管委会经过洽谈，已将6件商标收至麾下，并统一在42类商品和服务中进行了“东钱湖”图形文字商标注册。管委会有关负责人表示：整合资源、注册“东钱湖”商标将为今后整个旅游度假区的品牌经营奠定基础。

【一方文保单位:南宋石刻群】

东钱湖南宋石刻群是国家级重点文保单位，自宋代以来，鄞县世家连绵，巨旗相望。这些名家大族生前在东钱湖筑别墅、建寺院，死后在湖边群山觅墓地、建家庙。如今，这些寺院和墓冢大多已湮没难寻，惟有这些建筑物的附属物石雕还散处在群山之中。在众多的石雕造型中,数量最多的为墓前石刻造像。文臣武将虎马石兽俱全,雕刻精细,造型逼真,她填补了我国雕刻史的空白。一个高标准的南宋石刻艺术馆正在规划建设中。

【一方名胜:福泉山景区】

福泉山景区位于东钱湖东南面,南临象山港,北濒东钱湖。景区内有福全龙潭、凤凰醉谷、观日台、望湖亭、古桂飘香、大慈寺遗址等多处人文与自然相结合的奇迹景观。福泉山上茶海茫茫,240余公顷茶树沿坡而栽,其排列之整齐,规模之壮观,令人赞叹不已。福泉山景区融茶文化、福文化、佛教文化于自然山林之中,是一个集名茶、名树、名泉为一体的生态型旅游度假胜地。

【宁波启新绿色世界高尔夫俱乐部】

宁波启新绿色世界高尔夫俱乐部于1999年10月20日隆重开业,它是宁波市首家颇具规模的高尔夫俱乐部,为宁波启新绿色世界有限公司拥有和经营,主要投资者是香港启新集团有限公司。俱乐部拥有国际标准的18洞高尔夫球场(其中9洞为灯光球场),由“太平洋高尔夫顾问有限公司”美国资深设计师THOMAS设计,其设计匠心独运,既崇尚水丘湖泊与球道果岭间自然之美,又难易兼备,极富挑战性,既是不可多得的度假、休闲胜地,又是现代商家运筹把盏、投资增值的世外桃源。

【东钱湖特产】

东钱湖地域广阔,自然资源丰富,为广大旅游者提供了多种具有当地特色的土特产和纪念品。其主要特产有:青鱼划水、钱湖螺丝、钱湖虾、鱼干、东海龙舌茶(福泉山茶场)、佛雕(宏托精雕厂)、乒乓球葡萄(梅湖农场)。

(沙军洪)

东吴镇

表15　　2004年基本情况数据库

项目	单位	合计
总面积	平方公里	80
种植面积	公顷	866.7
建制村	个	12
居委会	个	1
总人口	人	16806
外来民工	人	9473
地区生产总值	万元	68000
第一产业产值	万元	9182
第二产业产值	万元	282000
第三产业产值	万元	9532
工业销售收入	万元	274000
工业利税	万元	48833
工业技改投入	万元	24500
财税收入	万元	9884
农民人均收入	元	6432
外贸出口交货值	万元	8252
镇村集体净资产	万元	7181
村可用资金	万元	1864

表16　　2004年骨干企业基本情况表

单位:万元

企业名称	产值总额	销售收入	利税总额
宁波欣达(集团)有限公司	51098	49229	15628
宁波日月集团有限公司	44538	43234	13244
宁波天羊羊绒衫总厂	11519	10304	1192
泰茂机械铸造有限公司	6955	7123	1260
明润机械制造有限公司	4509	4062	1461

【概况】

2004年,全镇实现地区生产总值6.8亿元,财政收入9884万元,经济指标综合排名全区第12位,比2003年上升一位。

*工业经济稳中有升。*坚持增量引进和存量提升并重,工业经济保持持续、健康、稳步发展。2004年,全镇实现工业总产值28.2亿元,工业销售收入27.4亿元,分别增长22%;工业利润3.8亿元,增长15%。到2004年底全镇新增限额以上企业10家,达到25家,规模企业全年共完成产值13.6亿元、销售总额13.5亿元、利润总额2.6亿元,分别占到全镇经济总量的48%、50%和68%。工业发展后劲不断增强,工业总投入完成3.7亿元,其中技术改造投入2.45亿元,增长18%。高新技术产业协调发展,全年实现高新技术产业销售总额7.8亿元,增长36%。引进各类人才98名,解决技术难题13个,开发市级新产品8个,加快了科技成果的转化。外资工作再创新业绩,全年合同利用外资1078万美元,实际到位外资203万美元,实现自营出口460万美元,增长142%。

*农业经济平稳增长。*围绕农业增效、农民增收,加快农业生产发展步伐。2004年实现农业总产值9182万元,同比增长11%;村级可用资金1864万元,增长6%;农民人均收入6432元,增长9%。投资410万元的国家级农业生态示范区已建设完成。重视保护粮食生产能力,早晚稻种植面积达到406.7公顷。农业生产条件继续改善,完成了三溪浦水库下游32公顷自流灌溉农田改造,投资50余万元完成4座山塘水库的除险加固。继续做好22公里的内河河道保洁工作。加大森林保护力度,大力开展绿化造林,完成植树造林75.2公顷,森林防火设施和队伍进一步完善充实,全年共清理防火隔离带4100余米,增添森林消防车1辆,森林防火工作荣获全区一等奖。重视农产品品牌和包装,推出太白山系列水果,“太白云雾”在鄞州区名优茶评比中获银奖。

*旅游开发稳步推进。*根据区镇两级总体规划要求,强化了三溪浦水库上游保护工作,积极主动开展旅游资源调查,着手开展初步的总体规划修编工作,组建了宁波天童南山景区开发有限公司,加快南山景区的基础设施建设进度,五百罗汉宫和南山人家宾馆相继建成并对外开放,南山品牌初步显现。据统计2004年到东吴观光旅游人数超过了80万人次,旅游市场逐步升温。

【城镇凸现新面貌】

镇区道路、河岸、河道新增绿化面积6万余平方米,公共绿化率稳步提高到20%。加大环境卫生工作力度,投资十余万元新增固定垃圾箱65个,主要路段实现12小时保洁。西村被列为省级全面小康建设示范村创建村,勤勇村被列为区级生态示范村创建村。太白公园二期工程全面建成。镇区主要道路“亮化”工程投入使用。画龙生态区溪坑改建工程全面完成。农村水网“一户一表”改造工作有序推进。

【社会事业协调发展】

以文明村、文明单位、文明家庭的创建为载体,推进群众性精神文明创建活动,涌现出西村村和童一村2个区级“四型”先进党组织和东吴小学等一批区级文明单位(村),三塘村等5个村顺利通过浙江省“千村整治、百村示范”检查小组的考核,宁波欣达集团董事长西村村党支部书记赵吉康被评为省级“双带”优秀支部书记和市级社会主义事业优秀建设者。西村村和北村村共427人办理了失土农民养老保险,城镇职工养老保险新增295人,累计达到2400余人,工伤、失业保险分别新增287人和680人。全面实施新型农村合作医疗制度,村(居)参保覆盖率和户保率均达到了

100%,参保总人数1.4万余人。此外,111人享受最低生活保障,168人获得政府困难补助,全镇五保户95%以上得到了集中供养。加大镇村文化设施投入力度,三塘村被评为区级村落文化示范单位,全区“文化进百村”启动仪式在东吴镇举行。基础教育办学水平进一步提升,一些教学成果位居全区前列,其中东吴中心小学创意美术教育获得市基础教育成果一等奖。计划生育率保持100%,连续第九年获得区级以上计划生育工作先进集体。建立东吴社区卫生服务中心,宁波欣达集团等14个单位(村)被评为市、区级卫生单位(村)。

【一方名村:凤凰山下勤勇村】

勤勇村位于东吴镇的东南,三面环山,南端有座“凤凰山”,山下有条溪,称为凤下溪,因此勤勇村昔日亦称为凤溪村。1969年,以王信德为大队党支部书记的新一届勤勇大队领导成员分工负责,动员和带领群众劈山改溪造田,积极开展多种经营。从1968年勤勇有了第一家企业——勤勇小木材加工厂开始。到1986年,勤勇村已有17家企业,务工社员242名,销售额为362.22万元,村民的人均收入达到1311元。1980年,勤勇村村民都住进了带有阳台的新楼房,勤勇村一跃跨入全省先进行列,成为全县新农村和文明村建设的典范。

现在的勤勇村由勤勇村和凤岭村于2004年4月撤并而成,共有人口1326人,550.1公顷山林,53.9公顷农田,村可用资金70余万元,人均收入7826元。村集体经济收入以出租在宁波的房产租金为主,靠着逐年资金积累,村里投资300多万元把村口通往天童的道路改建成了宽阔的水泥路,村容村貌逐年不断改善,此外每年还拿出近30万元用于村民的劳保福利。

【一方名企:宁波日月集团有限公司】

宁波日月集团有限公司是一家民营股份制企业,始建于1984年,经过不断改制和多年的发展,目前已成为装备先进、技术力量雄厚、中国最大的专业铸造生产厂家之一。

公司厂区三面环山,风景优美。主厂区占地106800平方米,另规划有占地60000平方米的机械加工基地,一期8000平方米厂房已投产使用。公司员工800人,科技人员占12%,拥有高级工程师12名。2001年公司与清华大学合作成立了省级“先进铸造技术研发中心”。1998年通过中国船级社ISO 9000质量体系认证和船用铸件生产工厂认证。被列为宁波市高新技术企业、宁波市百家重点企业,被评为宁波市技术进步优秀企业和宁波市“成长之星”工业企业,2003年被列为国家重点高新技术企业。

该公司专业生产各档牌号的球墨铸铁、合金铸铁和普通铸铁、球铁产量占85%以上。同时,公司也十分注重科技开发和技术创新,相继成功开发出了单重75吨的厚大断面球墨铸铁注塑机模板及耐高压注塑机液压油缸等新产品和新技术,成为宁波海天塑机、日本三菱重工等中外知名企业的重要客户。目前,公司已形成年9万吨的生产能力,产品除内销外,还出口到美国、日本、瑞士、德国等国家。中国台湾地区和地区。2004年公司克服诸多困难,取得了总产值4.45亿元、销售总额4.32亿元、利润总额1.02亿元的骄人业绩。

【一方名校:东吴镇中心小学】

东吴镇中心小学地处太白山麓,1920年创办,历经近百年的沧桑,合并了镇内十几所小学,形成了目前16个班,近700人的办学规模。全校有教职员工36人,其中小学高级教师12人、大专以上学历教师22人,教师平均年龄35岁。2004年在全镇各方面共同努力下,投资近2000万元的崭新校园即将交付使用。新校园三面环水，内有小山为景，景色优美，环境怡人。新校舍重建的面积达 11000 平方米，按 20 个班级设计，同比例设置功能教室，教学设施达到全区同等学校前列。近几年来，通过广大教师的辛勤工作，学校教育事业蒸蒸日上，先后获得区文明单位、全区教科研先进集体等荣誉称号。学校坚持“以质量求生存、以特色谋发展”的办学思路，结合学校各方面特色，形成了以美术为亮点的教学特色，宣传画、卵石彩泥画、纸版画、泥塑等各个领域均有收获，3 年来，师生共有 400 余件作品在全国各报刊杂志上发表，其中 2002 年有 3 件作品在联合国 21 世纪议程首脑会议上展出，2004 年有 3 件作品入选联合国儿童基金会画册，这些成绩均处全大市领先地位。2004 年美术课题《创意美术的实践与研究》获宁波市基础教育成果一等奖。 （罗华峰）

五乡镇

表 17　　2004 年基本情况数据库

项目	单位	合计
总面积	平方公里	48
种植面积	公顷	1054
建制村	个	20
居委会	个	2
总人口	人	53585
外来民工	人	25697
地区生产总值	万元	201592
第一产业增加值	万元	15647
第二产业增加值	万元	989841
第三产业增加值	万元	31078
工业销售收入	万元	985747
利税	万元	111506
工业技改投入	万元	67500
固定资产投资	万元	102000
财税收入	万元	22400
农民人均收入	元	8708
外贸出口交货值	万元	127359
镇村集体净资产	万元	15964
村可用资金	万元	6567

表 18　　2004 年骨干企业基本情况表

单位：万元

企业名称	产值总额	销售收入	利税总额
宁波盛光包装印刷有限公司	44317.4	44726.9	20092.5
阿克苏诺贝尔(宁波)公司	29064	30627.7	2776.9
宁波新明达针织有限公司	24091.1	23203.5	2342.2
宁波金鑫商品混凝土有限公司	19964.7	21247.2	5275.3
宁波东旭工贸有限责任公司	17870.6	17368.9	3582.6
宁波旭力金属制品有限公司	14756.1	15524.1	2706.8
宁波日兴电子有限公司	14680.8	16083	1190.3
宁波吉江汽车制造有限公司	14280	14647.3	114.5
鄞州恒达电器有限公司	13995.4	14545.5	1405.1
鄞州华鑫手袋制品有限公司	11022.7	10003.8	688.9

【概况】

五乡镇地处中国沿海开放城市宁波市东乡，东面和北面与北仑区毗邻，南接东吴镇和东钱湖镇，西与邱隘镇相联，距宁波市中心 10 公里，距北仑港 15 公里。

五乡镇素以“鱼米之乡”闻名。境内是鄞东水网和陆通中心，境内公路、河流纵横交错。早在

2200 年前的秦始皇时代，当宁波的三江口还是一片滩涂时，此地已崛起一座以贸易为特点的鄮县县治。名刹阿育王寺亦座落在五乡境内，其文化底蕴和宝幢、育王等更增添了古镇的魅力。改革开放以来，五乡镇确立了以外向型经济为突破口，高新技术、高素质人才工程为重点的发展战略，新开辟的工业区块蒸蒸日上，形成了以电子电器、机械汽配、塑料化工、轻纺服装、工艺印刷为特色的五乡支柱企业。

五乡镇是浙江省教育强镇、浙江省生态示范乡镇、浙江省绿色小城镇、宁波市文明镇、宁波市科技先进镇、宁波市党建先进乡镇，是浙江省综合经济实力“百强镇”、宁波市廿强镇，在鄞州区“八强镇”排名中列第三位。

图 85　东方名刹阿育王寺

2004 年，全镇实现地区生产总值 21.2 亿元，比 2003 年增加 38.1%；财政收入 2.24 亿元，比 2003 年增 23.3%；农民人均收入 8708 元，同比增加 10.3%；实现外资实际到位 2200 万美元，比 2003 年增 37.5%，获得区政府镇（乡、街道）发展竞赛升位奖，列全区第三位，同时赢得了外资引进贡献奖、技术改造银奖、内资引进铜奖，科技突破奖等一系列荣誉。

【工业经济迅猛发展】

2004 年，实现工业总产值 98.98 亿元，同比增长 30.8%；销售 98.6 亿元，同比增长 33.9%；利税 11.2 亿元，同比增 30.9%。实际利用外资 2200 万美元，获鄞州区引进外资贡献奖；实现外贸出口交货值 12.7 亿元，同比增长 34.5%；自营出口 6620 万美元，同比增 21%。全年共实现技术改造项目 61 项，到位技术改造资金 6.75 亿元，获得鄞州区技术改造银奖，其中 1000 万元以上投资项目 17 项，总投资达 5.2 亿元。2004 年，实现高新技术产值 18 亿元，同比增长 28.5%，恒达电器有限公司获国家级高新技术企业、宁波翔翔紧固件有限公司的全螺纹螺帽列为国家级重点新产品、宁波旭力金属有限公司二次拉紧器获国家发明专利。新批市级以上新产品 14项，市级成果转化项目 1 项，科技进步奖 3 项，获鄞州区科技突破奖和科技先进乡镇。全镇共引进各类人才 121 人，同比增长 61%，其中高级人才 25 名。

到 2004 年底，五乡工业区块共有落户企业 123家，其中全面投产的 41 家，销售额达 11 亿元，年销售 1 亿元以上的企业有 3 家：新明达针织有限公司、日兴电子有限公司、金鑫混凝土有限公司。

【农业经济稳中有升】

继续调整农业产业结构，实现农业总产值 1.6 亿元，人均收入 8708 元，比 2003 年增加绝对值为 816 元，增幅为 10.3%。一批农业基地迅速扩展：李家洋榨菜基地，钟家沙蜜梨基地，四安葡萄提子基地，仁久童子鸡基地等。一批农业加工企业迅速发展。李家洋榨菜加工厂，仁久村的神农蔬菜加工厂，四安的雪菜加工厂，钟家沙的丰时达食品厂等农业加工企业充分发挥作用。特色农业有了较好发展，农业基础设施更加完善，向休闲农业、观光农业、特色农业、传统农业、科技农业要效益，整个农村农业经济得到较快发展。

【城镇建设上台阶】

推进城镇化建设，改善人居环境。到2004年，爱民小区建设的各项前期工作已全部完成，爱民小区的区外道路等配套工程正在组织实施；明伦村旧村改造已累计投资1930万元，拆除旧房面积23620平方米，新建房屋面积33220平方米，入住203户；同岙村新村建设规划面积3公顷，新村建设项目已完成报批、设计、政策处理等前期各项工作，对蟠龙、汇纤村的改造逐步进行，明伦村的旧村改造、新村建设成为全区新村建设的示范点。以创建省级“卫生镇”为契机，通过对环卫队伍进行整顿，组织专门力量开展道路保洁、秩序整顿、平整场地、拆除违章建筑等一系列活动，使卫生面貌有了一定的改变，同时，阿克苏·诺贝尔公司通过了ISO1400环保认证。镇区环境面貌得到进一步改善。一年来，全镇共新增绿化面积22400平方米，其中公共绿地面积8000平方米，根据“环境整治、设施配套、布局合理”的要求，在已创建省级生态绿化镇的前提下，积极创建省级卫生镇。

【基层管理制度完善】

推广明伦经验，建立完善了村级民主管理制度，有效落实和体现村民当家作主的权利，明伦村被评为全国民主法治示范村；有效探索党务公开工作，以党务公开推进村务、财务公开，进一步提高了基层民主管理的透明度和科学性；完善镇级政务公开制度，拓宽了与民交流的渠道，使广大群众对镇大局工作及便民服务网络更加清晰。

【“平安五乡”建设】

严厉开展社会综合治理工作。积极实施了“五五”普法教育，加强基层民主法制建设，明伦村的治安防范责任制工作在全镇范围内得到推广，取得了较好的效果。在全区率先开展打造“平安五乡”活动，通过“六个一”（即一支规范消防队伍，一支动态排摸队伍，一支义务信息队伍，一支安全生产队伍，一支治安防范队伍，一套“平安五乡”应急预案）活动，确保五乡平安。积极把握了新形势下人民内部矛盾的新特点，健全人民内部矛盾调处新机制，注重党政领导信访工作责任制，建立健全了不稳定因素排摸和重大事件应急预案制度。

【古老的山村：联合村】

位于五乡镇东部半山区的联合村系原行政村雅庄村、横省村合并而成，现有住户845户2001人，耕地面积80.5公顷，山林面积218.3公顷。被专家认定填补中国石牌坊史上一大空白、把中国仿木石牌坊历史又推前了百余年的宋代仿木石牌坊就座落在该村的李家山上，见征着古老的山村蓬勃发展的历史。近年来，该村紧紧围绕强村富民的目标，通过调整农业产业结构，兴起大棚瓜果，大棚蔬菜，花卉的种植，充分发挥山林资源优势，开山劈石，大兴石材产业，优质石板、块石深受客户青睐。新行政村成立后，整合资源，在设置的原村办楼建起了村老年活动中心，内设图书室、棋牌室、运动场，丰富了百姓业余生活。如今的联合村条条村道硬化，街街巷巷亮化，角角落落绿化，村容村貌焕然一新。2004年，实现农村经济总收入6.47亿元，村级可用资金1337万元，农民人均收入8748元。作为区级文明村之一的联合村正积极创建市级文明村，勤劳的村民富而思进，又朝着三个文明的新目标阔步前进。

【一方名企:宁波金鑫商品混凝土有限公司】

宁波金鑫商品混凝土有限公司是由无锡杭杰混凝土有限公司、GHENGRUIBAO(成瑞宝)及PROFIT AIM INVESTMENTS LIMITED(国际利润投资有限公司)用2年时间共投资2.5亿元兴建的中意合资企业。公司总部位于浙江省宁波市鄞州区五乡镇,占地约2公顷,下设4个生产基地,分别位于宁波鄞州区五乡镇、鄞州区钟公庙、宁波江北区和宁波北仑区。每年总产量达到200万立方米,年产值约为4亿元。2004年,该公司实现工业总产值19964.7万元,销售21247万元,利润5275万元,分别比2003年同期增长160.3%、177.1%和427.2%。公司主要国内投资方具有丰富的商品混凝土生产经验,技术力量雄厚,能生产工艺要求更高的C40~C60标号的高质量混凝土。此外,以国内投资方长期的生产销售经验为基础,引进国外先进的生产设备和科学的管理方法,努力提高产品质量,不断开发新产品,使公司成为宁波市同行业中最具市场竞争力的生产厂商。"做大、做强、做好,真诚为宁波建设服务"为公司的经营宗旨。目前公司已拥有一支实践经验丰富的高级工程师、工程师、技术人员队伍,生产和运输能力一流。现拥有3立方米/次拌楼8座,9立方米~10立方米搅拌车85辆,37米~42米泵送机械19台,其中44米~48米汽车泵3台,以及相应的辅助设备等,日供货能力为5000立方米。公司从投产以来,共承接了亚洲纸业,逸盛化工PTA工程、北仑区行政大楼、阳光大厦、浙江大学宁波理工学院科技楼、星辰明珠、名仕嘉景苑、天水家园等大型工程。2004年顺利完成100万方的混凝土供货订单任务,获得了用户好评。雄厚的技术装备力量、优异的产品质量和超强的供货能力使本公司成为宁波大型基建项目商品混凝土的主要供货商。

【一方名产:润翠蜜梨】

五乡镇翠冠梨个头大、色泽好、肉细、汁多、质脆、糖度高清甜爽口。该镇果农在镇农技人员的指导下,采用绿肥浇灌树木,果实套袋培育,杜绝任何农药的污染,提高了翠香梨的品质,使其提前上市。年年初秋,翠冠梨成熟季节,商贩接踵而来,高价收购。全镇翠冠梨种植面积已达66.7公顷,并于2004年成功注册了"润翠"商标,用品牌优势抢占市场,用品牌优势保证质量,精心打造无公害水果,被誉为农民增收的"金果子"。

【旅游胜地:铁佛寺】

铁佛寺建在五指山冲咀头下,座东朝西。相传此寺建于元朝至正年间(约1350年左右),距今650余年。《鄞县通志》载,康熙年间(距今400年左右)修整1次,乾隆四十三年重修1次。建有正殿3间,山门3间,左右厢房10间,偏房5间,占地约800平方米。内供铁佛一尊,系铜头铜手铁身浇铸而成,有"大元20年铸"字样。

据查证,此寺曾是"三字经"作者王应麟的家庙,有着深厚的文化底蕴,同时与内家拳颇有渊源,内家拳第十三代传人夏宝峰多次来寺论拳、寻根。

1998年10月,清戒法师(又名照波,原名石海波)来铁佛寺,决心重新修建寺院,共花6万余元,相继买来村民居住的大殿等寺产。随后清戒法师为保护古迹,查阅大量文献资料,修旧复旧,浇铸铁佛3尊,中间为释迦牟尼佛,两旁为阿难和迦叶2位侍者。至今已建三圣殿(楼上)3楼、观音殿等。

【发现宋代陶窑遗址】

2004年3月，宁波市文物管理部门在鄞州区五乡镇明堂岙村的一个山岙里发现了一处绵延1公里的宋代陶窑遗址。据介绍，此前，宁波市发现了许多宋代瓷窑遗址，但宋代陶窑遗址被发现还是首次。这对宁波是“海上丝绸之路”的起点之说是很好的佐证。

（陈斌义）

邱隘镇

表19　　**2004年基本情况数据库**

项目	单位	合计
总面积	平方公里	22.82
种植面积	公顷	943.73
建制村	个	17
居委会	个	3
总人口	人	60223
外来民工	人	22393
地区生产总值	万元	170100
第一产业增加值	万元	13300
第二产业增加值	万元	118700
第三产业增加值	万元	38000
工业销售收入	万元	1210863
工业利税	万元	148413
工业技改投入	万元	52500
固定资产投资	万元	82600
财政收入	万元	29468
农民人均收入	元	9153
外贸出口交货值	万元	231117
镇村集体净资产	万元	25484
村可用资金	万元	6225

表20　　**2004年骨干企业基本情况表**

单位:万元

企业名称	产值总额	销售总额	利税总额
宁波浙东建材集团	159566.4	157839.2	15963
海太机构制造有限公司	32163.1	33924	5078
宁波美亚钢管有限公司	19586.4	19237	607
宁波新乐造船有限公司	15800	14910	916
爱朋思纺织品有限公司	24846	21209	1560
宁波乐士实业有限公司	10620	10620.3	143
永峰包装用品有限公司	10399	9860	644
威康有色金属压延厂	10006	9973	578
好时光照明电器有限公司	9910	10263	1698
东方压铸机床有限公司	6288	4543	1607

图86　**杭甬高速公路邱隘段**

【概况】

2004 年,工农业总产值达到 128.32 亿元,财政收入 2.95 亿元,位列浙江省百强乡镇第十名,宁波市廿强乡镇第一名。实现农业总产值2.34 亿元,其中多种经营产值 2.22 亿元。规模以上企业达到 132 家,其中销售上亿元以上企业达到 10 家。开放型经济取得新业绩,新增外商投资企业 15 家,合同利用外资 5699 万美元,实际利用外资 3706 万美元,获鄞州区利用外资银奖。第三产业发展取得新的突破,全镇实现第三产业增加值 3.8 亿元,创历史新高,比 2003 年增长 54.5%,总量位居全区第二。抓住宁波东部新城开发建设的良好机遇,进一步完善城镇管理机制,改革环卫保洁制度,引进专业保洁公司,对镇区道路、河道实行 16 小时动态保洁。建立违章建筑监察联络员制度,2004 年共拆除违章建筑约 8018 平方米,拆除破旧棚架约 8774 平方米。积极开展环境整治和生态绿化工程,新增绿地 9 万平方米,其中公共绿地 1.5 万平方米,全镇绿化覆盖率已达 34%。投资 2000 多万元,完成了青年西路延伸段工程、回龙公园新建、方庄小区形象整治工程、镇区路灯安装工程、方庄桥、邱隘大桥及文卫桥 3 座危桥改造工程等民心工程。邱隘镇党委被授予省级基层组织建设先锋工程"五好"乡镇党委称号。城镇文明程度进一步提高,顺利通过省级文明镇复评,全镇文明村(社区)、单位达到 32 个,成功承办了中国第七届艺术节群星奖音乐专场比赛,开展了老艺术家进社区的演出联欢活动。

【创办《鄞州日报—邱隘新闻》】

7 月 1 日,与鄞州日报社合办的《邱隘新闻》正式出刊,每月两期,2004 年共出刊 12 期。主要刊登邱隘镇热点新闻、时政要闻、群众普遍关心的政策措施;邱隘各大企业、经济实体和农业农村经济发展壮大,群众创业等故事;民生、民间新闻、各基层单位动态新闻;邱隘精神文明建设、文化建设;邱隘本地历史、近代的、现代的文化资源等。《邱隘新闻》已成为服务邱隘发展、服务邱隘人民的咨讯平台,成为邱隘人了解自己、镇外人了解邱隘的窗口,成为邱隘经济和文化发展的有力推动者。

【成立专职安全消防队】

投入 100 多万元组建宁波市首支乡镇专职安全消防队,参照消防兵要求,实行军事化管理。该消防队有队员 14 名,平均年龄 24 周岁。装备有 1 辆中型消防车、1 辆大型水罐消防车和 1 辆指挥监督车。自 2004 年 10 月 1 日运行以来,已成功扑救火灾 36 起,取得了良好的经济和社会效益。

【选派机关年轻干部到村挂职】

为进一步夯实农村基层组织建设,该镇于 2004 年 11 月抽调 20 名 35 岁以下机关年轻干部到全镇 16 个行政村和 4 个经济股份合作社挂职,是中共党员的,兼任下派村(社)的党组织副书记;非中共党员的,兼任下派村(社)主任助理或经济股份合作社董事长助理。挂职干部在不影响日常工作的前提下,深入基层广泛联系群众,了解社情民意,主动参与、坚决执行和落实村级重大事项决策,同时做好"四个一",即上好一堂课、结好一户对子、搞好一个课题、办好一件实事。通过制度实施,既锻炼了挂职干部,又指导了村里工作,拉近了党和群众的距离,密切了干群关系。

【建立"1+2"模式的领导工作日信访接待制度】

为维护农村社会稳定,该镇在"信访、司法、调解"联合办公的基础上,从 7 月 1 日起实施了"1+2"模式领导工作日信访接待制度。群众来访接待共分 14 组,每个工作日安排 1 个组。每组由 1 名班子成员任组长,2 名机关中层干部参与接待。每次接访时间为1天。该镇在镇综治中心内专门设立了党政领导接访室、到访登记室和群众侯访室，做到“定人、定室、定时间”。制度实施以来，没有出现一起到省、市、区政府和相关部门的上访事件，群众矛盾被有效化解在萌芽状态。

【方庄社区】

方庄社区居委会于2004年5月成立，由原来的方庄居委会、新市和后新2个行政村合并建立，地处镇区西侧。总面积0.8万平公里，有住户3378户，常住人口1万人左右。绿地面积占40%，社区内有占地3公顷的方庄公园，可以开展大型的健身、娱乐活动；80平方米社区多功能阅览室，有各类图书4000多册；活动室总面积160多平方米，内设乒乓桌、台球桌、棋牌桌，安放了跑步机、扭腰机、按摩器等健身器材，为居民室内健身娱乐提供了场所；社区医疗服务站服务功能齐全，可为社区居民提供全科门诊、上门出诊、保健咨询和计生、卫生二合一等服务。

社区成立以来，坚持建设和管理并重的思想，以服务社区居民为重点，紧紧围绕“德育立社区、服务优社区、环境美社区”的社区服务理念，坚持不懈地开展文明社区创建活动，社区的硬件软件设施不断完善、群众文化生活逐步丰富、居民素质与城乡文明程度得到进一步提高。2004年，方庄社区被评为国家级家庭教育学会实验研究基地、浙江省示范社区和宁波市文明社区，社区中共总支被评为区级先进党组织。（庄琪）

图87 环境优美的方庄社区

下应街道

表21 2004年基本情况数据库

项目	单位	合计
总面积	平方公里	30.57
种植面积	公顷	646.7
建制村	个	26
居委会	个	4
总人口	人	42000
外来民工	人	60000
地区生产总值	亿元	20.5
第一产业产值	万元	7900
第二产业产值	亿元	81
第三产业产值	亿元	10
工业销售收入	亿元	75
工业利润	亿元	7
工业技改投入	亿元	8.1
固定资产投资	亿元	2
财税收入	亿元	2.3
农民人均收入	元	9323
外贸出口交货值	亿元	25.6

表22 2004年骨干企业基本情况表

企业名称	产值总额	销售总额	利税总额
宁波培罗成集团有限公司	531559	524494	44266
宁波天工巨星工具有限公司	528487	511858	53549
向阳电讯元件实业有限公司	476517	440094	35362
宁波圣龙集团有限公司	306305	303039	53898
宁波康强电子股份有限公司	289970	291417	24882
宁波外汇休闲用品有限公司	261036	233733	7632
宁波音王电子股份有限公司	213169	209425	46616
宁波奇亿金属有限公司	175931	172814	19683
东港紧固件制造有限公司	169062	143660	24469
华纳圣龙有限公司	142179	147992	38663

【新村建设】

新村建设取得历史性突破,已完成了潘火新村16万平方米工程建设、湾底新村一至四期10万平方米和东兴三期1.5万平方安居工程,全面启动了泗港小区、童王新村共25万平方建筑工程,签订拆迁协议763份,完成拆迁9.85万平方。

【社区建设】

2004年5月,撤并了里段、外段、六村、林家、大河沿、顾家等6个行政村建制,成立了全区首个农村拆迁安置社区——东裕社区。同时,东莺、东裕、雅苑3个社区成功地进行了换届选举,雅苑社区通过直选产生了全区首个直选社区居委会。东裕、雅苑2个社区被评为市级文明社区。

【社会事业】

2004年4月,投入140余万元,完成了潘火水厂源水引水工程,解决了潘火片6万多居民吃水难问题。10月,投资1000余万元的下应街道幸福院主体工程竣工。4月~5月,成功举办了2期大型被征地人员就业洽谈会,4000余名被征地人员参加了就业推荐,890人达成了就业意向,中共宁波市委副书记徐福宁同志亲自参观了推荐会并对下应街道被征地人员再就业工作给予充分的肯定。

【首届湾底村桑果节】

2004年5月,湾底村举办了首届桑果节,有2000余名客商、游客及各界人士参加了桑果节。在桑果节上,成功地推出了"湾底一日游"项目,并被国家旅游局评为AAA级旅游景点。

【音王、康强进入上市准备】

10月底,音王电子线缆股份有限公司成为国家级高新技术企业,至此,下应街道已拥有国家级高新技术企业3家,占全区总数的四分之一,拥有量居各镇(乡、街道)首位。截止至12月底,宁波音王电子线缆股份有限公司、宁波康强电子有限公司已完成上市辅导期,已全面进入上市准备工作。 (徐钢)

云龙镇

表23 2004年基本情况数据库

项　目	单　位	合　计
总面积	平方公里	40
种植面积	公顷	1651.8
建制村	个	17
居委会	个	1
总人口	人	25203
外来民工	人	32821
地区生产总值	亿元	11.8
第一产业总值	亿元	1.7
第二产业总值	亿元	38.5
第三产业总值	万元	8963
工业销售收入	亿元	37.6
工业技改投入	亿元	3.7
财税收入	亿元	1.95
农民人均收入	元	7408
外贸出口交货值	亿元	7.3
镇村集体净资产	万元	7128
村可用资金	万元	2155

表24 2004年骨干企业基本情况填报表

单位:万元

企业名称	产值总额	销售总额	利税总额
宁波博威集团有限公司	50516.6	50295.7	7270.1
宁波碧彩实业有限公司	17418.0	16997.9	4887.7
锡青铜带制品有限公司	16719.2	15787.3	1243.2
永享铜管道有限公司	12807.9	12177.4	1835.8
宁波李氏实业有限公司	10222.3	9002.1	505.8
宁波康发铸造有限公司	16199.9	16263.3	1772.6
浙江汇港电器有限公司	12925.0	10470.0	1751.6
通达精密铸造有限公司	7365.2	8030.9	853.0
万冠熔模铸造有限公司	7345.8	7681.8	799.3
浙东精密铸造有限公司	7520.0	7243.7	499.2

【概况】

2004年，全镇实现地区生产总值11.8亿元，同比口径增长17.5%；财政收入达到1.95亿元，同比增长34.2%；上缴国家税收1.43亿元，同比增长25.1%。全镇工业总产值达到38.5亿元，同比增长33.2%；工业销售收入达到37.6亿元，同比增长37.2%；利润达到3.09亿元，同比增长25.2%。全镇高新技术产业实现产值12.5亿元，占全镇工业总产值比重达到了32.5%，引进各类人才189名，其中高素质人才7名。宁波博威集团被认定为国家级高新技术企业，6个项目列入或申报了国家及省、市重点项目，并荣获鄞州区高新技术产业发展银奖。荣获鄞州区技术改造优胜铜奖，全镇技术改造投入总额达到3.7亿元，同比增长34.1%，其中投入在1000万以上的项目18个；技术改造财务到位数3.5亿元，同比增长47.1%。全镇年销售在500万元以上的企业累计达到84家，比2003年净增23家，有7家企业产值超亿元。规模以上企业实现产值27.3亿元，销售26.5亿元，利润2.29亿元，产销利分别占全镇比重达到71%、70.4%和74.1%。对外开放成绩显著，荣获鄞州区开放型经济发展外资引进铜奖。2004年，协议引进外资项目5项，协议利用外资1573万美元，实际到位外资1005万美元。外贸生产持续发展，外贸出口交货值达到7.3亿元，同比增长34.9%（其中自营出口额达到4941万美元，同比增长71.1%）；全镇又有9家企业获得自营出口权，自营出口额已占全镇外贸出口总额的57.3%。块状经济较快增长。精铸行业产销利分别达到11.06亿元、10.95亿元和6441万元，同比增长40.2%、51%和15%，继续保持了自己的特色优势。在提高效益同时，精铸行业的环保意识继续增强，29家企业完成了烟尘治理任务，烟尘排放达到国家标准。

农业经济结构进一步优化。全年实现农业总收入1.7亿元，同比增长13.8%，其中多种经营收入1.3亿元，同比增长15%。休闲农业、特色农业和生态农业得到积极发展，冠英村休闲中心初具规模，双燕牛奶、浙东白鹅、老蔡西瓜等一批农特产品投放市场，受到欢迎。粮食生产成绩喜人，荣获鄞州区粮食生产考核第一名，新建备灾种子繁殖基地和丰产示范基地各1个，全年粮食种植面积达1696.7公顷，总产值达到11931吨，单产达到442公斤，379户种田大户共向国家交纳粮食324.96万公斤。

【社会事业欣欣向荣】

按现代化城镇建设要求，继续加快城镇的基础设施建设。完成了鄞横线徐东埭村与石桥段路面浇筑工作，积极做好镇内10个村的水网改造工程。为美化镇区环境，在镇内再新增绿化面积5万平方米，并且对全镇4.2万余平方米的绿化面积进行了专业化养护。村民居住条件进一步改善。集中财力在甲村投资3500多万元，进行新村建设，新村建筑面积达28357平方米。大力提高社会保障水平。城镇职工养老、医疗、失业、工伤、生育等保险覆盖面不断得到扩大，农村新型合作医疗保险开展顺利，全镇近2万农民参加了医疗保险。教育事业投入继续加大。投资200万元，修建了甲南小学综合楼，投资150万元，按现代化教学要求完善了云龙中学内部设施。扎实推进“平安云龙”建设。投资65万元，在主要道路、重点机构附近设置路面监控系统，有力地打击和震慑了各类违法犯罪分子，进一步增强了人民群众的安全感。重视对归正人员的帮教安置工作，维护社会稳定，2004年荣获市级帮教安置工作先进集体。

【行政村撤并顺利完成】

2004年，该镇依照“地域相邻、基础相近、人缘相亲、优势互补”的原则，对所属管辖范围内的6个行政村进行了撤并，将原甲村和三星村、任家横村和多谷村、陈歧村和田黄村撤并成立新甲村、任新村和陈黄村，在撤并过程中，各项工作平稳开展。通过撤并，村级集体资产得到加强，村级班子战斗力得到提高，村内基础设施更加完善。撤并后，全镇区域面积达到40平方公里，下辖17个行政村、1个居民会、1个渔业队，总人口数超过25000人。

【一方秀水：长山江】

地处云龙镇内的长山江，全长近1200米，水面平均宽度约75米，流经园堍村、双桥村、获江村、云龙村4个行政村，上接东钱湖，下至西塘河。该镇政府一直注重对长山江的保护开发，先后投资350多万元在河道两岸修筑石砌和种植香樟、金丝垂柳、夹竹桃、紫薇等绿色植物，并设立了专业河道保洁队对河道进行日常清理。现在的长山江，沿江两岸绿树成荫，江里生长着鳙鱼、鲢鱼、鲫鱼、鳊鱼等多种鱼类，一年四季吸引着大批垂钓爱好者前往一展钓技。

图88　长山江

【一方名村：冠英村】

冠英村原名观音庄，地处云龙镇区东面约3公里，与东钱湖相毗邻。全村现有住户817户，在册人口1863人，耕地113.3公顷，2004年工农业总产值6200万元，集体可用资金80万元，村集体净资产890万元。

冠英村文化底蕴深厚，村里有毕业于清朝京师大学堂的举人陈麟书、横溪正始中学创办人之一——北京大学首届毕业生陈积骅等学人。该村还是著名的“侨乡”，外出在港、澳、南洋经商、船运的人相当多。1937年抗日战争爆发后，冠英村进步青年在共产党领导下，开展了一系列抗日活动，但由于抗日战争形势突变，有一段时期，在鄞东进行抗日救亡活动的中共党员曾与党组织失去联系。而该村乡公所办事员鲍浙潮（地下党）与该村保世小学教师竺扬、陈秋谷等人（地下党）为与党组织取得联系，四处奔走，结果打听到当时担任中共上海临时中央局宣传部长的朱镜我正在横溪金峨朱家峰村出狱养病，经朱镜我赴上海与党组织联系，决定在观音庄成立“中共宁波临时特别支部”，推举朱镜我为书记，鲍浙潮、竺扬、陈秋谷等人为委员，开展抗日救亡活动，并举办了农民讲习会，地点就在保世小学(现在的冠英文化园内)。

改革开放以来，冠英村一方面注重发展经济，新建集休闲、娱乐、饮食为一体的垂钓渡假区，另一方面注重提高人文环境，发动群众重修了原有的古建筑文物。同时，还在原农民讲习会所在地保世小学的旧址上修建了村级文化园，内设村史档案室、老年活动室、象棋室、图书室、文娱活动大堂、休育活动室等一系列活动场所。这样既丰富了广大村民的业余生活，同时又使村民得到了很好的爱国主义教育。

【一方名企：双燕奶业有限公司】

宁波双燕奶业有限公司是市、区两级农业龙头企业，其前身为创办于1999年的鄞州区永盛奶牛场。经过产业结构调整和公司资产优化组合，公司已从原来单纯的奶牛场发展成为集奶牛养殖、奶制品加工与销售于一体的综合性奶制品生产企业。

目前，宁波双燕奶业有限公司下属的永盛奶牛场奶牛饲养量已达到2500多头，年产鲜奶量达5000吨，成为浙江省最大的私营奶牛饲养基地。公司主要生产巴氏杀菌乳和二次灭菌乳，产品涵盖纯牛奶、酸牛奶和含乳饮料等四大系列10多个品种。产品经有关专家测试，其指标均达到或超过国家有关标准。产品自上市以来，深受好评，销售地区不断扩大，保鲜奶市场主要集中在宁波大市范围内，含乳饮料市场则已覆盖华东、华南、华北、东北等地区。该公司还多次被评为鄞州区和宁波市农业龙头企业，浙江省妇字号龙头企业，并获得“浙江省优质无公害农产品”、“中国绿色健康维权品牌”、“中国消费者信赖的知名品牌”等多项荣誉，并成为国内首批通过食品质量安全认证的企业。

图89 宁波双燕奶业有限公司生产车间

生产工艺上，该公司采用了国际先进的UH板式杀菌工艺和国际一流的灌装设备，并引进丹麦福斯公司生产的具有国际一流水平的FT 120多功能乳品分析仪，以确保产品高品质、高附加值。同时，企业还注重建立“以人为本”的管理机制，把吸纳人才作为提升企业核心竞争力的第一战略，特地聘请国内著名的博士生导师、东北农业大学骆承庠教授以及全国著名的乳品专家谢继志教授等担任技术顾问，并极积从各类大专院校聘请多名高材生，专门负责配方、化验、销售等重点项目，企业具有大专以上学历的科技人员已占企业职工总数的20%以上。

（汪晖）

横溪镇

表25　2004年基本情况数据库

项目	单位	合计
总面积	平方公里	87
种植面积	公顷	1351.1
建制村	个	15
居委会	个	1
总人口	人	31100
外来民工	人	8700
地区生产总值	万元	303229
第一产业产值	万元	7792
第二产业产值	万元	276991
第三产业产值	万元	18446
工业销售收入	万元	267000
工业利税	万元	28878
工业技改投入	万元	17612
固定资产投资	万元	23984
财税收入	万元	12600
农民人均收入	元	6173
外贸出口交货值	万元	23008
镇村集体净资产	万元	4340
村可用资金	万元	2130

表26　2004年骨干企业基本情况表

单位:万元

企业名称	产值总额	销售收入	利税总额
宁波隆兴集团公司	30208	30206	3213
浙江永茂铸造公司	15467	13900	1832
宁波黄泰实业公司	12602	12703	326
宁波天波港联电子公司	7854	7300	707
宁波南方浦立工具公司	7131	7045	453
宁波南螺建通公司	4978	4945	634
鄞州商业精铸厂	2962	2867	90
鄞州华兴精铸厂	2829	2643	519
宁波金运纺品公司	2560	2548	334
宁波大华砂轮公司	2705	2331	223

【概况】

2004年，全镇完成生产总值7.6亿元，比2003年同期增长36%;完成财政收入1.26亿元，比2003年同期增长28.1%；一般预算收入（税收)8878万元,比2003年同期增长24.9%,综合经济实力迈上了一个新台阶。

【工业经济】

2004年,完成工业产值27.7亿元、销售收入26.7亿元、利润2.0亿元、增加值6.3亿元。全镇各类工业企业发展到780多家，其中新增限额以上企业15家,达到53家。完成工业投入2.33亿元、技术改造投入1.89亿元,技术改造项目立项31项,其中1000万元以上项目7项。引进科技成果转化项目6项,引进各类人才174名,开发市级以上新产品32只，完成高新技术产值3.56亿元。外贸出口市场进一步拓展,产品远销美国、日本、欧盟等20多个国家以及中国香港、台湾地区，全年外贸出口交货值23710万元、自营出口2149万美元。

【农业经济】

2004年,全镇完成农业总产值7792万元、多种经营收入8411万元，村级可用资金达到1919万元,农民人均收入6173元。以茶叶、花木、蛋鸡、奶牛等为代表的种养殖业规模进一步扩张。引进了灵芝、白茶、波尔山羊等种养殖新品种10多个,新增专业种养殖户20多户。道成岙优势农产品基地建设和金峨片农业综合开发有序推进。推出了“酒埕岩”系列品牌,“梅山云雾茶”在首届宁波国际茶文化节上荣获金奖。新建标准农田120公顷。同时,防汛抗旱、森林防火、动植物疾病监控和防治等工作有效落实。

【实事工程】

新宁横线工程横溪段水泥路全面建成；投资800万元，可容纳500多名观众的多功能文化中心即将全面竣工；投资750万元，建筑面积6500平方米的周夹农贸市场建成并试营业；投资350多万元,建筑面积3400平方米的横溪镇中心小学综合楼交付使用；全面实施农村自来水管网改造工程,启动了11个点的改造;投资200万元,新安装了梅岭片300门左右固定电话；投资52万元，实施了环镇路“亮化”工程。投资40万元,实施道成岙大桥的建设。千方百计筹划并开通了宁波至横溪629路公交线路。加快推进周夹公共墓园生态化建设。

【新区开发】

2004年重点加大了对横溪北部新区建设的资金投入,道路、通讯等基础配套设施大为改善,建成区间道路5.2公里,形成了“三纵三横”的路网格局。横溪新的商贸中心、文化中心、住宅中心、工业区块加快建设,功能逐步完善,新区形象进一步展现。

【文化工程】

开展了横溪有史以来最大的文化挖掘工程，组织编写了《横溪文化大观》三册，即《千年横溪》、《诗画横溪》和《传说横溪》,共75万字,配合有关专家和村编写了《梅岭志》、《金峨山·金峨寺》和《钱家山村志》，进一步扩大了横溪的文化影响力。

【一方名村:横溪村】

该村由原上街、中街、禄广桥、钱岙四村合并而成,地处镇建成区,为横溪镇商贸中心,且依山傍水，风景秀丽，区位优势明显，南是横溪水库，北与横溪镇北部新区连为一体，中间古溪流——横溪穿村而过，境内交通便捷。村总人口2830人，村域总面积0.63平方公里，其中耕地面积94.8公顷,山林538.4公顷,具有良好的经济基础和发展前景。该村以房屋租赁、特色农业、商贸三产为集体经济主要来源，2004年村年经济总收入2.6亿元、集体可用资金690万元。2004年,全村拥有总资产2698万元,其中固定资产1331万元、货币资产803万元；社员人均占有资产8652元。该村将以行政村区划调整为契机，充分发挥地域优势、人缘优势、资源优势，努力建设成为“实力强村，环境美村，文化名村，民主新村”。

【一方闻人：桑文磁】

桑文磁老先生，现年90高龄，曾在正始中学执教数十年，是正始中学一代名师，曾历任正始中学教员、教导主任、副校长等职。他博学多才，在文学、历史、诗词、书法诸方面均有很深的造诣。一生与书为伴，几十年如一日，看书、教书、编书，虽年届九旬，仍捧读不息，笔耕不辍。著有《阿育王寺寺志》、《宁波旧诗》、《宁波竹枝词》、《静俭庐诗选》，尤其是，历经50多个春秋，克服重重困难，编撰了一部约30万字的《形容性词语类编》辞书。

【鄞东第一瀑：凫鹭飞瀑】

“凫鹭飞瀑”，又称“凫泉飞瀑”，俗称“龙潭瀑布”、“龙王塘瀑布”，深藏于横溪镇栎斜村东南石柱岙中。由于瀑布所在的山岙为成群的水凫（俗呼野鸭）的歇息地，山岙颇多怪石，犹如鹰鹭，与水凫结伴，故名“凫鹭飞瀑”。瀑布之水源出“钱湖十景”之一“百步耸翠”的百步尖山峰，急流向石柱岙崖壁撞击后一分为二，状如燕尾，又二分为四，最后成为一片白花花的水帘悬于崖半腰，由于山高水长，瀑布蔚为壮观，尤以雨后为甚，堪称“鄞东第一瀑”。

【一方名企：宁波天波港联电子有限公司】

该公司创建于1989年，是国内最大的继电器生产厂家之一。企业占地面积25000平方米，员工1500人，拥有一流的零件加工基地、产品研发中心、实验测试中心和18条自动流水线，配备了国外先进的自动化生产设备和测试仪器，继电器年产量8000万余只。天波继电器多次被评为市级新产品，获得科技进步奖，部分产品通过美国UL和CUL、加拿大CSA、德国TUV、欧洲VDE、中国CCEE等认证。并率先执行欧盟ROHS和WEEE指令的要求生产环保无害化继电器，产品远销欧美、东南亚等各地。2004年公司销售额达到1亿元，自营出口7200万元，被评为“2004年度浙江省最具成长潜力100佳”企业。

（陈朋豪）

姜山镇

表27　　2004年基本情况数据库

项目	单位	合计
总面积	平方公里	85
种植面积	公顷	7980.1
建制村	个	55
居委会	个	3
本地总人口	人	81860
外来人口	人	45670
地区生产总值	万元	331230
第一产业产值	万元	33300
第二产业产值	万元	1177668

续表27

项目	单位	合计
第三产业产值	万元	48500
工业销售收入	万元	1123475
工业利税	万元	127754
工业技改投入	万元	106000
固定资产投资	万元	124526
财税收入	万元	32567
农民人均收入	万元	8247
外贸自营出口	万美元	7651
镇村集体净资产	万元	14091
村可用资金	万元	6883

表28　　2004年骨干企业基本情况表

单位:万元

企业名称	产值总额	销售收入	利税总额
宁波牡牛纸业有限公司	32550	28534	1076
宁波市鄞州龙盛毛条厂	31719	28430	2710
浙江东亚线缆有限公司	24289	23952	1136
南达合金钢螺丝制造公司	22550	22605	1604
重机(宁波)精密机械有限公司	21165	20665	2925
宁波朝阳纺织有限公司	18900	18139	2066
宁波华瑞电器有限公司	16550	16312	565
宁波小星星车业有限公司	16046	14162	890
宁波微特电机有限公司	12700	12409	724
宁波市鄞州兴华化工厂	10844	10176	1119

【概况】

2004年，全镇共完成地区生产总值33.1亿元，同比增长19.9%；实现社会总产出126亿元，同比增长24.6%；财政总收入达到3.25亿元。

【工业竞争力提高】

经济规模和规模企业队伍不断壮大。2004年,工业产、销、利分别达到117.8亿元、112.3亿元和8.8亿元，同比分别增长25.9%、28.4%、和26.5%。全镇限额以上企业达到160家,其中上亿元企业13家,限额企业共完成产值47.2亿元、销售45.1亿元、利润3.6亿元,同比分别增长26.3%、27.5%和44%。全镇高新技术产品产值达27.2亿元，销售27亿元，利税2.8亿元,同比分别增长43.9%、42.7%和22%。新增市级高新技术企业1家、区级民营科技企业2家、区级信息化示范企业1家。被批准市级以上新产品38项、市级高新技术成果转化项目2项。申报各类专利40项,引进科技项目3项。全年共引进各类人才730名,其中高级专业技术职称人才48名、中级专业技术职称人才131名,本科以上学历265名,有力地促进了科技成果向现实生产力的转化和高新技术产业的快速发展。技术改造势头依旧强劲。全镇97个技术改造项目，计划总投资10.6亿元，财务实际到位9亿元,同比分别增长37%和28%,全年共实现工业总投入12.5亿元,其中设备投入6.5亿元,全镇产业结构不断得到提升和优化。开放型经济快速增长。新批外资企业12家,增资1家,股权收购1家,协议利用外资2802.3万美元,实际利用外资2361.6万美元。新批自营出口企业12家,全镇47家出口实绩企业共实现外贸自营出口7651万美元,新增境外企业和办事处2家。共引进区外企业32家,协议利用内资3.5亿元,财务到位1.62亿元。工业区块开发成效显著。2004年,全镇共有51个项目动工建设,到年底,已有33个项目竣工，新增标准厂房17.88万平方米。

经区委、区府考核,2004年,该镇经济发展水平继续位列全区第二，科技工作被评为全区先进，获鄞州区高新技术产业银奖，人才引进工作荣获得全区金奖。技术改造工作荣获全区铜奖。开放型经济工作荣获全区利用外资贡献奖、内资引进铜奖和外经贸工作先进集体。

【效益农业加强】

全镇共实现农业总产值3.63亿元,村级集体净资产达1.41亿元,农民人均收入8247元,同比分别增长15.5%、16.5%和12.9%。农业经济管理和农技服务工作不断完善。村级财务管理不断加强，建立健全了村级财务预决算、财务审批、财务监督和财务公开等各项规章制度，进一步规范了村级日常经济活动。农技培训积极开展，建立了农技人员联基地、联大户制度，引导农户积极开展农技试验、示范和推广活动。农业基础更加扎实。一年来，全镇共投入资金231万元，建成标准农田70公顷，新建桥梁12座，并实施了奉化江江塘砌石工程，对设施农业、品牌农业和特色农业的扶持力度不断加大，农业综合生产能力进一步提高。粮食生产能力稳步提高。在建立完善土地经营权流转机制的基础上，实行了土地的适度规模经营，其中，承包面积在1.33公顷以上的规模经营户达536户，共承包耕田1354.5公顷。全镇粮食种植面积已达4577.9公顷次，良种覆盖率达到98%。效益农业初具规模。全镇共有市级以上农业龙头企业3家，农业结构调整面积已达3402.1公顷，其中设施栽培面积达到294.9公顷，已经形成百亩以上农业结构调整示范园区和基地32个，建成了原国家计委立项的千亩宁波港城农业示范园和千亩棚栽茭白、千亩花木、千亩特种水产、千亩果桑、千亩翠冠梨等6个千亩以上特色农业示范基地，以点带面、区块特色明显的效益农业发展进一步加快，农业效益进一步提高，农业双增成效显著。2004荣获效益农业先进集体。

【城镇面貌改善】

基础设施建设不断加快，镇区功能进一步完善。投资610万元实施了镇中心小学运动场改建和北扩工程；投资400万元的朝阳小学扩建工程已基本完成；投资650万元的新姜山敬老院正式启用，并已被评为鄞州区一级敬老院，占地面积8公顷的姜山镇第二中学建设项目已完成立项工作；城乡道路网络化基本形成，投资500余万元完成了南大路改造和管线下埋工程，投资400余万元的小学北路改建工程已投入使用，完成了与天童南路延伸段的衔接工作；投资280万元在天童南路延伸段、定桥路等道路上新装路灯450余盏，姜茅公路路灯正在安装中；农村水改工作不断深化，区域供水工程进展顺利。实施了农村水改中的“一表一户”改造工程，全镇已有15个村完成改造工作，此外，自横溪水库到姜山和茅山水厂的引水管道已全部铺设完毕，到丽水的管道铺设正在紧张施工之中，各自来水厂正在实施与之相关配套工程；生态绿化和环境整治工作进一步加强，新镇、新村建设有序推进。生态绿化和环境整治工作得到巩固，河道常年保洁制度进一步落实，全年新增绿地面积近1.7万平方米；总建筑面积近3万平方米的狮山新村商品房已经交付，华泰星辰即将交付，侯家区块商品房开发也已动工建设，建筑面积达2万平方米的安置小区一期工程已经竣工，总占地面积近4.67公顷的唐叶村区域新村建设正在紧张施工之中。

图90　姜山镇区一角

【社会事业发展】

深入开展机关效能建设和“先锋工程”建设，全面落实了农村工作指导员制度，“群众提议、干部承诺”活动积极推进，廉政文化教育和警示教育活动广泛开展。到2004年12月止，全镇共新建非公企业党组织6个，发展新中共党员69名，转正62名，处理9名违纪违法党员，通过一手抓先进，一手查违纪，进一步加强了基层党建工作。以机关效能建设为契机,实施了对37个行政村的区划调整工作,共调减19个行政村,通过座谈、走访、党日活动等多种形式,大力开展并村并心工作。大力开展“平安姜山”建设活动,在全镇范围内实施网格化巡逻,狠抓不稳定因素排查,不断加大外口管理力度,深入开展反邪教警示教育宣传活动,积极做好“归正”人员帮教和社区矫正工作,社会稳定工作不断强化。

农村社会保障体系进一步完善。城镇职工养老保险覆盖面不断扩大,城镇与农村职工养老保险顺利并轨,失业、工伤保险、生育保险有序推进。新型农村合作医疗住院保险制度全面推行,被征地农民养老保险工作顺利开展,已有15个行政村共3643名被征地农民办理了被征地农民养老保险,有1910人已在领取保险金。被征地农民和再就业人员培训、就业工作得到加强,共有672名被征地农民和再就业人员参加了就业技能培训;职业推介活动广泛开展,先后共有2100人被安排到600余家企业参加工作。最低生活保障和农村“五保”老人实施集中供养制度不断完善。新姜山幸福院对全镇160余名“五保”老人实行了集中供养。镇财政拨出专款,为全镇居民办理了房屋、财产投保手续。扶贫帮困工作进一步加强,采用结对帮扶、工业扶贫和项目扶贫等多种形式,不断增强经济贫薄村的自身造血功能,广泛开展结对扶贫帮困活动,组织落实了每位党员干部帮扶一户贫困户制度。

切实加强新时期文明创建工作,组织开展了以文明城镇创建、“文明交通行为”等为主题的多项教育活动和文明村、文明单位创建活动。全镇已有2个市级文明单位和2个市级文明村通过验收。市级卫生镇创建工作扎实开展。村级卫生室规范化管理工作进一步加强。计划生育工作全面加强,人口自然增长率继续呈现负增长态势。各项教育指标继续居全区领先地位,师资队伍素质不断提高,在市、区教坛新秀评选中,全镇共有20名教师获奖,此外,还有3名教师被评为市、区教学骨干,镇中心小学被评为浙江省教育科研先进集体和宁波市现代化教育达纲学校,朝阳小学被评为鄞州区体育人才输送工作先进集体。同时,成功举办了“姜山杯”全省青少年航海模型锦标赛,2004年,该镇被评为农村党建工作先进集体、武装工作先进集体、计划生育工作先进集体、信访工作先进集体、档案工作先进集体、“交通文明行为”主题教育活动先进集体、社区教育示范镇、全国亿万农民健身活动先进乡镇,镇妇联被评为宁波市先进妇女组织,镇团委被评为区级先进团委和区级青年志愿者先进集体。

【宁波港城农业示范园】

宁波港城农业示范园位于姜山镇黎山后村,园区创建于1999年,2000年被列入国家计委建设项目,一期建设面积为40.4公顷,主要产业为大棚草莓,2001年,黎山后村被鄞县人民政府命名为草莓专业村。由于该园区在农业产业结构调整中起到了较好的社会效益和经济效益,2002年又被国家计委批准扩建第二期建设项目,总面积扩大到80.4公顷。其中标准钢棚设施栽培面积40.4公顷,其产业由以大棚草莓为主发展到棚栽葡萄、棚栽油桃等多种名特优高效蔬果。到2004年底,宁波港城农业示范园被列入省、市无公害农产品基地,区重点农业示范基地和区农业科技示范基地。一个园区带动了一方经济,2004年,黎山后村农业总产值达到1930万元,农民人均收入达到8980元,比园区兴建前的1998年增加了1.4倍。下步,宁波港城农业示范园将围绕都市农业发展目标,重点建设融生产、生态、休闲、观光、绿化、文化等多种功能于一体的都市型农业示范园区，并积极带动相邻各村和周边区域共同发展。

图 91 港城农业示范园一角

【一方名企:宁波东威电子有限公司】

宁波东威电子有限公司依托“东源国贸”和“东源音响”组建于 2003 年 4 月，占地面积 14708.2 平方米，建筑面积 16620 平方米，是一家专业生产扬声器、音箱的外销型企业。公司组建伊始即以高起点参与市场竞争，依靠科学的管理方法、雄厚的资金实力和技术力量不断扩大生产规模、拓展国内外市场，当年组建生产流水线 3 条，员工达到 350 名，销售突破 5800 万元。随后，公司大量引进专业人才，强化各级员工培训，推行“6S”管理，通过了 ISO 9001:2000 质量管理体系认证。与此同时，加大固定资产投入，建造一流的厂房设施，先后投入 1000 余万元购买大批进口数控车床等先进设备。

图 92 宁波东威电子有限公司厂区

2004 年初，公司成立信息中心，正式启动并成功实施 ERP 企业信息管理系统，下半年，工厂新组建金工车间、注塑车间和音箱车间，实现自制品加工，同年底，现代化的新办公大楼正式落成启用，

各公司合署办公，年销售额突破 8800 万元。

(黄贤波)

钟公庙街道

表 29　　2004 年基本情况数据库

项 目	单 位	合 计
总面积	平方公里	43
种植面积	公顷	3314.5
建制村	个	28
社区	个	11
常住人口	人	80502
外来民工	人	46689
地区生产总值	亿元	17.85
第一产业产值	万元	10300
第二产业产值	万元	132400

续表 29

项 目	单 位	合 计
第三产业产值	万元	35800
工业销售收入	万元	779484
工业利税	万元	125865
工业技改投入	万元	66749
固定资产投资	万元	96600
财税收入	万元	26100
农民人均收入	元	8865
外贸出口交货值	万元	107000
镇村集体净资产	万元	43738
村可用资金	万元	14416

表 30　　2004 年骨干企业基本情况表

单位:万元

企业名称	产值总额	销售收入	利税总额
宁波明州龙电气有限公司	33104	33277	11151
宁波爱尔妮制衣有限公司	26867	25639	4091
宜科科技实业有限公司	17851	17780	2849
德狮特织造有限公司	16801	13142	1414
宁波环球混泥土有限公司	15063	15256	2446
宁波三邦线业有限公司	15046	15542	942
宁波赛尔富电子有限公司	14969	12514	3170
宁波甬嘉变压器有限公司	13686	13697	1152
宁波豪鹰服饰有限公司	12022	11387	1543
宁波嘉谊食品有限公司	10900	10764	1637

【概况】

2004 年，全街道实现地区生产总值17.85 亿元，同比增长 29%；街道财政收入4.02 亿元,同比增长 77.7%。

【经济实力进一步增强】

全年实现农业总产值 1.37 亿元。菜园子面积发展到 533.3 公顷以上，向市场供应新鲜优质蔬菜 3.6 万吨,其中宁波“绿由”农业示范园区还被浙江省农业厅评为浙江省无公害农产品示范基地。生态休闲农业继续得到发展，加工创汇农业发展势头较好，宁波宏纬食品有限公司晋升为省级农业龙头企业。

实现工业总产值 85.53 亿元，工业销售收入 77.94 亿元,实现利润 9.03 亿元。招商引资取得显著成效，先后引进内资企业 114 家，注册资本 2.84 亿元,协议利用内资 2.81 亿元,实际到位内资 2.03 亿元；新办外资企业 14 家，增资 10 家，协议利用外资 5556.49 万美元，实际到位外资 2975.41 万美元。全街道拥有相当规模以上私营企业 761 家，其中 500 万元以上规模企业 135 家,比 2003 年净增 39 家。实现外贸出口交货值 10.7 亿元，自营出口额 8913 万美元。高新技术企业及新产品不断涌现，“双高”工程进入新的阶段。工业总投入 9.66 亿元，完成技术改造项目 52 项，实际财务到位 6.68 亿元，实现高新技术企业销售 17.1 亿元。宁波宜科科技实业股份有限公司在深圳成功上市，成为全区第三家上市企业；宁波甬嘉变压器有限公司被评为国家级高新技术企业。新批市级以上新产品 33 个,其中国家级新产品 1 个。此外,积极实施引智工程,全年共引进高素质人才 27 名，极大地促进了街道工业经济的快速发展。

第三产业异军突起。一年来，通过对外招商、“以二引三”等途径,共引进第三产企业39 家，注册资本近 2 亿元。第三产业销售收入达到 12.4 亿元，利润达 1.62 亿元，税收收入达 9860 万元。

【农村综合改革稳步推进】

深入推进被征地人员货币安置和养老保障工作。25 个村已完成被征地人员劳动力货币安置和养老保障工作，共 20578 名被征地农业人口实施了货币安置，发放安置费 3.4 亿元,有 7107 名被征地人员进入养老保障。加快实施农村社区型股份经济合作社改造。对后庙、黄泥桥、慧灯寺、毛家漕等 7 个村推广社区型股份制改造。稳步开展撤村建居试点工作。撤销了汪董建制村，与四明小区、格兰云天小区合并建立汪董社区，迈出了农村向城市转变的实质性步伐。

【社会事业全面进步】

城区建设有新动作，城市化进程进一步加快。着重抓好新村建设。在陈婆渡、前周、慧灯寺董家安置小区建造安置房2070套，建筑面积25.9万平方米；已拆除和签订拆迁调产安置协议1014户，拆迁建筑面积11.54万平方米。同时，配合开展宁南北路拓宽改造、金家漕旧村改造、南外环和绕城高速工程建设，积极做好拆近安置工作。并扎实抓好基础配套建设和城区管理，不断加大对违法违章搭建的查控。

社区建设得到加强，管理水平进一步提高。调整了社区设置规划。完善了社区管理体制和制度，撤销了宋诏桥、长丰、陈婆渡3个小区管理处，理顺了社区管理体制。制订出台了小区移交政策，积极推进物业管理公司化运作机制，提高物业管理质量。开设了7个社区卫生医疗服务站，成立了彩虹社区党群活动服务中心，成功举办了第二届社区文化艺术节，社区居民文化生活和居住环境不断提升，2004年度飞虹、彩虹等7个社区获得省市级百佳、示范(文明)社区。

投入5000多万元资金用于教育事业，5所学校已成为宁波市现代化教育技术示范学校，教育质量继续保持全区领先水平，中考合格率列全区第二名。计划生育等各项事业取得新成绩，符合率达99.6%。扎实推进劳动就业和社会综合保障工作。全年向失土农民和外来务工人员介绍提供就业岗位3023个，开设培训班23期，并开展了全区第一期订单式培训。新型农村合作医疗户参保率达98.7%，为全区第一。

建立完善了大维稳机制，出台了《关于进一步加强稳定工作的实施意见》，健全和完善了信息预警处置、社会矛盾化解、信访接待调处、组织保障、监督考核五大信访工作机制，建立了综治工作中心，实行综治、信访、司法、计生、暂住人口管理等一站式服务。积极调处各类社会矛盾，有力地维护了社会的稳定。加强了综治维稳力度。建立健全了社区保安中队、护村队、巡逻队，形成500人组成的群防群治网络队伍，率先推出了农村、社区警务室建设。

【钟公庙街道司法所】

该司法所创建于1995年，现有司法行政工作人员3名，法律工作者5人，办公面积150平方米。几年来在鄞州区司法局的指导下，该所连续5年被评为区级“先进司法所”，2004年2月被最高人民法院、司法部授予“人民调解工作模范司法所”，2004年被评为区级“示范司法所”。司法所负责具体组织实施和直接面向广大人民群众开展基层司法行政工作，同时，又是钟公庙街道的一个职能部门和执法机关，在街道党工委、办事处的领导下行使管理该街道区域司法行政工作的职权，通过履行法律保障、法律服务、法律教育三大职能，运用法制宣传、人民调解、法律服务、安置帮教、社区矫正和执法监督等手段，发挥着维护基层社会稳定、保障市场经济发展、推进依法治理工作进程的重要作用。其下属单位包括诚尽法律服务所、法律援助站。

【《缤纷社区》受到好评】

《缤纷社区》是钟公庙街道的自办刊物，创刊于2003年10月，每月1期，每期对开四版，分发给区委、区人大、区政府、区政协、区级机关各部门、各镇(乡、街道)领导班子成员、机关各科室、各行政村、社区居委会和广大社区居民。该刊物主要报道街道内召开的重要会议、发生的重大事件、出台的新政策，社区内发生的好人好事、新人新事，社区居民对社区建设的意见、建议等，为党工委、办事处决策提供参考,并成为密切联系群众的桥梁。《缤纷社区》图文并茂、反映面广,受到读者的广泛好评。

【飞虹社区】

该社区面积0.3平方公里,管辖82幢住宅楼、常住户3280户,人口约9200余人,天童北路、永达路把社区分成了4块即一区、二区、三区和菜场区,辖区内有大型菜场、幼儿园、社区警务室、医疗服务站、银行等配套设施。

社区本着“以人为本、服务居民,与民同心、共建家园”宗旨,以党建为龙头,以社区服务为落脚点,创新完善服务制度,以志愿者服务为先导,实行中共党员组长主动结对,开展“爱心门铃、温暖老人”服务工程,组织志愿者1月2次上门为空巢老人提供医疗咨询和生活服务,为他们的生活提供方便,解决老人子女们后顾之忧,几年来,该项服务活动已深入人心,深得广大居民的拥护。社区先后入选浙江省百佳社区、省级文明社区、省民政厅示范居委会、市级先进妇女工作单位、宁波市十佳社区读书活动先进单位、区级学习型社区和文化建设示范点。社区中共支部也被评为市级先进党支部。

【一方名校:宋诏桥中学】

该校创办于2001年,学校占地面积27972平方米,建筑面积11413平方米,绿化面积11050平方米,现有教学班15个、学生668名、教职工47人,是宁波市现代教育技术示范学校。学校以创建“一流的教育管理、一流的师资队伍、一流的教育设备、一流的教育质量、一流的教育效益”的现代化窗口学校为办学目标。教学生活设施功能完备、布局合理、校园内环境优美、绿草如茵,每个教室都配备了数字投影仪、电脑、实物展示台、电视机,还建有校园网、校园音响系统、闭路电视系统等设备,为学生享有优质教育提供了较好的物质基础。

学校师资力量雄厚,在45名专任教师中,本科学历43人,其中,有中学高级教师7人、中学一级教师22人、区级以上学科带头人2人、市区教坛新秀22人,区(县)级以上先进教师21人,先后有20多位教师在市、区级各项教学业务比赛中获奖,有87篇论文在国家级、市级、区级获奖或在报刊杂志上发表,有区级以上立项课题8个,其中国家级课题1个。强大的师资队伍保证了教育质量的稳步提升,2004年,有137名学生参加中考,27名学生考上鄞州中学、鄞州高级中学,录取率为全区第一。

【一方名企:宁波甬嘉变压器有限公司】

该公司是国家机械工业联合会和国家电力公司定点生产各种低损耗电力变压器的专业企业,成立于1993年,拥有固定资产4000多万元,占地面积30000平方米,在职员工200多人,其中高级工程师、工程师等技术人员60多名。

该公司历年被评为“资信等级AAA级贷款企业”,“重合同守信用企业”;于1999年通过ISO 9001质量体系认证,2003年被认定为浙江省高新技术企业,并于2004年被认定为国家火炬计划重点高新技术企业。公司主要从事电压等级35千伏及以下新S 9、S 11系列电力变压器,SG10系列干式变压器和箱式变电站的开发研究和制造,是德国MORA公司在浙江省内的独家授权制造销售商。所生产的SG 10非包封干式变压器在2002年被国家经济贸易委员会评为“国家重点新产品”,同时获得国家知识产权局颁发的“实用新型专利证书”,并在2003年获得科学技术部颁发的“国家级火炬计划项目证书”。

(周　升)

高桥镇

表31　　2004年基本情况数据库

项目	单位	合计
总面积	平方公里	53
种植面积	公顷	2125.6
建制村	个	20
居委会	个	3
总人口	人	47948
外来民工	人	14460
地区生产总值	亿元	19.3
第一产业产值	亿元	19.5
第二产业产值	亿元	106.7
第三产业产值	亿元	2.53
工业销售收入	亿元	91.4
工业利税	亿元	10.89
工业技改投入	亿元	6.05
固定资产投资	亿元	7.78
财政收入	亿元	2.86
农民人均收入	元	9427
外贸出口交货值	亿元	23.8
村级集体净资产	亿元	3.4
村可用资金	万元	8601

表32　　2004年骨干企业基本情况表

单位:万元

企业名称	产值总额	销售总额	利税总额
八方集团股份有限公司	44904	45880	4226
华安建材冶炼有限公司	35126	34884	2957
香豪莱宝金属有限公司	29261	30841	1443
阳光特种钢有限公司	23333	22776	1352
国合旭东精密压铸公司	10874	10980	1888
成田涂装机械有限公司	12546	10353	1813
嘉华休闲用品有限公司	8196	9155	555
宁波燎原电器厂	9076	8685	1208
鄞州高桥工贸公司	8792	8603	1345
雅太纺织品有限公司	8471	8471	882

【概况】

2004年,实现地区生产总值19.3亿元,增长20.6%;财政总收入2.86亿元,增长24.4%;村级可用资金8601万元,增长5%,农民人均收入9427元,增长8%;镇域经济呈现持续、快速、健康发展的良好态势。

【农业经济】

在稳定粮食生产、蔺草种植面积的基础上,依托资源和产业优势,快速发展多种经营,全镇共有各类种植大棚98.8公顷,发展农业基地5个,分别是岐湖村的万只天鹅养殖基地和33.3公顷西瓜基地、芦港村的万只土鸡基地、民乐村的百香果基地和岐阳村七丝锦鲤养殖基地。依托浙江大学“卡特”研究中心,大力发展观光农业,加快建设农业龙头企业,岐湖村的无公害葡萄基地已列入国家级农业综合开发优势农产品基地项目,华备编织已列入省级农业龙头企业。该镇20个行政村全部建立了失土农民养老保障机制,覆盖率达100%,2004年新增参保人员2375人,累计完成5045人。

【工业经济】

2004年,实现工业产值99.2亿元,增长29.1%;销售收入92.4亿元,增长30.7%;利润7.5亿元,增长25.2%。骨干企业作用明显,限额以上企业达到99家,完成产值33.1亿元、销售31.5亿元、利润3.6亿元,分别占到全镇经济总量的33.4%、34.1%和48%。高新技术产业发展迅速,实现产值17.7亿元,增长48.8%;销售17.1亿元,增长53.4%;利税2.53亿元,增长38.9%。依托高桥镇科学家服务中心,搭建科技服务平台,引进各类专业人才366名,其中副高级以上人才34名。开发市级以上新产品13个,3家企业被评为市级高新技术企业,2家企业被评为区级高新技术企业。

【城镇建设】

该镇坚持以规划为龙头,建设和管理并重的原则,加大对基础设施的投入力度,投资1100万元,建成了总长2公里的环镇北路和杨家漕路,城镇建设拉开了框架;投资180万元建成了占地面积约1.33公顷的高桥休闲广场;投资近250万元修建、扩建规范化完全小学一所;投资150余万元建成2万吨级供水设施,改善了自来水质量;投资60万元,建成了高桥新汽车站,已竣工并投入使用,通车环境得到了改善;投入120多万元改建、装饰了高桥镇文化站办公楼和高桥影剧院;投入近80万元对岐阳、半路庵卫生院进行了改造。农村二次水改工程进展顺利,2004年完成供水管网改造的有9个村。新村建设逐步实施,芦港新桥社区一期工程,已开工建设;吴江岸社区,作为绕城高速安置地块及高桥点范围内新村入住地块,规划方案已通过会审。

【社会事业】

围绕创建文明镇、文明村、文明单位、文明小区、文明家庭这一主线,大力推进群众性的精神文明创建活动,2004年,该镇被评为省级文明城镇,芦港村、新联村被评为市级文明村。教育事业不断发展,教育质量不断提高,投入力度不断加大。文化设施进一步得到改善,围绕各项主题活动开展了多种丰富多彩的群众文化活动。计划生育工作在综合改革的基础上得到了进一步深化,群众的生育观念进一步转变,2004年全镇又有175户独生子女家庭自愿放弃了二胎生育指标,申领了双农独女“优惠证”,享受了镇内就读、就医优惠待遇。生育文化教育基地建设不断加强,充分利用梁祝文化公园的资源优势,与区计划生育局联合投资50万元,开辟了“婚育新风园”。卫生工作稳步推进,服务功能不断拓展,服务内涵不断深化,社区卫生服务试点工作积极开展,已规划完成1个社区卫生服务中心和4个社区卫生服务站。慈善一日捐工作成效显著。高桥镇企事业单位、镇机关干部、村干部和群众在短短1个月中共捐爱心善款达583.5万元,镇政府准备再配套出资200万元,将这近800万元用于风险小、收益大的标准厂房建设出租,预计年收益率可达10%,全部用于需要帮助的高桥困难群众。深入开展社会治安综合治理,深化创建“平安社区”活动,集中开展了对暂住、流动人口的专项管理。利用治安巡逻大队力量,严厉打击各类犯罪活动,治安案件明显下降。重视群众来信来访,进一步健全了信访工作责任制,及时解决一批群众普遍关注的热点、难点问题,维护了社会稳定。重视开展国防教育,顺利完成了征兵、民兵预备役训练等任务。

【一方名所:高桥派出所】

鄞州区公安分局高桥派出所位于高桥镇文化路东侧,创建于1985年,现有民警26名,下设2个警务区、1个刑侦中队、1个巡特警中队。

高桥派出所是一个有着光荣传统和辉煌历史的公安基层单位,自1985年建所以来,高桥派出所始终坚持业务、队伍、为民服务一起抓,充分发挥基层派出所的工作优势,扎实履行职能，不断地在为民服务方面推陈出新，先后推出了送法、送服务、送温暖的“三上门”服务、“警民换位思考体察民情”、“预警信息进家门”、“群众办事电话预约”等20余项便民、为民、亲民措施，积极开展“青年文明号”活动和“青少年维权岗”的建设，全体派出所民警牢记“为人民服务”、“人民公安为人民”的宗旨，长期以来，高桥派出所将传统爱民、勤政爱民、廉政爱民、执法爱民等多种爱民方式有机结合起来，综合实施“爱民工程”，达到了服务项目针对化、服务形式制度化、服务内容人性化，为打造“平安高桥”，构筑社会主义和谐社会，作出了突出的贡献。

图 93　高桥派出所

建所20年来，高桥派出所曾先后被授予“全国人民满意公安基层单位”、“全国优秀青少年维权岗”、“全国青年文明号”等称号，上百次获得省、市、区各类表彰，2人次荣膺全国特级优秀民警和“二级英模”称号，1995年、1999年所领导连续两次出席全国公安战线英模集体代表大会，受到江泽民、胡锦涛等党和国家领导人的接见。特别是近几年，在上级公安机关和当地党委、政府的高度重视和人民群众的热心支持下，通过集体强有的凝聚力和战斗力，各项工作又创辉煌，取得了突出的成绩，先后获得“全国公安一级派出所”、“全国青年文明号十年成就奖等荣誉”。2004年岁末又被国家公安部荣记集体一等功，被浙江省政法委授予“浙江省执法为民先进单位”。

【一方名校：高桥镇中学】

高桥镇中学地处高桥镇建成区高峰村，创办于1958年，学校总占地面积为30666平方米，建筑面积9700平方米。校园环境优美，建筑新颖、布局合理、设施完善，建有先进的校园音响系统、校园网络系统、校园通讯系统，并装备了多媒体语音教室、微机室、CAI制作室、音乐室、美术室、实验室等专用教室，办学条件达到现代化学校要求。

学校现有28个教学班、学生1300余人、教职工97人，其中专任教师80人（其中中学高级教师1人，中学一级教师31人），学历达标率100%，本科以上学历达46%。教师敬业爱岗，乐于探索育人，现有市、区教坛新秀8人，区骨干教师4人，省市级业务骨干2人。

近年来，学校坚持依法治校，育人为本，以“创现代化窗口学校，育全面型特长人才”为宗旨，全面贯彻教育方针，积极推进素质教育，实施整体优化，大面积提高教育质量，办学效益显著提高，逐步形成了“勤奋、规范、探求、奋进”的校风和“爱国、守纪、好学、求真”的学风。教研组建设成效明显，自然教研组被鄞州区教研室定为重点教研组，并获市级先进教研组。语文、政史教研组被评为区级先进教研组，外语教研组获鄞州区巾帼文明示范岗荣誉称号。学校为鄞州区首批实施九年制义务教育学校，是鄞州区中学生男子足球、女子篮球及美术教育训练基地，曾荣获“宁波市A级学校、宁波市现代化达纲学校、鄞州区文明单位、鄞州区交通安全学校、鄞州区卫生先进单位”等荣誉称号，学校的工会、团支部多次被评为区级先进。

【一方名企:宁波华安建材冶炼有限公司】

该公司创建于1997年6月,是一家专业研制、生产建筑排水用UPVC芯层发泡塑料管材、管件和UPVC绝缘阻燃电工套管及配套管件的股份制企业，产品覆盖全国13个省(市、自治区)的36个大中城市。拥有2条国际先进的进口双螺杆共挤生产线及几十台“海天”牌注塑机,可生产不同规格管材、管件,生产的芯层发泡管材具有低噪声、高抗冲、热稳定性好等特点。“HA”牌XPG—UPVC芯层发泡管材，属国家新型建筑材料应用推广项目，是新一代绿色环保建材产品。该公司曾先后荣获浙江省高新技术企业、浙江省名牌产品、浙江省守合同重信用企业、宁波市知名商标等荣誉，并被评为宁波市文明单位，鄞州区精神文明建设示范单位。

图94　梁祝公园塑像

【一方风情:梁祝婚俗节】

位于高桥的梁祝文化公园是全国唯一的爱情主题公园，梁祝婚俗节，更是被列为宁波三大节庆活动之一,已举办两届。2000年1月1日，第一届中国梁祝婚俗节在梁祝公园举行,盛况空前,主要活动有宁波2000年神州世纪游开幕式，梁祝婚俗节新千年玫瑰丽人行、梁祝情婚典仪式、“世纪相约”玫瑰婚宴、“蝶之恋”大型游园活动、《梁祝文化大观》首发式暨新世纪梁祝研究发布会、全球华人婚联大奖赛颁奖仪式、中国梁祝文化研究中心成立暨挂牌仪式、摄影艺术大奖赛等活动。利群玫瑰婚典共有80多对新人在梁祝故乡喜结连理。在梁祝公园里,新人们手挽手,齐步跨入“玫瑰门”，在凤凰山上种下新婚纪念树——爱情树，留下了纯洁永恒的情爱标记,在“世纪同心墙”上，对对新人挥笔签名，写下了忠贞不渝的爱情誓言，来自美国、加拿大的新婚夫妇也一起感受了中国独特的婚俗风情。2002年5月1日,第二届中国梁祝婚俗节又在梁祝公园拉开帷幕，来自天山脚下、大兴安岭以及中国台湾地区全国各地56个民族的56对新人，身着民族盛装,共同举行了百合婚典。他们带来家乡的泥土,共同在梁祝公园栽下新婚纪念树和民族同心树。

（王永坚）

横街镇

表 33　　2004 年基本情况数据库

项目	单位	合计
总面积	平方公里	121.7
耕地面积	公顷	1466.7
山林面积	公顷	6533.3
建制村	个	28
居委会	个	2
总人口	个	40920
外来民工	万人	1.3
地区生产总值	亿元	13.5
第一产业产值	万元	20913
第二产业产值	万元	746835
第三产业产值	万元	61113
税收收入	万元	8697
农民人均收入	元	6167
外贸出口交货值	亿元	23
镇村集体净资产	亿元	14.62
村可用资金	万元	5038

表 34　　2004 年骨干企业基本情况表

单位:万元

企业名称	产值总额	销售收入	利税总额
华茂集团	148000	148000	15000
盛邦制衣	35000	32000	2379
东海集团	23000	21000	569
联华食品	5082	4482	434
恒天织造	3850	3566	235
顺盛织造	3810	3585	105
锦辉紧固件	3518	3563	278
明望饰件	3180	2784	152
三峰汽配	2726	2120	61
华友水暖	2540	2480	129

【概况】

2004 年，全镇实现地区生产总值 13.5 亿元，增长 15.2%；财政总收入 1.19 亿元，增长 8%，按新口径统计共 0.8 亿元。

【经济平稳发展】

工业经济竞争力得到提升。经济总量稳步上升，实现工业产值 73.6 亿元，增长 26.8%；销售收入 68.6 亿元，增长 26.3%；利润 6.6 亿元，增长 25.4%。规模以上企业支撑作用明显，全年新增 11 家，达到 57 家，累计完成产值、销售、利润 28.4 亿元、28.3 亿元和 2.3 亿元，分别增长 16%、17.4% 和 15%。结构调整步伐加快，针织、水表、汽配等传统产业加快升级，完成工业投入 2.84 亿元，增长 28.2%；开发市级以上新产品 12 个。对外开放成效显著，实现外贸出口 23 亿元，同比增长 25%，其中自营出口 1.02 亿美元，同比增长 87.9%。协议利用外资 3080 万美元，实际利用外资 301 万美元。此外，竭力做好人才引进和培养工作，全镇引进人才 200 名，其中副高级专业技术职称人才 27 名，本科生 79 名。

农业经济地位得到巩固。积极推进农业产业化进程，走品牌先导、规模集聚、特色创新之路。云岗仙草、生猪等名优农产品种养规模进一步扩大，十大基地效应逐步显现。现有市级农业龙头企业 4 家，对农产品深加工能力进一步提高。加强了农技、农机服务和森林防火，抓好禽流感疫病防治，完成订单粮食 93 万公斤。继续实施山塘水库除险加固和小溪流域治理，新建标准农田 183.1 公顷。全年农民人均收

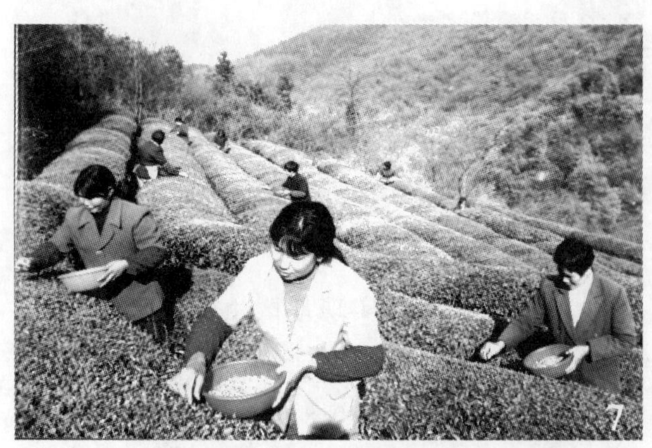

图 95　横街镇是鄞州区产茶镇之一，位于该镇海拔 586 米大岗山上出产的“云岗仙草”优质名茶已连续两年荣获鄞州区名茶奖金。图为茶农们喜摘茶叶场面。

入 6180 元，同比增长 10.3%。

第三产业初显增长强势。以规划为依据，积极拉开镇区框架，构筑三产发展平台，人气、要素、产业的集聚能力不断得到发挥。商贸、宾馆、餐饮等传统服务业继续发展，商务、中介等新兴服务业发展趋势看好，至 2004 年底，全镇共有个体户 2450 家，服务业 25 家，批发零售业 16 家。依托山区半山区、革命老区的生态、人文、历史、地理区位优势而开发的旅游、房地产业已初露端倪。据统计，全镇三产比重由原来 9% 提高到 18%。

【城乡建设】

新农村建设亮点呈现。农村现代化示范村建设继续加强，水家村被评为省级示范村，林村在区级示范村基础上积极争创市级示范村。积极稳妥抓好新村建设正式启动前的各项筹备工作。建筑面积近 22 万平方米的溪下水库移民安置小区全面开工建设。

重点工程建设有序推进。根据区委、区政府的要求，积极主动做好溪下水库移民拆迁安置各项工作、绕城高速公路前期 46.67 公顷土地征用和各项政策处理工作，理顺与余姚方的各项关系，争取余姚双溪口水库建设的前期政策处理工作上的主动权。继续配合做好鄞西变电站出线政策处理工作。

改造与管理齐头并进。重点完成振兴新村 5 幢住宅楼的纠偏加固工程，改善彩虹路至横街头沿河道路现状。大力推进城镇综合执法工作，坚决查处各种违章案件，不断加大环卫保洁和环境保护工作的投入，提高城镇管理水平。

行政村管理进一步加强。顺利完成行政村撤并工作，全镇行政村数量由原来 46 个减少到 28 个，撤并面达 40%。同时积极稳妥做好撤并村清产核资和全面审计工作，出台村务财务规范化管理意见，确保运作有序。加大扶贫力度，积极为 11 个区级贫薄村的发展创造条件。出台全镇统一的土地征用劳力安置费发放指导办法，克服因发放标准不一而引发的一系列社会矛盾。

【社会事业】

社会保障体系初步建立。全镇共有 13194 户家庭参保，户参保率达 90%。在货币安置的基础上，积极推进失土农民养老保险工作，已有 13 个村 2600 人参加了失土农民养老保险，其中 1765 人已开始领取养老保险，占 68%。有 3013 人参加了城镇职工保险，2105 人参加企业工伤保险，1535 人参加失业保险。同时，加大对弱势群体的帮扶力度，不断健全社会救助体系，全镇有 314 户 522 人享受了社会最低生活保障照顾。

教育卫生事业全面发展。教育投入不断增加，完成村校撤并、成校搬迁选址立项招投标工作，出台教育成果奖励措施，有效促进教育质量的提高。巩固“市级卫生镇”成果，引导创建市区卫生村，规范村级卫生室，启动镇社区卫生中心，建成卫生院住院大楼。大力开展优质服务和流动人口管理，倡导群众树立新型婚育观念，2004年，全镇共出生人口312人，计划生育符合率达99.4%。

【一方佚事】

横街镇历史悠久，人文荟萃，曾被誉为鄞西首乡。北宋有同列为“庆历五先生”的王致和王说，王说所创的“桃源书院”由宋神宗御赐匾额，是鄞县历史上第一个书院；汪洙所写的《神童诗》被列为元明清儿童启蒙教材，与《三字经》等齐名。原雷峰村为“甬上第一状元”张孝祥故里，贺知章、王安石、曾巩等外籍文化名人都曾客居桃源，并留下了许多的诗赋篇章。

【一方名企：宁波盛邦服装制造有限公司】

宁波盛邦服装制造有限公司是宁波太平鸟投资集团有限公司下属子公司，是太平鸟集团公司2003年全新整合的生产基地。公司现有员工1100多名，总投资1.2亿元，占地面积40000平方米。伴随着改革的铁流，用一个又一个辉煌的业绩奏出了“太平鸟”时代的强音。

公司主要从事开发、设计和制造太平鸟系列衬衫、PB休闲男装、PEACEBIRD男装系列和OFFICE女装等系列精品休闲服饰。公司拥有18条日本、德国进口的集电脑平车、蒸烫、整型、粘合于一体的先进的服装生产流水线，年生产能力可达800万件(套)。拥有技术过硬的样板设计和雄厚的制作实力，并配备CAD计算机设计专用系统和ERP管理网络系统。产品远销日本、美国、澳大利亚及东南亚等20多个国家和地区。

太平鸟休闲服各项质量指标已达到国内先进水平，连续几年通过全国质量监测合格。产品曾先后荣获浙江省名牌商标、浙江省名牌产品、中国国际服装博览会金奖、消费者信得过产品、国家服装监测中心长期监测优等品等称号。2001年9月太平鸟衬衫又被评为首届中国名牌。

市场大浪淘沙，公司视产品质量为生命，以恪守“太平鸟”声誉为己任，为确保公司产品质量，在引进先进设备的同时，公司进行ISO 14001:1996环境管理体系、OHSAS 18001:职业健康安全管理体系的认证，以及ISO 9001:2000质量管理体系复审。形成了从产品设计开发、材料选购、生产流程全过程的质量控制。

【一方名村：桃源村】

桃源村位于横街镇的镇区内，由原来的春山村和上冯村合并而成。合并后的桃源村共有11个自然村，1280余人口，80公顷耕田，个体私营企业23家。

据区文物管理委员会的专家介绍，现在的望春山所在地古代是广德湖，宋朝时才填湖为田的。17年前修建望童公路时，望春山的石头被挖去填路基，施工的村民在望春山上的坟墓及山中间的夹层中发现了大量的陶器和鹿角，这些陶器大多数都被村民们打碎后与泥土一起运去做路基了。出土后的鹿角风化得不成形，无法完整地保存，只剩下些陶器被留在村民的家中。2003年，有一位村民拿出一些古老的器皿请区文管会的干部鉴定，区文管会的干部鉴定后认为，它们是西周时候的。由此推断，望春山在西周时，只是广德湖中的一个小岛，而且极有可能在西周时就有人类生活在这个小岛上，这些陶器和鹿角是他们的生活遗物，但具体的论证还有待进一步的实地考察。

（傅文忠）

集士港镇

表 35　　2004 年基本情况数据库

项　目	单　位	合　计
总面积	平方公里	49
种植面积	公顷	2066.7
建制村	个	21
居委会	个	1
总人口	人	57885
外来民工	人	22085
地区生产总值	亿元	64.8
第一产业产值	亿元	1.34
第二产业产值	亿元	61.6
第三产业产值	亿元	1.86
财税收入	万元	8424
农民人均收入	元	7278
外贸出口交货值	亿元	25.7
镇村集体净资产	万元	9199
村可用资金	万元	7514

表 36　　2004 年骨干企业基本情况表

单位:万元

企业名称	产值总额	销售总额	利税总额
宁波利时塑胶有限公司	122359	113169	13168
君禾泵业有限公司	22036	20130	2712
华晟金属制品有限公司	18156	18156	3386
嘉乐染整有限公司	10189	9272	2845
四明汽配有限公司	8217	7665	308
长城精密齿轮制造公司	8203	8085	834
甬祺铝轮制造有限公司	7893	8483	218
明光制衣有限公司	7110	6246	941
华达音响设备厂	4335	4335	218
永贸工贸有限公司	4100	3160	331

【经济建设】

全年完成地区生产总值 64.8 亿元；实现财政一般预算收入 8424 万元，同比增加 11.8%；实现可用资金 1.2 亿元，同比增长 5.1%；全年实现工业产值 61.6 亿元，销售收入 60.6 亿元，利润 6.2 亿元，同比分别增长 20.9%、21.6%、19.8%。工业经济运行质量不断提升。全面实施树强扶优战略，骨干企业快速壮大，支撑工业增长作用愈加明显，全镇 74 家 500 万以上销售企业产、销、利分别完成 26.7 亿元、25.6 亿元、2.4 亿元，同比增长均在 17% 以上，占到全镇工业经济总量的 40% 强；新增上亿元企业 3 家，分别为甬祺铝轮、明光制衣、嘉乐染整，累计上亿元企业达到 6 家。坚持以“双优战略”为导向，狠抓技术改造投入，扎实推进双高工程，全镇新增区级以上新产品 5 个，区级高新技术企业 1 家，建立区级工程技术中心 1 家，年底被评为区级科技达标先进集体。外贸出口取得了较好成绩，全年外贸出口交货值 25.7 亿元，其中自营出口9280 万美元，被区政府评为外贸出口和外经工作先进集体。工业分区开发成效明显，工业分区中落户企业共计 178 家，有 22 家企业正在紧张施工建设，投产后将成为镇域经济新的增长点。

【城镇建设】

开展了望春工业园区控规、土地利用总体规划调整工作，合理地进行了住宅小区的布点定位。并在规划的指导下，积极配合做好联丰路、望春工业园区主干道路、绕城高速、杭甬高速等重点工程建设。全年共投入资金 4600 余万元，完善了城镇道路、给排水、供电、绿化等公共基础设施，其中投资1800余万元的商贸路和繁荣路一期工程已基本建成，累计投资300余万元银深公路等村级道路建设全面完成，双银、深溪两村的水改工程顺利推进。旧村改造、新村建设有了新的突破，全面完成建筑面积分别为2.67万、4.8万平方米的方家、井亭张两处新村一期工程前期准备工作，现已进入紧张的施工建设阶段；投资200万元、4200平方米的临时过渡用房建成并交付使用；四明山村、卖面桥的旧村改造准备工作有序推进。

【改革创新】

2004年4月，顺利完成了行政村撤并工作，成立新行政村5个，行政村数量从27个减少到了19个，扎实推进新行政村主要干部配备和清产核资等后续工作，积极稳妥做好新行政村帐务合并，较好地实现了并村并账并心。切实完善了二轮土地承包工作，进一步明确土地承包权、落实经营权；建立了全区首家镇级政策研究办公室，加强涉农政策调研力度，有效规范土地征用补偿政策，深化了涉农人员的权益落实工作。相继建立镇安全监督站和专职消防队，人民群众生命和财产安全保障体系得到不断完善。

【社会事业】

精神文明建设成效明显，围绕“倡导文明新风尚、共建人文集士港”这一主题，深入开展了文明镇创建活动，健全精神文明软硬件设施，成功创建了市级文明镇，同时按照创建带创建的工作思路，有效地带动了文明村、文明单位、文明家庭创建，全镇有3家单位被评为了市级文明单位，其中四明山村通过了市级文明村验收。社会保障体系逐步完善，抓好以大病救治和基本医疗服务为重点的新型农村合作医疗制度的落实，全镇共有11589户家庭参保，户参保率达91.3%。深入实施了失土农民养老保险，至2004年底已有5827人参加了失地农民养老保险，其中4941人已开始领取养老金。逐步推开了城镇职工失业保险扩大覆盖面工作，全镇已有1717名职工参加了保险。加强了扶贫帮困工作，全面开展了社会救助、慈善结对等活动。就业和再就业工程积极推进，依托社区学院等办学力量，做好广大群众的上岗培训工作，全年实现再就业共计1241人。

【一方新村:岳童村】

岳童村位于集士港镇北部，西、北两边以湖泊河为界，东临“九里十段河”，南与广昇村接壤。2004年，原白岳村、童家横村、岳阳村三村合并组建而成。该村拥有耕地132.1公顷，山林11.2公顷，常住人口1687人，2004年村民人均收入达到了7221元。并村后，该村在以市级优秀共产党员、区十佳“四型”先进村党组织书记戴和德为核心的村班子带领下，不但稳步推进账户撤并工作，统一制定新村发展规划，改善村民生活质量，而且注重为民办实事，切实解决群众关心的问题，积极稳妥地做好了事关全市发展大局、事关群众切身利益的绕城高速公路土地征用工作。随着实事工程的深入，村民对新村的满意度越来越高。

【一方名企:宁波君禾泵业有限公司】

宁波君禾泵业有限公司是家用水泵生产为主的专业厂家，2004年有员工700余人，拥有现代化标准厂房27000平方米，固定资产5000多万元，已形成3大系列300多个品种260万台的年生产能力，2004年年产值达2.6亿元，是目前国内家用水泵生产量最大的制造商。公司秉承“以人为本、以质取胜”的经营理念，致力于拓展国际市场，产品远销美国、德国、法国、瑞士以及东南亚几十个国家和地区，其“合理的价格、可靠的质量和优良的服务”深得客户的好评。“品质、服务、信誉”是公司企业文化建设的基础，“务实、创新、卓越”是企业长期追求的目标，公司先后通过了ISO 9001、ISO 2000质量体系认证和GS、CE、EMS、UL等国际认证，在国际市场有良好的声誉。在实现“规模、质量、效益”同步增长的同时，积极推行现代企业制度，积极参与各项社会公益活动，加强企业文化建设，取得了良好的经济和社会效益。

【一方古迹:宋徽宗御笔碑】

宋徽宗御笔碑，宋政和八年立于集士港镇丰成村徐家丰惠庙(即楼太师庙)内。共两块并立于庙内墙上。碑文虽局部有剥损,但文字尚可辨认。前一块碑额为“省降御笔”正楷大字，碑长2.71米、宽1.12米,全文共16行,每行20字。后一块宣和元年立，碑额直书正楷“御笔”二字，碑长2.64米、宽1.03米,全文13行,每行约26字左右,碑文内容为宋徽宗敕付明州府楼异对广德湖田上奏批文。以上两碑均为整块青石雕成,碑首琢有六龙戏珠，盘旋绕于左右两侧。龙体鳞甲圆浑滚转，刻工精湛。该碑字体瘦硬俊逸,乃宋徽宗自成一格的瘦金体,堪称书法珍品。 (曹　磊)

古林镇

表37　2004年基本情况数据库

项目	单位	合计
总面积	平方公里	47
种植面积	公顷	2445.3
建制村	个	24
居委会	个	2
总人口	人	50396
外来民工	人	37000
地区生产总值	亿元	17.93
第一产业产值	万元	10800
第二产业产值	万元	138000
第三产业产值	万元	30500
工业销售收入	万元	974137
工业利税	万元	105803
工业技改投入	万元	55010
财税收入	万元	13390
农民人均收入	元	9278
外贸出口交货值	万元	316270
镇村集体净资产	万元	43153
村可用资金	万元	10543

表38　2004年骨干企业基本情况表

单位:万元

企业名称	产值总额	销售收入	利税总额
宁波热伊浪电器有限公司	25000	24001	1950
宁波嘉乐服饰有限公司	23275	23309	1522
旷世远东蜡业礼品有限公司	21459	21655	1437
宁波针织衫厂	20382	19322	2074
宁波华纳时装有限公司	13466	14133	1240
宁波惠多织造有限公司	11298	11178	2089
宁波伊司达洁具有限公司	10423	10682	711
宁波旷世居家用品有限公司	8791	8556	1380
宁波神杰服饰有限公司	8264	8064	713
宁波成盈服饰有限公司	7592	7592	1330

【概况】

2004年，全镇实现地区生产总值17.9亿元，按可比价计算，增长12%；财政一般预算收入1.34亿元，增长14%；经济指标综合排名保持全区前列,经济实力进一步增强。

【工业经济】

2004年,全镇实现工业总产值100.3亿元,增长19%;工业销售收入达到97.4亿元,增长24%。其中高新技术产业销售9.68亿元,增长62%;工业利润达到5.42亿元,增长2%。规模工业和产业积聚迈出新的步伐,限额以上企业新增50家,完成产值44.7亿元、销售44亿元、利润2.73亿元,分别占到全镇经济总量的45%、45%和50%;第三产业发展态势良好,全年实现生产总值3.05亿元,占全镇地区生产总值的比重日益提高。

【农业经济】

2004年,实现农业总产值1.55亿元,其中多种经营产值达到1.28亿元;村级集体净资产4.3亿元,增长38%;村级可用资金1.05亿元,增长39%;农民人均收入9278元,增长10%。农业基础设施建设成效显著,完成标准田建设401.1公顷,河岸砌石1541米,新建桥梁3座,疏浚河道4756米。农业产业化经营优势更加突显,全镇53家农业加工企业,全年实现销售突破3亿元,出口创汇2750万美元,创利税2952万元。

【农村改革】

行政村撤并工作圆满结束,完成了7个新村清产核资和财务、帐务的移交工作,村级班子得到合理调整,区划调整平稳过渡,村级资源有效整合,实力进一步提高。开展了社区股份制试点工作,各村银行多头开户现象得到有效抑制,非生产性开支受到严格控制,村务财务公开、合同承包管理等制度进一步完善。蜃蛟等10个村第二轮土地承包完善工作基本完成。出台了农村社区卫生发展规划方案,完成古林社区卫生服务中心的改建工作,顺利兼并了布政卫生院,并将其设置为社区卫生服务站。

【招商引资】

招商引资工作有序开展,引进外商投资企业19家,其中总投资1000万美元以上项目1个,协议利用外资和实际利用外资分别达到1372.58万美元和1713万美元,获得全区引进外资贡献奖。内资引进工作有组织、有计划开展,实际引进内资项目16个,其中区外引进3个,内资项目总投资达到2.69亿元,荣获全区银奖。外贸出口再创新高,全年完成自营出口值1.55亿美元,被授予全区外贸铜奖。

【城镇建设】

城镇面貌日新月异。镇区道路、河岸、河道绿化面积达到1.7万平方米,古林绿苑的配套设施逐步完善,亭子、长廊等仿古建筑相继完工,城镇面貌得到重大改善。古栎公路和老段梅路得到进一步拓宽,有效缓解了道路交通压力。古横路建设完成放样,前期政策处理工作基本完毕。空港物流中心已进入规划设计阶段。联丰路延伸段、绕城高速上跨、甬金高速连接线和杭甬高速拓宽等重大基础工程建设得到进一步协调。中巴车公交化改造取得阶段性进展,城乡一体化实现新突破。

【新村建设】

薛家、藕池、礼嘉桥等村充分发挥近郊优势,利用土地拍卖,集中财力,加大旧村改造和新村建设力度,成效显著,有力地推动了城市化进程。一年来,全镇拆迁建筑总面积达到12万余平方米,新建建筑面积22万余平方米,新村建设跨上一个新台阶。区域供水工程已启动实施,藕池、薛家等4个村用上宁波市区饮用水。农村水网“一户一表”改造工作有序推进,12个行政村(居委会)已完成设计、会审等工作,7个行政村(居委会)已经完成招投标。龙三、礼嘉桥村已竣工验收,农村饮水状况进一步改善。

【社会事业】

社会保障体系得到进一步完善。充分发挥劳动和社会事务管理服务站、社会保障与社会救助服务站的社会保障职能,被征地农民养老保障、城镇职工养老保险、失业保险以及农村合作医疗保险制度不断完善。古林、施家等20个村8781人办理了失土农民养老保险,5520人已经开始领取养老金。各类企事业单位和自由职业者积极参加城镇职工养老保险,累计达到7669人,工伤、失业保险分别为3937人和4547人。农村合作医疗保险由于得到市、区、镇、村的多级补助,村居参保覆盖率和户参保率均达到了100%,参保总人数为38329人,已享受报销的为1235人,享受金额达到235.7万元。以文明村、文明单位、文明家庭的创建为载体,推进群众性精神文明创建活动,涌现出了一批先进典型。组织开展"共建文明镇、争创文明户、争做文明人"文艺汇演等活动,文明创建工作取得新进展,西洋港村、康复站、伊斯达通过区级创卫单位验收。薛家村已申报市级创卫单位。以"结对扶贫"、"送温暖"、"慈善一日捐"等活动为载体,以帮助弱势群体为主题的社会救助掀起新高潮,扶贫帮困工作出现新局面,营造和巩固了政府、社会共同关心帮助困难群众的良好氛围。全民国防教育不断加强,民兵预备役、征兵,人民空防和优抚安置工作取得了新成绩。

【一方名企:宁波旷世远东蜡业礼品有限公司】

该公司成立于1999年1月,注册资金311.8万美元,占地面积约8公顷,是一家集开发、生产、销售于一体的外向型经济企业。现有员工1600名,其中管理人员大专以上占95%。产品经营以常规蜡烛、工艺蜡烛、铁线、不同材质的组合礼品、平板玻璃的后道加工为主,全部外销,年销售额逾3000万美金。

公司多年来致力于外贸生产的发展,经过多年的经营,现企业发展初具规模,企业工业产值、出口创汇、经济效益都呈跨越式发展。公司从无到有、从小到大、从单一向多元化发展,形成比较全面的产品系列。产品远销欧共体等主要国家及美国、澳大利亚等,以精良的品质和服务赢得了区出口创汇先进企业、全国外商投资双优企业、外贸自营先进企业、纳税先进单位、浙江省自营出口优秀生产企业等多项荣誉称号。

【一方名产:古林草席】

古林,又名黄古林,地处东海之滨的宁波市西郊,是鄞州区历史上的四大重镇之一,更是闻名中外的草席之乡。

草席自古是宁波鄞州区的重要特产,而尤以黄古林一带草席历史更为悠久,距今已有一千多年历史,其草席具有四大特色:一是质地精密,厚实得滴水不渗;二是挺括硬实,坚韧耐磨;三是柔软光滑,舒适宜人;四是收藏简便,不用时可卷席成筒,不占多大空间。

古林草席中尤以"黄古林白麻筋草席"为胜,其质优,色青,挺括光滑,有冬暖夏凉之特点,被誉为"席中之王"而独领风骚。其名与东北人参媲美,是宁波传统的四大名产之一。

20世纪50年代初期,周恩来总理在出席日内瓦国际首脑会议之前,特批示宁波精制几条"黄古林草席"作为中国传统手工艺特产,以"国礼"赠给与会各国首脑,深受各国首脑赞誉。

当代古林人在秉承了前人精湛技艺的基础

上，不断创新，开拓市场，让这小小的草席畅销全国，远销海外，成为人们了解中国，了解古林的桥梁。

【一方名村：藕池村】

该村位于古林镇东大门，地处宁波市城乡接合部，与海曙区段塘街道吴家村相连，北依启运路，南临杭甬高速公路，而宁波出口处紧靠村东侧，宁波机场公路穿村而过，距宁波市客运中心不到2公里，地域位置优越，交通便捷。全村居民454户，常住人口1102人，耕地面积25.3公顷。

该村在中共支部书记吴纪芳同志带领下，积极发挥区域优势，全力推进经济、社会全面进步。村已建成工业小区1个，占地面积12余公顷，引进聚集了家电、不锈钢、塑料、文具、食品等为主要产业的各类非公企业45家。同时，该村以房产开发为重点的第三产业发展势头良好。2004年全村实现农村经济总收入79600万元，工业总产值73400万元，村级集体净资产4428万元，村级集体可用资金1500万元，农民人均纯收入11902元。

作为浙江省"全面小康建设示范村"，宁波市、鄞州区农业农村现代化建设示范村，已建成各类农民小康型住宅539套，80%以上村民已搬进新居。2004年村党支部获得浙江省"五好村党组织"，宁波市、鄞州区"先进基层党组织"，该村并获得了市级园林式村庄荣誉称号。（陈建恩）

石碶街道

表39　　2004年基本情况数据库

项　目	单　位	合　计
总面积	平方公里	34
种植面积	公顷	1188.1
建制村	个	16
居委会	个	3
总人口	人	40330
外来民工	人	51236
地区生产总值	万元	257100
第一产业产值	万元	10200
第二产业产值	万元	187100
第三产业产值	万元	59800
财税收入	万元	36629
农民人均收入	元	9054
外贸出口交货值	万元	316926
街道村集体净资产	万元	25084
村可用资金	万元	15756

表40　　2004年骨干工业企业基本情况表

单位：万元

企业名称	产值总额	销售总额	利税总额
雅戈尔集团	269842	253138	32224
广博文具集团有限公司	121976	120687	7044
宁波洛兹集团有限公司	92818	90751	7616
宁波富田集团有限公司	34304	33486	1215
宁波第三羊毛衫厂	9637	9656	301
雅戈尔家纺有限公司	9194	10820	553
南洋机械制造有限公司	9171	8171	977
宁波中港工具公司	7637	6328	420
宁波恒立混凝土有限公司	7515	7515	180
宁波乐德士灯具制造公司	7324	6653	114

【概况】

鄞州区石碶街道地处中国沿海开放城市浙江省宁波市的南郊，紧邻宁波市新汽车南站，辖区内有宁波国际机场、宁波轻纺城市场，沪杭甬高速公路、甬金高速公路(在建),214省道、鄞县大道、鄞州大道(在建)、机场专用公路穿境而过,是宁波市重要的"形象窗口"。街道区域面积34平方公里(其中建成区9.3平方公里),下辖16个行政村、3个居民会、3个渔业社。2004年底,全街道共有常住人口4.7万,外来流动人口5.8万。

2004年,街道实现国内生产总值达到25.71亿元,实现财政总收入3.6亿元,实现工业销售收入95.5亿元,利润9.8亿元,协议利用外资6052万美元,实际到位外资4526万美元,完成自营出口6.9亿美元,农民人均收入达到9054元,综合经济实力考核连续8年名列鄞州区第一。

在经济快速发展的同时,石碶街道党工委、办事处积极做好社会事业建设工作。石碶街道先后被评为首批全国创建文明村镇工作先进镇、浙江省社会治安先进镇、宁波市文明镇、宁波市卫生镇等,辖区内的宁波雅戈尔集团有限公司被中央文明委授予文明单位称号;浙江广博文具发展有限公司被评为省级文明单位;石碶村、塘西村、田莘耕中学等4个单位被评为市级文明单位。

【一方名村:黄隘村】

黄隘村位于34省道旁,是一个殷实的村庄,有560户人家、1447人,年可用资金达650万元。近几年,随着农业产业结构的调整,该村的村民开始钟情于养鹅业,且规模不断扩大,最多时养鹅户达21家。那时,村民杨富财家每批养鹅800只,一年要轮养4批,真可谓一年四季鹅成群,财源滚滚入室来。成批的鹅群装点了该村的风景,也鼓了村民的腰包,同时也使黑土地上的青草发出了阵阵呻吟。很早以前,该村就办起了许多企业,最多时有将近30家。

【一方名企:宁波南洋酒店设备制造有限公司】

宁波南洋酒店设备制造有限公司是一家以生产酒店用具为主的企业。近年来,该公司却瞄准制冰机生产,研发生产出来的产品不仅填补了国内空白,而且还拥有9项国家专利。其中制冰机车间仅100名左右员工,2004年创造出4000余万元产值。

2000年初,该公司投入大量人力、物力,从国内外聘请相关管理人才和专家开始进行了为期14个月的制冰机研发。2001年,商用小型制冰机终于"出炉"了,面市后,引得各大商家和超市的青睐,目前,该公司生产的商业制冰机国内市场占有额达80%。一直来,国内制冰机都依靠进口,昂贵的价格使其不能广泛应用于煤矿和建筑业。为此,该公司从2003年开始,与哈尔滨工业大学合作,生产出了日单体蒸发量达50吨的世界上单体蒸发吨位最大的制冰机,使单体生产成本下降了20%。目前,全国各大煤矿和建筑行业,有30%用上了该公司生产的制冰机。几年来,该公司已把制冰机开发领域拓展到食品、科技医疗、煤矿、建筑等行业。该公司2003年成立了区级制冰机科技工程研发中心,2004年正在申报市级科技工程研发中心。

【一方能人:朱国璋】

自1992年朱国璋成为浙江广博集团党总支书记以来,重视抓好党员队伍建设,在企业优秀分子中积极培养和发展新党员,不断壮大党组织在企业中的力量,十几年来共发展了30多名党员,并个个成了公司的中坚骨干力量。党员队伍建设重在教育,公司把每年的"七一"作为党员教育日,朱国璋每年组织党员去杭州、嘉兴南湖、樟村、四明山革命根据地等接受革命传统教育和爱国主义教育。为发挥党员示范岗作用,2004年公司党总支又提倡学习"西柏坡"精神,开展艰苦创业主题教育,把党员教育和企业发展紧密结合起来,通过党员来带动一批,影响一批，进一步摆正企业党建工作与企业发展的位置，凝人心、聚合力、促发展。"广博"的董事长、总经理、部长、车间主任均是党员，这样，党建工作与培养干部结合起来，一方面提高了干部的政治素质，另一方面也提高了党的威信。任技术开发部经理的新党员吕亚珍，在工作中不怕吃苦，积极带头，为"广博"外向型经济发展做好前道设计、服务工作；动力科科长、老党员沈琪，不怕苦、脏、累，不分昼夜抢修高难度进口设备，发挥了党员的模范作用。该公司的45名党员，大部分在各自的工作岗位上发挥着示范带动作用。该公司有近4000名职工，了解职工的所思所想是党组织做好思想政治工作的关键所在，怎样才能让每个职工对党组织敞开心扉。2000年，朱国璋多次召开党员大会研究、讨论，提出设立"绿色信箱"，让每个员工有说话的机会，以此来广泛征集员工的意见和建议。当4个"绿色信箱"被放置在食堂、宿舍、车间等公共场所时，职工纷纷把在生产、管理过程中想到的节约原材料、改进生产工艺等建议投入"绿色信箱"，把工作中碰到的烦心事通过信箱传递给党组织，几年来，公司党总支共收到各类建议意见2300多条，从中评出"金点子"110条，为企业节约生产成本、管理成本800多万元。（王贤勇）

洞桥镇

表41　　2004年基本情况数据库

项目	单位	合计
总面积	平方公里	31
种植面积	公顷	2846.6
建制村	个	20
居委会	个	1
总人口	人	23149
外来民工	人	4962
地区生产总值	万元	50990
第一产业产值	万元	6448
第二产业产值	万元	37110
第三产业产值	万元	7432
工业销售收入	万元	140458
工业利税	万元	17068
工业技术改造投入	万元	21750
固定资产投资	万元	15090
财税收入	万元	7280
农民人均收入	元	7097
外贸出口交货值	万元	38789
镇村集体净资产	万元	9051
村可用资金	万元	994

表42　　2004年骨干企业基本情况表

单位:万元

企业名称	产值总额	销售总额	利税总额
宁波桑泰制衣有限公司	9995	9597	1110
帅特龙车辆部件有限公司	6025	5310	2692
宁波江友电子有限公司	6100	5865	526
鄞州梁桥米业有限公司	5862	5774	167
宁波鄞州宁锋电镀厂	3471	3244	462
宁波鄞州金属拉轧厂	3092	3123	184
宁波科华水泥有限公司	2337	2188	196
宁波三和印刷有限公司	1498	1498	432
宁波金锐机械有限公司	1257	1246	501
宁波万达船机配套厂	1027	994	251

【概况】

2004年，全镇实现地区生产总值50990万元，增长47.6%；财政一般预算收入4428万元，增长15.8%；实现农业总产值1.03亿元，农民人均收入7097元。实现工业总产值14.28亿元,销售收入14.05亿元,利润1.22亿元,同比分别增长34.5%、33%和29.8%,全镇主要经济指标在全区经济发展考核中连升三位,综合实力进一步增强。

【工业经济】

全镇完成工业投入3.86亿元,技术改造财务到位2.17亿元,增长39.4%;创建区级信息化示范企业1家,实现高新技术产品销售收入1.9亿元,引进各类人才73名。限额以上企业增势强劲,新增10家,总数达到41家,产、销、利分别占全镇经济总量的50%以上。开放型经济取得新业绩,协议利用外资2612万美元,实际到位外资811万美元,实现自营出口1200万美元,同比增长46%。工业小区建设成效显现,产业格局和经济结构明显改善,以服装、印刷为主的传统产业逐渐向服装、机电、文具、印刷并重发展的产业布局过渡,全镇经济呈现质量高位运行和总量快速提升的良性发展态势。

【农村经济】

效益农业成果扩大,"八戒"西瓜入选浙江省十大优质西瓜品牌,获得浙江省农业博览会金奖,基地面积达到300公顷;葡萄、雷笋、东魁杨梅基地面积分别达到72公顷、33公顷和13公顷,连续四年被区委、区政府评为效益农业先进乡镇。粮食生产形势喜人,总产量达到8963吨,获得区级粮食生产二等奖。投入200余万元,整理标准农田36公顷,新建、修建沟渠路等农业基础设施8000余米,实施完成了裴岙流水岩坝体浇铸治漏、宝丰平面湖、南塘河砌石工程,农业生产条件进一步改善。村级经济取得新发展,全镇实现村级经济自营收入334万元,同比增长21.9%。妥善处理涉农政策,第二轮土地承包政策基本完善,全镇700多名外来种田农户补办或重新办理了入社手续。

【城镇建设】

依托城建规划龙头,加快镇区、中心村、示范村整治、改造、建设步伐,全年共投入3000余万元,实施了八大实事工程。投入1800万元新建了洞桥镇中心小学新校舍工程;投入500余万元改造了宝丰公路、塘堰公路、文卫路延伸段、潘沙北路、宣家公路,到村主要道路全部实现硬化;投资额为300余万元的洞百公路一期大桥工程全面开工,在年内可实现镇西部与南部大连通;启动实施了一期规划面积为7.07公顷的新村建设工程;投资近100万元扩建了敬老院二期工程,投入300余万元新装了34省道洞桥段、张家垫至百梁公路、潘沙南路路灯;对11个村实施了自来水管网改造;为全镇8845户农户参加了房屋财产保险。加强生态绿化、环境整治、环境保护工作,新增绿化面积13000多平方米,制止、拆迁违章建筑41处,整改废气、污水、噪声等污染企业12家,生态环境面貌明显改善,区域发展的承载能力进一步增强。

【社会事业】

社会各项事业取得新成绩。社会保障体系进一步健全,全镇18965人参加农村住院医疗保险,5032名农民参加被征地人员养老保险,2154人已按月领取养老保险金。劳动就业培训服务工作深入开展,2000余人参加培训,1200多名农民实现再就业。扶贫帮困力度进一步加大,发放各类救助资金66余万元,600多户弱势群体受到社会救助,城镇低保、农村低保实行应保尽保,获得了较好的社会效益。组织举办了首届"八戒"西瓜节,洞桥知名度进一步提高。大力开展文明村、文明单位创建、各类主题教育和乡村文艺活动，人民群众文化生活不断丰富，城镇文明程度日益提高。加强教育、卫生事业软硬件建设，教育信息化工程全面启动，教学环境和质量逐步提高，农村新型合作医疗保障、农村卫生医疗条件明显改善。连续3年保持人口自然低增长率，计划生育、妇女工作分别被评为区级先进集体。加强农村基层组织建设，党建工作荣获区级先进。切实加强社会治安综合治理，大力开展"严打"和专项斗争，治安面貌明显好转，社会稳定局面进一步巩固，社会综合治理工作荣获市级先进集体称号。

【行政村区划调整】

立足于"推进区域经济全面、协调、可持续发展"的思路，按照"地域相邻、人缘相亲"的原则，在2004年4月和12月，分两次依法开展了行政村区划调整工作，共撤并行政村14个，新成立7个，并先后完成了新行政村党支部、村务、社务工作领导小组的设置和主要干部配备，实现了村账合并，并村并心。撤并后，全镇行政村由27个减少到20个，撤并率25.9%，1000人以上村占总村数的40%。行政村区划调整为减轻村级工作的管理成本，加强农村基层组织建设，促进区域经济的快速发展奠定了基础。

【首届名桥名瓜活动成功举办】

充分挖掘深厚的历史文化底蕴，依托千年古桥——百梁桥和特色农业品牌——"八戒"西瓜，于2004年5月在百梁桥举办了"游百梁桥、品八戒瓜"洞桥首届"八戒"西瓜节活动。活动期间开展了"八戒"西瓜专题新闻发布会、优质西瓜评比、绿色农产品展示和大型乡村文艺等系列活动。宁波市政府副秘书长虞云秧，鄞州区区长徐立毅，市农业局副局长叶显邦，鄞州区区委常委、宣传部长王国定，鄞州区副区长陈振国等市、区领导出席了开幕式，并作了重要讲话。通过以瓜为媒、旅游牵

图96　开幕式现场

图97　百梁桥

线的节庆活动，为进一步提升洞桥知名度，扩大对外交流与合作，促进地方经济发展发挥了积极的作用。

【首家"第二故乡"服务站成立】

近年来，针对明州工业园区开发和经济社会快速发展，导致大量外来流动人口涌入所带来的社会治安和一系列综合性社会矛盾，该镇党委、政府因地制宜、积极创新，探索出了一条行之有效的管理新模式。2004 年 3 月，在外来流动人口集聚区——张家垫村率先成立了"外来流动人口第二故乡"服务站，专门聘用 3 名外来人员，专设办公场地、各类服务设施，在综治、派出所、计生、团委、妇联等部门的指导下，实行自我教育、自我管理、自我服务。经过近一年来的有序运作，取得了阶段成果，使外来人员真切感受到了"第二故乡"的温暖，更使治安、刑事发案率下降了近 20%。该管理模式已在全镇流动人口集聚村群中全面推广，并在全区流动人口管理工作会议上作了典型交流。

【一方名村：张家垫村】

张家垫村位于洞桥镇东南，是原宁锋乡政府所在地，东临奉化江，西与张鄞线接壤，南北 34 省道穿村而过，全村现有户数 483 户，常住人口 1080 人，流动人口 1200 余名。近年来，该村在党支部的带领下，紧紧依托 34 省道便捷的交通优势和区位优势，坚持工、农、商并举的发展思路，村级经济不断发展壮大，村容村貌日益改善，人民生活水平不断提高。2004 年，全村新引进规模企业 3 家，实现工业总产值6500 万元，村级可用资金 109.5 万元，农民人均收入 7367 元，农业形成了以"八戒"西瓜为龙头，水产养殖和大棚蔬菜齐头发展的新格局。全面实施"硬化、绿化、净化、亮化"工程，2003年以来，先后投入 200 余万元，加快中心村建设，村主要道路、街弄道路实现全部硬化，全村街道路灯安装率达 95%，完成了自来水管网二次改造，新建了公园式健身长廊、阅览室、文体室等各类文娱配套设施。河道、村道实行 12小时保洁，社会治安实行 24 小时滚动式日夜巡逻，外来流动人口管理在全区率先成立"第二故乡"服务站，得到了区委、区政府的首肯。2004 年，该村荣获市级文明村、卫生村，市级妇女工作先进集体荣誉，村党支部获区"四型"村先进党组织荣誉，村团支部获先进团组织等荣誉。

【一方名企：鄞州梁桥米业有限公司】

该公司前身为鄞县梁桥米厂，因百梁桥得名，成立于 1997 年 8 月，是一家集大米加工、销售、储备于一体的市级农业龙头企业。2004 年，实现产值 8000 万元，销售 7500 万元，创利100 万元。公司拥有一整套从国外引进的色选机、去石机、全电脑作米机流水线等先进设备，日产大米 350 吨，产品主要销往东南沿海各省市，与全国各大粮食企业保持着密切的业务往来。2004 年"KKK"牌大米被评为宁波市绿色农产品。

为了充分发挥农业龙头企业的带动作用，促进当地农民增收，该公司采取优惠政策大量收购农民手中的潮谷，从而受到农户们的大力支持和拥护，进而大大提高了农户种粮积极性，确保了土地产出率。公司以"质量第一、信誉至上"为宗旨，在确保原有市场占有率的情况下大力开拓新市场，呈现出蒸蒸日上的良好发展态势。（竺炩波）

鄞江镇

表 43　　2004 年基本情况数据库

项目	单位	合计
总面积	平方公里	63.9
种植面积	公顷	1327.3
建制村	个	12
居委会	个	1
总人口	人	23061
外来民工	人	7622
地区生产总值	万元	55400
第一产业产值	万元	10247
第二产业产值	万元	173448
第三产业产值	万元	9120
工业销售收入	万元	167814
工业利税	万元	11853
工业技改投入	万元	17800
固定资产投资	万元	13634
财税收入	万元	18183
农民人均收入	元	6530
外贸出口交货值	万元	56170
镇村集体净资产	万元	3429
村可用资金	万元	2169

表 44　　2004 年骨干企业基本情况表

单位:万元

企业名称	产值总额	销售总额	利税总额
宁波五洲星集团	17505.7	17216.1	2672.1
宁波路润冷却器厂	8030.4	7080.5	815.6
宁波腾龙机电公司	6575	6220.2	296.4
英达皇机械有限公司	6191.3	6308.2	214.1
阿斯乐迪发制衣公司	7766	7094.3	71.4
宁波太平洋电缆公司	6333.4	5850.9	-642.7

【农业和农村经济持续发展】

农业和农村经济持续发展，全年实现农业总收入 1.02 亿元,比 2003 年增长 2%。“清沅”芋艿基地仍保持了 200 公顷的种植面积，继续加强与宁波市农业科学院合作，小面积推广种植甬薯一号芋艿新品种，并召开了“清沅”芋艿推介会，取得了好的效果，通过推广使用新技术，产量和质量有了新的提高，并被评为宁波市名牌农产品；重视稳定粮食生产，种粮面积达 924.93 公顷；东魁杨梅基地种植面积新增 80 公顷，总面积达到 200 公顷。“清沅”杨梅荣获宁波市绿色农产品称号，组织成立了“清沅”杨梅专业合作社，制订章程，统一包装，为规范操作、保持品牌、提高收益打下了基础。8 月 3 日，国家级农业龙头企业——宁波五洲星集团公司举行国际食品工业城开城仪式。宁波市副市长陈炳水，浙江省农业农村工作办公室主任顾益康、浙江省农业厅副厅长赵利民和日本、美国等地客人参加了开城仪式。200 公顷国家级综合开发和 100 公顷标准农田通过验收，梅园、大桥小流域治理工程如期完工，部分山塘、水库的治漏、加固、除险工作基本完成，总计项目资金投入达 660 余万元。

【工业经济质量稳步提高】

全镇实现工业总产值 173448 万元、销售收入 167814 万元、工业利润 11853 万元。完成高新技术产业产值 1.36 亿元、销售收入 1.35 亿元、利税 2418 万元，同比增长 38.5%、43.3% 和 23.7%。全年实际利用外资 190 万美元，完成区对镇考核任务的 47%；全镇实现外贸收购额 5.4 亿元，同比增长 13.2%；实现自营出口 3200 万美元，同比增长 22.4%。全年工业技术改造投入 1.78 亿元，其中财务到位数 1.3 亿元，同比增长 28.7% 和 13.3%。完成技术改造项目6个,市级新产品立项10个,引进各类专业人才116名,其中高级工程师3名。

【社会事业稳步发展】

明州大道毛家至鄞横公路725米路段全面竣工，鄞横公路至下吕家2100米路段的征地、拆迁、赔偿工作已完成75%以上；甬金高速公路鄞江段已进入紧张的施工阶段;悬慈至卢王、悬慈至蓉峰、芝山至大桥农村公路顺利通过竣工验收;鄞溪至晴江岸农村道路工程即将完工；环镇东路的勘测、设计工作基本完成，前期政策处理工作已经启动；提出了荷晓线、横鄞线、张鄞线、悬慈至卢王和悬慈至蓉峰路段的公交车停靠站(点)方案,为全区实施公交化改革奠定了基础。投资安装了横鄞线、洪水湾至啤酒厂及明州大道至原鄞溪轧石场的路灯;新建了4座垃圾中转站。悬慈、蓉峰、沿山、梅园4村的农村水改工作已基本完成;投资建造了1座日供水量达8000立方米的水井，铺设了1条连接明州大道与鄞江法庭2公里长的供水管线,以切实解决供水不足的矛盾。10个村农村合作医疗站通过验收;沿山、它山堰等6个村、单位被区政府授予卫生村(单位)称号。继续加大教学投入,注重教学方式,鄞江镇中学中考率保持了较好水平,华光学校中考优秀率位居全区第二。全年累计帮困347户，到位资金34万元。在第二届鄞州区十佳外来职工评选中，宁波英达皇机械有限公司的王聪名列十佳榜首。

【明州大道鄞江段竣工】

2004年3月8日，继鄞县大道之后，鄞州区又一条横贯东西6个镇（乡）的交通干线——明州大道开工典礼在姜山镇乔里村隆重举行。鄞州大道西起鄞江镇，东至东钱湖旅游度假村郭家峙，全长29公里,沿途与甬金高速、34省道、同三高速、71省道等道路相连接,路基一期宽度为31.5米,一期工程投资8.6亿元。12月2日,总投资为500多万元的明州大道鄞江段全面竣工。此路段全长750米，宽44米，建成后大大方便章水、龙观等四明山区群众出行，同时也缓解了鄞江镇中心穿镇公路车辆拥挤状况。

【行政村区划调整】

4月23日，镇党委、镇政府在镇成人文化技术学校阶梯教室隆重举行新村成立大会。由卢王和禅岩、鲍家坎和悬慈、鄞东和它山堰、晴江岸和鄞溪、光溪和定山桥、下吕家和芝山、梅溪和梅锡分别合并成立新行政村。新村村名依次为清源、悬慈、它山堰、鄞江、光溪、东兴、梅园村。

【鄞江桥“十月十”庙会】

起源于纪念它山堰竣工的鄞江“十月十”传统庙会历史几乎和鄞江古镇一样悠长，每年都吸引了众多摊贩和当地农民参加，2004年更是火爆异常。从11月19日起，上千名各路商贾和数十万名群众参加商品交易会。据统计，为期3天的庙会共促成交易额达800万元。

图98　“十月十”庙会的火爆场面

【鄞江中心卫生院】

鄞江中心卫生院坐落在群山怀抱、茂林修竹的浙东四明首镇——鄞江镇鄞江桥小溪江畔，是一家综合性医疗单位，开设内科、外科、妇产科、骨伤科、中医药科、五官眼科、口腔科、皮肤科、针灸推拿科等16个临床科室，20多位中高级职称卫技人员，近100张床位。拥有进口彩超、X光机、胃镜、心电图机、日产全自动生化分析仪、血凝仪、电刀、电解质测定仪、血球分析仪、尿液分析仪、多参数监护仪等一系列先进医疗仪器设备，提供24小时优质的医疗、社区综合服务。

为促进农村健康事业的发展，该院开创血稀疗法、泌尿科、肛肠科和骨科4个特色门诊，特别是骨伤科，在鄞西地区具有相当高的知名度。

该院始终坚持“以人为本，诚信服务”的理念，建院30多年以来，先后荣获省级文明卫生院、区级文明单位和一级甲等医院等荣誉称号。

【一方名产:梅园石】

梅园石历史悠久，据考证早在西晋时已经开发。阿育王寺金刚殿的花花关槛，保国寺的观音殿石柱，均以梅园石为料。天童寺为鉴真法师雕塑石像，宁波天一阁博物馆一座特殊槛石，指定选用梅园石。香港著名企业家邵逸夫先生为其先母修建陵墓，遴选了百余种石料之后，最后看中了梅园石。日本国神户等风景区为建造花园别墅之用，对梅园石情有独钟。日本东大寺的宋代石狮，般若寺的十三重石塔等也都是用梅园石制作。

梅园石属于火山沉积型的凝灰质沙岩，色泽成灰紫色，素雅大方，石质细腻，硬度适中，耐酸碱程度高，可广泛应用于美术工艺、古典建筑、石雕、墓碑以及大型建筑门楼等，实为珍贵的稀有矿产资源。

改革开放以来，梅园数家采石场坚持传统工艺与先进设备相结合，使采石行业重振雄风，声名鹊起，中外客商纷至沓来。2004年2月26日下午，中日佛教文化友好使者村上博优等一行3人又专程到鄞江镇考察，到梅园石主要产地梅锡村参观了解采石情况。 (张定华)

龙观乡

表45　　2004年基本情况数据库

项目	单位	合计
总面积	平方公里	73
种植面积	公顷	733.3
建制村	个	10
居委会	个	1
总人口	人	11306
外来民工	人	4500
地区生产总值	万元	128000
第一产业产值	万元	9003
第二产业产值	万元	628000
第三产业产值	万元	3500
工业销售收入	万元	625000
工业利税	万元	85835
工业技改投入	万元	35000
固定资产投资	万元	57000
财税收入	万元	14000
农民人均收入	元	6800
外贸出口交货值	亿美元	1.3
镇村集体净资产	万元	62836
村可用资金	万元	1100

表46　　2004年骨干企业基本情况表

单位:万元

企业名称	产值总额	销售总额	利税总额
奥克斯集团	579239	601895	79435
哈利斯顿机电有限公司	4869	5314	195
宁波诚源工艺品有限公司	2945	2945	446
宁波神力工具有限公司	2600	2620	640
宁波龙观化工有限公司	2199	2169	464
宁波五龙潭蔬菜食品有限公司	2092	2092	361
宁波竹之韵食品有限公司	1896	2105	122
龙观四方医疗机械配件厂	1108	1117	119
宁波鄞州海达精铸厂	935	938	121
鄞州区龙观神力工具厂	866	866	155

【概况】

2004年，全乡共实现地区生产总值12.8亿元，比2003年增长30.6%；财政收入1.4亿元，比2003年增长24%，荣获区经济竞赛升位奖。

【工业经济】

工业竞争力持续提升，总量和效益明显增强。全乡工业企业完成产值62.8亿元、销售收入62.5亿元、利润6亿元，分别比2003年增长33%、34.4%和29.3%，规模企业由15家增加到20家。高新技术产业发展迅猛，16个项目新批市级以上新产品，“奥克斯”牌空调获得“中国驰名商标”，“三星”牌电能表、“奥克斯”牌空调双双评为“国家名牌产品和免检产品”，“新潮”牌豆芽系列产品评为国家级无公害产品和宁波市菜篮子示范企业。全年实现高新技术产值53.5亿元，获得鄞州区高新技术产业发展铜奖。工业经济发展后劲强足，全年完成工业投入5.7亿元，技术改造财务到位3.5亿元，引进各类人才973人，其中高级专业技术职称以上人才38人。开放型经济创历史新高，全年合同利用外资2077万元美元，实际到位外资1082万美元，同比2003年增长93.8%和83%；自营出口1.3亿美元，同比2003年增长430%。“走出去”战略扎实推进，新办境外企业1家，填补了全乡外经工作的空白，获得鄞州区外贸自营出口金奖和鄞州区利用外资工作铜奖。

【农业经济】

农业和农村经济结构进一步优化，生态、休闲都市农业日益凸现。2004年实现农业总收入9003万元，增长13.6%；村级可用资金达到1100万元，增长14.3%；农民人均收入6800元，增长10.5%。全乡以优化产业结构，发展高效生态农业为目标，依托资源和产业优势，逐步建立以龙幽、日月、月亮为代表的休闲农业和以李岙村为代表的观光花卉农业，引导农民从单一农作物种植向观光休闲型产业发展格局基本形成，生态、高效、观光休闲都市农业迈出了可喜步伐。农业龙头企业带动作用明显，充分利用竹笋基地资源优势，大力构筑龙头带基地、基地联农户的农业产业化格局，高起点、高档次、多形式做强做大龙头企业。2004年6家重点农产品加工企业，年加工能力达到15000吨，销售超亿元。以创“名、特、优”为目标的特色农产品，市场效应明显增强，全乡除万亩竹笋基地外，逐步建成了200公顷水果，1667公顷茶叶等7个林特产品基地，“五龙潭”牌水蜜桃、翠冠梨、茶叶等系列绿色生态农产品已脱颖而出，雪岙村“湖景蜜露”水蜜桃评为市级银奖，进一步加快推进了农业的区域化、特色化、品牌化、高效化、规模化发展新格局。2004年获得鄞州区效益农业先进乡镇。

【生态旅游】

生态旅游品位不断提升。投资2500万元五龙潭三期景区和一期景区内鄞州龙观革命史迹陈列室相继建成，于“五一”黄金周对外开放，全面打造了红色旅游与绿色旅游相结合的新格局。投资5000万元的五星级宾馆落户景区，二期观岭湖招商和强强融洽、资源共享、优势互补的五龙潭与溪口景区连接工程鹁鸪岭隧道建设列入规划设计，景区形象不断提高，品位不断提升。

【实事工程】

实事工程取得实效。按照“生态龙观、绿海龙观”的总体目标，大力推进城镇基础设施建设，投资200余万元乡卫生院交付使用，投资500万元乡自来水工程基本竣工，农村二次水改管网改造全面铺开，投资200余万元乡敬老院工程主体竣工，新村建设全面启动。城镇建设步入了一个绿化、美化、亮化、净化新景象。

【行政村区划调整】

2004年4月，本着“社会和谐、经济发展和有利于群众”的原则，将原古山村与原茶夽村撤并取名为龙谷村，原潘溪村与原铜坑村、南坑村合并为龙溪村，原半山村与原大庄村、观顶村合并为龙峰村。按时保质地完成了行政村区划调整，新组成了龙谷、龙溪等10个行政村。

【大型千人踩街活动】

2004年8月20日，举行了由党旗队、国旗队、秧歌队、鼓号队、舞龙队、马灯队等20个方队组成的龙观乡纪念邓小平诞辰100周年千人踩街大巡游活动，从龙观中心学校出发，沿途经过桓村、三星集团、哈利斯顿、金溪村、后隆村等地，行程6.5公里，巡游时间长达2个小时。此项活动热闹而又特殊的纪念方式，受到沿途群众的欢迎，所到之处呈现一片欢腾气氛，有的群众还自放鞭炮，以示纪念之心。纪念活动的深刻意义和热烈场面相继被中央、省、市、区新闻媒体播放和刊登。

图99　巡游活动场面

【一方名胜：龙观革命史迹陈列室】

龙观革命史迹陈列室位于五龙潭风景区第五井龙潭上游，于2004年5月建成。这里曾是抗日解放战争时期的抗日游击区，在景区的崇山峻岭中先后搭建起了“永安公馆”、“桃园公馆”、“突变公馆”、“横沿公馆”和“四明修枪所”等“四馆一所”，革命前辈们在这里留下了可歌可泣的壮烈史篇。原中共浙江省委书记、中共党校副校长薛驹亲笔为陈列室题写了室名。至今接待了来自全国各地旅客和当地党团员、青少年共30000余人次，成为了鄞西革命老区又一个爱国主义教育基地。

【一方名村：后隆村】

后隆村座落在风光奇丽的五龙潭上游箭峰岗下。全村现有人口887户、2166人，是全乡大村之一。近年来，村党支部一班人从实际出发，以调整农业产业结构，发展工业企业，构建富民强村的工作目标，改变以往农民单一经营模式，不断发展村级经济，到2004年全村造地48.7公顷，全部种上了水果、竹笋、花木，变昔日荒山坡为今日花果山。同时该村借助依山傍水的优美环境，大力发展第三产业，兴办“月亮湾山庄”、“龙幽山庄”、“双溪农庄”，等“农家乐”旅游项目。为推进村落文化、庭院文化的创建，丰富群众业余文化生活，2004年投资100万元新建了后隆“农民文化休闲”公园，组建了戏曲、舞龙、腰鼓等群众自娱自乐队伍，被鄞州区文化体育局命名为戏曲艺社。2004年，全村有各类民营企业32家，实现工业产值5660万元，农业收入1236万元，多种经营收入1578万元，村级集体可用资金人均达到1033元，农民人均收入达到7238元。2004年后隆村荣获市级园林式村庄、区级文化先进村，该村党支部也荣获区级先进党支部等殊荣。

【一方名企：宁波五龙潭蔬菜食品有限公司】

宁波五龙潭蔬菜食品有限公司是一家采用进口全自动化生产豆芽系列产品的民营企业，目前国内尚属首家。生产豆芽从原豆清洗、消毒、孵化、发芽、去壳、脱干到包装8个生产流水线全部采用电脑全程控制，无人体直接接触，日生产豆芽能力达到80吨以上，规模名列全国之首。2004年该公司实现产值2092万元，生产的“新潮”牌豆芽产品被国家农业部评为国家级无公害产品，浙江省农博会金奖、浙江省消费者诚信示范企业，宁波市消毒协会推荐产品称号，宁波市菜篮子示范企业。产品在宁波、舟山、杭州等地区具有一定的知名度，还与杭州、南京联合兴办分厂。　（胡　军）

章水镇

表47　　2004年基本情况数据库

项目	单位	合计
总面积	平方公里	146
种植面积	公顷	1015.5
建制村	个	20
居委会	个	1
总人口	人	26176
外来民工	人	2650
地区生产总值	亿元	3.2
第一产业总值	万元	9040
第二产业总值	万元	105100
第三产业总值	万元	6342
工业销售收入	万元	100500
工业利税	万元	21290
工业技改投入	万元	9255
固定资产投资	万元	2688
农民人均收入	元	3825
外贸出口交货值	万元	25794
镇村集体净资产	万元	3202
村可用资金	万元	1065

表48　　2004年骨干企业基本情况表

单位:万元

企业名称	产值总额	销售总额	利税总额
宁波永仕电机有限公司	10319	10160	4602
兴华灯具实业有限公司	5780	5829	1431
鄞州腾龙泵业有限公司	5149	5068	1848
华光精密仪器有限公司	4790	4301	821
鄞州福利厂	2720	2538	322
宁波通达电器开关厂	2069	1874	545
大隆机器制造有限公司	1665	1658	290
鄞州章兴食品厂	1280	1270	126
宁波三龙电器有限公司	1630	1630	161
鄞州腾宇电器机件厂	1404	1358	239

【行政村区划调整】

2004年4月该镇进行了行政村区划调整，从并村前45个行政村调减为20个，调减幅度达到56%，调减幅度为全区最大。

【新一届镇人大召开】

2004年12月8日，全镇37个选区一次成功选举产生新一届镇人民代表62名。

2004年12月26日顺利召开章水镇十六届人民代表大会第一次会议，选举产生了新一届镇人大班子和政府班子。

【经济健康发展】

工业经济出现良好发展态势。2004年底止，全镇实现工业总产值10.5亿元、销售收入10.05亿元、工业利润1.54亿元，同比分别增长14%、13%和55%。引进外资势头得到进一步好转。全年合同利用外资96.21万美元，实际到位外资91.83万美元，新批外资企业4家，引进宁波大市外内资企业1家，实现了零的突破。人才引进工作进一步加强。全镇企业积极参加各种人才招聘活动，全年共引进各类人才50名，其中包括高级职称9名、中级和本科人才13名、其他类人才28人。科技创新和企业技改力度进一步增强。2004年申报立项市级新产品5个，宁波华迪光学科技有限公司研制开发的非球面激光塑料镜片和宁波华光精密仪器有限公司研制开发的CD/DVD激光读取头用光栅等产品均已被宁波市科技局立项批准。宁波兴华灯具实业有限公司开发的电子节能灯头和拉线调光开关2个市级新产品已通过专家鉴定、投入批量生产。宁波华光精密仪器有限公司于2002年开始进行信息化管理工作，先后投入 80 余万元，实行 ERP 管理，12 月初通过考核被确认为区级信息化管理示范企业。

农业经济持续平衡发展。到 2004 年底，全镇实现农业总收入 8363 万元，同比增长 6%；其中多种经营收入 8253 万元，同比增长 6%。生态保护体系初步确立，森林资源得到有效保护，通过几年规划落实，至 2004 年底全镇生态公益林保护体系已全面确立，规划区域内生态公益林面积达 0.73 万公顷，占全镇山林总面积的 70%，所有制面积 0.58 万公顷，使生态资源得到进一步保护。农业产业结构调整成效明显，全镇三大农业产业框架基本形成，即以杖锡片为中心的花卉基地，规模达到 426.7 公顷；以大皎、赤水为中心的银杏、茶叶基地，规模达到 666.67 公顷和 800.0 公顷；以樟村片为中心的浙贝基地，面积达到 306.7 公顷。农业基础设施得到进一步改善，全面完成浙贝生产基地标准田改造，至此全镇的浙贝田路相通、渠相连，从面使农业基础设施得到进一步改善。

【城镇基础建设】

加大农村公路建设，投资 2900 万元细岭至杖锡公路按计划加紧施工；5 公里长的沿溪公路已基本完工，进入扫尾阶段；完成 1.6 公里低坪公路及 2.5 公里梅岭公路水泥路浇制。加大对教育硬件投入，投资 400 余万元的章水镇中心学校改造工作全面完成，建造了 2200 平方米的阳光教育楼和 250 米标准塑胶田径运动场，使教育硬件设施进一步提高。推进农村二次水改工作，落实了镇农村二次水改的第一批 7 个行政村，做好二次水改规划设计工作，到 2004 年底已有 6 个自然村通过区发展计划局立项审批。加强其他社会公益项目建设，投资 40 余万元的章水镇安老院翻修改造已完成，投资 30 余万元的章水镇地震台建成并投入使用。

【一方古村：李家坑村】

李家坑村位于四明山腹地，在 2004 年行政村区划调整后，由原李家坑村和百步阶村合并而成。现有居民 360 余户，800 余人。村民多以种植茶叶、芋艿、香榧等经济作物和炒茶、制作干菜等为生。

古村李家坑自然村地处山水环抱之中，与丹山赤水风景区仅一岭之隔。桃树横与幢起岩围成一谷地，章溪河顺依山势自西北转南从中流过，沿河有公路通向鄞州章水镇，整体环境可称近水利，远水患，风景宜人，交通通畅。村落布置平面大致成扇形，村中道路以上横弄、中横弄、下横弄和溪边巷、通转巷、木鱼巷、墩头巷为骨架，大致呈“三横四纵”的网状格局。村中原有建筑均为木结构，外墙以当地开采的丹石干砌，大都采用四明山常见的人字马头墙，也有个别使用五岳朝天式或猫拱背式。村中保存较好的有上通转（凤竹鹤松）、下通转（莫厥攸居）、里通转和新屋通转（水云居）四个“通转”型的宅院。

【一方名胜：摩岩石刻群】

摩崖石刻群始于宋代，1986 年 5 月 28 日鄞县人民政府公布此摩崖石刻为县级重点文物保护单位。摩崖石刻共有 9 块，分布在章水镇杖锡村的屏风岩、门前山、下溪岩和李家坑村百步阶自然村门后山等处。屏风岩为长方形直立巨石，高 4.5 米，宽 1.95 米，厚 3.2 米，正面直镌“四明山心”4 个隶书大字。门前山镌刻分“再来石”、“中锋”、“诃佛”三块，“再来石”、右旁有“开庆己未题”落款，当为南宋开庆元年（1259 年）年作品；下溪岩有“醉泉”、“浴心”、“三峡”、“潺缓洞”四块；门后山刻有“过云”二字。该群石刻，字体相近，应与“再来石”同时或先后。内容多带梵意，与附近的杖锡寺僧或往来香客有关。

（严 波）

梅墟街道

表 49　　2004 年基本情况数据库

项目	单位	合计
总面积	平方公里	18
种植面积	公顷	353.6
建制村	个	15
居委会	个	1
总人口	人	14781
外来民工	人	25000
地区生产总值	万元	51000
第一产业产值	万元	4169
第二产业产值	万元	250820
第三产业产值	万元	44180
财税收入	万元	10374
农民人均收入	元	7647
自营出口	万美元	4050
村集体净资产	万元	17426
村可用资金	万元	16313

表 50　　2004 年骨干企业基本情况表

单位：万元

企业名称	产值总额	销售总额	利税总额
永华液压器材有限公司	11419	10361	3706
宁波福懋油脂有限公司	13342	22090	-329
宁波海盟工业有限公司	6840	6340	23
万航汽配制造有限公司	5353	5644	0
海星塑料机械制造有限公司	9721	10939	1370
宁波东升包装材料有限公司	7497	9789	68
新西亚设计制造有限公司	6035	5988	1330

【概况】

2004 年街道加快产业结构调整，区域经济继续保持良好的发展势头。全年完成国内生产总值 5.1 亿元，同比增长 20%；技工贸总收入 29.5 亿元，同比增长 18%；实现利润 1.21 亿元，与 2003 年同期相比略有增加；税收总额 10374 万元，同比增长 46.5%，自营出口 4050 万美元，同比增长 39.7%。销售 500 万以上企业达到 41 家。

【基层党组织的建设】

努力加强党的建设，党组织发挥了强大的凝聚力和战斗力。完成了街道机关干部双聘工作，抓好机关效能建设，实现重心下移，完成了农村工作指导员的派驻工作，进一步加强基层组织建设，针对个别村班子的战斗力不强、群众基础差、作用发挥不好等情况，果断采取措施，运用民主选举、党委任命等多种形式对 5 个村的村级班子进行调整。把非公有制企业党建工作提上工作日程，建立非公有制企业党建联络员制度，街道派出 17 名党建联络员，联系指导 29 家非公有制企业，并确定 8 家 2005 年重点党建企业。

【社会事业】

加强领导落实信访工作的责任制，建立了每月领导信访接待日制度和街道信访工作领导包案制度，健全信访工作网络，完善信访工作机制，大力开展平安梅墟建设，确保经济社会发展有一个稳定的环境。实事工程得到全面落实，人民的生活环境进一步改善，实施了菜场改造工程，全面推行农村合作医疗住院保险，投资 600 万元建造东方幼儿园，实施了明达路改造工程，北区安置小区已经结顶，南区安置小区也已全面启动。

（何卫林）

企业选介(排名不分先后)

雅戈尔集团

【概况】

雅戈尔集团创建于1979年,经过20多年的发展,逐步确立了以纺织服装为主业,房地产、国际贸易为两翼的经营格局。2004年,集团完成销售额139.45亿元,利润8.99亿元,出口创汇6.5亿美元。集团现拥有净资产50多亿元,员工20000余人,是中国服装行业的龙头企业,综合实力列全国大企业集团500强第144位,连续四年稳居中国服装行业销售和利润总额双百强排行榜首位。旗下的雅戈尔集团股份有限公司为上市公司。

【公司业绩】

2004年,雅戈尔集团信息化工程被评为“中国信息化标杆企业”、“2004年中国信息化百强企业”、“2004年中国信息化建设项目成就奖”。集团技术中心被国家发改委、财政部、海关总署和国家税务总局认定为国家技术中心。

2004年,由雅戈尔独家研发的纳米VP衬衫面世,该衬衫避免了传统纳米衬衫的荷叶边缝缺陷,达到了真正的免熨效果。由雅戈尔毛纺公司设计开发的TN 38061竹纤雅丽呢被列为国家重点新产品,该面料以天然的竹纤维为主要原料,经甲壳素整理剂的合理运用,手感柔软、色泽鲜艳,具有抗菌、耐磨、吸湿、悬重性等特点。推出了具有拒水、拒油、防污功能的高科技新品——纳米西服。

继2001年、2003年“雅戈尔”衬衫和西服分别被评为衬衫和西服领域的首批“中国名牌产品”后,2004年,“雅戈尔”衬衫、西裤再次入选“中国名牌”名录。“雅戈尔”衬衫连续十年获市场综合占有率第一位,西服连续五年保持市场综合占有率第一位。“雅戈尔”西服被中国服装协会、国家服装质量监督检验中心授予2004年西服优等品称号,雅戈尔西服厂同时荣获2004年质量管理先进单位奖,“雅戈尔”也被评为2004

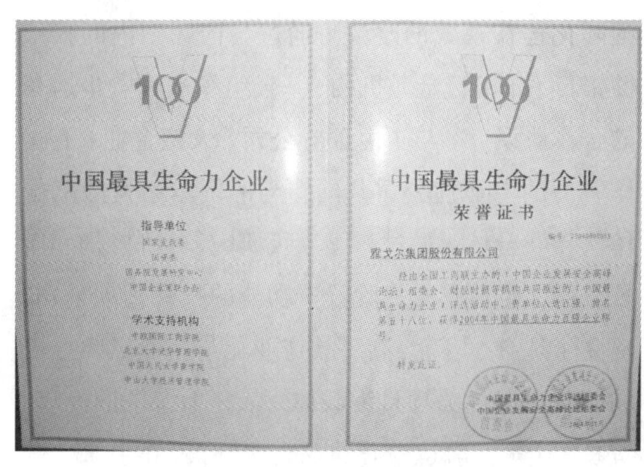

图100　雅戈尔集团入选中国民营企业竞争力50强和中国最具生命力企业的荣誉证书

年中国青年最喜爱的服装品牌。

2004年,雅戈尔集团被中国企业联合会、中国企业家协会联合表彰为“20家首届中国优秀民营企业”,入选“中国最具发展潜力上市公司50强”、“2004中国最具竞争力的民营企业50强”。雅戈尔集团入选《福布斯》“2004中国慈善榜”,并以2003年捐助社会公益事业627万元列慈善榜25位。李如成总裁当选“优秀中国特色社会主义事业建设者”,被评为宁波20年最具影响的十大新闻人物。

【业务拓展】

2004年,雅戈尔集团西部基地投建,投资两亿元、占地7.87公顷的重庆雅戈尔服装生产基地和雅戈尔西部10省市仓储配送中心在重庆南岸茶园新区动工;营销渠道进一步增强,出资1.52亿元,收购了位于上海南京东路总建筑面积5970平方米的中宝银楼全部股权,建立雅戈尔在上海的据点;同时雅戈尔集团置业品牌日渐打响,东湖花园二期全面交付,全年实现销售16.67亿元,利润4.36亿元。博鳌亚洲论坛秘书长、原对外经济贸易合作部副部长龙永图在雅戈尔纵论后配额时代的纺织行业时指出:纺织行业是朝阳产业,前程似锦。中共中央政治局常委罗干在雅戈尔集团调研,希望雅戈尔集团“创名牌,出效益,管理好企业和职工”。 (刘新民)

杉杉投资控股有限公司

【概况】

杉杉投资控股有限公司是以资本为纽带组合而成的多产业大型企业集群,拥有服装、科技、投资三大板块和国际合作、科技园区两大事业部。2004年,企业注册资本2.16亿元,资产总额54.2亿元,销售收入69.95亿元,员工数量12500人。

2004年,杉杉投资控股公司依托上海人才、信息、市场等功能优势,完成了对服装主业多品牌、国际化运作模式的改革。通过与国际国内的权威性银行、非银行金融机构、基金组织达成资本运营的合作协议,参与了由证券公司、大型企业、有运作实力的专业性公司共同参与的资本运营战略合作伙伴联合体。通过与国家级研究、科研机构和院校合作,组建具有风险投资功能的投资管理公司,建立了选择、培育、高科技产业化与企业风险投资的机制。以优势项目为载体,依托上海中国经济、贸易、金融、航运中心的龙头地位,采取托管、收购、兼并、投资控股和参股等办法,盘活其他社会资产、重组体系外企业,完成了在中国华南、东北、中西部地区的高科技产业架构,并依托高科技、高成长性企业和人才优势进入国内、国际资本市场,打通了多渠道融资的快车道,使得高科技和资本运作板块得到突破性的发展。

【2004年大事】

1月16日,上海杉杉科技(集团)成立。通过产业结构和人才结构的调整新增的板块。近年集中力量发掘具有自主知识产权和核心技术的技术产业,以代表未来科技发展,填补国内空白的“863”项目为基础组织成立的多家科技企业

图101 签约仪式场面

迅速成长。

2月，杉杉集团与中国科学院纳米技术工程中心达成协议，全面引进二元协同纳米界面双疏处理技术。此项引进，标志着杉杉服装公司正式拥有生产新型纳米服装的能力，让纳米技术在服装行业第一次形成规模产业化和全面市场化。

3月28日，杉杉投资控股有限公司与中国兵器科学院宁波分院、哈尔滨工业大学、上海交通大学、云南大学等国内著名的高等院校和科研院所签订了项目合作协议。

5月20日，杉杉投资控股有限公司荣获中国环境标志优秀企业称号。7月7日，通过国家环保总局绿色环保标志复评。

5月31日，杉杉控股总部入驻上海张江高科园签约仪式在上海浦东举行。新的杉杉总部将是杉杉企业战略决策、投资决策中心、时尚产业创意中心、高新技术研发中心。

6月28日，国内最大医药包装玻璃窑炉在芜湖杉杉天健玻璃有限公司投产。杉杉天健玻璃具有年产4.5亿只包装用玻璃容器的规模，该项目投产后新增年产2亿只的能力。

6月28日，世界品牌实验室发布2004年《中国500最具价值品牌》排行榜，“杉杉”品牌以78.65亿元的品牌价值，位居中国纺织行业排行第二位。

8月，2004中国企业500强发布，杉杉投资控股有限公司以稳定的增长业绩继续位居中国500强企业 。

9月，中国名牌战略推进委员会发布2004中国名牌，杉杉西服、杉杉衬衫再获“中国名牌”称号。

10月19日，奥运冠军刘翔与杉杉投资控股有限公司签约，成为杉杉品牌形象代言人。

图102　刘翔与杉杉签约时的记者见面会

奥克斯集团

【概况】

奥克斯集团从创立时7个人、负债20多万元，在四明山下的一个牛棚中起家，目前涉足电力、家电、移动通讯、新能源等制造产业和医疗服务、房地产、现代物流等多个投资领域。其中三星电能表和奥克斯空调是“中国名牌”产品，电能表年生产能力达2500万台，位居全球第一，空调年生产能力600万台，位居行业前3位 。

经过18年的奋斗，今天的奥克斯集团，已发展为拥有总资产55亿元，员工17000名的现代股份制企业集团，是国家重点火炬高新技术企业，并设立了国家博士后工作站。2004年集团实现销售总收入102.5亿元，比2003年增长45%；实现工业总产值58.3亿元，比2003年增长40%；实现出口1.2亿美元；实现利税总额5.8亿元。上交税收连续多年居鄞州区工业企业第一位。目前，奥克斯企业规模居全国500强第250位，是宁波市重点培育的大企业集团之一。

【发展思路】

目前，奥克斯集团按照可持续发展规划，结合企业自身特点，提出了新一轮发展的三大战略：产业升级战略、资本运作战略、国际化战略。其中在产业升级战略方面，将在现有产业的基础上，重点推进空调、手机的“3558”工程：“奥克斯”空调要在3年内达到600万台销量，5年内达到1000万台销量；“奥克斯”手机要在5年内达到3000万台销量，8年内达到7000万台销量。为了实现上述目标，公司每年至少投入10亿元用于战略实施，引进国际国内先进设备；每年至少投入3000万元，用于引进国际国内一流人才。确保奥克斯集团每年销售增长率不低于50%，利润增长率不低于10%。

图103　奥克斯厂区

【奥克斯国际产业园建设】

奥克斯集团正在推动占地2平方公里的奥克斯国际产业园建设。其中第一期工程占地面积为58公顷。2003年2月动工兴建，2004年6月建成投产，仅用了1年多的时间，体现了奥克斯集团高效的工作作风。目前已经建成的7幢厂房主要包括：通讯公司厂房、商用空调厂房、能源公司厂房，以及配套的控制器、阀件、电机等厂房和员工食堂等后勤设施。其中通讯公司厂房占地为67000平方米，建筑面积为60000多平方米。现在手机年产能已达到500万台，在未来5年将达到年产能3000万台的规模。能源公司厂房主要生产手机锂电池、充电器等手机配套产品，并稳步向汽车电池、助动车电池等环保新能源发展。商用空调目前已经拥有7条流水线，年产值达到25亿元，借助奥克斯家用空调的品牌，力争在商用空调领域开拓更广阔的市场。奥克斯集团争取在5年内投入30亿元，建成一个150万平方米，比目前奥克斯集团大15倍的现代化科技园，为三大战略工程奠定良好基础。

（奥克斯集团）

培罗成集团

【概况】

宁波培罗成集团有限公司是国内最大职业装生产企业之一，全国双百强服装企业和全国十佳诚信企业。培罗成集团创立于1984年，总部位于浙江省宁波市鄞州工业园区，拥有员工3800余人，专业人员400多人，2004年实现产值超9亿元。

公司主要产品“培罗成”西服是中国名牌和国家免检产品。“培罗成”西服倡导“现代商务，坚持经典”的鲜明品牌个性，及中国西服的开发、设计和生产以及中国西服市场的品牌拓展，以经典西服工艺、金牌精纯制作服务于现代商务西装领域，培罗成集团主营业务服装已成为中国最大职业装生产基地。已为各行各业如国家公、检、法、海关、中国远洋、中国出入境检验检疫局、中国电信、网通、移动、邮政、水利、农林、国内外民航、金融、教育等提供了服务。

除服装业外，培罗成集团在印刷、投资、金融、房地产、物业、航空票务等行业有着广泛的投资。集团下辖宁波保税区培罗成实业有限公司、宁波培罗成投资发展有限公司、宁波卓洋印务有限公司、宁波培罗成服饰有限公司、中外合资宁波金利成制衣有限公司、宁波卓洋航空票务有限公司。

WBL

世界品牌实验室

中国500最具价值品牌

荣誉证书

宁波培罗成集团有限公司

由世界品牌实验室（World Brand Lab）发起编制，世界经济论坛（World Economic Forum）联合主办，世界经理人（www.icxo.com）独家协办的2004年中国品牌价值评估中，贵单位拥有的 培罗成 品牌，经评估价值为 24.95 亿元，荣获“2004年中国500最具价值品牌”荣誉称号。

特发此证！

World Executive Institute

图 104　培罗成入选中国 500 最具价值的品牌

【公司业绩】

2004 年培罗成集团在原有基础上，大力开发新兴市场，职业装业务继续保持良好态势，首批 3 万套培罗成西服已于 2004 年 10 月进入荷兰市场。目前，培罗成服装在职业装和出品方面已形成两翼平衡发展。

继 2003 年培罗成西服被国家质检总局评为“中国名牌产品”和“国家免检产品”之后，2004 年培罗成西裤又获“国家免检产品”，同时，培罗成西服因连续三届被国家质检总局抽检获得优等品，授予培罗成集团全国质量管理先进单位。2004 年培罗成集团再次进入全国民营企业 500 强。培罗成品牌进入中国最具价值 500 品牌。

因为良好的经营业绩，培罗成集团董事长史利英被授予全国三八红旗手称号。培罗成集团总裁陆信国被授予“宁波市十大杰出青年”和“优秀中国特色社会主义建设者”称号。总裁陆信国因为乐善好施，连续 2 年进入福布斯慈善家排行榜前 50 名。

（宁波培罗成集团有限公司）

洛兹集团

【概况】

洛兹集团是国内服装界具有较大规模和影响力的现代化股份制民营企业之一，拥有服装、置业、贸易、科技等十余家子公司，集系列服装设计、开发、生产、销售和外贸经营于一体，同时涉足经营高科技产业和房地产业。公司连年跻身全国销售、利税双百强服装企业行列，洛兹衬衫在 2004 年又获中国名牌产品称号，市场占有率连年稳居全国前二位。“洛兹”系列服饰遍销全国辐射海外，企业形象良好、品牌信誉卓越。集团注册资金 5018 万元，员工 5500 人，2004 年实现销售总额 15 亿元，公司总资产达 10 亿元。

图 105　成衣生产车间

【洛兹工业园区建设】

2004年，首期占地规模达35公顷的洛兹服装工业园区开发建设一期工程已经结束并投入生产。建成后的洛兹工业园区，将形成一座集科研、设计、展示、开发、生产、对内外贸易等多功能为一体，服装、置业、贸易、科技四大产业协调发展的国际标准现代工业城，成为国际上成衣加工制作基地之一。毋庸置疑，洛兹工业园以其博大承载起了全体洛兹人的所有希望、承载起了洛兹合作伙伴的所有理想、承载起了社会各界寄予的真诚期待。

图 106 洛兹工业园区一角

【销售网络建设】

随着洛兹工业园的建成投产，外贸业务的发展，使生产不再完全依赖于"洛兹"品牌的国内销售，洛兹集团总经理罗其标，在2004年初的销售会议上，作出决策：全面整合洛兹的销售网络体系，实行严格的分级制，确立以提高单店销售额为中心的经营策略，将优势产品、优势资源集中到重点销售网络。这一决策，在降低了商品库存、加速了资金周转的同时，使2004年销售大幅上扬，较2003年同期增长近23%。"洛兹"品牌国内销售呈现出一片喜人之势，并由此带来了一系列的联动效应：进一步提高了"洛兹"产品的开发、生产工作效率得到了提高，"洛兹"品牌的继续提升拥有了条件。在做好国内市场的的同时，积极应对纺织品贸易由双边框架转向多边体系转变，洛兹品牌以洛兹工业园生产基地为合作平台，利用优势互补，充分发挥生产、制造和外贸业务渠道等方面的优势，面向国际做大做强针织国际贸易经营。针织基地规模位列同行业前列，生产针织运动服、针织休闲服等各类针织及其他服装，以外贸出口为主，产品主销欧美等国，同时辐射亚洲市场。

【强强联合】

2004年8月，凭借洛兹生产基地设施健全、环境条件优越的有利条件，洛兹品牌通过自身的努力取得了美国JCP公司考核认证，真正拥有了美国市场的"绿卡"。同时，洛兹开始了与PVH公司Van Heusen品牌及美国、欧洲等一些其他世界顶级品牌的合作。

与此同时，早就看中洛兹工业园强大的资源体系、基地优势和洛兹品牌卓越品质的南方航空集团也于2004年8月份正式与洛兹签订了合同，双方共同投资创建了南航洛兹服饰有限公司，强强联手，共同努力打造属于航空领域的高端服饰品牌——兰柏顿。

（洛兹集团）

宁波欣达(集团)有限公司

【概况】

宁波欣达（集团）有限公司成立于1995年，是“全球行业500强入选企业”、“国家级重点高新技术企业”。旗下有宁波欣达螺杆压缩机有限公司、宁波欣达电梯配件厂、宁波宏大电梯有限公司、宁波欣达印刷机器有限公司等10家控股子公司，并在上海、北京、广州等部分省会及沿海城市设有20余家分公司和200多个代理委托及代销网点，在海外也设有多家代理，初步建立了覆盖全国、遍布全球的销售网络。公司主导产品有电梯及主关件、智能环保型螺杆空压机、高档机组式凹版印刷机、电机、变频器等，产品销往全国各地，并远销欧洲、美洲、中东、南非等国家和地区，在国内外用户享有良好的口碑。

公司现有员工总数1100人，注册资金8500万元，资产总额75434.4万元。2004年完成工业总产值51097.5万元，实现销售收入54241万元，创利税15683.5万元，完成技术改造投入9436.8万元。公司各项指标已连续多年名列全国同行前茅。2004年，集团公司获“中国民营科技创新奖”、“全国工业重点行业效益十佳企业”称号；信息化项目列入“宁波市信息化（重点）示范企业”。

图107　　欣达办公大楼

【技术改造】

多年来，公司坚持以市场为导向，以调整结构和提高效益为目标，着眼于高起点、高水准来进行企业内部技术改造。已滚动投入2亿多元资金引进了德国产自动螺杆磨床、齿轮测量中心、三座标测量机、德国喷涂流水线、日本五面体加工中心、数控冲剪中心等一大批国际一流的工艺装备，以及具有国内先进水平的数控折弯机、数控剪板机等一批国产先进设备。2004年又相继引进了柔性钣金流水线、静电喷粉流水线、激光切割机、磁粉探伤设备、探伤机等一系列国际先进的加工检测设备。

【技术创新】

该公司积极重视技术创新工作，强化人才的引进及内部科技队伍的培育建设，加强与高等院校、科研机构的合作，致力于高新技术产品研发工作。2004年，在原有产品线板块内，启动了近30余个新产品项目，有8项新产品列入市级以上科技计划。电梯曳引机产品继列入“国家重点新产品”和“国家级重点火炬计划项目”后，2004年被列为“浙江省名牌产品”，年底又成功通过火炬计划项目验收。自行研制的低速大扭距永磁同步无齿曳引机，作为电梯行业向无机房、小机房安装形式迈进的一种划时代产品，填补了国内空白，达到国际先进水平，并获4项国家专利。“豪斯汀”牌电梯以其优良的舒适感和可靠性受到用户的认同，已进入高档酒店、住宅楼以及“新鄞州工程”等诸多大型工程，2004年合同订单近1000台。利用德国引进技术与国内最新科研成果结合研制成功的智能环保型螺杆空压机，以其卓越的性能、可靠的品质、周到的售后服务，正在迅速拓展市场。2001年与引进的科技人才共同投资开发的高新技术产品高档组合式凹版印刷机，达到日本富士机水平，适用于BOPP、PET、PVC、PE、NY、纸张、铝箔、铝箔纸等具有良好印刷性能的卷筒薄膜材料的多色连续精美印刷，产品以较高的性价比获得了众多用户的青睐，“高速无轴传动凹版印刷机”被列入“宁波市科技攻关项目”。

【质量管理】

公司坚持“用户至上，质量第一”的方针，狠抓产品质量。在现场管理中积极推行“6S”管理，于1997年通过ISO 9002质量体系认证，2001年，通过ISO 9001:2000换版认证。2004年小型电机、行程开关、按钮开关等三大类16个产品通过CCC认证，电梯曳引机3个产品通过CE认证。电梯配件已连续5次(15年)获“全国用户满意产品”，公司产品质量连续5次获“全国用户满意企业”。

(傅赛琴)

浙江广博集团股份有限公司

【概况】

浙江广博集团股份有限公司是一家主要开发生产办公用品、印刷纸品、塑胶制品、金属纳米材料、数码相机和进出口贸易为主的现代型股份制企业集团。公司创建于1992年，注册资本为7097万元，2004年有员工5000名（其中外籍员工18名、博士4名)，总资产10亿元，拥有3家中外合资公司、4家海外公司和2家高新技术企业等的15家控股子公司。2004年集团完成产值12.2亿元，销售额14.6亿元，其中外贸出口可达5300万美元，分别比2003年增长了分别32%、29%和22%。

广博集团入选中国民营企业500强，中国文教体育用品企业三十强，连续多年荣获“全国印刷包装行业龙头企业”称号。广博产品是浙江省名牌产品，被国家商务部列为中国2005年~2006年度重点培育和发展的出口名牌，2004年获得全国外贸出口质量效益型企业和中国最畅销的文具品牌，产品远销欧美、东南亚等60多个国家和地区。

【产品与技术】

2004年度，集团公司投入5257万元到技术改造及新产品的研发当中。2004年下半年，广博斥资3000万元引进全球终端网络（CTP系统）自动出版系统，CTP的引进标志着广博集团在印刷技术上向前迈出了一大步，使自身的印刷产业得到进一步提升。广博集团获得宁波市信息化示范单位。

2004年集团各生产部门在原已开发生产的产品的基础上进一步研发生产出相册、本册、纸制品、数码相机、纳米材料等新产品共3000余种。特别是广博数码有限公司在2004年与多家海外公司合作研发生产出DT3121/31数码相机、T13x5400/500万像素CDD数码相机、DT1136卡通造型多功能300万像素CMOS数码相机、DT1131/500万像素数码相机、DT1251 2.5

寸大屏数码相机等多款性能优良的产品。这些新产品的研发，进一步提高了广博品牌的含金量。

图 108 广博集团数码车间

【社会关注】

广博集团的快速发展也引起了社会各界的关注。6 月，经济学家、国务院发展研究中心研究员吴敬琏教授到广博调研；9 月，全国人大常务委员会副委员长成思危率全国人大执法检查组对该公司工会工作进行指导；国家商务部常务副部长于广洲在广交会上视察了处于名牌展台的广博展区；12 月，国家“文具之都”专家验收组 30 余人到该公司考察；中共宁波市委书记巴音朝鲁，代市长毛光烈，中共湖州市委书记徐福宁，宁波海关关长王全国都到该公司进行考察指导。（罗 佳）

宁波八方集团股份有限公司

【概况】

宁波八方集团股份有限公司位于鄞州区高桥镇，毗邻梁祝文化公园，初期创办于 1973 年，集团公司成立于 1995 年。至 2004 年有员工 1200 余名，厂区面积 16 万余平方米，已发展成为专业生产瓦楞纸板、包装纸箱、彩印包装、建筑装潢、电子塑料、金属加工等为一体的规范化股份有限公司。公司资产总额达到 5 亿元，年生产能力已达 8 亿元，注册资本 5016 万元。

【企业管理】

2004 年，公司秉承可持续性发展的原则，在抓新建项目改造的同时，集中精力完善内部管理，挖掘内部潜力，促进公司整体效益全面提高。通过理清公司思路，把握关键环节，实现了各部门经济的协调发展；增强忧患意识和紧迫感，确保经营决策的正确运转；创新思想观念，加大培训力度，引进先进人才，营造经济发展良好的运行环境。一是坚持以人为本，促经营管理新突破。公司走出传统的管理模式，从经验管理、科学管理阶段过渡到文化管理阶段，促进企业管理现代化，推进物质文明和精神文明建设，使整个企业形成一种团结友爱、互帮互助的企业文化。二是坚持机制创新为主题，促生产能力新飞跃。在社会主义市场经济体制下，公司的经营机制、管理水准、产权政策、营销策略、员工素质、产品结构、机械设备等方面取得了明显的改善和进步，极大地调动了员工的积极性、创造性和主观能动性。三是坚持市场开发为主导，促营销思路新举措。在市场竞争日趋激烈的情况下，公司改变经营方针，以市场为主导，制定了一系列的营销策略，实现了企业的长远发展。四是坚持内培外引为宗旨，促员工素质新提升。公司全方位地提高员工的心理素质、知识素质、应变素质、社交素质和体能素质，以强有力的凝聚力推动企业在新的经济形势下增强核心竞争力，实现突破性发展。五是坚持以抓党建为基础，促企业经济新发展。公司坚持做好三抓三形成工作，开展比先进、学先进、赶先进的争先创优活动，以创建学习型班组、培育知识型职工为目标，开展达规范、创五好活动，完

图 109　宁波市包装技术协会授予八方集团会长单位荣誉

善培训机制,引导员工树立终身讲学习,终身受教育的理念,推进企业两个文明双丰收。

【主要业绩】

2004 年,该公司通过对内加强管理,对外拓展业务,使公司效益取得稳步发展。全年实现利税 4000 万,比 2003 年增长 9.5%。同时公司的社会信誉和影响力进一步增强,公司综合实力跻身浙江包装工业 50 强,被中国包装技术协会确定为中国包装产品定点生产企业、浙江省诚信示范企业和宁波市包装技术协会会长单位。　(汪晓波)

宁波乐士实业有限公司

【概况】

宁波乐士实业有限公司创建于 1993 年,经过短短的数年的快速发展,已成为专业制造销售各类洗衣机,并集合模具制造、泡沫制品、塑料制品、金属制品于一体的综合性企业。公司占地 50000 多平方米,固定资产近亿元,拥有员工 300 余人,2004 年销售额超过 1 亿元,是鄞州高新技术企业、资信 AA 企业、消费者信得过单位,并且"LESLI 乐士"被评为"宁波市知名商标"、"浙江省著名商标"。

【产品开发】

乐士公司重视对科研的投入与新品的开发。设计制造部拥有一批专业产品设计、制造工程师,使用领先的 Pro/E 等设计加工软件进行造型,以满足客户的不同要求。公司建立局域网络,高速宽带接入 INTERNET 互联网,实现产品信息数据的互联和高速传输。先后引进世界先进的大中型全电脑数控中心,高进度全电脑注塑机,实现了从设计、造型、绘图到开摸、试产、规模生产全过程的现代化生产体系。全自动生产流水线的建立,保证了生产工艺的落实,使生产能力提高 300%,产品自检率达 100%。2004 年开发了新产品数余种,其中大容量喷淋式双壁全塑双桶洗衣机被列为宁波市级新产品项目,双电机套桶洗衣机获得了实用新型专利证书。

【市场开拓】

从创业之始,乐士人便将目光放在铸造百年企业、将精良的产品推向全国乃至世界之上。基于此种积累,以诚信赢得客户,以质量占领市场,产品已销往全国各地,进入家乐福等国际型超市并走出国门,远销东南亚、中东、非洲、美洲、欧洲等国家和地区。　(郑莹娇)

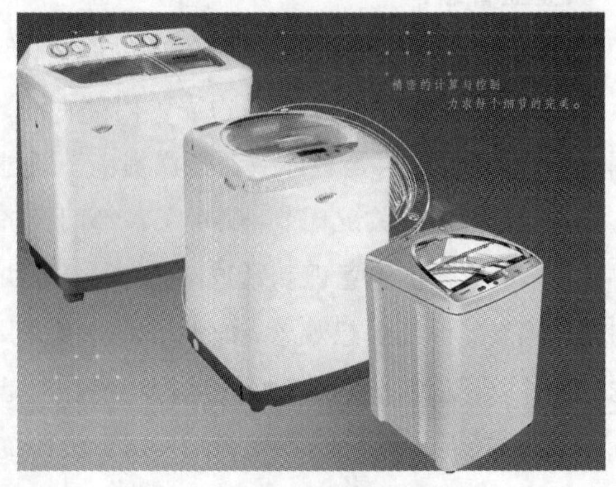

图 110　乐士公司生产的洗衣机

宁波申江实业有限公司

【概况】

2004年，宁波申江实业有限公司注册资本2000万元，年末，有员工人数216人、资产总额13310万元，实现销售12555万元、利税1848万元，被评为“资信AAA级”企业和浙江省AAA“守合同重信用”企业。

图111　宁波申江实业有限公司下属申江科技公司厂区。

【产业多元化扩展】

2004年4月，公司投资120万元，与3位自然人共同发起设立宁波鹰龙电力机械有限公司，注册资本300万元，主要生产齿索式输粉机、耐压式称重给煤机、各种膨胀补偿器、分离器等火电厂辅机设备及附件。

2004年8月份，公司正式与重庆建设集团共同投资3000万元收购原上海福福实业有限公司，成立了上海建设摩托车有限责任公司，注册资本500万元，其中申江公司占股份49%，主要制造、销售摩托车及其发动机、滑板车、电动自行车及相关零部件。

【质量管理体系加强】

为进一步规范公司生产经营流程，提高产品质量和服务，该公司于2004年4月开始TS 16949：2002质量体系的贯标及认证工作，并于8月份顺利通过第三方审核，取得认证证书；滚动体厂于2004年10月份通过了ISO 9001：2000质量体系监督审核工作，顺利通过复审。这对于提升公司产品质量、扩大知名度和销售创造了有利的条件。

【市场占有率扩大】

贮氢厂2004年实现销售6563万元，同比增长91.06%，超额完成年度指标9.38%。2004年度，贮氢厂新开发了广州云通等25家新客户，机电工作开发了贵州启力等7家新客户，加上其他分厂均有一定数量的新客户增加，市场占有率进一步扩大。

【基建和技改投入】

为加强公司的发展后劲，2004年完成了鄞州工业园区土地及厂房建设投入3000余万元，一期工程1号、2号车间共23000平方米完工并投入使用；同时为增强研发能力和提高生产工艺水平，2004年度公司在技术改造方面进行了大量投入，其中有传热性能试验台149万元，大型不锈钢钎焊炉56万元，发电机组、成型车床、精密磨床、冲床等45万元，为下步发展打下基础。

【项目管理】

2004年，由申江实业申报的“国家级火炬计划项目”、“创新基金项目”通过国家验收并取得验收合格证书；“高功率镍氢电池用贮氢合金粉的开发”等3个“种子基金项目”于2004年4月份完成结题验收；由申江科技申报的“国家科技攻关计划引导项目”于12月份到期，现已完成了项目验收的准备工作；工程中心于8月份参加了浙江省科技厅的评估考核及答辩会，取得良好评价；申江科技被认定为市级高新技术企业，并申报了省级高新技术企业；富镧、富铈、低温贮氢合金粉被认定为市级新产品。　（吴荣生）

浙江利时集团

【概况】

浙江利时集团成立于2002年，是一个以塑胶、家电、五金、不锈钢和贸易五大产业结构为核心、资本运营与实业经营互动发展的现代企业集团，拥有2200多名职工、20万平方米厂房、10亿元总资产，下设有宁波利时塑胶有限公司、宁波利时进出口有限公司、宁波利时模具制造有限公司、宁波利时置业有限公司和宁波利时经贸发展有限公司等5家子公司。

【项目拓展】

2004年，利时集团加大了资本经营的力度，加快了项目拓展的脚步。与上海市总工会合作，接手上海市总工会东钱湖休养院，改建成高档次、高品质、高水准的度假式酒店；与宁波日报报业集团强强合作，组建宁波最大的报纸印务中心和专业的商务印刷有限公司；利时集团积极进军商贸流通领域，参股宁波新江厦超市有限公司。

【回报社会】

致富思源，回报社会。利时集团始终坚持“以人为本”的企业理念，为顾客创造价值，为员工创造机遇，为社会创造财富。利时集团在2003年赞助宁波音乐厅100万元举办“利时之约”普及高雅艺术百场音乐会的基础上，2004年再出资100万元继续赞助宁波音乐厅举办高雅艺术演出；出资400万元捐助鄞州区集士港卖面桥小学扩建；出资200万元资助宁波外来民工子女上学。

图112　利时集团捐赠回报社会的签约仪式

【发展思路】

未来5年，利时集团的发展思路是：以日用品产业为基础，运用资本和品牌，稳妥推进四大产业健康、有序、联动发展，坚持产品经营和资本经营互动发展，提高经济运行质量，提升企业的核心竞争力，继续发扬艰苦创业的优良传统，将“利时”建设成为国际一流的日用品生产基地，国际一流的日用品品牌，国际一流的现代化企业集团。

（陈云飞）

宁波康强电子股份有限公司

【概况】

宁波康强电子股份有限公司是“国家级高新技术企业”“外商投资技术先进企业”“宁波市高新技术骨干企业”，并被原国家对外经济贸易合作部批准为“股份制企业”，进入上市辅导期。公司注册资本7210万元，总资产35659万元，厂区占地3.5万平方米，厂房建筑2.5万平方米，2004年生产各类引线框架112.7亿只，继续保持国内同行业第一；引进日本、德国全套键合金丝生产设备正式投产，产品销售达650千克，并通过填平补齐改

图 113
康强公司销售超亿元奖杯

造，将使产能分步达到 1.5 吨和 4 吨，成为国内主要生产厂之一。2004 年销售收入 29062 万元，比 2003 年增长 60%，自营出口 1435 万元，增长 33%，利税 3835 万元，增长 34.62%。

【技术水平】

该公司拥有员工 560 人，其中专业人员 85 人，拥有材料分析和精密测量仪器的实验室/工程技术中心；拥有世界先进水平的半导体/集成电路专用封装材料——引线框架和键合金丝生产线，规模居国内同行业第一位；拥有国内第一条 IC 卡集成电路装载带生产线。按国际标准开发、生产，为国内集成电路产业封装材料国产化作出了贡献，也受到世界著名半导体厂商的关注。公司自 1996 年起相继取得了 ISO 9001、QS－9000 质量管理体系认证，资信等级 AAA。

【键合金丝生产线投产】

设备投资达 1900 万元，其中用汇 130 万美元，引进日本、德国具有国际先进水平的键合金丝生产线建成投产，为国内集成电路产业材料国产化作出了贡献。

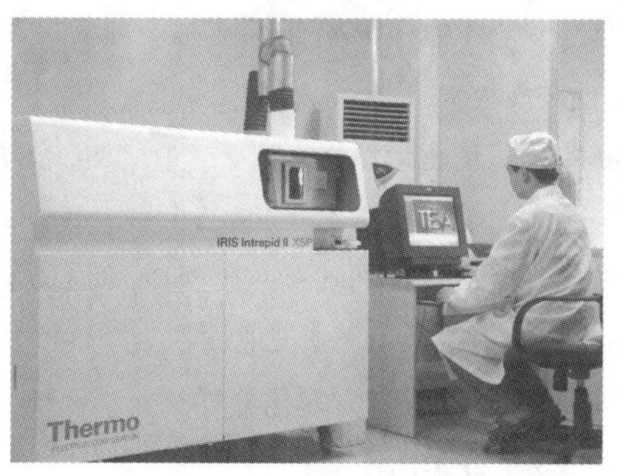

图 114　ICP 分析仪

键合金丝作为半导体/集成电路封装生产所必需的内引线材料，采用纯金作原料，经提纯加入微量元素熔炼成合金棒材，在洁净生产环境下，经多道精密拉丝、退火、清洗、复绕加工成 0.01 毫米－0.018 毫米－0.050 毫米键合金丝，用作集成电路芯片与引线框架之间的连接导线。由于提纯、合金熔炼、拉丝等工艺复杂，对材质和尺寸精度要求很高，目前仅日本、德国等少数国家生产，全球产量仅 35 吨－40 吨，中国仅有一家企业年产几吨，国内所需的 50% 以上依赖进口。随着国内集成电路产业超常发展，缺口越来越大，康强电子金丝项目投产，受到 IC 行业的普遍欢迎。

（张予梁）

浙江汇港电器有限公司

【概况】

浙江汇港电器有限公司是一家专业从事继电器开发研制、生产和销售的省级高新技术企业。公司总占地面积约为 6 万平方米，员工总数为 1600 多人。公司主导产品为通信继电器、家用继电器以及汽车继电器，主要应用于通信设备、彩电、音响等家电产品、各种工业自动控制及各类汽车。大部分产品通过 UL、CSA、VDE、TUV、CQC、SEMKO、NEMKO、DEMKO、FIMKO 等认证；公司在新加坡和美国设立了销售分公司，在德、法、英、西、意、日等 20 多个国家和地区设立了 HKE 品牌继电器代理。公司已通过 ISO 9001:2000、ISO 14001:1996 体系认证。2004 年度，公司资产总额为 1.17 亿元，销售收入为 8167.56 万元，实现出口创汇 328.4 万美元。公司被评为“鄞州区文明单位”，HKE 商标被评为宁波市知名商标,并名列中国电子元件百强企业。

【生产规模扩大】

随着公司销售量增大,生产产量增加,公司日益发展壮大。为扩大再生产,2003年~2004年间,公司在原来生产规模基础上,投资2678.4万元新建了第三厂区,新厂区总占地面积为23345平方米,其中7000平方米为绿化草坪及一个标准足球场;12000平方米的标准生产车间于2004年4月20日正式开工生产。随着公司管理水平的提升,企业形象的提高以及管理理念的创新,2004年9月18日,公司投资80多万元装修办公楼,在装修设计过程中,融合了公司的企业文化,加强员工对公司企业文化的认同感和归属感。

图115　24轴全自动绕线机工作现场

【工艺水平】

2004年度,公司为提高产品生产的工艺水平,加快继电器生产的自动化步伐,到2004年12月,总计投入了948.6万元引进目前国内外最先进的自动化机器设备。其中用于工艺改进方面的有:2004年4月,公司投资100多万元引进三台全自动检测机,代替员工手动测试,省去了原先手动测试需要的RPT-3测试仪及耐压测试仪设备的调试、点检及校验工作;11月份投资200万多万元从日本引进两台全自动绕线机,代替普通的绕线机,全自动绕线机不仅效率高、一致性好,而且能自动捻线、自动扎头,省去原来的好几道工序,大大提高了生产能力。此外,新增了冲压机床、注塑机以及高精密磨床等等。（郑爱娟）

宁波牡牛纸业有限公司

【概况】

宁波牡牛纸业有限公司前身为鄞县造纸厂,创建于1980年,座落于浙江省宁波市鄞州区姜山镇,距宁波市区约12公里,背依奉化江,与国际民航栎社机场隔江相望,连接同三国道主干线、329国道、沪杭甬、甬金高速公路,交通极为便利。2004年,实现产值3.2亿元,完成销售28534万元,创得利润1600万元,公司借助ISO 9001质量管理模式,规范内部管理,外拓销售市场,内外皆修;坚持以人为本,以质取胜的经营理念,稳步推进企业发展壮大。

该公司占地面积10万平方米,其中建筑面积为6.5万平方米,是国家中型造纸企业,浙江省重点骨干企业,浙江省包装工业50强,全国500家“行业规模最大,经济效益最佳”企业之一。自1996年起持续多年被宁波资信评估单位评为AAA资信等级单位。2000年由宁波市对外经济贸易委员会授权为自营进出口权企业。2001年被鄞州区地方税务局评为诚信纳税先进企业。2002年被宁波市包装技术协会评为先进包装企业。2003年通过ISO 9001: 2000质量管理体系认证,同时被授予宁波市瓦楞纸箱行业优质产品称号。2005年被评为宁波市百强企业,宁波市包装工业十强企业。

【技术力量】

公司注册资金2020万元,总资产2.6亿元,在职员工1000余人,各类中、高级管理和技术人员

证书

二〇〇五宁波市

百强企业

创建单位：宁波牡牛纸业有限公司　　排序：第 85 位

法人代表：何群福　　二〇〇四年销售收入：28534 万元

宁波市企业联合会　宁波市企业家协会

二〇〇五年五月

图 116　涂布白纸板和企业荣誉证书

50 余名。公司技术力量雄厚,检测设备齐全,实现了原材料进厂到产品出厂的系统质量检测控制，使产品质量满足广大顾客的需求，确保“牡牛”产品在市场上的高度信誉。

为实现企业可持续性发展，公司在追求经济效益的同时,更注重环境效益。从 1997 年至 2003 年，陆续投资 1000 多万元用于污水处理设施建设，使公司造纸过程排放的废水全部达到国家一级排放标准。

【生产能力】

该公司现有各种类型造纸生产线 10 条，五层瓦楞纸板、纸箱生产线 1 条，生产各档涂布白板纸、瓦楞原纸、瓦楞箱板纸,各种规格内、外销包装箱、引线纱纸。年生产造纸能力 12 万吨，瓦楞纸板、纸箱 900 万平方米。产品主要销往广东、福建、香港、四川、河南及周边地区。　　（吴文龙）

宁波帅特龙车辆部件有限公司

【概况】

宁波帅特龙车辆部件有限公司创建于 1986 年，是集设计、制造、销售为一体的汽车饰件专业生产厂家，是一汽集团、一汽大众、上海大众、芜湖奇瑞和沈阳金杯、广州本田、北京吉普、天津丰田等厂家的定点供应商。公司注册资金 1180 万元，主导产品是汽车用烟灰盒总成系列、饮料杯支架总成系列、门内外手柄总成系列、汽车窗帘总成系列、内外饰电镀等，已配套奥迪、宝来、捷达、Caddy、golf、红旗、中华、帕萨特、波罗、本田、丰田、夏利、通用、现代等轿车及吉普车、客车、卡车，其中烟灰盒总成系列产销量占全国第一，拥有全国 40% 以上的市场份额。公司已有 12 个产品列入市级新产品计划，获得 2 项中国专利证书。公司现为鄞州区 10 强民营科技企业、鄞州区工业 50 强、鄞州区信息化示范企业，是鄞州区工商联、宁波市汽车零部件产业协会理事单位。1999 年被宁波资信评估委员会评为“AAA 级”企业，2001 年、2002 年被鄞州区地方税务局评为“纳税先进单位”，2001 年、2002 年被洞桥镇人民政府评为“十大税费贡献企业”，2003 年、2004 年被洞桥镇人民政府分别评为“创百万税收企业”、“特殊贡献企业”。公司现有员工 179 人，其中大中专以上学历 60 人，占职工总数的 33.5% 。2004 年，完成销售 5315 万元，同比增长 15%；上缴国家税收 732万元，同比增长 22%。

主营产品

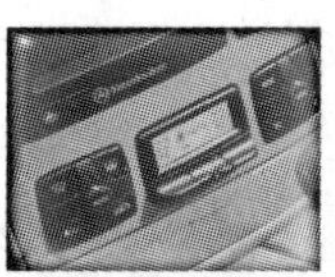

烟灰盒总成

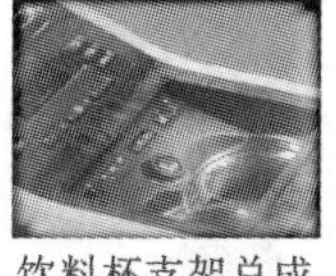

饮料杯支架总成

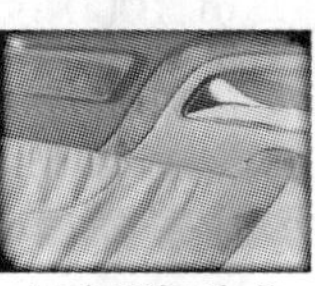

门内手柄总成

窗帘总成

图 117　帅特龙公司的主营产品

【技术改造】

2004年,技术改造投入700多万元,建立模具制造中心、汽车窗帘生产线及相关测试设备。总投资2200万元成立宁波帅特龙电镀有限公司,建立2条电镀自动流水线,专业从事PA、ABS、PC/ABS电镀、锌合金电镀,其中PA电镀填补国内空白。2004年,新产品开发88项,已开发完成批量供货的27项。

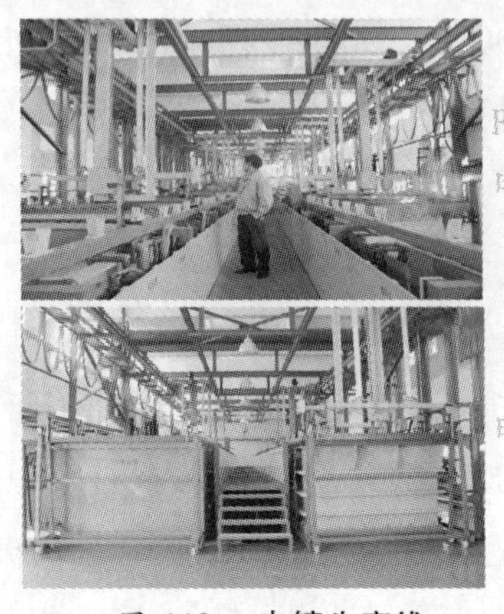

PA、PC/ABS、ABS
电镀生产线

锌合金
电镀生产线

图 118　电镀生产线

【国际市场开拓】

2004年5月,成立了宁波帅特龙进出口有限公司,已供货美国沃尔沃售后市场,并与德国公司建立了长期的技术合作关系,与美国公司项目合作正在洽谈中。

【体系认证】

2004年12月通过ISO 14001认证,2005年1月,通过ISO/TS 16949:2002的认证。

(陈晓玲)

宁波国骅集团有限公司

【概况】

宁波国骅集团是一家以房地产开发、高科技项目为龙头,集物业管理、建筑承包、市场管理服务、新型建材、文化教育等产业为一体的综合性实业型企业,拥有宁波东方建设开发有限公司、宁波东新建筑有限公司、宁波天祥物业有限公司、丹阳市天波房地产开发有限公司、宁波东开新型建材有限公司、宁波东方房产营销咨询有限公司、宁波华旭智能化有限公司、宁波市东升农副产品批发市场经营服务有限公司、宁波市鄞州东方装璜市场经营服务有限公司、东方幼儿园等多家下属公司(企业),总注册资本超2亿元,拥有固定资产、流动资产近21亿元,高素质从业人员1000余名。

【主要业绩】

从1992年成立的宁波东方建设开发有限公司到今天的宁波国骅集团,这个由高素质从业人员组成的团队,10多年来凭借自身在产品开发理念、规划设计、环境营造、项目引进、工程施工、营销服务、物业管理等方面的综合优势,已开发和正在开发的房地产总面积超过222余万平方米。被中国房地产协会评为“中国(江苏)水岸山景地产成功开发典范”及“中国最佳人居环境示范小区”的丹阳市天波城、“中国(浙江)景观环境社区成功开发典范”及2004年度“宁波市人居环境奖”的东方明珠城、亲水性居住理念的东方城·香梅家园、唯美景

图 119　国骅集团投资兴建的“东方明珠”楼盘(慈溪)

致的东方苑等经典社区和楼盘成为人们引以为豪的美好家园。该公司连续10多年被宁波市资信评估委员会评为“AAA”级资信企业，北路二村被区建设局授于住宅建设样板示范点称号，雅渡新村、东方阁小区被评为四星级园林式住宅小区，东方文化体育中心文化馆荣获宁波市建设委员会2002年度宁波市“甬江建设杯”优质工程奖，荣获浙江省建设业行业协会、浙江省工程建设质量管理协会2003年度“钱江杯”优质工程奖，曾多次被宁波市鄞州区（鄞县）评为房地产开发先进企业和税收先进单位。

（王锡良）

宁波新江厦股份有限公司

【概况】

宁波新江厦商城开业于1993年12月31日，位于宁波市中山东路301号，现有固定资产1.8亿元，员工419人，营业面积12000平方米，1998年5月正式转制为新江厦股份有限公司。商城分为家 电、食品日化、黄金工艺、钟表眼镜、鞋子箱包、针纺、服装、文体、书店九大商场。在宁波 地区，新江厦以面向大众、商品种类齐全、人气旺、富有独创而著称，曾连续四年夺得零售第 一名，跻身全国商业百强。宁波的商业竞争呈白热化，面对竞争压力，新江厦通过深挖自身潜力、精耕细作、稳步发展。 目前已形成了家电批发、食品批发、汽车销售、连锁经营、图书批销等多种商业业态的多元化 发展态势。2004年，新江厦总销售额达到7.5亿元，利润达823万元，比2003年同期分别增12%和8%。

2003年，新江厦商城获得了“商业企业顾客满意企业”、“文明商场”、“宁波市环保模范单 位”以及“百城万店无假货示范店”等荣誉称号。

图120　新江厦商城舒适的购物环境

【市场开拓】

加快连锁业发展是新江厦的一项重要工作。如今新江厦连锁超市在宁波市郊的鄞州区、北仑区 、宁海县已设立了10多家，每一家连锁店的开业在当地都产生了轰动效应，给当地的就业、经济发展带来了积极的作用。为了更好完善商业网络，2004年起新江厦连锁超市开始发展 村级便利店，至目前已有6家。2004年，新江厦还在横溪、茅山、柴桥、高桥等城镇新建连锁超市，利用供销系统原有的网络优势，积极开拓农村市场，在抓好经济效益的同时，体现了良 好的社会服务功能。 新江厦同时还花大力气发挥图书经营的优势，通过品牌输出、租凭场地等经营方式，2004年先后在诸暨市的雄风百货商场、桐乡市的东兴商厦、嵊州市的国商大厦、绍兴市的华谊大厦、舟山市的广客隆超市和宁波市内的新华联商厦开设了书店，每家连锁书店的营业面积均在500平方米~1500平方米。至2004年底，新江厦书店在浙江省内已发展到10家连锁书店。新江厦书店的品牌价 值正在日益升华。辖下的家电批发公司、食品批发公司已分别成为大金、日立、格兰仕空调及茅台酒、五粮液、娃哈哈等知名品牌的宁波地区总代理，销售业绩正在稳步上升，成为新江厦发展的另一大支柱。

（陈仲起）

报道选编

鄞州:建设美丽新农村

孙晓青　郑琦　陈波　章燕飞

摘自《人民日报·华东新闻》2004年4月13日

宁波市鄞州区，东南西三面紧依宁波老市区，一面临海，是2002年2月1日经国务院批准，撤销鄞县设立的宁波市下辖区。全区总面积1380平方公里，下辖18个镇乡、4个街道，659个行政村，人口74万。改革开放以来，鄞州人民发扬“敢为、求实、争先”的精神，开拓奋进，扎实工作，经济社会各项事业全面发展。2003年，鄞州区实现地区生产总值230.8亿元，人均3725美元，完成预算内财政收入37.2亿元，实现外贸自营出口18.4亿美元，实际利用外资2.8亿美元，农民人均纯收入6960元，社会经济综合实力名列全国各县（市）第十一位、浙江省第三位和宁波市首位。

为全面改善农村居住条件，统筹城乡协调发展，鄞州区积极响应浙江省委、省政府作出的实施“千村示范、万村整治”工程的决定，于2002年5月开始在浙江省内率先开展旧村改造、新村建设试点工作。去年，全区完成农村旧房拆迁80.3万平方米，建成新村住宅9147套，建筑面积达110万平方米，另有在建新村住宅12690套，建筑面积126万平方米。到目前为止，全区已完成规划总用地面积597.36万平方米，建筑面积657.13万平方米；56个地块修建性详规通过会审，总建筑面积585.2万平方米，42个地块的初步设计方案通过评审，总建筑面积436.7万平方米。今年初，湾底、藕池、明伦三个村成为浙江省全面小康建设示范村。

在旧村改造、新村建设过程中，鄞州区积极探索、勇于尝试，结合本区实际，按照“政府引导、市场运作，统一规划、适度集中，拆旧建新、集约用地，突出重点、有序推进，镇村为主、群众意愿，以人为本、经济社会生态效益有机统一”原则，摸索出一条具有鄞州特色的路子：

一是遵循科学，合理规划，构筑新村建设蓝图。规划过程中，该区坚持立足高起点、高水平，体现长远性和前瞻性，同时客观分析现状，考虑可行性和特色性。目前，参与该区新村建设规划的省市各级设计单位达10多家。二是实事求是，因地制宜，分类推进新村建设。鄞州从实际出发，按照不同条件，采取整理集聚式、拆迁式新建和移民式迁建等不同的旧村改造、新村建设模式，并在实施过程中坚持政府主导、镇村为主、市场运作，鼓励采用村民自建、镇村代建等方式，确保工作稳步开展。三是统筹兼顾，合理用地，实现新村建设可持续发展。该区严把用地政策、供地数量关，正确处理新村建设与合理用地、节约用地和保护耕地的关系，保持全区范围农民宅基地占补的总体平衡。四是加强领导，尊重民意，营造良好工作氛围。该区成立由区长任组长的新村建设领导小组，下设专职的新村建设办公室，具体负责新村建设总体规划，并建立完善项目申报制、方案评审制、房产评估制、财务审计制、项目招标制、质量监理制、群众监督制、安全责任制、综合验收制等九项工作制度，确保整个过程“阳光操作”，让群众真正受益。

拍卖企业财产　免除执行费用

——鄞州解决欠薪有成效

徐锦庚　孙晓青

摘自《人民日报·华东新闻》2004年1月5日

本报讯　去年12月30日，宁波市鄞州区法院姜山法庭大院内鞭炮声声，100位刚领到拖欠数月工资的外地民工，用传统的喜庆方式表达他们对法院的感激之情。

去年9月，位于姜山镇的鄞州东方五金工具厂厂长因经营不善出逃。由于该厂有多起经济纠纷正处于执行期，鄞州区法院执行局立即查封了该厂所有财产，进行封闭式管理。鉴于被拖欠工资的职工大多来自外地，为赶在年底前解决此事，鄞州区法院在案件尚处于仲裁阶段时，即指派法官对企业设备、产品等各项财产进行清查核实。同时，与评估、拍卖机构密切协调，将拍卖费用压缩到最低标准，并免除案件的全部执行费，确保职工全额领到工资款。

实施“双优”战略推进产业联动

——访鄞州区委书记寿永年

本报记者　张品方

摘自《浙江日报》　2004年12月21日

以优化增长方式、优化产业结构为主要内容的“双优”战略，是鄞州区委、区政府坚持科学发展观，贯彻落实省委“八八战略”和宁波市委“六大联动”的重要举措。如何在宏观环境新形势下更好地实施“双优”战略、推进产业联动？记者日前采访了宁波鄞州区委书记寿永年。

记者：今年以来，鄞州区按照“调整一产、提升二产、突破三产”的总体思路，提出大力实施“双优”战略。这一思路的提出，是基于什么样的考虑？

寿永年：改革开放特别是撤县设区以来，鄞州经济社会各项事业取得了令人瞩目的成绩，综合实力名列全国百强县（市、区）第13位，浙江省第3位，宁波市首位，这为今后更快更好的发展奠定了扎实基础。但经济运行中也出现了一些矛盾和弊端，如工业经济增长尚未真正摆脱粗放型发展路径，科技研发能力不强，产业层次有待提高，三次产业结构尚欠合理，等等。

提出“双优”战略，是鄞州区适应宏观环境新形势，在重要战略机遇期谋求更高层次上的新发展而作出的重大决策，对于指导全区上下更加注重统筹兼顾、整体提高，更加注重制度创新、苦练内功，着力解决长期困扰发展的结构性、素质性矛盾，紧紧依靠科技进步来推进经济持续快速健康协调发展，意义十分重大。

记者：实施“双优”战略以来，鄞州的经济运行状况有了哪些新的变化？

寿永年：今年以来，全区上下大力实施“双优”战略，围绕年初提出的各项目标任务，紧中求活，难中求进，稳中求序，好中求快，经济运行继续保持快速健康协调发展的良好态势。高新技术产业迅速发展，全区已有国家级高新技术企业 14 家，高新技术企业产值占限额以上工业的比重已达 37.6%，最近又被国家科技部评为全国科技进步示范区(县、市)，是目前宁波市首个全国科技进步示范区。技术改造持续加强，园区开发建设日渐规范，规模企业、优势产业支撑作用更加明显，工业经济综合实力和竞争能力不断提高。特别是开放型经济可持续发展能力不断增强，今年 1 至 11 月，协议外资、实到外资额双双位居全省首位，外贸出口额位居全市第一、全省第二。

记者：明年是“十五”计划的最后一年，也是机遇和挑战并存的关键一年。区委、区政府将通过哪些途径确保“双优”战略的进一步实施？

寿永年：实践证明，越是面临挑战，就越是充满机遇。区里将进一步深化细化“双优”战略，实现经济提速增效。首先是要加强领导，落实责任。各级党委、政府要把“双优”战略作为经济工作的重中之重，真正放在心上，抓在手上，落实在行动上。要把“双优”战略的可量化项目，列入年度岗位目标考核。其次，要明确导向，强化保障。结合“双优”战略的目标任务，制订发展规划，明确工作目标及主要措施。要强化政策保障，制订统筹产业调整与发展的政策措施，加大专项支持力度，采取积极的财政和投融资政策，引导资本加速向第三产业、重点行业和重大项目流动。第三，要形成合力，营造氛围，改善服务，提高办事效率，努力为“双优”战略的顺利实施创造良好环境。

创现代化强区　建生态型鄞州

——“双优”战略引领鄞州实现新飞跃

本报记者　张品方

摘自《浙江日报》 2004 年 12 月 21 日

今年以来，面对宏观调控的大背景和各种资源要素短缺的新形势，鄞州区委、区政府按照科学发展观和省委“八八战略”的要求，积极实施优化经济增长方式、优化产业结构的“双优”战略，在更高层次上谋求新的发展，取得了明显成效。

优化经济增长方式，是“双优”战略的重要一环。鄞州区把工业领域作为主战场，做精优质产业，做强优绩企业，做大优势基地，做靓外向窗口，同时限制淘汰高能耗、高污染、低产出产业，推出了扶优限劣的多种举措，着力打造先进制造业基地。区里专门制订了《关于进一步加快高新技术产业发展的实施细则》，完善扶持政策。区财政每年安排 1 亿多元用于企业技改贴息、奖励等。今年全区安排了科技三项经费 3700 万元，各镇乡、街道也各自安排科技专项资金，电力、土地等资源也给予优先倾斜。通过采用高新技术及适用先进技术和设备，鄞州的传统产业不断得到改造和提升。纺织服装行业引进大量国外先进设备，使整个行业处于国内一流水平；机械行业通过引进高档加工中心，许多产品成为全国“单打冠军”。目前，全区已拥有雅戈尔、杉杉和奥克斯等3个中国驰名商标，8个中国名牌产品，共有18项工业产品产销量占全国第一，列入全国同行同类产品产销前10位的产品达48项。

统计数字表明，鄞州区经济增长由外延式粗放型向内涵式集约型的转变已取得一定成效。今年前三季度，全区完成高新技术产业产值169.9亿元，同比增长43.7%。高新技术产业利润已超过昔日“老大”纺织服装业一倍多。今年全区又新增国家级高新技术企业5家，使全区国家级高新技术企业达到14家，名列全省前茅。

优化产业结构，是“双优”战略的又一着力点。三产一直是鄞州经济发展中的“短腿”，宏观调控给能耗相对较低、占地较少的三产发展提供了较大的发展空间。区里提出，在调整一产、提升二产的同时，要重点突破三产，提高第三产业在全区经济中的比重。面对新城区建设快速推进的有利时机，鄞州加快“退二进三”步伐，提升商贸、仓储、物流等劳动密集型服务业，培育金融保险、中央商务、信息咨询等知识密集型现代服务业，发展房地产、旅游休闲、教育培训、社区服务等新型消费服务业。目前，鄞州新城区的三产发展已呈现出欣欣向荣的景象：格兰云天、东湖花园、金湾华庭、半岛名邸等一座座现代化花园式楼盘拔地而起，明州花园酒店、麒麟商务大厦、开元明都大酒店等一批高星级宾馆酒店陆续动工兴建，一个集商贸、休闲、娱乐、旅游、文化于一体的万达商城已破土动工。

通过“双优”战略的实施，鄞州区的经济继续呈现出良好的发展势头。今年前三季度，全区实现国民生产总值183.3亿元，同比增长15%，完成工业增加值119.8亿元，同比增长16.5%。限额以上企业实现销售收入430.02亿元，利税总额48.49亿元，同比分别增长32.1%和11.6%。

百姓享受家门口的文化大餐

一场名为“情系太白”的文艺晚会，最近在太白山脚下的鄞州区东吴镇童一村举行，近千名山区村民在家门口享受了这道文化大餐。为期2个月的2004年鄞州“文化进百村”活动拉开了序幕。

今年是鄞州开展“文化进百村”活动的第3年。从2002年开始，鄞州区采取“政府主导与社会参与相结合，送文化下乡与建乡下文化相结合”的方式，每年都开展声势浩大的“文化进百村”活动。组织优秀文艺节目、优秀越剧传统剧目或折子戏下村巡回演出，至今已在400多个行政村中开展了此项活动，直接享受文化人数占了全区总人口的80%。

为了让“人人享受文化”，近年来鄞州区、镇两级政府高度重视基层文化建设，在新城区相继建成了区体育馆、高教园区图书馆、区文化广场、区文化艺术中心等一大批高档次、高品位的标志性文化设施。同时建设完善了一大批社区文化体育设施，并对各镇乡（街道）文化中心、剧院等进行了更新改造。目前，全区20个镇乡（街道）中，已有省级东海明珠镇12个，市级东海明珠镇7个，创建总数居全省首位。

结合群众的需要，鄞州各镇乡（街道）开展了丰富多彩的群众文化活动，涌现出了横溪舞龙队、横街马灯队、咸祥彩船队、邱隘浙东盘鼓队等多支特色表演队伍。在今年10月举行的“放歌新鄞州”文艺活动中，来自全区的20支民间文艺队伍在区文艺广场作了精彩表演，赢得了数千名群众的阵阵喝彩。

让全民共享发展的实惠

鄞州区集士港镇山下庄村八旬老人汪桂云和她精神残疾的儿子徐信祥，告别了房龄达56年的乱石屋，开心地搬进了政府为他们新建的两间新房。和徐信祥一样，鄞州区去年6月启动的残疾人“安居工程”，已让75户残疾家庭告别了简陋破旧的旧家，住进了温暖舒适的新家。

发展经济为什么？就是要让更多的人享受更好的生活。近年来，鄞州区经济增长迅速，财政每增长一个百分点，就使该区增加一分为民服务的本领，这使他们有能力解决本地区居民的热点难点问题，实施“就业帮困、就学就医”等各项惠及民众的项目。

建立就业帮困服务体系。自2002年以来，鄞州区共投入3215万元资金用于再就业工程建设，先后出台了失业职工和被征地人员就业扶持政策，目前已有7885名被征地人员和失业职工参加了就业培训。今年鄞州区又安排资金2000多万元，新增就业岗位2.7万个，失业职工再就业率达到了75%，城镇登记失业率仅为3.49%。城乡低保不断提高，目前城镇和农村低保分别达到每人每月280元和170元。

完善失业、养老、医疗、工伤、被征地人员、大病统筹等保障制度。区财政今年安排资金2.84亿元，其中年初正式实施的农民新型合作医疗，全区参保农民已达54.35万人，村参保率为100%，个人参保率也达到了90.5%；实施被征地农民养老保障，目前已有4.6万名被征地人员参加了养老保障，仅今年全区新增的1.97万名被征地人员，区财政就将开支1亿元以上。全面实施旧村改造、新村建设，共建成新村住宅300万平方米，拆迁旧房150万平方米，农村居民住房条件得到显著改善。同时，该区大力发展基础教育和职业教育，优化教育布局。制定实施帮困助学办法，建立了困难学生就读减免制度，并在部分高山区学校实施了义务教育段全免费教育。

新城区风采夺人

由鄞州区政府委托澳大利亚Hassell公司编制的新城区核心区块规划最近正式通过评审，这使鄞州新城区成为宁波市民关注的亮点。

根据规划，鄞州新城区位于宁波市南面，距市中心不到2公里，是鄞州未来的政治、经济和文化中心。区域规划总面积33平方公里，近期计划开发12平方公里，其中工业区5平方公里，总人口12万人，远景规划至2010年，总人口20万人。

未来的鄞州新城区，将显现出“两心、三带”的空间结构。“两心”指位于新城区北区的宁波万达商城及南区明州公园西南侧和南侧的商务中心。“沃尔玛”、“时代华纳”等众多国际品牌和银行、海关、商检、报社、金融保险及星级酒店等设施将入驻“两心”，形成宁波城区又一极。

“三带”指新城区内三个主要商业步行街区，包括钟公庙街道传统商业步行街区、中央休闲带和商业水街。值得一提的是，位于明州公园西面的中央休闲带，将沿着一条东西向的河流，将河流以北规划为室外活动区，以动为主；将河流以南规划为室内休闲区，以静为主。两岸将包含垂钓场、滑草场、滑板场、攀岩场、网球场等运动场所和咖啡厅、茶室、酒吧等休闲场所，届时，这里将成为市民休闲运动的好去处。

鄞州为 30 万农民建新居

——全部建成后可增加耕地数万亩

记者 张品方 区报道组 章燕飞 陈波

摘自《浙江日报》2004 年 4 月 8 日

本报讯(记者张品方区报道组章燕飞陈波)拎着菜篮子到毗邻的集贸市场买菜，通过整洁的村路返回宽敞的新居，然后拧开水龙头，点燃管道煤气，为一家人做可口的饭菜……这是宁波市鄞州区古林镇藕池村村民王翠芳日常生活中的一幕。"阿拉过上城里人一样的生活了。"她自豪地说。王翠芳居住的新村眼下已建造了 200 多套新住宅，另有 100 多套正在加紧建造。这种新一代的农村住房除实现自来水、电、电话等"老三通"外，还增加了管道煤气、宽带网、统一排污管等"新三通"。村党支部书记吴纪芳告诉笔者，到今年底，全村 95% 村民都可以住进这样的新房。

区委书记寿永年说，鄞州区综合实力虽然在省内名列前茅，但农村现有的居住条件却与之很不相称。为了让广大农民过上城里人一样的社区生活，从 2002 年 5 月起，鄞州区启动了农村新村建设。

根据这项计划，鄞州区坚持政府引导、市场运作、村民自愿的原则，统一选点、统一规划，根据不同的条件分别采取拆迁、整理或下山移民等形式，将 602 个村 1400 多个自然村规划为 75 个新村建设点，新建 10 万套住宅，使 30 万农民的居住条件发生根本性变化。到 2007 年，全区将初步形成"居者有新舍、村庄有新貌、城镇有新形"的生态城区新格局。至今，全区已有 59 个新村点完成规划，累计建成新居 1 万多套，建筑面积 170 万平方米。

鄞州区把规划设计放在首要位置，确保新村建设 20 年内不落后。区里对上海、杭州、宁波等地设计单位进行筛选，确定了 10 多家符合资质要求的设计单位从事新村设计，至今累计投入规划设计资金 1000 多万元。每个新村都有多种设计方案，须经专家组和村民代表评议后再确定。下应镇湾底村是新村建设试点，同济大学建筑研究设计院为之设计的方案，经过区、镇领导和有关专家、村民代表的多次会审后终获通过。村干部指着一幢幢正在崛起的新楼告诉我们，新村规划建造了医务室、幼儿园、图书馆、超市及各种休闲活动场所，今后这里将是一个崭新的社区。

社区式的居住方式改变了传统农居布局散乱的状况，旧村得到重新整合，不仅实现土地占补平衡，还能增加耕地面积。鄞州区出台政策，鼓励村庄拆迁后宅基地实施土地复垦，对于新增耕地部分给予一定的造田补助。对于山区和偏僻的村庄，积极引导迁址移民，通过整村迁移或分散落户的办法，跨村、跨镇向平原城镇集聚，同时对旧村实行退宅还耕、还林。五乡镇同岙村已经启动建设的新村项目只占用土地 45 亩，目前该村已与土管部门签订协议，将 82.3 亩旧宅基地退宅还耕，此举使该村"长"出 37.3 亩耕地。据测算，这些新村建设全部完成后，可望增加耕地数万亩。

有"保"有"压"扶优限劣
鄞州致力高新技术拓宽发展空间

记者　张品方　区报道组　郑琦　章燕飞

摘自《浙江日报》2004年8月26日

本报讯　传统的精铸行业和新兴的"电子长廊",是宁波市鄞州区云龙镇的两大经济支柱,今年出现了一"冷"一"热"的新变化:精铸行业虽然出口订单多,业务来不及做,但因为能耗高、污染多,新项目一律被镇里否决;而科技含量高的电子行业则受到鼓励扶持,新项目增多。今年1至6月,该镇高新技术产品产值首次超过曾一度"三分天下有其一"的精铸行业。

这一"冷"一"热",是鄞州区大力发展高新技术产业、通过有"保"有"压"调整优化产业结构的结果。面对今年宏观调控的新形势,鄞州区高新技术产业凭借技术含量高、市场竞争力强的优势,突破资源要素制约,化不利因素为有利契机,经济运行质量明显好于传统加工行业。据统计,今年1至7月,该区高新技术产品的产值、销售同比分别增长47%、45%,实现利润12.4亿元,超过昔日的"老大"纺织服装业一倍多。

本地一家万人服装企业的利润,不及上海一家百余人的晶圆企业——几年前在上海的一次参观经历,至今仍让鄞州人感慨万千。区委书记寿永年认为,鄞州不否定传统产业,但更鼓励技术改造、应用高新技术,因为从要素支撑和环境承载能力来平衡,从产业拓展和市场竞争来分析,外延扩张、粗放经营的路子将越走越窄,而加快发展高新技术产业,则是落实科学发展观、实现经济结构战略性调整的必由之路。为此,区委大力实施优化增长方式、优化产业结构调整的"双优"战略。

鄞州区按照"鼓励一批、限制一批、淘汰一批"的办法,推出了扶优限劣的各种举措。对于以光机电一体化、新材料和电子信息为主的高新技术产业,区里出台了一系列"保"的措施:专门制订了《关于进一步加快高新技术产业发展的实施细则》,完善扶持政策;区财政每年安排1亿多元用于贴息、奖励等;今年全区安排了科技三项经费3700万元,各镇(乡、街道)也各自安排科技专项资金;电力、土地等资源优先倾斜。而对高消耗、高污染、低效益的行业,则"打"、"压"有加:曾经十分发达的印染行业,新建项目如今一律"免谈";能耗高、污染多的铸造冶炼行业,也受到严格控制。

高新技术产业凭借低消耗、高效益的优势,在宏观调控下凸现出较强的抗风险能力。宁波康强电子股份有限公司是国家级高新技术企业,今年初新上了用于集成电路的金丝项目,至今已生产金丝325公斤,销售3200万元,利润达10%,但消耗资源非常少,占用厂房仅500平方米,能耗只相当于几户家庭的用电量。董事长郑康定认为,高新技术企业对资源要素的依赖相对较少,在宏观调控形势下更有发展机遇。

浙江广博集团原来以文具行业为主,近年来主动把目光转向纳米材料、数码相机等高新技术产业,纳米材料生产技术已获得4项国家发明专利和实用专利,被列为国家"十五"新材料重点项目。目前,全区拥有区级以上高新技术企业61家,其中国家级高新技术企业已从5年前的"零"跃升至13家,占宁波市的四分之一。规模企业的高新技术产品产值已占全区的三分之一以上。

圈良田，不如多用人才
鄞州以“人”为本打造新的发展引擎

区报道组　章燕飞　陈波　通讯员　崔莉

摘自《浙江日报》2004年9月11日

本报讯　原先生产传统引线框架产品的宁波康强电子股份有限公司，今年引进了一名专家，在没有新占土地的情况下上了一个金丝项目，目前生产销售形势喜人，到年底可完成6000万元的销售额。

今年，中央加大了宏观调控的力度。在土地、资金等要素供给趋于紧张的情况下，鄞州区的很多企业却是“心中不慌”。早在1999年就开始实施的以“发展高新技术产业、引进高科技人才”为内容的“双高工程”，为大伙吃了一颗“定心丸”。经济发展离不开土地、资本和劳动力这三大要素，而人是生产力中最活跃的要素，也是最重要的资源。早在5年前，该区就将目光瞄准了“人”这个资源，每年安排300万元专项资金用于人才的引进，今年更是达到了500万元。全区人才总量平均以每年11.5%的速度递增。目前，全区人才资源总量已达36654人，其中高级人才1573人，比1999年净增1115人，博士20名，而4年前该区连一名博士也没有。

由于对“人”这一资源的重视，鄞州区企业在产业结构调整，实现企业跨跃式发展方面普遍尝到了甜头。宁波三星集团从一个山沟小厂发展到目前产值上百亿元的现代企业，只用了10年时间，靠的就是广纳贤才。2001年，该公司成立了全省家电行业中首家博士后工作站，通过提供科研经费，邀请博士进站搞科研，使三星集团拥有了多项领先国内外的科研成果，并相继被转化为生产力。浙江省最大的文具生产企业广博集团，于2000年引进了多年在美国、加拿大研究纳米材料并进行产业化运作的陈刚强博士。2001年，国内第一条高水平超细纳米镍粉生产线就在广博点火成功。目前，广博纳米已获得两项国家发明专利和一项新型实用专利，拥有完全自主的知识产权，已大量供应以比利时和日本为代表的海外市场。依靠科技人才，广博开始了从传统产业向高新技术产业的跨越。去年，广博又引进清华大学教授张俊江博士进行数码相机的研发，现已通过专家论证，并在国内12个城市以及海外8个国家和地区上市。宁波博威集团有限公司通过引进享受国务院特殊津贴的高级专家蔡洎华等一批高级人才，开发出一系列处于国际先进水平的有色合金材料。该公司去年销售为3亿元，今年预计可超过5亿元。

注重人才资源开发，尽早实行产业结构调整，加快产业层次提升，使今年来鄞州区的经济发展质量更高、势头更好。全区国家级高新技术企业达到了13家，高新技术产品产值占工业总产值的比重达到了17.5%。以机电、新材料为代表的高新技术产业所创造的销售利润，已大大超过传统的纺织服装业，成为全区的领跑行业。该区经济在去年较高发展平台上持续攀升，地区生产总值、预算内财政收入等主要经济指标依然保持较高的增长速度，继续在全市保持领先地位。

鄞州开放型经济亮点纷呈
去年合同外资和实际外资均跃居全省首位

记者张品方　区报道组 章燕飞 陈 波

摘自《浙江日报》2004年2月2日

本报讯 让外商参加当地政府的会议，是发生在宁波市鄞州区的新闻。最近，在该区工业经济会议上，宁波大荣食品有限公司总经理、日商莳田弘二与200多位企业家一起，听取了全区工业经济发展情况的报告。莳田弘二说，参加这样的会议，能及时了解政府发展经济方面的最新信息，对企业发展大有好处。

通过着力营造"亲商、安商、富商"环境和实施"引进来"、"走出去"战略，鄞州区开放型经济亮点纷呈。最新资料表明，鄞州招商引资去年实现新突破，合同外资和实际外资双双跃居全省首位；外贸出口继续保持强劲态势，去年自营出口18.39亿美元，位列全省第二，增幅达41.44%；到境外设厂的企业累计达60多家。

为外商搭设"暖窝"，是鄞州区招商引资的重头戏。在鄞州区外商投资企业服务网上，200多家会员企业只要轻点鼠标，就可以找到所有与外资企业有关的政策。区招商局发挥海关、国税、供电等近20个涉外网络成员单位的作用，及时发布最新的政策信息；对一些特殊政策，则邀请有关专家进行网上现场办公，为外企提供咨询服务。同时，区里专门抽调人员上门走访8家外资企业，倾听意见和建议。软环境的改善，大大增强了引资的"磁力"，去年全区新批外资企业206家，其中千万美元以上大项目29个，总投资、合同外资和实际外资分别达8.5亿美元、5.7亿美元和2.8亿美元，分别增长93.2%、102%、125%；有66家企业增资扩股，增加合同外资7560万美元，占全区合同外资的13.2%。

"走出去"成了鄞州外向型企业的共同追求。春节前夕，宁波广博集团生产车间依然十分忙碌，员工们正在为出口订单紧张地工作。董事长王利平告诉笔者，公司通过在香港和美国、阿联酋设立3家境外营销公司，文具产品和数码相机已远销东南亚、中东、欧美等60多个国家和地区，并进入了沃尔玛、麦德龙、家乐福等国际大买家的采购网络，去年外贸出口达4350万美元。据了解，鄞州区近几年来每年新增获权进出口企业100多家。目前已有53家出口额在500万美元以上的外贸企业，其出口额占全区出口总额的70%。

“以民引外”成为新亮点
鄞州民营企业招商引资强筋健骨

区报道组 章燕飞 陈 波 通讯员方永强

摘自《浙江日报》2004年5月26日

本报讯 宁波市鄞州区民营企业抛出的“绣球”,吸引着外商们携带“聘金”相继而来。据统计,今年以来,宁波市向阳集团有限公司等12家民营企业与外商达成合资项目12个,总投资额达2000多万美元。“以民引外”成为鄞州区吸引外资新亮点。

鄞州区民营经济基础比较雄厚,经过几年来的快速发展,该区在服装加工、汽车零部件、机械制造产业等方面已经形成规模产业群的优势。为了鼓励更多的民营企业嫁接外资,近年来鄞州区深入挖掘部分内外资大企业的上下游关联企业,对其进行重点招商,吸引其对本地民企的收购兼并。今年,又专门出台了相应的鼓励政策。目前,已有日本服装业的伊藤忠和德国汽配业的博格华纳等全球500强企业进驻鄞州。

浙江开开集团股份有限公司是鄞州区“以民引外”比较早也比较成功的一个例子。据该集团办公室主任王景行介绍,来自比利时的全球第三大啤酒生产商英特布鲁公司,用3500万美元收购了集团啤酒业务的70%股权。“开开集团为谋求企业的更大发展,有效借助国外资金和先进技术及管理,在政府的牵线搭桥下,实现宁波首例外资兼并民资的婚事,”王景行说,以前宁波比较多的是和外资企业合资建厂,而开开与国际接轨的股权转让在浙江都是第一例。

外资涌入民营企业,带来了鄞州区外资总量上的增加。今年第一季度,该区招商引资工作实现开门红,新批外商投资企业74家,总投资4.54亿美元,同比增长76%;合同利用外资2.95亿美元,实际到位外资1.03亿美元,同比分别增长105%和84%,均居全省第一。起步于传统产业的民营经济,存在产业链带动不足的问题,民资嫁接外资,实现新一轮的产权转移,对鄞州区吸收先进技术管理经验、促进整个产业升级影响深远。

借“巢”生“蛋”以“民”引“外”
鄞州克服要素制约再创引资佳绩

区报道组 章燕飞 陈波 通讯员 方永强

摘自《浙江日报》2004年12月21日

本报讯 成立不到3个月的鄞州区锐星塑料制品有限公司,近日收到了外方的500万美元投资资金;而比锐星公司早一天注册的宁波富石工程塑料有限公司,也有112.8万美元的外资到账……鄞州区通过帮外商租厂房办工厂、借“巢”生“蛋”等办法,克服了当前土地等要素资源短缺的矛盾,走出了一条利用存量资源扩大外资利用的路子。

针对当前招商引资出现的新问题,鄞州采取“无地招商”等办法,着力应对要素制约。区里加大了厂房招商的力度,区招商局出面对全区闲置厂房进行普查,收集了近40万平方米的闲置厂房信息,办起了“厂房超市”,免费替厂房业主登报招租。招租广告发布的当天,便有澳大利亚等2家外商来电咨询。这些天,招商人员正忙着陪同外商四处考察合适厂房。

今年以来,鄞州区赴外地开展了5次投资项目推介会,每次都吸引众多客商,共签约200多个项目。这些项目基本上是利用原有厂房进行合作、合资,没有新征一寸土地。在最近3个多月时间里,全区已有4个500万美元以上大项目通过租用厂房的办法,落实了企业用地,其中有一个合同外资1980万美元的大项目预计可在年底到位全部资金。

“以民引外”是“无地招商”的又一举措。今年初,鄞州区提出“以民引外”的招商思路,利用区内数量众多、经营活跃、发展迫切的民营企业的优质资源,包括现成的土地、厂房、国内销售网络等,吸引外商并购合资,扩大外资引进的领域。为了推进这项工作,区里出台了股权并购优惠政策和具体操作细则,邀请国际知名的德勤会计师事务所,按照国际惯例对30家意向企业进行了专业项目包装,并在浙洽会期间举办了“以民引外”项目专场推荐会。今年,全区已批“以民引外”项目54个,合同利用外资7728万美元。

通过调整招商引资思路,鄞州区整合了存量资源,调动了民营企业的积极性,出现了从政府招商向企业招商的转变,继续保持了外资利用的良好势头。今年1至11月,全区累计新批外商投资企业177家,合同利用外资65829万美元,实到外资29756万美元,继续保持了全省招商引资工作的领先地位。

鄞州区传出新鲜事
外商代表出席政府会议

摘自《浙江日报》 2004年1月19日

本报讯 据宁波日报报道 近日,宁波市鄞州区召开工业经济大会,在200多位与会的企业家中,出现了一位“洋代表”——宁波大荣食品有限公司总经理、日商莳田弘二。外商参加当地的政府会议,这还是一件新鲜事。

在3个多小时的会议中,莳田弘二听得非常认真,仔细做着记录。“很荣幸能够参加这样的大会。”莳田弘二操着一口流利的普通话说,平时与政府部门领导接触不多,对鄞州整个工业经济发展形势也不太了解。这次参加会议,听了领导的报告后,知晓了政府发展经济方面的最新信息,对企业的发展大有好处。

贴心人·暖心人·知心人
鄞州人大畅通渠道广纳民意

区报道组 陈 波 章燕飞

摘自《浙江日报》2004年7月29日

本报讯 “这是我的代表联系卡，上面有我的名字、地址和电话，你们有什么意见和建议，希望通过我反映的，可以给我写信、打电话或者约谈。”鄞州区区委书记、区人大常委会主任寿永年，近日以普通代表的身份来到了该区姜山镇，在听取完选民代表的意见和建议后，将自己“人大代表联系选民卡”发送到了与会的选民手中。

回原选区召开选民座谈会并向选民发送联系卡，是鄞州区人大常委会切实加强人大代表同选民之间联系的一项新做法。鄞州区人大常委会将今年确定为“代表联系群众年”，并通过一系列措施，形成了有效的民情反映机制。

每两个月一次，举行人大主任接待代表日，召集选民代表了解民情；每季度一次召开民情分析会，由镇乡（街道）人大工作负责人汇报交流工作，反映当前人民群众的热点难点问题；每年一次召开重要情况通报会，向人大代表通报“一府两院”和人大常委会工作，增加代表知情知信度；每年组织区人大常委会和“一府两院”领导联合走访慰问代表和选民。通过这些途径，大量民情被反映上来，而且往往很快就有回应。

扎根到选民中间去，直接倾听到选民的声音。鄞州区人大常委会专门作出了“发挥人大代表作用、促进经济发展”的决定，要求区人大代表广泛联系选民，每年必须走访联系选民10人以上，并记好走访日志。前段时间，该区某镇选民向代表反映，某农业龙头企业对他们的生活环境造成了大量污染。区人大常委会立即对此开展了执法检查，并就检查中发现的问题向企业发出了监督通知书，要求区政府立即采取措施，加以整改。目前，该企业部分生产线已被停止，企业正着手进行污水污物处理工程建设。

文件选编

关于大力实施人才强区战略构筑区域人才高地的若干意见

为深入贯彻"三个代表"重要思想和党的十六大精神,培养造就一大批高素质人才,以适应我区"新鄞州工程"建设和全面建设小康社会、争创经济强区新优势的需要,根据中央、省、市对人才工作总体要求,结合鄞州实际,特制定本意见。

一、进一步明确新时期我区人才工作的指导思想、目标和任务

1. 新时期我区人才工作的指导思想是:坚持以邓小平理论和"三个代表"重要思想为指导,按照党管人才原则,紧紧围绕区委、区政府制定的"创现代化强区,建生态型鄞州"目标,以营造良好的人才环境为前提,开发、培养和引进高层次人才资源为重点,不断创新人才集聚机制,提高对人才的吸引力和集聚力,扩大人才队伍的整体规模,提高人才队伍的整体素质,全面实施人才强区战略,构筑区域人才高地,为我区经济社会持续、快速、健康发展提供强有力的人才保证和广泛的智力支持。

2. 我区人才工作的主要目标和任务是:建立机制健全、运行规范、服务周到、指导监督有力的人才市场体系,完善充满生机和活力的人才体制机制,营造尊重劳动、尊重知识、尊重人才、尊重创造的良好社会环境,充分发挥各类人才的积极性、创造性;积极推进长三角人才开发一体化进程,促进更大区域内的人才交流、合作与共享,真正形成人尽其才、才尽其用、用当其时和人才辈出的局面,大力提升我区的综合竞争实力;努力建设数量充足、结构合理、素质较高、门类齐全的人才队伍,人才综合竞争力在经济强县市区中处于领先地位,基本建成"环境一流、机制灵活、素质优良、结构合理、产出高效"的人才强区。到2010年,全区人才资源总量年均增长14%以上,每万人口中人才数达到1200人以上,高技能人才占技术工人总数的比例达到20%以上。

二、加大人才培养力度,进一步提升人才队伍整体素质

3. 加大党政人才的培养力度。分期分批选拔20名左右有发展潜力的优秀中青年干部赴国内重点高校攻读硕士博士学位,20名左右赴国(境)外中长期进修深造。根据需要分专业、分类别与国内高校合作办班,分期分批对业务骨干进行相关专业的中长期培训。建立全区机关和镇乡街道中层以上干部到党校(行政学院)轮训机制。引入课程供给菜单化、培训方式多样化的"培训超市"模式,大规模培训机关事业单位工作人员。迁建区委党校,扩大党校规模,组建党政人才培训基地。鼓励机关事业单位干部参加学历、学位学习,在取得学历、学位证书后,其学费由所在单位负责支付。争取到2010年,党政人才本科以上学历达到60%以上。

4. 加大企业经营管理人才的培养力度。围绕培养和发展具有竞争力的大企业、大集团和各具特色的中小企业,研究制定面向新世纪企业经营管理人员的培训规划,逐步建立多形式、多渠道的符合我区企业特点的培训体系，使各个层次的企业经营者不断吸取现代企业经营管理新思想，加快企业经营者的知识更新。分期分批组织一批朝阳苗子等骨干企业的主要经营管理者进行 MBA、EMBA 学历学位或课程进修等培训，由区财政给予相应的经费补助。分期组织区内规模以上企业高级管理人员的轮训，逐步形成一支与我区产业发展相适应、外向度较高的经营管理人才队伍。

5. 加大专业技术人才的培养力度。研究制定专业技术人才培养计划，积极开展专业技术人员的继续教育，突出抓好高层次人才和紧缺人才的培养。对省“151”人才工程、市“4321”人才工程第一、二层次培养人选，考核优秀的给予一定的培养资助经费。要加强与高等院校、科研机构和同类先进企业开展人才交流培训、挂钩培训或创办培训基地。以大企业、大集团和三大工业园区为依托，兴办人才培养基地、人才创业基地。扶持发展一批企业博士后科研工作站和高新技术研发中心，促进人才培养主体的多元化。通过适时举办专家教授讲座、研修班等多种形式，分层分类组织专业技术人员开展学术交流，掌握最新的理论和技术。实施拔尖人才与中青年科技新秀“结对”活动，进行传帮带，通过“双向选择”，以老带新，加速中青年科技人才的成长。

6. 大力发展职业教育。加快教育发展，深化教育改革，整合教育资源，构建教育资源共享平台，完善现代国民教育体系、职业教育体系和终身教育体系。充分发挥各类职业技术教育、培训机构的作用，切实加强技术工人队伍的培训，尤其要加强高级技工人才的培养。发挥区职教中心的作用，组建职工培训基地。加快被征地农民的转岗就业培训，提高培训的针对性、实效性，重视农村乡土实用人才等农业、农村现代化建设人才的培养，加强农村成人教育工作。积极开展创建“学习型组织”、“学习型社区”活动，树立终身教育理念，深入开展终身教育，建立和完善多层次、开放式、广覆盖的终身培训教育网络。

三、大力引进各类人才，不断增强高层次人才的吸引力和集聚力

7. 加强人才市场体系建设。充分发挥市场机制的基础性作用，针对我区人才市场特点，促进人才市场与劳动力市场信息机制的贯通。尽快开放人才中介市场，推进人才中介机构产业化、市场化。进一步健全人才市场服务体系，积极引导人才服务机构针对市场需求，实行服务领域的多元化、服务内容的多样化、服务功能的专业化、服务形式的个性化、服务手段的现代化，打造特色服务品牌。培育和发展区人才网建设，加强人才资源信息库建设，充分利用区内外人才资源，为企业提供人才援助和信息咨询，搭建人才信息平台。

8. 进一步畅通人才引进的渠道。积极开展人才需求情况的调研，分析确定各类人才的需求层次，探索建立人才引进开发目录，积极组织各类人才的招聘活动，大力引进紧缺的高素质人才。继续开展“三引一建”活动，做到引人才、引项目、引智力三者并举。加强与高等院校合作，建立高校人才服务窗口，探索与高校的互动机制，邀请国内重点高校赴我区进行考察调研。鼓励具有一定规模与科技水平的企业与高等院校的合作，资助硕士生、博士生完成学业。建立研究生实习基地、博士后工作站等高素质人才基地，提前抢挖高素质紧缺人才，硕士生、博士生在我区实习期间经考核优秀的分别给予每月 500 元、800 元的生活补助。对政府引进的特殊专业人才，探索试行政府特聘制度。充分发挥柔性引才机制作用。按照“不求所有、但求所用、来去自由”的原则，鼓励国内外各类优秀人才，来我区从事兼职、科研和技术合作、技术入股、投资兴办企业或其他专业服务。鼓励用人单位以岗位聘用、项目聘用、任务聘用和人才租赁等灵活形式引进人才和智力。

9. 进一步完善人才引进政策。畅通引进人才的“绿色通道”，实施“零门槛”落户。凡符合我区经济发展需要的人才，从简从速办理引进有关手续，允许其配偶、子女随迁入户；全日制大学本科学历以上毕业生，可先落户后就业；对保留原居住地户口和人事关系的各类专业人才，实行“人才聘用证”制度，享受与本区居民、专业技术人员同等待遇。机关事业单位引进紧缺急需的硕士、博士毕业研究生和具有副高以上职称的高层次人才可暂时超编进人，以后逐步纳入编内管理，其专业技术职务的首次聘任不受专业技术职务结构比例的限制，并给予一定期限的临时租房补助，由用人单位负责支付。来我区的各类高层次优秀人才，不管是否落户，其子女入学，享受本地学生同等待遇，义务段免收借读费，由教育部门负责落实。引进的国内知名专家、教授、博士的配偶，在用人单位系统内就业确有困难的，由区劳动人事部门在一定范围内推荐就业，属机关事业编制的，其就业列入政策性安置，由区组织人事部门负责对口安置。对带项目引进的高素质人才，经考核对我区产业结构产生重大作用的，区财政给予一定的科研项目补助经费。

四、深化人事制度改革，不断完善人才评聘选拔任用机制

10. 建立健全科学的人才考核评价制度，创新人才选拔任用机制。树立科学的发展观和正确的政绩观，坚持德才兼备原则，形成以能力和业绩为重点，与品德、知识、能力等要素构成的各类人才评价指标体系。建立以公开、平等、竞争、择优为导向，有利于优秀人才脱颖而出、充分施展才能的选拔任用机制。党政人才的评价要坚持群众公认、注重实绩的原则，扩大民意在党政人才评价中的作用。企业经营管理人才的评价要探索社会化的职业经理人资质评价制度和市场评价机制。专业技术人才重在社会和业内认可，加快实施执业资格制度和职业资格制度，全面推行岗位能力证书制度。深化职称制度改革，进一步实行职称评聘分离，自主聘任，强化用人自主权，打破专业技术职务终身制。对确有突出贡献的企业经营管理人才、中青年拔尖人才、农村实用人才，可以不受学历和资历限制，破格晋升相应职称。

11. 探索建立事业单位岗位管理制度、健全人事代理机制。改革事业单位用人机制，规范和完善事业单位全员聘用制，促进由固定用人向合同用人、身份管理向岗位管理、“单位人”向“社会人”转变。打破各种阻碍人才流动的体制性、制度性障碍，消除人才流动的城乡、部门、行业、身份、所有制限制，构建公共人才服务体系，全面推行人事代理制。完善档案服务，扩大人事代理范围。

12. 进一步深化事业单位分配制度改革。研究推进符合不同类事业单位特点的薪酬制度，积极推进生产要素按贡献参与分配的办法，建立起以业绩、贡献为核心，向优秀人才和关键岗位倾斜，与社会主义市场经济体制相适应的、自主灵活的分配激励机制，使工作人员的工资收入与其岗位职责、工作业绩、实际贡献以及科技成果转化中产生的经济效益、社会效益直接挂钩，合理拉开分配档次，实现一流人才、一流业绩、一流报酬。

五、加大人才资源开发投入，优化人才工作环境

13. 加大人才资源开发投入。树立人才资源战略投资理念，提高政府发展性投入中用于人才资源开发的比例,使人才开发投资的增长率与财政收入的增长率相协调并适度超前。用于高层次人才和紧缺人才的引进和培养、重大引才活动、引才奖励和资助高层次人才开展各项学术交流活动等的人才资源开发专项经费,列入年度财政预算。加快启动运作区科技风险投资基金,支持人才创新创业。健全和完善政府、社会、用人单位和个人多元化人才投入机制。各地各部门也要安排相应的财力,用于人才资源开发。鼓励用人单位加大对人才的投入,企业用于人才引进、培养和奖励等方面的工作经费按规定在税前扣除。用人单位要确保工资总额2.5%比例的职工教育经费,机关事业单位的培训经费每年也要以此比例列入预算。

14. 强化对人才的有效激励和社会保障。健全人才激励机制,每两年评选表彰一批脱颖而出、有突出贡献的优秀人才,设立鄞州区杰出人才奖、优秀人才奖、鄞州区人才发展奖,重点奖励为全区经济社会发展作出杰出贡献的优秀人才和人才工作先进单位。用人单位应为受聘人才按规定缴纳各项社会保险,并享受当地社会保险待遇。对在岗的具有正高级职称或博士学位,并在我区企业服务两年以上的人员,有计划地统一组织健康体检。组建科技人才联谊会,为专业技术人员搭建服务平台。

15. 优化人才社会环境。优化人居环境,大力推进城市化进程,增强城市对人才的吸引力。优化人文环境,促进多元文化的融合。优化服务环境,加快建立公共人才服务体系,设立人才服务电话热线,为人才排忧解难开辟快速通道。优化舆论环境,加强人才宣传工作,加大宣传优秀人才典型事迹、人才队伍建设阶段性成果的力度。进一步吸引各类人才来我区创业,营造有利于人才成长的良好氛围。

六、坚持党管人才原则,努力开创人才工作新局面

16. 加强人才工作的组织领导。各级党委、政府要把人才工作纳入本地区经济和社会发展的总体目标,摆上重要议事日程,实现人才工作与经济社会发展同步规划、同步部署、同步实施。要按照党管人才原则,形成党委统一领导,组织部门牵头抓总,人事部门强化职能,有关部门各司其职、密切配合,社会力量广泛参与的人才工作新格局。区建立人才工作领导小组及办公室,专门负责全区人才工作的综合协调。各镇乡对人才工作要建立由党委、街道党工委书记亲自抓,党群副书记具体抓,分管工业、组织领导配合抓,镇乡工贸办副主任、街道工贸科副科长兼任人才联络员等制度。各级党委政府及有关部门都要建立领导联系优秀企业家和突出专业技术人才制度,经常听取他们的意见和建议。对重大事项要建立专家决策咨询制度。

17. 狠抓落实,推进人才工作的全面发展。进一步完善人才工作的目标责任制,把人才工作列入各级领导班子尤其是党政一把手的任期目标考核内容,形成严格督察、狠抓落实的有效机制。各级各部门要根据本《意见》精神,制定落实相关的政策措施。全区上下必须以改革的精神、开放的视野、创新的思路和务实的举措,全面推进人才强区战略,加快构筑区域人才高地,不断开创我区人才工作新局面。

18. 本意见由区委组织部、区人事局负责解释。

关于对《宁波市鄞州区被征地人员养老保障实施细则》的补充意见

为进一步完善被征地人员养老保障政策，充分体现公正、合理原则，根据《宁波市鄞州区被征地人员养老保障实施细则》(鄞政发〔2003〕29号)精神，经区政府研究，现提出如下补充意见：

一、扩大参保范围

除按照《宁波市鄞州区被征地人员养老保障实施细则》确定的范围和对象外，符合下列情形之一的，可以列入被征地人员养老保障范围：

(一)经区级以上人民政府批准，承包耕地被用于交通、水利等工程的绿化租用但未办理土地征用手续，绿化租用耕地和已征用耕地面积占承包耕地面积60%以上(含60%，下同)，且自愿将承包权证上交的土地承包人员。

(二)经区级以上人民政府批准，本区范围内行政村之间的集体土地所有权转让，转让方已核减农业税，且已实行土地征用劳动力货币安置的土地承包人员。

(三)因区级以上工程建设需要，由政府部门组织迁移到区内行政村或居民会安置，不再拥有承包耕地，自愿将承包地的承包权证上交村经济合作社，并已实行劳动力货币安置的土地承包人员。

(四)因区级以上工程建设需要，所在行政村实行政策性移民安置，被调剂承包耕地后，失去60%以上承包耕地的土地承包人员。

(五)所在行政村的计税耕地已被征用60%以上，劳动力安置费采用“征到谁补到谁”办法，土地未被征用但自愿将承包权证上交村经济合作社统一经营的土地承包人员。

(六)既拥有承包耕地、又拥有承包山林，承包耕地和承包山林均被征用60%以上，并实行劳动力货币安置的行政村社员。

(七)所在原生产队的承包耕地被征用60%以上，劳动力安置费以原生产队为单位按比例在全队分配，且自愿将剩余耕地的承包权证上交村经济合作社统一经营的土地承包人员。

(八)经批准实行“村改居”或行政村的土地被征用60%以上，并已实施全社土地征用劳动力货币安置，在该村土地征用劳动力货币安置过程中享受经济补助的人员、区内农迁农的农口非社员、精简下放人员。

(九)第一轮土地承包后，承包耕地被征用，但未实行劳动力货币安置，而是采用安排到乡镇企业工作的安置方式又未取得二轮承包土地的人员。

(十)参照行政村经济合作社管理的农牧场、良种场、茶场，其人员比照经济合作社有关办法参加被征地人员养老保障。

(十一)渔业养殖河面被区级以上人民政府征用60%以上的渔业社(队)社员，比照被征地人员参加养老保障。

上述增加的参保对象必须经行政村社员代表审议并张榜公示。

二、确定补贴标准

对以经济合作社社员身份参加被征地人员养老保障的，区政府给予一次性参保补贴，补贴标准按鄞州区人民政府常务会议〔2003〕2 号纪要确定的标准执行；对以非经济合作社社员身份参加被征地人员养老保障的，区政府不再进行参保补贴。

宁波市鄞州区城镇职工养老保险补充意见

按照鄞政办发〔2001〕127 号等文件规定，由农村职工社会养老保险转入城镇职工基本养老保险的人员（以下简称扩面人员），并轨时缴纳的养老保险费与城镇职工缴纳标准存在着一定差距。为充分体现权利与义务相对应原则，逐步缩小养老保险费的缴纳差距，解决部分人员目前养老金偏低的问题，最终达到全区职工养老保险政策的规范与统一。根据《浙江省职工基本养老保险条例》、《浙江省人民政府办公厅转发省劳动保障厅关于完善职工基本养老保险“低门槛准入低标准享受”办法意见的通知》（浙政办发〔2003〕59 号）等文件精神，经区政府研究，现就扩面人员养老保险有关问题提出如下意见：

一、实施范围和对象：

按鄞政办发〔1998〕210 号、〔1999〕88 号、〔2000〕124 号、〔2001〕127 号等文件规定，纳入城镇职工基本养老保险范围的扩面人员。

二、补缴标准：

扩面人员纳入城镇职工基本养老保险后缴纳的养老保险属正常缴费，在此以前按月缴纳（含补缴）的养老保险费低于城镇职工缴纳标准的，应当进行养老保险费补缴。所有扩面人员补缴标准统一为 1995 年至 2001 年城镇职工基本养老保险平均缴费标准减去扩面人员已缴纳的金额乘以应补缴月份。计算公式为（830×17%）－84.66＝56.4 元，即：应补缴月份×56.4 元。

三、享受办法：

（一）补缴养老保险费以后，原农村企业职工缴费年限视作正常缴费，其正常缴费年限满 15 年且符合退休条件办理退休手续时，按甬劳险〔1998〕126 号文件有关规定享受养老金待遇，即：月基本养老金＝本人退休时上年市职工社会月平均工资×20%＋个人账户储存额÷120，计发标准低于上年市职工社会月平均工资 40% 的，按 40% 发给。

（二）未进行养老保险费补缴，退休时缴费满 15 年，但正常缴费不满 15 年的人员，按上述标准计发养老金，但不再实行上年职工社会月平均工资 40% 的保底。

（三）按鄞政办发〔1998〕210 号文件进入的部分扩面人员到达退休年龄时，其缴费年限（含正常缴费年限）满 10 年不满 15 年的，月养老金＝本人退休时上年市职工社会月平均工资×15%＋个人账户储存额÷120，计发标准低于 2000 年区职工社会月平均工资 40% 的，按 2000 年区职工社会月平均工资 40% 发给。要求补缴的，在按第二条办法进行补缴的基础上，须再补足 15 年缴费年限。其中一次性 5 年内补缴标准为：1997 年市职工社会月平均工资乘 17% 乘补缴月数，即应补缴月数×137.6 元。补足 15 年正常缴费后，退休养老金可按本意见第三条第（一）款办法计发。

(四)扩面人员到达退休年龄时,正常缴费年限达到15年及以上的,其月基本养老金按本意见第(三)条第(一)款办法计发。

(五)已办理退休手续的扩面人员,按上述相对应规定补缴的,其养老金按本意见第三条第(一)款标准重新核定,当月补缴,次月按新标准发给,但以前养老金的差额部分不予补发。未补缴的,仍按原标准执行。

四、本意见于2004年5月1日起实施,补缴政策执行至2005年4月底。以前有关规定与本意见有抵触的,按本意见办理。

五、本意见由区劳动和社会保障局负责解释。

关于加快做好农村医疗住院保险工作的通知

为全面及时完成农村医疗住院保险的各项工作任务,确保从今年起全面推行农村医疗保险工作,现就加快做好农村医疗住院保险工作提出如下要求:

一、要进一步加强领导。

各镇(乡)政府、街道办事处要将开展农村医疗住院保险工作作为春节后一段时间内党委政府的一项重要工作,集中精力、集中时间、集中力量,抓紧抓好。要进一步明确农村医疗住院保险的领导班子,落实强有力的工作班子,同时,要充分发挥镇乡、街道机关干部作用,联村联片,责任到人,确保到今年4月25日之前完成各项工作任务。

二、要进一步加大宣传力度。

区级新闻单位、各镇乡(街道)要充分利用广播、电视、黑板报、宣传窗、宣传小册子等多种手段进行广泛深入的宣传,让群众了解农村医疗住院保险工作的参保对象、筹资标准和办法、保险待遇,并要善于运用群众的切身体会以群教群,提高群众自愿参保的积极性。此外,要针对机关干部、村干部不同层面,进一步加大培训力度,认真领会、吃透农保政策的主要精神,使每一位机关干部、基层领导和工作人员都能掌握政策,做好组织发动和宣传解释工作。

三、要进一步加快工作进度。

各镇乡(街道)要按照到今年4月25日之前完成工作任务的目标,排好计划,实现以镇乡为单位,行政村的参保率达到70%以上,争取达到80%以上;以村为单位,家庭的参保率达到80%以上;以户为单位,家庭人员的参保率达到100%。

为有效推进工作的开展,全区将统一实施镇乡(街道)农村医疗住院保险工作旬报制,要求各镇乡(街道)在每个月的8日、18日、28日将工作进度表报区医保中心(联系电话:88225092,传真:88225020),区政府办公室将及时通报各镇乡(街道)的工作进度。同时,区政府还将于2月底组织力量对镇乡(街道)的工作进展情况进行督查。

关于扩大城镇职工基本医疗保险范围的意见

城镇职工基本医疗保险是社会保障的重要组成部分，扩大医疗保险范围，完善医疗保险制度，对维护职工合法权益，保障职工身体健康，具有十分重要的意义。根据国家法律法规和上级有关文件规定，结合我区经济发展实际和医疗保障制度改革的总体工作部署，区政府经研究，决定在全区范围内进一步扩大城镇职工基本医疗保险覆盖面。现就有关问题通知如下：

一、医疗保险扩面的范围与对象

在我区境内的已参加本区城镇职工基本养老保险的下列用人单位及个人：

1. 企业及机关、事业、社会团体中已参加城镇职工基本养老保险的员工（含临时工）；

2. 城镇个体工商户及其雇工、自由职业者；

3. 已参加我区知青养老保险的农婚知识青年。

二、住院医疗保险缴费标准

1. 用人单位申报住院医疗保险缴费基数（以下简称缴费基数）应与养老保险缴费基数相一致，但不得低于上年市社会月平均工资的60%，按缴费基数的5.5%缴纳住院医疗保险费。

2. 城镇个体工商户及其雇工、自由职业者，按上年市社会月平均工资的5.5%缴纳住院医疗保险费。

3. 农婚知青以上年市社会月平均工资的60%为基数，按5.5%的比率缴纳住院医疗保险费。

知青办理退休手续时，若缴费期限不满五年的，应按上述标准一次性补足5年。

2004年4月30日前已办理退休手续的农婚知青，应按上述标准一次性缴足5年。

上述人员在缴纳住院医疗保险费的同时，应缴纳大病救助金。

三、办理程序及享受待遇

符合参加住院医疗保险条件的单位和各类人员从2004年5月8日起，到区医疗保障管理中心办理申报手续。办理手续时，城镇个体工商户及其雇员应随带“身份证”、“养老保险手册”和“营业执照”（副本）；自由职业者应随带“身份证”、“养老保险手册”及户口薄或户籍证明。

首次参保的城镇个体工商户及其雇员、自由职业者须连续足额缴纳住院医疗保险费满6个月后，开始享受住院医疗保险待遇，其他人员由缴费后的次月起享受住院医疗保险待遇。医疗费用的结付标准按“鄞政发〔2002〕99号”文件规定执行。

四、其他

1. 2004年5月以后新办用人单位，应在规定办理社会养老保险登记手续的30日内，到区医疗保障管理中心办理住院医疗保险申报手续。未按规定及时办理医疗保险申报手续的，以应保而未按时参保的用人单位进行处理。

2. 用人单位中2002年12月31日前已按规定办理退休手续的人员，不作补缴；2003年1月1日后办理退休手续的人员，其医疗保险的视作缴费年限加上实际缴费年限应满15年，其中医疗保险的实际缴费年限须满 5 年,不满规定年限的,需按应补缴的月份数,以办理时上年市社会月平均工资的 5.5%,另加大病救助金一次性予以补足。

3. 已与用人单位建立劳动关系的灵活就业人员,应当由用人单位按规定参加医疗保险,不再以个人身份参保。

4. 已参加我区农村医疗住院保险的职工,可按规定参加城镇职工住院医疗保险,并按规定享受住院医疗待遇。从按规定享受城镇职工相关医疗待遇起,不再享受农村医疗住院保险待遇。

关于确认第一批行政许可实施主体的通知

根据《中华人民共和国行政许可法》和国务院有关文件的规定,区政府法制办公室、区人事局依法对区级现有的行政许可实施机构进行了清理,现确认宁波市鄞州区发展计划局等 31 个行政部门和单位,符合《中华人民共和国行政许可法》有关规定,具有行政许可实施主体资格,并予以公布。

第一批行政许可实施主体名单

序号	单位名称
1	宁波市鄞州区发展计划局
2	宁波市鄞州区经济发展局(宁波市鄞州区安全生产监督管理局)
3	宁波市鄞州区教育局
4	宁波市鄞州区科学技术局
5	宁波市公安局鄞州区分局
6	宁波市鄞州区民政局
7	宁波市鄞州区司法局
8	宁波市鄞州区财政局
9	宁波市鄞州区人事局(宁波市鄞州区机构编制委员会办公室)
10	宁波市鄞州区劳动和社会保障局
11	宁波市鄞州区民族宗教事务局
12	宁波市鄞州区国土资源局
13	宁波市鄞州区建设局(宁波市鄞州区人民防空办公室)
14	宁波市鄞州区交通局
15	宁波市鄞州区水利局
16	宁波市鄞州区农林局
17	宁波市鄞州区贸易局
18	宁波市鄞州区对外贸易经济合作局
19	宁波市鄞州区文化体育局

20　宁波市鄞州区卫生局

21　宁波市鄞州区计划生育局

22　宁波市鄞州区环境保护局

23　宁波市鄞州区旅游局

24　宁波市工商行政管理局鄞州区分局

25　宁波市质量技术监督局鄞州区分局

26　宁波市药品监督管理局鄞州区分局

27　宁波市公安局鄞州区分局交通警察大队

28　宁波市公安局鄞州区分局消防大队

29　宁波市鄞州区气象局

30　宁波市鄞州区森林植物检疫站

31　宁波市鄞州区公路稽征所

宁波市鄞州区最低生活保障实施办法

第一条　为了规范和完善本区居民最低生活保障制度，切实保障贫困家庭的基本生活，根据国务院《城市居民最低生活保障条例》（国务院令第 271 号）及其他有关法律、法规，结合本区实际，制定本办法。

第二条　持有本区行政区域内（不含东钱湖镇、梅墟街道，下同）常住户籍的城镇居民和农村居民，其家庭成员通过力所能及的劳动，人均月收入低于区最低生活保障标准的，除本办法有特别规定的外，均有从当地人民政府获得基本生活保障的权利。

城镇居民与农村居民以户籍登记规定及在居住地是否拥有土地、山林等生产资料承包使用权区分。

第三条　居民最低生活保障制度遵循下列原则：

（一）保障基本生活的原则；

（二）政府保障与法定赡养、扶养和抚养相结合的原则；

（三）政府保障与社会帮扶相结合的原则；

（四）鼓励劳动自救的原则；

（五）公开、公平、真实的原则。

第四条　居民最低生活保障制度实行政府负责制。

区民政部门负责本行政区域内居民最低生活保障的管理与审批工作。

镇（乡）人民政府、街道办事处负责辖区内居民最低生活保障的具体初审管理及服务工作。

村（居）民委员会根据区民政部门和镇（乡）人民政府、街道办事处（以下统称管理审批机关）的委托,承担居民最低生活保障的有关管理和服务工作。

区财政、发展计划、审计、劳动和社会保障、教育、卫生、广电、供电、城建、工商行政管理等部门,应当在各自职责范围内配合做好居民最低生活保障的有关工作。

第五条 居民最低生活保障所需资金,由区、镇乡(街道)列入年度财政预算,纳入社会救济专项资金支出项目,实行专户管理,专款专用。

城镇居民最低生活保障资金由区财政负担;农村居民最低生活保障资金由区、镇乡(街道)财政按比例分担。

第六条 鼓励社会组织和个人为居民最低生活保障提供捐赠、资助。所提供的捐赠、资助全部纳入当地居民最低生活保障资金专户。

第七条 居民最低生活保障的标准,按照城乡一体、标准有别的原则,综合下列因素确定并适时进行调整:

(一)维持居民基本生活所必需的衣、食、住费用;

(二)适当考虑医疗、教育等费用;

(三)全区经济发展水平和财政状况;

(四)消费价格水平。

第八条 区居民最低生活保障标准的确定和调整,由区民政部门会同区财政、发展计划(统计、物价)等部门拟定,经区人民政府批准,报市人民政府备案后公布执行。

第九条 本办法所称家庭收入,是指共同生活的家庭成员的全部货币、实物等实际收入的总和,包括:

(一)工资、奖金、劳务报酬,各类补贴、津贴,退(离)休金、养老金、失业保险金、基本生活费,生活补助金;

(二)生产、种植、养殖、经营收入;

(三)稿酬及版权、专利权转让收入;

(四)转移性收入:包括继承、接受赠与,法定赡养人、扶养人或抚养人支付的赡养费、扶养费或抚养费;

(五)财产性收入:包括利息、股息、红利收入,财产租赁、转让收入等;

(六)偶然所得;

(七)通过其他方式获得的收入。

赡养费、扶养费或抚养费的给付标准和计算方法按照省的有关规定执行。

第十条 居民的人均月收入按其提出申请前6个月家庭收入总和平均计算;农村居民的人均收入按其提出申请前12个月家庭收入总和平均计算。

第十一条 收入不计入家庭收入:

(一)根据国家有关规定享受特殊待遇的优抚对象的优待金、抚恤金,军人的转业费、复员费;

(二)因劳动合同终止(包括解除),职工获得的一次性补助金中用于缴付养老保险、医疗保险等用途明确的费用；

（三）区级以上人民政府及其部门给予的一次性奖金、医疗补助金、慰问金；

（四）独生子女费、丧葬费、安家费；

（五）房屋拆迁补偿金中用于租用过渡房和置换、购买职工标准面积住房的费用；

（六）人身伤害赔偿中生活费以外的部分；

（七）鼓励享受最低生活保障的失业人员再就业规定期内的收入；

（八）以劳动收入自缴基本缴费年限以内的养老保险费、城镇职工基本医疗保险费；

（九）其他按规定不计入的收入。

第十二条 居民申请最低生活保障，由户主通过户籍所在地村（居）民委员会向镇（乡）人民政府、街道办事处书面提出。户主在提交书面申请时，除应当提供户口簿、家庭成员的居民身份证、家庭成员全部实际收入证明、房地产证、储蓄及其他金融性财产申报说明和申请前6个月家庭日常生活用水、用电、用煤（燃气）、通讯费支出凭证等材料的原件和复印件外，还应当根据不同情况提供下列材料：

（一）居住地与户籍登记地不在一起的，提供居住地派出所出具的居住证明；

（二）规定可以抵扣自缴养老保险、医疗保险等费用的凭证；

（三）失业登记证明和领取基本生活费或失业救济金及享受期限的证明；

（四）遗属补助证明；

（五）有法定赡养人、扶养人或抚养人的，提供赡养人、扶养人或抚养人的收入证明及赡养（扶养、抚养）协议或有关法律文书等；

（六）法定劳动年龄内未能就业的，提供劳动就业管理部门或镇乡（街道）社会保障和救助站出具的失业、失业救济、就业登记、就业培训及介绍就业情况证明；

（七）法定劳动年龄内无劳动能力的人员，属在职职工的提供区劳动鉴定委员会出具的丧失劳动能力证明，其他人员应提供区人民医院出具的丧失劳动能力诊断证明；

（八）家庭成员中有残疾的，提供残疾证；

（九）从事农业的家庭，提供土地（山林、水塘）等生产资料承包或者租赁合同，以及由村民委员会出具的农业收入评估证明；

（十）城镇居民和农村居民组成的家庭，提供农村配偶户籍所在地镇（乡）人民政府、街道办事处出具的是否享受村（居）集体福利待遇的证明；

（十一）集体户口的，提供配偶及子女的收入证明；

（十二）涉及各种事故处理的证明；

（十三）符合五保条件的“三无”人员，提供五保供养协议或五保供养申请（审批）表；

（十四）其他必需的有关证明。

第十三条 镇（乡）人民政府、街道办事处、村（居）民委员会在受理申请人的申请时，应当告知申请人相关事项，对申请人提供的证件和证明材料进行审验，确认其真实有效和完备的应当及时受理，并发给“收入申报承诺书”和“城市（农村）居民最低生活保障申请（审批）表”。申请人应当如实填写有关内容。

镇(乡)人民政府、街道办事处应当在受理申请之日起15个工作日内完成审核,并报区民政部门审批。

第十四条 镇(乡)人民政府、街道办事处、村(居)民委员会应当通过上门了解、邻里走访和信函索证等方式对申请人的家庭经济收入、致困原因、就业意向、实际生活水平等情况进行调查核实,并将调查核实情况在申请人所在地村(居)内公示,公示期不少于7日。必要时可组织村(居)民代表进行民主评议,征求群众意见,接受群众监督。

第十五条 申请人和管理审批机关要求有关单位、组织、个人出具与居民最低生活保障相关的证明材料,有关单位、组织或者个人应当配合,并如实提供有关情况。

第十六条 区民政部门应当在收到镇(乡)人民政府、街道办事处报送的审批材料之日起7个工作日内办结审批手续。审批后以书面形式通知镇(乡)人民政府或街道办事处,并委托村(居)民委员会在申请人所在地村(居)内公示5日,接受居民监督。

救助对象实行动态管理。每年审定一次。镇(乡)政府、街道办事处除做好年度审核外,还应随时做好调整工作。

第十七条 有下列情形之一的,其要求获得最低生活保障待遇的申请不予批准:

(一)家庭拥有并使用机动车辆(残疾人专用车除外)的;

(二)购买金银饰品或古玩字画的;

(三)饲养宠物的;

(四)使用移动电话的;

(五)在餐饮、娱乐场所消费超过最低生活保障标准的;

(六)出资供子女择校就读、借读或就读高费用学校的;

(七)提出申请前3年内自筹资金购房、建房或装修住房且无突发困难的;

(八)申请前连续6个月家庭日常生活用水、用电、用煤(燃气)、通讯月平均支出费用高于区最低生活保障标准的。

第十八条 有下列情形之一的,其要求获得最低生活保障待遇的申请暂缓审批:

(一)应当提供却拒不提供有关证件、证明或提供的证件、证明不齐全的;

(二)法定赡养人、扶养人或抚养人有能力履行赡养、扶养或抚养义务,但未依法履行赡养、扶养或抚养义务的;

(三)无户主身份或虽有户主身份但不以家庭全部人口为单位申请的;

(四)城镇居民家庭成员中已符合法定劳动年龄并有劳动能力的无业(待业)人员未在劳动就业部门就业登记的。

第十九条 已经批准享受最低生活保障待遇的家庭,有下列情形之一的,从查实的次月起停止享受:

(一)在法定劳动年龄内有劳动能力的城镇居民,经劳动就业部门或镇乡(街道)就业帮困机构二次以上推荐就业而无正当理由拒绝就业或不参加就业培训的；

（二）有正常劳动能力的农村居民不耕种承包使用的田地、山林、水塘，任其荒芜（废）的；

（三）有吸毒、赌博、嫖娼、卖淫、计划外生育等违法行为，经有关部门教育处理仍不改正的；

（四）有现金、有价证券、银行存款金额人均超过区最低生活保障标准8倍的；

（五）家庭拥有闲置的生产性设施，高保值、高耗费的非生产性电器、物品和资产，按折旧变现计算，人均值为区最低生活保障标准6倍以上的；

（六）在申报承诺和审批后，核查时发现申报承诺不实，与申请人再次核实仍不如实申报的；

（七）故意放弃或转移本属其所有的生产生活资源的；

（八）有本办法第十七条所列情形之一的。

前款规定停止享受由区民政部门确定，以后仍需要享受的，应当重新申请。

第二十条 对符合享受最低生活保障待遇条件的家庭，按下列不同情况确定其享受最低生活保障金的数额：

（一）无生活来源、无劳动能力又无法定赡养人、扶养人或抚养人的家庭，按照区居民最低生活保障标准全额享受；

（二）尚有一定收入的家庭，按照家庭人均收入低于区最低生活保障标准的差额享受。

对无生活来源、无劳动能力又无法定赡养人、扶养或抚养人的人员、70岁以上的老年人和残疾人，在享受最低生活保障标准的同时还可给予适当补助。

第二十一条 居民最低生活保障金由镇（乡）人民政府、街道办事处或受其委托的村（居）民委员会按月发放。凡有通过银行等社会化发放条件的，各地都应实行社会化发放。

最低生活保障待遇自区民政部门审批同意之月起享受。凡批准之日已过本月保障金发放期限的，应于下月发放保障金时予以补发。

最低生活保障金一般以现金形式发放；根据保障对象的情形和意愿，也可以发放同等额度的实物。

第二十二条 享受最低生活保障待遇的居民家庭成员和收入情况发生变化的，应当在15日内报告所在地村（居）民委员会，由村（居）民委员会告知管理审批机关。管理审批机关应当按本办法的规定办理停发、减发或者增发居民最低生活保障待遇的手续。

第二十三条 管理审批机关应当建立居民最低生活保障对象的信息档案，建立名册登记、分类管理、年检和年报统计等制度，并按要求将保障对象家庭成员的变动、收入增减、居住地的变迁、户籍迁移等情况实行电脑信息网络管理。

第二十四条 法定劳动年龄内有劳动能力但尚未参加工作、生产（务工）的居民，在享受最低生活保障待遇期间，应当参加其所在地村（居）民委员会组织的公益性社会服务劳动（包括社会服务活动，下同）。参加公益性社会服务劳动的时间每月不得少于4日。因身体原因不能参加公益性社会服务的，须凭区级以上医疗机构出具的有效证明。

第二十五条 村（居）民委员会应当建立公益性社会服务劳动考勤制度，对参加公益性社会服务劳动表现突出者可以给予适当的奖励。

对无正当理由拒绝参加公益性社会服务劳动的，由镇（乡）人民政府或街道办事处报请区民政部门批准减发或停发其本人的保障金。

第二十六条 家庭成员中有非本区常住户籍的人员，在计算家庭人口数和家庭收入时应包括在内，但在计发保障金时应予以剔除。

第二十七条 城镇居民与农村居民组成的家庭，属农村居民一方的未成年子女可以享受城镇居民最低生活保障待遇。因撤村建居的农村居民“农转非”后符合城镇居民低保条件的，可以享受城镇居民最低生活保障待遇。

第二十八条 家庭中有子女因考入大中专院校而将户籍迁至就读院校的，可按共同生活的家庭成员计算并享受本区的最低生活保障待遇。

第二十九条 家庭成员的户籍不在同一镇（乡）、街道行政区域内的，应当以实际居住地有户籍并有户主身份的成员向所在镇(乡)人民政府、街道办事处提出最低生活保障申请。

第三十条 登记为集体户籍的人员，向户籍登记的派出所所在地镇（乡）人民政府、街道办事处提出最低生活保障申请。

第三十一条 申请人因城乡发展规划拆迁、梯度转移、生活照料等客观原因户籍登记地与居住地不在一起，符合户籍迁移条件的，应当将户籍迁入居住地并向居住地镇（乡）人民政府、街道办事处提出申请。不符合户籍迁移条件或因其他特殊原因不能将户籍迁入居住地的，凭居住地派出所出具的有关证明，向户籍所在地镇（乡）人民政府、街道办事处提出最低生活保障申请；户籍所在地的管理服务机构可以将有关管理服务工作委托给居住地的管理服务机构。

第三十二条 户籍在规定期限内不能迁入原户籍地的归正人员，可凭司法行政部门或公安部门出具的证明，向原户籍所在地的镇(乡)人民政府、街道办事处提出最低生活保障申请。

第三十三条 居民在享受最低生活保障待遇的期限内，可以按规定享受有关优惠扶助政策待遇。相关部门应当制定和完善有关制度与措施，对享受最低生活保障的居民在就业、就医、住房、就学、从事个体经营及其他文化活动等方面给予扶持和照顾。

第三十四条 区财政、审计部门应当对居民最低生活保障资金的预算安排、科目设置和资金管理使用情况依法实施监督。

居民最低生活保障的管理审批机关，应当将本项政务向社会公开，接受监督。

第三十五条 享受最低生活保障待遇的居民有下列行为之一的，由区民政部门和镇（乡）人民政府、街道办事处给予批评教育或警告，追回其冒领的最低生活保障款物，并减发或停发保障金；情节恶劣的，处冒领金额 1 倍以上 3 倍以下的罚款；构成犯罪的，依法追究刑事责任：

(一)采取虚报、隐瞒、伪造等手段，骗取城乡居民最低生活保障待遇的；

(二)家庭人均收入增加，不按规定向管理审批机关申报，继续享受居民最低生活保障待遇的。

第三十六条 违反本办法第十五条，有关单位、组织、个人无正当理由不出具与居民最低生活保障相关的证明材料或出具虚假证明材料的，由区民政部门给予警告，责令改正，并可处 200 元以上

2000元以下罚款。

第三十七条 从事居民最低生活保障管理审批工作的人员和其他国家机关工作人员有下列行为之一的，给予批评教育，依法给予行政处分；构成犯罪的，依法追究刑事责任：

（一）擅自改变保障范围和保障标准的；

（二）擅自变换保障对象和保障款物数量的；

（三）下拨资金不及时，贪污、挪用、冻结、扣压、拖欠保障款物的；

（四）玩忽职守、徇私舞弊、故意刁难保障对象，影响最低生活保障工作正常开展的。

第三十八条 无理取闹，侮辱、殴打管理审批机关工作人员或阻碍管理审批机关工作人员依法执行公务的，由公安机关依照《中华人民共和国治安管理处罚条例》的有关规定处罚；构成犯罪的，依法追究刑事责任。

第三十九条 居民对区民政部门作出的不批准享受居民最低生活保障待遇或者减发、停发居民最低生活保障款物的决定或者给予的行政处罚不服的，可以依法申请行政复议；对复议决定仍不服的，可以依法提起行政诉讼。

第四十条 本办法涉及的法定赡养人、扶养人或抚养人及其权利与义务关系，按照中华人民共和国婚姻法的有关规定确定。

第四十一条 本办法具体应用中的问题，由区民政部门负责解释。

第四十二条 本办法自 2004 年 8 月 1 日起施行。1998 年 6 月 12 日县人民政府印发的《鄞县城镇居民最低生活保障暂行办法》（鄞政发〔1998〕70 号）和 2001 年 10 月 12 日印发的《鄞县农村最低生活保障实施办法》（鄞政发〔2001〕115 号）同时废止。

鄞州区突发公共卫生事件预防与应急实施细则

第一章　总 则

第一条 为有效预防、及时控制突发公共卫生事件，减轻或消除突发公共卫生事件的危害，保障公众身体健康与生命安全，维护正常的社会秩序，依据国家《突发公共卫生事件应急条例》、《浙江省突发公共卫生事件预防与应急办法》（省政府第 164 号令）和有关法律、法规精神，结合我区实际，制定本实施细则。

第二条 本细则所称突发公共卫生事件（以下简称突发事件），是指突然发生，造成或可能造成社会公众健康严重损害的重大传染病疫情、群体性不明原因疾病、重大食物和职业中毒、重大化学毒物污染以及其他严重影响公众健康的事件。

第三条 突发事件预防与应急工作应当遵循预防为主、常备不懈的方针，贯彻统一领导、分级负责、条块结合、加强合作、属地管理为主的原则，建立反应及时、措施果断、依靠科学、群防群控的突发事件防治机制。

第四条 各镇（乡）政府、街道办事处和区有关职能部门必须加强公共卫生设施建设，提高处理突发事件能力,并将突发事件处理所需经费列入财政预算。

区人民政府在突发事件发生后成立应急处理指挥部,统一领导、指挥突发事件应急处理工作。

第五条 各镇(乡)政府、街道办事处及其有关部门,应建立严格的突发事件防范和应急处理责任制,切实履行各自职责,其主要领导是第一责任人。

第二章 预防与应急准备

第六条 区人民政府根据市突发事件应急预案,结合本区实际情况,分类制定全区突发事件应急预案,并报市人民政府备案。

各镇(乡)政府、街道办事处和区有关部门应当根据区人民政府突发事件应急预案的要求,结合实际需要,制定本地区、本部门防治突发事件实施方案,报区人民政府备案。

第七条 镇(乡)政府、街道办事处及区级有关部门、新闻媒体、社会团体、企事业单位和村(居)民委员会,应当采取相应措施,宣传、普及防治突发事件的相关知识,提高公众的公共卫生意识和防治突发事件的能力。

区教育行政主管部门应当将防治突发事件相关知识纳入学校的相关教学课程,定期对学生开展防治突发事件相关知识的讲座和培训。区委党校(行政管理学校)在进行领导干部和公务员培训时,应当安排有关防治突发事件的相关课程。区卫生部门要做好防治突发事件知识宣传教育的指导,及时提供相关资料和咨询服务。

第八条 区爱卫会、镇(乡)政府、街道办事处要加强对爱国卫生运动的领导,动员群众开展各类爱国卫生活动,普及公共卫生知识,倡导良好的个人卫生习惯,改善城乡公共卫生面貌。

第九条 各镇(乡)政府、街道办事处和区有关职能部门、应加强生态环境保护工作,落实生态环境保护各项措施,防止因生态环境破坏引起突发事件。要有计划地建设和改造城乡公共卫生设施,城乡公共卫生设施应当与其他基础设施同步建设。加大农村改水改厕力度。加强城乡水源保护,落实饮用水消毒措施,确保卫生安全。

第十条 加大对疾病预防控制机构、卫生监督机构和传染病专科医疗机构的投入,加强疾病预防控制、卫生监督和医疗救治体系建设,建立健全城乡预防保健网络,建设与突发事件应急处理相适应的公共卫生基础设施。

区疾病预防控制机构应当加强突发事件防治工作的业务指导。区卫生监督机构应当落实行政执法责任制度,规范执法行为,加强对公共卫生的监督管理。医疗机构应当配备相应的公共卫生专业人员,落实公共卫生事件报告、监测、管理责任。

各镇(乡)政府、街道办事处要加强镇(乡、街道)、村(社区)两级医疗卫生机构的建设,增强其应急处理能力。

第十一条 建立健全突发事件监测、预警系统,完善区、镇(乡、街道)、社区、村的信息报告网络,实现全区监测、预警信息资源共享。

疾病预防控制机构、卫生监督机构应当按照职责分工,负责突发事件的日常监测,确保监测与预警系统的正常运行,及时发现潜在的隐患和可能发生的突发事件。

监测机构应当对监测信息进行综合分析、科学评价，发现突发事件隐患的，按规定的程序、时限报告，并采取相应的防治措施。其他单位和个人发现突发事件隐患的，应当及时向区卫生行政部门和有关部门报告。

有关主管部门应当对承担高危监测任务的工作人员，采取必要的防护措施，配备相应的防护设施设备、用品，切实保障监测人员的健康和生命安全。

有关单位和个人应当配合开展突发事件监测工作。

第十二条 区有关部门应当按照法律法规要求，加强食品卫生安全监督管理。食品生产经营者应当落实食品卫生安全责任制，确保食品卫生安全。

区有关部门应当按照职责，加强对人畜共患疾病的监测和管理，发现疫情应当采取相应的控制措施，并及时通报区卫生行政部门。

第十三条 区卫生、公安、经济发展、交通等有关部门应当依法加强对危险化学品等有毒有害物品的生产、运输、存储、经营、使用、处理等环节的监督管理，防止因管理失误引起突发事件。

区环境保护部门应当加强对各类危险废弃物处理和污染物排放的监督检查，督促落实各项环境保护措施。各企事业单位和个人应当严格执行危险废弃物处理规范和污染物排放标准，防止因环境污染引起突发事件。

第十四条 各镇（乡）政府、街道办事处以及区有关职能部门要按照国家、省和市的规定，依法加强对流动人员的公共卫生管理，按照属地管理的原则，建立健全公共卫生管理制度，落实管理责任。有关单位应当采取有效管理措施，做好流动人员公共卫生管理工作。

区卫生部门应当加强对流动人员公共卫生管理工作的监督检查。公安、旅游、交通、劳动保障、教育、建设、民政等有关部门应当配合卫生部门做好全区流动人员公共卫生监督管理。

第十五条 各级人民政府应按照突发事件应急预案的要求，做好相关物资及人才储备工作，并定期开展培训演练和检查，实行动态管理。

区卫生行政部门应当建立与突发事件应急处理相适应的公共卫生、临床医学专家库和应急处理卫生技术人员储备库，定期组织医疗卫生机构进行突发事件应急演练，推广最新知识和先进技术。

第十六条 在突发事件中被隔离或者医学观察的人员，经确认不是病人或病原携带者的，其在隔离或者接受医学观察期间的工资福利由所在单位按出勤照发。

第三章 应急报告

第十七条 区卫生行政部门根据国家、省、市突发事件应急报告制度，制定实施突发事件应急报告规范。

有关监测机构、医疗卫生机构以及有关责任报告单位和责任报告人，应当按突发事件应急报告规范的程序和时限报告突发事件。初次报告必须包括突发事件类型和特征、发生时间、地点和范围、受害人数、事件的地区分布以及已采取的相关措施等内容。根据突发事件的进展和新发生的情况随时进行后续报告，包括阶段报告和总结报告。

传染病暴发、流行期间，或者群体性不明原因疾病蔓延期间，对疫情实行日报告制度和零报告制度。

第十八条 区卫生行政部门接到市卫生行政部门或毗临区卫生行政部门有关突发事件的紧急通报后，应当在1小时内向区人民政府报告。必要时应当及时通知各镇(乡)政府、街道办事处及有关医疗卫生机构，采取紧急应对措施。

区人民政府有关部门，发现已经发生或者可能引起突发事件的情形时，应当及时向区卫生行政部门通报。

第十九条 区人民政府和有关部门应当按照规定，公布突发事件报告、举报电话。

任何单位和个人发现突发事件隐患，或者发现政府及其有关部门不依法履行职责时，都有权报告或者举报，不得隐瞒、缓报、谎报或者授意他人隐瞒、缓报、谎报社会性事件。

第二十条 区宣传部门应当组织协调新闻媒体宣传突发事件应急处理的科学知识，发布登载公益广告。新闻媒体报道时应做到科学、公正、客观。任何单位和个人不得隐瞒、缓报、谎报或者授意他人隐瞒、缓报、谎报突发事件，不得擅自发布突发事件的有关信息，禁止传播虚假、恐怖信息。

第四章 组织指挥和应急处理

第二十一条 突发事件发生后，区卫生行政部门应当组织专家对突发事件进行综合评估，并向区人民政府提出是否启动突发事件应急预案的建议。区人民政府根据突发事件发生的范围、危害程度、事件的性质及变化等，决定是否启动相应的突发事件应急预案。

启动突发事件应急预案由区人民政府决定，并向市人民政府报告。

第二十二条 突发事件发生后，区人民政府成立突发事件应急处理指挥部，由政府主要领导人担任总指挥。必要时设立临时集中办公机构，统一领导、指挥本区突发事件的应急处理工作。

区卫生行政部门，具体负责组织突发事件的调查、控制和医疗救治工作。其他有关部门，在各自的职责范围内，做好突发事件应急处理的有关工作。镇(乡)政府、街道办事处负责组织、落实本辖区内突发事件应急处理的有关工作。

第二十三条 应急处理指挥部可依法行使下列职责：

(一)指挥各有关部门和单位立即到达规定岗位，采取紧急处理和控制措施；

(二)紧急调集有关人员及应急设施、设备、物资和交通工具，支配使用应急处理经费；

(三)决定对有关危险区域、有关场所和食物、水源等实施封锁或者采取其他紧急控制措施，对有关人员进行疏散或者隔离；

(四)决定停工、停业、停课，限制或者停止人群聚集的活动；

(五)决定临时征用房屋、交通工具；

(六)集中统一调配医疗卫生资源，调动医疗卫生技术力量，开展医疗救治和卫生处理工作；

(七)对突发事件应急处理工作进行督察和指导。

(八)其他必须采取的紧急措施。

第二十四条 有关单位和个人应当严格执行区突发事件应急处理指挥部的统一指挥，及时做好本区域、本系统和本单位的相关突发事件应急处理工作。

第二十五条 突发事件发生时，交通、民航、检疫等部门，应当依法对出入突发事件发生区域的交通工具及其乘运人员、物资实施交通卫生检疫或者采取相应的控制措施，乘运人员应当遵守和服从。公安机关应当配合协助；区卫生行政主管部门应当指导和监督。

第二十六条 突发事件应急处理工作的专用车辆，凭突发事件应急处理指挥部核发的特别通行证，在本行政区域内免缴一切道路通行费，不受行驶路线限制。应急处理工作结束，应急处理指挥部应当及时收缴特别通行证。

第二十七条 突发事件发生后，区人民政府可以依法设置隔离控制区，设立隔离标志，确定隔离控制期限。应急指挥部可根据处理突发事件的实际需要，依法履行本办法第二十三条规定的有关职责。

任何单位和个人都必须服从突发事件应急处理指挥部为处理突发事件做出的决定和命令。

第二十八条 突发事件发生后，有关单位和个人应按照法律、法规、规章的规定和应急预案的要求，立即采取保护现场、撤离疏散有关人员、协助医疗机构救治病人、组织泄险和清洗污染等相应措施，并配合有关部门和专业技术机构做好现场监测、医学检查、医疗救治、采样、调查、控制、隔离等工作，接受应急处理指挥部的督察和指导。

公安机关应当依法开展相关应急处理工作，依法查处利用突发事件造谣惑众、敲诈勒索，抗拒、阻碍应急处理工作，扰乱社会秩序等违法犯罪行为。

区工商、卫生、技术监督、药品监督、价格等行政主管部门应当加大市场监管力度，对制假售假、囤积居奇、欺行霸市、哄抬物价、欺骗消费者等扰乱市场秩序的违法行为，依法及时查处。

区经济发展部门应当负责做好突发事件应急处理所需物资的生产、流通、储备的组织调配工作，保证突发事件应急处理所需应急物资和人民群众生活必需品的正常供应。

第二十九条 传染病暴发、流行时，区卫生部门、镇（乡）政府、街道办事处应当按照国家、省、市有关规定，做好本行政区域内的传染病预防控制工作；疾病预防控制机构应当组织指导有关机构和人员，按照消毒技术规范要求对疫区、疫点进行预防性、终末性消毒。

公共场所、学校、幼托、旅游、建筑工地、羁押监管等人群聚集的场所（单位），应当根据突发事件应急处理指挥部的要求，严格落实紧急应对措施。 用人单位招用流动人员的，应当按照规定向当地卫生行政主管部门报告。来自疫情流行区域的人员（含外来和返回的，下同）及其所在单位和家属必须服从当地突发事件应急处理指挥部采取的预防控制措施。

各有关单位和个人应当配合预防控制措施的实施。

第三十条 突发事件发生后，区卫生行政主管部门应当根据突发事件应急处理指挥部的统一部署，组织卫生监督机构、疾病预防控制机构、医疗机构立即采取现场调查、现场监测、流行病学调查分析等控制措施，提供现场救援与医疗救治，必要时组织救援队伍到达现场，抢救转运病员。当医疗救护力量不足时，区卫生行政部门应当及时提请市卫生行政部门组织支援。

区卫生行政部门可以依法采取下列紧急控制措施：（一）对突发事件现场进行临时控制，限制人员出入；（二）封存可能导致突发事件发生的设备、材料、物品；（三）实施紧急卫生消毒、处置措施；（四）对有关人员实施医学隔离；（五）组织对病员进行紧急医疗救治。

医疗机构应当按照突发事件应急处理指挥部的要求，实行首诊医生负责制。对突发事件致病、致伤的人员，医务人员应当及时接诊，不得推诿、拒绝。接诊医生应当书写详细、完整的病历记录。医疗机构不得擅自转诊病员，确因医疗条件所限需要转诊的病人，必须报区卫生行政部门审定，书写转诊记录，并将病历复印件随病人转送到指定医疗机构。医疗机构收治突发事件致病、致伤人员，应当实行先收治、后结算的办法，不得以医疗费用为由拒绝收治或者拖延治疗。

第三十一条 传染病暴发、流行时，除定点医疗机构承担救治任务外，区卫生行政部门可以根据应急处理工作的需要，指定有条件的综合性医疗机构设立符合消毒隔离要求的专科门诊。

第三十二条 有关单位、个人和专业技术机构应当依法做好医疗废物和其他危险废弃物的收集、运送、贮存、处置工作。医疗机构产生的污水应当经过严格的消毒和处理，达到排放标准后，方可排放。隔离控制区内的生活垃圾和受污染的土壤、物品等应当作为危险废弃物，由区环卫管理部门落实进行统一处理。

区环保、卫生、公安等行政主管部门应当按照各自职责，加强对医疗废物和其他危险废弃物处置的监督管理。

第三十三条 鼠疫、霍乱、炭疽病人及其他按甲类传染病管理的病人死亡后，收治病人的医疗机构必须将尸体立即消毒，就地火化。其他传染病病人死亡后，对其尸体的处理按照有关法律、法规、规章的规定执行。区民政部门要积极配合有关部门做好殡葬工作。

医疗机构、疾病预防控制机构必要时可以依法对传染病病人、疑似传染病病人尸体进行解剖查验。

第三十四条 区卫生行政部门和有关部门，应当对参加突发事件应急处理的医疗卫生人员和其他人员采取有效防护措施，配备必需的防护设施设备、用品。

参加突发事件应急处理的工作人员，必须按照规定穿戴有效的防护衣具，携带相关安全警示仪器设备。

第三十五条 区人民政府根据有关规定采取补助资金等必要措施，保障因突发事件致病、致伤的人员得到及时救治。

因突发事件致病、致伤人员确实无力支付医疗机构救治费用而欠费的，由区民政部门负责救济，对医疗机构予以适当补助。

第三十六条 鼓励国家机关、企业事业单位、社会团体、境外组织和公民个人捐赠款物，支持突发事件应急处理工作。

区民政部门统一负责接受全区突发事件的社会捐赠，定期将捐赠款物的接收、分配、使用情况向社会公布，自觉接受社会监督、舆论监督和群众监督。

区财政和审计部门应当依法对捐赠款物的使用和管理进行监督检查，切实保证捐赠款物全部用于突发事件的防治和救助，不得挪作他用。

区药品监督部门应当依法对捐赠的药品和医疗器械进行监督检查，保证其安全、有效。

第三十七条 对参加突发事件应急处理工作的有关人员，应当给予适当补助或者保健津贴。

对因参与突发事件应急处理工作致病、致残、死亡的人员，按照有关规定，给予相应的补助和抚恤。

第五章　奖励与处罚

第三十八条 对参加突发事件应急处理工作作出突出贡献的人员，应当给予表彰和奖励。对成绩显著、有特殊贡献的，可以授予荣誉称号。

对报告、举报突发事件有功的单位和个人，由区人民政府或有关部门予以表彰和奖励。

第三十九条 对违反规定不履行报告或者通报职责的，隐瞒、缓报、谎报的单位和部门，由区人民政府给予通报批评；监察机关对责任单位的主要负责人和直接责任人依法给予行政处分。

未按照本细则规定做好突发事件应急处理准备或各项应急处理工作，造成应急处理工作混乱或者其他严重后果的，监察机关对有关主要负责人和其他直接责任人，依法给予行政处分。

第四十条 突发事件发生后，有关单位和部门对区人民政府及其有关部门的调查、督察不予配合，或者采取其他方式阻碍、干涉的，按照《突发公共卫生事件应急条例》第四十七条的规定追究责任。

第四十一条 卫生行政部门和其他有关部门，在突发事件调查、控制、医疗救治工作中玩忽职守、失职、渎职，或者拒不履行本细则规定的应急处理职责的，按照《突发公共卫生事件应急条例》第四十八条、四十九条的规定追究责任。

第四十二条 医疗机构、疾病预防控制机构、卫生监督机构违反本办法有下列行为之一的，按照《突发公共卫生事件应急条例》第五十条的规定追究责任：

(一)未按规定履行报告职责，对突发事件隐瞒、缓报、谎报的；

(二)未按规定及时采取控制措施的；

(三)未按规定履行突发事件监测职责的；

(四)拒绝接诊病人的；

(五)拒不服从突发事件应急处理指挥部调度的。

第四十三条 任何单位和个人违反本细则规定，有下列行为之一的，由监察机关或者有关主管部门对责任人员依法给予行政或者纪律处分；违反治安管理规定的，由公安机关依法予以处罚：

(一)隐瞒、缓报、谎报或者授意他人隐瞒、缓报、谎报突发事件有关情况的；

(二)对突发事件负有应急处理责任或者配合责任的单位和个人，不承担责任或者借故推诿、拖延、拒不执行或者玩忽职守的；

(三)阻止和拦截依法执行突发事件应急处理任务的车辆，或者阻碍突发事件应急处理工作人员执行任务的；

(四)拒绝依法执行突发事件应急处理任务的工作人员进入突发事件现场，或者不配合现场监测、医学检查、医疗救治、采样、调查、控制、隔离等应急处理措施的；

(五)擅自发布突发事件有关信息或者传播虚假、恐怖信息的；

(六)其他应当依法给予行政或者纪律处分的行为。

第四十四条 在突发事件中，传染病病人、疑似传染病病人的密切接触者和来自疫情流行区域的人员及其所在单位、家属，不服从有关预防控制措施的，按《浙江省突发公共卫生事件预防与应急办法》第六十一条规定，由区卫生行政部门责令改正，给予警告；对个人和非经营性单位可并处2000元以下罚款；对经营性单位可并处5000元以上20000元以下的罚款。

第四十五条 在突发事件发生期间，散布谣言、哄抬物价、制假售假、欺骗消费者，扰乱社会秩序、市场秩序的，由公安、工商行政管理、物价、质量技术监督、药品监督等部门按照各自职责依法给予行政处罚；构成犯罪的，依法追究刑事责任。

第四十六条 在突发事件发生期间贪污、私分、挪用、截留突发事件经费或者捐赠款物的，由本级人民政府或上级主管部门给予撤职或者开除的行政处分；构成犯罪的，依法追究刑事责任。

第六章　附　则

第四十七条 本细则中下列用语的含义：

重大传染病疫情：指传染病在集中的时间、地点发生，导致大量的传染病病人出现，其发病率远远超过平常的发病水平。

群体性不明原因的疾病：指在一定时间内，某个相对集中的区域内同时或者相继出现多个共同临床表现的患者，又暂时不能明确诊断的疾病。

中毒：指由于吞服、吸入有毒物质或者有毒物质与人体接触所产生的有害影响。

重大食物和职业中毒：指由于食物和职业的原因而发生的人数众多或者伤亡较重的中毒事件。

传染病暴发：指在一个局部地区，短期内突然发生多例同一种传染病病人。

传染病流行：指一个地区某种传染病发病率显著超过该病历年的一般发病率水平。

第四十八条 本细则自公布之日起施行

名 录

2004年鄞州区党政机关、群众团体负责人

【区委和区委机关】

中共宁波市鄞州区委

书　记:寿永年

副书记:徐立毅,马兆祥,陈明志,郑德兵,
张南芬,许勤德

区委常委:王海国,沈月根(7月止),
王国定,林　琪,吴胜武,王自强,
徐自力(7月始)

区委办公室

主　任:沈　权

副主任:鲁定国,严岩平(9月止),朱国富,
蒋晓东,王　煦(4月始),
王洪平(9月始),

办公会议成员:赵桂莲,郑　琦(9月始)

区纪委

书　记:郑德兵

副书记:郑一平(10月止),沈月根(12月始),
吕建华(4月止),包坚军(4月始)

常　委:王荣水,吴香妹,卢纳新,施建华

办公室主任:卢纳新(9月止),
王定芳(9月始)

执法监察室主任:王定芳(9月止),
朱戴祥(9月始)

党风廉政建设室主任:吴香妹

信访室主任:张翠娣(9月止),
章信祥(9月始)

纪检监察室主任:王荣水

案件审理室主任:朱戴祥(9月止)
卢纳新(9月始)

区委组织部

部　长:王自强

副部长:高强华,周义定,徐岳平

部务会议成员:李明阳,俞林明,
王建平(9月止),
陆利明

区委宣传部

部　长:王国定

副部长:任志甫,舒放毅,李春丽,

部务会议成员:郑贤斌,章红敏

区委统战部

部　长:陈国良

副部长:周贤良,李伟器(9月止),李明国,毛坤良,
戴素珍,严玉英(9月始)

部务会议成员:朱明霞(9月止)

区委政法委

书　记:陈明志

副书记:王海国,林　琪,鲁定国,马伟平

委　员:梁金爱,熊建业,王　宁,
郭伟屏(9月止),朱云才,陈良儿
金素梅,吴岳成(9月始)

综治办主任:鲁定国
副主任:陈良儿
区委610办公室主任:鲁定国
副主任:朱云才

区委政策研究室(区委区政府农村工作办公室)
主　任:朱国富
副主任:张裕忠,李新国,高毓武
室务会议成员:郑肖骏(9月始)

区直属机关党工委
书　记:郑新祥
副书记:李洪平(9月始)
党委委员:徐常煜,邱爱民(9月止)

区委党校
校　长:张南芬
校党委书记、常务副校长:夏梦华
副校长:陆国咪,张善庆
党委委员:鄢　舟(7月始)

区委老干部局
局　长:徐素芳
副局长:柯光耀(9月止),张君芳
局务会议成员:胡光飞

鄞州日报社
总　编:任志甫
副总编:徐爱国(9月止),戴松岳
编　委:朱亚萍(9月始)

区委党史办公室
副主任:裘松涛

机要保密局
局　长:王伟国

【区人大常委会和人大机关】
人大常委会
主　任:寿永年
副主任:唐　军,蒋瑞金,胡世昌,
忻国龙,麻承照

人大常委会办公室
主　任:任学军
副主任:邱香娣,陈小华

法制工作委员会
主　任:李品海
副主任:冯浙萍

财政经济工作委员会
主　任:周岳明
副主任:蔡　洲(9月始)

教科文卫工作委员会
主　任:朱志达
副主任:郑诗振

代表工作委员会
主　任:陈瑞良
副主任:崔建奋

城建环保工作委员会
主　任:叶百祥
副主任:岑汉良(9月始)

人大常委会党组
书　记:唐　军

成　员:蒋瑞金,胡世昌,忻国龙,任学军

人大常委会机关党组

书　记:任学军

成　员:李品海,周岳明,朱志达,
陈瑞良,叶百祥,邱香娣

【区人民政府和职能部门】

区人民政府

区　长:徐立毅

副区长:王海国,吴胜武,陈振国,崔秀玲,
毛春阳,毛宏芳,单　烈(5月止)

区长助理:吴海平

区政府办公室

主　任:黄新山

副主任:吴良裕(3月止),张纪燧(3月始),
钱孝平,俞祖芳,李惠芳(10月止),
周君良,任国斌,孙诗君(10月止),
崔明飞,曹怀玉,李永明,
胡岳明(7月始),周方良(11月始)

党组成员:陈恩永,洪光茂,胡岳明(7月止),
陈　肯(9月止),任东辉(9月始)

发展计划局(统计局)

局　长:虞忠芳(10月止),吴海平(10月始)

副局长:崔国忠,谢霄苗,任　川,
陆静波,沈忠德,钱　磊

党委委员:徐雅芬(9月止),乌志明,朱东起

经济发展局

局　长:李　波

副局长:俞志坚,赵国华

党委委员:张国龙

安全生产监督管理局

局　长:王德华(11月始)

副局长:赵德龙(11月始),陈嘉琪(10月始)

农林局

局　长:朱良华

副局长:黄志康,李华龙,谢盛卿(9月止),
周方良(11月止),翁为民(9月始)

党委委员:杨华春,钟金龙(10月始),童裕丰

外经贸局

局　长:崔伟高

副局长:吴大钧(10月止),戴自建,
张时光,徐爱国(10月始)

党委委员:何卫国

区经济体制改革委员会办公室

主　任:裴渭干

副主任:卢维君,张浩敏(9月止),
周　凯(8月始)

党组成员:张建国,忻　中(9月始)

新城区建设管理委员会

主　任:毛宏芳

副主任:杨贤侯

党组成员:任　剑

明州工业园区管理委员会

主　任:毛春阳

副主任:蔡建泓,杨利康,唐炜铭

党组成员:卢世标,戎惠棠

望春工业园区管理委员会

主　任:吴胜武

副主任:叶　龙

党组成员:虞文平

鄞州投资创业中心

主　任:杨汉良

副主任:赵锡飞(10月止),汪裕定,杜　彪,马国祥

党工委委员:童素琴(9月始)

科技局

局　长:吴海平(10月止),张逸成(10月始)

副局长:孙华良,周剑光,刘春生,

党组成员:陈赛定 ,胡校生

教育局

局　长:沈剑波

副局长:张伟跃,陈开建, 周光琦,夏素贞

贸易局(粮食局)

局　长:周志华

副局长:陈岳定,王祝英,傅晓芳,

党委委员:陈岳振(9月始)

宁波市公安局鄞州区分局

局　长:林　琪

政　委:毛奇存

副局长:朱乐定,许华来,陶诚,骆方伦, 陆卫平

党委委员:许连法(9月止),王伟祥,陆　骏,

监察局

局　长:郑一平(11月止),沈月根(11月始)

副局长:王荣水,黄明伟

信访局

局　长:崔明飞

副局长:陈建设,赵　敏

党组成员:周赛英(9月始)

司法局

局　长:王　宁

副局长:陈丽英,姚世国

党组成员:黄　喜

民政局

局　长:陈孝华

副局长:崔锡鹏,任淑芬,俞明甫,樊兴声

党委委员:杨志远,严国苗

国家税务局

局　长:吴柏宏

副局长:施文灿,徐松青

党组成员:王小灵

财政局

局　长:张世华

副局长:金文耀(10月始)

地方税务局

副局长:戴自贤,陈贵富,张震宙

党组副书记:戴自贤(11月始)

人事局

局　长:周义定

党组副书记:张培良(9月始)

副局长:张培良,梁雪琴,冯惠锋

劳动和社会保障局

局　长:钱苗山(3月止),吴良裕(3月始)

党委副书记:朱安平(9月始)

副局长:朱安平,凌学文(10月止),陈利昌(10月始),陈红梅

党委委员:陈维昌,张佩莉

医疗保障管理中心

主　任:张佩莉

副主任:张云波

行政服务中心

主　任:严朝阳

副主任:陈琪树

党委委员:张　嵘

建设局

局　长:李成康

副局长:陆建平,钱　磊,陈福祥(1月始)

党委委员:杜赛君,薛友顺

规划局

局　长:叶亚明

副局长:王宏伟,胡立辉,钱建华

党组成员:余国祥

环境保护局

局　长:林信才

副局长:岑汉良(10月止),徐定源(10月止),李惠芳(10月始),莫菊妃(10月始),徐　龙

党组副书记:李惠芳(9月始)

党组成员:毛春范,郭伟屏(9月始)

工业资产管理办公室

主　任:陈国芳

副主任:朱勤俭,胡忠明

商贸资产管理办公室

主任:褚爱国

副主任:陈明亮

盐务管理处

主　任:谢松科

副主任:郑志光

农机化管理总站

站　长:童裕丰

副站长:叶华,周建成

交通局

局　长:倪明龙(3月止),钱苗山(3月始)

副局长:王会平,黄碧英,叶彭君,周志杰,邹云益,李华章(10月始)

党委委员:王辉(9月始)

航管所:

所　长:李卫忠(10月止)

水利局

局　长:李成科

副局长:陈瑞国,葛明海,李位民,陆善定,张岳彪

党委委员:董永明

国土资源局

局　长:蒋明良

副局长:王仲伦,严志苗(1月始),袁慕耘,薛国刚(1月始)

党组副书记:王仲伦(9月始)

物资流通行业管理办公室

主　任:陈明亮

商业国资公司
经　理:项国龙
副经理:俞友康

二商总公司
经　　理:褚爱国
党委委员:马　为,汪金平

医药药材有限公司
经　理:项志秋
副经理:邓新娣,梁国芬

文化体育局
局　长:包坚军(3月止),吕建华(3月始)
副局长:鲍　磊,谢富国,王锡尧,黄荣昌
党委委员:王财宝

广播电视局
局　长:朱剑辉
副局长:钱继锋,丁兆如,金侠群(3月始)
党组成员:金侠群(3月止)

卫生局
局 长:俞曹平
党委书记:李长元(9月止),俞曹平(9月始)
副局长:毕校龙,李鹏程(9月始)
党委委员:郑行君

计划生育局
局　长: 孙亚飞
副局长:卢国坤,陈素芳(10月止),赵贤君,
梁晓明(10月始)
党组成员:梁晓明 (10月止)

沙孟海书学院
院　长:马兆祥(1月止),张南芬(1月始)
副院长:李立中,陈小成,张忠良,
陈振濂(外聘)

周尧昆虫博物馆
馆　长:马兆祥(1月止),张南芬(1月始)
副馆长:李立中,陈小成,王思明(外聘)

鄞州区图书馆(宁波大学园区图书馆)
馆　长:颜务林
副馆长:王黎黎
馆长助理:胡春波(6月始)

审计局
局　长:张纪燧(3月止),倪明龙(3月始)
副局长:陆瑞康,陈良义,郑国芳(3月始)
党组成员:郑国芳(3月止),李青萍(2月始)

宁波市工商行政管理局鄞州分局
局　长:薛玉生
副局长:邱彭年,冯忠耀,赵晓国,
龚央维(11月始)
党委委员:许佳锋(11月始)

旅游局
局　长:洪光茂
副局长:卢世泽,黄宣琪
党组成员:王逸云

出入境检验检疫局
局　长:童鲁波
副局长:沈国平
党组成员:高　专

侨务办公室

主　任：李伟器(10月止)，严玉英(10月始)

副主任：裘国平(10月止)，方巨成

机关事务局(行政科)

科　长：鲁伟芳

接待办公室

主　任：周君良

副主任：史实明

区政府驻北京办事处

主任：沈君达

民族宗教事务局

局　长：李明国

副局长：朱明霞(10月始)

台湾事务办公室

主　任：戴素珍

副主任：董华凌

档案局

局　长：陈嘉祥

副局长：徐荣志

党组成员：陈亚珠，丁坚玲(2月始)

供电局

局　长：钟忠惠

副局长：王国坤，郑信康，虞孝春，虞　昉

宁波市质量技术监督局鄞州分局

局　长：俞杏国

副局长：程万方，刘德龙

党委委员：张彭彪

宁波市药品监督管理局鄞州分局

局　长：刘金荣

副局长：陈元刚

党组成员：陈国君

烟草专卖局

局　长：周章平

副局长：章育先，陈世国

供销联社(宁波华盛实业总公司)

主任(总经理)：黄继华

副总经理：林志康，史利明

石碶市场区管理委员会

管委会主任：吴敬良

副主任：俞荣年，夏云辉

党委委员：张金柱(9月止)

邮政局

局　长：张益民(3月止)，严宏达(3月始)

局长助理：王科杰

电信局

局　长：贺松元

副局长：余水兴，俞伟宁，乐惠民

气象局

局　长：厉亚萍

副局长：陈灵玲

城市管理局

局　长：姚兆祥

副局长：李　耀，罗孟君

新城区拆迁办公室

主　任:张瑞良

副主任:李泉芳(10月止),方国荣

“三电”办公室

主　任:汪国栋

新村建设办公室

主　任:钱孝平

副主任:毛斐恩,陆静波,袁慕耘,
钱　磊(4月止),陆建平(4月始)
胡立辉,毕志明

经济技术协作办公室

副主任:柯宗耀

城市建设投资发展有限公司

总经理:钱　芳

副总经理:胡　军,余忠棠

产权交易所

总经理:张建国

中国工商银行宁波市鄞州支行

行　长:王卫华(5月止)

副行长:陆信业(5月始主持工作),
唐剑峰(11月止),汪萍萍(5月始),
戴立云(5月始),华　杰(9月始)

党总支委员:李雅萍(11月始)

中国农业银行宁波市鄞州支行

行　长:王国良

副行长:顾国平,陈亮,王仲辉(4月始),
傅　祥,李志江

中国银行宁波市鄞州支行

行　长:徐　慧

副行长:王剑飞(11月止),蔡李峰,
方　颖(10月始)

党总支委员:张友兵(10月止),袁永浩(3月始)

中国建设银行宁波市鄞州支行

行　长:王炳良

副行长:刘惠信

行长助理:柯　健

交通银行宁波市分行鄞中支行

行　长:王伟方

副行长:马建波,徐妮娅

上海浦东发展银行宁波分行鄞东支行

行　长:叶善海

副行长:麻雪英,谢明华

兴业银行宁波分行鄞州支行

行　长:舒国庆

副行长:郑　波

行长助理:李东欣

鄞州银行

董事长:李建国

监事长:周国富

行　长:陈耀芳

副行长:周建斌,仇　坤,周卫国

宁波市商业银行鄞州支行

行　长:王力行(12月止),何培国(12月始)

副行长:何培国,徐　辉

行长助理:吴晓红

广东发展银行宁波宁东支行

行　长:邱振众

副行长:史咏萌

中国民生银行宁波鄞州支行

行　长:邬兴均

行长助理:邵佰良,袁新华

中国人民财产保险公司宁波市鄞州支公司

经　理:陈文勇

副经理:杨信云,郑健雄

中国人寿保险股份有限公司宁波市鄞州区支公司

经　理:胡孟雄

经理助理:陈梁元,徐安昌

中国太平洋财产保险股份有限公司宁波市鄞州支公司

经　理:邱小友

副经理:张允明,伍建胜,鲁雄伟,俞存银

中国太平洋人寿保险股份有限公司宁波市鄞州支公司

总经理:郑设光

副总经理:李冲飞

总经理助理:俞益本,李　纳

大众保险股份有限公司宁波市鄞州支公司

经　理:傅建明

副经理:李恒飞

中国网络通信集团公司宁波市鄞州分公司

总经理:徐洪春(6月始)

总经理助理:应　璐(10月始)

浙江移动通信有限责任公司鄞州分公司

总经理:汪其波

综合办主任:毛文奎(8月止),吴晓莹(8月始)

中国联通有限公司鄞州分公司

总经理:史浩力

副总经理:李　焕

【区政协和政协机关】

主　席:朱禹宝

副主席:王飞龙,张嘉俊,陈国良,黄碧英

秘书长:姜芬琴

政协常委会党组

书　记:朱禹宝

副书记:王飞龙

成　员:张嘉俊,陈国良,姜芬琴,朱富国

政协办公室

主　任:朱富国

副主任:邵永国,杨云海

政协专门委员会办公室

主　任:许忠园

副主任:邱忠武

政协联络委员会办公室

主　任:鲁宝明

副主任:周美昌

政协机关党组

书　记:姜芬琴

副书记:朱富国

成　员:许忠园,鲁宝明,邵永国

【司法机关】

人民法院

院　长:梁金爱

副院长:任岳明,周兴宥,杜　瑾

党组成员:张盛世,王青虎(9月止),
张迪忠(9月始)

人民检察院

检察长:熊建业

副检察长:徐正良,高忠东,郑银雅,谢国诚

党组成员:施源明

【区人民武装部】

部　长:徐自力

政　委:沈月根(3月止),庄跃勇(3月始)

副部长:孔亚平(3月止)

党委委员:王玉琦,孙如明,王洪卫(3月止),
朱　明(3月始)

【群众团体】

总工会

主　席:周国梁

副主席:朱鸣鸿,黄春年

党组成员:张国芬

共青团宁波市鄞州区委

书　记:沃勇特

副书记:何黎斌,周初波

妇女联合会

主　席:蔡桂芬

副主席:陈国娣,肖梅飞

党组成员:赵　雅

慈善总会

会　长:朱禹宝

副会长:蒋瑞金,崔秀玲,陈国良,王　佩,
徐万茂,钟雷鸣,崔前国,何锡万,
王澄海,邱兴祝,,毕金良

秘书长:林醒石

文学艺术界联合会

主　席:麻承照

副主席:谢富国,徐剑飞(1月始)

工商联

会　长:毕金良

副会长:毛坤良,方政荣,邱彭年,史利英,
李立新,吕永乾,张宵华,竺丰年,
赵吉康,翁振涛,毛伟芳,忻吉良,
钱盛光

秘书长:徐江宁

党组书记:毛坤良

党组成员:方政荣,徐江宁

残疾人联合会

理事长:宁鲁鸣

副理事长:蔡一鸣,张钿飞,

党组成员:朱怀全(9月始)

科学技术协会

主　席:吴海平(10月止),张逸成(10月始)

副主席:孙华良,周剑光,刘春生,黄志康

侨联

主 席:方巨成

副主席:裘国平,王健波,朱银利

秘书长: 裘国平

台联

会 长:胡安康

副会长:戴素珍,翁孟达,王文安

秘书长:翁孟达

佛教协会

会 长:广 修

副会长:修 祥,慧 芳,周茂洪

秘书长:德 云

民营企业协会

会 长:邱彭年

副会长:王源和,李爱良,张文阳,张宵华,
邱兴祝,陈杉中,卓善华,郑坚江,
赵吉康,鲍晓明

秘书长:朱国忠

【驻鄞单位】

宁波栎社机场

总经理、党委副书记:陈遵举

党委书记、副总经理:王国福

副总经理:吴文龙,许忠伟

党委副书记兼纪委书记、工会主席:王立刚

副总经理:杜凤才

宁波高教园区管理委员会

组 长:成岳冲

副组长:陆 勇,华长慧

委 员:黄士力,谢承福,陈健尔,毛国荣,
陈国刚,阮志贤,陈明志,郑世海

2004 年各镇(乡)、街道负责人

【瞻岐镇】

党委书记:柯 伟

副书记:沈 军,周伟平,
虞立军,叶茂章(9 月始)

党委委员:陆松标,夏明凤(9 月止),
叶茂章(9 月止),荆英姿(9 月始),
姜国民(9 月始)

人大主席:柯 伟

副主席:谢国华

镇 长:沈 军

副镇长:夏明凤,朱鸿炳,陆利中

纪委书记:周伟平(9 月止),虞立军(9 月始)

副书记:陆松标

【咸祥镇】

党委书记:徐 挺

副书记:陈良光,周睦波(9 月止),
张浩敏(9 月始),谢定裕

党委委员:王永强(9 月止),林召国,
朱财存(9 月止),王志平,
程斌(9 月始),张忠浩(9 月始),
蒋优丰(9 月始),王世军(9 月始)
郑岳定(10 月始)

人大主席:徐 挺

副主席:谢彭宏

镇 长:陈良光

副镇长:王志平,卢祖平,林召国,张国芳

纪委书记:周睦波(9 月止),张浩敏(9 月始)

副书记:王永强(9月止),林召国(9月始)

【塘溪镇】

党委书记:朱建元

副书记:傅纪德,李红国,周睦波(9月始)

党委委员:俞小群,卓　娅,钱建成,
邱玉良(9月始),廖文剑(9月始),
黄坚强(10月始)

人大主席:朱建元

副主席:周海云

镇　长:傅纪德

副镇长:顾崎峰,叶　夏,卓　娅,蔡国良

纪委书记:李红国

副书记:俞小群

【东钱湖镇】

党委书记:郭光辉(2月止),朱雪松(2月始)

副书记:朱雪松(2月止),方　畴,
李光良(2月止),忻琪伟(2月始)
阮建成(2月始)

党委委员:许洪潮,凌剑晖,李再祥,
金雪英(2月始),史舫(11月始)

大大主席:郭光辉

副主席:杜建春

镇　长:朱雪松

副镇长:忻琪伟(2月止),金雪英,
毕东海(2月止),

纪委书记:方　畴(4月止),忻琪伟(4月始)

副书记:许洪潮

【东吴镇】

党委书记:严玉英 (9月止),庄立峰(9月始)

副书记:翁为民(9月止),杨国财(9月始)
毛孟军,徐光耀(9月止),
叶　夏(9月始),周名耀(9月始)

党委委员:钱敏敏 ,水旭东(9月止),
王晓晖(9月始),沈光伟(9月始)
陈明良 (11月始),徐光良(9月始)
王志刚(9月始)

人大主席:严玉英

副主席:应明福

镇　长:翁为民

副镇长:孙曙光,张凤仙,陈云标

纪委书记:毛孟军

副书记:钱敏敏

【五乡镇】

党委书记:俞惠浩

副书记:李秀萍,阮善良(9月始),
杜建法(9月始),谢跃伟

党委委员:何裕定,陆俊杰,邱纪良,
陈云标(9月始)

人大主席:俞惠浩

副主席:徐建设

镇　长:李永伟

副镇长:董君耀,李东明,忻美芳,忻　中

纪委书记:李秀萍(9月止)、阮善良(9月始)

副书记:何裕定

【邱隘镇】

党委书记:张逸平

副书记:施国裕,张志达(9月止),
李建东(9月始),赵设华,顾荣康

党委委员:史海良,贺亚美,应咪琴
周坚巍(9月始),夏德云,
傅忠宁(10月始)

人大主席:张逸平

副主席:沈小宝

镇　长:施国裕

副镇长:陈企光,周志芬,陈德全,谢登峰

纪委书记:张志达(9月止),李建东(9月始)

副书记:贺亚美

【下应街道】

党工委书记:金文耀(9月止),应海龙(9月始)

副书记:应海龙(9月止),阮善良(9月止),
蒋小尧,王建平(9月始),
张朝晖(9月始)

党工委委员:徐利军,程斌(9月止),
周斌朝,王永强(9月始),陈明旺,
盛光明(10月始),

人大工委主任:徐正土(10月止),
应海龙(10月始)

副主任:徐祖龙

办事处主任:金文耀(1月止),
应海龙(1月~10月),
蒋小尧(10月始)

副主任:应海龙(1月止),金琪芳,
蔡岳兴,陈仁波,陈维国(10月止),
张国荣(10月始)

纪工委书记:阮善良(9月止),王建平(9月始)

副书记:周斌朝

【云龙镇】

党委书记:张逸成(9月止),杨奇伦(9月始)

副书记:杨奇伦(9月止),严岩平(9月始)
吕红琴,张兴华(9月止)
陈　肯(9月始)

党委委员:张盈军,吴宝珠,李荣(9月止),
朱存财(9月始),
卢建华(10月始)

人大主席:陈忠信

镇　长:杨奇伦

副镇长:伊建鸣,任武章,任亚芬,周启波

纪委书记:吕红琴

副书记:张盈军

【横溪镇】

党委书记:杜建海

副书记:陈嘉琪(9月止),忻思忠(9月始),
龚彩波,周名耀(9月止),
张兴华(9月始)

党委委员:徐卫东,李行龙,陈志定,
张朝晖(9月止),郑建波(9月始)
叶仕兴(10月始),张民(9月始)
夏明凤(9月始),邵继红(9月始)

人大主席:陈吉利

副主席:俞普通

镇　长:陈嘉琪

副镇长:张建明,张燕华,张朝晖,沈光伟

纪委书记:龚彩波

副书记:李行龙

【姜山镇】

党委书记:吴志红

副书记:庄立峰(9月止),杜建法(9月止),王国民,
孙诗君(9月始)
周丽君(9月始),杨东光(9月始)

党委委员:陈森光(9月止),胡海鸿
任　新(9月止),周尧定
王　骏(9月始),郑咪玉(9月始)
王静德(10月始)

人大工作组组长:王佩定(12月止)

副组长:黄富岳(12月止)

人大主席:王佩定(12月始)

副主席:黄富岳(12月始)

政务工作领导小组组长:庄立峰(10月止),
孙诗君(10月始)

副组长:杨东光(10月止),周丽君(10月止)

张国荣(10月止),郑建波(10月止)
秦天雄(10月始),任　新(10月始)
严　政(10月始)
镇　长:孙诗君(12月始)
副镇长:秦天雄(12月始),任　新(12月始),
严　政(12月始)
纪委书记:杜建法(9月止),周丽君(9月始)
副书记:任　新(9月止),郑咪玉(9月始)

【钟公庙街道】
党工委书记:支光辉(2月止),汤宏斌(9月始)
副书记:汤宏斌(9月止),李洪平(9月止),
莫菊妃(9月止),董永年(9月止),
张志达(9月始),朱剑涛(9月始),
林子震(9月始)
党工委委员:陈俊娥,杨梅芬,蒋守国,
袁裕华(8月止),陈森光(9月始),
倪尊利(10月始)
人大工委主任:董家良(10月止),董永年(10月始)
副主任:陈维国(10月始)
办事处主任:汤宏斌(10月止),
张志达(10月始)
副主任:朱剑涛(10月止),
林子震(10月止),
任剑军(5月止),戴国兴,
许国华(10月始),
水旭东(10月始),
章红霞(10月始)
纪工委书记:李洪平(9月止),朱剑涛(9月始)
副书记:陈俊娥(9月止),陈森光(9月始)

【高桥镇】
党委书记:王德华 (10月止),胡纲高(10月始)
副书记:胡纲高(10月止),施春华(9月始),
忻思忠(9月止),徐光耀(9月始),
胡绍芳,谢赛定(9月止)
党委委员:李菊娣 ,任玉芳 (9月止),张洪,
王军义(9月始),应勇波(9月始),
周晓伟(9月始),毛雪光(9月始)
人大主席:范伟明
镇　长:胡纲高
副镇长:翁一平,赵惠刚,施银菊,周坚巍
纪委书记:忻思忠(9月止),徐光耀(9月始)
副书记:谢赛定(9月止),王军义(9月始)

【横街镇】
党委书记:施孝峰
副书记:邵　斌,邱爱民(9月始),
朱亚定(3月始),徐宁军(9月始),
李建东(9月止)
党委委员:周小涛(9月始),
王良君(9月始),刘岳柱,
毛雪光(9月止),李荣(9月始)
蔡国良(9月始),傅学军(10月始),
卢明娟
人大主席:施孝峰
副主席:毛三才
镇　长:邵　斌
副镇长:朱亚定,高国琴,徐宁军,严　政
纪委书记:邱爱民(9月始),李建东(9月止)
副书记:王良君(9月始),卢明娟(9月止)

【集士港镇】
党委书记:王洪平(9月止),陈　虹(9月始)
副书记:陈　虹(9月止),杨国定,
陈福定,朱英海(9月始)
党委委员:余晓虹(9月止),邵文龙(9月始),
葛亚萍,姚刚毅(9月始),潘鑫波,
任建明(10月始)
人大主席:王洪平

副主席:洪剑方

镇　长:陈　虹

副镇长:徐岳定,施大伟(9月止),叶亚琴

城建工作负责人:叶天奔(10月始)

纪委书记:陈福定(9月止),朱英海(9月始)

副书记:余晓虹(9月止),邵文龙(9月始)

【古林镇】

党委书记:吕海庆

副书记:陈利昌(9月止),戴华祥,
施春华(9月止),余晓虹(9月始),
谢赛定(9月始),赵锡飞(9月始)

党委委员:朱国定,杨　波,杨国民,毛乾伦

人大主席:吕海庆

副主席:姚赛飞

镇　长:陈利昌

副镇长:李国年,陈珊,郑剑华,许惠苏

纪委书记:戴华祥(9月止),余晓虹(9月始)

副书记:杨国民

【石碶街道】

党工委书记:李国宏

副书记:卓开成,方　毅,王财龙

党工委委员:戴利光,姜亚君,
姚刚毅(9月止),李晓明(9月始)
施大伟(9月始),胡松青(10月始)

人大工委主任:詹如平

副主任:施银菊(10月始)

办事处主任:卓开成

副主任:崔谷安,张岳山,汪渊群,印孟飞,

纪工委书记:方　毅

副书记:戴利光(9月止),施大伟(9月始)

【洞桥镇】

党委书记:周海明

副书记:钱范杰,夏国芬,毛　酩(9月始)

党委委员:严成清,忻明飞(9月止),
谢光海(9月始),吴岳成(9月止),
张孟耸(9月始),陈晓虎,
徐恩斐(9月始),胡亮浩(9月始)

人大主席:周海明

副主席:周茂君

镇　长:钱范杰

副镇长:钟光明,毛　酩,吴岳成,忻明飞

纪委书记:夏国芬

副书记:严成清

【鄞江镇】

党委书记:李华章(9月止),李永伟(9月始)

副书记:徐卫成,徐海平,吴常龙,缪建云

党委委员:洪　峰(9月始),陈君尧,鲍学锋,
俞国军,唐佩红(9月始)

人大主席:李华章

副主席:王佩斐

镇　长:徐素芳(2月止),徐卫成(2月始)

副镇长:林亚郎,周剑才,鲍学锋

纪委书记:徐海平

副书记:陈君尧

【龙观乡】

党委书记:周　君

副书记:徐源忠,李仲安,忻明飞(9月始),
鲁国挺(9月始)

党委委员:应超武,张素淑(1月始)

人大主席:周　君

副主席:王福年

乡　长:徐源忠

副乡长:唐明江 ,徐忠国,张素淑(3月始),
王剑芳

纪委书记:李仲安(9月止),忻明飞(9月始)

副书记:应超武

【章水镇】

党委书记:徐志定

副书记:钱春芳,柴福根,鲁国挺(9月止),
汤旭波(9月始)

党委委员:汤旭波(9月止),李小珍,金茂灿(9月止),
汪志佩(9月始),周永宽(9月始),
崔川良(9月始)

人大工作组组长:徐志定(12月止)

副组长:龚家义(9月止),
金茂灿(9月~12月)

人大主席:徐志定(12月始)

副主席:金茂灿(12月始)

政务工作组组长:钱春芳(12月止)

副组长:李志君(10月~12月),吴永华(12月止),
李小珍(12月止),汤红川(12月止),
邵文龙(10月止),许国华(10月止)

镇　长:钱春芳(12月始)

副镇长:李志君(12月始),
吴永华(12月始),李小珍(12月始),
汤红川(12月始)

纪委书记:柴福根

副书记:汤旭波(9月止),汪志佩(9月始)

【梅墟街道】

党工委书记:钱国华

副书记:邱志峰,张建春,

党工委委员:陈国芳,吴龙华,叶国芳,周伟杰

人大工委主任:钱国华

副主任:张建春

办事处主任:钱国华

副主任:邱志峰,陈国芳,吴龙华,叶国芳

纪工委书记:邱志峰

副书记:吴龙华

(本名录由各单位供稿、区委组织部审核)

先进个人(部分)

【全国各系统表彰的先进个人】(排名不分先后)

姓　名	荣誉称号	授予单位	工作单位
王立平	人民法院行政审判工作先进个人	最高人民法院	区法院
毛伟芳	全国乡镇企业家	农业部	宁波八方集团股份有限公司
马信良	全国“孝星敬老之星”	民政部	宁波恒泰草制品有限公司
李林德	全国文化市场行政执法先进个人	国家文化部	文体局文化市场办公室
周红文	全国优秀团干部	共青团中央	浙江利时集团
徐　慧	全国金融五一劳动奖章	中国金融工会全国委员会	中国银行宁波市鄞州支行
张淑琴	优秀政务信息员	国家人口和计划生育委员会办公厅	区计划生育局
柳　斌	《中国税务报》优秀通讯员	《中国税务报》社	区国税局稽查局
陈　萍	全国越剧演唱大赛银奖	中国戏剧家协会	区越剧团
马锋英	全国艺术院校表演比赛三等奖	文化部教育科技司	区越剧团
刘惠信	降低不良资产攻坚战先进个人	中国建设银行	中国建设银行宁波市分行
王　蕾	总行第一届柜面服务知识单项竞赛南赛区第三名,总行第九名	中国建设银行	中国建设银行宁波市分行
徐素芳	四星级展业明星	大众保险总公司	大众保险鄞州支公司

【浙江省级和省各系统表彰的先进个人】(排名不分先后)

姓　名	荣誉称号	授予单位	工作单位
赵吉康	“双带”好党员	省委	东吴镇西村村
吴祖楣	为民好书记	省委	下应街道湾底村
吴祖楣	省劳动模范	省政府	下应街道湾底村
吴智平	无偿献血先进个人	省政府	鄞州区鄞江镇
杨旭平	冬季退役士兵安置工作先进个人	省政府、省军区	区民政局
赵富华	二等功	省高级人民法院	区法院
干红光	优秀信息员	省人民检察院	区检察院
史定海	省功勋教师	省教育厅	鄞州中学
应盛辉等	第二届职业教育成果奖一等奖	省教育厅	鄞州职教中心学校
王善良等	第二届职业教育成果奖二等奖	省教育厅	宁波东钱湖旅游学校

周赛龙	省“春蚕奖”	省教育厅	东钱湖镇中心中学
沈　斌	省优秀教师	省教育厅	姜山镇朝阳小学
毛奇存	“十年浙江省青年文明号活动”优秀组织奖(个人奖)	省公安厅	区公安分局
陈伟芳	省法律援助工作先进个人	省司法厅	区司法局
陈　儿	会计决算报表先进个人	省财政厅	区财政局
朱裕高	《浙江税务》先进通讯员	省地税局	区财政局
毛盈飞	省地税系统信息工作先进个人	省地税局	区财政局
崔　莉	全省人事政务信息工作先进个人	省人事厅	区人事局
卢　明	省国土资源系统政务信息先进个人	省国土资源厅	区国土资源局
谢丽君	农村固定观察点优秀调查员	省委省政府农业和农村工作领导小组办公室	区农林局
陈银宝	省农村统一灭鼠先进个人	省农业厅	区农技推广中心
贺　坤	万名农技人员联基地联大户活动先进个人	省农业厅	区农林局林特站
孙　健	万名农技人员联基地联大户活动先进个人	省农业厅	区农技推广中心
孙时军	万名农技人员联基地联大户活动先进个人	省农业厅	区畜牧中心
孙　健	全省农作物生产新技术推广先进个人	省农业厅农作物管理局	区农技推广中心
宋乐民	全省农作物生产新技术推广先进个人	省农业厅农作物管理局	区农技推广中心
王　斌	全省农作物生产新技术推广先进个人	省农业厅农作物管理局	区农技推广中心
俞爱红	2003 年度农业部基点调查先进个人	省农业厅	区农林局
俞爱红	农业综合统计工作获奖个人一等奖	省农业厅	区农林局
张天奎	省级优秀种粮大户	省农业厅	云龙镇
应金来	省级优秀种粮大户	省农业厅	姜山镇
杨龙华	白哺鸡竹适生环境研究科技兴林三等奖	省林业厅	咸祥镇政府
陆从武	省优秀农技员	省农技推广基金会	高桥镇政府
陈　萍	全国越剧演唱大赛浙江选拔赛金奖	省戏剧家协会	区越剧团
谢丽娜	全国越剧演唱大赛浙江选拔赛银奖	省戏剧家协会	区越剧团
陈　尔	全国越剧演唱大赛浙江选拔赛银奖	省戏剧家协会	区越剧团
朱亚飞	省体育场地普查工作先进普查员	省体育局	区体育中心
陈云波	鄞州体育新姿摄影大赛优秀组织奖	省群艺馆	区文化馆
郑春杰	省广播电视社会管理工作先进个人	省广电局	区广电局
陈伟芳	省法律援助工作先进个人	省广电局	区广电局
卢维君	省企业上市工作先进个人	省政府企业上市工作领导小组	区经济体制改革委员会办公室

杨文君	全省工商行政管理系统“红盾风采” —经济卫士荣誉称号	省工商局	区工商分局
俞 岚	省工商局“双百”活动报道先进个人	省工商局	区工商分局
刘金荣	先进个人	省药监局	区药监分局
方巨成	省侨联先进工作者	省侨联	区侨联
潘亚梁	省劳动模范	省政府	鄞州人民医院
李立新	省“五四”红旗奖章	共青团浙江省委	浙江利时集团
何小红	省级先进团干部	共青团浙江省委	鄞江镇团委
俞伟宏	省级青年志愿者先进个人	共青团浙江省委	四明职中团委
丁良洪	省级共青团信息工作先进个人	共青团浙江省委	团区委
陈芳琴	省优秀少先队辅导员	共青团浙江省委 浙江省教育厅	东吴中心小学
周建斌	“十年浙江省青年文明号活动” 优秀组织奖(个人)	浙江省青年文明号 活动组委会	鄞州银行
陈亚琴	省“双学双比”竞赛活动先进个人	省巾帼建功“双学双比” 活动领导小组	姜山镇黎山后村
鲍亦寅	省事业家庭兼顾型先进个人	省妇联	五乡中心小学
王佩	慈善爱心奖	省慈善总会	区慈善总会
王善康	省农函大先进工作者	省农函大办公室	五乡镇政府
邱惠忠	全省毒鼠强专项整治工作先进个人	省毒鼠强专项整治 工作小组	区农业行政执法大队

【宁波市级表彰的先进个人】(排名不分先后)

姓 名	荣誉称号	授予单位	工作单位
徐立毅、姚兆祥、李成康、 钱芳、宋兆峰	市创建国家园林城市先进个人	市政府	区政府
张南芬、 王文光、马松娣等 11 人	计划生育工作先进个人	市政府	鄞州区
王海国 毛奇存、毕校龙	征兵工作先进个人	市政府、宁波军分区	区政府
朱国富	市对口帮扶工作先进个人	市委、市政府	区农办
任国斌、陈孝华、 杨旭平、岑卢艳	退伍士兵安置工作先进个人	市政府	区政府

樊兴声、侯朝兰 李明祥、童志燕	退伍士兵安置工作先进个人	市政府	区政府
周亚平	十佳乡镇计生工作者	市政府	集仕港镇政府
徐亚晨	十佳村计生工作者	市政府	古林镇藕池村
岑卢艳	退役士兵安置工作先进个人	市政府	鄞州区财政局
徐龙	生态市建设工作先进个人	市委、市政府	鄞州区环保局
赵设华	综治工作先进个人	市委、市政府	邱隘镇政府
周章平	市劳动模范	市委、市政府	区烟草专卖局
忻琪伟	市社会综合治理先进个人	市政府	东钱湖镇政府
金雪英	市计生工作先进个人	市政府	东钱湖镇政府
潘爱国	市创卫工作先进个人	市政府	东钱湖镇政府
陆碧娣	市创卫工作先进个人	市政府	东钱湖镇政府
徐　斌	市第二届名校长	市政府	东钱湖镇中心小学
张再美	市优秀计生管理员	市政府	东钱湖镇红舒村
谢跃伟	市综治先进个人	市政府	乡镇政府
沈伟明	市第二批名校长	市政府	鄞州职业高级中学
许惠苏	市创建国有卫生城市先进个人	市政府	古林镇
许惠苏	市优秀妇女干部	市政府	古林镇
虞　昉	全市迎峰渡夏有序用电先进个人	市政府	区供电局
王国定、 潘敏敏等 27人	市未成年人思想道德建设 工作先进个人	市委办公厅、市政府办公厅	区委宣传部
王　俊	信息工作先进个人	市委办公厅	区国税局
王　俊	信息工作先进个人	市政府办公厅	区国税局
张　军	市未成年人思想道德建设工作标兵	市委办公厅、市政府办公厅	邱隘镇方庄社区
汪晓红	反映社情民意信息优秀通讯员	市政协	区政协办公室
杨云海	《宁波政协》积极作者	市政协	区政协办公室
朱银春	三等功	市中级人民法院	区法院
王振平	三等功	市中级人民法院	区法院
邵国恒	个人三等功	宁波市人民检察院	区检察院
杨世青	个人三等功	宁波市人民检察院	区检察院
张红军	个人三等功	宁波市人民检察院	区检察院
王　彤	个人三等功	宁波市人民检察院	区检察院

先进荣誉(部分)

【全国各系统表彰】(排名不分先后)

获得荣誉单位(项目)	荣誉称号	授予单位
区政府	全国科技进步示范区	国家科技部
鄞州区	全国计划生育优质服务先进区	国家人口和计划生育委员会
鄞州区	全国文物工作先进区(县)	国家文化部、国家文物局
区检察院	检察宣传先进集体	最高人民检察院
区检察院监所科	一级规范化检察室	最高人民检察院
《鄞州年鉴》(2004)	首届中国地方志年鉴奖二等奖	中国地方志指导小组 中国地方志协会
区科技局	全国科技管理系统先进集体	国家科技部、人事部
区公安局交警大队	预防道路交通事故先进集体	公安部
区公安局刑侦大队技术科学室	全国一级刑事技术科学室	公安部
高桥派出所	荣记集体一等功	公安部
高桥派出所	“一级派出所”	公安部
高桥派出所	全国青年文明号十年成就奖	团中央、国家公安部
钟公庙街道司法所	全国“人民调解工作模范司法所”	最高人民法院、司法部
区水利局办公室	全国水利系统先进	水利部
区农业执法大队	全国农业综合执法先进集体	农业部
区森林防火指挥部办公室	全国森林防火工作先进单位	国家林业局
区农林局农牧科	农业基点调查先进集体	农业部市场经济信息司
“KKK”大米	国家无公害农产品标志	国家农业部农产品质量安全中心
区计划生育局	第十二届人口文化奖优秀组织奖	国家人口计生委、文化部、广电总局、全国妇联、中国文联、中国作协、中国人口文化促进会
区计划生育局	全国人口和计划生育信息化建设先进单位	国家人口和计划生育委员会
区质量技术监督分局	全国质量监督检验检疫工作先进单位	国家质量监督检验检疫总局
五乡镇明伦村	全国民主法治示范村	司法部、民政部

姜山镇政府	全国亿万农民健身活动先进乡镇	国家农业部 体育总局中国农民体育协会
工行鄞州支行党支部	基层先进党总支	中国工商银行
宁波市建设集团股份有限公司	“鲁班奖”优质工程	中华人民共和国建筑业协会
宁波方兴食品有限公司	中国机械化屠宰加工优势企业	国家商务部屠宰技术鉴定中心
三星奥克斯集团有限公司	中国驰名商标	国家工商总局商标局
恒达电器公司	国家级高新技术	科技部
邱隘水厂	全国农村优秀水厂	国家爱国卫生委员会
《它山堰的儿女》	中国广播电视政府奖广播连续剧一等奖	国家广电总局
广播剧《它山堰的儿女》	中国广播剧一等奖, 全国专家奖一等奖	国家广播剧学会 国家广播电影电视总局
汤明作词、吕明作曲《女孩真可爱》	“关爱女孩行动”主题歌曲征集活动优秀奖	国家人口和计划生育委员会

【浙江省和省各系统表彰】(排名不分先后)

获得荣誉单位(项目)	荣誉称号	授予单位
区委	创建省级文明城区工作先进区	省文明委
鄞州区	无偿献血先进区	省政府
鄞州区	省高标准平原绿化县	省林业厅
鄞州区	外贸出口、利用外资的成绩显著区	省政府
鄞州区	省发展外向型农业先进单位	省发展外向型农业联席会议办公室
鄞州区	基层组织建设先进县(市、区)	省委
鄞州区	省第十届水利“大禹杯”竞赛金杯奖	省政府
区纪委、监察局	全省纪检监察系统查办案件工作先进集体	省纪委、省监察厅
区法院	集中处理涉法上访案件先进法庭	省高级人民法院
区司法警察大队	全省法院优秀司法警察队	省高级人民法院
望春法庭	模范五好法法庭	省高级人民法院
区检察院	省先进检察院	省检察院
区检察院	集体二等功	省检察院
区检察院办公室	检察信息先进单位	省检察院
区总工会	优秀组织单位	省经济技术创新活动领导小组

区总工会	促进再就业工作先进集体	省总工会
区文明办	省文明办系统信息工作先进单位	省文明办
区“安康杯”竞赛领导小组	优秀组织单位	省“安康杯”竞赛领导小组
团区委	省级先进团委	共青团浙江省委
团区委	省级大中学生暑期社会实践先进集体	共青团浙江省委
区妇联	省妇女权益保障工作先进集体	省妇联
区青年志愿者行动指导中心	省级青年志愿者服务杰出集体	共青团浙江省委
区妇联	省妇联信息工作先进集体	省妇联
区残联	省级示范残联	省残联
区慈善总会	省首届“十大慈善之星”评选活动组织奖	省慈善总会、省残联、省红十字会、省青少年发展基金会、浙江日报报业集团、浙江广播电视集团
区慈善总会	爱心助残奖	省残联、省残疾人福利基金会
区高等教育自考办	自考20周年先进集体	省自学考试委员会
区科技局	省科技工作先进集体	省科技厅
区公安分局	全省优秀公安局	省公安厅
区公安分局	全省公安机关打防控工作优胜单位	省公安厅
区公安分局	信访积压件集中清理工作先进集体	省公安厅
区公安分局	《平安时报》公安新闻宣传工作二等奖	省公安厅
区公安分局交警大队	省级“文明单位”	省委、省政府
高桥派出所	全省“执法为民”先进单位	省委政法委
鄞州看守所	十五年安全无事故看守所	省公安厅
石碶派出所	省级“青年文明号”	省公安厅
区公安分局交警大队	公路路口专项整治先进单位	省公安厅
区公安分局石碶刑侦中队	二级责任区刑警队	省公安厅
区财政局	会计决算报表先进集体	省财政厅
区人事局	全省人事系统先进集体	省人事厅
区人事局	全省人事政务信息工作先进集体	省人事厅
区劳动监察大队	省劳动监察先进集体	省劳动和社会保障局
区劳动仲裁委员会	省劳动仲裁先进集体	省劳动仲裁委员会
区建设局	房地产管理省级先进单位	省建设厅
区建设局	人防工作省级先进单位	省人防办
区城建监察大队	省城管行政执法(监察)先进集体	省城建监察协会
区国土资源局	省国土资源系统政务信息先进集体	省国土资源厅
区水利局水文站	省优秀水文站	省水利厅

区农林局	农业工作先进集体	省农业厅
区农林局	农业宣传工作先进单位	省农业厅
区农林局	全省发展外向型农业工作先进单位	省外农办
区农林局老干部党总支	先进离退休干部党支部	省委组织部
区农林局	全省农作物生产新技术推广先进单位	省农业厅农作物管理局
区文体局	省体坛报宣传发行工作先进集体	省体育局
《"动物疫情发布"难题多》	省政府奖一等奖	省广电局
《鄞州万余农民成为银行股东》	省政府奖三等奖	省广电局
区疾控中心	全省健康教育资料发行工作先进集体	省疾控中心
区献血办	全国无偿献血管理先进机构	省政府
区计划生育局	省人口和计划生育信息化建设先进单位	省人口和计划生育委员会
区审计局	全省审计机关考核优秀单位	省审计厅
区行政服务中心	省级文明单位	省政府
区工商分局	省级文明单位	省文明委
区工商分局	省级文明单位	浙江省委
区工商分局	省毒鼠强整治工作先进单位	省毒鼠强整治工作领导小组
区工商分局	省一级档案工作目标管理单位	省档案局、工商局
区工商分局	省一级干部人事档案工作目标管理单位	省委组织部
区工商分局驻区行政服务中心窗口	红盾风采—文明规范窗口	省工商局
区工商分局 "12315"消费者申诉举报中心	红盾风采—文明规范窗口	省工商局
区工商分局	省局"双百"活动报道先进集体	省工商局
区供电局	省农网安全竞赛先进单位	省电力公司
广东发展银行股份有限公司 宁波宁东支行	广发理念团队奖	广东发展银行省分行
鄞州银行龙观支行	省百强农信社	省信用合作协会
鄞州银行中山支行	省百强农信社	省信用合作协会
鄞州银行下应支行	省百强农信社	省信用合作协会
鄞州银行钟公庙支行	省百强农信社	省信用合作协会
鄞州银行梅墟支行	省百强农信社	省信用合作协会
鄞州银行东钱湖支行	省百强农信社	省信用合作协会
鄞州银行钟公庙支行储蓄总汇	省级"青年文明号"	省青年文明活动领导小组
鄞州人民医院注射室	省级巾帼文明示范岗	省妇联
宁波服装博物馆	省级爱国主义教育基地	省委办公厅、 省政府办公厅

咸祥工商所	红盾风采—文明规范工商所	省工商局
东吴镇西村村	全面小康建设示范村	省政府
东钱湖镇成人学校	省级自考工作先进单位	省教育厅
东钱湖镇中心小学	省级巾帼文明示范岗	省妇联
五乡镇政府	省级生态示范镇	省政府
五乡镇明伦村	省级文明村	省政府
五乡镇明伦村	省党建工作示范点	省委
五乡镇明伦村	先锋工程“五好”村党组织	省委
五乡镇明伦村	省级卫生村	省政府
五乡电管站	省农村供电营业服务达标窗口	省电力局
五乡工商所	红盾风采—数字化工商所	省工商局
邱隘镇党委	先锋工程“五好”乡镇党委	省委
石碶街道党工委	先锋工程“五好”乡镇党委	省委
邱隘镇党委	省基层组织建设先锋工程“五好”乡镇党委	省委、省政府
邱隘镇	省级文明镇	省委、省政府
邱隘镇民政办公室	省级民政系统基层窗口行风建设先进单位	省委、省政府
邱隘镇印一村	省级文明村	省委、省政府
下应街道东裕社区	省级“青年文明社区）	共青团浙江省委员会
云龙中学	省级教研成果三等奖	省教育研究室
云龙镇上李家村	省级“文明村”	省政府
横溪工商所	红盾风采—文明规范工商所	省工商局
姜山镇计生协会	省示范计生协会	省计生协会
姜山镇定桥村	省卫生村	省爱委会
姜山镇中心小学	省教育教研工作先进集体	省教科院
姜山镇朝阳小学	省“姜山杯”航模比赛团体第三名	省体育局
姜山中心卫生院	省农村中心集镇示范卫生院	省卫生厅
钟公庙街道党工委、办事处	结对帮扶先进单位	省委、省政府
钟公庙供电营业所	省电力系统“迎峰渡夏、 有序用电、优质服务”先进集体	省电力公司
钟公庙飞虹社区	省级百佳社区	省城市社区工作协调小组 省民政厅
钟公庙剑桥社区	省级示范社区居委会	省民政厅
高桥镇	省文明镇	省委、省政府
高桥派出所	执法为民先进集体	省政法委
高桥派出所	全省公安机关窗口整治与建设示范单位	省公安厅
高桥工商所	红盾风采—文明规范工商所	省工商局
横街镇水家村	省全面建设小康示范村	省人民政府

集士港工商所	红盾风采—文明规范工商所	省工商局
古林工商所	省级"青年文明号"	团省委
古林镇党校	省级基层党校示范点	省委宣传部
古林镇工会	工会省示范镇工会	省总工会
古林藕池村	先锋工程"五好"村党组织	省委
王笙聆小学	省示范性小学	省教育厅
下应街道德培小学	第二批省级绿色学校	省环保局
一舟、乐士、东海、紫云堂、华茂5件商标	省著名商标	省工商局
宁波对龙集团有限公司	省知名商号	省工商局
宁波培罗成集团有限公司	省知名商号	省工商局
宁波爱尔妮制衣有限公司	省知名商号	省工商局
宁波利时塑胶有限公司	省知名商号	省工商局
宁波欧琳厨具有限公司	省知名商号	省工商局
宁波海太机械制造有限公司	省知名商号	省工商局
三星集团	非公企业党建工作示范点	省委组织部
宁波海太机械制造有限公司	优胜企业	省"安康杯"竞赛领导小组
"八戒"西瓜	省十大优质西瓜品牌	省蔬菜瓜果产业协会
"八戒"西瓜	省农业博览会金奖	省农业博览会组委会
"八戒"葡萄基地	省无公害农产品基地	省农业厅
浙江中达建设集团股份有限公司	"钱江杯"优质工程	省建筑业协会
宁波市鄞州市政工程有限公司	省表扬工程	省建筑业协会
浙江省二建建设集团有限公司	省"文明标化"工地	省建筑业协会
浙江曙光建设集团有限公司	省"文明标化"工地	省建筑业协会
宁波建设集团股份有限公司	省"文明标化"工地	省建筑业协会
浙江万华建设有限公司	省"文明标化"工地	省建筑业协会

【宁波市级表彰】(排名不分先后)

获得荣誉单位(项目)	荣誉称号	授予单位
区政府	市创建国家园林城市先进集体	市政府
区政府	生态市建设工作先进集体	市委、市政府
鄞州区	无偿献血先进区	市政府
区政府	宁波市外资先进奖金奖	市政府
区政府	外资突破奖	市政府

区政府	外贸先进奖金奖	市政府
区政府	外贸突破奖	市政府
区政府	道路交通安全先进集体	市政府办公厅
区政府	对口帮扶工作先进集体	市委、市政府
区政府	退伍士兵安置工作先进单位	市政府
区政协办公室	反映社情民意信息工作二等奖	市政协
区法院	市妇女儿童工作先进集体	市政府
区法院姜山法庭	三等功	市中级法院
区检察院	市先进检察院	市检察院
区检察院侦查监督科	集体三等功	市检察院
区检察院办公室	集体三等功	市检察院
区公安分局	信访工作先进单位	市委、市政府
区财政局	全市退役士兵安置工作先进集体	市政府
区计生局	计划生育工作先进集体	市政府
区劳动监察大队	市模范集体	市委、市政府
区工商分局驻区行政服务中心窗口	市级"劳动模范集体"	市政府
区国税局邱隘税务分局	市模范集体	市委、市政府
区供电局	全市迎峰渡夏有序用电先进集体	市政府
咸祥镇芦浦暴动纪念碑及史迹陈列室	市级爱国主义教育基地	市委办公厅、市政府办公厅
唐溪镇沙文求烈士故居	市级爱国主义教育基地	市委办公厅、市政府办公厅
塘溪镇	市未成年人思想道德建设工作先进镇	市委办公厅、市政府办公厅
东钱湖镇中心中学	市级卫生先进单位	市政府
东钱湖镇中心小学	市级卫生先进单位	市政府
五乡镇党委	市党建工作先进乡镇	市委
五乡镇政府	市计划生育先进集体	市政府
五乡镇政府	市级民兵工作先进集体	市政府
五乡镇宝同村	市级文明村	市政府
五乡镇宁波逸夫中学	市级达标交通安全学校	市政府
邱隘镇政府	社会治安综合治理先进集体	市委、市政府
邱隘镇政府	安全生产先进集体	市委、市政府
邱隘镇方庄社区	市级文明社区	市委、市政府
邱隘镇方庄社区亲子家长学校	未成年人道德建设工作先进家长学校	市委办公厅、市政府办公厅
邱隘镇	市级文明镇	市委办公厅、市政府办公厅
云龙镇上李家村	市级"文明村"	市政府
云龙镇上李家村	市级爱国主义教育基地	市委
横溪镇政府	社会治安综合治理先进单位	市委、市政府

横溪镇政府	市级卫生镇	市委、市政府
姜山镇党委	市“四型”先进党委	市委
钟公庙剑桥社区	市级文明社区	市委、市政府
钟公庙东湖社区	市级文明社区	市委、市政府
钟公庙凤凰社区	市级文明社区	市委、市政府
钟公庙桑菊社区	市级文明社区	市委、市政府
钟公庙宋诏桥社区	市级文明社区	市委、市政府
钟公庙街道飞虹社区	市未成年人思想道德建设工作先进社区	市委办公厅、市政府办公厅
高桥镇政府	市计划生育先进集体	市政府
高桥镇政府	市社会治安综合治理先进单位	市委、市政府
高桥镇	市级文明镇	市委办公厅、市政府办公厅
高桥镇新联村	市级文明村	市委、市政府
高桥镇芦港村	市级文明村	市委、市政府
横街水家村	市级文明村	市委、市政府
横街林村	市级文明村	市委、市政府
集士港镇	市级文明镇	市委办公厅、市政府办公厅
古林镇	市级民政工作先进镇	市政府
古林镇	市级村民自治模范镇	市政府
古林镇	征兵工作先进集体	市政府
古林镇计生办	市计划生育工作先进集体	市政府
石碶街道办事处	社会治安综合治理先进单位	市政府
石碶街道办事处	征兵工作先进单位	市政府、市军分区
洞桥镇政府	市社会综合治理先进单位	市委、市政府
洞桥镇	市教育强镇	市政府
洞桥镇树桥村	市级文明村	市政府
洞桥镇张家垫村	市级文明村	市政府
洞桥镇葱江村	市级文明村	市政府
洞桥镇中心小学	道路交通宣传“五进”工作示范单位	市政府
洞桥镇中心小学	市现代化学校	市政府
龙观乡后隆村	市级园林式村庄	市政府
章水镇政府	社会治安综合治理先进单位	市委、市政府
章水镇政府	征兵工作先进单位	市政府、市军分区
东裕社区等 8 个社区	市级文明社区	市委办公厅、市政府办公厅
四明山村等 17 个村	市级文明村	市委办公厅、市政府办公厅
广博集团股份有限公司	市模范集体	市委、市政府
宁波市鄞州梁桥米业有限公司	市农业龙头企业	市政府

2004 年鄞州区主要著述索引(部分)

书目索引(排列不分先后)

书 名	作者或主编	出版单位
中国廉政文化丛书	寿永年	中国方正出版社
廉风——廉政文化在鄞州	郑德兵	宁波出版社
鄞州作家文丛 2	麻承照	中国文联出版社
金峨山金峨寺	麻承照、应长裕	中国文联出版社
鄞州年鉴(2004)	裘松涛	方志出版社
关爱女孩全国漫画展作品集	孙亚飞	中国人口出版社
名人之乡塘溪	朱建元	中国方正出版社
东钱湖石刻	谢国旗	中国文联出版社
活着的伤痕	陈建国	重庆出版社
中国席乡古林	吕海庆	当代中国出版社
横溪文化大观	杜建海	宁波出版社
七彩童话作文课堂	陈素芬	吉林教育出版社
蔺草	周书军(副主编)	中国农业科技出版社

省级以上期刊发表论文索引(排列不分先后)

论文名称	作 者	发表期刊
论我区农村土地征用过程中存在的信访问题及治理对策	钱飞	浙江信访 2004 年第 8 期
网上银行应对策略分析	戚国君	财经论丛 2004 年增刊
商业银行内控管理浅析	王俊	财经论丛 2004 年增刊
鄞州:股份合作制锋芒初露	陈耀芳	中国农村信用合作 第 187 期
关于当前城镇职工基本养老保险扩面工作的几点思考	张世华	浙江财政研究资料 第 5 期
宁波市鄞州区严防农民负担反弹	朱裕高、潘剑亮	中国财政 第 2 期

出口退税机制改革对地方财政影响及对策	史召其	浙江税务 2004年增刊(三)
鄞州区被征地人员养老保障的远忧近虑	殷明君、童志燕	浙江财税与会计 第10期
怎样办好县级台电视新闻栏目	朱剑辉、陆盈盈	中国广播电视学刊 第11期
千锤百炼 余音绕梁——看藏着的中国	崔海波	浙东声屏 第1期
Tenor在伴神经损伤的 胸腰段椎体骨折中的应用	王福生等	中国骨伤
幽门螺杆菌感染3种 治疗方案的成本——效果分析	叶亚菊等	医药导报
雷贝拉唑联合铝碳酸镁 治疗胃食管反流病的临床疗效	叶亚菊等	中华临床药学杂志
肝内胆管结石的内镜诊治现状	林琪等	中华肝胆外科杂志
乳腺腺泡状横纹肌肉瘤一例	顾昕等	中华病理学杂志
人肝细胞生长因子mRNA实时 荧光PCR定量标准的构建	岑东等	温州医学院学报
国产牛分枝杆菌菌苗联合 化疗治疗初治肺结核的疗效	陈小珍等	现代实用医学
急性心肌梗死溶栓治疗对 P波终末电势.P波离散度的影响	陈国忠等	浙江临床医学
介入栓塞治疗Graves病临床观察	任惠龙等	浙江临床医学
翼状胬肉不同术式效果观察	王惠云等	中国实用眼科杂志
腹腔镜下修补术治疗胃十二指肠溃疡穿孔	洪晓明等	中国临床医学
受试者工作特性曲线(ROC)评价 空腹血糖对糖尿病的诊断价值	汪一萍	中国实验诊断学
网状组织细胞瘤1例临床病理分析	李昌水等	诊断病理学杂志
浅谈医院感染管理	董翠珍	中国健康教育
雷贝拉唑治疗消化性溃疡疗效观察	李红亮等	浙江临床医学
腹腔镜阑尾切除术103例报告	洪晓明等	浙江临床医学
尿毒症患者合并活动性人类 巨细胞病毒感染临床分析	包蓓艳等	浙江临床医学
机械通气在急性重症肺水肿抢救中应用	邹何慧等	浙江临床医学
老年颅脑损伤临床特征.CT表现与预后	张剑平等	浙江创伤外科
心脏穿透伤8例分析	江明君等	浙江创伤外科
以肾病综合征为首症的轻链型淀粉样变性	尤晓青等	现代实用医学
新式剖宫产娩头困难7例分析	潭文等	实用医学杂志

产后大出血抢救后严重组织水肿9例临床分析	潭文等	实用医学杂志
经外侧裂入路治疗高血压基底节出血手术体会	徐永康等	河南实用神经疾病杂志
地尔硫卓联合毛花甙C治疗快速心房颤动疗效观察	陈国忠等	浙江医学
奥扎格雷钠治疗高龄急性缺血性脑卒中患者的疗效观察	占刘俭	心脑血管病防治
输卵管绒毛膜癌误诊病例分析	陈可芳	中国实用妇科与产科杂志
多巴酚丁胺在休克治疗中的应用体会	邹何慧	江西医药
四物汤加减治疗寻麻疹27例	马丽雅	实用中医药杂志
单纯肥胖儿童生活方式调查	王珠文等	临床儿科杂志
智力残疾儿童母亲生育二胎再风险的临床分析	王文光等	中国儿童保健杂志
四君子汤加减在抗肿瘤中的应用	马丽雅	浙江中医学院学报
静滴红霉素致肝功能损害11例报道	张亚君	实用中西医结合临床
乐频清加聚肌胞治疗流行性腮腺炎40例疗效观察	张亚君	现代中西医结合临床
成人缺血缺氧性脑病的磁共振特征探讨	范晨雷等	中国急救医学
介入栓塞治疗肝硬化脾功能亢进临床探讨	林琪等	胃肠病学和肝病学杂志
医院图书馆工作创新的探讨	徐英	浙江临床医学
临床医师对医院感染的认识程度的调查	董翠珍等	浙江临床医学
下腔静脉滤器置入的护理	孙宁奋	护理与康复
自体动静脉内瘘栓塞的原因及护理	王文娟	南方护理学报
高低钠透析的临床应用	王文娟等	现代实用医学
肾移植术前血液透析及心理护理	王文娟	现代实用医学
浅谈管道护理的带教	忻佩华	护理研究
药物性静脉炎的红外线照射治疗	金静晓等	现代实用医学
产后失血性休克的相关因素与预防	林爱宝等	现代实用医学
实施整体护理预防新生儿寒冷损伤综合征	林爱宝等	现代实用医学
食道癌术后鼻肠管早期肠内营养的临床观察与护理	马应君	浙江临床医学
病区护士长工作中存在的问题及对策	韩艳萍	护理研究
COULTER GEN'S血细胞计数仪常见白细胞分类故障与处理	曾雪霞	现代检验医学杂志
椎间盘源性下腰痛	王扬生	颈腰痛杂志
规范设备科对医务人员开展教学、培训的探讨	余华良	医疗设备信息
鱼腥草治疗50例急性上呼吸道感染的疗效观察	许荣星	中国社区医师
肠易激综合征的辨证治疗	杨立波	中医杂志
止嗽散加味治疗喉源性咳嗽568例	杨立波	实用中医内科杂志

中药加培菲康治疗溃疡性结肠炎 122 例	姚德君	中国肛肠病杂志
宁波市鄞县农村 2 型糖尿病危险因素病例对照研究	徐来荣	中国预防医学杂志
宁波鄞州区白喉血清流行病学监测分析	周廉胜	上海预防医学
鄞州区基本消灭疟疾后 15 年监测报告	周廉胜	海峡预防医学
宁波市鄞州区布鲁氏菌病监测结果	周廉胜	浙江预防医学
宁波市鄞州区 2002 年居民法定管理传染病漏报调查	肖伟飞	浙江预防医学
鄞州区 1950 年 ~ 2002 年伤寒副伤寒疫情分析	肖伟飞	海峡预防医学
蔺草染土尘肺的 X 线胸电特征	陆传勤	中华劳动卫生职业病杂志
一起蜡样芽胞杆菌引起的食物中毒分析	吴雅儿	现代预防医学
急性热病截断疗法刍议	史嘉林	河北中医杂志
疏肝健脾治疗肠易激综合征	徐钧	黑龙江中医药
益肾补脾治疗 2 型糖尿病 246 例	徐钧	黑龙江中医药
实行全县集中屠宰管理确保肉食品卫生质量	陈雄明	中国公共卫生管理
医疗机构消毒液细菌污染情况调查	何耀琴	浙江预防医学
宁波市鄞州区基层医疗单位紫外线消毒灯管状况	何耀琴	环境与职业卫生
一起急性苯中毒事件的调查分析	周承来	职业卫生与应急救援
279 例孕产妇在围产各期中血象分析	孙妙意	中国初级卫生保健
生化汤在孕 10 ~ 14 周药物流产临床应用	吴金琴	中国妇幼保健
阑尾周围脓肿 68 例治疗观察	叶能红	实用中医杂志
超声对早孕胚胎停止发育的观察	李文彪	中国超声诊断杂志
腹股沟疝修补术医源性损伤 6 例分析	叶能红	中国乡村医药
糖尿病性肠紊乱的诊治浅识	陈亚萍	实用中医内科杂志
加味三拗汤为主治疗顽固性咳嗽 37 例	陈亚萍	中医药临床杂志
径鹰嘴肘后入跨重建钢板内固定治疗肱骨髁间骨折	陆健祖	浙江临床医学
不同内固定治疗股骨头骨折疗效比较	陆祖安	中华综合医学学刊
论乡镇图书馆管理员的角色定位	袁志伟	浙江图书馆研究与工作　第 1 期
戏曲工作者的新使命之我见	杨飞飞	群众文化研究
社区文化需要个性化	杨飞飞	群众文化研究
戏曲服装的创新途径	姚惠原	戏文
浅论越剧影视的过去、现在与未来	姚惠原	戏文
甘当绿叶扶红花	李苏能	戏文
“沿门卖唱”与越剧的起源	赵慧剑	大舞台
越剧司鼓浅谈	范建芳	戏文

那晚,与王子第一次的亲密接触	朱英娜	戏文
烟草企业开展思想政治工作的思考	洪定迪	中国烟草杂志 第 8 期
大力发展农村文化产业	陈建国	全国群众文化信息 第 4 期
科学课的课堂教学评价新视野	纪峥斌	教育仪器与实验
优化媒体使用技术为英语教学锦上添花	刘益君	英语周报
语文课堂教学要注意“生态平衡”	朱晓敏	教学与管理
个性化阅读教学例谈	朱晓敏	小学教学研究
管窥小学教学开放性实用性教学	孙成刚	教育研究论坛杂志
让识字教学活起来	李益友	小学语文教师
英语课堂教学之优化	沈海霞	“学英语”报初中版 第 31 期
任务型教学在初中外语教学中的应用	周素珍	“学英语”报初中版 第 51 期
小学开放性作文教学探究	孙春霞	成才之路
阅读教学中让学生学会提问	陈小虹	语文研究与教学
激活语文课堂策略研究	何能雅	当代教育
养成解题后反思习惯培养学生良好的思维品质	方晓华	中学教研(数学)
浅谈政治课堂上的问题教学法	周亚维	中国教育研究
谈网络广告强化监管	朱成飞	浙江工商杂志 第 2 期
我国刑法中关于未成年累犯规定浅析	汪剑歆	青少年犯罪问题 第 4 期
该案如何认定	干红光 汪剑歆	检察实践 第 1 期
人民监督员制度的三个完善	徐国平	检察实践 第 4 期
单位犯罪的几个问题研究	陈静	检察实践 2004 年增刊
以练习、游戏为目的偷开他人机动车辆行为之定性	刘保华	检察实践 2004 年增刊
法律视野中的网络游戏财产	陈静 汪剑歆	检察实践 2004 年增刊
完善证人作证制度的思考	干红光 忻佩燕	中国司法 第 12 期
鄞州区“网吧”发展现状和管理对策初探	国杰彬	犯罪问题研究 第 21 期
关于提高公安工作效能的几点想法	卢建华	犯罪问题研究 第 21 期
关于构建大调解机制的几思考	张良飞	犯罪问题研究 第 21 期
鄞州区毒品问题调查与思考	陈亚珍、应鹏辉	犯罪问题研究 第 21 期
监管场所深挖犯罪优势初探	任齐庆	犯罪问题研究 第 21 期
当前我区娱乐服务场所中存在的问题及管理对策	陆勇敢	犯罪问题研究 第 21 期
身份证重、错号产生的原因、危害及对策	陈静璇	犯罪问题研究 第 21 期
关于借助政府抄报制度提高		
交通管理效能的实践与思考	李振庭	犯罪问题研究 第 21 期
创建平安鄞州的几点思考	王伟祥	决犯罪问题研究 第 21 期

以科学的警务观维护社会稳定	调研组	公安学刊 第3期
突破“平安鄞州”建设“瓶颈的有务举措 ——鄞州区着力构建”环市区打防控一体化网络	王伟祥、陈家胜	犯罪问题研究 第21期
浅谈群体性上访事件的成因和处置	钱华盖、于志强	犯罪问题研究 第21期
以“五个坚持”确保党对公安工作的绝对领导	毛奇存	犯罪问题研究 第21期
一个提高二个并重三个结合 鄞州区公安分局教育训练新机制之鉴析	许连法	犯罪问题研究 第21期
党建新县志——鄞州区	任鹏鸿	浙江省共产党员
香港与内地民商事管辖权冲突与协调	谢华波	浙江审判第3期
浅探法官定额制度之构建	何建君	浙江审判第6期
略论我国民事诉讼中的自认	鲍根月	浙江审判第10期
邓小平对外开放理论与宁波引进外资实践	陆国咪	宁波市委党校学报
中国的工业化与可持续发展问题的研究	潘明策	新疆财经
新一代中央领导集体对邓小平“三农”思想的发展	郭松	浙江省委党校学报
瞒天过海,挪用贪污	陈杏菊	浙江审计 第8期
SMA在宁波招宝山大桥桥面辅装上的应用	朱康平	浙江交通科技
扎实推进鄞州人才工作再上新台阶	周义定	浙江人事第7期
基层民主与社会全面进步	朱德伟	宁波大学学报(人文科学版)第1期
汗花淘尽,让人民的愿望成真	徐水根	中国新闻周刊
鄞州教育发展看教育如何与时代发展同步	徐水根 陈恩	中国新闻周刊
努力推进社区教育实验工作再上台阶	周光琦	中国社区教育
办好农村社区学院,创建学习型新鄞州	张辜达	新农村
积极推进社区教育,努力构建学习型城镇	周光琦	中国社区教育
浅析产权过户登记对房屋买卖合同效力的影响	潘海亚	房地产权产籍 第2期
农村集体土地上房屋买卖效力浅析	潘海亚	房地产权产籍 第5期
稽查——杜绝基金流失的“安全阀”	朱叶峰	中国医疗保险 第2期
挖掘教材有利因素设计开放性习题 ——谈小学数学开放题设计策略	毛春芳	中国教育
在自然科学教学中对学生环境素质的培养	史国琴	宁波教育学院学报
新课程理念下的数学策略探究	王继光	宁波教育学院学报
时钟问题公式化	王继光	数学大世界
初中物理教学要注重趣味性和实践性	童国耀	黑龙江科技信息
初中自然科学课探索活动的设计	童国耀	教学与管理
初初中自然科学“导学”方法探析	童国耀	林区教学

物理教学中思维定势的消极作用	童国耀	黑龙江科技信息
在初中物理教学中如果培养学生的学习兴趣	童国耀	中国教育研究
中学体育老师“工作能力”模糊综合评价初探	侯加敏	北京体育大学学报
心理训练对中学生体育学习焦虑的调查与研究	侯加敏	北京体育大学学报
课堂教学中学生数学素养的培养	余斌	中国现代教育研究
黄瓜品种比较实验	郑光岳等	长江蔬菜　第 6 期
爱姆牌生物菌肥在秋瓠瓜上的应用效果	郑光岳等	长江蔬菜　第 5 期
鄞州区畜牧业的发展现状及对策措施	王伟国	浙江畜牧兽医 增刊
《动物防疫法》实施中存在问题及对策	黄　伟、邱惠忠	中国畜业通讯
当前兽药管理中存在的主要问题和对策	黄　伟、邱惠忠	上海畜牧兽医通讯
天目蜜李果实黄褐色软腐病的发生和防治	李培民	中国果树
益益久微生物复合制剂在杨梅保鲜上的应用试验	李培民	中国南方果树
蔺草枯梢因素及预防措施	杨筠文	内蒙农业科技
蔺草田应用有益元素对蔺草产量的影响初报	杨筠文	内蒙农业科技
丝棉木金星蠖幼虫螟蛉绒茧蜂的寄生调查	杨筠文	内蒙农业科技
益益久生物制剂在蔺草上的应用效果	宋乐民	上海蔬菜刊物
蔺草开花属性及控制技术	周国定	浙江农业科技刊物
马铃薯三膜覆盖超早熟栽培	周国定	上海蔬菜刊物
对话表演的有效途径	沈光明	英语辅导报
德育中的破窗	李科明	浙江教育研究
点石成金	陈朝峰	中国美术教育
求真务实 占领农村思想阵地——邱隘镇文化工作调整	俞亚国	中国群众文化信息
校本培训视野中的教师研究	卢鹏程	全球教育展望
数学阅读在数学教学中的尝试	黄宣风	数学与管理
在自然科学教学中学生参与意识的培养	谢娇元	中国教育杂志
程序设计教学中学生思维引导的探索	忻东波	水产职业教学

索　　引

说明：

一、本索引将年鉴的百科部分条目按主题词首字汉语拼音字母顺序排列。

二、索引名称后的数字表示主题所在的页码。

A

B

C

D

E

F

G

H

J

K

L

M

N

P

Q

R

S

T

W

X

Y

Z